机动车维修技术人员从业资格培训教材

（适用于维修质量检验人员）

维修检验技术

（模块 C）

中国汽车维修行业协会　组织编写

人民交通出版社

内容提要

本书主要供申请从事汽车维修质量检验员岗位的从业者备考使用。全书共计四篇，共分12章。主要内容包括：机动车维修质量管理知识；常用仪器、仪表和量具；汽车维修质量检验；汽车配件质量检验和控制。

图书在版编目（CIP）数据

维修检验技术(模块C)/中国汽车维修行业协会编.—北京：人民交通出版社，2008.3

机动车维修技术人员从业资格培训教材

ISBN 978-7-114-06999-4

Ⅰ.维… Ⅱ.中… Ⅲ.机动车-车辆修理-质量检验-技术培训-教材 Ⅳ.U472.4

中国版本图书馆CIP数据核字（2008）第017168号

机动车维修技术人员从业资格培训教材
（适用于维修质量检验人员）

书　　名：**维修检验技术（模块C）**
著 作 者：中国汽车维修行业协会
责任编辑：王振军　白　峭　张玉栋
出　　版：人民交通出版社
地　　址：(100011) 北京市朝阳区安定门外外馆斜街3号
网　　址：http://www.ccpress.com.cn
总 经 销：北京中交盛世书刊有限公司
经　　销：汽车维护与修理杂志社
销售电话：(025) 84825381
印　　刷：北京鑫正大印刷有限公司
开　　本：787×1092　1/16
印　　张：29.75
字　　数：762千
版　　次：2008年3月第1版
印　　次：2010年1月第3次印刷
书　　号：ISBN 978-7-114-06999-4
印　　数：10001-15000册
定　　价：50.00元
（如有印刷、装订质量问题的图书由本社负责调换）

机动车维修技术人员从业资格培训教材
审 定 委 员 会

机动车维修技术人员从业资格培训教材
编 写 委 员 会

组织编写单位：中国汽车维修行业协会
编写组长：徐通法

机动车维修技术人员从业资格培训教材
《维修检验技术》(模块C)编写组

组　长：姚震虞
成　员：殷晓辉　鲁植雄　金传志　王宏璟
宋云波　张湘衡　王瑞文　金永钊
袁　健　高远东　冯崇毅

前　言

在交通部发布的《道路运输从业人员管理规定》中，规定了机动车维修技术负责人、质量检验人员及从事机修、电器、钣金、涂漆、车辆技术评估（含检测）作业的技术人员实行从业资格考试制度。从业资格考试应当按照交通部编制的考试大纲、考试题库、考核标准、考试工作规范和程序组织实施。

为配合交通部机动车维修技术人员从业资格考试，做好相关从业人员的培训工作，受交通部公路司委托，由中国汽车维修行业协会组织业内专家、教授和长期从事政策研究、技术管理的有关人员，根据交通部印发的《中华人民共和国机动车维修技术人员从业资格考试大纲》的要求，编写了《职业道德和法律法规》、《技术质量管理》、《维修检验技术》、《发动机与底盘检修技术》（上、下册）、《电器维修技术》、《车身修复》、《车身涂装》和《车辆技术评估》8个模块的机动车维修技术人员从业资格培训教材。

本套教材是根据现代机动车维修服务的实际需要，按照理论和实践相结合的原则编写的。根据从业人员在职学习的特点，理论部分重点介绍与实际工作紧密相关的基础理论和适应机动车维修发展的前沿技术；实操部分重点突出检测诊断技能及综合分析能力的提高。

本套教材适用于机动车维修技术负责人、质量检验人员及从事机修、电器、钣金、涂漆、车辆技术评估（含检测）作业的技术人员的学习，它包含了这些人员实际工作中所应掌握的理论和实操的基本内容，是机动车维修技术人员从业资格考试的配套教材。

鉴于编写时间仓促和水平所限，书中难免存在疏漏和不妥之处，敬请业内同行和使用者批评指正，以便教材再版时不断修改完善和提高。本书的编写是在交通部公路司、交通部职业技能鉴定指导中心悉心指导下完成的，在此表示衷心的感谢。

中国汽车维修行业协会

目录

第一篇 汽车维修质量管理知识

第二篇　常用仪器、仪表和量具

第三篇 汽车维修质量检验

第四篇 汽车配件质量检验和控制

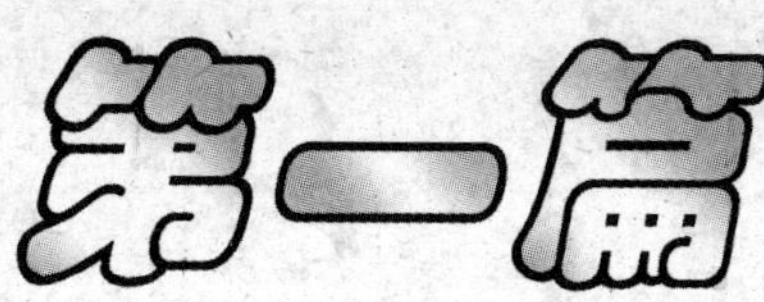

第一篇 汽车维修质量管理知识

第一章　汽车维修质量与质量管理概述

第一节　汽车维修质量及质量评定

一、汽车维修质量

汽车维修质量可分解为两个方面：一方面是维修服务全过程的服务质量，包括维修业务接待、维修生产进度、维修经营管理（包括收费）的质量水平；另一方面是汽车维修作业的生产技术质量，具体是指维修竣工车辆是否满足相应的竣工出厂技术条件的一种定量评价。

通常人们所提的"汽车维修质量"即"汽车维修作业的生产技术质量"的简称。本部分沿用此简称，重点学习的"汽车维修质量管理知识"，不包括服务质量管理部分的内容。

二、汽车维修质量的评定参数

汽车维修质量的主要评定参数，包括以下7项：

(1)动力性。汽车的动力性通常用发动机功率、底盘输出功率和汽车直接挡加速时间等参数来衡量。

(2)燃料经济性。汽车的燃料经济性通常用汽车经济车速百千米耗油量参数来衡量。

(3)制动性能。汽车的制动性能通常用制动距离、制动稳定性或制动力、制动力平衡、车轮阻滞力、制动系统协调时间和驻车制动力等参数来衡量。

(4)转向操纵性。汽车的转向操纵性通常用转向轮的侧滑、转向盘操纵力及转向盘最大自由转动量等参数来衡量。

(5)废气排放和噪声。汽车废气排放和噪声主要用怠速污染物排放量（汽油车）、自由加速烟度排放量或光吸收系数（柴油车）和噪声级等参数来衡量。

(6)密封性。汽车的密封性包括：汽车防雨密封性、防尘密封性和连接件密封性等几个方面。

(7)可靠性。汽车可靠性包括：各总成部件的连接状况，灯光、仪表及信号装置的工作状况等。

三、汽车维修企业的维修质量评定指标

汽车维修企业的维修质量评定指标是：汽车维修竣工出厂质量监督检验一次合格率、返修

率，以及汽车维修质量纠纷和质量事故发生的情况等。

1.汽车维修竣工出厂质量监督检验一次合格率

汽车维修竣工出厂质量监督检验一次合格率，是由汽车维修行业管理部门落实交通部有关规定，利用汽车综合性能检测站对维修企业的维修竣工出厂车辆实施质量监督检验情况的统计结果。汽车维修竣工出厂质量监督检验一次合格率，即上线检测所有项目一次合格（无复检项目）的台次与所有送检台次的比值。

一般行业管理部门对企业考核汽车维修竣工出厂质量监督检验一次合格率考核指标要求达到80%～85%。

2.返修率

汽车维修质量保证期内，因维修质量原因造成汽车无法正常使用，需要重新返回修理厂进行相应维修的称之为"返修"。返修率是以一定时间范围内车辆维修出现返修的次数与该时间范围内所有维修车次的比值。

一般行业管理部门对企业考核指标要求返修率≤5%。

3.汽车维修质量纠纷和质量事故发生的情况

《机动车维修管理规定》（交通部2005年第7号令）（以下简称交通部7号令）规定，道路运输管理机构应当受理汽车维修质量投诉，积极按照维修合同约定和相关规定调解维修质量纠纷。

一般情况下，道路运输管理机构根据维修企业出现投诉举报并经查实的维修质量纠纷次数，以及出现重大质量事故、经济损失较大（5 000元以上）的次数，作为维修企业质量信誉考核的评分标准之一。

第二节 汽车维修质量管理

一、汽车维修质量管理的概念

汽车维修质量管理是为保证和提高汽车维修质量所进行的调查、计划、组织、协调、控制、检验、处理及信息反馈等各项活动的总称。因而，汽车维修质量管理可以理解为是一项经常性的和有计划的工作过程，应贯穿于汽车维修服务全过程，其目的在于完善工艺方法和维修组织形式，以保证竣工出厂车辆的技术状况及其使用性能的最佳水平。

汽车维修质量管理是企业管理系统中的一项重要组成部分。

二、汽车维修质量管理职能

1.制定汽车维修质量方针和目标

汽车维修质量方针，对整个行业而言，即汽车维修质量管理的政策性法规和技术标准，如交通部制定的有关汽车维修质量管理的行业规章，明确质量管理职责和工作要求，以及必须遵循的规章和标准、质量管理制度等；对企业而言，即该企业总的质量宗旨和方向。

汽车维修质量目标，指经过汽车维修全面质量管理所要达到的目的，一般以质量评定指标,如维修竣工出厂质量监督检验一次合格率、返修率等。质量目标通常依据组织的质量方针制定。

2.实施汽车维修质量控制

汽车维修质量控制是指:为保证和提高汽车维修质量,满足汽车技术状况要求,所采取的维修技术活动。汽车维修质量控制过程包括以下几个步骤:

①确定汽车维修质量的控制对象,即确定所要控制的汽车维修竣工出厂技术经济指标,如汽车二级维护竣工出厂时其发动机动力性能应满足发动机功率不小于额定功率的80%;

②制定作为汽车维修质量控制依据的技术标准;

③确定评价和衡量汽车维修质量控制对象的方法,一般应以各项标准规定的方法进行;

④衡量和评价被控制对象,即衡量和评价维修车辆的各项技术性能指标;

⑤说明经维修的车辆实际技术状况与控制标准之间的差异;

⑥找出存在差异的原因,采取纠正措施。

三、汽车维修行业质量管理体系

按国家标准GB/T 19000—2000《质量管理体系基础和术语》中的定义,质量管理体系是指"在质量方面指挥和控制组织的管理体系"。从整个行业来讲,为实施汽车维修全面质量管理,将管理工作的各项内容分别落实到一定的责任机构和责任人,由承担汽车维修各项管理责任的责任机构和责任人所形成的管理组织结构系统,简称"汽车维修质量管理体系"。

交通部7号令明确了汽车维修质量管理的责任,为汽车维修实施有效的质量控制和质量保证,实现汽车维修全面质量管理提供了依据。

根据《机动车维修管理规定》所明确的管理责任所构成的汽车维修行业质量管理体系如图1-1-1所示。

四、汽车维修质量管理制度

汽车维修质量管理制度是行业质量管理部门或企业质量管理机构,为贯彻汽车维修质量管理方针和质量目标,依据有关法规、标准制定的管理规章。这些规章的主要功效是明确质量管理方针、目标及质量管理的责任,规定了各项质量管理过程的基本程序,体现了质量管理工作的宗旨和行为准则。交通部7号令"第四章 质量管理"明确规定的汽车维修质量管理制度主要有以下几个方面。

(一)汽车维修质量检验制度

交通部7号令第三十二条规定:机动车维修经营者对机动车进行二级维护、总成修理、整车修理的,应当实行维修前诊断检验、维修过程检验和竣工质量检验制度。依据上述规定所提出的原则,对整个行业或企业,汽车维修质量检验制度应分别体现如下。

1.对整个行业

明确规定机动车二级维护以上作业必须实施全过程质量检验。汽车维修质量检验以汽车维修企业自检为主,实行专职检验人员检验与维修工人自检、互检相结合的汽车维修质量检验制度;道路运输管理机构以定期或不定期的形式对汽车维修企业的维修质量进行抽查,并实施有关质量指标的考核,以加强日常的质量监督管理工作。

2. 对维修企业

汽车维修质量检验制度应落实质量检验的责任和检验程序，明确检验工作的原则要求，必要时可将有关检验工作要求具体化，具备可操作性。例如，以下是某地区汽车维修管理部门提供给维修企业参考的“汽车维修企业质量检验制度”样本，供学习参考。

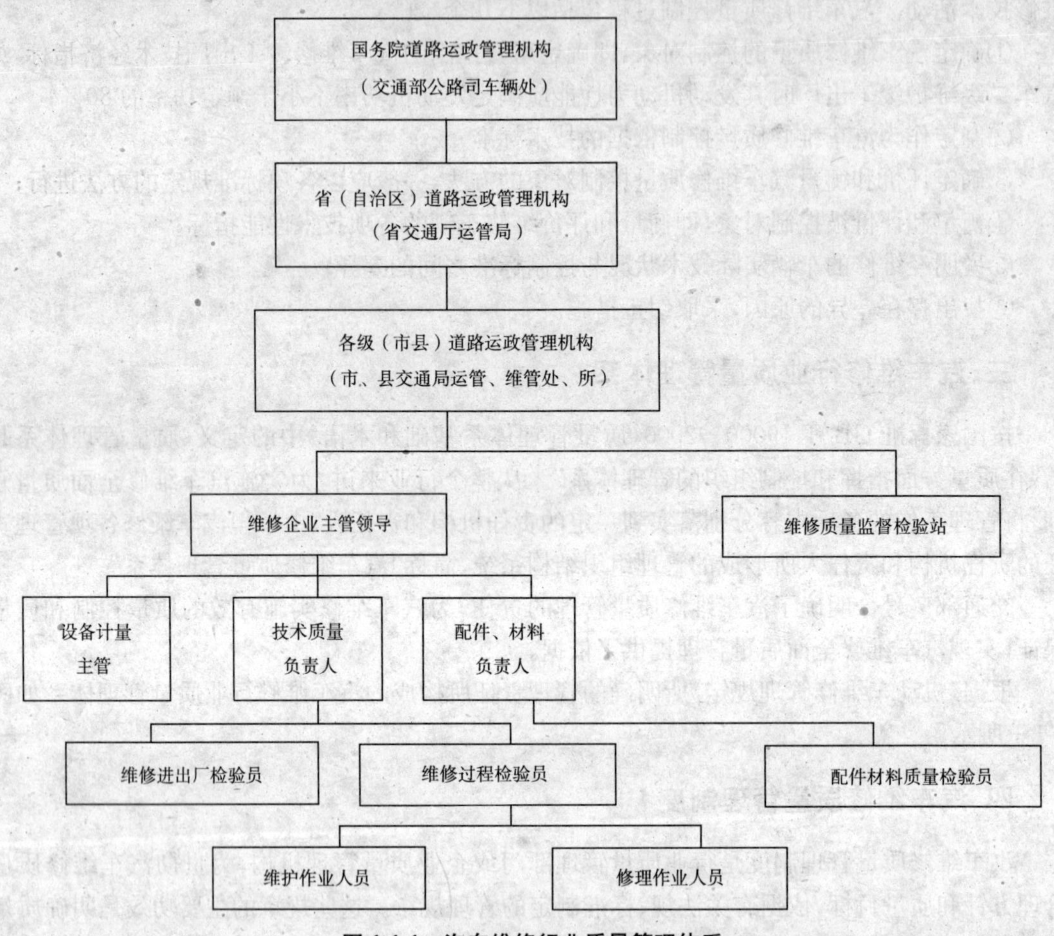

图 1-1-1 汽车维修行业质量管理体系

企业汽车维修质量检验制度

(1)进厂检验

维修车辆进厂后，检验员应记录驾驶员对车况的反映和报修项目，查阅车辆技术档案，了解车辆技术状况，检查车辆整车装备情况，然后按照《汽车维护、检测、诊断技术规范》GB/T 18344—2001 的要求择项进行维修前的检测，确定附加作业项目，并把检验、检测的结果填写在检验签证单上，未经检验签证的车辆，作业人员应拒绝作业。

(2)过程检验

在维修作业的全过程中，都要进行过程检验。过程检验实行维修工自检、班组内部互检及厂检验员专检相结合的办法。过程检验的主要内容是零件磨损、变形、裂纹情况；配合间隙大小；有调整要求的调整数据；重要螺栓螺母力矩。对涉及转向、制动等安全部件更须严格检查。

对不符合技术要求的部件，应进行修复、更换，以确保作业过程的质量。过程检验的数据由检验员在检验签证单上完整记录，未经过程检验签证的车辆，厂检验员有权拒绝进行竣工检验。

(3)竣工检验

竣工检验由专职检验员进行。必须严格按"汽车二级维护竣工出厂技术条件"逐项进行检验签证，必要时进行路试。竣工检验的结果应逐一填写在检验签证单上，未经竣工检验合格的车辆不得送检测站检测，不得出厂。

(4)检验标准

①GB/T 18344—2001《汽车维护、检测、诊断技术规范》；

②GB/18565—2001《营运车辆综合性能要求和检验方法》；

③GB 7258—2004《机动车运行安全技术条件》。

(二)维修竣工出厂合格证管理制度

交通部7号令第三十三条规定：机动车维修竣工质量检验合格的，维修质量检验人员应当签发《机动车维修竣工出厂合格证》；未签发《机动车维修竣工出厂合格证》的机动车，不得交付使用，车主可以拒绝交费或接车。《机动车维修竣工出厂合格证》由省级道路运输管理机构统一印制和编号，县级道路运输管理机构按照规定发放和管理。禁止伪造、倒卖、转借机动车维修竣工出厂合格证。

对进行二级维护以上维修作业的车辆，实行竣工出厂合格证制度，是保证汽车维修质量的一项重要措施，维修企业必须按照交通部7号令的规定，根据当地维修管理部门的具体要求正确使用《机动车维修竣工出厂合格证》，服从相应管理。

针对行业存在的不使用或伪造、倒卖、转借《机动车维修竣工出厂合格证》的现象，交通部7号令第五十二条规定：……机动车维修经营者签发虚假或者不签发机动车维修竣工出厂合格证的，由县级以上道路运输管理机构责令改正；有违法所得的，没收违法所得，处以违法所得2倍以上10倍以下的罚款；没有违法所得或者违法所得不足3 000元的，处以5 000元以上2万元以下的罚款；情节严重的，由许可机关吊销其经营许可；构成犯罪的，依法追究刑事责任。

(三)汽车维修竣工出厂质量保证期制度

交通部7号令规定的汽车维修竣工出厂质量保证期制度主要包括：质量保证期、质量保证期承诺，以及质量保证期内质量问题处理的基本原则三部分。

1.汽车维修竣工出厂质量保证期

质量保证期的长短是根据维修作业的级别，即作业的范围来确定的。交通部7号令明确了汽车维修质量保证期，具体规定如下：

"汽车和危险货物运输车辆整车修理或总成修理质量保证期为车辆行驶20 000公里或者100日；二级维护质量保证期为车辆行驶5 000公里或者30日；一级维护、小修及专项修理质量保证期为车辆行驶2 000公里或者10日。摩托车整车修理或者总成修理质量保证期为摩托车行驶7 000公里或者80日；维护、小修及专项修理质量保证期为摩托车行驶800公里或者10日。其他汽车整车修理或者总成修理质量保证期为汽车行驶6 000公里或者60日；维护、小修及专项修理质量保证期为机动车行驶700公里或者7日。

质量保证期中行驶里程和日期指标，以先达到者为准。汽车维修质量保证期，从维修竣工出厂之日起计算。"

2.汽车维修竣工出厂质量保证期的承诺

交通部7号令第三十七条规定:"汽车维修经营者应当公示承诺的汽车维修质量保证期。所承诺的质量保证期不得低于第三十七条的规定。"

按照交通部的规定要求,维修企业对包括小修、一级维护、二级维护、总成和整车修理应当执行质量保证期制度,质量保证期由企业自行规定,但不得低于上述有关规定。对客户承诺的质量保证期应当体现在维修合同当中和出厂合格证内,作为相互制约的一项重要内容,也是将来如果出现维修质量问题,有关部门进行纠纷调解和质量事故鉴定的重要依据之一。

3.质量保证期内质量问题处理的基本原则

为妥善处理汽车维修质量保证期内的有关问题,交通部7号令第三十八条规定:"在质量保证期和承诺的质量保证期内,因维修质量原因造成机动车无法正常使用,且承修方在3日内不能或者无法提供因非维修原因而造成机动车无法使用的相关证据的,机动车维修经营者应当及时无偿返修,不得故意拖延或者无理拒绝。

在质量保证期内,机动车因同一故障或维修项目经两次修理仍不能正常使用的,机动车维修经营者应当负责联系其他机动车维修经营者,并承担相应修理费用。"

上述规定明确了质量保证期内质量问题处理的几项原则,包括:质量鉴定的责任、质量鉴定的技术要求、质量鉴定的费用、返修与质量事故修复的要求等。详细分析见本篇第三章第一节所述。

(四)汽车维修档案管理制度

汽车维修档案管理制度规定了建立档案的范围和档案的内容及保存期。

按照交通部7号令第三十四条规定,机动车维修经营者对机动车进行二级维护、总成修理、整车修理的,应当建立机动车维修档案。机动车维修档案主要内容包括:维修合同、维修项目、具体维修人员及质量检验人员、检验单、竣工出厂合格证(副本)及结算清单等。机动车维修档案保存期为二年。

建立汽车维修档案是质量信息工作的主要内容。只有做好汽车维修检验原始记录等档案工作,并妥善保存,才能为质量管理提供可靠的质量反馈信息和质量评定依据,有助于及时发现问题、整改完善质量管理工作、保证和提高汽车维修质量。

(五)质量信誉考核制度

交通部7号令第四十三条规定:"对机动车维修经营者实行质量信誉考核制度。机动车维修质量信誉考核内容应当包括经营者基本情况、经营业绩(含奖励情况)、不良记录等。道路运输管理机构应当建立机动车维修企业诚信档案。机动车维修质量信誉考核结果是机动车维修诚信档案的重要组成部分。道路运输管理机构建立的机动车维修企业诚信信息,除涉及国家秘密、商业秘密外,应当依法公开,供公众查阅。"

2006年12月25日,交通部印发了《机动车维修企业质量信誉考核办法(试行)》(以下简称《考核办法》),明确定义:质量信誉考核是指在考核期内对机动车维修企业的从业人员素质、安全生产、维修质量、服务质量、环境保护、遵守纪律和企业管理等方面进行的综合评价。《考核办法》对质量信誉考核工作的原则、质量信誉等级和考核指标、建立质量信誉档案的规定、质量信誉考核程序,以及质量信誉管理等方面作了下列具体规定。

①县级以上道路运输管理机构负责具体实施机动车维修企业质量信誉考核工作。

②机动车维修企业质量信誉等级分为优良、合格、基本合格和不合格，分别用AAA级、AA级、A级和B级表示。

③机动车维修企业质量信誉考核指标共有7个方面，包括：从业人员素质指标、安全生产指标、服务质量指标、维修质量指标、遵章守纪指标、环境保护指标和企业管理指标。

④机动车维修质量信誉考核实行计分制，考核总分为1000分，加分为100分。企业管理指标中企业形象、获奖情况、连锁经营情况为加分项目。

⑤对机动车维修企业进行质量信誉考核周期为每年1月1日至12月31日，次年3月至6月进行考核，依照企业总申报、材料核实、初评、书面通知并公示、调查核实、评定、上报的程序进行。

（六）专业技术人员考试和管理制度

交通部7号令第三十五条规定："道路运输管理机构应当加强对机动车维修专业技术人员的管理，严格执行专业技术人员考试和管理制度。"并在第十一条对申请从事汽车维修经营业务或者其他机动车维修经营业务的，提出有关技术人员配备及考试的下列有关规定。

①从事一类和二类维修业务的应当各配备至少1名技术负责人员和质量检验人员。技术负责人员应当熟悉汽车或者其他汽车维修业务，并掌握汽车或者其他汽车维修及相关政策法规和技术规范；质量检验人员应当熟悉各类汽车或者其他机动车维修检测作业规范，掌握汽车或者其他机动车维修故障诊断和质量检验的相关技术，熟悉汽车或者其他机动车维修服务收费标准及相关政策法规和技术规范。技术负责人员和质量检验人员总数的60%应当经全国统一考试合格。

②从事一类和二类维修业务的应当各配备至少1名从事机修、电器、钣金、涂漆的维修技术人员；从事机修、电器、钣金、涂漆的维修技术人员应当熟悉所从事工种的维修技术和操作规范，并了解汽车或者其他机动车维修及相关政策法规。机修、电器、钣金、涂漆维修技术人员总数的40%应当经全国统一考试合格。

③从事三类维修业务的，按照其经营项目分别配备相应的机修、电器、钣金、涂漆的维修技术人员；从事发动机维修、车身维修、电气系统维修、自动变速器维修的，还应当配备技术负责人员和质量检验人员。技术负责人员、质量检验人员及机修、电器、钣金、涂漆维修技术人员总数的40%应当经全国统一考试合格。

2007年3月1日起正式实施的《道路运输从业人员管理规定》（交通部2006年第9号令）（以下简称交通部9号令），明确了汽车维修专业技术人员实行从业资格考试及管理制度的具体内容。

交通部9号令规定：国家对道路运输从业人员实行从业资格考试和持征上岗制度；对道路运输从业行为实行诚信考核和计分考核制度；从业资格考试应当按照国家统一编制的考试大纲、考试题库、考试标准、考试工作规范和程序组织实施；对从业人员的培训要实行统一规划，在培训时间、内容、课程、教材、师资、场地等方面要有科学、合理、全面、系统的方案，确保培训质量；从业人员应当向其户藉或暂住地的设区的市级道路运输管理机构提出申请；道路运输从业人员从业资格证件由交通部统一印制、编号；证件有效期6年，全国通用。

五、全面质量管理的知识

全面质量管理是企业为了保证和提高产品质量，综合运用一整套质量管理体系、手段和方法所进行的系统管理活动。

(一)全面质量管理的特点

全面质量管理的重要特点是“三全”。这里的“三全”是指“全员参与管理”、“全面管理”和“全过程管理”。它体现在:管理的质量是全面的,管理质量的方法、手段是全面的,是全面质量、全过程、全员参与、运用全面管理办法的质量管理。因为,影响质量的因素是全方位的,哪一个环节出了问题,都会影响到整体质量。比如,一台发动机总成大修的质量,与汽缸体镗磨加工、配件质量、装配工艺、冷磨热试等诸多环节都有关系。

因此,质量管理应渗透到生产全过程,落实到全方位。只有全员提高质量意识,全方位抓质量,才能确保最终的产品符合质量要求。当然,在全员参与质量管理的过程中,最高领导者强有力的和持续的领导,以及该组织内所有成员的参与和培训是这种管理途径取得成功所必不可少的。

(二)全面质量管理的性质

全面质量管理的性质与企业效益目标是一致的。在全面质量管理过程中,质量目标和企业效益目标,包括经济效益和社会效益的实现有着密切的联系。现在所说的“质量是企业的生命”、“有质量就有效益”就是这个概念。另一方面,通过质量管理让“社会受益”,即满足“社会要求”,满足有关国家法律、法规、规章,以及能源和自然资源保护、安全等方面的要求,这是一个组织应尽的社会义务。因此,全面质量管理的性质可以理解为:是一种科学管理的理论方法;更强调了对人员能动性的激励;能够导致企业,以及组织内的所有成员为了其组织自身及其成员、顾客和社会的整体利益而参与的概念。

(三)企业全面质量管理基础工作

汽车维修质量保证体系中的基础工作主要包括:建立质量责任制、质量教育工作、计量工作、标准化和法规建设工作、质量信息工作等。

1.质量责任制

质量责任制就是明确规定各级领导、各个部门、所有职工在汽车维修质量管理工作中的职务、责任、权限和利益,做到汽车维修质量工作“事事有人管,人人有专职,办事有标准,工作有检查”,这样不仅使汽车维修质量问题具有可追溯性,而且能够做到职责明确,功过分明,奖惩有据。从而把保证和提高汽车维修质量的工作与调动全体职工积极性的工作结合起来,最终使维修企业形成一个严密、高效的汽车维修质量管理职责系统。

建立健全汽车维修质量责任制必须注意以下问题:

①责、权、利三者必须统一;

②要制定各部门和各类人员的质量责任制,其任务和责任要具体化、数量化;

③从实际情况出发,踏踏实实,循序渐进。

2.质量教育工作

汽车维修质量教育工作的主要内容包括:

①“坚持质量第一”的思想教育;

②质量管理学基本知识的普及教育;

③专业技术基础知识培训;

④汽车新技术、检测技术培训;

⑤质量检验人员的岗位培训。

3.标准化和法规建设工作

(1)标准化工作。标准是质量管理的基础,标准化工作是汽车维修质量管理的重要基础工作,它包括:收集整理有关标准文本;将国家和交通部颁布的有关汽车维修技术标准、相关标准,以及有关地方标准贯彻落实到生产全过程;依据国家标准、行业标准、地方标准的要求,制定汽车维修企业技术标准等。

(2)法规建设工作。汽车维修相关法律、规章,是指国务院、交通部颁布的一些涉及汽车维修质量管理的法律和规章。企业要注意收集最新行业规章,并依据这些行业规章及时制定和完善企业相关维修质量管理制度和管理措施。这是加强汽车维修质量管理的前提和保障。

4.计量工作

计量工作指对企业生产质量管理工作中所涉及计量器具(仪器和设备)的管理工作。主要包括:

①严格按《汽车维修业开业条件》的要求配备专职计量管理工作人员。

②制定和贯彻计量管理制度,保证计量器具的正确操作、合理使用、科学管理,保证量值的准确性、重复性。

③按国家标准《汽车维修业开业条件》的要求,配齐计量器具和设备。

④严格执行计量器具的检定规定,做好入库检定、周期检定等工作,确保所有计量器具必须经检定合格后才能准许投入使用。

⑤加强计量器具的维护、修理和更新工作,保证计量器具经常处于良好的技术状态。

⑥抓好计量技术进步工作,改革计量器具、改进计量方法,努力实现检测手段的现代化。

5.质量信息工作

质量信息工作包括收集、整理汽车维修生产技术质量和服务质量的基本数据、原始记录,以及维修竣工车辆在使用过程中反映出来的各种情报资料,通常称作“信息反馈”。汽车维修质量信息是汽车维修质量管理的耳目和不可缺少的重要依据;汽车维修质量信息有助于及时地反映影响汽车维修质量诸因素和汽车维修过程的原始动态、托修方的意见和要求,有助于保证和提高汽车维修质量,是正确认识和掌握提高汽车维修质量的规律性的基本依据。

(1)质量信息的类型。根据质量信息的性质和作用的不同,质量信息可分为:

①质量动态信息。是指汽车维修企业在日常维修活动中反映汽车维修质量的动态参数,如合格率、返修率等的各种内部和外部信息。

②质量指令信息。是指由国家、行业主管部门制定的关于汽车维修质量的政策、法令、规章、标准,以及维修企业领导下达的企业质量方针、目标、计划、任务和企业标准等。它既是汽车维修质量工作的准则,又是汽车维修质量信息工作中进行比较和判别的标准。

③质量反馈信息。主要是指汽车维修企业在执行质量指令过程中产生的偏差信息。

(2)质量信息的主要收集途径。在进行汽车维修质量管理过程中,汽车维修质量信息的收集和掌握主要有以下4种途径:

①在维修企业维修和管理过程中收集各种质量检验记录或检修调整记录;

②从汽车维修质量监督检测站(中心)收集送检车辆检测记录和统计情况;

③建立汽车维修质量跟踪卡;

④由各级道路运输管理机构等了解汽车维修质量投诉情况。

六、汽车维修质量保证体系

汽车维修质量保证是指:为使车主确信维修竣工出厂车辆维修质量要求所必须的有计划有系统的活动。质量保证与前面所讲的质量控制是两个完全不同的概念。质量控制是质量保证的重要内容,只有在生产技术活动中严格质量控制,才能使汽车维修服务及竣工质量全面满足托修方的要求,才能为质量保证提供足够的信任。

(一)汽车维修质量承诺(对外质量保证)

汽车维修质量承诺是指汽车维修企业在汽车维修质量方面对托修方的一种质量担保,它应具有充足而确定的汽车维修质量保证依据,如与托修方签订汽车维修合同,确认维修竣工质量标准、汽车维修竣工实行出厂合格证制度、执行汽车维修出厂质量保证期制度等。

(二)汽车维修质量保证工作(内部质量保证)

为了保证汽车维修质量,使企业的质量承诺得以兑现,汽车维修企业必须全面落实从待修车辆进厂交接、维修过程、修竣质量总检到出厂前送检(送往汽车维修质量监督检验站上线检测)全过程的质量管理活动。这些过程的质量保证又基于上述企业全面质量管理的各项基础工作。

(三)汽车维修质量保证体系

汽车维修质量保证体系是指在汽车维修行业或企业内,为了满足汽车维修技术标准所规定的质量要求,而建立的与汽车维修质量直接有关的、由技术活动和管理活动所构成的工作系统,并通过一定的制度、规章、方法、程序和机构等,把汽车维修质量保证活动系统化、标准化、制度化。

1.汽车维修质量保证体系的特点

①汽车维修质量保证体系是一个有机整体。汽车维修质量保证体系以保证和提高汽车维修质量为目标,运用系统的观念和方法,把汽车维修各阶段、各环节的质量管理职能组织起来,形成一个既有明确任务、职责、权限,又把工作方法和程序、技术力量、信息等协调起来的有机整体,从而保证汽车维修质量得以不断提高。

②汽车维修质量保证体系的核心是“人”。即依靠人的积极性和创造性,发挥科学技术力量,确保汽车维修质量。

2.汽车维修质量保证体系的内容

无论哪一级汽车维修质量保证体系(网络),都必须包含以下四方面的内容(或环节):

(1)明确责任。建立严格的责任制,规定各级质量管理人员的责任、任务和权限。

(2)健全管理机构。建立健全专职的汽车维修质量管理机构,认真履行质量管理机构的职责。

(3)实现维修质量管理业务标准化、管理流程化。维修质量管理业务标准化是把汽车维修企业重复出现在管理工作中的处理方法,如签订维修合同、施行汽车维修竣工出厂合格证制度和质量保证期制度等制定成标准,纳入规章制度。维修质量管理程序化是使维修质量管理业务的工作过程合理并固定下来,形成汽车维修质量文件、质量体系表等。

(4)设置高效灵敏的汽车维修质量反馈系统。质量信息反馈包括汽车维修企业内部质量反馈和汽车维修质量监督检验站及托修方外部质量信息反馈。

①内部质量信息反馈包括：进厂检验、维修过程检验和竣工出厂检验质量信息反馈，由专、兼职汽车维修质量检验员组成反馈网络，通过填写各类检验记录表或车辆技术档案来体现；

②外部质量信息反馈包括：汽车维修质量监督检验站的检测结果报告（通过检测一次合格率来反映）和车辆维修返修率以及托修方的投诉率等，通过道路运输管理机构的统计、考核等方式来体现。

（四）汽车维修质量保证体系网络图

汽车维修质量保证体系网络图是汽车维修质量保证体系中的各个环节及其相互关系的一种图形表达方式。

需要指明的是，质量保证体系与质量管理体系是两个不同的概念，前者主要由通过管理措施保证维修质量的各个因素组成，后者主要指从事质量管理的各级责任人员组成的工作系统。

1. 汽车维修质量保证体系网络图的作用

①能直观反映汽车维修质量保证体系的构成和关系；

②能体现通过对汽车维修实行全面的、全过程的质量跟踪和控制，对维修质量予以保证；

③能体现通过利用信息反馈系统来提高服务质量；

④汽车维修企业或道路运输管理机构可根据汽车维修质量保证体系网络图的要求，用系统的观念，查找维修企业在质量管理方面的薄弱环节，促进汽车维修质量管理工作不断改进。

2. 汽车维修质量保证体系网络图图例

①汽车维修企业的维修质量保证体系网络图　　汽车维修企业的维修质量保证是整个行业维修质量保证的核心。企业质量保证应充分体现全面质量管理的思想。汽车维修企业的维修质量保证体系网络图如图 1-1-2 所示。

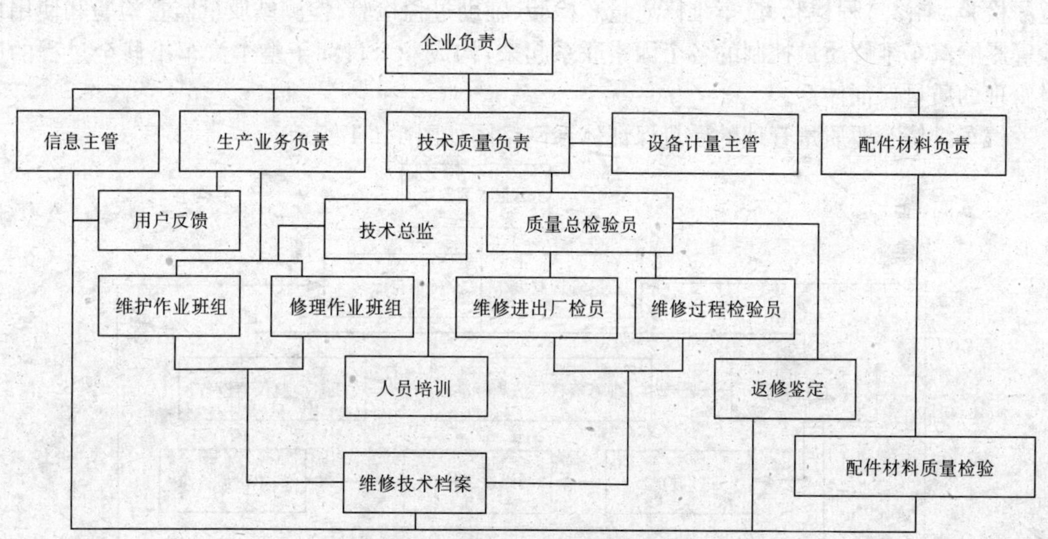

图 1-1-2　汽车维修企业的维修质量保证体系网络图

②汽车大修质量保证体系网络图　　汽车大修的质量取决于汽车修理技术标准、工艺过程、设备、材料、机具、修理生产的组织形式、质量检验等工作的完善程度，以及修理工作人员的劳动质量等。将这些因素作为汽车大修质量保证的相关环节而构成的汽车大修质量保证体系绘制成网络图，如图 1-1-3 所示。

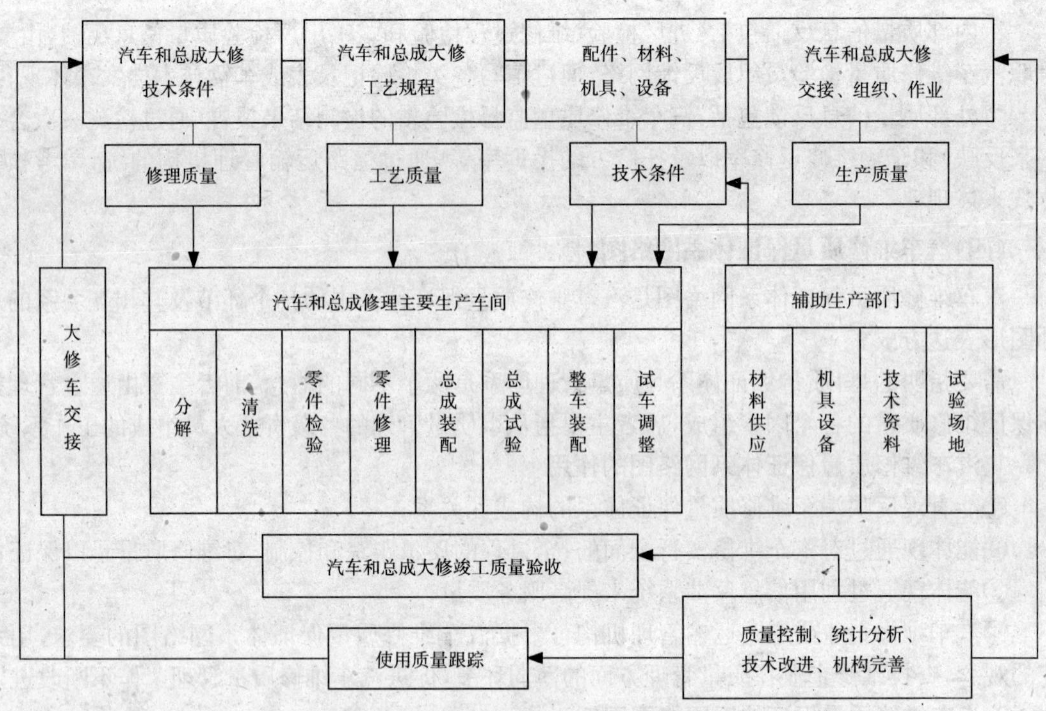

图 1-1-3　汽车大修质量保证体系网络图

③汽车维修质量管理的质量保证体系网络图　要确保汽车维修质量稳定，除明确各个生产环节的责任外，不能忽视各环节连接上的质量管理，即质量控制工作。因此，必须建立一个能够有效控制汽车维修质量管理工作的系统，通过必要的制度、手段和方法，把汽车维修从进厂检验、维修过程检验、汽车维修质量总检验、辅助过程检验、检测站质量监督检验和使用检验等影响汽车维修质量控制的各个因素联系起来，构成一个贯穿于整个汽车维修全过程的质量管理的质量保证体系。

汽车维修企业质量管理的质量保证体系网络图如图 1-1-4 所示。

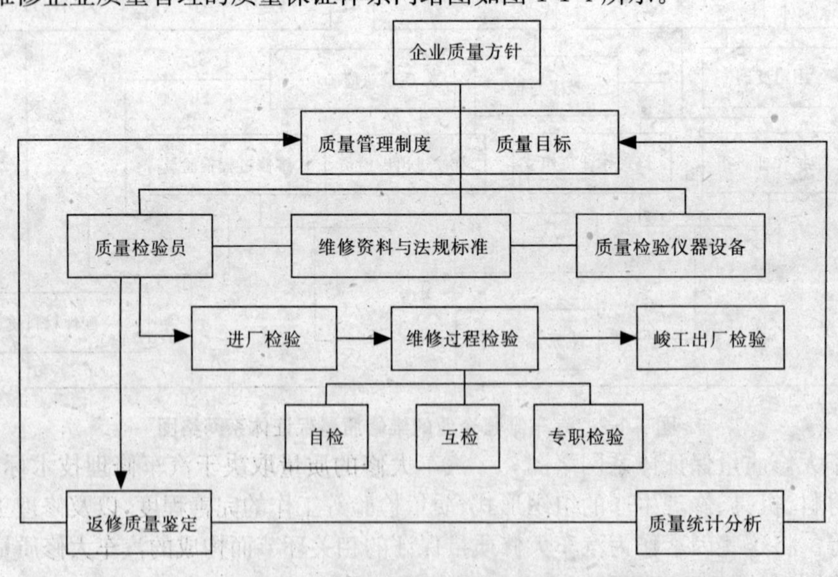

图 1-1-4　汽车维修企业质量管理的质量保证体系基本要件网络图

七、企业质量管理体系认证工作

质量管理体系认证，是随着现代工业发展和市场贸易的需要，作为一种提供质量保证的模式逐步发展起来的确认和实证制度。

顾客采购或接受服务，需要了解供应商的产品质量，以确定合格的供应商。起初这种质量保证要求仅仅表现为供应商自我的表明方式，随后出现了顾客对供应商亲自作出产品检验和评价，既"第二方评定"。随着产品结构、性能的日益复杂化和技术含量的日益增高，面对专业化生产发达的国际贸易市场，顾客不仅关心对供应商提供产品质量的评价，也关心供应商持续稳定提供合格产品的质量保证能力，更关心供应商质量管理体系运行的有效性、充分性和适宜性。与此同时，顾客由于缺乏足够的对产品质量专业检验与评价能力，供应商又疲于接待大量顾客的第二方评定，这时，由第三方来证实产品质量和质量管理体系的现代质量认证制度便应运而生。

现代质量认证制度包括产品质量认证和质量管理体系认证，前者基于产品样品的检验和随后的抽样监督检查，但由于过程复杂，费用较高，产品更新换代的周期也越来越短，顾客对供应商的选择评价更多地转向了对供应商设计、生产、安装、服务质量保证能力的评定，即通过供应商的质量管理体系来证明供应商具有持续稳定地生产符合标准要求的产品的能力。近年来，在质量保证活动中，质量管理体系第三方认证注册得到日益广泛地开展。

1. 质量管理体系认证的含义

质量管理体系（QMS）主要包括管理职责、资源提供和管理、产品实现、监视测量和改进四大过程。质量管理体系是客观存在的，但是否按科学的质量管理原则完善健全地建立起来，并有效运行、持续改进，是能否稳定地提供不断满足需求的合格产品的根本保证。

质量管理体系认证，就是按照公认的标准，由国家认可的第三方机构独立、公正、科学地对供应商（企业）的质量管理体系进行审核，对其是否有能力保证提供的产品达到标准的要求，作出符合性和有效性所达到程度的结论。对于达到符合标准、体系运行有效要求的供应商（企业），由认证机构颁发证书，并在认证认可专业媒体上发布体系认证注册公告，以向广大顾客和市场作出证实。

质量管理体系认证的对象是供应商（企业）的质量管理体系，其覆盖的产品可以是硬件或流程性的产品，也可以是软件或某种服务，或是它们的组合，例如产品加服务等。

质量管理体系认证的手段是审核与评定。为了规范第三方认证的行为和审核评定的可接受性，国家标准化组织（ISO）制定了相应的标准和导则。质量管理体系符合性评定的通行标准就是在世界范围内被广泛接受的 ISO9000 族标准。

2. 开展质量管理体系认证的意义

开展质量管理体系认证的意义在于：可以促进企业质量管理体系的建设，提高企业基础管理综合能力，使企业保持并持续改进质量管理水平，从而保证产品质量的稳定和提高；可以提高企业质量信誉，提供市场准入条件，有力地增强企业在国际和国内市场上的竞争力；可以引导顾客正确选择市场，择优选取提供合格产品的可靠供应商，有利于防止国际贸易技术壁垒，有利于对外国际贸易的发展。在市场经济条件下，质量管理体系认证也是国家间接控制产品质量的有效机制。因此，开展质量管理体系认证也越来越被人们所认识，已经形成一种世界性趋势，并成为国际间的规范行为，得到了关贸总协定和世界贸易组织（WTO）的支持与合作。

目前，由我国国家认可和国际互认的认证机构颁发的证书在国际上有相当高的权威性，在国际贸易中起到了有效的质量保证证实的作用。

3.质量管理体系认证程序

质量管理体系认证程序按国际公认惯例，由国家认可制度作出原则规定，一般程序是：

①企业自愿申请，认证机构审查后作出是否受理的意见。

②受理后进入质量管理体系认证初次评定阶段。认证机构对申请方进行质量管理体系文件审查，并在审查合格后派出审查组进行现场审核。审查组提出审核报告，作出是否通过认证的建议性结论。审核报告由认证机构审查，若予以批准，则对获准认证企业进行认证注册并颁发认证证书。

③获准认证有效期(3年)内，认证机构对企业质量管理体系实施监督管理，主要是监督检查(每年至少一次)和证书管理。有效期满后，将根据企业申请，开展复评，确定是否可以更换新一期的证书。

4.企业质量管理体系认证的条件和具体工作

企业质量管理体系认证的条件是：第一，具有相当的法律地位，持有有关登记注册证明；第二，按ISO 9001标准(我国等同采用GB/T19001标准)建立质量管理体系。特别是第二个条件，这是企业质量管理体系认证准备工作的主要内容。

一般地说，企业应首先通过培训学习、宣传、贯彻ISO9000族标准，动员发动并培训骨干，领导层制定企业质量方针，并向全员宣传；开展质量管理的诊断和质量管理体系的设计；编制质量管理体系文件，包括质量手册、程序文件和作业性文件；贯彻实施体系文件，并在实施中不断完善；开展内部审核和管理评审，发现问题，进行整改。一般在企业领导对本企业的质量管理体系运行的效果建立了信心后，认证审核的时机就算成熟了。

5.企业质量管理体系文件的内容、编制和更新

质量管理体系文件是描述一个企业质量管理体系结构、职责、工作程序和具体操作要求的一整套文件，主要由质量手册、质量管理体系程序、作业指导书、质量记录(表格和报告)等文件构成。文件内容分别介绍如下：

(1)质量手册。质量手册是根据企业经营的战略目标和认证标准，在充分识别质量管理过程的基础上，具体体现保证质量方针和质量目标实现的纲领性文件。手册系统地描述了企业对各过程的质量管理要求，对企业各项质量活动具有强制性的规范作用，通常由企业最高管理者发布生效。如，有一汽车维修企业在质量手册中设立了“诚实守信、严谨细致、持续优质、顾客满意”的质量方针，并提出具体的企业质量目标：顾客满意度≥86%，外部返修率≤5‰，内部返修率≤2%，售后服务核心流程符合率≥86%。

(2)质量管理体系程序文件。文件是针对质量手册所提出的管理与控制要求，规定如何达到这些要求的具体实施流程和步骤。包括：质量管理岗位职责、过程管理步骤、生产业务流程、质量考核方法等。如汽车维修企业的生产业务流程，包括预约、准备、接车、维修、质检、交车及回访等主要售后服务过程的具体程序规定。程序文件后一般列出本程序所需的作业指导书文件名和质量记录名称。

(3)作业指导书。作业指导书用以表述质量体系程序中每一步更详细的操作方法或规程，是为保证过程的质量而制订的质量活动规范或准则，如某车型的“汽车维护作业规范”、“汽车发动机大修竣工检验规程”等，以指导员工执行具体的工作任务。

作业指导书和程序文件的区别在于，一个作业指导书只涉及规范一项独立的具体质量活动，而一个程序文件涉及到质量管理体系中某个管理过程的整个活动。

(4)质量记录(包括表格和报告)。质量记录是记载具体质量活动(即一个具体工作任务)的基本凭证，是为反映质量管理体系有效运行而设计的一些实用的表式或对质量活动结果所作的报告。这些表式在使用之后连同报告，就形成了质量记录，作为质量管理体系运行的有效证据。维修企业质量管理过程中常用的维修进厂检验表、过程检验表、竣工出厂检验表、返修记录表、综合性能检测报告单等，都属于质量记录表式和报告的范畴。有些具有强制实施的规定性表式(格)，在填写前是作业指导书，作业完成并填写后则成为质量记录。

上述这些质量管理体系文件应始终保持有效，即必须随体系的运作环境、行业要求和顾客需求的变化而不断修改和完善。

质量管理体系文件均须有授权的评审、审核和批准生效的管理程序，并规定发放范围、保管和执行责任，以保证所有质量活动场所均能得到现行有效的体系文件。质量体系文件是内外审核中最基础性的依据。

质量管理体系文件编制和完善的技术要点，介绍如下：

①质量手册一定要简明扼要，涉及各部门管理职责的一定要组织讨论，并编制成质量管理职责要素表，便于审核时对照。

②程序文件范围和详细程度应取决于工作的复杂程度、所用方法，以及这项活动涉及人员的技能、素质和培训程度。

③质量记录的设计应与程序文件编制同步进行、协调一致、接口清楚。必须将所有表式统一编号，汇编成册发布执行。必要时，对某些较复杂的记录表式要规定填写说明。

④当企业内部组织机构发生了变化或行业管理要求，包括管理规章和技术标准有了更新后，或企业经营目标和质量方针有了改变后，均须及时修改质量管理体系文件，修改合适后发布运行。

本 章 小 结

本章是学习质量管理知识的基础部分，主要围绕汽车维修质量、汽车维修质量的主要评定参数和考核指标、汽车维修质量管理的概念、汽车维修质量管理职能、汽车维修质量管理体系、汽车维修质量管理制度，以及全面质量管理的知识等基本概念作了介绍，并概略介绍了有关ISO9000 质量体系认证方面的基本知识。

通过本章学习，应该能在学员的思想上对汽车维修行业及企业质量管理工作的主要内容和特点有一个基本的认识。

复习思考题

1. 汽车维修质量是如何定义的?
2. 汽车维修质量的主要评定参数有哪些方面?
3. 汽车动力性的主要评定参数是什么?
4. 汽车制动性能的主要评定参数有哪些?

5.汽车维修企业的维修质量主要用哪些指标来衡量?

6.汽车维修质量管理有哪些主要职能?

7.汽车维修质量控制主要包括哪些方面?

8.汽车维修行业质量管理体系由哪些机构组成?

9.汽车维修质量管理制度有什么作用?

10.竣工出厂合格证制度的具体要求是什么?

11.交通部7号令明确规定的汽车维修质量保证期的具体内容是什么?

12.质量保证期和承诺的质量保证期内出现问题应如何处理?

13.交通部提出的机动车返修制度有什么要求?

14.交通部提出的专业技术人员考试和管理制度有哪些具体规定?

15.全面质量管理的特点是什么?

16.企业质量管理基础工作包括哪些方面?

17.企业标准化和法规建设工作有何意义?

18.企业计量工作的主要内容是什么?

19.企业质量信息包括哪些内容?

20.企业质量保证主要包括哪些内容?

21.汽车维修二级维护质量保证体系由哪些部分组成?

22.何谓质量管理体系认证?

23.企业质量管理体系文件主要有哪些类型?

第二章　汽车维修质量检验

第一节　汽车维修质量检验概述

一、汽车维修质量检验的定义与检验方法

1.汽车维修质量检验的定义

汽车维修质量检验是指采用一定的检验侧试手段和检查方法，测定汽车维修过程中和维修后(含整车、总成、零件、工序等)的质量特性，然后将测定的结果与规定的汽车维修质量评定参数标准相比较，从而对汽车维修质量作出合格或不合格判断的过程。

2.汽车维修质量检验的日的

汽车维修质量检验的目的是为了对汽车维修过程实行全面质量控制，判断汽车维修后是否符合有关质量标准，对竣工车辆代表汽车维修企业，同时也代表托修方验收维修质量。汽车维修质量管理机构进行汽车维修质量检验，是为了实施行业质量监督。

3.汽车维修质量检验的方法

汽车维修质量检验的方法分为两类：一是传统的经验检视方法，二是借助于各种量具、仪器、设备进行参数测试的方法。经验检视方法凭人的感官检查、判断，带有较大的盲目性；仪器仪表测试可通过定性或定量的测试和分析，准确地评价和掌握汽车技术状况。

随着现代科学技术的进步，特别是汽车不解体检测技术的发展，人们可以在室内或特定的道路条件下，不解体测试汽车的各种性能，而且安全、迅速、准确。

4.汽车维修质量检验的工作步骤

汽车维修质量检验是一个过程，一般包括如下工作步骤：

(1)明确要求。根据汽车维修技术标准和考核汽车技术状态的指标，明确检验的项目和各项质量标准。

(2)测试。用一定的方法和手段测试维修汽车或总成的有关技术性能参数，得到质量特性值。

(3)比较。将测试得到的反映质量特性值的数据同质量标准的要求作比较，确定是否符合汽车维修质量要求。

(4)判定。根据比较的结果判定汽车或总成维修质量是否合格。

对维修质量合格的汽车发放《汽车维修竣工出厂合格证》，对不合格的维修汽车，记录所测

得的数值和判定的结果，查找原因并进行反馈，以便促使维修工序进一步改进。

二、汽车维修质量检验分类及检验内容

1.按检验对象分类

汽车维修质量检验按检验对象一般分为以下几类：

①汽车维修作业的质量检验；

②自制件、改装件的质量检验；

③燃料、润滑油及原材料（含外购、外协件）的质量检验；

④机械设备、计量器具等技术性能的检验。

2.按检验的组织方式分类

企业内部质量检验组织方式一般分为三级，即自检、互检和专职检验，俗称“三检”，各级检验的主要任务和特点如下。

（1）自检——指维修人员对自己操作完成的工作，认真地对照汽车维修技术标准，自我进行质量评定（是否合格，分析原因，提出改进措施，杜绝不合格维修质量）。自检是汽车维修中最直接、最基本、最全面的检验，是保证汽车维修质量的基础。

（2）互检——指维修人员之间对维修作业质量进行相互检验。主要方式包括：

①主修人或班组长对本组维修人员作业质量的检验。

②下一道维修工序对上一道维修工序的质量检验，如汽车二级维护作业中，安装制动摩擦片时对制动鼓（或制动盘）工作表面的加工质量进行检验。

（3）专职检验——指由专职检验员对汽车维修过程中的维修质量控制点（关键项目、关键作业部位、关键的维修配件材料）进行预防性检验，以及整车维修竣工出厂的把关性总检验。行业相关法规及标准中所指的“汽车维修质量检验员”即上述汽车维修企业根据其规模配备的专职汽车维修质量检验员，包括专职进厂检验员、过程检验员和竣工出厂检验员。

3.按汽车维修工艺过程分类

（1）进厂检验——进厂检验是对送修汽车进行外部检视和交接的检验，必要时进行简单的测量和路试以验证报修项目的准确性（严格地讲，进厂送修车交接时的外检并不属于质量检验的范畴）。要将进厂送修车交接检验的结果填写双方认可的汽车交接清单，办理交接手续，承修方通过对送修汽车的外观和行驶检查，制订维修计划，并经托修方认可，送修汽车的进厂检验可由检验部门专职检验员配合业务部门（业务员）进行。在现行的汽车维护制度中，要求汽车二级维护前应进行各部分技术性能参数的检测诊断，为确定附加作业项目提供分析依据。这种维护前检测也应归为进厂检验的一种。汽车或总成送修前应进行修前检验，即送修技术鉴定，根据鉴定结果有针对性地安排维修，以免超前维修或失修。

（2）零件分类检验——汽车整车大修或总成解体、零部件清洗后，应按技术标准进行检验分类，将原件分为可用的、可修的和报废的三大类。分类的主要依据为：是否超过修理规范中的规定的“大修允许”和“使用极限”。凡零件磨损尺寸和形位误差在大修允许范围内的为可用件；凡零件因磨损或形位误差超过允许值，但仍可修复使用的为可修件；凡零件严重损坏，无法修复或修理成本太高的，为报废件。零件分类检验一般由主修人自检完成，其中关键零部件的检验，如汽缸磨损及形位公差的检验，应列入专职过程检验员重点检验的范围。

（3）汽车维修过程检验——汽车维修过程检验又称工序检验，其目的在于防止不合格的零

件或总成装配到车上；防止不规范的维修作业行为发生，造成汽车维修质量隐患。汽车维修过程检验是汽车维修质量管理工作中的重要环节，没有过程的质量控制，就没有整体质量保证。汽车维修过程检验一般由承修人员负责自检，班组人员进行互检，专职过程检验员对维修各环节进行质量抽检，实施关键零部件、重要工序检验以及总成的性能试验。如发动机总成修理过程中，汽缸的搪磨加工质量，直接影响发动机装配质量和工作性能，应视为质量控制关键部位，严加控制。汽车维修企业应根据自身的实际情况确定必要的维修质量控制点，由专职维修过程检验员进行强制性的检验。在汽车维修过程中，重复故障及合格率低的、对下一道维修工序影响大的工序中应设几个过程检验控制点，使影响该工序质量的因素处于受控状态是很有必要的。

(4)汽车维修竣工出厂检验——汽车维修竣工出厂检验必须由专职汽车维修质量检验员承担，一般在汽车维修竣工后、交车(或送汽车维修质量监督检测站检测)前进行。汽车维修质量检验员对照维修质量技术标准，全面检查汽车，测试有关性能参数。汽车检验合格后签发《汽车维修竣工出厂合格证》，并向用户交付有关技术资料。

(5)汽车的返修鉴定——汽车维修竣工出厂后在质量保证期内汽车发生故障或损坏，为使承修方和托修方按有关规定“划分和承担相应的责任”并确定相应返修项目而进行的检验称之为返修签定。返修是对维修质量不合格的汽车进行的补救和纠正措施。汽车返修的检测、判断工作应由专人(质量检验员)负责。检验员通过检验和鉴定，分清责任，组织、协调和实施返修，并登记、填写汽车返修记录表。

(6)汽车维修质量评定检验——经道路运输管理机构认定的汽车维修质量监督检验站，对汽车维修企业的维修竣工车辆进行质量评定的抽检。

三、汽车维修质量检验规范

《机动车维修管理规定》(交通部 2005 年第 7 号令)(以下简称交通部 7 号令)规定：机动车维修经营者对机动车进行二级维护、总成修理、整车修理的，应当实施维修前诊断检验、维修过程检验和竣工质量检验制度。该规定明确提出了汽车维修质量检验的重点要求。

(一)汽车维修质量检验的重点范围

1.二级维护质量

汽车定期维护，尤其是对汽车进行全面检查调整的二级维护，是发生率最高的维修作业项目，其质量好坏直接影响车辆使用性能和使用寿命，车主最为关心，所以汽车二级维护质量一直被列入行业管理重点监控的对象。

2.总成修理质量

汽车整体性能取决于各大总成的性能，而以恢复总成技术性能为目标的总成修理(通常称为“总成大修”)必须严格把好质量关。

3.整车修理质量

整车修理俗称“全车大修”，以全面恢复汽车综合性能为目标，国家制定了专门的车辆维修竣工出厂质量标准，其质量更要严格把握。

(二)汽车维修质量检验的重要内容

1.维修前诊断检验

只有通过维修前的诊断检验，才能对车辆技术情况有实际了解，才能制定出合理的维修方案，这是落实视情修理维修制度的具体要求。同时，通过进厂车辆维修前的检验，能给维修过程中的检验，尤其是对修竣后车辆的检验，对我们准确判断车辆进厂时存在的问题是否得以解决提供一个比照的依据。

2.过程检验

维修过程检验，包括作业规范和作业质量的控制，是质量控制的关键。没有过程控制就难以保证竣工车辆的整体技术性能。

3.竣工质量检验

竣工质量检验是对维修竣工车辆是否满足出厂要求的判断性评价检验。对维修竣工出厂质量严格控制，不合格的车辆不放行是对车主负责、对社会负责、对企业负责的充分体现。

（三）汽车维修质量检验规程

汽车维修质量检验必须严格按照相关技术标准或车辆维修手册规定的检验项目、检验内容和检验方法进行。具体要求详见系列教材中有关汽车维修技术标准和本教材下述部分所述。

四、汽车维修质量检验的工作职能及要求

汽车维修质量检验的工作职能及要求可归纳为三个方面。

1.保证职能

保证职能即把关职能，通过对原料、汽车配件、外协件的入厂检验，对维修或制件的过程检验，以及维修竣工检验，保证不合格的原材料不投产、不合格的半成品不转入下道工序、不合格的维修汽车不出厂。

维修质量保证在形式上体现为：实行汽车维修竣工出厂合格证制度，即"机动车维修竣工质量检验合格的，维修质量检验人员应当签发《机动车维修竣工出厂合格证》；未签发机动车维修竣工出厂合格证的机动车，不得交付使用，车主可以拒绝交费或接车。机动车维修竣工出厂合格证由省级道路运输管理机构统一印制和编号，县级道路运输管理机构按照规定发放和管理。禁止伪造、倒卖、转借机动车维修竣工出厂合格证。"（交通部7号令）

2.预防职能

通过质量检验将获得的有关维修质量的信息和数据及时反馈给质量管理机构及有关部门，为维修质量控制提供依据；同时为发现汽车维修过程中的质量问题所在，为开展质量管理活动提供课题，及时采取对策，防止同类问题的再发生。也就是说，通过质量检验及早发现汽车维修质量问题，并找出原因，及时排除，预防或减少不合格的维修汽车。

3.报告职能

将在质量检验工作中搜集到的数据、信息做好记录，进行分析和评价，并及时地向企业主管部门或道路运政管理机构进行报告，为加强汽车维修质量管理和提高汽车维修质量提供必要的信息和依据。

要充分实现质量检验的报告职能，必须在维修质量检验实践中收集有关信息和数据，为此，交通部7号令规定：机动车维修经营者对机动车进行二级维护、总成修理、整车修理的，应当建立机动车维修档案。机动车维修档案主要内容包括：维修合同、维修项目、具体维修人员及质量检验人员、检验单、竣工出厂合格证（副本）及结算清单等。在质量检验过程中，认真填写好各种检验记录表，建立完善的机动车维修档案，是质量检验工作的重要内容之一。

第二节　汽车维修质量检验员

一、汽车维修质量检验员的定义和分类

汽车维修质量检验员是指机动车维修企业中从事机动车维修进厂和竣工出厂检验以及监控维修过程质量的人员，如汽车维修进、出厂检验，维修过程检验，配件质量控制检验等各项工作的责任人。

汽车维修质量检验员的分类与汽车维修质量检验的分类相似，有以下不同的分类：

①按汽车维修生产过程分为：汽车维修进厂检验员；汽车维修过程检验员；汽车维修出厂检验员。

②按检验对象分为：汽车维修质量检验员；配件质量检验员。

③按检验责任的不同分为：汽车维修质量检验员；汽车维修质量总检验员。

为便于行业统一管理，交通部有关文件明确规定：汽车维修企业的质量检验人员统称为汽车维修质量检验员。

二、汽车维修质量检验员的从业管理

汽车维修质量检验一直被列为汽车维修行业的关键岗位。为了落实质量检验员的从业管理工作，国家相关标准和行业法规中都有明确规定。

（一）汽车维修质量检验员的配备的要求

汽车维修企业必须配备质量检验员，这是汽车维修业开业条件的基本要求。GB/T 16739.1～2—2004《汽车维修业开业条件》第4条人员技术条件中，对汽车维修企业检验人员数量的要求专门作了规定，其中，GB/T 16739.1—2004《汽车维修业开业条件　整车维修企业》4.4规定：检验人员数量应与其经营规模相适应，其中至少应有1名总检验员和1名进厂检验员；GB/T 16739.2—2004《汽车维修业开业条件　专项维修业户》发动机专项维修5.1.1.4规定：检验人员数量应不少于2名。国务院颁布的《中华人民共和国道路运输条例》和与其相配套的交通部7号令中，对此都有明确规定。汽车维修企业应根据生产任务的多少和生产组织方式的不同，从确保汽车维修质量检验工作的需要出发，配备应有的质量检验人员，使各个影响汽车维修质量的生产环节均能得到有效控制。这项工作应该成为企业的自觉行为。

（二）汽车维修质量检验员从业资格管理

根据国务院颁布的《中华人民共和国道路运输条例》的精神，交通部制定了《道路运输从业人员管理规定》（2006年第9号令），明确规定：国家对道路运输从业人员实行从业资格考试制度。机动车维修技术人员取得从业资格的比例是相关经营者依法获取机动车维修经营许可的必要条件之一（第六条）；道路运输从业人员从业资格考试应当按照交通部编制的考试大纲、考试题库、考核标准、考试工作规范和程序组织实施（第七条）。机动车维修技术人员从业资格考试由设区的市级道路运输管理机构组织实施，每季度组织一次考试。交通部第7号令规定：质

量检验人员总数的60%应当经全国统一考试合格。按照上述政府有关规定，从事汽车维修质量检验工作的从业人员，尤其是负责汽车维修竣工出厂质量检验的从业人员，必须经过当地交通部门组织的岗位培训，完成规定的学习任务，考核合格，取得《中华人民共和国道路运输从业人员从业资格证》，方可上岗。

(三)汽车维修质量检验人员的任职资格

交通部《道路运输从业人员管理规定》要求机动车维修检验技术人员应当符合下列条件：一是具有高中以上学历；二是熟悉机动车维修检测作业规范，掌握机动车维修故障诊断和质量检验的相关技术，熟悉机动车维修服务收费标准及相关政策法规和技术规范。

国家标准《机动车维修从业人员从业资格条件》(已经报批)对汽车维修质量检验员从业资格条件作了如下具体规定。

1.基本条件

①获得机修人员或电器维修人员职业资格并连续在该岗位工作2年以上。

②具有与本企业承修车型相适应的机动车驾驶证，并安全驾驶2年以上。

2.专业知识

①熟悉机动车维修管理的相关法律、法规、规章、标准和规范。

a.熟悉《中华人民共和国道路运输条例》、《中华人民共和国道路交通安全法》及其实施条例中与机动车辆维修相关的内容。

b.掌握《机动车维修管理规定》。

c.熟悉《中华人民共和国大气污染防治法》有关机动车排放方面内容。

d.掌握《中华人民共和国标准化法》、《中华人民共和国产品质量法》、《中华人民共和国消费者权益法》的相关内容。

②掌握机动车的结构、原理和性能以及主修车型的维修技术标准和规范。

③掌握机动车检测诊断和机动车维修质量检验原理、方法和技术规范。

④掌握常用仪器、仪表和量具的结构原理、性能和使用方法，了解其标定方法。

⑤掌握常用检测诊断设备的结构原理、性能和使用方法，了解其标定方法。

⑥熟悉机动车维修质量保证体系知识。

⑦熟悉机动车常用材料的性能和机动车配件质量控制知识。

⑧了解机动车综合性能要求和检验方法。

⑨熟悉机动车维修工时定额和收费标准。

3.专业技能

①能熟练运用相应检验仪器、仪表和量具以及检测诊断设备完成机动车维修进厂、维修过程和维修竣工出厂的各项质量检验工作，正确填写机动车维修进厂检验单、过程检验单和维修竣工出厂检验单，并签发维修竣工出厂合格证。

②能协助技术负责人对机动车维修质量事故进行分析和鉴定，提出改进和预防措施，并组织实施。

③能配合业务员进行车辆或总成维修进厂和维修竣工出厂的检验交接。

④能对机动车配件质量进行常规检验。

⑤能指导和培训相关人员对机动车维修质量进行检验。

⑥具有查阅和运用技术资料对维修车辆的故障进行深入诊断的能力。

⑦具有执行机动车维修工时定额和收费标准的能力。

三、汽车维修质量检验员岗位职责

1.汽车维修质量检验员岗位职责

按照国家标准《机动车维修从业人员从业资格条件》(已经报批)的规定，汽车维修质量检验员岗位职责包括：

①执行国家、地方及行业相关机动车维修的法律、法规、规章、标准和规范。

②负责机动车维修进厂检验，确定维修项目，填写进厂检验单。

③负责机动车维修过程的质量监控，填写过程检验单，并指导维修人员对维修车辆的故障进行深入诊断。

④负责机动车维修竣工出厂检验，填写维修竣工出厂检验单，签发维修竣工出厂合格证。

⑤协助技术负责人分析处理质量事故和纠纷，提出改进和预防措施，并组织实施。

⑥配合业务员完成机动车或总成维修进厂和竣工出厂的交接工作。

⑦负责对机动车配件的质量进行监控。

⑧负责指导和培训相关人员对机动车维修质量进行检验。

⑨正确执行机动车维修工时定额和收费标准。

2.汽车维修质量检验员岗位职责的落实

在汽车维修质量管理工作中，如何落实质量检验员的职责，有效把好汽车维修质量关，促进企业发展，是行业管理部门和企业一直在探讨的问题。

汽车维修质量检验员岗位职责共9条，可以归纳为以下4个方面：

①严格执法(执行法规、标准，以及机动车维修工时定额和收费标准等)；

②完成检验工作任务(负责机动车维修进厂检验、维修过程检验和竣工出厂检验，以及配件质量监控，配合业务员完成车辆进出厂交接)；

③配合质量管理工作(协助技术负责人分析处理质量事故和纠纷)；

④承担技术培训任务(指导维修，负责检验工作的指导和培训)。

由上述可见汽车维修质量检验员岗位职责应该重点从以下4个方面去落实。

a.通过各种渠道收集并认真学习、全面掌握汽车维修行业相关法规、标准，明确汽车维修质量检验和质量管理工作的具体规定。尤其要做到及时跟踪行业最新法规和标准的变化，了解行业最新的管理和技术要求，只有这样才能保证质量检验工作不断适应行业的要求和社会的需要。

b.踏踏实实、保质保量地完成好各项检验工作任务。这里包含了三个概念，一是强调了工作作风要踏实，汽车维修质量检验责任重大、技术性强，要承担风险，不认真仔细做到位，出事就是必然的；二是要保证检验质量，这要建立在掌握检验技术的基础上，检验仪器不会用、检验结果不准确，就会造成漏判、误判或错判；三是要保证检验工作到位，质量把关到位。

c.强化质量管理意识，自觉承担质量管理责任。一是要在检验工作中做有心人，能够通过实践主动发现质量问题、分析问题的原因，把问题及时消除在没有发展到严重地步之前，充分体现质量检验的预防职能；二是对已经发生的质量问题，对内(员工)或对外(客户)应主动协助技术负责人分析处理质量事故和纠纷，并能提出针对性的质量管理具体措施，以杜绝类似问题的再发生。

d. 要在本岗位发挥好技术指导作用。应协助技术主管完成企业内部技术培训任务，帮助其他维修技术人员掌握维修技术规范，严格按标准进行操作，为保证维修质量创造基本条件。

第三节　汽车维修质量检验技术档案

汽车维修质量管理技术档案是汽车维修档案的重要组成部分。根据 GB/T 15746—1995《汽车修理质量检查评定标准》的要求，汽车修理质量检查评定内容就包括了修理质量检验技术文件的完善程度。因此，检验技术文件是汽车维修质量检查评定的重要内容。

本章将根据交通部 7 号令中有关规定的要求，结合维修企业质量管理日常工作的需要，对汽车维修质量管理技术档案的具体内容和使用要点介绍如下。

一、汽车维修合同

根据《中华人民共和国合同法》的有关规定，1992 年由中华人民共和国交通部和国家工商行政管理局共同制定发布了《汽车维修合同实施细则》，对各类维修企业与托修方签订书面“汽车维修合同”的有关事项作了相关规定。

1. 合同签订的范围

对整车大修、主要总成大修、二级维护和维修预算费用(包括更换配件)超过 2 000 元(目前行情)的维修项目，承、托修双方必须签订书面维修合同。

2. 合同的主要内容

汽车维修合同作为经营活动中制约双方行为的具体条约，主要内容包括：承、托修双方的信息，送修车的情况，维修类别及项目，交接车辆的日期，验收标准和方式及质量保证期，预计费用和结算相关事项，违约责任及纠纷处理等。一般各级汽车维修管理部门为企业提供合同示范文本。以下所列为某省提供的“汽车维修合同”及示范文本(表 1-2-1)，供学习参考。

汽 车 维 修 合 同　　表 1-2-1

合同编号：

承修单位：

地址：

联系电话：　　传真：

开户银行：　　账号：

托修单位/人：　　地址：　　电话：

车牌号码		车　型		车身颜色	
发动机号		车架或 VIN 号		行驶里程	
送修方式		送修日期		进厂检验单号	
交车方式		预计交车日期		接待人	

维修类别：□整车大修　□总成大修　□二级维护　□保养　□小修　□事故车　□其他

续上表

序号	维修项目	工时定额	需更换材料
1			
2			
3			
4			
5			
6			
7			
8			
9			
10			

预计材料费（含管理费）		预计工时费		预计修理费总计	

维修过程发生需要增加项目内容

序号	维修项目	工时定额	需更换材料	客户确认
1				
2				
3				
4				
5				

需增材料费（含管理费）		需增工时费		需增修理费总计	
验收标准		验收方式			

交车日期修定		客户确认		交车地点修定		客户确认	

合 同 文 本

第一条　二级维护以上作业的车辆维修作业均须签订本合同。为保护托修方的正当权益，鼓励托修方在进行专项修理、小修作业时也与承修方签订本合同。

第二条　承、托修双方的义务

（一）托修方的义务：

1. 按合同规定的时间送修车辆和接收竣工车辆；

2. 提供送修车辆的有关情况（包括送修车辆基础技术资料、技术档案等）；

3. 按合同规定的方式和期限交纳维修费用。

（二）承修方的义务：

1. 按合同规定的时间交付修竣车辆；

2. 按照有关汽车维修技术标准（条件）修车，保证维修质量，向托修方提供____省交通厅监制的全国统一式样的《机动车维修竣工出厂合格证》。

3. 建立承修车辆维修技术档案,并向托修方提供维修车辆的有关资料及使用的注意事项;

4. 按规定收取维修费用,并向托修方提供全省统一式样的结算清单。

第三条　维修项目和费用结算

(一)在签订本合同时,承修方应告知托修方此次维修作业的维修项目和预计材料费(含管理费)、预计工时费、预计修理费总计。

(二)承修方在维修过程中,发现其他故障需增加维修项目,应告知托修方需增材料费(含管理费)、需增工时费、需增修理费总计,征得托修方同意后,方可承修。

(三)维修费用按实际发生额结算,承修方应向托修方提供全省统一式样的结算清单。若承修方不出具全省统一式样的计算清单,托修方有权拒绝支付费用。

(四)工时费用的计算按下面第________种方式计算:

1. 以物价局、交通厅发布的工时定额和工时单价为准;

2. 以承修方报当地县级以上道路运输管理机构备案的工时定额和工时单价为准;

3. 以承修车型的生产厂家公布的工时定额和工时单价为准(本条的工时定额和工时单价应报当地县级以上道路运输管理机构备案);

注:承修方应向社会公布以上三种计算方式中的工时定额和工时单价,托修方在签订本合同前应明确了解。若托修方在签订本合同时没有选择工时费用的具体计算方式,则工时费用以第1种计算方式为准。

4. 材料费用的计算以承修方公示的价格为准,在签订本合同前,托修方应明确了解承修方公示的材料收费标准(含管理费);托修方可自带材料,但因自带材料而产生的质量问题,承修方不承担相关责任。

(五)费用结算按下面第____条的约定执行:

1. 接车时现金支付;2. 银行转账;3. 其他________________;

第四条　本次维修作业的质量保证期按下面第________条的规定为准:

1. 以《机动车维修管理规定》中的质量保证期为准。

2. 以承修方向社会承诺的质量保证期为准。

注:若托修方选择第2条,则承修方承诺的质量保证期应作为本合同的附件附后,且有托修方的签字认可;若托修方在签订本合同时没有选择质量保证期的具体条款,则以第2条为本次维修作业的质量保证期,但承修方没有向社会承诺质量保证期的,以第1条为本次维修作业的质量保证期。

第五条　对二级维护以上作业的,承修方应按照国家有关标准对维修车辆竣工检验,并出具相应的检测报告单。对竣工检测合格的车辆,承修方必须向托修方提供由质量总检验员签字的《机动车维修竣工出厂合格证》,《机动车维修竣工出厂合格证》中的质量保证期应与本合同第四条规定的质量保证期一致。为保护托修方的权益,鼓励托修方要求承修方在所有的维修作业结束后都签发《机动车维修竣工出厂合格证》。

第六条　托修方若对本次维修作业的质量有疑问,在接车前可要求与承修方一同将车辆送往当地的机动车维修质量监督检验中心对本次维修作业项目进行维修质量监督检测。若检测合格,检测费用由托修方承担;若检测不合格,检测费用由承修方承担,且承修方还应承担返修后的检测费用。

第七条　汽车维修合同签订后,任何一方不得擅自变更或解除。当事人一方要求变更或解除维修合同时，应及时以书面形式通知对方。因变更或解除合同使一方遭受损失的，除依法可以免除责任的外，应由责任方负责赔偿。

第八条　托修方按本合同规定对竣工车辆进行验收签字后，方能接收车辆。承修方必须按本合同规定的义务提供有关资料。

第九条　承修方未按合同规定时间交付竣工车辆，应按合同规定支付对方违约金；托修方不按本合同规定交付维修费，从应付费次日起，每日按不超过维修费的0.1%向承修方交纳滞纳金。

违约金、滞纳金金额由双方商定，但法律另有规定的除外，商定的结果作为本合同的附件附后。除双方另有商定的外，违约金、滞纳金应在明确责任后十日内赔付，否则按逾期付款处理。

第十条　承、托修双方在履行合同中发生纠纷时，应及时协商解决；协商不成的，任何一方均可向当地经济合同仲裁部门申请仲裁或直接向当地人民法院起诉。维修车辆在质量保证期内发生质量问题，当事人也可到所在地道路运输管理机构提请调解处理。

第十一条　本合同一式两份，承、托双方各执一份，具有同等的法律效益。

第十二条　未尽事宜，由双方协商解决。

托修方（签字）：　　　　　　　　　　承修方（章）：

年　　月　　日　　　　　　　　　　　年　　月　　日

3.维修合同签订与管理的要求

一般维修企业与托修方签订维修合同的工作由业务部门完成，但是其中有一些重要的内容，比如维修类别（项目）、需更换材料、维修过程发生需要增加项目内容、验收标准和方式、质量保证期、提供《机动车维修竣工出厂合格证》等，都需要质量检验人员参与和确定。其中，有关验收标准和方式、质量保证期等，应严格按照交通部《机动车维修管理规定》和行业及地方有关规定执行。

在管理方面《汽车维修合同实施细则》要求：承修方应建立健全合同管理制度，并有专（兼）职人员负责合同管理工作。对已签订的合同要建立登记台帐并妥善保管。

二、汽车维修进厂检验单

汽车维修进厂交接时需要进行检验，其目的，一是对送修车装备的齐全状况进行鉴定，二是对送修车的技术状况进行实际了解，以为竣工出厂时判断维修实际效果和交接车辆提供依据。当然，由于汽车维修项目不同，进厂检验的内容和侧重点也有所不同，主要体现在各类维修不同的“汽车维修进厂检验”上。

（一）大修进厂检验单

1.汽车整车大修进厂检验表（交接单）

（1）检验表内容。汽车整车大修需要一定工期，即停厂车日，所以进厂时双方首先需要对送修车装备的齐全状况进行鉴定和交接，其次应结合车主报修内容进行送修车各部技术状况的检验，这是非常必要的。因为整车大修以全面恢复车辆技术性能为目标，对送修车技术状况有详细的了解，为制定合理的维修方案和修理工艺，为出厂检验时对维修质量，即整车技术状况的控制，都有着非常重要的作用。因此，整车大修进厂检验主要包括：车辆交接和整车技术状况检验两部分，详见表 1-2-2 所列。

(2)检验表使用要求。检视、清点汽车装备主要部件的情况可用符号表示，其中："√"表示完好，"○"表示缺少，"×"表示损坏。特殊情况可用文字说明。

"托修方报修项目及说明"中的"说明"是关于送修前车辆故障现象的描述，要求所提供信息尽量详细、准确。

汽车大修进厂检验交接单 表 1-2-2

托修方 派工号

承修单位 车辆牌号 厂牌车型 底盘号 发动机号 进厂日期 年 月 日

汽车状态(行驶或不能行驶原因)							大修后行驶里程(时间)					
发动机和底盘缺损何件									里程表记录里程			km
汽车装备检视一览表	大灯		小灯		点火开关		点火钥匙		车门钥匙		前照灯	
	电喇叭		气喇叭		门内拉手		门外拉手		升降器摇把		转向灯	
	刮水器		刮水片		冷却液罐		清细液箱		油箱盖		制动灯	
	全车玻璃		全车座垫		小油底壳		油尺		机油口盖		车门锁	
	前拖钩		后拖曳钩		轮毂装饰罩		备胎及架		倒车镜		散热器感	
	空气滤清器		空气压缩机		车轮挡泥板		车厢脚垫		后视镜		减振器	
	蓄电池		收音机		CD 机		天线		安全气囊		点烟器	
	电风扇											
	遮阳板										随车工具	
报修项目及说明												
技术状况检验	发动机： 底　盘： 电　器： 车　身：											
进厂交接签字							出厂交接签字					
托修方代表			承修方代表				托修方代表			承修方代表		

预定出厂日期 年 月 日

"技术状况检验"要求根据汽车综合性能要求并结合报修内容，以不解体方式逐项进行，认真记录。

2.总成大修进厂检验表

(1)检验表的内容。总成大修在技术、工艺上与整车大修类似，进厂检验的目的和要求与整车大修基本类同，也包括车辆交接和总成技术状况检验两部分。以 GB/T 3799.1—2005《商用汽车发动机大修技术规范　汽油发动机》中规定了"发动机总成大修进厂检验表"为例(表 1-2-3)，加以说明。

(2)检验表使用要求：

①检视、清点汽车装备主要部件的情况可用符号表示，其中："√"表示完好，"○"表示缺少，"×"表示损坏。特殊情况可用文字说明。

②"托修方报修项目及说明"中的"说明"是关于送修前车辆故障现象的描述，要求所提供信息尽量详细、准确。

③"技术状况检验"要求根据汽车综合性能要求并结合报修内容和故障现象，以不解体方式逐项进行，认真记录。

发动机大修进厂检验单(汽油发动机)　　表 1-2-3

进厂日期		进厂编号	
厂牌车型		车牌照号码	
发动机型号		发动机号码	
送修单位		单位地址	
联系电话		送修人	
用户报修项目及发动机现状	维修前使用此发动机的汽车驶入或拖入______ 总行驶里程______km 已进行发动机大修______次 进厂前主要问题是______ 此次要求______		
发动机主要问题及重点修理部位			

发动机外观及装备(完整"○"，缺少"△"，损坏"×")

检验项目	检验结果	检验项目	检验结果
空气滤清器		各传感器	
燃油滤清器		机油散热器及管道	
机油滤清器		加机油口盖	
化油器、喷油器(电控)		机油尺、放油塞	
机油泵		水泵	
燃油泵		风扇电机	
汽缸体、汽缸盖		风扇皮带	
进、排气歧管		风扇叶	
起动机		排气管、消声器	
发电机		尾气净化器	
火花塞		油管、真空管	
分电器			
电控系统			
点火线圈			
备注：			

进厂检验员：______　　___年___月___日

3. 汽车二级维护进厂检验表

GB/T 18344—2001《汽车维护、检测、诊断技术规范》中规定："汽车二级维护首先要进行检测。汽车进厂后，根据汽车技术档案的记录资料(包括车辆运行记录，维修记录，检测记录，总成修理记录等)和驾驶员反映的车辆使用技术状况(包括汽车动力性,异响,转向,制动及燃、润料消耗等)确定所需检测项目,依据检测结果及车辆实际技术状况进行故障诊断,从而确定附加作业。”表 1-2-4 所列为 GB/T 18344—2001 中的“汽车二级维护检测项目”。

汽车二级维护检测项目 表 1-2-4

序号	检 测 项 目
1	发动机功率,汽缸压力
2	汽车排气污染物,三效催化装置的作用
3	电控燃油喷射系统
4	柴油车检查供油提前角,供油间隔角和喷油泵供油压力
5	制动性能,检查制动力
6	转向轮定位,主要检查前轮定位角和转向盘自由转动量
7	车轮动平衡
8	前照灯
9	操纵稳定性,有无跑偏、发抖、摆头
10	变速器,有无泄漏、异响、松脱、裂纹等现象,换挡是否轻便灵活
11	离合器,有无打滑、发抖现象,分离是否彻底,接合是否平稳
12	传动轴,有无泄漏、异响、松脱、裂纹等现象
13	后桥,主减速器有无泄漏、异响、松动、过热等现象

(1)汽车二级维护进厂检验表内容。根据国家标准的要求,汽车二级维护进厂检验(维护前检验)应围绕表 1-2-4 所列项目,以“维护前检测诊断、确定附加作业”为重点,以不解体方式逐项进行,见表 1-2-5。

车辆二级维护进厂检验单 表 1-2-5

托修方 进厂日期 年 月 日 派工号

车辆牌号		厂牌车型		底盘号		发动机号	
车辆进厂基本情况检查(正常√ 不正常×)							
一、车身(□碰撞 □划痕 □破损)							
二、电器部分(□部件 □线路灯光 □空调)							
三、发动机部分(□异响 □技术状况)							
四、底盘部分(□前桥 □传动系 □后桥)							
五、仪表(□各种故障灯 □各种仪表)							
六、随车物品(前□有/无 √/×,后□正常/不正常 √/×) □备胎□ □灭火器□ □随车工具□ □千斤顶□ □标志□ □行驶证□ □随车资料□ □贵重物品□ 旧件交还客户(是/否)							

托修方报修项目及说明		行驶里程(km)	

续上表

<table>
<tr><th>检测项目</th><th>检测仪器/方法</th><th colspan="7">检测结果</th></tr>
<tr><td>发动机功率</td><td>发动机综合测试仪
底盘测功机</td><td colspan="7">kW</td></tr>
<tr><td rowspan="2">单缸转速降</td><td rowspan="2">发动机综合测试仪</td><td>缸序</td><td>1</td><td>2</td><td>3</td><td>4</td><td>5</td><td>6</td></tr>
<tr><td>r/min</td><td></td><td></td><td></td><td></td><td></td><td></td></tr>
<tr><td>汽缸压力</td><td>汽缸压力表</td><td>kPa</td><td></td><td></td><td></td><td></td><td></td><td></td></tr>
<tr><td>机油压力</td><td>机油压力表</td><td colspan="7">怠速： kPa 中速： kPa</td></tr>
<tr><td>燃油系统压力</td><td>发动机综合测试仪</td><td colspan="7">kPa</td></tr>
<tr><td>点火提前角</td><td>发动机综合测试仪</td><td colspan="7">(°)</td></tr>
<tr><td>蓄电池端电压</td><td>高频放电计</td><td colspan="7">V</td></tr>
<tr><td rowspan="2">汽油车排放</td><td rowspan="2">废气分析仪</td><td colspan="7">怠 速:CO %;HC $\times10^{-6}$</td></tr>
<tr><td colspan="7">高怠速:CO %;HC $\times10^{-6}$</td></tr>
<tr><td rowspan="2">柴油车排放</td><td rowspan="2">不透光度计/烟度计</td><td colspan="7">光吸收系数： m^{-1}</td></tr>
<tr><td colspan="7">烟度值： Rb</td></tr>
<tr><td>电控故障指示</td><td>电控系统故障诊断仪</td><td colspan="7"></td></tr>
<tr><td>前轮定位</td><td>前轮定位仪、前束尺</td><td colspan="7">前束值 主销内倾角：
主销后倾角：前轮外倾：</td></tr>
<tr><td>转向盘自由转动量</td><td>转向盘角度仪</td><td colspan="7"></td></tr>
<tr><td>空调制冷系统工作压力</td><td>压力表</td><td colspan="7">高压侧： kPa
低压侧： kPa</td></tr>
<tr><td>前照灯远光发光强度</td><td rowspan="5">前照灯检测仪/屏幕法</td><td colspan="7">外侧左： 右：
内侧左： 右：</td></tr>
<tr><td>前照灯远光光束中心高度</td><td colspan="7">左： 右：</td></tr>
<tr><td>前照灯远光水平偏移量</td><td colspan="7">左： 右：</td></tr>
<tr><td>前照灯近光光束中心高度</td><td colspan="7">左： 右：</td></tr>
<tr><td>前照灯近光水平偏移量</td><td colspan="7">左： 右：</td></tr>
<tr><td>离合器踏板自由行程</td><td>检视</td><td colspan="7"></td></tr>
<tr><td>制动踏板自由行程</td><td>检视</td><td colspan="7"></td></tr>
<tr><td>驻车制动有效行程</td><td>检视</td><td colspan="7"></td></tr>
<tr><td>制动性能</td><td>制动试验台或路试</td><td colspan="7"></td></tr>
<tr><td>离合器工作状况</td><td>路试</td><td colspan="7"></td></tr>
<tr><td>变速器工作状况</td><td>路试</td><td colspan="7"></td></tr>
<tr><td>传动轴工作状况</td><td>路试</td><td colspan="7"></td></tr>
<tr><td>后桥工作状况</td><td>路试</td><td colspan="7"></td></tr>
<tr><td>操作稳定性</td><td>路试</td><td colspan="7"></td></tr>
<tr><td>车身表面状况</td><td>检视</td><td colspan="7"></td></tr>
<tr><td>车轮动平衡</td><td>测试</td><td colspan="7"></td></tr>
<tr><td>其他</td><td></td><td colspan="7"></td></tr>
</table>

续上表

确定附加作业项目	发动机	
	底　盘	
	车　身	
	电　器	
	其　他	

检验员：　　　　　　　　　　　　　　　　　　　　检验日期：　年　月　日

(2)检验表使用要求：

①根据报修项目及车辆技术状况，确定检测项目，准确确定以消除汽车故障、恢复汽车正常技术状况为目的的二级维护附加作业项目和作业内容。

②"托修方报修项目及说明"中的"说明"是关于送修前车辆故障现象的描述，要求所提供信息尽量详细、准确。

③"检测仪器/方法"提供参考，原则要求"不解体检测"。

④"检测结果"应根据所选项目逐项准确填写。

(二)汽车小修进厂检验单

汽车小修作业以排除故障为目的，因此进厂检验以了解故障现象、判断故障部位，确定修理方案为目标，也包括进厂交接的内容。表 1-2-6 所列为某地制定的统一表式。

车辆小修进厂检验单　　表 1-2-6

托修方：________ 送修车牌号：________ 派工单号：________

承修方：________ 行驶里程：________ 进厂日期：________

报修项目或维修类别			
送修车厂牌			
车辆进厂基本情况检查(完好/有"√"不正常/无"×"缺少"O")			备　注
序号	检验部位	检验项目	
1	整车	□润滑油　□外部螺栓　□密封性	
2	发动机	□导响　□技术状况	
	底盘	□离合器　□变速器　□前桥　□轮胎 □后桥　□传动轴　□转向　□制动	
3	车身、附件	□碰撞　□划痕　□刮水器　□门锁 □音响　□玻璃　□升降器　□座椅 □后视境　□胶垫	
4	电器/仪表	□蓄电池　□起动机　□发电机　□仪表 □线束　□熔丝盒　□灯光 □车载电话	
5	空调	□技术状况	
6	随车物品	□行驶证　□点火开关　□工具　□千斤顶 □备胎　□灭火器　□安全警告示标志 □随车资料	
7	其他		

续上表

<table>
<tr><td>检验报修项目建议附加项目及处理意见</td><td colspan="4">
进厂检验员签字：</td></tr>
<tr><td>维修项目</td><td colspan="4"></td></tr>
<tr><td rowspan="2">维修项目确认进厂交接签字</td><td>托修方代表</td><td></td><td>承修方代表</td><td></td></tr>
<tr><td>联系电话</td><td></td><td>联系电话</td><td></td></tr>
</table>

注：本表格一式三份，承修方、托修方、维修管理部门各一份

三、过程检验单

汽车维修过程检验是对维修过程实施质量控制的重要内容。过程检验的主要控制目标，一是检查维修工艺执行情况，即作业项目的完成有无缺项漏项现象，二是对影响维修质量的主要作业项目进行严格的作业质量检验，特别是有配合间隙、调整数据或紧固力矩等技术参数要求的作业项目。过程检验的执行情况和检验结果，以过程检验单做相应记录，为汽车竣工出厂检验提供依据。

根据不同作业类别，维修过程检验的内容和重点有所不同，分别介绍如下。

1. 大修过程检验单

汽车整车大修过程检验主要体现在各总成大修的工艺过程和主要零部件的质量检验方面，故以 GB/T 3799.1—2005 中规定的"发动机大修过程检验单"(表 1-2-7)为例加以分析。

发动机大修过程检验单(汽油发动机) 表 1-2-7

进厂编号		厂牌车型		车牌照号码	
发动机编号		施工日期		主修人	

主 要 零 部 件 换/修 记 录

部件名称	续用	更换	修理	加大	缩小
汽缸体					
汽缸盖					
汽缸套					
进、排气歧管					
活塞					
曲轴					
曲轴轴承					
连杆轴承					
凸轮轴					
凸轮轴轴承					
气门					
气门导管					
正时皮带(齿轮)					

续上表

汽缸直径检验记录（mm）

汽缸直径	1缸		2缸		3缸		4缸		5缸		6缸	
	纵	横	纵	横	纵	横	纵	横	纵	横	纵	横
上部												
中部												
下部												
圆度												
圆柱度												

活塞连杆组检验记录（mm）

活塞直径	1缸	2缸	3缸	4缸	5缸	6缸
横向						
纵向						
活塞环(开口)						
活塞质量(g)						
活塞连杆组质量(g)						
活塞与缸壁间隙						

曲轴与轴承检验记录（mm）

曲轴		1	2	3	4	5	6	7
主轴颈	圆度							
	圆柱度							
主轴颈	圆度							
	圆柱度							
主轴颈与轴承配合间隙								
连杆轴颈与轴承配合间隙								
曲轴端隙								

凸轮轴及轴承检验记录（mm）

凸轮轴	1	2	3	4
轴颈直径				
轴颈与轴承配合间隙				
凸轮升程				
备注：				

过程检验员：＿＿＿＿＿＿　　　　＿＿年＿＿月＿＿日

由表1-2-7可见，发动机大修过程检验单包括维修基本信息（进厂编号、施工日期、主修人等）、主要零部件换/修检验记录及发动机主要零部件尺寸与公差配合检验数据检验记录3个部分。其中“主要零部件换/修记录”在零部件清洗、检验工艺过程中进行，汽缸、活塞连杆组、曲轴及轴承、凸轮轴及轴承的检验记录,有的项目在零部件检验工艺过程中进行,有的如活塞与缸壁间隙、曲轴端隙等,必须在总成(部件)装配工艺中完成。

2.汽车二级维护过程检验记录表

GB/T 18344—2001 中规定:二级维护作业过程中要始终贯穿过程检验,并作检验记录;过程检验中各维护项目的技术要求需满足相应的有关技术标准,或出厂说明书的有关规定。为此,汽车二级维护过程检验作为维护质量控制的重要手段,其检验项目应包含汽车二级维护作业的所有内容(基本作业项目和附加作业项目),作业合格与否应以“各维护项目的技术要求需满足相应的有关技术标准”为依据。

汽车二级维护过程检验记录表具体内容和检验要求见表 1-2-8 所示。

汽车二级维护过程检验记录表 表 1-2-8

托修方 派工号

承修单位 车辆牌号 厂牌车型 底盘号 发动机号 进厂日期 年 月 日

序号	项 目	作 业 内 容	技 术 要 求	检 验 记 录	检 验 员
1	发动机机油	更换	①机油规格符合要求; ②液面高度符合规定		
2	机油滤清器	视情更换	密封良好,无堵塞,完好有效		
3	空气滤清器、	清洁、检查	①清洁有效,安装可靠; ②恒温进气装置工作灵敏		
4	燃油箱及油管、燃油滤清器、燃油泵	检查接头及密封情况;清洁燃油滤清器,视情更换;检查燃油泵	① 接头无破损、渗漏,紧固可靠; ② 燃油滤清器工作正常; ③ 燃油泵工作正常		
5	燃油蒸发控制装置	检查、清洁,视情更换	工作正常		
6	曲轴箱通风装置	检查、清洁	清洁畅通,连接可靠,不漏气;各阀门无堵塞、卡滞现象,灵敏有效		
7	散热器、膨胀箱、水泵、节温器、传动带	①检查密封情况、箱盖压力阀、液面高度、水泵; ②检视传动带外观,调整松紧度	①散热器及软管无变形、破损及渗漏;箱盖接合面良好,胶垫不老化、;水泵不漏水,无异响;节温器工作性能符合规定; ②传动带无裂痕和过量磨损,表面无油污,松紧度符合规定		
8	进、排气歧管、消声器、排气管、汽缸盖	检查、紧固,	①无裂纹、无漏气,消声器性能良好; ②汽缸盖螺栓拧紧力矩符合规定	汽缸盖螺栓拧紧力矩: ________N·m	
9	增压器、中冷器	检查、清洁	符合规定		
10	发动机支架	检查、紧固	连接牢固,无变形和裂纹		
11	化油器及联动机构	清洁、检查、紧固	清洁,联动机构运动灵活,连接牢固,无漏油、气现象,工作系统和附加装置工作正常		
12	喷油器	检查喷油器工况	喷油器工作正常,雾化良好,无滴油、漏油现象		
13	喷油泵	必要时检测喷油压力,视情调整供油提前角	①喷油压力符合规定; ②供油提前角符合规定		
14	分电器、高压线、分缸线	清洁、检查	分电器无油污,触点间隙符合规定,无松旷、漏电现象,高压线、分缸线性能符合要求	触点间隙/气隙: ________mm	

续上表

序号	项　目	作业内容	技术要求	检验记录	检验员
15	火花塞	清洁、检查或更换火花塞,调整电极间隙	电极表面清洁,间隙符合规定	电极间隙:______mm	
16	气门间隙	检查、调整	符合规定	进:____mm 排:____mm	
17	三效催化装置	检查其作用,必要时更换	作用正常		
18	离合器	检查调整离合器踏板自由行程	离合器踏板自由行程符合规定	自由行程:______mm	
19	鼓式制动器	拆检、清洁总成	各零部件清洁、完好		
		校紧各部螺栓	按规定力矩拧紧螺栓		
		检查支承销与制动蹄承孔衬套配合间隙	间隙符合规定	支承销配合间隙:______mm	
		检查制动蹄复位弹簧自由长度、拉力	自由长度、拉力符合规定		
		测量制动摩擦片厚度	制动摩擦片厚度符合规定	摩擦片厚度: 前左:____mm 前右:____mm 后左:____mm 后右:____mm	
		测量制动鼓内径尺寸、圆度误差、左右内径差	内径尺寸、圆度误差、左右内径差符合规定	制动鼓内径: 前左:____mm 前右:____mm 后左:____mm 后右:____mm	
		检查半轴	无明显弯曲,不磨套管,无裂纹,花键无过量磨损或扭曲变形		
		校紧轮胎螺栓、内螺母	轮胎螺栓齐全完好,规格一致,按规定力矩扭紧	轮胎螺栓力矩:______N·m	
		装复前后轮毂、调整轴承松紧度及制动间隙	①装复支承销,制动蹄支承销孔均应涂润滑脂,开口销或卡簧齐全有效		
			②润滑轴承		
			③制动鼓、制动摩擦片表面清洁,无油污		
			④制动摩擦片与制动鼓的间隙应符合规定,转动无碰擦现象或声响,检视孔挡板齐全	摩擦片与制动鼓间隙: 前左:____mm 前右:____mm 后左:____mm 后右:____mm	
			⑤轮毂转动灵活,用拉力计测量时可转动,且无轴向间隙		
			⑥锁紧螺母按规定力矩扭紧		
			⑦保险可靠,防尘罩、衬垫完好,螺栓垫圈齐全紧固(螺栓规格一致)		

续上表

序号	项 目	作业内容	技术要求	检验记录	检验员
20	盘式制动器	拆检、清洁总成	各零部件清洁、完好		
		检查制动盘表面，测量厚度	制动盘表面无明显凸槽、凹坑，厚度不逾限	制动盘厚度：____mm	
		校紧各部螺栓	按规定力矩拧紧螺栓		
21	气压制动操作系统	检查空气压缩机、贮气筒、安全阀、制动阀、制动气室	各部工作正常，充气速度、安全阀工作压力符合规定		
22	液压制动操作系统	检查制动主缸、制动轮缸、制动液	①制动液不变质液位符合要求；②制动主缸、轮缸密封良好、工作正常		
23	制动管路	检查紧固制动阀和管路接头	①制动阀和管路接头连接可靠，无漏气；②液压制动管路内无空气		
24	制动踏板	检查自由行程	制动踏板自由行程符合规定		
25	驻车制动	检查驻车制动器有效行程	符合规定，作用正常		
26	转向器、转向传动机构	①检查系统工作状况和密封性；②校紧各部螺栓；③检查调整转向盘自由转动量	①转向盘自由转动量符合规定；②转向盘轻便、灵活，无卡滞和漏油现象；③垂臂及转向节臂无弯曲及裂损，各部螺栓连接可靠		
27	前束及转向角度	调整	符合规定	前束：____mm	
28	变速器、差速器	检查密封状况和操纵机构，清洁通气孔	密封良好，通气孔畅通，操纵机构作用正常，无异响、跳动、乱挡现象		
29	传动轴、中间轴承及支架	①检查防尘罩；②检查传动轴万向节工作状态；③检查中间轴承间隙	①防尘罩不得有裂纹、损坏，卡箍可靠，支架无松动；②万向节不松旷，无卡滞，无异响；③传动轴承支架无松动；④中间轴承间隙符合规定		
30	悬架	①检查、紧固各部连接；②检查减振器密封及工作状况	①各部完好，连接可靠；②减震器无泄漏、工作正常		
31	轮胎(包括备胎)	检查紧固，补气，进行轮胎换位，视情更换	气压符合规定，清洁，无裂损、老化、变形，气门嘴完好，轮胎螺栓紧固，轮胎装用符合规定		
32	发电机及调节器、起动机	清洁，润滑	符合规定		
33	蓄电池	检查、清洁、补给	清洁，安装牢固，电解液液面符合规定		
34	前照灯、仪表、喇叭、刮水器，全车电器线路	检查、调整，必要时修理或更换	①前照灯、喇叭，各仪表及信号装置功能齐全、有效，符合规定；②刮水器电动机运转无异响，连动杆连接可靠；③全车线路整齐、连接可靠、绝缘良好		
35	车身、车架、安全带	检查、紧固	车身、车架无变形、断裂、脱焊，连接螺栓、铆钉紧固，安全带完好		
36	内装饰	检查、紧固	设备完好，无松动		
37	空调装置	检查空调系统工作状况、密封状况	①制冷系统密封，制冷效果良好；②暖气装置工作正常		

续上表

序号	项目	作业内容	技术要求	检验记录	检验员
38	润滑	①检查各部润滑油规格和液面高度，视情补给； ②各润滑脂加注点润滑良好	①润滑油规格和油位符合出厂规定； ②润滑脂嘴齐全有效，润滑良好		
附加作业项目	发动机				
	底盘				
	车身				
	电器				
	空调				
	其他				
注：技术要求栏中的“符合规定”指符合实际应用中有关技术规定或技术要求					

上述检验记录表在企业实际运用中应根据具体维护车型有所补充和完善，表中“检验记录”栏一般由主修人填写自检情况，“检验员”栏应由企业过程检验员（一般由专职过程检验员或班组长兼任）填写，作为企业过程质量控制的原始记录。

四、竣工检验表

汽车维修竣工应满足相应竣工出厂条件，因此，竣工检验的项目设置及检验要求，应严格按相应维修竣工出厂技术条件即各类相关技术标准为依据。

（一）大修竣工出厂检验表

1. 汽车整车大修竣工出厂检验表

汽车整车大修以全面恢复车辆技术性能为目标，因此竣工检验应该是全方位的。

（1）汽车整车大修竣工出厂检验表内容见表1-2-9。

汽车整车大修竣工出厂检验表 表1-2-9

托修单位 送检时间： 年 月 日

车牌号码		车　型		发动机号码		车架号/VIN	

序号	检验项目	检验结果	序号	检验项目	检验结果
1.1	一般技术要求		1.1.5	总成、零部件及附件装备	
1.1.1	驾驶室总成客车车厢		a.	总成、零部件	
1.1.2	涂漆质量		b.	附件装备	
1.1.2.1△	喷（烤）漆		1.1.6	座椅	
a.	漆外观		1.1.7	门窗及玻璃	
b.	漆硬度		a.	门窗	
1.1.2.2	刷漆		b.	玻璃	
1.1.3	保险杠、翼子板		1.1.8	离合器、制动踏板、驻车制动拉杆	
1.1.4△	驾驶室、货厢、车厢		a.	踏板自动行程	

续上表

序号	检验项目	检验结果	序号	检验项目	检验结果
b.	制动器		1.2.3.1	滑行距离	
c.	驻车制动拉杆		a.	台试	
1.1.9	轮胎		b.	路试	
a.	胎压		1.2.3.2	滑行阻力	
b.	轮胎规格型号及花纹		1.2.4	转向操纵性	
1.1.10	车轮		1.2.4.1*	侧滑量	
a.*	车轮圆跳动量		1.2.4.2*	前轮定位	
b.	车轮动不平衡量		1.2.4.3	转弯直径	
1.1.11	转向机构		1.2.4.4	转向盘转动性能	
1.1.12	电气设备和仪表		1.2.4.5	转向盘操纵力	
a.	照明及信号		1.2.5*	制动性能	
b.	仪表		1.2.5.1*	汽车行车制动性能	
c.	导线		a.	路试	
d.	漏电		b.	台试	
1.1.13	整备质量		1.2.5.2*	汽车驻车制动性能	
1.1.14	润滑		a.	路试	
a.	装置(油嘴)		b.	台试	
b.	油(脂)规格及填加量		1.2.6	前照灯	
1.1.15	轴距		1.2.6.1	发光强度	
1.1.16	紧固件		1.2.6.2	光轴位置	
a.	关键紧固件		1.2.7	车速表	
b.	一般紧固件		1.2.7.1	车速表波动	
1.1.17	铆接与焊接		1.2.7.2*	车速表指示误差	
a.	铆接件		1.2.8	排放、噪声	
b.	焊缝		1.2.8.1*	汽油车怠速污染物排放	
1.2	主要性能要求		1.2.8.2*	柴油车尾气排放	
1.2.1*	动力性		1.2.8.3	噪声	
1.2.1.1	底盘输出功率		a.	车内噪声	
1.2.1.2	加速时间		b.	车外噪声	
a.	台试		c.	喇叭声级	
b.	路试		1.2.9△	密封性	
1.2.2	经济性		1.2.9.1△	防雨密封性	
a.	台试		1.2.9.2△	防尘密封性	
b.	路试		1.3	发动机运转	
1.2.3	滑行性能		1.3.1*	启动性能	

续上表

序号	检验项目	检验结果	序号	检验项目	检验结果
1.3.2*	发动机怠速运转		1.4.1	离合器	
1.3.3*	发动机运转性能		1.4.2	变速器	
1.3.4*	机油压力		1.4.3	传动轴及中间轴承	
1.4	传动机构工作状况		1.4.4	差速器、减速器	
竣工检验意见				质量总检验员签字	

(2)汽车整车大修竣工出厂检验表使用要求。检验项目要求:① * 为关键项。②Δ 轿车关键项,货车为一般项。检验方法供选择,如:台试和路试只选择其一。检验结果表示方法:检验合格打√,不合格打×。利用综合性能检测线进行检测的项目,以检测报告为准,附于该表后作为竣工出厂检验依据。

2.总成大修竣工出厂检验表

(1)总成大修竣工出厂检验表的内容。总成大修竣工出厂以该总成修理技术条件为依据进行检验,如GB/T 3799.1—2005根据标准中对发动机总成大修竣工出厂技术条件的规定,设置了发动机大修竣工检验单(汽油发动机),见表1-2-10。

发动机大修竣工检验表(汽油发动机) 表1-2-10

进厂编号		厂牌车型		牌照号码	
发动机编号		竣工日期		主修人	

发动机外观、装备及性能/mm

<table>
<tr><td>检验内容及结果</td><td colspan="8">检验内容及结果</td></tr>
<tr><td>发动机外观:</td><td colspan="8">怠速转速(r·min⁻¹)</td></tr>
<tr><td>喷(涂)漆:</td><td colspan="8">运转状况
怠速: 中速: 高速: 加速及过渡</td></tr>
<tr><td>四漏检查
油: 水: 电: 气:</td><td colspan="8">发动机异响:</td></tr>
<tr><td>螺栓螺母:</td><td colspan="8">机油压力(MPa)
怠速: 高速:</td></tr>
<tr><td rowspan="3">润滑油:</td><td colspan="8">汽缸压力(MPa)</td></tr>
<tr><td>1</td><td>2</td><td>3</td><td>4</td><td>5</td><td>6</td><td>7</td><td>8</td></tr>
<tr><td colspan="8">汽缸压力差(MPa)</td></tr>
<tr><td>空气滤清器</td><td colspan="8">真空度(kPa)
怠速: 波动范围:</td></tr>
<tr><td rowspan="4">限速装置:</td><td colspan="8">排放污染物:</td></tr>
<tr><td colspan="2">怠速</td><td colspan="2">(r/min)</td><td colspan="2">高怠速</td><td colspan="2">(r/min)</td></tr>
<tr><td colspan="2">CO(%)</td><td colspan="2">HC(10⁻⁶)</td><td colspan="2">CO(%)</td><td colspan="2">HC(10⁻⁶)</td></tr>
<tr><td colspan="2"></td><td colspan="2"></td><td colspan="2"></td><td colspan="2"></td></tr>
<tr><td rowspan="2">起动性能</td><td colspan="4">额定功率(kW)</td><td colspan="4">最大转矩(N·m)</td></tr>
<tr><td colspan="8">发动机燃油消耗率[g(kW·h)⁻¹]</td></tr>
<tr><td>电控系统有无故障码显示:</td><td colspan="8">发动机噪声:</td></tr>
<tr><td colspan="9">备注:</td></tr>
</table>

竣工检验员:＿＿＿＿　　　＿＿年＿＿月＿＿日

(2)汽车发动机大修竣工出厂检验表使用要求。总成大修竣工检验项目分:人工检查和仪器测试项目。“发动机燃油消耗率”测试项目一般维修企业可能不容易做到,可以委托综合性能检测站实施,或采用装车后路试汽车 100 km 耗油量的方法,进行间接判断。“电控系统有无故障码显示”项目检测,除直观判断故障灯以外,应利用发动机故障诊断仪进行发动机燃油喷射系统电控元件工作参数测试,即数据流分析,以更准确掌握电控发动机大修后各部的工作性能。

(二)汽车二级维护竣工出厂检验表

GB/T 18344—2001 规定:汽车在维修企业进行二级维护后,各项目参数符合国家或行业及地方标准。相应的汽车二级维护竣工要求,在该标准中以表 4 作了明确规定。

(1)汽车二级维护竣工检验表的内容。根据国家标准的规定,汽车二级维护竣工检验表可以如表 1-2-11 所列。

汽车二级维护竣工检验表 表 1-2-11

托修方:

车牌号: 进厂日期: 竣工出厂合格证号:

序号	检验项目	技术要求	检验记录
(一)人工检查			
1	清洁	汽车外部、各总成外部、三滤应清洁无油污	
2	紧固	各总成外部螺栓、螺母按规定力矩拧紧,各锁销、垫可靠	
3	润滑	①发动机、变速器、转向盘、后桥润滑油适量,各通气塞孔畅通; ②各部润滑点油脂加注有效,油嘴齐全、安装位置正确	
4	离合器	踏板自由行程符合原厂规定	
5	转向系	①转向盘自由转动量符合 GB 7258—2004《机动车安全运行技术条件》中 6.4 的规定; ②横、直拉杆球销不松旷,各部螺栓、螺母紧固、锁止可靠; ③前束符合原厂规定	
6	灯光、仪表、信号	稳固、齐全、有效	
7	轮胎	轮胎磨损、气压符合规定	
8	密封	各部油、水、气密封良好,不漏电	
9	其他	刮雨器工作有效,车门开闭灵活,锁止有效	
(二)路试			
1	发动机动力性及异响	发动功率大于额定值的 80%,运转平稳,加速圆滑无“回火放炮”现象,润滑油压力正常无异响(允许轻微气门响声)	
2	离合器	离合器接合平衡,分离彻底,无打滑、振抖、异响现象	
3	传动系	变速器、差速器、传动轴各部无异响、变速操纵机构不松旷	
4	转向系	转向机构操作轻便、无摆振	
5	制动、滑行性能	①整车制动性能符合 GB 7258－2004 中 6.14.1.1、6.14.1.2 与 6.15 中任一条的规定; ②驻车制动性能符合 GB 7258－2004 中 6.143、6.15.2 的规定; ③轮毂不松旷,制动鼓不过热,30 可 m/h 初速,滑行距离＞200m	

续上表

序号	检验项目	技术要求	检验记录
(三)(检测仪器/上线)			
1	废气排放	汽油车:CO和HC含量符合GB 18565－2001中9.1.1的要求 柴油车:烟度排放符合GB 18565－2001中9.1.2的要求	
2	轮胎动平衡	符合GB 7258－2004中9.4的要求	
3	前轮定位参数	符合GB 18565－2001中7.4的要求	
4	综合性能	上线检测,各项性能参数符合相关技术要求(附检测报告)	
检验结论	结论: 承修单位(盖章): 总质量检验员(签字): 托修方接车人(签字): 出厂日期:		

注:本表格一式三份,承修方、托修方、维修管理部门各一份。

(2)汽车二级维护竣工检验表使用要求。检验方法可以根据维修企业实际进行选择;所有检测项目应正确填写检测结果数据;对检验技术要求"符合有关标准的规定"的,必须查询出具体规定的参数,作为合格与否的评定依据。

(三)汽车小修竣工出厂检验表

汽车小修竣工出厂检验交通部7号令中没有严格规定,但是,作为质量控制的需要,竣工出厂是必须进行检验的,这是维修服务过程必不可少的一项内容。表1-2-12是某地区地方法规中对汽车小修竣工出厂检验提出的要求,供学习参考。

汽车小修竣工检验表　　表1-2-12

送修单位:　　电话:

厂牌车型			牌照号码		
进厂日期			出厂日期		
维修项目					
汽车尾气检测	怠速		高怠速		
	CO (%)	HC (10^{-6})	CO (%)	HC (10^{-6})	
检验结果			检验员签章		
			接车人签章		
备注					

说明:此汽车小修竣工检验表中提出了小修竣工出厂尾气检测的要求,突出了经维修的出厂车辆在环保方面维修企业应严格把关的责任,于建立和谐社会、树立行业良好形象有利,值得各地效仿。

五、汽车综合性能检测报告单

为切实贯彻强制性国家标准GB 18565—2001《营运车辆综合性能要求和检验方法》,进一步规范营运汽车综合性能检测工作,交通部2002年组织制订了全国统一的"汽车综合性能检测报告单"(见表1-2-13)。

“汽车综合性能检测报告单”(以下简称检测报告单,表 1-2-13)是根据强制性国家标准 GB 18565—2001而制订的,是汽车综合性能检测站为所检车辆开具的书面凭证,是道路运政管理机构评定营运车辆技术等级、进行营运车辆年度审验和判定营运车辆进入或退出道路运输市场的重要依据。2003 年 1 月 1 日起,所有开展营运车辆年度检测业务的 A 级汽车综合性能检测站都必须使用全国统一式样的检测报告单,并要求全面规范检测站计算机控制系统,实现计算机自动生成检测报告单。交通部规定检测报告单由省级交通主管部门统一编号,任何单位和个人不得伪造、倒卖。

由于目前大多汽车维修企业在维修竣工检验过程中,对整车大修和二级维护竣工检验所涉及的部分汽车综合性能检测项目实施检测的条件有限,特别是广大的二类汽车维修企业。因此需要委托汽车综合性能检测站完成,其检测结果一般也以上述“检测报告单”列出,具有书面凭证功效。

1. 报告单的内容

本报告单依据中华人民共和国强制性国家标准 GB 18565—2001 编制,主要用于汽车综合性能检测。检测项目包括 9 个方面、54 个相关参数和检测内容。

为了更好地掌握检测数据的变化情况,有的地区在检测表上还设置了表示各车轮制动力动态变化情况的“制动力曲线图”,给技术人员分析车辆制动性能提供依据,有的地区结合当地检测条件对检测项目单的表式设计也作了一些调整,更方便使用。

汽车综合性能检测报告单 表 1-2-13

车辆单位		车牌号码		厂牌型号		车辆类别		载质量(座位数)		出厂日期	
送检单位		营运证号		发动机号		车架号码		燃料		检测日期	

类别	序号		检测内容		检测结果	评价
发动机	1		怠速转速		r/min	
	2		机油压力		MP_a	
驱动轮输出装置	3	(1)	校正驱动轮输出功率		%	
			额定扭矩功率			
		(2)	校正驱动轮输出功率		%	
			额定功率			
油耗	4		等速百公里油耗		L/100 km	
制动性	5		轴荷	一轴	N	
				二轴	N	
				三轴	N	
				四轴	N	

类别	序号	检测内容		检测结果	评价
制动性	6	行车制动	整车	%	
			前轴	%	
	7	制动力平衡	一轴	%	
			二轴	%	
			三轴	%	
			四轴	%	
	8	制动协调时间		S	
	9	车轮阻滞		一轴左:% 一轴右:%	
				二轴左:% 二轴右:%	
				三轴左:% 三轴右:%	
				四轴左:% 四轴右:%	

类别	序号	检视内容		检视结果	评价
制动性	10	驻车制动		%	
转向操纵性	11	转向轮侧滑量		m/km	
	12	转向轮自由转动量		(°)	
	13	转向盘操纵力		N	
	14	转向轮最大转角	左转	内/外(°)	
			右转	内/外(°)	
悬架效率	15	吸收率或悬架效率		前左:% 前右:%	
				后左:% 后右:%	
	16	同轴左右差值		前轴:% 后轴:%	

续上表

类别	序号		检测内容		检测结果	评价
前照灯	17		发光强度		左：cd	
					右：cd	
	18		近光光束上下偏移量		左：mm	
					右：mm	
	19		近光光束水平偏移量		左：mm	
					右：mm	
	20		远光光束上下偏移量		左：mm	
					右：mm	
	21		远光光束水平偏移量		左：mm	
					右：mm	
排气污染物	22		怠速		CO：%	
					HC：10^{-6}	
	23	(1)	双怠速	怠速	CO：%	
					HC：10^{-6}	
				高怠速	CO：%	
					HC：10^{-6}	
		(2)	ASM工况法	5025	HC：10^{-6}	
					CO：%	
					NO：10^{-6}	
				2540	HC：10^{-6}	
					CO：%	
					NO：10^{-6}	
	24		柴油车自由	光吸收系数	m^{-1}	
	25		加速工况	烟度	R_b	

类别	序号	检测内容			检测结果	评价
噪声	26	定置噪声			dB(A)	
	27	客车车内噪声			dB(A)	
	28	喇叭声级			dB(A)	
其他	29	客车防雨密封性				
	30	车速表示值误差			%	
	31	滑行性能	(1)	距离	m	
			(2)	阻力	N	
整车装备及外观检查	32	整车装备及标识				
	33	车架、车身、驾驶室外形与连接				
	34	车门、车窗、刮水器				
	35	驾乘座椅				
	36	卧铺				
	37	行李架(舱)				
	38	安全出口、安全带				
	39	车厢、地板、挡泥板				
	40	车轮、轮胎				
	41	悬架装置				

类别	序号	检视内容	检视结果	评价
整车装备及外观检查	42	传动系、车桥		
	43	转向节及臂、横直拉杆及球销		
	44	制动装置(行车、应急、驻车制动)		
	45	螺栓、螺母紧固		
	46	灯光数量、光色装置		
	47	信号装置与仪表		
	48	漏气、漏油、漏水、漏电		
	49	底盘异响		
	50	发动机异响		
	51	润滑		
	52	灭火器		
	53	车内外后视镜，前下视镜		
	54	汽车和挂车侧面、后下部防护装置		
检测结论：				
检测单位技术负责人(签章) 年 月 日				
(检测专用章) 年 月 日				

2. 识读“汽车综合性能检测报告”

以表1-2-14汽车综合性能检测记录表(实例内容摘录)所列，介绍检测报告的分析方法，以及正确选择维修方案的思路。

(1)初步解读报告，明确检测项目、检测结果、评价结论。汽车综合性能检测项目54项主要分量化检测参数和定性检验项目两大类，应在报告单上分别读取。

报告中各检测参数标准以中华人民共和国强制性国家标准GB 18565—2001，以及GB 7258—2004《机动车安全运行技术条件》等为依据。因此，要能真正读懂“检测报告”，首先应认真学习掌握国家及行业相关技术标准的有关内容，明确各参数的检测方法和标准，才能对检测结果进行科学分析，准确找出检测合格与否的原因，指导维修生产。

汽车综合性能检测记录表（内容摘录） 表 1-2-14

检测单位 ××××× 检测日期:2005—04—15 14:03:33 检验号:220059312

检测环境 天气:晴 温度:19℃ 湿度:48% 大气压:100 kPa 检验流水:220103595

车辆牌号	××××	厂牌车型	富康/ZX	车型类别	小型客车		检测类别	二维、技评
车主	×××××××		许可证号	01090107	吨/座位	5	出厂日期	1998.7
送检单位	×××××××		营运证号	01097803	燃油	汽	行驶里程	40 万 km
检测结论	经检测,该车二级维护竣工质量不符合 GB/T18344—2001 有关技术要求,技术状况不符合 JT/T198—2004 关于一级车的有关技术要求。						车型类别	小型客车

类别	序号	检测内容		检测内容	评价
发动机	1	怠速转速		r/min	//
	2	机油压力		MPa	//
驱动轮输出装置	3 ①	校正驱动轮输出功率		kW	//
		额定转矩功率			//
	3 ②	校正驱动轮输出功率		49.2 kW	O
		额定功率		55.5 kW	
油耗	4	等速百公里油耗 L/100 kW	额定	5.30	O
			实侧	5.15	
制动性能	5	轴荷	一轴	688 N	
			二轴	455 N	
			三轴	N	
			四轴	N	
			整车	N	
	6	行车制动	一轴	左 258 N 右 220 N	O
			二轴	左 114 N 右 128 N	O
	7	制动力平衡	一轴	左 255 N 右 216 N	O
			二轴	左 26 N 右 64 N	×
			三轴	N	
			四轴	N	
	8	制动协调时间		S	
	9	车轮阻滞	一轴左 二轴右	2.3 % 1.9 %	O
			二轴左 二轴右	3.5 % 2.0 %	O
			三轴左 三轴右	% %	
			四轴左 四轴右	% %	
	10	驻车制动		左 162 N 右 173 N	O

类别	序号	检测内容			检测内容	评价
转向操纵性	11	转向轮侧滑量			外 7.5 m/kW	×
	12	转向轮自由转动量			16°	O
	13	转向盘操纵力			N	//
	14	转向轮最大转角	左转		(°)	//
			右转		(°)	//
悬架效率	15	吸收率或悬架效率			前左(%) 前右(%)	//
					后左(%) 后右(%)	//
	16	同轴左右差值			前轴(%) 后轴(%)	//
前照灯	17	发光强度			左 13 200 cd	O
					右 27 400 cd	O
	18	近光光束上下偏移量			左 mm	//
					右 mm	//
	19	近光光速水平偏移量			左: 右 282 mm	O
					右: 左 162 mm	O
	20	远光光束上下偏移量			1.15H	×
					0.46	×
	21	远光光束水平偏移量(mm)			左:右 282	O
					右:左 162	O
排放污染检测	22	怠速			CO 0.06%	O
					HC12 010^{-6}	O
	23	①	双怠速	怠速	CO(%)	//
					HC(10^{-6})	//
				高怠速	CO(%)	//
					HC(10^{-6})	//
		②	ASM 工况法	5025	HC(10^{-6})	//
					CO(%)	//
					NO(10^{-6})	//
				2540	CO(%)	//
					HC(10^{-6})	//
					NO(10^{-6})	//

续上表

类别	序号	检测内容		检测内容	评价
排放污染检测	24	柴油车自由加速工况	光吸收系数	m^{-1}	//
	25		烟度	R_b	//
其他	26	定置噪声		86.1 dB	×
	27	客车车内噪声		dB	//
	28	喇叭声级		dB	//
	29	客车防雨密封性			//

类别	序号	检测内容			检测内容	评价
其他	30	车速表示值误差			36.7	O
	31	滑行性能	①	距离	m	//
			②	阻力	N	//
检测结论	经检测，该车二级维护竣工质量不符合 GB/T 18344—2001 有关技术要求，技术状况不符合 JT/T 198—2004 关于一级车的有关技术要求					

制动力曲线	前轴左制动力258 N;右制动力220 N 制动力(N) 50 100 150 200 250 0.0 0.2 0.4 0.6 0.8 1.0 1.2 1.4 1.6 1.8 制动时间(s)	后轴左制动力114 N;右制动力128 N 制动力(N) 50 100 150 0.0 0.2 0.4 0.6 0.8 1.0 1.2 1.4 1.6 1.8 制动时间(s)	
审核意见	检测单位技术负责人(签字)	检测单位	(检测专用章)

检验人员：××××× 检测设备：安检小车线 A－1000/综检机

检测依据：GB 18565—2001，GB/T 18344—2001，JT/T 198—2004，GB 7258—2004

说　明："O"表示合格项目，"×"表示不合格项目；"//"表示不检或不作评价。

(2)对检测报告进行数据分析。该项检测类别为"技维"即二级维护、技术评定检测，是在安全性能检测线上按 GB/T 18344—2001 中有关竣工检验技术要求和 JT/T 198—2004《营运车辆技术评定方法与评定标准》进行的综合性能检验。

该项检测结论为"经检测，该车二级维护竣工质量不符合 GB/T 18344—2001 有关技术要求，技术状况不符合 JT/T 198—2004 关于一级车的有关技术要求"。

此例主要进行的检测项目及检测结果分析如下：

①排放性能检测合格。检测了汽油车怠速排放 CO 和 HC 含量，均合格。其中，CO 含量 0.06%(合格标准为：0.8%)；HC 含量为 120×10^{-6}(合格标准为：900×10^{-6})。

[参见 GB 18565—2001 中 9.1.1 装配点燃式发动机的车辆排气污染物控制　表 6 装配点燃式发动机的车辆怠速试验排气污染物限值。]

②制动性能检测部分不合格。

a. 制动力大小合格。通过分别检测各轴轴荷和四轮制动力，计算出整车质量、整车制动力和、轴制动力，以及制动力差，分别符合 GB 7258—2004 的要求。其中，

Ⅰ. 制动力和的数据分析。

由表 15 可知：四轮制动力和为 720 N，整车质量为 1 143 N，则制动力总和与整车质量的百分比为：720/1 143＝63%＞60%，符合 GB 7258 表 6 台试制动力要求，故判为合格。

Ⅱ. 轴制动力的数据分析。

由表 15 可知：前轴制动力和为 258＋220＝478 N，前轴轴荷为 688N，两者之比为：

478/688＝69.5%＞60%；后轴制动力和为 114＋128＝242 N，后轴轴荷为 455N，两者之比为：

242/455＝53.2％＞20％。因此，前后轴制动力均符合表 1-2-15(GB7258—2004 表 6)台试制动力要求，故判为合格。

[参见 GB 7258—2004 中表 6。]

台试制动力要求　　表 1-2-15

机动车类型	制动力总和与整车质量的百分比		轴制动力与轴荷[a]的百分比	
	空　载	满　载	前　轴	后　轴
三轮汽车	≥45		—	≥60[b]
乘用车、总质量不大于 3 500 kg 的货车	≥60	≥50	≥60[b]	≥20[b]
其他汽车、汽车列车	≥60	≥50	≥60[b]	—
摩托车	—	—	≥60	≥55
轻便摩托车	—	—	≥60	≥50

[a] 用平板制动检验台检验乘用车时应按动态轴荷计算。
[b] 空载和满载状态下测试均应满足此要求。

b. 制动力平衡后轴不合格。前轴制动力差为 258－216＝42 N，与前轴左右轮最大制动力中大者(258)相比为 42/258＝16.3％＜20％符合标准；

后轴制动力差为 64－26＝38 N，由于后轴制动力与后轴轴荷之比为(114＋128)/455＝53％＜60％，所以，后轴制动力差与后轴左右轮最大制动力中大者(128)相比为 38/128＝29.7％，不合格。(标准为＜8％)

[参见:7.14.1.2　制动力平衡要求(两轮、边三轮摩托车和轻便摩托车除外)在制动力增长全过程中同时测得的左右轮制动力差的最大值，与全过程中测得的该轴左右轮最大制动力中大者之比，对前轴不应大于 20％，对后轴(及其他轴)在轴制动力不小于该轴轴荷的 60％时不应大于 24％；当后轴(及其他轴)制动力小于该轴轴荷的 60％时，在制动力增长全过程中同时测得的左右轮制动力差的最大值不应大于该轴轴荷的 8％。]

c. 驻车制动性能合格。测得左右轮驻车制动力分别为 162 N 和 173 N，驻车制动力和与整车质量相比为(162＋173)/1143＝29.3％＞20％。

[参见 GB 7258—2004 中 7.14.2　驻车制动性能检验

当采用制动检验台检验汽车和正三轮摩托车驻车制动装置的制动力时，机动车空载，乘坐一名驾驶员，使用驻车制动装置，驻车制动力的总和不应小于该车在测试状态下整车质量的 20％(对总质量为整备质量 1.2 倍以下的机动车为不小于 15％)。]

d. 轮阻滞力合格。测得前后轴左右轮阻滞力与轴荷的比值分别为，2.3％、1.9％、3.5％和 2.0％，均小于 5％，判为合格

[参见 GB 7258—2004 中 7.14.1.4　汽车车轮阻滞力要求：进行制动力检验时各车轮的阻滞力均不应大于车轮所在轴轴荷的 5％。]

③前照灯性能部分不合格。

a. 前照灯发光强度。测得其前照灯发光强度左、右侧分别为 13 200 cd 和 27 400 cd。由于富康车前照灯采用二灯制，对照标准(GB 7258 表 7　前照灯远光光束发光强度最小值要求)为 15 000 cd，因此，可以判定左灯不合格、右灯合格。

b. 前照灯照射位置偏差。测得前照灯远光水平方向位置偏差左灯向右偏 282 mm＜350 mm、右灯向左偏 162 mm＜350 mm，对照 GB 7258—2004 中 8.4.7.3 的要求，均合格。

测得前照灯远光垂直方向位置，左灯 1.15 *H*、右灯 0.46 *H*，对照 GB 7258—2004：8.4.7.3的要求，均不合格。

［参见 GB 7258—2004 中 8.4.7.1　在检验前照灯近光光束照射位置时，前照灯照射在距离 10 m 的屏幕上时，乘用车前照灯近光光束明暗截止线转角或中点的高度应为 0.7 *H*～0.9 *H*(*H* 为前照灯基准中心高度，下同)，其他机动车(拖拉机运输机组除外)应为 0.6 *H*～0.8 *H*。机动车(装用一只前照灯的机动车除外)前照灯近光光束水平方向位置向左偏不允许超过 170 mm，向右偏不允许超过350 mm。

8.4.7.2　轮式拖拉机运输机组装用的前照灯近光光束的照射位置，按照上述方法检验时，要求在屏幕上光束中点的离地高度不允许大于 0.7 *H*；水平位置要求，向右偏移不允许超过 350 mm，不允许向左偏移。

8.4.7.3　在检验前照灯远光光束及远光单光束灯照射位置时，前照灯照射在距离 10 m 的屏幕上时，要求在屏幕光束中心离地高度，对乘用车为 0.9 *H*～1.0 *H*，对其他机动车为 0.8 *H*～0.95 *H*；机动车(装用一只前照灯的机动车除外)前照灯远光光束水平位置要求，左灯向左偏不允许超过 170 mm，向右偏不允许超过 350 mm，右灯向左或向右偏均不允许超过350 mm。］

④驱动轮输出功率检测合格。实测该车功率为 49.2 kW，相对额定功率 55 kW 为 89.1%，对照汽车二级维护竣工检验标准(发动机输出功率应≥80%)，为合格。

⑤燃油经济性检测合格。测得等速百千米燃油消耗量为 5.15 L/100 km，额定燃油消耗标准为 5.30 L/100 km，相比为 97.2%，符合要求。

［参见 GB 18565—2001 中 5　燃油经济性　按 12.2 规定的检验方法测得的汽车等速百千米燃料消耗量不得大于该车型原厂规定的相应车速等速百千米燃料消耗量的 110%。］

⑥侧滑量检测不合格。测得侧滑量 7.5 m/km(外滑)，按 GB 7258—2004 的有关标准，侧滑量判为不合格。

［参见 GB 7258—2004 中 6.11　汽车(三轮汽车除外)的车轮定位应符合该车有关技术条件，车轮定位值应在产品使用说明书中标明。对前轴采用非独立悬架的汽车，其转向轮的横向侧滑量，用侧滑台检验时侧滑量值应在±5 m/km 之间。］

⑦噪声检测不合格。测得定置噪声为 86.1 dB(A)，按 GB 18565—2001 的有关规定，判为不合格。

［参见 GB 18565—2001 中 9.2　表 9 汽车定置噪声限值(dB)，1998 年 1 月 1 日及以后出厂的汽油轿车，定置噪声限值为 85 dB。］

⑧车速表误差检测合格。测得检验台速度指示仪表的指示值为 36.7 km/h，对照 GB 7258—2004 的有关标准，车速表误差判为合格。

［参见 GB 7258—2004 中附录 A 车速表指示误差检验方法

A.2　将被测机动车的车轮驶上车速表检验台的滚筒上使之旋转，当该机动车车速表的指示值(V1)为 40 km/h 时，车速表检验台速度指示仪表的指示值(V2)为 32.8 ～40 km/h范围内为合格。］

⑨转向盘自由转动量检测合格。测得转向盘自由转动量为 16°，对照 GB 7258—2004 的

有关标准,判为合格。

[参见 GB 7258—2004 中 6.4 机动车方向盘的最大自由转动量不允许大于:

a. 最高设计车速不小于 100 km/h 的机动车:20°;

b. 三轮汽车:45°;

c. 其他机动车:30°。]

(3)根据数据分析确定返修方案。针对该送检车的问题,有以下几个方面必须经过维修、调整,才能通过复检,合格出厂:

①检查两后轮制动器。检测线判定后轴制动力平衡不合格,虽然反映的是两轮制动力之差距问题,但从检测数据结合制动力曲线分析,制动力最大差值出现在制动力增长的初期,即两轮制动器反映快慢有问题或间隙大小有差距,导致制动踏板踩下去的最初阶段两后轮制动力增长的偏差与轴荷的比值较大,达到 29.7%(国家标准规定小于 8%)。

②前照灯检查、紧固、调整。检测线测得前照灯远光光束照射位置垂直方向偏差左右灯均不合格,其中,左灯光束倾斜偏上,在相当于 10 m 远的屏幕上,前照灯远光光束照射高度达到 1.15 H(H——前照灯安装高度),右灯倾斜偏下,仅 0.46 H。因此需要检查、紧固、调整前照灯的安装位置。

③检测调整四轮定位参数。由于侧滑量 7.5 m/km(外滑),不合格,因此需要检测调整四轮定位参数,检查前桥连接件。在条件不方便的情况下,可以先通过测量、调整前束来作初步判断。

④检测发动机等部异响。由于噪声检测不合格,需要检查各部连接件紧固、运动部位润滑与配合,尤其是发动机各部的运行情况。

六、汽车维修竣工出厂合格证

汽车维修竣工出厂合格证是道路运输管理机构监督、检查汽车维修企业维修质量和售后服务质量及处理汽车维修质量纠纷的依据。

①“机动车维修竣工出厂合格证”式样见图 1-2-1(正面)。

②“机动车维修竣工出厂合格证”的内容见图 1-2-2(反面)。

③“机动车维修竣工出厂合格证”的使用要求

交通部 7 号令规定:机动车维修竣工出厂合格证由省级道路运输管理机构统一印制和编号,县级道路运输管理机构按照规定发放和管理。禁止伪造、倒卖、转借机动车维修竣工出厂合格证。按照维修管理部门的要求,维修企业应由专人保管和使用“机动车维修竣工出厂合格证”。凡是进行二级维护、总成修理、整车修理的作业项目,经竣工质量检验合格必须签发“机动车维修竣工出厂合格证”。

要严格按“机动车维修竣工出厂合格证”反面的要求填写有关内容,尤其对质量保证卡上应承诺的质量保证期,应按规定予以写明。在交付“机动车维修竣工出厂合格证”于托修方时,应予以交代,以提醒托修方在质量保证期内出现问题及时处理。

七、返修记录单及返修率统计表

在交通部 7 号令规定的机动车维修质量保证期或维修企业承诺的质量保证期内,因维修质量原因造成机动车无法正常使用,需要进厂进行修理的作业项目,属于返修。

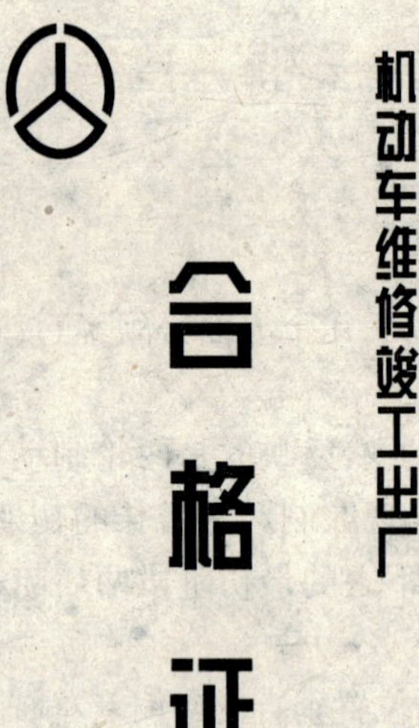

XXXX 省交通厅监制

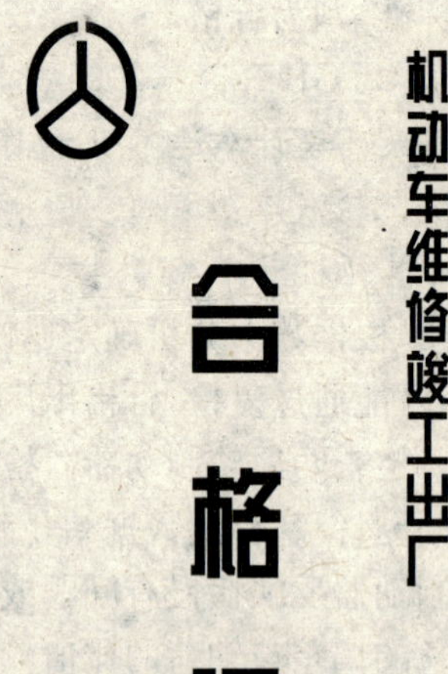

XXXX 省交通厅监制

图 1-2-1

No.00000000

存根

托　修　方 ____________

车牌号码 ____________

车　型 ____________

发动机型号/编号 ____________

底盘（车身）号 ____________

维修类别 ____________

维修合同编号 ____________

出厂里程表示值 ____________

该车按维修合同维修，经检验合格，准予出厂。

质量检验员：　（盖章）

承修单位：　（盖章）

进厂日期：　　出厂日期：

托修方接车人：　　（签字）

接车日期：

No.00000000

车属单位保管

托　修　方 ____________

车牌号码 ____________

车　型 ____________

发动机型号/编号 ____________

底盘（车身）号 ____________

维修类别 ____________

维修合同编号 ____________

出厂里程表示值 ____________

该车按维修合同维修，经检验合格，准予出厂。

质量检验员：　（盖章）

承修单位：　（盖章）

进厂日期：　　出厂日期：

托修方接车人：　　（签字）

接车日期：

No.00000000

质量保证卡

该车按维修合同进行维修，本厂对维修竣工的车辆实行质量保证，质量保证期为车辆行驶________万公里或者______日。在托修单位严格执行走合期规定、合理使用、正常维护的情况下，出现的维修质量问题，凭此卡随竣工出厂合格证，由本厂负责包修，免返修工料费和工时费，在原维修类别期限内修竣交托修方。

返修情况记录：

次数	返修项目	返修日期	修竣日期	送修人	质检员

维修发票号：

图 1-2-2

返修检验和修理情况应作记录，填入“返修记录单”作为维修质量考核和管理的依据之一。返修记录单的内容和填写要求见表 1-2-16 所列。

返　修　记　录　表(式样)　　　　表 1-2-16

厂牌车型　　　　　　　　　　　　牌照号码　　　　　　　　　　　　编号

<table>
<tr><td>原维修项目</td><td></td><td>出厂合格证编号</td><td></td><td>竣工出厂日期</td><td></td></tr>
<tr><td>派工单号</td><td></td><td>主修人/检验员</td><td></td><td>返修进厂日期</td><td></td></tr>
<tr><td colspan="6">质量投诉内容：
签名：　年　月　日</td></tr>
<tr><td colspan="6">原维修情况：
主修人：
竣工出厂检验情况：
检验员：</td></tr>
<tr><td colspan="6">故障鉴定结果：
签名：　年　月　日</td></tr>
<tr><td colspan="6">返修情况：</td></tr>
<tr><td>返修项目</td><td></td><td>返修工时</td><td></td><td>返修主修人</td><td></td></tr>
<tr><td>换件情况</td><td colspan="5"></td></tr>
<tr><td colspan="6">返修费用：　　工时费　　材料费　　合计：</td></tr>
<tr><td>出厂日期</td><td colspan="2"></td><td>合格证编号</td><td colspan="2"></td></tr>
</table>

汽车维修返修率作为企业质量考核的重要指标，直接反映了企业质量管理的基本水平，也是客户对企业维修质量最直接的感受，在企业质量管理工作中应加以重视。维修质量检验员应作专项统计、随时掌握其动态，为有针对性地展开质量管理工作提供第一手资料。

维修企业返修率统计分析表的内容及统计分析要求见表 1-2-17 所列。

返修率统计分析表　　　　表 1-2-17

单位(部门)　　　　　　　　　　　　统计时间　　年　　月

<table>
<tr><td>序</td><td>原维修出厂日期</td><td>返修进厂日期</td><td>原维修项目</td><td>返修内容</td><td>责任分析</td><td>责任人</td></tr>
<tr><td>1</td><td></td><td></td><td></td><td></td><td></td><td></td></tr>
<tr><td>2</td><td></td><td></td><td></td><td></td><td></td><td></td></tr>
<tr><td>3</td><td></td><td></td><td></td><td></td><td></td><td></td></tr>
<tr><td>4</td><td></td><td></td><td></td><td></td><td></td><td></td></tr>
<tr><td>5</td><td></td><td></td><td></td><td></td><td></td><td></td></tr>
<tr><td>…</td><td></td><td></td><td></td><td></td><td></td><td></td></tr>
<tr><td></td><td></td><td></td><td></td><td></td><td></td><td></td></tr>
<tr><td colspan="2" rowspan="2">返修率统计：　%
返修率限值：　%</td><td colspan="5">本期维修总台次：　次，其中：大修　维护　小修</td></tr>
<tr><td colspan="5">返 修 车 台 次：　次，其中：大修　维护　小修</td></tr>
</table>

本　章　小　结

本章在介绍汽车维修质量检验的概念和检验工作分类及特点的基础上，重点介绍了质量检验员工作岗位的特点和岗位职责，并结合行业和企业实际检验工作要求，介绍了各种汽车维修质量检验技术档案的内容，包括：汽车维修合同、汽车维修进厂检验单、过程检验单、机动车综合性能检测报告单和汽车维修竣工出厂合格证。这些汽车维修管理技术档案,尤其是各级检验工作记录表,是指导我们检验工作的规范文件。

本章内容是从事质量检验工作必须重点学习理解并掌握的知识,同时也包含了如何做好检验记录这一在实际工作中必须掌握的岗位技能要求。

复习思考题

1. 何谓汽车维修质量检验?
2. 简述汽车维修质量检验的主要步骤。
3. 质量检验按汽车维修工艺过程主要分为哪几类?
4. 汽车维修质量检验的重点范围是什么?
5. 汽车维修质量检验的重要内容包括哪些方面?
6. 汽车维修质量检验工作职能包括哪几方面?
7. 简述汽车维修质量检验员的任职资格。
8. 汽车维修质量检验员应具备哪些专业知识?
9. 汽车维修质量检验员应具有哪些专业技能?
10. 汽车维修质量检验员岗位职责包括哪些方面,如何落实?
11. 汽车维修合同有什么作用?
12. 汽车维修合同主要包括哪些与质量检验工作有关的内容?
13. 为什么要填写汽车维修进厂检验单?
14. 汽车整车大修进厂检验表包括哪两大部分的内容?
15. 汽车二级维护进厂检验表中为什么要准确填写“送修前车辆故障现象的描述”?
16. 小修进厂检验单为什么要进行“检验、维修项目确认”?
17. 汽车二级维护过程检验的主要控制目标是什么?在检验表上如何体现?
18. 汽车整车大修竣工检验表有何特点?
19. 汽车综合性能检测报告单有什么作用?
20. 全国统一的“汽车综合性能检测报告单”包括哪些内容?
21. 如何正确识读“汽车综合性能检测报告”?
22. 如何对检测报告进行汽车制动性能的检测数据分析?
23. 表 1-2-14 所示制动性能检测部分合格否?如何通过数据分析制定调修方法?
24. 表 1-2-14 所示前照灯性能部分为什么不合格?
25. 汽车维修竣工出厂合格证主要包括了哪些信息?

第三章　汽车维修返修与质量事故的鉴定与处理

汽车维修竣工出厂以后，在质量保证期和承诺的质量保证期内，出现汽车无法正常使用，甚至出现机械事故的情况是难免的。问题是：此类情况发生时，汽车维修企业作为承修方应如何面对。

本章主要介绍针对维修质量保证期内汽车维修返修与质量事故鉴定与处理的一些基本知识，并期望通过对一些在生产实际中发生的典型质量纠纷案例的分析，帮助大家掌握和积累质量纠纷处理的技术要点及实践经验。

第一节　汽车维修返修与质量事故鉴定与处理的基本原则和操作程序

一、汽车维修返修与质量事故的概念

汽车维修确因维修质量原因，包括工艺流程不规范、作业漏项、维修操作不符合要求等造成在维修质量保证期内"汽车无法正常使用"，需要返工的维修作业，叫做"返修"。"汽车维修质量事故"是"返修"事件中因维修质量问题严重，导致不只是"汽车无法正常使用"，而且出现了机件损坏的维修责任事故。

二、汽车维修返修与质量事故鉴定与处理的基本原则

汽车维修返修与质量事故鉴定，是针对"汽车无法正常使用"的现象，确认是否属于"返修"与"质量事故"的一项技术工作。

交通部 7 号令第五章第三十八条规定：在质量保证期和承诺的质量保证期内，因维修质量原因造成机动车无法正常使用，且承修方在 3 日内不能或者无法提供因非维修原因而造成机动车无法正常使用的相关证据的，机动车维修经营者应当及时无偿返修，不得故意拖延或者无理拒绝。在质量保证期内，机动车因同一故障或维修项目经两次修理仍不能正常使用的，机动车维修经营者应当负责联系其他机动车维修经营者，并承担相应修理费用。

上述规定明确了汽车维修质量保证期内出现问题进行返修与质量事故鉴定与处理的基本要求，即对质量保证期内报修处理的基本原则，归纳为：

(1)质量鉴定的责任。明确规定应由承修方负责汽车维修返修与质量事故的鉴定。

(2)质量鉴定的技术要求。质量鉴定的技术要求是找到故障的真实原因,“提供因维修或非维修原因而造成汽车无法正常使用或造成机件损坏的相关证据”。

(3)质量鉴定的时间要求。为及时为托修方排忧解难,鉴定时间要求在3日内完成,否则作默认承修单位责任处置。

(4)质量鉴定的费用。交通部7号令第四十二条规定:对机动车维修质量的责任认定需要进行技术分析和鉴定,且承修方和托修方共同要求道路运输管理机构出面协调的,道路运输管理机构应当组织专家组或委托具有法定检测资格的检测机构作出技术分析和鉴定。鉴定费用由责任方承担。

(5)返修与质量事故修复的要求:

①及时返修,不得故意拖延;

②无偿返修,不得无理拒绝;

③提高返修质量,同一故障或维修项目不超过两次修理达到正常使用,否则由承修方负责联系其他机动车维修经营者,并承担相应修理费用。

三、汽车维修返修与质量事故鉴定与处理的基本程序

(1)报修。维修企业应设立“返修报案绿色通道”或类似的专项返修报修处理渠道,由托修方将故障或事故信息、使用情况报给专职业务接待员,同时提供相关《机动车维修竣工出厂合格证》和《质量保证卡》等相关资料。

(2)填写返修记录单。由专职业务接待员调取车辆原始维修技术档案,填写返修记录单,并将其随同返修车辆或事故车辆交付返修专职检验员。

(3)技术鉴定。由专职检验员结合故障或事故现象进行检测诊断和分析鉴定,同时提取因维修或非维修原因而造成汽车无法使用或造成机件损坏的相关证据,做好鉴定结论,提出返修方案交付专职业务接待员。

为保持技术鉴定的公正性,交通部7号令第四十一条规定:机动车维修质量纠纷双方当事人均有保护当事车辆原始状态的义务。必要时可拆检车辆有关部位,但双方当事人应同时在场,共同认可拆检情况。

(4)开具返修单。由专职业务接待员开具返修作业单,将车辆交由维修作业班组。

(5)返修作业。维修作业班组利用设立的“返修绿色通道”,优先安排并严格按相关工艺规范将车辆故障和事故予以排除。

(6)竣工检验。修竣车辆直接交付检验员进行返修竣工质量检验。

(7)填写技术档案,交接车辆。检验合格后,由检验员填写返修技术档案,与业务员共同交付车辆,并向托修方提供《机动车维修竣工出厂合格证》与《质量保证卡》。

四、汽车维修返修与质量事故的统计分析

对汽车维修返修与质量事故的发生情况进行及时的统计分析,是企业掌握维修质量实际情况,完善技术质量管理的重要内容。统计分析的主要依据是“返修记录表”和“返修率统计分析表”,其中因维修质量原因造成机件损坏质量事故的,应重点列出,并作典型案例分析报告,提出相应整改措施。

此项工作应由企业质量总检验员专职负责，并及时上报企业分管技术质量的负责人。由企业技术负责人据此及时掌握维修质量动态，定期召开质量分析会，提出相应整改措施，包括：技术培训计划、责任处罚条款、设备改进预案等。

及时的统计分析，以发现问题，及时采取措施，也是质量保证体系进入良性循环的重要体现。下面一个案例足以说明：维修企业在组织车辆返修过程中，以对托修方高度负责的态度对返修或机件事故出现的情况及时分析、处理，对避免质量纠纷发生，维护企业质量信誉和社会形象是何等重要。

[案例一]

一起连续烧瓦机件事故的纠纷处理

江西省上栗县陈某的一辆轻型客车（中巴车，发动机为492Q型），在跑上栗至萍乡的途中烧了连杆瓦。车主将车送至萍乡城北某修理厂，委托该厂进行修理。承修方在经过全面解体、清洗、检查后，认为烧瓦的主要原因是缺机油。由于该发动机曲轴已严重磨损，因此确定进行发动机大修。修竣后在未经冷磨、热试、修竣检验和试车等正规交付手续的情况下，托修方就将车开出厂进行营运。

当车行驶至青山灯具厂门前上坡处时，突然听见发动机有异响，驾驶员电告承修方请求施救。经承修方修理工检查，发现又是发动机连杆瓦烧蚀，于是将车拖回修理厂进行全面解体检查，发现除第2缸连杆瓦严重烧蚀外，未发现其他机件有异常情况。承修方认为此次事故属操作有误引起，或是机油质量有问题；托修方则不同意对方的观点。

在双方意见争执不下，且在未经车主认可责任的情况下，承修方又对该发动机进行了返修，并更换了曲轴。修竣出厂行驶至上次事故发生处时，又出现上次同样异响，车主通知承修方赴现场检查后发现故障与上次没有差异，这次修理工没有提出什么问题就又进行了第二次返修，但返修后又连续烧瓦两次，而且每次事故情节相同。在此情况下，车主意见很大，提出不在这里修了，并且对前面所发生的一切费用全部拒交。承修方则认为：不在这里修理可以，但所有修理费用一个不能少，否则不让车开走。为此，车主呈报当地汽车维修行业管理办公室，要求对此事故进行技术仲裁。

维修行业管理部门受理此案后，赴现场进行了广泛的调查。首先组织对发动机各部件进行了细致的检验，然后针对机件事故的几个主要特征进行了分析。一是每次烧瓦情形大体一致，而且烧瓦状况均呈润滑条件恶化特征（严重缺油），但实际并不缺油，且机油品质无问题，机油泵工作也正常；二是每次机件事故发生的地点一致，根据路段坎坷不平的复杂情况，很可能与道路状况有关。于是有针对性地重点检查了有关机件。当检查到机油泵油浮子时，发现其浮动有卡滞现象。经分析认为：故障隐患就在此处。因为机油泵油浮子虽不能随机油油面而灵活升降，但当车辆行驶遇到剧烈振动时，会因受到冲击而翘起离开油平面造成油泵“失油”，使得发动机润滑条件很快恶化，使各轴瓦缺油而烧蚀。

由此，纠纷调解人员对此案作出的技术仲裁决定是：该车多次烧瓦的事故由承修方负主要责任；全部返修费用（包括返修材料费用）由承修方赔偿。

对此处理意见，承修方不服，其理由是：机油泵浮子卡滞是配件品质问题，尚且该配件也不是本次修理更换的,因此此次机件事故与本厂无关。负责技术鉴定的同志则强调认为:根据当地《汽车维修行业质量管理办法》的有关规定,即使就是配件品质问题,在对送修车辆故障检修过程中,作为修理厂也有负责认真检验、准确判断、严把质量关的责任。经耐心说服调解,承修方同意承担事故责任。

[案例点评]

此例属部件问题比较隐蔽的返修质量纠纷,表象同样的"连续烧瓦"故障多次发生,承修方却不加分析连续返修 4 次未得解决,最后车主火了,诉至维修管理部门。此例有许多方面发人深思。

一是缺乏对返修现象的深入思考。该起"烧瓦机件事故"第一次发生时,"承修方在经过全面解体、清洗、检查后,认为烧瓦的主要原因是缺机油"。从最终事故鉴定的结论来看,是"缺机油"造成的。但是,由于修理厂当时并没有仔细追究是怎么造成"缺机油"的,所以安排发动机大修后,又"烧瓦"了。二是出现问题后缺乏认真对待的态度。对又"烧瓦"的现象,"承修方认为此次事故属操作有误引起,或是机油质量有问题……。"故障分析是那么轻描淡写、无根无据,完全是一种不负责任的态度。三是不总结分析,盲目采取修理措施,而且"不顾托修方是否接受",该厂又安排返修、又出现同样事故,前后共发生 4 次"烧瓦机件事故",仍然没有解决问题。在此情况下,还要车主付钱或扣车。对该厂这种低劣的做法,再好说话的人也接受不了。

要说该修理厂也是够窝囊的,知道"缺机油",也想通过反复大修来解决影响机油供应和压力大小的各个因素,但是没有想到大修了 4 遍,却没有发现和解决一个小小的"机油泵油浮子"既具偶然性又有些规律的卡滞问题。问题出在哪里呢?针对事故出现的典型特征——"每次机件事故发生的地点一致",修理厂组织及时分析了没有呢?要是分析了,就如维修管理部门进行调解时那样,自然会想到"根据路段坎坷不平的复杂情况,很可能与道路状况有关",然而追究下去,直至找到故障隐患之处。俗话说"事不过三","烧瓦"连续发生 4 次,该修理厂却只顾"埋头拉车""不抬头看路",这种低水平的重复劳动,在维修现代汽车的今天,实在不应该发生。

第二节　汽车维修质量纠纷调解

在汽车维修返修和质量事故责任认定过程中,由于承修方技术质量管理人员的技术业务水平、政策水平、思想观念、地位等问题,往往存在所作出的技术鉴定有失公正,或因为托修方对车辆技术不了解、对自身在车辆使用方面的问题认识不到位,或者个别蛮不讲理的,造成矛盾双方对责任认定意见不一致,需要投诉至第三方来加以解决。这种现象目前在行业内还比较普遍存在。

为此,交通部 7 号令第四十二条规定:道路运输管理机构应当受理机动车维修质量投诉,积极按照维修合同约定和相关规定调解维修质量纠纷。关于纠纷调解的有关具体规定,目前仍延用 1998 年交通部下达的《汽车维修质量纠纷调解办法》[〔1998〕349 号文印发]。

作为企业处理质量问题的主要骨干——汽车维修质量检验员,应该重点了解和掌握该办法中以下有关内容:

1.质量纠纷调解的范围

申请由维修管理部门出面进行纠纷调解的范围是:在汽车维修质量保证期内或汽车维修合同约定期内当事人双方所发生的争执。在质量保证期内,托修方遇有汽车维修质量问题或者发生机件事故,应首先与承修方协商解决。不愿协商或协商不成,当事人可在双方一致同意的基础上向当地道路运政机构申请调解。

2.申请调解应提供的资料

①申请调解方(当事人单位或人)的名称,法定代表人的姓名、单位、地址、电话;

②当事人的名称、单位、地址、电话;

③纠纷的详细经过及申请调解的理由与要求和书面报告;

④汽车维修合同、车辆竣工出厂合格证、汽车维修费用结算凭证等其他必要的资料。

3.技术分析和鉴定

技术分析和鉴定由各级道路运政机构组织有关人员或委托有质量检测资格的汽车综合性能检测站进行。参与技术分析和鉴定工作的人员必须经道路运政机构审定并聘用。参加鉴定的人员不得少于两人。

技术分析和鉴定的费用按照国家有关规定执行。需要做专项试验分析鉴定的,其费用按当地物价部门规定的收费标准执行。

4.责任认定

(1)承修方应承担的责任:

①承修方不按技术标准、有关技术资料和维修操作工艺规程维修车辆或不按使用说明规定选用配件、油料所引起的质量责任由承修方负责。

②承修方因装配使用有质量问题的配件、油料或装配使用托修方自带配件、油料且未在维修合同中明确责任的,所引起的质量责任由承修方负责。

③承修方在进行总成大修、小修和二级维护作业时,未对所装(拆)配件进行鉴定或虽发现相关配件质量不符合技术要求但未与托修方签订责任协议,在质量保证期内确因该零部件质量引起的质量事故由承修方负责。

④汽车维修合同中另有约定的按合同规定的责任确定。

(2)托修方应承担的责任。因托修方违反驾驶操作规程和车辆使用、维护规定而引起的质量责任,由托修方负责。

5.经济损失的认定

经济损失主要指直接经济损失,包括:

①在质量事故中直接损失的机件、燃润料及其他车用液体、气体、材料;

②返修工时费、材料费、材料管理费、辅助材料费、委外加工费、检测费。

经济损失应由责任人按过失比例承担,对不能修复或没有修复价值的零部件,按汽车折旧率和市场价格计算价值。

6.调解达成协议及履行

调解达成协议的,当事人各方应当自动履行。达成协议后当事人翻悔的或愈期不履行协议的,视为调解不成,有关当事方可依法提请仲裁机构仲裁或向人民法院提起民事诉讼。

汽车维修管理部门进行质量纠纷调解的典型案例,将结合在以下部分作相应介绍。

第三节 汽车维修返修与质量事故分析鉴定及质量纠纷调解的技术要点

由于质量问题影响因素很多,因此汽车维修返修与质量事故分析鉴定是一项技术性很强、很复杂、难度较大的一项工作,不仅涉及鉴定人员对汽车技术结构、工作原理的了解,而且涉及材料、油品、维修操作工艺、技术标准、车辆驾驶与使用技术等等诸多方面的知识,还与鉴定人员对行业相关法规的了解和以及政策水平有一定关系。

无论是维修企业技术检验人员还是汽车维修管理部门,在进行返修与质量事故分析鉴定时,应掌握一定的技术要点,结合部分纠纷调解鉴定的典型案例,归纳如下。

1. 深入了解掌握车况是准确鉴定的前提

这里所说的"车况",一是对汽车原维修项目和维修情况,包括换件情况要有所了解;二是对车辆维修出厂后的运行使用情况、出现故障或事故的经过,以及目前车辆技术状态要有所掌握。车况方面信息的获取渠道,一是维修技术档案,一是驾驶员的情况反映,再一个就是检视和试车(以确保不会扩大事态为前提)。

以下是一起因制动系统小修后在质量保证期内发生安全事故的处理过程。

[**案例二**]

制动失灵 责任在谁

一托修方与一汽车修理厂有汽车维修业务关系,托修方将一辆跃进牌载货车交由该修理厂修理。该车修竣出厂后第5天,因制动失灵发生一起重大交通事故。对制动失灵的原因是否与修理厂的修理质量有关,修理厂是否应该承担维修质量责任等问题,双方出现意见分歧,送修方把托修方告至有关部门。

有关部门经调查了解到:修理厂承接该车制动系小修,主要修理内容包括:①拆卸、解体制动真空助力器,更换膜片;②拆卸、解体制动主缸(制动总泵),更换皮碗;③拆除安全缸,补装3通接头,更换真空助力器至安全缸之间的油管;④拆检全车4轮制动器,更换各制动轮缸(制动分泵)。

调查人员对该车制动系统的结构还进一步了解到:跃进牌汽车制动系采用了双腔安全缸,安装在真空助力器辅助缸与制动轮缸之间,对制动油路有切断作用。当汽车前轮(或后轮)制动管路泄漏而需继续制动时,安全缸能关闭发生泄漏的管道,使前、后桥的制动管路形成前后分立的双回路。

根据该车承修作业项目和作业情况,并经现场勘察,专家们分析认为:该车是由于该厂主修人员在对制动主缸进行检查、修理过程中,盲目拆除安全缸,用3通接头替代,自行改变制动系统结构和安装方法,使制动管路及3通接头悬空,导致真空助力器至安全缸(现为3通接头)的油管喇叭口受振动影响而发生断裂,从而引起制动失灵的。而且由于制动安全缸被拆除,制动系统失去了安全保护功能。

据此，有关部门判定该起事故是因维修操作不规范，且擅自改变安全部件而导致了制动失灵的事故，承修方应承担全部维修质量责任。

[案例点评]

该起事故鉴定看起来其实是比较简单的，问题是：责任这么明显的事故，为什么双方一定非要闹到“告至有关部门”呢？更何况，此托修方还是“老客户”。如果从客户反映的事故情况，我们的检验员能够实事求是地好好了解一下上一次修理的情况，检查检查事故发生后的车辆情况，仔细分析分析事故发生的现象和起因，是不难找到故障部位，发现自身维修质量是有问题的。也可能检验员心里明白，但出于修理厂一味想保护自己，想“死不认账”、“蒙混过关”。但是，要知道在法制日益健全、人们的维权意识日益强化，技术手段越来越高明的今天，只有尊重科学、诚实为本才有出路。否则，像这家修理厂，经这么一折腾，要赔偿的损失不但一分没有少，还要付诉讼费和技术鉴定费用，损失更大的是自身的服务信誉，流失了“老客户”。

由此可见，“深入了解掌握车况”是返修和事故鉴定的前提条件，有这一条，可能像以上案例那样的大多数问题都能迎刃而解了。

2. 找准故障或损坏部位，追根溯源

任何事故发生都有前因后果，而从“前因”到“后果”都是有一定联系的。我们进行汽车维修返修与质量事故责任的分析鉴定，应找出“前因”，再通过“后果”科学地解决每一起返修问题。

以下是一起“活塞环异常磨损纠纷的调解”案例，该故障即由于某项或某些原因造成。面对客户所反映的问题，看该修理厂是如何处理的？维修管理部门出面又是如何进行鉴定和调解的？

[案例三]

活塞环异常磨损纠纷的调解

一部装有CY4102QB型发动机的豪华客车在某市汽修公司大修后，在走合期间发现排气管冒蓝烟。车主以为需要进一步磨合，又运行了一段时间约2 600 km时却越来越严重。随后找到承修方该市汽修公司。汽修公司检查后认为是活塞环质量有缺陷，对此车主也表示认同，经双方协商，随后由车主重新购买一组另一产地的活塞环，由承修方进行了更换。但是，在半个月后，又出现了同样的症状。为此，承、托双方发生争执。托修方称，这是承修方装配有误、用油不洁造成的，否则，不可能两次换环都出现同样的问题，要求对方无偿修车并赔偿其误工费用3 000元。承修方则认为，车主为省钱不让更换旧件，又急于营运，没有认真进行走合，以至于超速、超载、高温造成的。

为处理好这起维修质量纠纷，当地维修管理部门鉴定组分别结合车辆的修理和使用情况找到双方第一当事人进行深一步的了解。据该汽修公司负责该发动机的主修工称，安装时，活塞环的开口间隙、侧隙、漏光度经测量和检查，均符合要求；润滑油也是正规厂家产品。询问托修方驾驶员时，其提供说，汽车冷车时机油压力还较正常，热车时明显偏低，且冒蓝烟严重。据此，鉴定组决定通过拆检做进一步地论证。

拆检结果：

1. 活塞环磨损严重，端隙已达1.2～1.5 mm，侧隙0.30～0.34 mm。

2.缸筒上部活塞环区域,特别是一、二道环粗糙度变大,有明显的拉毛和划痕;圆度、圆柱度虽未超限,但用手触摸缸口"台肩",手感明显。

3.活塞顶部与燃烧室壁有大量积炭。

4.机油发黑、脏,但经查确系正规产品。

5.该发动机机采用扭曲环,开口位置及上下面安装无错误。

6.润滑油道畅通,机油泵、滤清器正常,机油冷却器散热片堵塞。

7.气门油封及导管、连杆及曲轴轴承处无异常。

8.空滤器及进气管道完好。

故障原因分析:

拆检结果没有发现连续高温行车和多次"开锅"迹象,是否超速超载无从查考;其他部位的安装,也没有发现明显的问题。

鉴定组认为:润滑系机油冷却器严重脏污,已到完全堵塞的程度,是造成活塞环异常磨损的主要原因。分析认为:散热管道被油垢堵塞以后,致使油流无法通过,只得迫使旁通阀开启,机油长期得不到有效散热直接进入主油道。这样长时间反复使用,引起机油温度过高,机油稀释,黏度品质变差,机油压力降低。这正符合调查托修方时所述"热车压力明显降低"这一特征。因为活塞环和汽缸套这一对摩擦副经常处于半干摩擦的状态,致使活塞环早期磨损,机油上窜,形成蓝烟,并随着运行时间的延长,呈"渐进式"越来越加严重的趋势。

责任认定:

经查,维修档案没有机油冷却器维护的记录,承修方所称"车主为省钱,不让更换机油冷却器",查验维修合同时,也没有文字和责任约定。显然,机油冷却器没有进行检查和维护,直接装车使用是造成此次事故的原因。承修方负有主要责任。托修方对故障判断有误,没有及时停驶报修,使异常磨损加剧也负有一定责任。

[案例点评]

由以上案例可见,对于"活塞环异常磨损"此类故障,虽然原因较为复杂且隐蔽,但从引发这一"后果"的诸多"前因"一条一条仔细排查,比如上面列出拆检的8个方面,总能找到蛛丝蚂迹,然后顺藤摸瓜。就像上述案例中,发现了"机油冷却器散热片堵塞"这一现象,从而联想到它会影响机油的润滑效果,再进一步去调查证实,结果就真相大白了。

因此,在汽车返修和事故鉴定中应特别注重现场的勘察,以及当事人的调查和事故的因果关系分析,并应尽可能详细地掌握第一手材料,进行去伪存真、由表及里地分析,才能确保维修质量纠纷处理的准确性。

3.多从维修操作、质量管理方面查找自身原因

车主对车辆维修技术状况的掌握方面,相对维修企业是弱者,一般是在基本确认自身无误的情况下才来找修理厂"麻烦"的,所以在返修和质量事故鉴定中应该多找找企业自身在维修操作、质量管理方面的原因。

[案例四]

因二级维护不到位,引发的维修质量纠纷

一对客运中巴承包夫妇到某市运管处投诉其车在一修理厂进行二级维护作业,车辆出厂行驶不过 20 km 即发生发动机曲轴烧瓦事故，要求维修企业负全部责任，承担所有损失，包括由此产生的误工费。

市运管处技术人员经现场解体检查发现，曲轴与曲轴瓦烧结咬死，连杆轴瓦和轴颈多处出现表面深度不一的划痕，正时齿轮磨损严重，凸轮轴颈及凸轮与气门挺柱接触面磨损严重、机油泵传动轴花键磨损严重。技术人员经对拆卸零部件进行仔细检查和全面的技术分析，认为：导致这起事故的直接原因是由于机油泵传动轴花键与花键套存在严重的磨损打滑现象，并且新添加的机油黏度较大，造成机油泵不能及时提供足够的机油压力，靠压力润滑的相对运动件表面因缺油处于一种干摩擦运动状态引起的。

经了解当时情况得知，车主按规定于下午 2 时进厂做定期二级维护，当天晚上 8 时维护作业完成。修理厂在未进行竣工检测及未出具《车辆维修竣工出厂合格证》，且试车时机油压力报警灯亮，未采取进一步查明真相等措施的情况下，允许车辆出厂；驾驶员听信修理工"机油灯亮没关系，是新换机油缘故"的话，因天色较晚执意接车回家，想不耽误第二天出车。

根据以上情况，市运管处技术人员分析认为，承、托双方对此起质量事故均负有责任：修理厂违反了维修检验制度、《车辆维修竣工出厂合格证》制度，同时无视按维护技术作业内容、技术标准进行维护的管理规定；驾驶员违反二级维护车未经检测合格不允许出厂等管理规定，并严重违背在未查明原因的情况下车辆带病运行的基本常识，还盘算着第二天不误营运拉客，无视客运安全。

在双方对事故认定无疑议的前提下，达成以下协议：在此维修质量事故中有关的车辆修复材料费由承、托双方各承担一半，与此事故无关的材料费(机油泵转动轴、及凸轮轴等零件早已存在磨损现象)由托修方自负。对托修方提出的间接费用(停车误工费)不予赔偿。并且对承修方未按竣工出厂的技术要求，对二级维护车辆进行竣工出厂前的维修质量综合性能检测合不按规定填写、签发《汽车维修竣工出厂合格证》处以 1 000 元罚款。

[案例点评]

此案例反映出该维修企业质量管理和员工质量意识方面存在着严重的问题。在调解、处理该质量纠纷的同时，结合所发现的企业违反行业规定的行为实施行政处罚，对促进企业强化质量管理是有实效的。由此看来，企业质量检验员在从事返修与质量事故鉴定的过程中，应客观地看问题，努力查找自身的薄弱环节。

[案例五]

正时带为什么断裂?

曾有一位出租汽车驾驶员来道路运输管理部门投诉：他的夏利车前些时在某修理厂进行发动机总成修理，出厂 20 多天后在运行中出现正时带断裂。该正时带是在这次发动机修理过程中由修理厂提供更换的，使用不久就发生了问题，同时造成气门被撬弯、活塞顶也被撬了两个小坑。车主怀疑气门摇臂或其余气门可能也变形了，他要求纠纷调解部门为此事作出公正处理，并提出要该修理厂为他除了现在已更换正时带和弯曲的气门外，再更换气门摇臂和其余气门。

案情调查：

纠纷调解人员向该修理厂负责人进行了询问,他反映:该车正时带断裂是由于曲轴前油封漏油,正时带在油长期浸泡的情况下断裂的。修理发动机时曲轴前油封未曾漏油,所以没有更换新油封,是在出厂后20多天才发生漏油的。因此,事故是车主使用不当造成的,修理厂不负责任。但为了修理厂的信誉,我们已给该车更换了正时带和弯曲的气门,可车主还不愿接车。

对案例发生的过程及原因初步了解后,当天下午,纠纷调解人员去修理厂进行了现场勘验,发现热车时气门有异响,气门摇臂外观视觉检查没有变形,拆检汽缸盖后,活塞顶端没有发现被捣的小坑,而是原设计制造存在的两个对称的月牙状小坑。

案情分析:

纠纷调解人员分析认为,正时带断裂一般有以下原因:正时带老化;正时带质量(抗拉强度、硬度)差;正时带调整过松造成跳齿或打滑跳齿;发动机漏油、漏水浸蚀;高速时强行换挡等。由于该车正时带是新换的,可以排除老化断裂的原因;又因该正时带断裂发生在市区内夜间行车,车速不会很高,排除高速强行换挡的原因。通过对正时带仔细检查发现:该正时带的强力层(浸渍橡胶浆的纤维绳层)较薄,纤维绳很细,抗拉强度和硬度太差,与该车换下来的经行车25万km使用的旧带都无法相比,该正时带的确质量太差;同时,该车曲轴前油封漏油,断裂的正时带强力层上存有油迹。因此,可以判定:该车正时带断裂是由于曲轴前油封漏油,正时带油浸发生打滑跳齿,带齿齿顶和齿轮齿顶相对,正时带周向啮合轨迹相对减小,正时带此时受力为最大,致使薄弱处带齿"豁掉"约5齿,纤维绳在该处拉断,正时带发生断裂。

从以上原因分析,纠纷调解人员认为更换的正时带质量太差是造成断裂的主要原因,而在此案例中修理厂应承担的责任是:该车已行驶25万km,修理厂在对其发动机进行总成大修时,没有按规定把应更换的易损件,包括曲轴前油封,全部更换掉,留下了事故隐患,给正时带断裂创造了客观条件。

关于车主提出的更换气门摇臂的要求,我们认为:气门摇臂和摇臂轴不存在变形,否则气门间隙调整正常之后,会马上出现凸轮轴和摇臂工作面异常磨损(磨去一块使其明显变形的现象),气门间隙因而无法保证正确,出现严重异响,难以排除。根据现场堪验的情况看,纠纷调解人员认为该车气门属于可以调整间隙、排除响声的范围。

结案结论:

根据以上现场勘验和事故分析,纠纷调解人员对此案例作出以下调解结论:

①修理厂无偿更换正时带和全车气门1副;

②修理厂无偿返工修理,并保证排除气门热车时的异响故障。

[**案例点评**]

此案故障症状是发动机大修质量保证期内"正时带断裂"。面对客户对修理厂提供的正时带质量提出质疑,修理厂可能心理也有数,要不然不会轻易"给该车更换了正时带和弯曲的气门"。经检查,他们还是找到了开脱责任的理由:曲轴前油封漏油,正时带在油长期浸泡的情况下断裂的。但是他们忘记了,即便如此,按照《汽车维修质量调解办法》中的有关规定,承修方仍然逃脱不了"因装配使用有质量问题的配件、油料"而应承担的责任。况且,质量纠纷调解人员还找到了承修方未按工艺规范更换曲轴前油封的问题。

4.正确区别车辆使用与维修质量问题,以求鉴定的公正性

当然,汽车维修竣工出厂后,因为车主或驾车人对车辆使用不当,在质量保证期内造成返修或机件事故的现象同样不少见，有时和维修操作不当的问题还交织在一起，共同酿就了车辆运行故障，甚至严重的机械事故。在处理此类问题的过程中，事故鉴定人员应仔细分析、客观对待，这样才能得出公正的技术鉴定结论。特以下面一个案例对此加以说明。

[案例六]

康明斯发动机过热裂缝责任谁承担

曾有一车主向维修管理部门投诉某汽修厂，称该厂主修工在修车时向过热康明斯发动机汽缸体两次浇冷水，致使该发动机汽缸体出现裂缝，只好更换了汽缸体，要求汽修厂赔偿直接损失 4 700 元。

为查明事实真相，维修管理部门要求承托修双方分别将车辆使用情况和修理过程书面报来，并当面对驾驶员和主修工进行询问。

据车主反映：该车从宁波开出后不久，已感到发动机温度很高，动力不足，到定海唐峧岭时车开不动了，经别人帮忙检查发现是散热器缺水，就往散热器内注了少量水，待起动发动机后加满水，将车开到货场卸完货后到汽修厂要求更换汽缸垫。汽修厂主修工发现散热器无水，发动机过热，便向散热器加了水，并两次往汽缸盖上浇冷水。第二天，换了汽缸垫，并更换了咬得很严重的第二缸活塞。车出厂开到宁波文化路时发现汽缸体有水外漏，第二天进厂检查发现汽缸体已出现裂纹，遂认为此裂纹是汽修工操作不慎（往汽缸盖上浇冷水）造成的，要求赔偿维修材料及工时费。

据主修工反映：驾驶员在白峰时已加过一次水，到修理厂后修理工往汽缸盖上浇水两次，每次约 200 g，这样做是因为驾驶员不相信发动机过热。修理该车时是晚上，对汽缸体是否漏水没有仔细检查，第二次进厂时才发现漏水部位是在发动机汽缸体后部两水堵之间的纵向（前后方向）裂纹。按驾驶员要求进行填补修复，但使用 2 天后又漏了才另换了汽缸体。

根据驾驶员和修理工的反映和活塞损坏的状况，我们认为：该发动机有两个散热器，因备用散热器早就没水了，驾驶员也不及时补充，平时出车前也不检查；从宁波到白峰有 10 km，多，在宁波出发之前就已无水，故发动机过热；到了白峰后马上加水也会使汽缸体冷热不均而造成裂纹；白峰到海唐岭后车开不动了，此时活塞与汽缸发咬已较严重，然后又加水，又行驶，还在卸货后强行开至修理厂，使活塞头部已出现烧熔状态。由此断定，此发动机过热裂缝是使用和出现情况后处理不当造成的，主要责任在驾驶员。

再看汽修厂方面，主修工曾两次往汽缸盖上浇水，虽然数量不多，但对过热后的汽缸盖也会引起变形；活塞咬得如此严重，没有去分析原因，怀疑是否汽缸体有裂纹引起的，而且检查不仔细，且对汽缸体未经泄漏检查就放其出厂，使驾驶员来回返修，因而对此事故也有一定责任，应承担一部分维修费用。

双方接受了调解意见，纠纷得到了圆满调解。

[案例点评]

此例中反映了两方面的问题：一是驾驶员业务素质和安全意识太差，缺乏汽车出车前、行车途中和回场后日常维护的常识，以至造成了大的损失；二是汽修工接修车辆后，光想到证明驾驶员的问题，还采取了“两次往汽缸盖上浇水”这样不当的措施，而不去仔细分析相关原因，采取较完善的修理措施。这反映出汽修人员的服务意识、安全意识、质量意识都很差，而且事情从头至尾，该厂的技术质量管理人员哪去了？质量把关起作用了没有？都是问题。要知道驾驶员的爱车有了毛病，是有求于你才来修理厂的。以高度负责任的态度为客户服务好，为他尽快地排忧解难、减少损失，这样不仅双方会成为朋友，拓宽业务渠道，企业也可在社会上逐渐树立起信誉来。这一举几得的事情何乐而不为呢！

［案例七］

一辆年久失修车辆的检修引发的事故

某单位将一辆日产铃木小吉普车送到一修理厂修理离合器，修好离合器后，修理厂就擅自将车借给他人外出，开出不到 50 km 发动机突然熄火便再也无法起动。将车拖回修理厂后通知车主到场进行拆检，发现发动机凸轮轴缺油抱死，当时双方认为修复发动机的费用可能不大，并且又是关系户，修理厂也口头表示将尽快把发动机修好，于是就没有签订什么书面协议。事过两个多月，修理厂找不到该型号发动机配件而无法修复发动机，要继续使用该车就必须更换新发动机或用其他型号发动机来改装，这样维修费用就很大，双方对这费用承担产生分歧，向运管部门申请调解。

托修方认为修理厂应对此事故负全部责任，理由是：

①车是开进修理厂而不是拖进去的，维修项目是修理离合器而不是发动机，该车发动机还是可以用的，该车年限已久，本打算用两年就报废，我们只要求修理厂把车修复能使用。

②事故原因是修理厂未经车主同意擅自将车借给他人使用造成的。可能是驾驶员不了解该车情况或出车前不检查机油，发动机工作时缺油引起事故发生。

③发动机缸盖是这起事故原因的主要鉴定依据，修理厂没有妥善保管，致使事故原因无法直接鉴定，修理厂这种做法是毁灭证据。

承修方认为托修方应负主要责任，理由是：

①车虽然是开进修理厂修理，修的项目也不是发动机，但是从解体下来对有关零部件磨损的情况来看，该发动机已年久失修，有些零件使用已达到极限，如果不是修理厂开车出去出问题，托修方领车回去也马上会出问题，该车拿来修理厂之前本来就存在故障隐患。

②承修方不妥善保管发动机缸盖的原因是双方在场时看到凸轮轴轴承座磨损严重，认为汽缸盖已不能再使用后才不保管的，不是修理厂故意毁灭证据。

运管部门接到调解申请后，根据双方申请的理由和要求，派专业技术人员深入现场进行勘查和询问有关人员，经过现场勘查发现：发动机缸套磨损严重，各个缸磨损量都在 1 mm 以上，各缸均无拉缸现象，活塞顶部积炭较厚，连杆轴承和曲轴轴承润滑正常。

由此可以判定，发动机凸轮轴轴承缺油发生抱死，不是发动机缺油造成的，因为连杆轴承和曲轴轴承润滑正常，而发动机工作时，曲轴转速是凸轮轴转速的两倍，并且受力较大，如果发动机缺油的话，机油压力不足，曲轴轴承应先烧坏，而不是凸轮轴先烧坏，实践证明很多例子都是这样。

再进一步询问拆检和车辆平时使用情况，双方都承认拆下来的缸盖凸轮轴周围有一层厚厚的油泥，离凸轮轴轴承较远的地方油泥很干。驾驶员反映该车是国际红十字会赠送的，至今已有8年了，由于没有该型号的配件，一直不得进行系统的维修，加上曲轴前油封有点渗漏，每行驶200 km就要加机油。查看该车时，该车发动机前端下面的横梁上确实有一层很厚的油泥，是长期有油滴对并粘上灰尘形成的。

经过勘查和询问了解有关情况，调解人员通过认真分析，认为该事故的主要原因是发动机平时没有进行日常维护，机油油质长期较差，油质变差形成油泥堵塞油道，使凸轮轴轴承缺油而发生抱死。由于发动机没有按时维护，汽缸套磨损严重，发动机工作时活塞环与缸套密封不严，混合气就漏进曲轴箱与机油混合，加速了机油的变质；反过来，机油的变质又加剧了发动机汽缸套的磨损，如此恶性循环，如不按时清洁维护，时间长了，在凸轮轴周围不流动的机油就形成油泥，油泥形成久了就变硬堵塞油道，油道堵塞在加上机油变质就使油路不畅造成润滑不良，最终引起事故的发生。

经过勘查、询问和分析，事故的主要原因基本上是清楚了，但要真正调解好这起纠纷，不仅要看事故发生的主观原因，而且要看事故发生存在的客观因素。调解人员按纠纷调解程序，根据事故发生的原因、过程、后果的情况，以法、理、情相结合进行调解，最终使双方达成如下调解协议：

①由于该车已陈旧，找不到同型号发动机总成，决定应用其他型号的旧发动机来改装，在车辆能使用的情况下尽量减少费用。

②承修方未经托修方同意就擅自将车借给他人使用，直接造成事故发生，并在事故发生后，在对事故原因没有鉴定之前不妥善保管发动机汽缸盖，致使对事故原因无法直接鉴定。因此，承修方应负主要责任。

③托修方也应认识到该车发动机确实是年久失修，不按时清洁维护，因此，托修方也应承担一定责任。

④具体责任分担为：承修方负责人承担旧发动机总成、改装、办理有关手续等全部费用的60%，托修方负责40%。

[案例点评]

此案的维修对象是一辆年久失修的“破车”，没报修的部位发生问题了，而且是修理厂擅自把车开出去引发的，真是有苦难言。维修管理部门在作事故鉴定的时候，详细地听取了双方的陈述，并做了详细的现场勘察，首先寻找造成“凸轮轴轴承发生缺油抱死”的原因，“是发动机平时没有进行日常维护”，是车主的问题。当然，事情没有这么简单，他们知道“真正调解好这起纠纷，不仅要看事故发生的主观原因，而且要看事故发生存在的客观因素。”根据此事件发生的“客观因素”是“承修方未经托修方同意就擅自将车借给他人使用，直接造成事故发生”，他们认定了修理厂对此应负的责任，并对其“在对事故原因没有鉴定之前不妥善保管发动机汽缸盖”进行了追究。这样，纠纷调解部门拿出的事故鉴定意见和纠纷调解协议就是公正的，让承托修双方心服口服的。

5.涉及第三方责任，承修方应有理有据、正确处理

由于维修过程涉及配件、材料，以及外加工等方面，致使汽车返修和事故责任会涉及第三方，尤其是配件质量问题引发的维修质量纠纷发生频率较高。

面对这样的问题承修方应正确面对，其要点归纳为：一是技术鉴定分析要理由充分、证据确凿；第二要按行业法规承担质量把关等相应责任；三有权追究第三方责任。

特以下述几个相关案例就此加以说明。

■因材料配件问题引发的质量纠纷

［案例八］

发动机大修后窜油谁之过？

一台新捷达王/都市先锋轿车(AT 型)，发动机为 EA113 型(直列四缸 20 气门双顶置凸轮轴电控多点汽油喷射式发动机)，该车已运行 20 万 km。不久前，由于加注了劣质机油，而使发动机必须大修。可是，没想到大修后不到半个月又窜机油。车主找到承修方要求给予解决。承修方分析认为：这种现象发生有以下几种可能：①没有按规定进行磨合；②机油质量不佳；③配件质量伪劣；④提前载客或长期超载运行等。

车主的认为："磨合肯定没有问题，也没有提前载客和长期超载现象，至于机油和配件也是挑好件买的。"不管怎么说，必须拆检后进行仔细检测才能找出问题的原因所在。

关于机油和配件质量检测的问题，其中，机油质量的好坏可以通过对该发动机所有被润滑件的磨损程度来判断，如果所有被润滑件都磨损十分严重(非正常磨损)，说明是机油质量有问题；如果只有某些被润滑件磨损严重，而大部分被润滑件磨损正常，说明机油没有问题。至于配件质量也可以通过对配件的磨损量，即尺寸的测量，基本上可以判断出配件本身质量是否存在问题。于是，就此进行拆检。

解体后，首先发现活塞环的开口间隙已达到 4～6 mm，侧隙、背隙也超限。这种现象是窜机油的原因所在，其理由有二：一是配件(缸筒或活塞环)质量差；二是机油质量太差。随后，鉴定人员又对曲轴轴颈、主轴瓦和连杆瓦都进行了测量，磨损均正常，说明机油没有问题，那就是配件质量可能有问题。究竟是缸筒还是活塞环有问题呢？首先对缸筒进行测量，各缸磨损都在 0.01 mm 以下，说明缸筒本身质量没有问题，那么肯定就是活塞环质量太差。于是，车主找到配件商店，配件商不承认配件有问题，认为可能是装配有问题或者是缸筒镗磨质量不高。

就目前情况来看，机油质量可以排除。于是三方达成协议，由三方各找一有实际经验的技师(高级技工也可以)共同来认定。虽然没有检测粗糙度的仪器，从宏观上来看，用手也能判断出镗磨粗糙度是否符合标准。经过确定，镗磨质量没有问题，符合标准。此时，配件商勉强承认了活塞环可能存在问题，但是认为修理工的装配质量问题也不能完全排除：假如修理工在装配时对活塞环的开口间隙和侧、背隙都没有测量；假如修理工在装配时把活塞环装对口(相邻两环)；假如修理工在装配时把活塞环装反(气环上、下面)、装断了等等。承修方向在行的人解释并将维修记录拿给大家看，同时结合拆下来的实物进行检查。根本不存在像配件商所说的那些假如。仅就活塞环的装配来说，修理工只要在装配前，对活塞环的开口间隙和侧、背隙进行了检测，而且符合标准后装配的(有记录为证)；其次在装配时，只要是活塞环没有对口、不装反、不装断(有实物为证)，修理工是没有什么责任的。

三方对此分析都表示赞同，从而确认质量问题主要是配件，此时承修方主动提出，工时费只收一半。于是由配件商又购进一组其他厂家生产的活塞环，该活塞环是有商标、有合格证、有厂家厂址的产品。由承修方高级工师傅负责组装。组装后进行 4 小时的冷磨，2 小时的热磨后，抬到车上进行认真仔细地走合，现已运行 200 km 有余，未见异常。

[案例点评]

这是一起比较成功的通过承托修以及配件商几方自身分析协调而解决的纠纷。目前,配件质量差是较为普遍的现象,而配件商推卸责任的事却屡见不鲜。因而鉴定配件质量,拿出强有力的证据来反驳配件商,成为维修质量检验人员最感棘手的。比如本案例活塞环质量的检测,包括材质、弹性、硬度等,是少有修理厂具备检测条件的。但本例"三方各找一有实际经验的技师(高级技工也可以)共同来认定"用排除法解决了活塞环质量问题的认定,加之配件商是个通情达理的人,问题自然就顺利解决了。

[案例九]

对一起主减速器总成制造过程质量纠纷的调解

一辆 CA 6440 型轻型客车因主减速器异响,送汽车修理厂检修。经拆检发现,差速器壳十字轴轴承孔严重磨损,因配件商无差速器壳供给,承修厂便为其更换了减速器总成。该车出厂后行驶不到一周时间(行驶不足 500 km),又发现主减速器异响,托修方将车开回承修厂返修。经拆卸后发现,主减速器齿轮严重磨损,齿顶已磨成刀刃状。承修方认为是配件质量问题,遂向配件供应商索赔,因损坏原因一时难以确认,故经双方协商同意,收取半价又为其更换了一个总成。承修厂换上新总成后,并加入原牌号齿轮油,交于托修方出厂行驶。一周后又出现与上次完全一样的问题——齿轮严重磨损。承修厂认为是配件质量差造成的,向配件供应商索赔,双方发生纠纷,呈请维修管理部门进行技术鉴定与处理。

维修管理部门应纠纷双方的要求,组成技术鉴定小组对同一厂牌的主减速器新件进行检验,其结果如下:

①主减速器从动圆锥齿轮表面渗碳层厚度不小于 1.5 mm(通过切割损坏齿轮,测量断面层厚度得出的结论)。

②对新齿轮表面作硬度测试,所取点均在 Rc 58～Rc 65 之间。

③主、从动齿轮啮合印痕在中间稍下位置,啮合长度达到 70%左右。

④齿轮表面光洁,无明显刀痕和微观缺陷,粗糙度能达到 2.0 以下。

根据检验结果,鉴定组认为主减速器齿轮符合原设计标准,装配间隙与啮合位置亦符合要求。两次非正常磨损很可能是齿轮油质量问题。经询问得知,承修厂所用齿轮油是从附近门市部购买的,标号虽与原厂邀请信一致,但质量无法保证。因此,鉴定组决定:换装新总成后,到一汽服务站购买原厂供应的齿轮油换上,然后进行行车实验。

根据鉴定小组意见,换用一汽服务站供应的齿轮油后,行驶 1 000 多 km 未发现异响,拆检齿轮见磨损极轻微,一切均属正常。

根据检验鉴定和行驶实验结果证实,该起事故实属承修厂使用齿轮油质量低劣(假货)所致,与配件制造质量无关,其一切损失均由承修厂承担。

[案例点评]

此例所反映了修理厂在面对车辆返修时,对待问题的态度。在分析任何故障或异常现象产生的原因时,一定要全面。比如,此例"更换了减速器总成……行驶不足 500 km,又发现主减速器异响……经拆卸后发现，主减速器齿轮严重磨损”，看到这样的情况，尽管该修理厂也提到“损坏原因一时难以确认”，但却一口咬定：“是配件质量问题，遂向配件供应商索赔”？在鱼目混珠，假冒伪劣商品充斥的配件市场，供应商有的稀里糊涂（当然他也说不清楚），于是“收取半价”又更换了一个总成，结果呢？“一周后又出现一样的问题——齿轮严重磨损。”承修厂仍然固执地“认为是配件质量差造成的，向配件供应商索赔”，这样一来二去，双方才发生纠纷。

该修理厂不能这样对待维修质量。配件会出问题固然不否认，但是，不能这样无根无据地强词夺理，不仅会影响事情的尽快解决，你的客户不高兴，也会影响企业本身的形象。

■因外加工质量引发的维修质量纠纷

［**案例十**］

一起捣缸事故的处理过程

车主一辆 EQ1090 车发动机在一修理厂大修后行驶到 13 000 km 时，第一次上高速公路行驶，车速 80 km/h，发动机不缺机油和冷却液，突然发生捣缸事故。车主投诉该修理厂的修理质量问题，并出示了修理厂为其开具的发动机大修后保修 2 万 km 的证明，要求索赔。

该市汽车维修行业管理处接到事故申诉后，派员进行了现场考察，根据考察结果认为：托修方所诉车辆事故发生前发动机不缺机油和冷却液可以证实，发动机捣缸的原因初步断定是二缸下沉，连杆碰到缸套而造成的。

■修理厂对车主的申诉和管理部门的意见不服，提出以下反诉理由：

①因拆检发现发动机各缸缸套表面有拉伤痕迹，因此可认为是发动机温度高或机油质量差，造成运动阻力大而拉下缸套的；

②该车平时在普通公路上行驶没有出现问题，第一次上高速公路即捣缸，事故原因肯定在高速行驶方面；

③部颁行业标准中规定的发动机大修质量保证期 1 万 km（或 3 个月，事件发生在交通部 7 号令颁布前，当时执行的是老标准），该车已超过；

④镗缸镶套是由另一家修理厂（简称“加工厂”）承担的，属外加工，即使有加工质量方面的问题，修理厂也不应承担责任。

■维修管理处调查员对修理厂的意见进行调解，认为：

①各缸套拉伤情况不足以将正确配合的缸套拉下，缸套和活塞的颜色和拉痕不能证明发动机高温和机油质量有问题；

②汽车即使是高速行驶也不应是拉下缸套的原因；

③修理厂开具的质保期 2 万 km 的凭据应视为有效，因为这种承诺不违法，按《中华人民共和国民事诉讼法》承认约定的原则，修理厂不应反悔。再说延长了质保期也是一种价值，车主托修时很可能是考虑到此承诺的价值才来修车的。

④因维修中加工和装配的错误而引起的质量事故的索赔，不应受规定的质保期的限制；

⑤修理厂有责任保证外加工的质量，车主的交易方是修理厂而不是加工厂，加工厂的质量问题应直接由修理厂承担，而不能推出不管，但修理厂可以投诉加工厂。

■加工厂认为他们不应承担责任，理由是：

①负责该发动机镗缸的老师傅干了几十年镗缸,从未出现过问题;

②该车缸套与承孔的配合间隙为 0.006 mm,该车型历来使用此标准加工(此话当即被记录下来,并由镗缸工人在记录上签了字);

③该机缸套的下止口在上次其他厂大修时被镗掉,责任在车主。

■维修行业管理处派员去加工厂勘验分析,提出分析意见如下:

①加工厂不能以老工人和从未出过差错来证明自身无过错;

②加工厂若认为送修缸体承孔的下止口已被镗掉,没有技术能力保证加工质量,可以不承修或写下字据或在修车合同上说明该缺陷对质量的影响,而这些事项加工厂均未做;实际上,即使缸壁上无下止口只要正确加工,同样可以保证加工质量;

③查 GB 3801—83,引用"有凸缘的汽缸套配合过盈可采用 0.05～0.07 mm,无凸缘的汽缸套可采用 0.07～0.10 mm"之规定。该机汽缸套承孔下止口被镗掉等同无凸缘缸套,加工厂承认采用了的 0.006 mm 的过盈量,不符合国标中规定的选用标准。由于加工厂无该机加工的检验记录,实际过盈量是否比 0.006 mm 更小已无法复核,加工厂连 0.006 mm 过盈量的说法也不能提出证据支持(实际上,镗缸的老师傅并不知道缸套无凸缘和有凸缘的配合过盈量的区别);

④从压入缸套的压力(也称下缸套压力)可以间接检验配合面的粗糙度及圆度和圆柱度公差,而加工厂用于压缸套的压力机上压力表已失效,因缺少下缸套压力这个技术指标,就使加工者缺少了一个辅助检验手段,则很难说你的加工是精确的、过盈配合是有保证的。

修理厂和加工厂无力反驳维修管理部门提出"缸套过盈量小是造成事故原因"的意见,但又提出"车主方驾驶员在听到连杆碰缸套响时若及时停车就不会捣缸"的意见。对此,维修管理部门认为:修理厂和加工厂提出这种意见应有证据支持,连杆和损坏的缸套碰撞痕迹说明不了事故是渐进的,驾驶员有无时间采取避免措施不得而知,在无证据证明驾驶员有责任时,即可认为驾驶员无责任。

经上述多方努力,对此较复杂三角关系的案例达成如下纠纷调解协议:车主放弃事故造成的间接损失的赔偿要求;修理厂向车主赔偿此车修复费用;加工厂再向修理厂赔偿相应的损失。

此纠纷案情比较复杂,且涉及承托修双方之外的第三方责任——外加工质量。解决问题的关键之处是:外加工件的质量责任应由谁来承担。负责处理此纠纷案例的人员提出的意见是:修理厂有责任保证外加工的质量,车主的交易方是修理厂而不是加工厂,加工厂的质量问题应直接由修理厂承担,而不能推出不管,但修理厂可以投诉加工厂。这是依据《合同法》作出的结论。

当然,从此案分析、鉴定过程不难看出,维修管理部门能够找到外加工件的质量问题也是要经过大量具体工作的。要了解质量保证期、查询相关技术标准、查询车型数据,要做现场勘察,最为主要的是要作严谨科学、有理有据的理论分析。

由上述分析可见,汽车维修返修与质量事故的鉴定与处理的确是一项难度很大的技术工作,正确处理好此方面的纠纷对维护当事人各方权益,促进维修质量提高,维持汽车维修市场的正常秩序,建设和谐社会都具有非常重要的意义。掌握正确分析处理汽车维修返修和质量事故鉴定与处理的技术能力,应成为质量检验员提高业务技术水平的重要内容。

本 章 小 结

本章主要介绍针对维修质量保证期内机动车维修返修与质量事故的鉴定与处理的一些基本知识，包括：汽车维修返修与质量事故鉴定与处理基本原则和操作程序和汽车维修质量纠纷调解的有关知识，并通过汽车维修质量纠纷调解案例分析的介绍了返修与质量事故分析鉴定技术要点。

复习思考题

1. 如何理解掌握汽车维修返修与质量事故鉴定方法的必要性？
2. 汽车维修返修是什么概念？
3. 汽车维修质量事故是什么概念？
4. 交通部 7 号令对“机动车维修返修与质量事故鉴定”有什么规定？
5. 返修与质量事故修复有什么要求？
6. 机动车维修返修与质量事故鉴定与处理的基本程序是什么？
7. 谁负责受理机动车维修质量投诉和调解？
8. 质量纠纷调解的范围是什么？
9. 申请调解应提供哪些资料？
10. 返修和质量事故发生后承修方应承担哪些责任？
11. 质量事故经济损失主要包括哪些内容？
12. 准确鉴定质量事故的前提是什么？
13. 在事故分析中“找准故障或损坏部位”有何重要性？
14. 事故分析时为什么要强调企业“多从维修操作、质量管理方面查找原因”？
15. 发生汽车维修质量事故的主要原因有哪些方面？

第二篇

常用仪器、仪表和量具

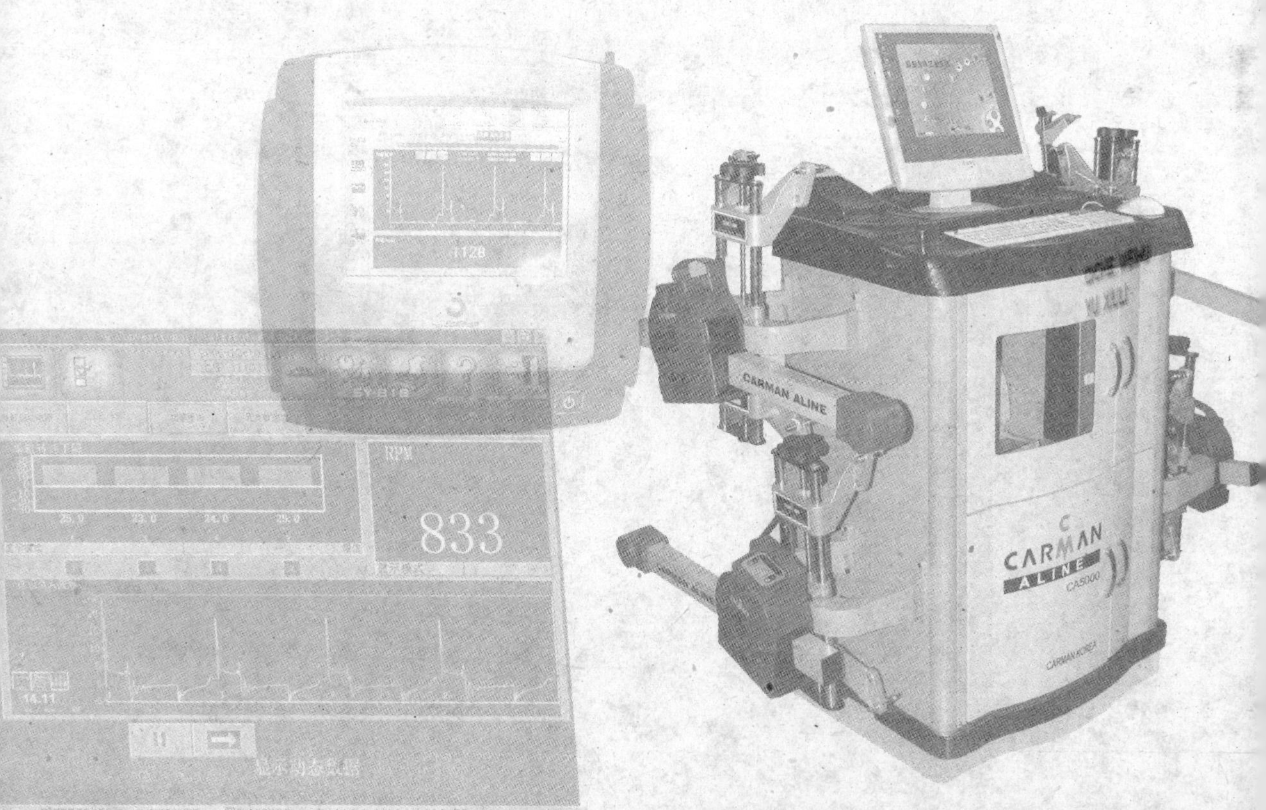

第一章 常用量具和仪表的使用与检验

第一节 游标卡尺和外径千分尺

一、游标卡尺

1.游标卡尺的用途及结构原理

用于直接测量机件内、外径、长度、宽度和深度的量具。游标卡尺读数部分由尺身与游标组成，如图 2-1-1 所示。其尺身刻线间距 a 为 1 mm，若令尺身刻线 $n-1$ 格的宽度，等于游标刻线 n 格的宽度，则游标的刻线间距 $b=(n-1)a/n$，而尺身刻线与游标刻线间距宽度差（即游标读数值）$i=a-b=a/n$。当游标在尺身两个刻线间移动时，游标零线离开尺身前一刻线的距离，等于游标刻线的标号和游标读数值的乘积，这个乘积即为读数时小数部分的值。此值加上游标零线前面尺身上的刻度值，即为测量结果。常取 $n=10$、$n=20$、$n=50$ 三种，相对应游标读数值 i 分别为 0.10 mm、0.05 mm、0.02 mm 三种。

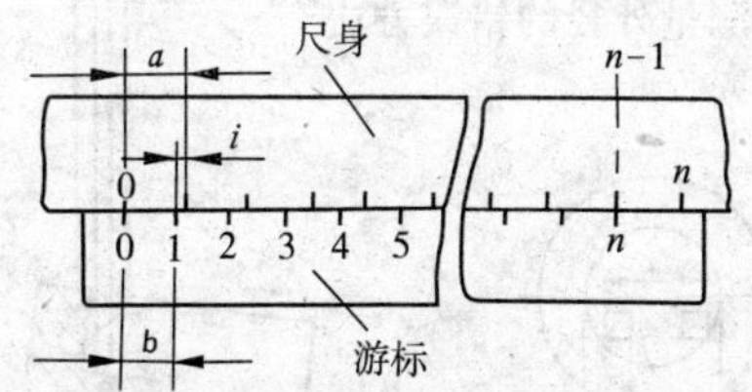

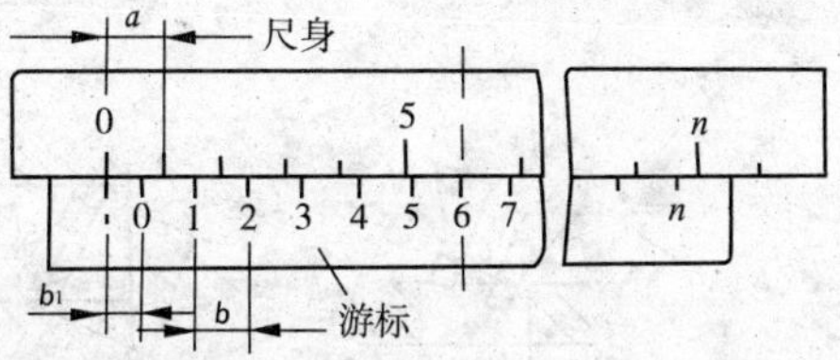

图 2-1-1 游标卡尺的刻线原理

2.游标卡尺的规格及读数方法

其种类和外形结构较多，规格常用测量范围和游标读数值来表示。比如：某游标卡尺的型号为 0～125×0.02，则说明其测量范围为 0～125 mm，游标读数值为 0.02 mm。最常用的为三用游标卡尺，如图 2-1-2 所示。它可以测量内外尺寸、深度、孔距、环形壁厚和沟槽。常用测量范围有 0～125 mm、0～150 mm 两种。游标读数有 0.02 mm、0.05 mm 两种。

①读出副尺“0”刻线所指示主尺上左边刻线的毫米整数。

②察看副尺上“0”刻线右边第几条刻线与主尺某一刻线对准，然后将游标精度乘以副尺上的格数，即为毫米小数值。

③将主尺上的毫米整数值和副尺上的毫米小数值相加，即为被测机件的尺寸。即：机件尺

寸＝主尺整数＋游标卡尺精度×副尺格数

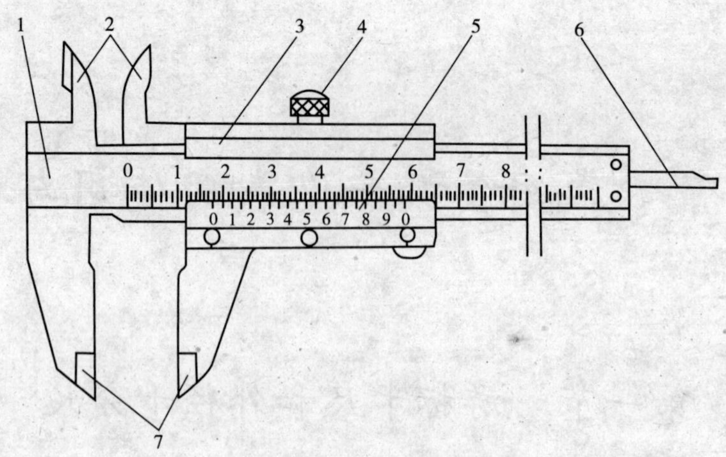

图 2-1-2　三用游标卡尺

1-尺身（主尺）；2-刀口内量爪；3-尺框（副尺）；4-紧固螺钉；5-游标；6-深度测杆；7-外量爪

3.游标卡尺使用注意事项

①游标卡尺的用途很广，只有正确使用，才能保证测量精度。测量前应将被测工件表面擦净；检查游标卡尺尺身和游标的零线是否对齐，即先标定后再使用。

②游标卡尺不能测量旋转中的工件，使用中易出现的几种错误方法如图 2-1-3 所示。

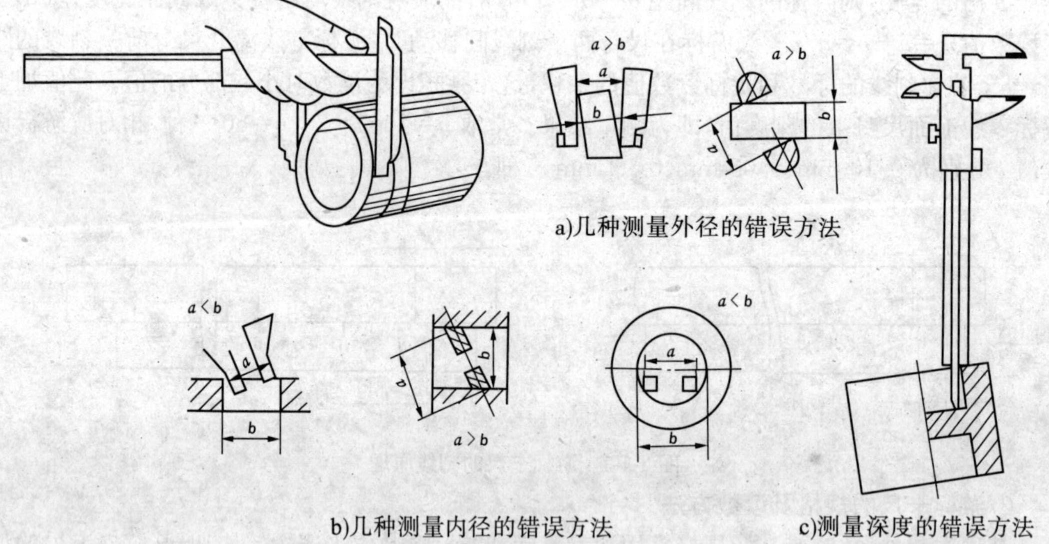

图 2-1-3　游标卡尺的错误使用方法

③绝对禁止把游标卡尺的两个量爪当作扳手或刻线工具使用。

④游标卡尺受到损伤后，绝对不允许用锤子、锉刀等工具自行修理，应交专门修理部门修理，经鉴定合格后才能使用。

4.游标卡尺（测量精度多为 0.1 mm）**的鉴定方法**

①测量前应将卡尺和被测量件擦干净，并校对卡尺零位，以保证测量准确性。若零位无法校正，应更换游标卡尺。

②测量时，应使游标卡尺与被测量件垂直，并固定锁紧螺钉。若锁紧螺钉不能锁紧尺身与游标，应更换游标卡尺。

二、外径千分尺

1. 用途及结构种类

外径千分尺又称螺旋测微器，是一种用于测量加工精度要求较高的精密量具，其测量精度可达到 0.01 mm。

按照测量范围可分为 0～25 mm、25～50 mm、50～75 mm、75～100 mm 和 100～125 mm 等多种不同规格，但每种千分尺的测量范围均为 25 mm，其结构如图 2-1-4 所示。

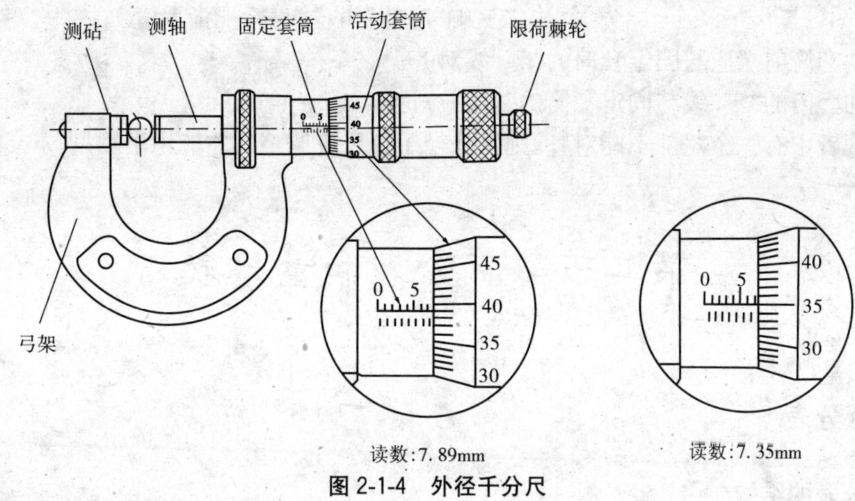

图 2-1-4 外径千分尺

2. 使用方法

①将工件被测表面擦拭干净，并置于千分尺测砧与测轴两测量面(下称两测量面)之间(图 2-1-4)，使千分尺螺杆轴线与工件中心线垂直或平行。若歪斜着测量，则直接影响测量的准确性。

②旋转活动套筒，使两测量面与工件测量表面接近，然后旋转棘轮，直到棘轮发出“咔咔”声响时为止，这时的指示数值就是所测量到的工件尺寸。

③用后应将千分尺擦拭干净，保持清洁，并涂抹一薄层工业凡士林，然后放入盒内保存。禁止重压、弯曲千分尺，且两测量面不得接触，以免影响千分尺精度。

3. 读数方法

①从固定套筒上露出的刻线读出工件的毫米整数和半毫米整数。

②从活动套筒上由固定套筒纵向线所对准的刻线读出工件的小数部分(百分之几毫米)。不足一格的数(千分之几毫米)，可用估算读法确定。

③将两次读数相加就是工件的测量尺寸。

4. 外径千分尺使用注意事项

①测量前，先将两测量面擦净，并检查零位。具体检查方法是：旋转活动套筒和棘轮，使两测量端面与标准棒两端面接触，观察活动套筒前端与固定套筒零线、活动套筒上零线与固定套筒基线是否重合。如不重合，应通过附带的专用小扳手转动固定套筒来进行调整：图2-1-5所示为调整零位的方法。

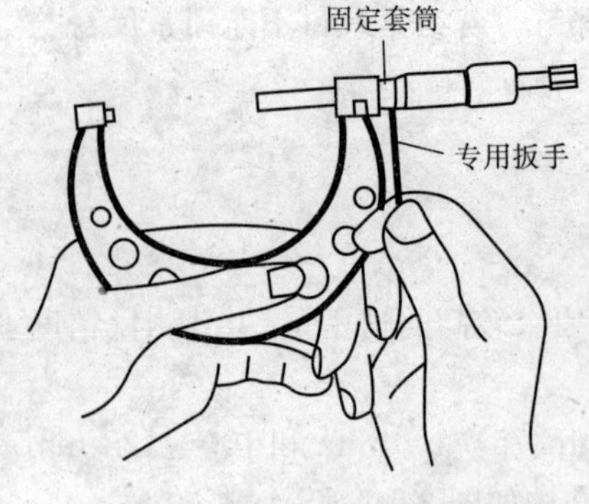

图 2-1-5 千分尺零位的调整

②测量时，外径千分尺应摆正，先转动活动套管，当两测量面接近工件时，再转动棘轮，直到听见“咔咔”声为止。

③读数时，要特别注意不要读错 0.5 mm。

④不准测量毛坯或表面粗糙的工件，不准测量正在旋转或发热的工件，以免损伤两测量面或得不到正确的读数。

5. 外径千分尺的鉴定方法

①把外径千分尺两测量面擦拭干净。

②旋转棘轮，使两测量面夹住标准量规，直到轮盘发出二三响“咔咔”声，这时检视指示值。

③活动套筒前端应与固定套筒的“零”线对齐。

④活动套筒的“零”线与固定套筒的基线应对齐。

⑤若两者中有一个“零”不能对齐，则该外径千分尺应调整后才能用于测量。

第二节 百分表和量缸表

一、百分表

1. 百分表的结构

百分表是齿轮传动式测微量具，其结构如图 2-1-6 所示。它常用来测量机器零件的各种几何形状偏差和表面相互位置偏差，也可测量工件的长度尺寸，具有外廓尺寸小、重且轻和使用方便等特点。使用时，必须将其固定到可靠的支架上。百分表架是专门用来夹持百分表的，可变换各种方向，以适应不同方向的测量工作，通常有轨道座式、磁力座式和磁力座软轴式三种。

2. 百分表的工作原理

其工作原理是将测杆的直线位移，经过齿条与齿轮传动转变为指针的角位移。百分表的刻度盘圆周被刻成 100 等分，其分度值为0.01 mm，当主指针 4 转动 1 周时测杆的位移量为1 mm。表盘 1 和表圈 2 是一体的，可任意转动，以便使指针对零位。小指针 3 用以指示大指针的回转圈数。常见百分表的测量范围为 0～3 mm、0～5 mm 和 0～10 mm等。

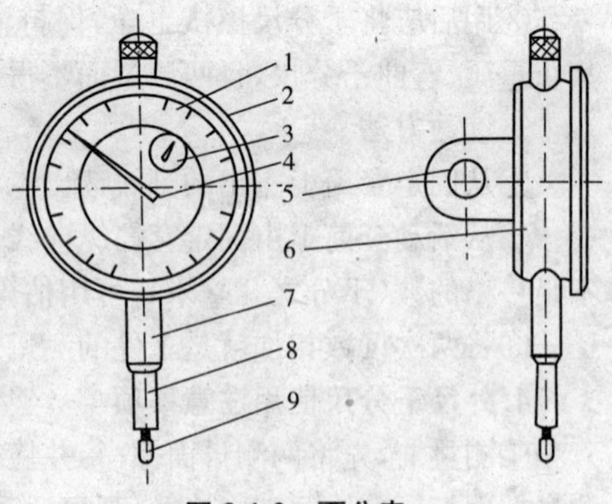

图 2-1-6 百分表

1-表盘；2-表圈；3-小指针转数指示盘；4-主指针；5-耳环；6-表体；7-轴套；8-测杆；9-测量头

3. 百分表使用方法

①使用磁力座式百分表测量工件时，必须将其固定在可靠的支架上。

②测量时，应使测量头处于被测工件表面的正确位置，否则将产生较大的测量误差，正确位置如图 2-1-7 所示。

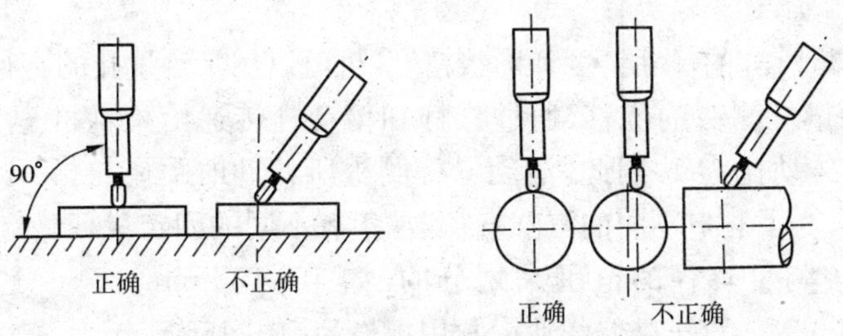

图 2-1-7　百分表测量头的正确位置

③测量时，应轻提测杆，缓慢放下，使测量头与工件接触。测量头抵住被测量面后，应使表针转过 1 周左右，以保持测量头有一定的压力，不准将工件强行推至测量头下，也不准急速放下测杆，否则将造成测量误差，甚至损坏量具。

4. 百分表的鉴定方法

百分表的夹装应牢固，夹紧力适当，夹紧后百分表不松动，测杆要能灵活移动，不卡滞。

二、量缸表

1. 结构

量缸表又称内径百分表，是一种借助于百分表为读数机构、配备杠杆传动系统或楔形传动系统的杆部组合而成。它用比较法来测量孔的直径及其几何形状偏差，其外观和结构如图 2-1-8所示。

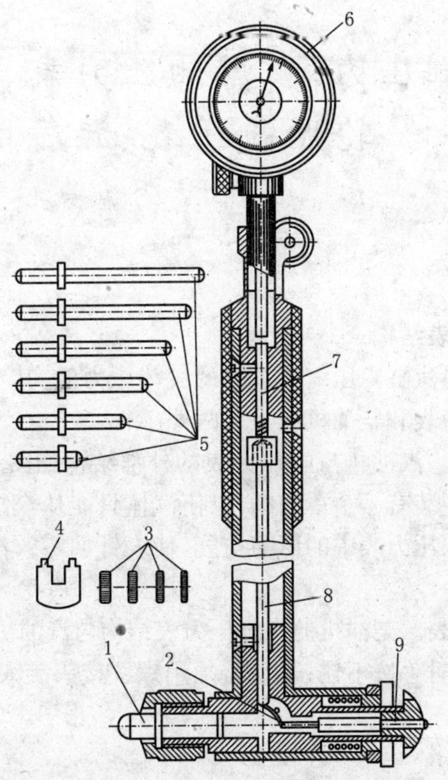

图 2-1-8　量缸表的外观和结构

1、5-量杆；2-横顶杆；3-附加垫片；4-拆卸工具；6-表盘；7、8-纵顶杆；9-测量头

2. 原理

它主要用来测量汽缸的尺寸精度和形状精度，也可以用来测量孔的直径。测量时，被测孔的尺寸偏差借活动量杆测头的位移，通过杠杆和传动杆传递给指示机构。因传动系统的传动比为1，因此，活动量杆测头所移动的距离与指示表的指示值相等，为了测量不同的汽缸直径，常备有不同的固定量杆。量缸表的规格是按测量直径的范围来划分的，如 18～35 mm、35～50 mm、50～160 mm 等。汽车维修作业中常用规格为 50～160 mm。

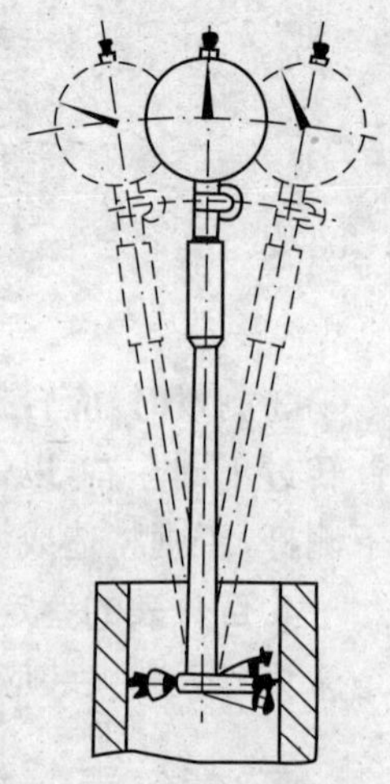

图 2-1-9 量缸表的正确测量位置

3. 量缸表使用方法及鉴定方法

①用量缸表测量缸径时，先根据缸径选用合适的量杆，将量缸表放入汽缸上部。如果表针能转动1圈左右，则为调整适宜，然后将量杆上的固定螺母锁紧。

②测量缸径时，量杆必须与汽缸轴线垂直，读数才能准确。为此，测量时可稍稍摆动量缸表，如图 2-1-9 所示，当指针指示到最小数值(图中中间位置)时，即表明量杆已垂直于汽缸轴线，记下该处数值(注意：大指针和小指针都要记)，然后用外径千分尺测量此位置的读数值即为缸径值。

量缸表测量头不卡滞，伸缩自如，量杆不弯曲，指针运转灵活，随动性好。

第三节 汽缸压力表、燃油压力表、真空压力表、轮胎气压表、漏气检测仪

一、汽缸压力表

1. 汽、柴油机汽缸压力表结构

汽缸压力表是用来测量汽缸内压缩终了时的气体压力的，其主要组成部件是压力表。按结构和用途分为汽油机压力表和柴油机压力表两种。

(1)汽油机汽缸压力表。汽油机汽缸压力表的外部结构如图 2-1-10a)所示。锥形橡胶头用来塞住火花塞孔。在表中装有一个单向阀，以使汽体只能从汽缸进入压力表而不会漏回汽缸中。放气阀用来放出进入压力表中的压缩空气，使表针回零。汽油机汽缸压力表的量程通常为 0～1.4×10^3 kPa。

(2)柴油机的汽缸压力表。柴油机的汽缸压力表结构与汽油机的汽缸压力表基本相同，但由于柴油机压缩比大，测量时手按不住压力表，须用螺纹接头旋人喷油器孔中，如图 2-1-10b)所示。

2. 使用方法

①起动发动机并运转到正常工作温度，熄火，拆下全部火花塞。

②使节气门和阻风门处于完全打开状态，将压力表的锥形橡胶头压紧(或将螺纹接口拧

紧)在火花塞孔上。

③用起动机带动曲轴旋转(转速在 150～180 r/min)3～5 s,此时汽缸压力表所指示的数值,即为该汽缸的压力值。

④测完一只汽缸,按一下压力表上的放气阀,使压力表上的指针回“0”位后,再进行测量。

⑤为提高测量的准确度,每只汽缸应重复测量 2～3 次,取平均值。

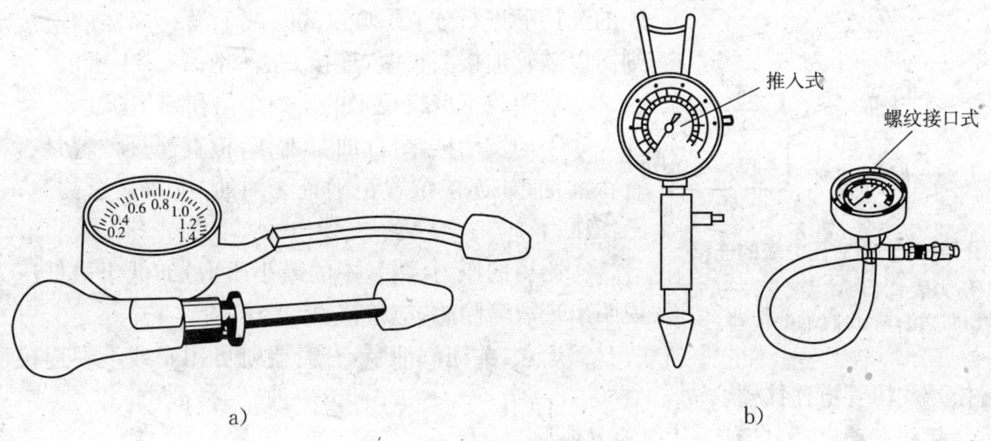

图 2-1-10 汽缸压力表

3. 使用注意事项

①汽油机汽缸压力表的量程通常为 $0\sim1.4\times10^3$ kPa。

②检测前,先让发动机运行大约 10 min,或达到正常运行温度。

③确保蓄电池已充足了电,起动机处于良好的状态,并以正常的转速带动发动机,起动机带动发动机的速度太慢会导致错误的结果。

④将发动机升温至正常工作温度后,拆去全部火花塞。

⑤选用适当的连接管将汽缸压力表按在火花塞孔上。不要用力过猛,以免损坏橡胶头。

4. 检测结果及诊断结论

①每种汽车的汽缸压力,汽车制造商在说明书中都标明其压力值。如果被检测车每个汽缸所检测得的压力读数,与标准压力值相差不超过 10%,则可认为该车汽缸压力是正常的。

②如果显示的压力值,比被检车说明书载明的压力值高得多,肯定该车燃烧室积炭过多。

③若相邻汽缸相比,一个汽缸的压力读数比其他的低 138 kPa 或更多,则肯定是汽缸垫有故障。这种情况下,在这两个汽缸中就能发现水或油等物质。

④若汽缸压力读数很低或变化很大,可向每个汽缸中倒入一匙 SAE30 级机油,然后重新测试:若压力读数上升很大,则故障可能出现在底座破损或是活塞损坏。若压力读数保持不变,则故障可能出在气门或有关的零件上。

5. 汽缸压力表的鉴定

①锥形橡胶头应完好,无破损、老化、变形。

②按一下压力表上的放气阀,压力表上的指针应回到“0”位,若不能回零,应换用新表。

二、燃油压力表

1. 燃油压力表的结构及使用

燃油压力表由压力表、油管以及三通接头组成。测试燃油压力时,必须在发动机怠速及高转速情况下进行：

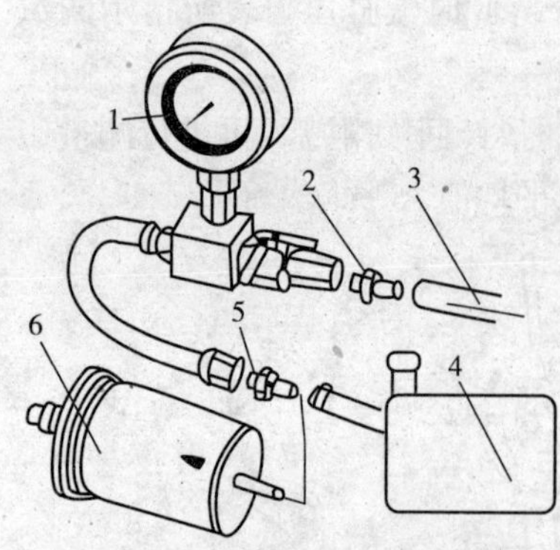

图 2-1-11 燃油压力表的连接

1-压力表；2、5-专用接头；3-进油管；4-燃油箱；6-汽油滤清器

①连接检测系统。使发动机熄火，找出汽车进油管接头，并与燃油压力表检测系统连接。如所测试汽车无燃油阀，则在拆开油管时，要防止汽油高压溢射，伤及身体、眼睛或引起火灾；连接时，必须正确选用燃油压力检测配件接头中的连接嘴进行连接，如测试的汽车没有标准的连接嘴时，则需以软管加接头锁紧，连接方法如图 2-1-11 所示。

②查明技术资料规定的压力单位和工作压力。

③起动发动机，令汽油泵工作，检查连接位置是否正确，有否漏油；如连接位置正确且无漏油，读取显示被测车燃油工作压力。

④测得的压力（测量中的最小压力）如低于最低压力值，说明出现故障隐患，应检修。

⑤熄火，关闭汽油泵，有需要时可用布或纸卷连接接头，慢慢松开放压管道连接器。

⑥起动发动机，测试有否任何地方泄漏。

⑦将燃油压力表检测系统套件内的汽油放出抹干，结束测试。

2. 燃油压力表的鉴定

①燃油压力表指针运转灵活，无压力时指针应指示零位。

②燃油压力表三通接头应畅通，管接头密封良好，无漏油。

三、真空压力表

1. 真空压力表的结构

真空压力表结构如图 2-1-12 所示。连接时将真空表接头与发动机进气歧管上真空接头通过一根橡胶真空软管连接在一起。

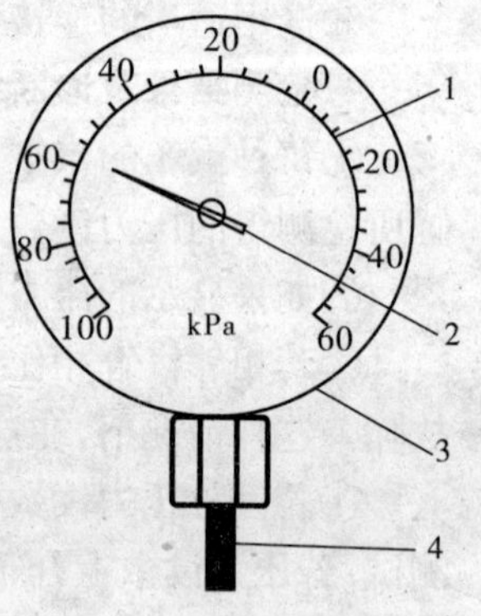

图 2-1-12 真空压力表

1-真空表表盘；2-读敷指针；3-真空表外壳；4-真空表接头

2. 真空压力与故障诊断

①正常运转的发动机，表针停于 19～25 之间。

②活塞不正常时，发动机怠速的时候，表针虽然稳定但是如果比正常值小 2 或 3，则说明润滑油的状态不良。

③正常运转的发动机，在急剧地开闭节气门时，如果表针突然地降到 2，再抖动到 24 或者 25 之后，稳定在正常的空转状态，这说明活塞环和气门的工作无异常。

④活塞环不正常或润滑不良时，在急剧地开闭节气门时指针一下子降到 0，再上升到 23 或 23 以下。

⑤气门粘结时，指示数比怠速时常常少 4。

⑥气门漏气，当气门关闭时，指示数比正常少 2 或 3。

⑦气门烧损时，指示数比怠速时有规则地少几格。

⑧气门导管磨损时，在怠速下表针在 14 和 19 之间快速摆动。

⑨气门弹簧疲软，发动机以高速运转时，表针指示在 10 和 23 之间。转速越大，表针摆动

越激烈。

⑩点火时间延后，发动机怠速转速较高时，表针停留在 14 和 17 之间。

⑪气门正时延后，发动机怠速转速较高时，表针停留在 8 和 15 之间。

⑫点火不良时，如果表针在 14 和 16 之间缓慢摆动，应检查火花塞间隙是否过小和触点接触面是否不一致等。

⑬汽缸与汽缸垫之间漏气时，表针在 6 和 19 之间有规则地摆动。

⑭排气系统堵塞，起动发动机时，表针从较高值突降至 1 或 0，再徐徐上升至 15 或 16。

⑮进气系统漏气，发动机以怠速或比怠速略高的转速运转时，表针指示在 3 和 5 之间。

⑯化油器调整不当时，表针在 13 和 17 之间缓慢地前后摆动。在这种情况下应检查怠速混合气状况。

按以上所述，按真空表指针示值及摆动情况，再结合其他故障症状及诊断方法，较容易判断发动机故障并予排除。

3. 技术标准及要求

①发动机的点火系统、配气机构、密封性能等各部分良好，发动机温度正常时，在相当于海平面高度的条件下，怠速时真空度在 57.33～71.66 kPa 之间，且较稳定，表示正常。注意：海拔每升高 1 000 m，真空度将减小 10 kPa。

②发动机在怠速工况下，迅速开闭节气门时，真空度应在 6.66 ～84.66 kPa 之间随之摆动，且变化较灵敏。

③真空表要安装在节气门的后方。技术标准如表 2-1-1 所列。

真空压力技术标准　　表 2-1-1

发动机工况	真　空　压　力
怠速	57.33～71.66 kPa(430～530 mmHg)
加速	6.66～84.66 kPa(40～635 mmHg)

四、轮胎气压表

1. 轮胎气压表的结构

轮胎气压表是专门用于测定轮胎气压的量具，常用的形式有标杆式和指针式两种，如图 2-1-13所示。

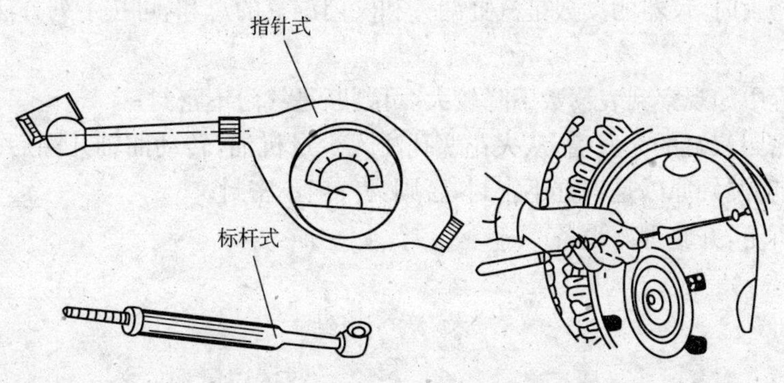

图 2-1-13　轮胎气压表及测量方法

2. 轮胎气压表的使用方法

①将轮胎气压表测量端槽口与轮胎气门嘴对正并压紧。

这时轮胎气压表指针发生偏转，其指示值即为该轮胎的充气压力；或者轮胎气压表标杆在气压作用下被推出，这时标杆上所显示的数值即为该轮胎的充气压力。

②测量完毕后，应仔细检查轮胎气门芯是否漏气，若漏气，应予以检修。

五、汽缸漏气检测仪

1. 汽缸漏气检测仪的结构

汽缸漏气检测仪的面板结构如图 2-1-14 所示。

2. 汽缸漏气检测仪使用

①将发动机预热到正常温度，拧下火花塞，装上充气嘴。

②接通电源，当排气阀关闭时，通过调节调压器使测量表的指针指在压力 0.4 MPa 位置上。

③将变速器挂入低速挡，拉紧驻车制动器，然后摇转曲轴，使第 1 缸活塞处于压缩终了的上止点位置。

④在充气嘴上接上快速接头，打开排气阀，向该缸充气，测量表上的读数便反映了该缸的密封性状况；在充气的同时，还可以从图 2-1-15 所示的化油器或节气门、排气管消声器、散热器加水口及机油加注口等处听是否有漏气声，以便找出故障所在。

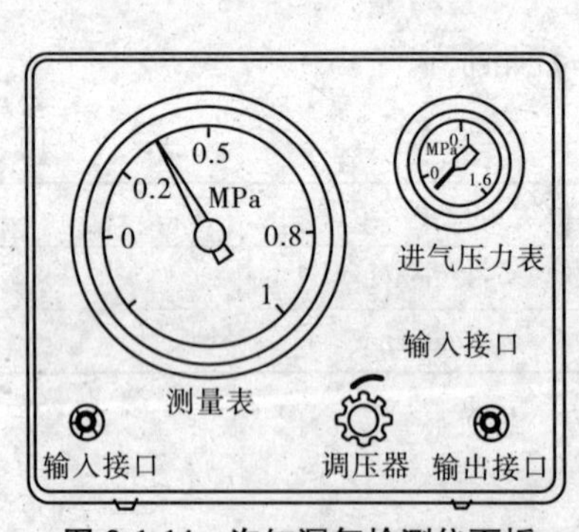

图 2-1-14 汽缸漏气检测仪面板

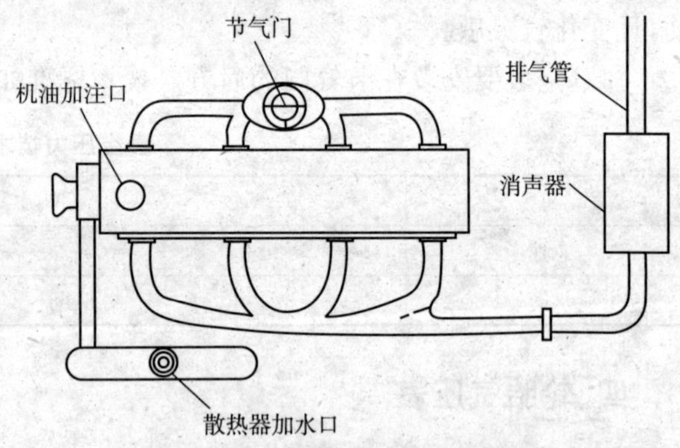

图 2-1-15 检查汽缸漏气的部位

⑤按点火顺序逐缸检测其他各缸的漏气量。

为了使检测的数据更为可靠，各缸应重复测量一次。

当气门不密封时，仪器的读数是汽缸漏气和气门漏气的总和，可按下列方法区分哪一种漏气为主：

a. 检测过程中如观察到表读数下降较大，可判断是气门不密封；

b. 卸下不密封汽缸的充气嘴，从火花塞孔注入少量机油，转动曲轴几圈后重新测量，若此时压力升高，说明漏气原因是汽缸不密封，否则为气门不密封。

⑥将仪器拆下，并整理好设备。

本 章 小 结

本章主要介绍汽车维修质量检验作业中常用的量具、仪表的名称、用途、原理、使用方法、检定方法和使用注意事项。在量具和仪表的使用中应注意以下问题：

①在使用量具和仪表前，应了解其性能、使用方法和注意事项，做好对量具和专用仪表的维护工作，确保量具和仪表的正确使用和操作安全；

②在使用精度较高的量具（如游标卡尺、千分尺、百分表、量缸表、万用表等）时，应注意掌握其操作要领，正确操作；

③在拆装量具和仪表过程中，为避免损坏零件，应尽可能使用专用维修工具和维修设备；

④对常用的量具和仪表，应掌握必要的鉴定方法，以保证量具和仪表的性能完好，测量数值准确。

复习思考题

1. 试述游标卡尺的读数方法及其鉴定方法。
2. 试述外径千分尺的读数方法、使用注意事项与鉴定方法。
3. 试述百分表的使用方法。
4. 试述量缸表的使用与鉴定方法。
5. 试述汽缸压力表的种类及鉴定方法？
6. 怎样分析汽缸压力表的检测结果？
7. 试述用燃油压力表检测汽油压力时的系统连接方法。
8. 试述真空压力表检测的技术要求及标准。
9. 试述轮胎气压表的使用方法。
10. 试述汽缸漏气检测仪检测汽缸漏气量的步骤。

第二章　常用仪器的使用与检验

第一节　万　用　表

一、指针式万用表

(一)指针式万用表(MF500 指针式万用表)的功能及使用

1.直流电压测量

将测试短杆分别插在插口“K1”和“K2”中(图 2-2-1),转换开关旋钮“S1”至“V̲”位置上,开关旋钮“S2”至所欲测量直流电压的相应量限位置上,再将测试长杆跨接在被测电路两端。当不能预计被测直流电压大约数值时,可将开关旋钮旋在最大量限的位置上,然后根据指示值之大约数值,再选择适当的量限位置,使指针得到最大的偏转角度。当指针向相反方向偏转,只需将测试杆的“+”、“—”极互换即可。读数见“≂”刻度。测量 2 500 V 时,将测试短杆插在“K1”和“K4”插口中。

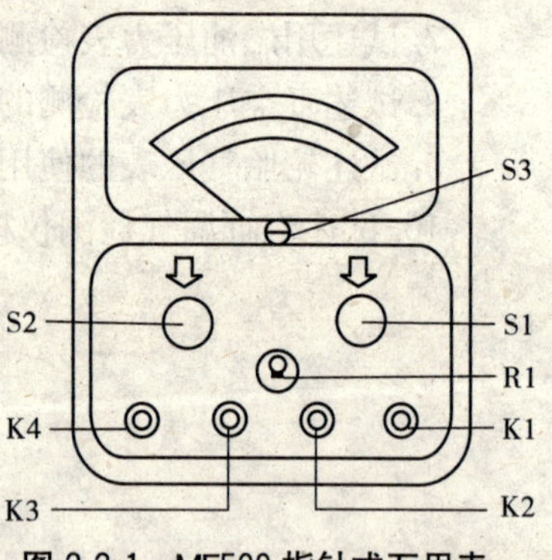

图 2-2-1　MF500 指针式万用表

2.交流电压测量

将开关旋钮“S1”旋至“黑”位置上,开关旋钮“S2”旋至所欲测量交流电压值相应的量限位置上,测量方法与直流电压测量相似。50 V 及 50 V 以上各量限的指示值见“≂”刻度,10 V 量限见“10 V̰”专用刻度。由于仪表的指示值是交流电压的平均值,是按正弦波形交流电压的有效值校正的,被测交流电压波形任意瞬时的波形失真值应不超过±1%。当被测电压为非正弦波形时,仪表的指示值将因波形失真而引起误差。

3.直流电流测量

将开关旋钮“S2”旋至“A̲”位置上,开关旋钮“S1”旋到需要测量直流电流值相应的量限位置上。然后将测试杆串接在被测电路中,就可测量出被测电路中的电流值。指示值见“≂”刻度。测量过程中仪表与电路的接触应保持良好,并注意切勿将测试长杆跨接在直流电压的两端,以防止仪表因过载而损坏。

4.电阻测量

将开关旋钮“S2”旋到“Ω”位置上,开关旋钮“S1”旋到“Ω”量限内;先将两测试长杆短路,使指针满刻度偏转；然后调节电位器“Ω”，使指针指示在“0 Ω”位置上；再将两测试长杆分开进行测量未知电阻的阻值。指示值见“Ω”刻度。为了提高测试精度，指针所指示被测电阻之值，应尽可能指示在刻度的中间一段，即全刻度的20%～80%弧度范围内。在Ω×1、Ω×10、Ω×100、Ω×1 K量限所用直流电源系1.5 V二号电池一节，Ω×10 K量限所用直流电源系9 V层叠电池一节，它们在工作时的端电压应符合表2-2-1所列的数值。

工作时端电压(V) 表2-2-1

电池标准电压	工作时端电压范围
1.5	1.35～1.65
9.0	8.1～9.9

如短路，两测试杆、调节电位器“R1”不能使指针指示到“0 Ω”，则说明电池电压不足，应立刻换用新电池，以防止因电池腐蚀而损坏仪表中的零件。更换电池时，应注意电池电极的位置正确，并使电池与电池夹的接触保持良好。仪表长期搁置不用时，应将电池取出。

5.音频电平测量

音频测量方法与交流电测量方法相似，将测试短杆插在“K1”、“K4”插口内，转换开关旋钮“S1”、“S2”分别放在“$\underset{\sim}{V}$”和相应的交流电压量限位置上，音频电平刻度是根据0 dB=1 mW，600 Ω输送标准而设计。标度尺指示值从－10～＋22 dB。当被测量音频电平大于＋22 dB时，应在50 V或250 V量限进行测量，指示值应符合表2-2-2所示数值进行修正。

音频电平测量修正值 表2-2-2

量限(V)	按电平刻度增加值(dB)	电平的范围(dB)
50	14	＋4～＋36
250	28	＋18～＋50

(二)使用注意事项

为了测量时获得良好效果及防止由于使用不慎而使仪表损坏，仪表在使用时必须遵守下列事项：

①使用之前须调整调零器，使指针准确地指示在标度尺的零位上。

②仪表在测试时，不能旋转开关旋钮。

③当不能确定被测之量的大约数值时，应将量程转换开关旋到最大量限的位置上后再选择适当的量限，使指针得到最大的偏转。

④测量直流电流时，仪表应该与被测电路串联。禁止将仪表两测试长杆跨接在被测电路的电压两端，以防止仪表过负载而损坏。

⑤测量电路中的电阻时，应将被测电路的电源断开，如果电路中有电容器，应先将其放电后才能测量。切勿在电路带电情况下测量电阻。

⑥仪表在携带时或每次用毕后，最好将开关旋钮“S2”旋在“.”位置上，使测量机构两极接成短路；“S1”旋在“.”位置上，使仪表内部电路呈开路状态，防止因误置开关旋钮位置进行测量而使仪表损坏。

⑦为了确保安全，测量交直流2 500 V量限时，应将一根测试长杆固定接在电路的零电位端，将另一根测试长杆接触被测高压电源。测试过程中应严格执行高压操作规程，双手必须带

高压绝缘橡胶手套，地板上要铺置高压绝缘橡胶板，并谨慎从事。

⑧仪表应经常保持清洁和干燥，以免影响准确度和损坏仪表。

⑨指针式万用表一般用于检测普通电器及其线路，对于电子控制系统的元件及其线路的检测需用高阻抗的万用表，故要用数字式万用表。

二、数字式万用表

数字式万用表外形及各按键如图 2-2-2 所示。

（一）数字式万用表的功能及使用

1. 直流电压测量

旋转功能/量程开关到 V⎓挡位，选择适合的量程。黑色表笔插头插入 COM 插孔，红色表笔插头插入 VΩ 孔。将表笔并接到被测电压源两端，仪表在显示电压读数的同时，会指示出红表笔一端的极性。

注意：

①显示屏只显示最高位“1”时，说明被测电压已超过使用的量程。不能确定被测电压范围时，应选择最大量程；

②“200 mV”挡输入保护最大 250 V，其余电压量程为直流 1 000 V（交流 700 V），更高电压可能损坏仪表。

2. 交流电压的测量

旋转“功能/量程开关”到“V～”范围，选择适合的量程。黑色表笔插头插入 COM 插孔，红色表笔插头插入 VΩ 插孔，将表笔并接到被测电压源两端。

注意：

①参见直流电压测量注意事项；

②“200 mV”挡输入保护最大 250 V，其余电压量程为交流 700 V（直流 1 000 V）。超过 700 V 的交流电压，虽然有可能显示读数，但可能会损坏万用表。

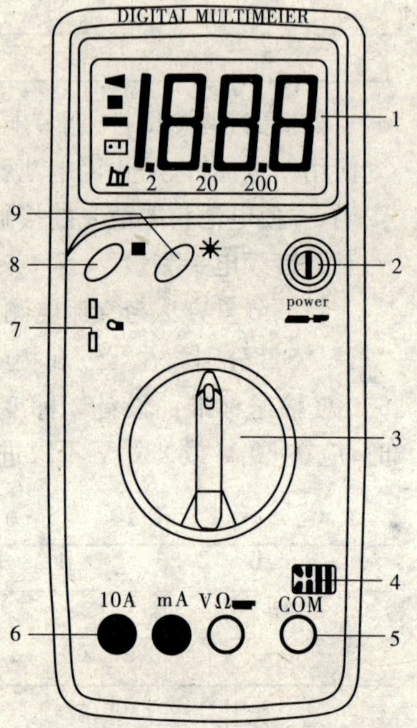

图 2-2-2 数字式万用表

1-LCD 显示器；2-电源开关；3-功能/量程开关；4-三极管测孔；5-输入插孔；6-表笔插孔挡板；7-电容测孔；8-数据保持按健；9-背景光按健

3. 直流电流测量

拔出表笔，旋转功能/量程开关到“A⎓”位，选择适合的量程。将黑色表笔插头插入 COM 插孔，红色表笔插头插入 mA 插孔或 10 A 插孔。将表笔串入被测电路，仪表显示电流读数的同时，会指示出红表笔一端的极性。

注意：

①不能确定被测电流范围时，应选择最大量程；

②显示屏只显示最高位“1”时，说明被测电流已超过使用的量程；

③mA 插孔最大输入 200 mA，过载会熔断仪表内熔丝；

④10 A 插孔最大输入 10 A，过载会熔断仪表内熔丝。

4. 交流电流测量

拔出表笔，旋转功能/量程开关到“A～”位，选择适合的量程。将黑色表笔插头插入 COM 插孔，红色表笔插头插入 mA 插孔或 10 A 插孔；表笔串入被测电路。

注意:参看直流电流测量注意事项。

5.电阻测量

拔出表笔,旋转功能/量程开关到“Ω”位,选择适合的量程,将黑色表笔插头插入 COM 插孔,红色表笔插头插入 VΩ 插孔;将表笔并接到被测电阻两端。

注意:

①当输入开路时,仪表处于超量程状态,只显示最高位“1”;

②检测在线电阻时,应关闭被测电路的电源,并使被测电路中的电容放完电,才能进行测量;

③在 200 Ω 挡,红黑色表笔短路时有 10 Ω 左右,测量时应从读数中减去;

6.电容测量

旋转功能/量程开关到“F”位,选择适合的量程。将黑色表笔插头插入 COM 插孔,红色表笔插头插入 VΩ 插孔;将表笔并接到被测电容的两端。

注意:

①对于充有电荷的电容应进行放电,然后进行测量;

②最大输入电压为 60 V,更高电压可能损坏仪表。电容量程各挡应尽可能避免误测;

③单位:1 pF=10^{-6} μF;1 nF=10^{-3} μF。

7.频率测量

旋转功能/量程开关到“Hz”挡,将黑色表笔插头插入 COM 插孔,红色表笔插头插入 VΩ 插孔;将表笔并接到被测信号源两端。

注意:

①频率信号的电压幅度应当控制在几百毫伏到几十伏范围;被测信号较强时,应使用外部衰减器;噪声环境中,测试小信号时可使用屏蔽电缆。电压高于 100 V 时,虽可获得读数,但可能超差;

②最大输入电压为 250 V,更高电压可能损坏仪表。

8.温度测量

旋转功能/量程开关到“TEMP”挡,将热电偶的黑色插头插入仪表的 COM 插孔,红色插头插入仪表的 VΩ 插孔;热电偶测量端置于测温点,从仪表显示屏上读取温度值,读数为摄氏度(℃)。

注意:

①当热电偶插入温度测量插孔后,自动显示被测温度;未插入热电偶或当热电偶开路时,显示环境温度;

②仪表随机附 K 型简装热电偶,极限测量温度为 250℃(短时间内测量为 300℃);

③最大输入电压为 250 V',更高电压可能损坏仪表。

9.二极管测试

旋转功能/量程开关到“⏵|”挡。黑色表笔插头插入 COM 插孔,红色表笔插头插入 VΩ 插孔(测量电路“+”极);将表笔跨接于被测二极管两端。仪表显示二极管正向压降,单位“V”;当二极管反接时,显示超量程。

注意:

①当两表笔开路时,显示超量程(仅显示高位“1”);

②通过被测器件的电流约 1 mA；

③最大输入电压为 250 V，更高电压可能损坏仪表。

10. 线路通断蜂鸣声快速检测

旋转功能/量程开关到蜂鸣挡。黑色表笔插头插入 COM 插孔，红色表笔插头插入 VΩ 插孔；将表笔跨接在待查线路的两端。被检查的两点之间的电阻值小于 30 Ω 时，仪表会发出蜂鸣声响作为指示。

注意：

①被测线路必须在切断电源状态下检查，线路带电将导致仪表错误判断；

②最大输入电压为 250 V，更高电压可能损坏仪表。

11. 其他

①数据保持功能。按下数据保持键，显示屏出现"H"符号，此时测量数据被锁定，便于读数、记录。再按该键，可使之复位，"H"符号消失，仪表恢复测量状态。

②按动背景光按键，液晶显示器会发出绿色背景光，使测量数据更清晰，数秒钟后背景光会自动消失。

（二）使用注意事项

①使用之前确认仪表无破损，表笔绝缘层完好。

②打开电池仓盖或后盖前，须拔去表笔；合上后盖及电池仓盖并旋紧螺钉后，才能进行测量，否则有受电击的危险。

③进入或退出电流测量各挡之前，应先拔出表笔，后旋动功能/量程开关。野蛮操作可能损坏机械保护装置。

④测量过程中，断开仪表输入后再旋动功能/量程开关。

⑤输入信号电压不允许超过规定的极限值。

⑥测量公共端"COM"和"大地"之间的电压不得超过 1 000 V，以防电击和损坏仪表。

⑦被测量电压高于 DC60 V 和 AC42 V 的场合，均应小心谨慎，防止电击。

⑧液晶显示"⊟"符号时，表示电池电压不足，应及时更换电池，以确保测量准确度。

第二节　故障检测仪

一、电脑故障诊断仪

随着汽车上单片机和集成电路应用的不断增多，汽车电控单元功能的日益强大，给用万用表检测维修汽车电控系统带来了困难，于是车载诊断装置 OBD(On Board Diagnose Version)和电脑故障诊断仪应运而生。

早期用人工触发方法读取故障码，然后在故障码表中查出它的含义，现在用电脑故障诊断仪与汽车电控单元进行通信的方法读取故障码。各车型的通信方式上都不一样，并正由老的 J1850、ISO9141 的 K、L 线通信方式发展成 CAN 总线通信方式，典型的车型有奔驰、马自达 M6、大众奥迪轿车。故障诊断座接口也正由过去的 3 P、5 P、12 P、14 P、38 P 等各式各样的

OBD－Ⅰ接口向着 OBD－Ⅱ标准 16 P 接口发展，但即使是这样，现在的 OBD－Ⅲ或 E－OBD 故障诊断座接口的各针定义、故障码和数据流也没有完全统一。

（一）电脑故障诊断仪的分类

电脑故障诊断仪有 2 类：原厂专用型和通用型。原厂专用型电脑故障诊断仪为汽车生产厂自己生产的专门针对本厂车型的电脑故障诊断仪，如奔驰厂新检测仪 STAR COMPACT 3、宝马原厂电脑故障诊断仪 GT－1、通用公司的 Tech 2、本田的 HDS、丰田的 MTS 3100、尼桑的 Consult－Ⅱ、大众的 VAS 5052、福特的 WDS 和富豪原厂电脑故障检测仪 VIDA 等，其功能都十分强大，但是适用的车型单一。通用型电脑故障诊断仪为可应用于大多数车型的电脑故障诊断仪，如修车王、元征、金奔腾、威宁达、车博士和 OCT 等，可是它们的功能较弱。

通用型电脑故障诊断仪的功能不足之处常表现为：故障码不全，有的故障码无解释或解释不准确；可检测的车型和系统不全；数据流不全，其项目对应不完全正确；能检测的执行元件动作不全或不正常；没有故障引导和资料查询功能；有时不能完成编程或防盗匹配功能；没有远程诊断功能；不能完成某些特殊功能。

但是，新一代的通用型电脑故障诊断仪，如三原公司的修车王 SY818 等，均采用全电脑平台，在这个平台下仪器的运行速度快、容量大、功能扩展也方便，并且将有可能具备数据流动态分析、元器件性能智能分析和远程诊断等功能。下面以三原公司的修车王 SY380 电脑故障诊断仪为例介绍通用型电脑故障诊断仪的使用方法。

（二）电脑故障诊断仪的结构与操作

1. 主机

主机面板上布置有 0～9 数字键和若干个功能键（图 2-2-3），用户的操作都是通过键盘操作来实现的。主机屏幕为用户提供操作提示、测试结果，实现人机对话。

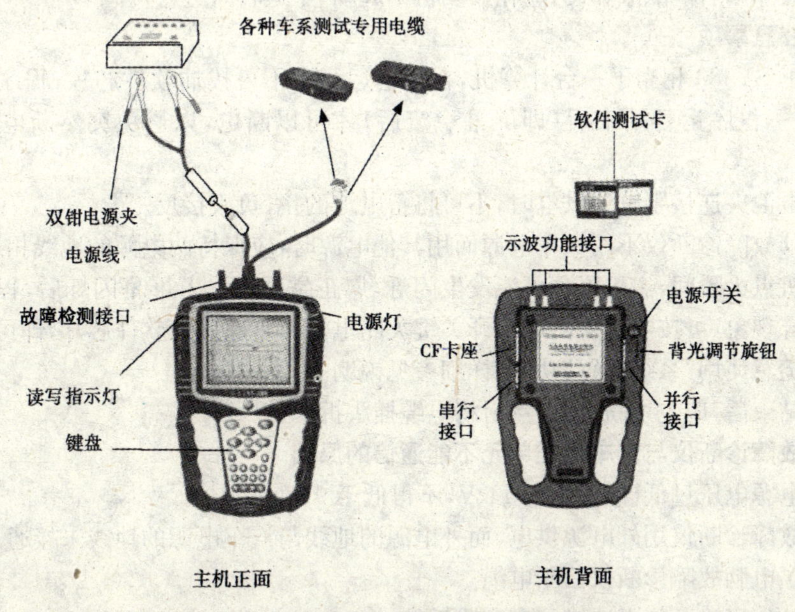

图 2-2-3 修车王 SY—380 电脑故障诊断仪

2. 键盘功能及操作

①[ENTER]键，即[确认]键。通过[▲]、[▼]键选出的某项选项，按[ENTER]键得到确认后，主机即执行该选项。

②[EXIT]键，即[退出]键。用于返回上一次操作或上一级菜单。

③[▲][▼]键。用于移动光标，选择同一级系统菜单或功能菜单选项中的某一选项。

④[◢][◣]键。用于整屏翻页。

⑤数字键。通过[0]～[9]十个数字键，可选择输入数字。

⑥[PRINT]键。用于打印当前屏幕信息。

⑦[SAVE]键。用于存储当前屏幕信息。

⑧[CANCEL]键，为特殊功能键。

⑨[RESET]键。用于使检测仪在通电情况下重新启动(相当于电脑的热启动)。

⑩[HELP]键。在屏幕右下角显示“H”时，按该键可提供相关的操作信息。

(三)电脑故障诊断仪的使用

1. 电脑故障诊断仪的操作步骤

①断开点火开关。

②将电脑故障诊断仪电缆插头插入汽车故障诊断座。

③接通电脑故障诊断仪的电源开关。

④将点火开关置于 ON 位或起动发动机。

⑤电脑故障诊断仪上选择相应车型和电控系统与汽车进行通信对话。

⑥选择需要的功能，然后按屏幕上的提示进行操作。

在用修车王 SY380 读故障码或数据流等时，还可以用其存储键及时记录下当时的数据，每按一次存储键可记录一屏信息。

⑦排除故障码后清除故障码(应在发动机不起动、不运转时进行)。

2. 使用注意事项

①修车王 SY380 相当于一台计算机，在带电运行中不可拔插软件芯片，程序运行中也不可以断电，要等程序运行结束后(即屏幕稳定后)才可以断电，以避免突然断电导致运行文件丢失。

②用蓄电池夹连接蓄电池供电时，不可将蓄电池的正、负极接反。

③当电脑故障诊断仪不用汽车电源而用其他电源时，应保持两电源的地线相通。

④发动机点火瞬间，主机屏幕可能发生闪烁，属正常现象。若屏幕闪烁后，程序未运行或屏幕出现乱屏现象，可按主机上的电源开关键关闭电源。重新插入软件芯片，即可继续进行|

⑤切勿随意使用“系统设置”功能(详细参见说明书)。

⑥测试结束后，应先切断电源，然后将电缆插头拆下。

3. 电脑故障诊断仪与汽车电控单元不能通信的原因

①汽车电源电压过低(应为 11～14 V，不得低于 9 V)。

②电脑故障诊断仪用外电源供电，而外电源的地线与汽车电源的地线未接通。

③选错了电脑故障诊断仪诊断电缆。

④在电脑故障诊断仪上选错了车型或系统。

⑤选错了要检测的汽车系统与相应的故障诊断座(有多个故障诊断座的汽车)。

⑥通信线路有故障。

⑦汽车电控单元不工作。

⑧存在严重的电磁干扰。

⑨电脑故障诊断仪不具备对该车型或系统的故障诊断功能。

(四)电脑故障诊断仪的实际应用说明

①汽车进厂后一般首先应用电脑故障诊断仪读取相关系统的故障码,然后清除故障码,充分试车后再读故障码,以清除无关的历史遗留码;但对于偶发性故障要注意分析历史遗留码与该故障是否有关。

②读取故障码主要是用于了解汽车电控系统中一些传感器或执行器断路、短路和无信号一类的故障。不同的传感器或执行器的故障码产生的条件不同,如有的要在发动机转速为2 500 r/min以上时才会产生,因此读故障码前一定要充分试车,即使起动不着发动机也要用起动机拖动发动机转动 6 s 以上,使汽车电控单元有时间完成自检。

另外,故障检查千万不要局限在故障码直接标明的部位上,还要根据故障码产生的条件检查与故障码有关的部位。例如,有时故障码直接表示的是氧传感器故障,可实际上却是供油系统的故障,因此,如果检查氧表明氧传感器无故障,则应检查供油系统。

③尽管根据故障码可以了解很多故障的原因,但是仍有一些故障的原因是无法了解的,原因在于有时传感器虽然有故障但其信号却仍在正常范围内(此时电控单元不认为该传感器有故障)。例如:如某发动机怠速时实际进气量是 3 g/s,但由于空气流量计因有故障而使其信号变成了 6 g/s,结果是发动机冒黑烟,而电控单元则认为读数在正常范围内,不记录故障码。

④在按故障码不能查到故障部位的情况下,要学会运用数据流来分析、判断故障原因,即把系统运行中有关参数的值与相应的标准值进行比较、分析和判断故障原因。像修车王SY380 这类电脑故障诊断仪都有存储功能,可以将检测到的参数值储存起来,并通过计算机打印出来。

⑤当检查故障时,一定要清楚在这个车上(不同的车会有区别)那些故障是可以用电脑故障诊断仪检查出来的,那些是检查不出来的。例如,桑塔纳 2000 车发动机单缸不点火故障,用电脑故障诊断仪是查不出来的,而宝来 1.8T 车用电脑故障诊断仪就可以查出来。

⑥对于一些执行元件的检测,可以用电脑故障诊断仪的元件动作测试功能进行检测。

⑦有的系统在更换某些零部件后需要用人工方法或用电脑故障诊断仪进行设定或自适应。

⑧在更换电控单元后,有些车型需要用电脑故障诊断仪进行编程或编码激活。

⑨对一些有疑问的传感器或信号可以用电脑故障诊断仪的示波功能来检测(修车王SY380 电脑故障诊断仪具有较强大的示波功能)。

⑩停放在维修厂较长时间未使用的汽车,很可能汽车上电控单元已失去记忆,原来保存的故障信息或数据资料可能已丢失。因此,使用电脑故障诊断仪检测之前必须先起动发动机,让发动机怠速运转 3~5 min(热机),然后,将点火开关转到 OFF 位,再连接电脑故障诊断仪进行检测。

二、发动机综合性能分析仪

发动机是汽车的动力源,汽车的一些基本技术性能都直接或间接地与发动机相关性能有联系,因此发动机综合性能的检测对整车性能的了解至关重要。

发动机综合性能检测与发动机台架试验不同,后者是发动机拆离汽车、以测功机吸收发动机的输出功率对诸如功率和转矩以及油耗和排放等最终性能指标进行定量测定,而发动机综合性能分析仪主要是在检测线上或汽车调试站内就车对发动机各系统的工作状态,如点火、喷油、电控系统和传感元件以及排气系统和各机构工作状态等的静态和动态参数进行分析,为发动机技术状态判断和故障诊断提供科学依据。

(一)发动机综合性能分析仪的基本功能

①无外载测功,而采用加速法测功。

②检测点火系统:一次侧(初级)与二次侧(次级)点火波形的采集与处理,平列波、并列波与重叠波和重叠角的处理与显示,断电器闭合角和开启角、点火提前角的测定等。

③机械和电控喷油过程各参数(压力、波形、喷油脉宽、喷油前提角等)的测定。

④进气歧管真空度波形测定与分析。

⑤各缸工作均匀性测定。

⑥起动过程参数(电压、电流、转速)测定。

⑦汽缸压力判断。

⑧电控供油系统各传感器的参数测定。

⑨万用表功能。

⑩排气分析功能。

(二)发动机综合性能分析仪的组成

目前各主要工业国家的有关厂家开发的发动机综合性能分析仪千差万别,形式各异,但就一台配置齐全、性能良好的检测仪而言,概括起来不外乎由信号提取系统、信息处理系统和采控显示系统三大部分组成。图 2-2-4 为发动机综合性能分析仪的外形图。

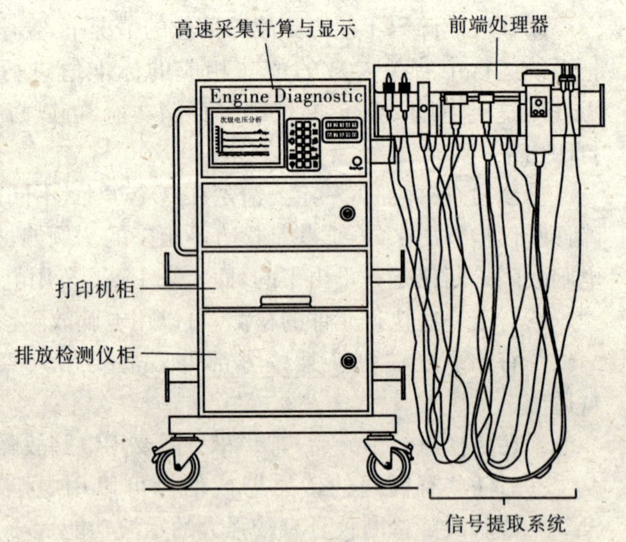

图 2-2-4 发动机综合性能分析仪外形

1.信号提取系统

信号提取系统的任务在于提取汽车被测点的参数值。鉴于被测点的机械结构和参数性质不同,信号提取装置必须具有多种形式以适应不同的测试部分。图 2-2-5 所示为多数发动机综合性能分析仪的信号提取系统,图中显示的这一系统是由不同形状的接插头或探头组成,它们可以分为三类。第一类是直接接触式,其件 1 和 4 接蓄电池的正负极,件 2 和 3 接点火线圈的探针,适应不同的测试点(图 2-2-6),件 8(图 2-2-5)为两个鳄鱼夹,由一个分流器引出,用以测定发电机电流。第二类则是非接触式,其电感式或电容式夹持器 11 和 12 可分别钳于一缸点火线上和点火线圈高压线上以获得点火信号,件 7 实际上是一个电流互感器,夹持在蓄电池线上时可感应出起动电流。因为高电压和强电流直接接触测量极为困难。第一类和第二类都用于对电量参数的提取。第三类用于对于非电量参数的提取(经过某一类型的传感器将非电量转变成电量后)。如件 13 电磁式上止点传感器提供上止点信号;频闪灯 10 用于寻找点火提前角;压力传感器 5 可将进气管或喉管真空度转变成电量;而件 6 为一热敏电阻,可将机油温度和冷却液温度等参数转换为电量。对于电控燃油喷射(EFI)发动机,因电控单元计算喷油脉宽和自动控制过程的需要,各非电量已被各系统的传感器直接转换成电量,可用件 9 通过不同的转换接头来提取,但为了不中断电控单元的控制功能,必须通过 T 形接头来提取信号,如图 2-2-7 所示。

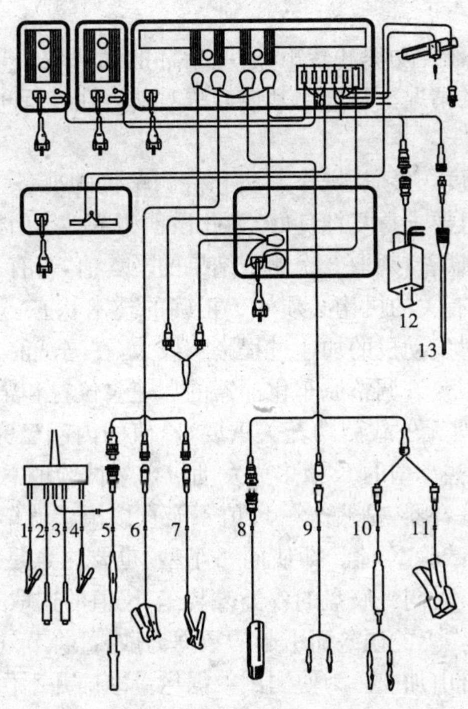

图 2-2-5　信号提取系统

1、4-蓄电池夹(红色为正极、黑色为负极);2、3-点火线圈初级线圈接线夹;5-压力传感器;6-温度传感器;7-电流互感钳;8-鳄鱼夹;9-控针;10-频闪灯;11、12-电感式或电容式夹持器;13-上止点传感器

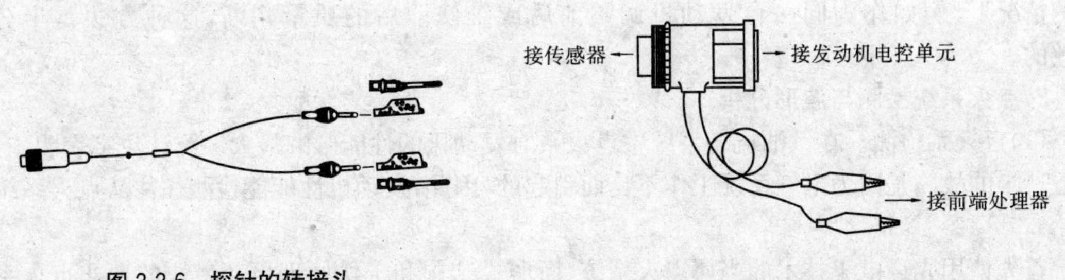

图 2-2-6　探针的转接头

图 2-2-7　鳄鱼夹引出式 T 形接头

2. 采控与显示系统

台式和柜式发动机综合性能分析仪多采用 14 英寸彩色 CRT 显示器,手提便携式则用小型液晶显示器,现代测试仪都能醒目地显示操作菜单,实时显示当前动态参数和波形,十字光

标可显示曲线任一点的数值,同时也可显示极限参数的数值,并配以色棒显示以更醒目,用户可任意设定显示范围和图形比例。

为捕捉喷油、爆震等高频信号,采集卡一般具有高速采集功能,采样率可达 10 Msps,量化精度不低于 10 Bit,并行 2 个通道,有存储功能以供波形回取,锁定波形供观察分析或输出、打印之用。

(三)发动机综合性能分析仪的检测内容及检测方法

发动机测试仪的检测内容较多,在此仅举几个项目加以说明。

1.发动机动力性检测

发动机的动力性指标是额定功率和转矩,这些指标的确切数值只能在发动机台架试验中才能得到,在发动机不离车的情况下只能用其他方法对动力性进行间接地判断,加速法就是其中常用的方法之一。

为了提高无外载测试精度,必须从操作方法和待测车辆的准备工作着手。首先踩下加速踏板的速度和力度要均匀,且要求重复性良好,为此该项测试必须由经过专门训练的专职人员操作。为避免操作上的主观误差,须取 3 次测试结果的平均值,若有飞点必须剔除。

被测车辆上与加速能力有关的机构必须处于正确的技术状态,尤其是供油系统的踏板拉线、油门摇臂等机构的间隙对发动机的加速过程影响极大,在测试前必须设法消除上述各连接处的不当间隙与松紧度,但不允许调整原车化油器的加速泵位置和柴油机的调整机构。

惯性系数 K 值的确定,对无外载测功至关重要,K 值的内涵已完全超出发动机的转动惯量。仪器生产厂家提供的某些车型的 K 值多为发动机台架试验的总功率试验状态,即不带空气滤清器、冷却风扇和排气消音器,显然这一 K 值不能直接用于就车检测之用。因此,必须采用有关使用部门提供的就车试验 K 值。即使同一车型,也要注意是否有特殊的附件,如空调和转向助力泵等。也就是说,对同一底盘的各类改装车,K 值的选取必须慎重。

为避免迅猛加速过程操作上的误差而引起的数据离散,可将节气门预开至最大,然后接通点火开关,发动机即起动并自由加速。为使测试数据尽量准确并不伤害发动机,试验前必须充分暖机,使发动机预热到正常的工作温度。

必须说明的是,上述无外载测功的理论依据尚需斟酌,首先这一方法所测得的是发动机的加速性能,仅仅是动力性能的一个侧面,而不是全部。众所周知,功率指标高的发动机其加速性能不一定优良。但因无外载测功法简单易行,在没有测功设备或无需严格要求最终测试结果的情况下,例如作为同一台发动机调整前后或维修前后的质量判断,这种方法是十分有效的。

2.点火系统检测与波形分析

(1)点火系检测。在汽油机各系统中点火系对发动机的性能影响最大。统计数字表明,有将近一半的故障是因为电气系统工作不良而引起的,因此,发动机性能能检测往往从点火系统开始。

首先使用先进电子技术的当属点火系统,而形式结构和工作原理更新最快的也非点火系统莫属。现用点火系统大体分为以下 4 类,它们在检测时的接线有所不同,必须区别对待。

①触点式点火系统。

②由电磁感应式、光电式或霍尔式断电器组成的点火系统,称为无触点点火系统。

③ECU 控制的点火系统,由 ECU 中的微处理器根据曲轴转角传感器的信号确定点火时

刻，因而它没有断电器，只有分电器，根据ECU送来的信号直接控制点火线圈初级电路的通断。

④无分电器点火系统，它是当前最先进的点火系统。曲轴传感器送来的不仅有点火时刻的信号，而且还有汽缸识别信号，从而使点火系统能向指定的汽缸在指定的时刻送去点火信号，这就要求每缸配有独立的点火线圈，但如果是六缸机，则1、6缸，2、5缸和3、4缸可分别共用一个点火线圈，即共有三个点火线圈，显然每一个点火线圈点火时，总有一个缸是空点火，检测时应注意到这一点。

检测点火系统时，首先将信号提取系统连接到发动机电路上。图2-2-8是机械点火系统和晶体管点火系统信号提取接头的连接方法，图2-2-9是电容放电式点火系统的信号提取接头连接方法。

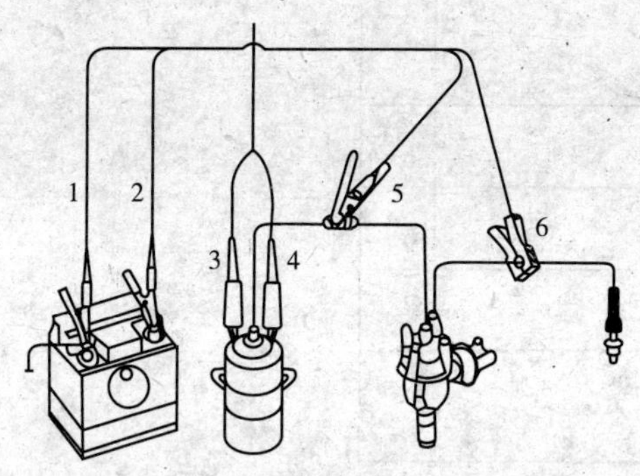

图2-2-8　触点式点火系统和晶体管点火系统信号提取接头连接方法

1、2-蓄电池夹(红色正极、黑色负极)；3、4-点火线圈初级接线夹；5、6-电感式夹持器

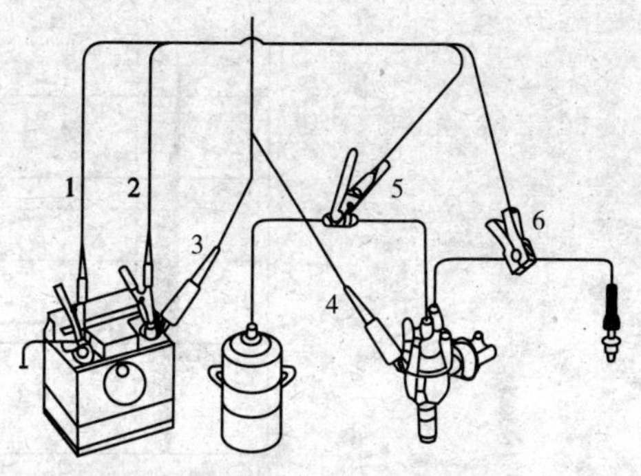

图2-2-9　电容放电式点火系统信号提取接头连接方法

1、2-蓄电池夹(红色正极、黑色负极)；3、4-点火线圈初级接线夹；5、6-电感式夹持器

无分电器点火系统是通过独立式点火线圈将高压直接送向火花塞的，当高压感应夹难以找到可夹持的位置时，可用一种专用感应夹具夹持于独立式点火线圈上以感应出高压信号，如图2-2-10所示。

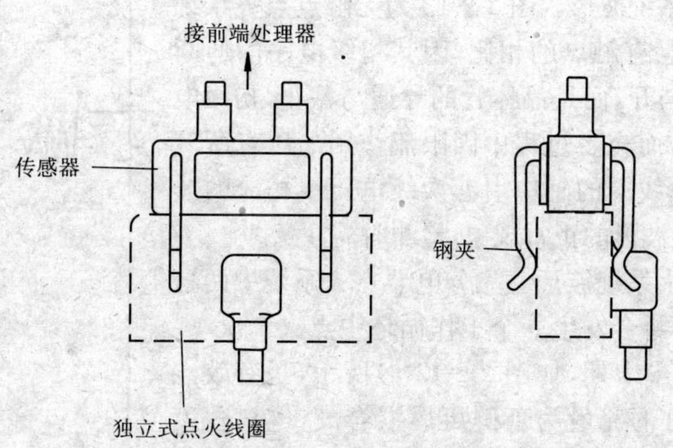

图2-2-10　独立式点火线圈的夹持式感应器

(2)点火波形分析：

①触点式点火系统波形　在发动机综合性能测试仪的操作面板上按菜单选择和确认按钮，使采控系统进入波形显示状态，即可得到点火波形(具体的操作步骤需按所用仪器的使用

说明书进行)。图 2-2-11 所示为触点式点火系统的正常点火波形,上面为次级波,下面为初级波。图中 A 为触点开启段,B 为触点闭合段,为点火线圈的充磁区。

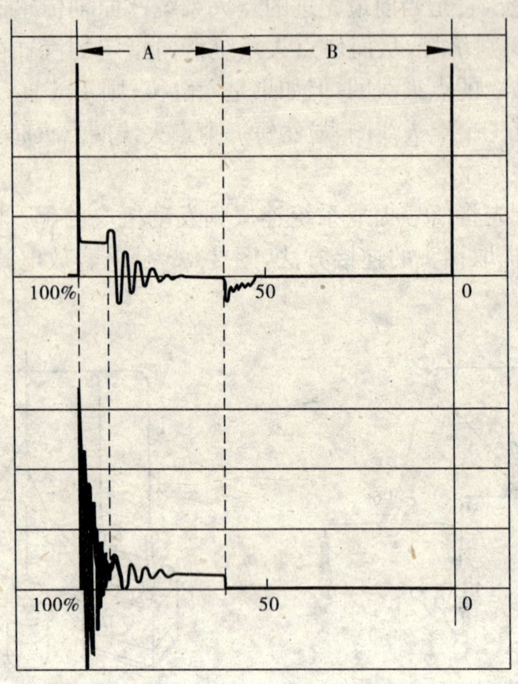

图 2-2-11 触点式点火系统的正常点火波形

从这一波形图上我们可以清晰地看到断电器触点闭合角、开启角以及击穿电压和火花电压的幅值,并可以测试到火花的延迟期和两次振荡过程。对于无故障点火系统,触点闭合时间为全周期的 45%—50%(四缸发动机)或 63%—70%(六缸发动机)或约 64%—71%(八缸发动机),击穿电压超过 15 kV,火花电压为 9 kV 左右,火花时间大于 0.8 ms。当这些数值或波形异常时,就意味着出现了故障或系统需要调整。

②无触点点火系统波形。图 2-2-12 为无触点点火系统的正常点火波形。与有触点的相比,因其初级电路的通断不是机械触点的闭与开,而是晶体管的导通与截止,初级电压没有明显的振荡,而充磁过程中因限流作用电压有所升高,这些变动因点火线圈的感应引起次级电压线相应的波动,这是无触点点火波形的正常现象,检测时需注意。

③无分电器点火系统波形。无分电器点火系统中两缸共用一个点火线圈,将会发生一个工作循环中点火 2 次,一次是在压缩过程的中末期,如图 2-2-13 a)所示,是有效点火,该工况下因汽缸的充量为新鲜可燃混合气,电离程度低,因此击穿电压和火花电压较高;另一次是在排气过程的末期,如图 2-2-13b)所示,是无效点火,该工况下因汽缸内为废气,电离程度高,因而击穿电压及火花电压较低,检测时应加以区分。

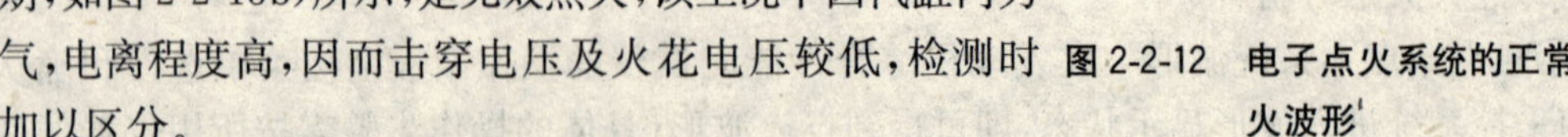

图 2-2-12 电子点火系统的正常点火波形

④点火波形的各种组合。当汽缸点火波形采集完成后,发动机综合性能分析仪采控系统计算机软件将捕获的点火波形进行不同类别的排列与组合,以供检测人员快捷而准确地判断故障的原因。

(a)按点火次序将各缸点火波形首尾相联排成一字形,称为平列波。图 2-2-14 所示为四缸发动机的平列波形,其作用主要用以分析次级电压的故障。各缸次级击穿电压是否均衡,火花电压是否有差异在平列波形图上一目了然。

(b)如将各缸的点火波形始点对齐而由下向上按点火次序排列,就形成并列波。图 2-2-15 所示为个四缸发动机的次级电压并列波形,从这一波形图可以看到各缸直列波的全貌,分析各缸闭合角和开启角以及各缸火花塞的工作状态十分方便。如使用 TDC 传感器或频闪灯将上止点信号标于第 1 缸电压波形上,则可以检测到点火提前角。

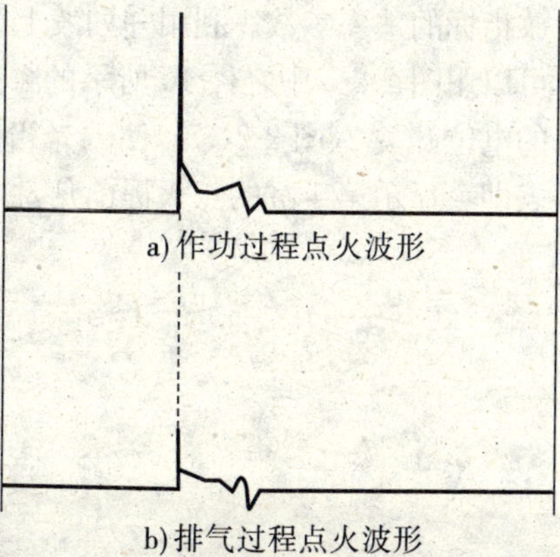

图 2-2-13　无分电器点火系统的两次点火过程

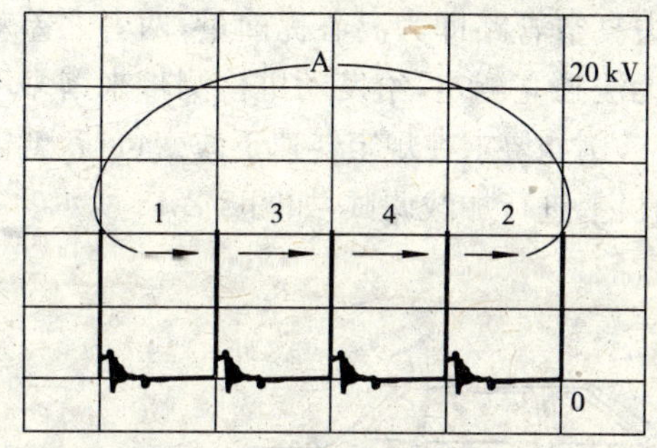

图 2-2-14　标准四缸次级电压平列波

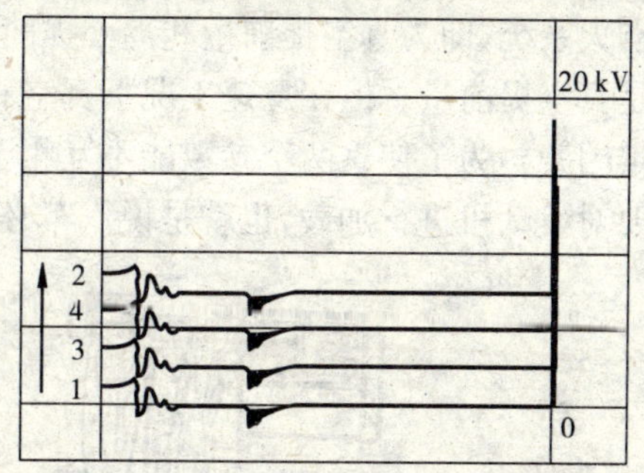

图 2-2-15　标准四缸次极电压并列波

(c)重叠波　将各缸的点火波形起始点对齐,全部重叠在一个水平位置上,称为重叠波,如图 2-2-16 所示。如果触点式点火系统的分电器凸轮磨损不均匀,凸轮轴磨损严重,将会造成波形重叠不良。一般重叠角不能超过周期的 5%。

3. 点火系统的加载调试

利用图 2-2-15 所示的并列波,测定各缸闭合角和点火提前角是否正常:六缸发动机的断电器凸轮角为 60°,闭合角标准值为 38°～42°;四缸机的凸轮角为 90°,闭合角为 40°～45°;八缸机的凸轮角为 45°,闭合角标准值为 29°～32°。如这一角度过大,则说明机械触点间隙过小;反之,当闭合角过小,则说明触点间隙过大。这时必须重新调整触点间隙,以使闭合角达到标准值。

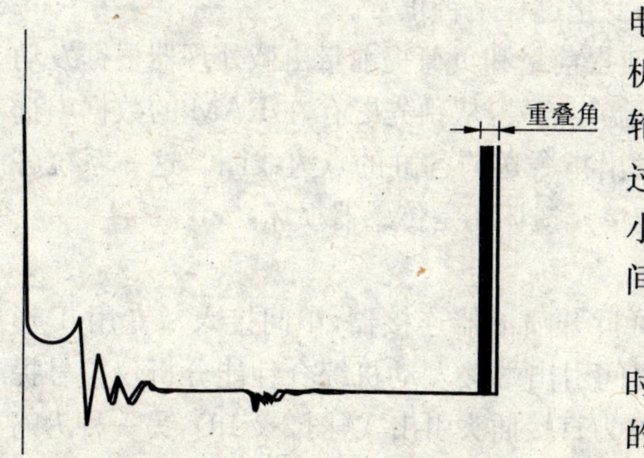

图 2-2-16　次级电压重叠波

无触点的晶体管点火系,当闭合角线段不正常时,也需调整点火信号的触发部件,如磁电式传感器的凸齿与传感器铁芯的间隙需调整到 0.2～0.4 mm,具体调整值要视各车型而定。

点火提前角是影响发动机动力性、经济性乃至排放指标的重要参数。利用并列波上第 1 缸的上止点标志可以清楚查看到各缸的点火提前角,也可以用图 2-2-5 中之件 10 所示的频闪灯对准曲轴飞轮上的第 1 缸上止点记号处,调整频闪灯上的电位开关 2(图 2-2-17),使闪光相位前后移动,直到曲轴飞轮上的标记对准飞轮壳上的记号,仪表即会显示第 1 缸的点火提前角。

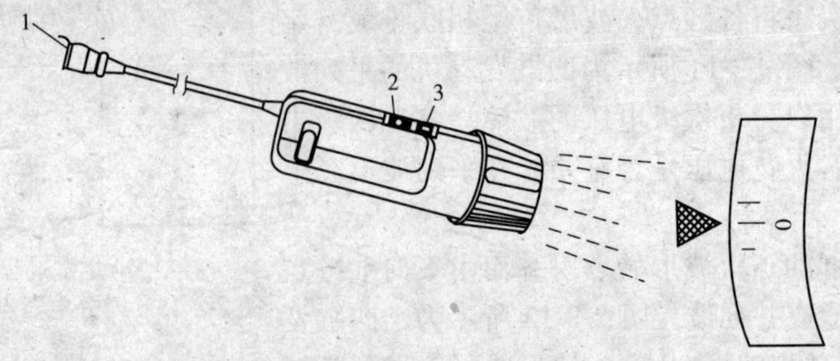

图 2-2-17 频闪灯测定点火提前角

1-连接器;2、3-电位开关

上面所测得的点火提前角为总提前角,它由负荷提前值和转速提前值组成。对于触点式点火系统,即为真空提前量和离心提前量,测量时拆去真空管路即为离心提前量,两者之差就是真空提前量。但在怠速工况下真空和离心提前量无法独立测定,给发动机检测带来诸多不定因素。为了使这两个参数能不互相干扰地独立调整,例如要求在规定转速下改变负荷,就需要对发动机进行加载,也就是说汽车必须在底盘测功机上进行加载调试,如图 2-2-18 所示。

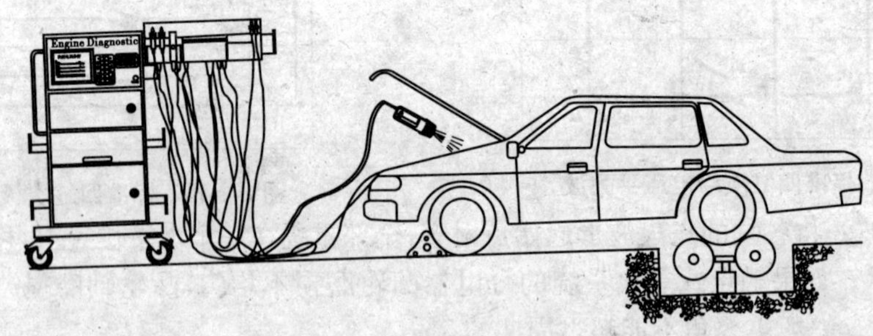

图 2-2-18 汽车加载测试

加载时一般负荷率为 40%～70%,车速为经济车速,只有这样才能得知在不同转速和各种负荷下,转速提前量和负荷提前量的数值和动态变化过程是否正常。

电子点火系统,尤其是无分电器点火系统,转速提前量和负荷提前量由微处理器根据发动机转速、节气门位置、进气真空度、凸轮轴位置、水温等信号,从预先贮存在 RAM 的数据中选定最佳点火提前角,再由电控单元向电子点火器发出指令送向各缸的点火线圈。这一系统各部件不可调整,但也须经上述检测确定故障是电控单元损坏还是传感器损坏。

4. 电控喷油信号的加载检测

为测取电控喷油系统的喷油电压脉冲信号,可拆开喷油器连接器,中间接入一专用 T 形接头,其一端接原喷油器,另一端接原电路插头,中间引出端接发动机综合性能分析仪信号提取系统的信号探针。该 T 形接头有两种形式,一种为直接插头引出式(图 2-2-19),另一种为鳄鱼夹引出式(图 2-2-7),可供多种传感器信号的引出之用。

因为燃油压力由调节器严格控制,使其与进气歧管压力之差为 250 kPa,从喷油器喷出的燃油只取决于喷油器的开启时间,而这一时间是由电控单元(ECU)向喷油器电磁线圈发出的指令来控制的。图 2-2-20 为仪表所采集到的喷油器电压信号波形,其中 1 为喷油器断油时的信号;2 为 ECU 喷油信号到来时刻,开始喷油(暂不考虑喷油器针阀的惯性迟滞);3 为针阀全开向发动机提供基本燃油量,时间约为 0.8～1.1 ms,这一时间由 ECU 根据空气流量及水温、气温、气压等信号计算出来;4 是基本供油电压中断瞬间喷油器线圈的自感所产生的脉冲,幅值约为 35 V;5 为加浓补偿量,它是 ECU 根据由转速、节气门开度、温度、进气歧管压力等传感器提供的信号计算得出的修正量,这一段的脉宽约为 1.2～2.5 ms;6 与 4 类同,为断电时的自感脉冲,幅值约为 30 V。

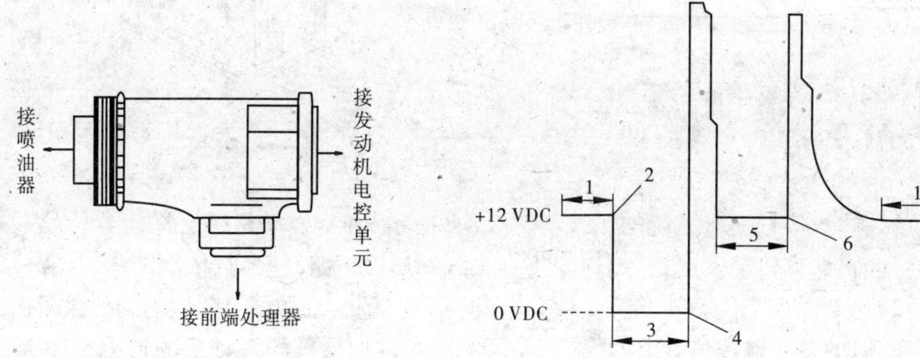

图 2-2-19　直接插头引出式 T 形接头

图 2-2-20　喷油器电压信号波形

发动机在怠速工况检测时,其总喷油脉宽变化甚微,无法判断 ECU 的加浓补偿功能是否正常,因此有效的检测方法是对汽车运行工况加载,即在底盘测功机上使发动机在载荷工况下工作,从而可以有效地对上述 ECU 的补偿功能进行检测,这样才能对电控喷油系统的控制作用作出正确的判断。

5. 进气歧管真空波形测试

往复式活塞发动机的进气过程是间歇的,这必然引起进气压力的脉动。可以想象,进气歧管真空波形中必然隐含着丰富的与进排气有关的机构的性能信息,如配气机构、气门与活塞环等密封元件的参数变化,它们必然会反映到进气歧管真空波形上,这样可以通过分析这一波形的方法实现不解体检测。对于 D 型电控燃油喷射系统,进气压力还是电控单元计算喷油量的重要参数。

为了避免干扰 EFI 系统电控单元的工作,在测定进气歧管真空波形时都在进气歧管上装一个专用传感器,如图 2-2-21 所示(图 2-2-5 的件 5),图中管 2 接进气歧管,管 3 通大气,接头 1 接发动机综合性能分析仪的信号提取系统。

6. 汽缸压力判断

发动机汽缸压力不仅是其工作循环中重要的热力学参数,也是气门和活塞环密封性是否优良的指标。在发动机不解体检验过程中还不能使用汽缸力压表测试这一参数,如果不是为了苛求这一指标的具体数值而只是做一粗略的估计,或者是只对各缸压力是否均衡进行判断,那么测定发动机不点火空转起动机电流波形就可达到这一目的。

为达到这一目的,只要将图 2-2-5 中的件 7(电流互感钳)夹于蓄电池负极线上,如图 2-2-22 所示。接通发动机综合性能分析仪,选择示波功能,选取汽缸压力菜单,在 CRT 上即可观察到如图 2-2-23 所示的曲线,各缸压力峰值的差值应满足所测发动机使用说明书的要求。

7. 各缸工作均匀性判断

当发动机以某一稳定怠速运行时，其指示功率与该转速下的自身功耗相平衡；当停止其中一个缸的工作时，总指示功率减小，发动机转速随即下降以寻求新的平衡点；如果发动机的各缸工作能力均衡，则各缸轮换停止工作时转速下降和幅值应基本相等，反之将产生差异，这就是断缸试验法。

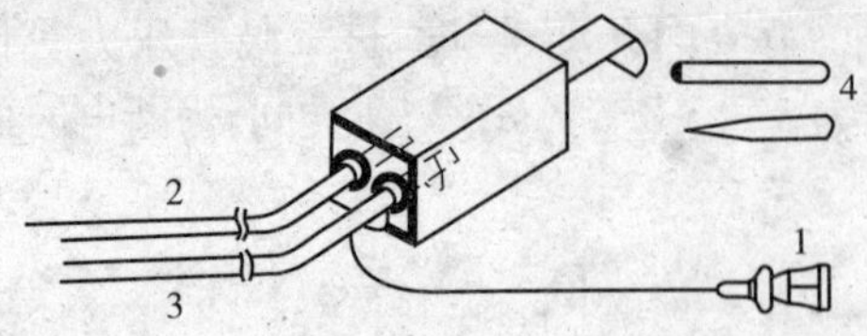

图 2-2-21 进气歧管压力传感器

1-信号接头；2-连接进气管；3-通大气压力；4-真空转接头

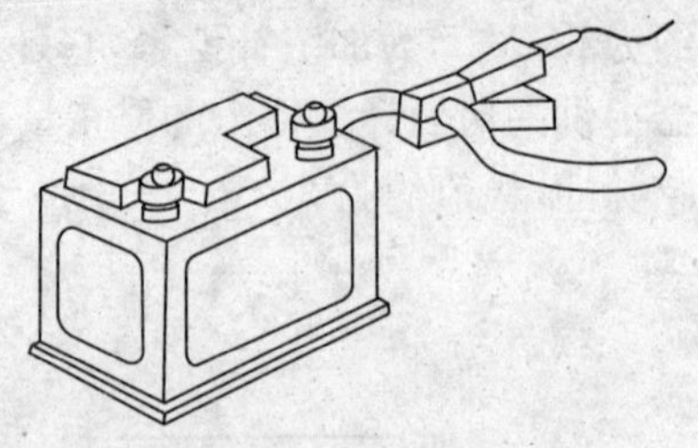

图 2-2-22 电流互感钳的安装位置

断缸试验时，信号提取系统的接线与图 2-2-8 所示相同，发动机综合性能分析仪的断缸试验菜单启动后，计算机会发出指令，逐个将点火线圈初级短路，使各缸依次断火，计算机即自动计算各缸转速下降百分比与转速下降值，并在 CRT 上显示。如图 2-2-24 所示，在图面下部还显示不断缸时的怠速转速值，图中汽缸号是断火次序。如果被测发动机的点火次序为 1、3、4、2，则说明第 4 缸动力性不足，因为第 4 缸断火后转速只下降 26 r/min，下降率为 3%，相比之下第 3 缸动力性良好，熄火后转速下降最多达 97 r/min。

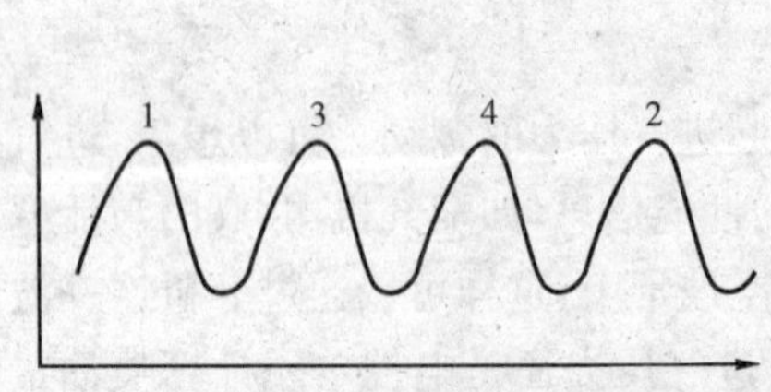

图 2-2-23 各缸压力曲线

发动机			4汽缸
汽缸	1	10%	85(r/min)
	2	9%	75(r/min)
	3	12%	97(min)
	4	3%	26(min)
			850(min)

图 2-2-24 CRT 显示的断缸试验参数

一般情况下发动机的汽缸数越多，则单缸指示功率占总指示功率的比例越小，加之汽缸多且工作均匀性良好，所以单缸熄火后转速下降较小。也就是说汽缸越多，用断缸法判断各缸工作性能的难度就越大，所得测试结果的误差也就越大，这一点使用者应倍加注意。

（四）FSA560 型发动机综合性能分析仪的特点

1. FSA560 型发动机综合性能分析仪的结构

FSA560 型发动机综合性能分析仪，具备智能化的诊断功能，几乎可检测和诊断多达 12 缸的汽油、柴油发动机的各种点火系统和燃油喷射系统（可以检测 λ 控制系统），还可用现有的 Bosch 转接头转接到车上的故障诊断座、TDC 传感器和电子系统元件上；适用于国内现有的数十种国产车型。

它配有可移动的设备推车，为每种传感器设计的、便于整理的专用搁架，模块化的软件和硬件设备,用于软件升级的 3.5"软驱,用于存储数据的 170 MB 硬盘和用于连接外接设备的接口(如:打印机,尾气检测仪,烟度计等)。FSA560 型发动机综合性能分析仪可与安检线联网使用(选配)。图 2-2-25 所示为 FSA560 型发动机综合性能分析仪的外形,它有传感器固定支架和传感器固定支架,屏幕结构如图 2-2 26 所示(图中各行的说明如表 2-2-3 所列)。

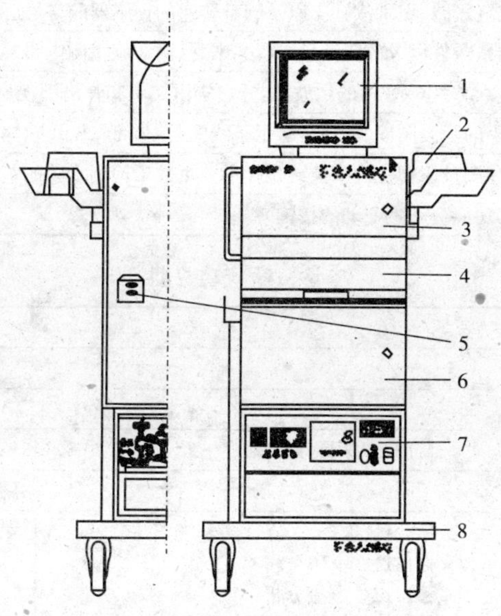

图 2-2-25 FSA560 型发动机综合性能分析仪外形

1-旋转式彩色显示器;2-装有传感器的传感器支架;3-门,其后方预留空位给 PDR 210 型打印机;4-放置 PC 键盘的抽屉;5-仪器背部上的电源总开关;6-门,其后方是装配 3.5"软驱并预留位置给 PC 模组(特殊配件);7-具有覆盖板的废气测试器(特殊配件);8-移动式系统推车

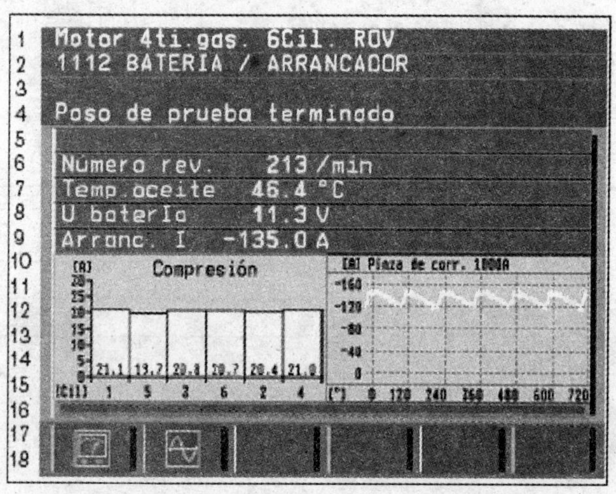

图 2-2-26 屏幕结构

2. FSA560 型发动机综合性能分析仪的功能

FSA560 型发动机综合性能分析仪的系统软体"SystemSoft"被划分为数个层面。其中有三个主层面,在第一层内可用来选定一项应用选项。第二层内包含了编排在被选应用项目之下的程式。第三层具有编排在第二层被选程式之下的程式步骤(如表 2-2-4 和表 2-2-5 所列)。

各行号的说明 表 2-2-3

行　号	说　明
1	被选定的车辆类型或识别标准，右上方为故障讯息，例如：上死点故障
2	左方：具有附属人检查数字或标题的测试项目 右方：用以代表汽缸短路、识别汽缸 1 以及测量转速的传感器的符号
3 和 4	测试作业须知、测量条件以及故障信息以明文书写（例如旋转测电钳）
3 至 16	显示在应用项目“2 数字显示”中的示波图，开启资讯文本和弹出型视窗
5 至 16	显示测量值与缩小的示波图以及/或是显示条线图与 CompacSoft 软体检测说明的区域
16	标示当前或已储存测量值栅位的横条或是标示该页数项检测步骤的黄条
17 至 18	软键或功能键（其功能会产生变动的按键）

诊 断 功 能 表 2-2-4

第 1 层：应用		
1　诊断		
第 2 层：检测程式		
11　发动机测试	12　万用测量仪器	13　电子设备检测
第 3 层：检测步骤		
1110　测量条件 1111　预热设备 1112　电池/起动机 1113　初级点火系统 1114　次级点火系统/ 1115　点火时刻 1116　喷射燃料 1117　废气 1118　增压压力 1119　发电机 1120　汽缸比较 1121　转速分析 1122　汽缸诊断	1210URI 1211　电压分析 1212　电流分析 1213　压力/温度	车辆型号

数 字 显 示 表 2-2-5

第 1 层：应用		
2　数位显示		
第 2 层：示波器类型		
21　点火系统	22　万用测量仪器	23　特性曲线
第 3 层：信号选择		
2110　初级，行列式 2111　初级，个别式 2112　初级，网栅式 2113　次级，行列式 2114　次级，个别式 2115　次级，网栅式 2116　2-频道运作方式，行列式 2117　2-频道运作方式，个别式	2210　电压 2211　电流 2212　2-频道 2213　柴油机	2310　发动机 2311　万用仪器

(1)点火系统检测。点火系统检测项目如下：

①点火线圈初级电路连接状况（线路电压降是否过大）、初级线圈状况（电流是否过小或过大）和闭合角。屏幕显示如图 2-2-27 所示。

②点火线圈次级电路状况。用柱状图(图 2-2-28)显示击穿电压(检查高阻抗或低阻抗故障)、燃烧电压(检查火花塞的工作状态)和燃烧时间(检查断火故障)。用柱状图看点火波形具有直观、明了的特点,但不容易发现细微故障。

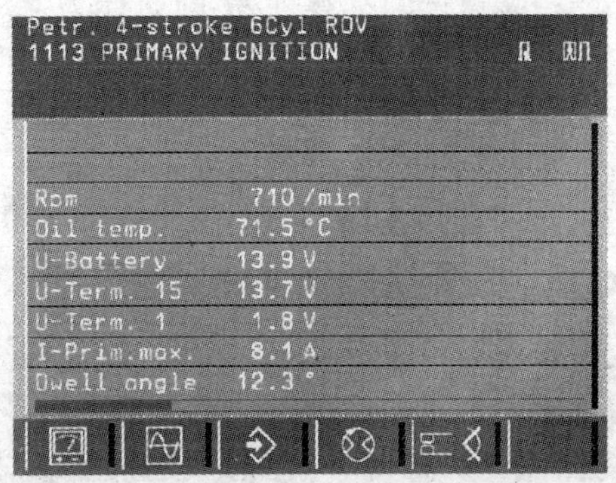

图 2-2-27　点火线圈初级电路检测显示

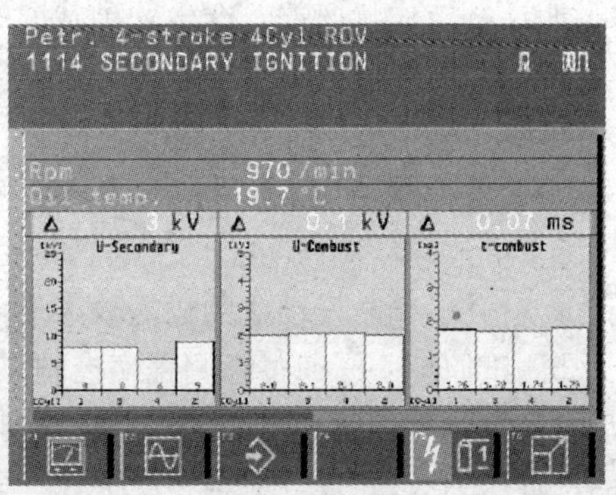

图 2-2-28　点火线圈次级电路检测显示

击穿电压在怠速时为 10 kV 左右,高怠速时应不低于 5 kV。击穿电压过低或过高都属于不正常现象,造成击穿电压过高的原因有:火花塞间隙大,混合气浓度过稀等原因。造成击穿电压过低的原因有:火花塞间隙小,高压线老化,初级点火能量不足。

燃烧电压是持续燃烧的必要条件,一般为 2 kV 左右。燃烧电压过低则不利于完成整个燃烧过程。造成燃烧电压低的原因有:初级点火能量不足,高压线老化等原因。

燃烧时间是指燃烧电压持续的时间。一般为 2 ms 左右。

③检测点火时刻(图 2-2-29)。通过观察点火时刻的变化可以检查点火控制模块是否正常。

(2)喷油器燃油喷射信号宽度检测。喷油器燃油喷射信号宽度检测显示如图 2-2-30 所示。通过燃油喷射信号波形可看出喷油器的电阻特性,电控单元的控制状态(可通过人为的办法改变混合气的浓度,观察喷油脉宽的变化)。

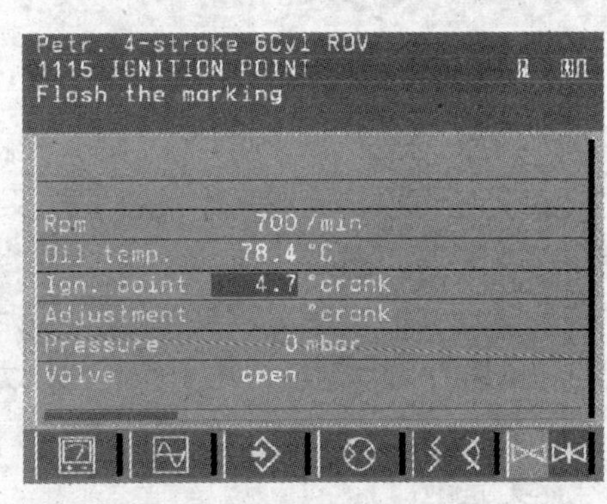

图 2-2-29　点火时刻检测显示

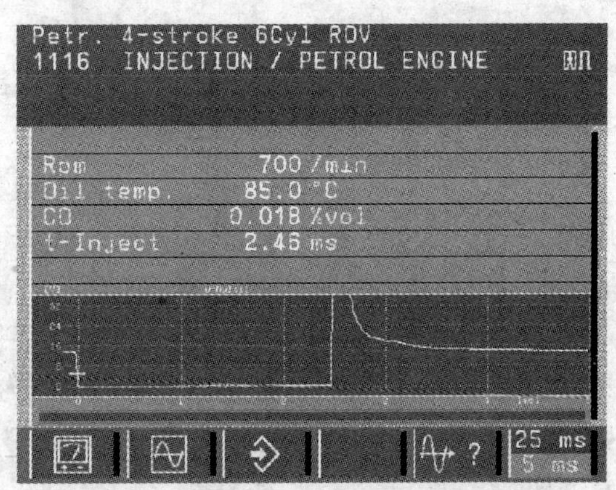

图 2-2-30　燃油喷射信号宽度检测显示

随着发动机工况的变化,喷油脉宽应为 0～50 ms。桑塔纳车发动机正常怠速脉宽为2.5～3.0 ms。

说明:燃油喷射波形良好,只说明喷油器的控制电路正常,不排除在喷油器或燃油系统其他部分存在机械故障的可能性。

(3)汽缸诊断。FSA560 型发动机综合性能分析仪的汽缸诊断功能可以提供各缸的点火燃烧情况、汽缸压力、排放污染物(H、N、HC)量和燃油供给情况,屏幕显示如图 2-2-31 所示。

对于各缸的工作状况还可以通过观察断缸后发动机的转速降来判断:转速降小,HC 增量小,说明该缸工作状况差。产生这种状况的原因主要有:该缸的点火性能差,汽缸压力低或喷油器性能差等;还可以通过察看 HC 的增量来判定该缸燃烧的状况,HC 的增量越大,说明该缸燃烧状况越好。

(4)蓄电池起动测试:

①蓄电池起动测试功能——电流的变化反映发动机各缸的压缩比,从而可了解各缸的密封和进气情况,判断发动机的机械故障。

②测试原理——通过检测程序控制点火系统短路使发动机不起动,从而采集利用起动机起动发动机过程中各缸活塞到达上止点时蓄电池供给起动机的电流值。该电流值大,表示相应的汽缸压力大;相反,则汽缸压力小。蓄电池起动测试的屏幕显示如图 2-2-32 所示。这一检测项目在不拆卸任何汽车零件的基础上达到了间接测量汽缸压力的目的。真实值的测量方法是:先用汽缸压力表测量出 1 个汽缸的压力,然后用起动机电流的变化比值来计算其他汽缸的实际压力值。

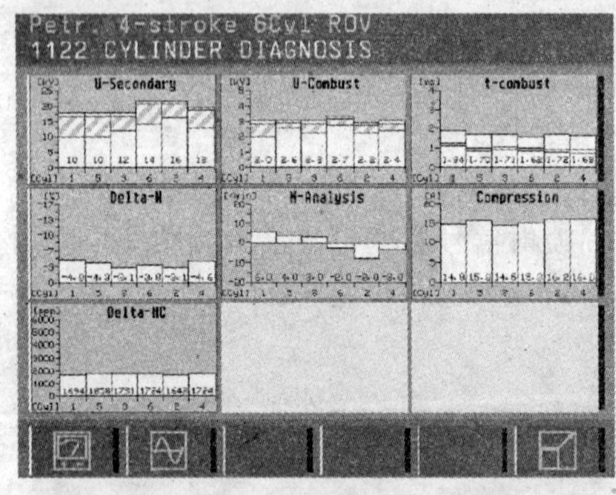

图 2-2-31 汽缸诊断的屏幕显示

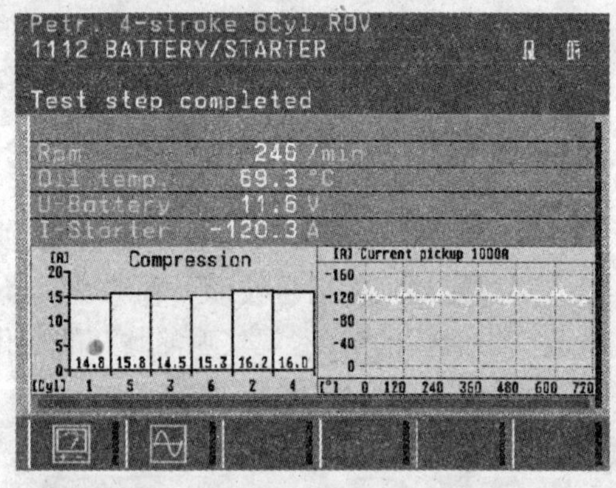

图 2-2-32 蓄电池起动测试的屏幕显示

(5)尾气分析。尾气分析功能提供的参数如图 2-2-33 所示。通过 CO_2 可以了解发动机的热效率,通过 CO 和 HC 可以分析出点火和机械故障,通过 λ 值可以帮助发现发动机进气及燃油供给系统的故障。

(6)真空、压力检测。真空、压力检测功能提供的参数如图 2-2-34 所示。该功能可测量冷却液、机油和空气的温度;还可以测量进气压力(含涡轮增压装置)、其他气源压力和真空压力。真空压力可以是两个真空管之间的真空压力差;也可以测量同一气路中不同位置的真空压力差,以断定气路是否通畅,如果将一头堵住,测出的真空压力是绝对真空压力。

(7)电压分析。电压分析是统计电压信号的频率,采集分析电压信号的极限值和统计电压信号的脉宽占空比,用于在汽车诊断中对周期性的传感器、执行器(如喷油器、曲轴位置传感器等)电压信号波形和频率进行测量和分析。该功能的屏幕显示如图 2-2-35 所示。

(8)电流分析。电流分析是统计电流波形的频率(与转速信号做同期比较)、电流值,以及计算电流信号的占空比;用于分析点火系统初级电路的故障、喷油器的工作次数及工作状态。

其屏幕显示如图 2-2-36 所示。

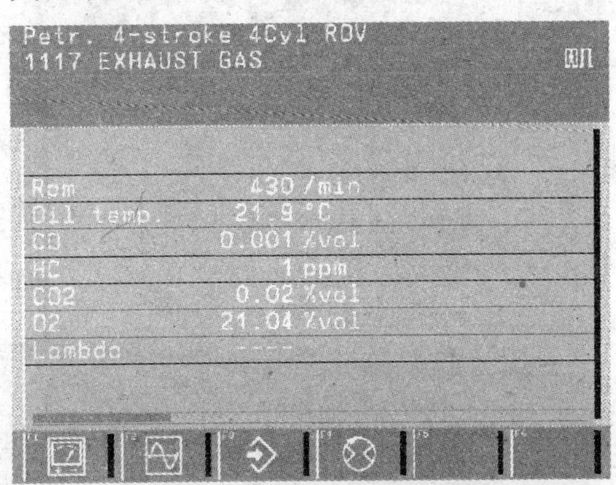

图 2-2-33　尾气分析功能屏幕显示

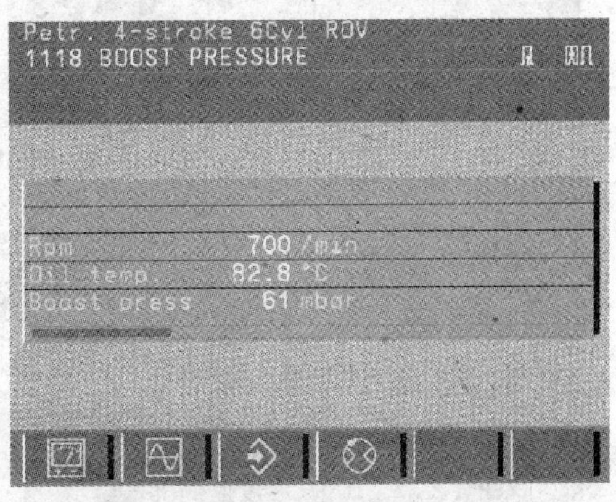

图 2-2-34　真空、压力检测功能屏幕显示

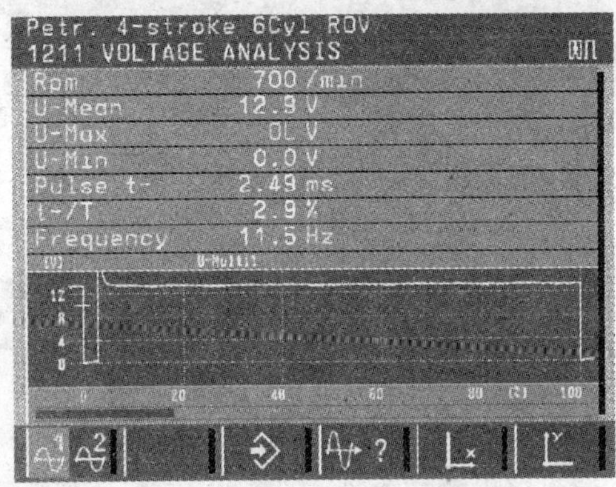

图 2-2-35　电压分析屏幕显示

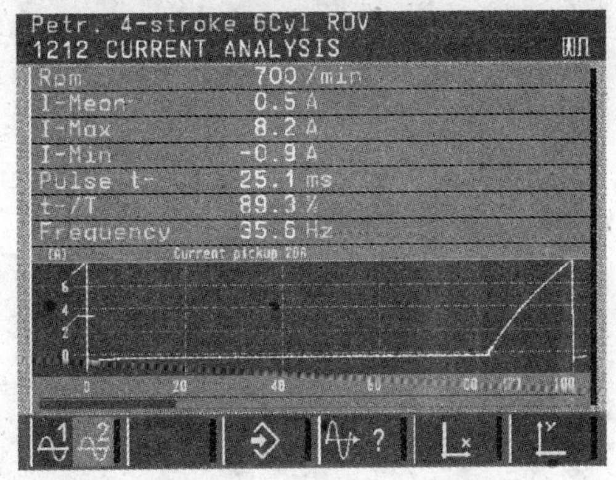

图 2-2-36　电流分析屏幕显示

(9)压力、温度监测。压力、温度监测的屏幕显示如图 2-2-37 所示，可用于对气压和油压的监控(如果同时监控燃油和进气压力，则可以发现油压调节器故障)。

(10)转速分析。转速分析是在不断缸条件下检测发动机的实时转速及转速曲线，用于比较各缸的工作状况，其屏幕显示如图 2-2-38 所示。转速分析的优点是不会损伤三效催化转化器，并可以同时监控点火电路。

(11)发电机检测。发电机检测功能用于检查发电机的充电电压、充电电流和检查发电机整流二极管及绕组，其屏幕显示如图 2-2-39 所示。

(12)数字示波器。用数字示波器功能可以观察下列波形：

①点火线圈初级电压行列波、单缸波和栅波如图 2-2-40 所示。初级电压波形是次级电压的感应波形，反映点火线圈、电容器、断电器和点火器的好坏，还可以看到点火线圈初级电路的导通时间及导通时的电路压降，发现点火线圈、点火器的损坏及电路短路、断路、接触不良等故障。

②点火线圈次级电压行列波、单列波、栅波如图 2-2-41 所示。点火线圈次级电压波形用于检查点火系统高压部分故障。

③双通道点火双列波如图 2-2-42 所示，用于判断故障在点火系统初级电路还是次级电路部分和单缸点火波形。

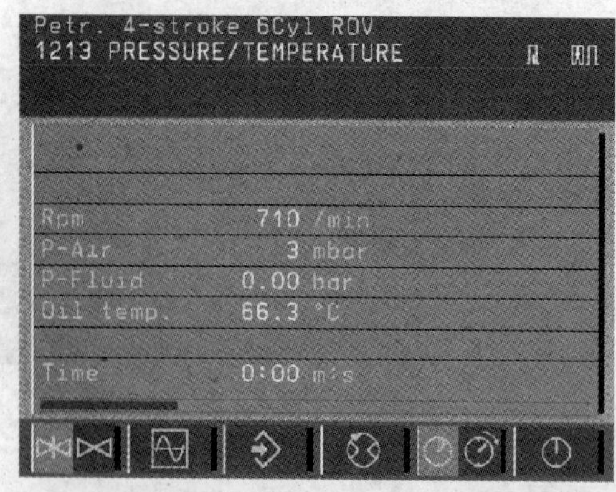

图 2-2-37 压力、温度监测屏幕显示

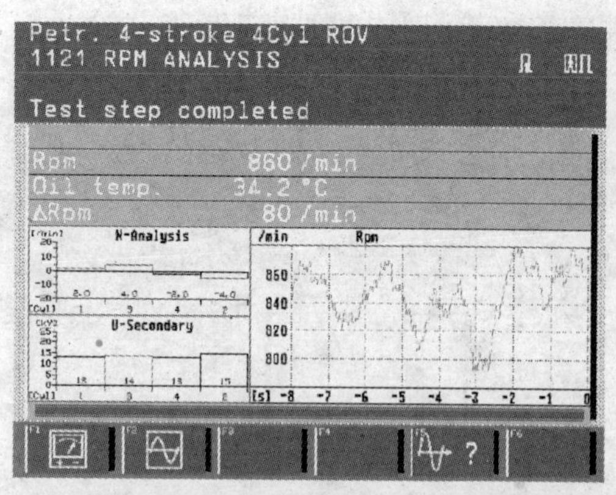

图 2-2-38 转速分析屏幕显示

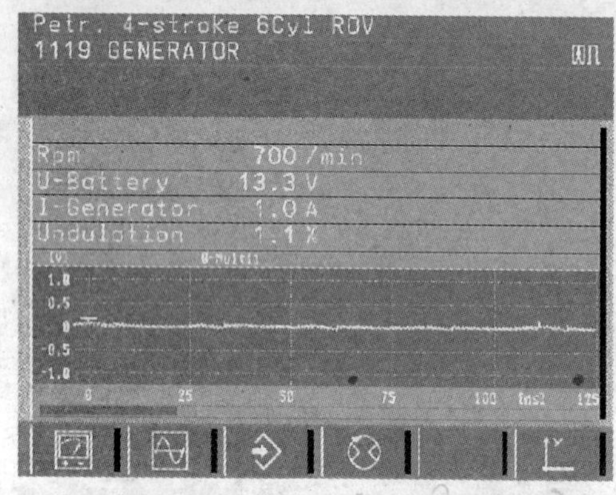

图 2-2-39 发电机检测屏幕显示

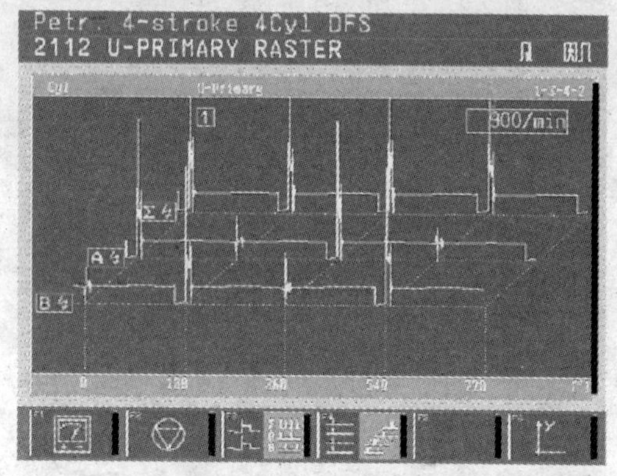

图 2-2-40 点火线圈初级电路电压栅波

④发动机特性曲线。发动机特性曲线用于表示发动机各种参数随发动机转速变化的图像,以帮助查找故障部位。

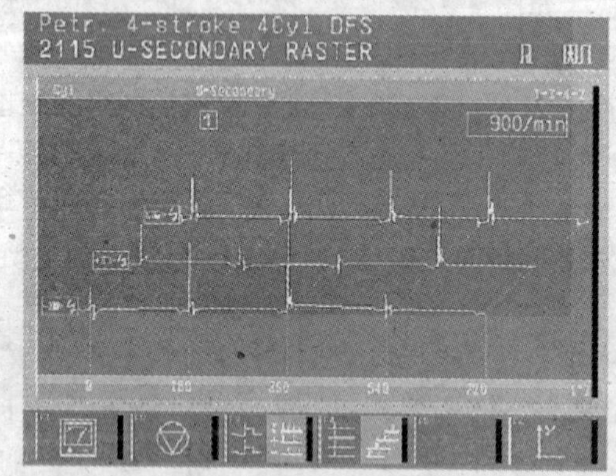

图 2-2-41 点火线圈次级电压栅波

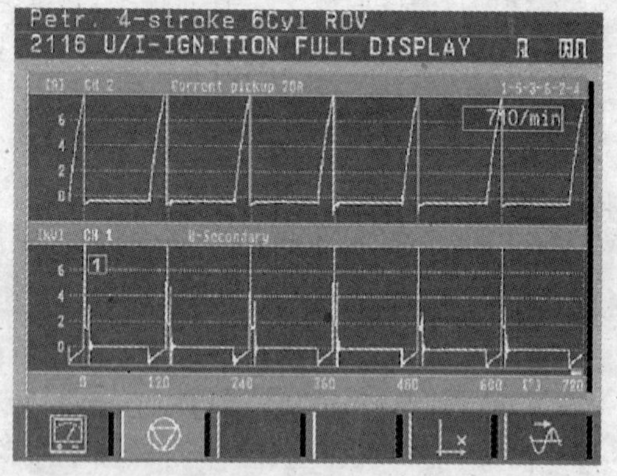

图 2-2-42 双通道点火双列波

⑤万用表特性曲线。万用表特性曲线(图 2-2-43)为电压、电流信号曲线,用于获得更宽、更多种的观察方法。例如:真空漏气、点火不良、喷油不平衡、汽缸压力等会反应在氧传感器波形的幅值、形状和频率的变化上。

3. FSA560 型发动机综合性能分析仪的操作方法

(1)开机。开机后,FSA560 型发动机综合性能分析仪会自动进行一项自我测试。自我测试完成后，检测程式即被载入。屏幕上出现：

FSA
Bitte warten 请稍候
Daten werden eingelesen 正在读取资料

随后，喇叭会响 1 声，一个具可供使用应用项目的基本图会显示出来。这时，FSA560 型发动机综合性能分析仪处于测量预备状态。

■在开机与成功完成自我测试后所出现的起始界面(图 2-2-44)右上方显示当前的日期和时间，界面上显示了下列三大功能：

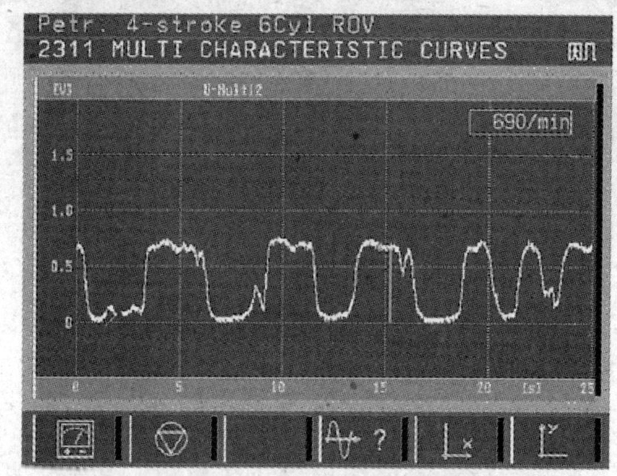

图 2-2-43　万用表特性曲线

图 2-2-44　起始界面

①诊断，其功能包括发动机测试、电子设备检测和发动机分析等。

②数位显示点火系统、万用测量仪器以及特性曲线等类型。

③排列配置，包含了废气、显示、调整、售后服务等配置方式。

■在起始界面的下方有 6 个小图标，分别是 F1～F6：

F1——识别菜单(选项清单)，用于辨识客户资料与车辆标识

F3——删除记忆器内的测量值(功能项)，即把上次检测作业所得的测量值由测量值记忆器中删除。每次进行新的车辆检验作业之前，必须执行该动作。

F4——手动或自动打印(功能项)。如手动打印(暗色标记背景)，要在退离一项检测步骤前按下打印键，以便将测量值打印出。这对保有一份完整测试记录是必要的。自动打印(浅色标记背景)在退离一项检测步骤前，测量值即会被自动打印出，用户可自动获得 1 份完整的测试记录。

F5——客户档案(程式)，用于调取客户档案，以储存(按照车辆的标识)、载入(进入一项检查作业前)以及删除客户和车辆的资料。

(2)界面操作方法。界面操作方法对所有层面、所有程序以及程序步骤均适用。以下将以“1 诊断”应用项目为例进行说明。

在这一层内有两种可能的选择：检测程式(左侧视窗)和检测步骤(右侧视窗)。利用“←”(向左键)或“→”(向右键)可在左视窗与右视窗之间进行位置调换。利用“↑”(向上键)或“↓”(向下键)可以选择具体的检测程式。按下 PC 键盘上的“》”键或“F12”键即可结束选择动作，进入被选检测程式中以方框框住的检测步骤(如图 2-2-45 所示的“初级点火系统”)。按下 PC

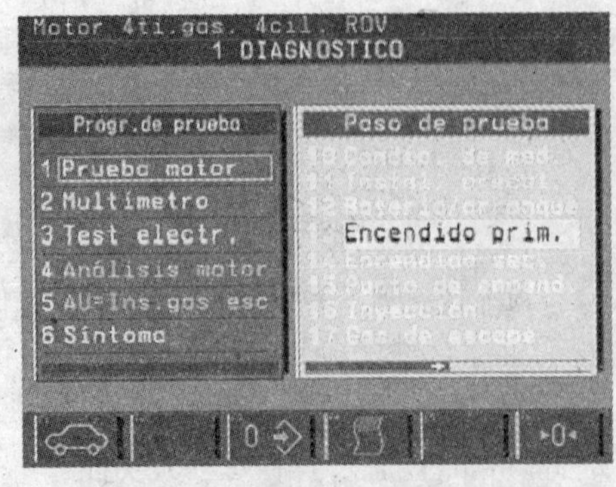

图 2-2-45 “初级点火系统”的选择

键盘上的“《”键或“F11”键将返回前一项步骤。如果要跳回到前一层（较高一层）内，可以利用 PC 键盘上的“ESC”键来进行，例如，由“第 3 层/检测步骤”跳回“第 2 层/选择检测程式及检测步骤”，如果再度按键即可跳回到“第 1 层/选择应用项目”。

三、汽车四轮定位仪

1.汽车四轮定位仪的功用

汽车车轮定位角的作用是使车轮能自动回正，保证汽车直线行驶。正确的车轮定位角能增加行驶的安全性、舒适性，操纵轻松，减少耗油量和减少轮胎磨损等，所以确保车轮定位角的正确十分重要。汽车车轮定位角为主销后倾角、主销内倾角、车轮外倾角和车轮前束（角）。四轮定位仪的功用就是检测上述车轮定位角，在此基础上四轮定位仪还可以检测转向前展角、前轮车轴偏角（左右轴距差）和后轮推进角。另外，四轮定位仪内还储存有各种类型汽车的车轮定位数据资料，有些四轮定位仪还能将测量结果与标准车轮定位数据对比，提供智能故障诊断和调整方法，高级四轮定位仪则可以通过动画演示让维修人员直观地看到调整的方法，甚至提供原车调整的真实录像来帮助维修人员。

近年来，通信行业的蓝牙技术也被成功地应用到四轮定位仪中，机头与四轮定位仪主机之间可以进行近距离无线数据传输，不受障碍物遮挡影响；数据传输信号稳定，抗干扰能力强。另外，有些四轮定位仪配有遥控器，可以在任何机头上操作主机，这更方便了四轮定位操作。

2.汽车四轮定位仪的种类和基本工作原理

汽车四轮定位仪的类型主要有拉线式、激光式、红外线式、CCD 式和三维成像式几种。除了三维成像式以外，其他几种方式的测量原理是基本相同的，只是采用的测量方法（或使用的传感器的类型）及数据记录与传输的方式不同。如今，拉线式四轮定位仪已经淡出了历史舞台，激光式和红外线式四轮定位仪主要定位在低端用户，而 CCD 式和三维成像式四轮定位仪逐渐成为主流产品。无论从产品的精度、传感器的可靠性，以及设备的功能、易操作性和使用寿命各个方面来说，现在的四轮定位仪都比早期的有了极大的提高。

与传统四轮定位仪比较，三维成像式四轮定位仪实现了非接触测量、无传感器、无角度传感器，避免了由于汽车各平面间平行度超差等问题造成的测量结果偏差、定期标定传感器和为摄取车轮平面的平均值所做的钢圈补偿，提高了测量精确性和检测速度。

（1）车轮前束和推力角的测量。在检测前束时，必须保证车身停放正直以及转向盘处于中间位置，然后通过机头上的拉线或光线照射或反射的方式形成一个封闭的直角四边形，如图 2-2-46所示。将待检汽车置于此直角四边形中，通过安装在车轮上的光学镜面或传感器不仅可以检测前轮前束、后轮前束，还可以检测出左右车轮的同轴度（同一车轴上的左右车轮的同轴度）及推力角。

因为各种四轮定位仪采用的传感器不同，所以测量方法也有所不同，这里以采用光敏三极管式传感器四轮定位仪来说明车轮前束的测量原理。

安装在前后两机头上的光敏三极管式传感器均有光线的接收和发射（或反射）功能，通过它们之间的发射和接收刚好能形成类似于图 2-2-46 所示的直角四边形。在传感器的受光面上等距离地将光敏三极管排成一排,在不同位置上光敏三极管接收到光线照射时所产生的电信号就代表了前束角或推力角的大小。

当前束为零时,在同一轴左右轮上的传感器发射(或反射)出的光束应重合。如检测出上述两条光束相平行但不重合,则说明此时左右两车轮不同轴(即车发生了错位),可以依据此时光敏三极管输出的偏离量信息,测量出左右轮的轴距差。

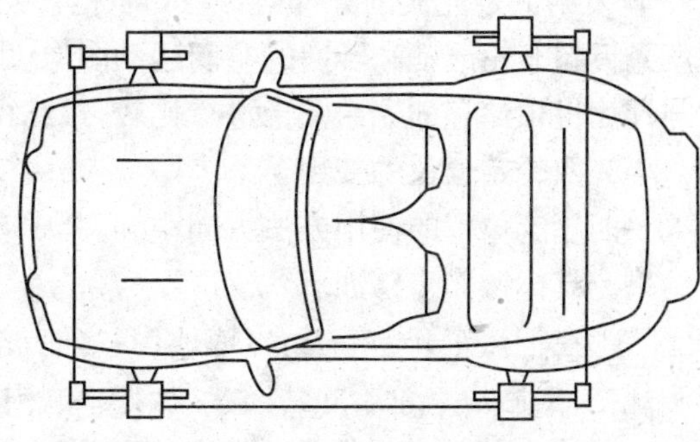

图 2-2-46 8 束光线形成封闭的直角四边形

当左右轮存在前束差时,在左轮传感器上接收到的光束位置会相对于原来的零点位置有一偏差值(注意正负号),这一偏差值即表示右侧车轮的前束值(或前束角);同理,在右传感器上接收到的光束位置相对于原来零点位置的偏差值则表示左侧车轮前束值(或前束角)。其测量原理的示意图如图 2-2-47 所示。

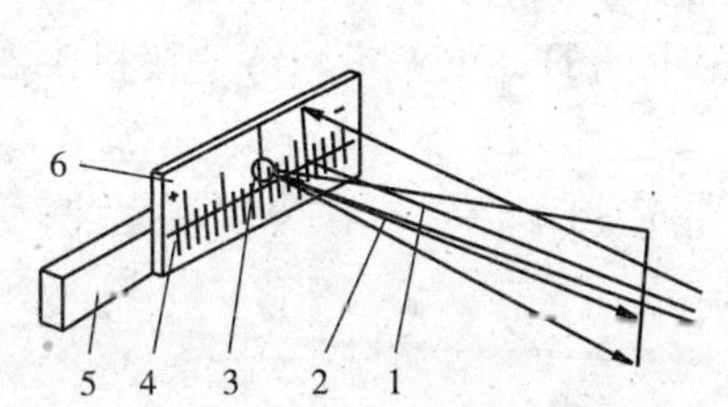

图 2-2-47 车轮前束角的测量原理

1-接收激光束;2-投射激光束;3-激光盘;4-光敏三极管;5-投射器支臂;6-刻度盘

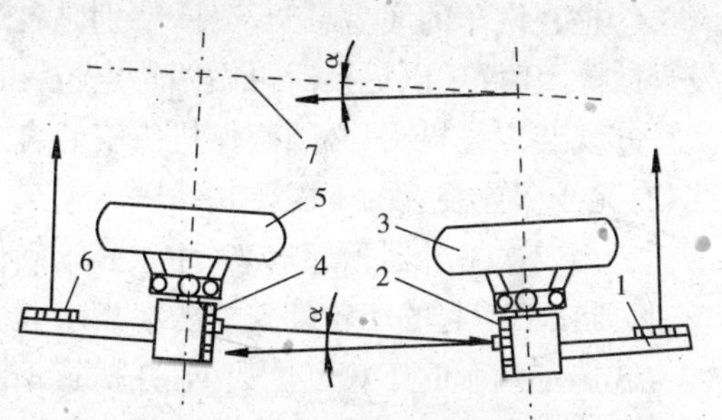

图 2-2-48 推力角的测量原理

1、2、4、6-光线接收器;3-后轮;5-前轮;7-汽车纵向轴线;α 为推力角

依据上述检测原理,同时可以检测出位于该四边形内的待检汽车前后轴的平行度(即推力角的大小和方向),其检测原理的简单示意图如图 2-2-48 所示。同理,通过安装在后轮上的传感器,也可以检测出后轮前束值(后轮前束角)的大小和方向。

(2)车轮外倾角、主销后倾角和主销内倾角的测量原理。车轮外倾角、主销后倾角和主销内倾角这三个参数的测量都是关于角度的测量,除了三维成像四轮定位仪外,其他各种类型的四轮定位仪均采用测量角度的传感器直接或间接地进行测量(包括车轮前束角的测量)。车轮外倾角可以直接用角度传感器测量,而主销后倾角和主销内倾角则不能,只能通过相互之间的几何关系换算出来。

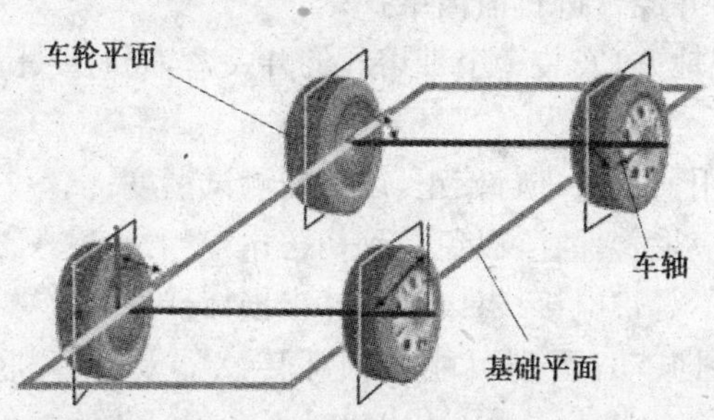

图 2-2-49 汽车三维平面图

(3)三维成像式四轮定位仪的工作原理。将 4 个车轮轴中心线构成基础平面,汽车各平面之间的几何关系以及车轮平面与基础平面之间的几何关系构成四轮定位角,如图 2-2-49 所示。在三维成像式四轮定位仪中,计算机、高性能数码相机和目标盘构成了三维成像式四轮定位仪的基本元件,利用计算机三维图像处理技术,数码相机中的

LED发射固定光波的红外线，经过目标盘反射，用CCD图像传感器拍摄后，将拍摄到的多点反光板随车轮滚动和转向的空间运动图像，由计算机对时间运动图像进行处理和坐标变换，并与计算机中储存的原始图像进行比较，最终得到汽车的定位数据。

3.四轮定位仪的使用

四轮定位仪的使用方法大同小异，其中有些细节问题需加以注意，有时候它们会影响检测结果。具体操作步骤如下：

①在把汽车开上举升台(或地沟)之前，首先查看轮胎状况，同轴的轮胎要使用相同的品牌和规格；然后检查轮胎的磨损状况，如果磨损严重应更换轮胎。

②检查轮胎气压，必须按各个轮胎的规定气压充气；同轴轮胎的气压不等，会影响测量精度。

③检查车身高度，如左右两边相差较多，则需要进行相应的维修。

④把汽车开上举升台(或地沟)，让汽车停在举升台中间(要使前后车轮尽量落在转盘和滑板的中间位置)，然后把汽车升至标定位置。

⑤检查汽车的底盘悬架部件，特别是各个球头、减振器等与定位角度相关的零郑件，如果发现故障，建议予以更换后再做四轮定位，否则影响定位效果。

⑥安装定位机头，必须确保机头安装合理、牢固(选用不同的定位夹头)，并连接机头数据线(有无线蓝牙装置的不需要)。

⑦用二次举升器顶起汽车(注意必须确保安全，顶在指定顶车位置)，在分别顶起前、后车轮时，要在不抬起的车轮处安放防滑楔块，防止汽车移位。

⑧选定汽车的车轮定位数据，并执行钢圈补偿程序。

⑨放下汽车(放下汽车前一定要拉紧驻车制动操纵杆)，作车体压力弹跳，安装制动固定器(防止调整或转测时轮胎转动，影响定位角度的准确性)。

⑩调平所有机头，进行各角度转测，以便得出所有定位角度。

⑪安装转向盘锁定器，对不合格角度进行调整和校定。

⑫合格后打印定位结果或存档，拆下机头、制动固定器和转向盘锁定器；

⑬降下汽车，结束定位作业。

4.四轮定位的使用注意事项

因四轮定位仪是一种较精密的检测设备，所以要求操作人员在使用前须经过专业培训，并且在使用四轮定位仪前要阅读四轮定位仪的产品说明书，以便了解四轮定位仪的操作方法。注意事项如下：

①对于四轮定位仪中的机头部件，要轻拿轻放，并经常进行清洁维护；

②在四轮定位仪的安装地点，应在墙上(或其他地方)安装一个带熔丝的开关盒，同时要求开关盒配带有四轮定位仪的过载保护装置；

③传感器是现代四轮定位仪的核心元件，在使用前需要进行校正，以保证测试精度；

④定位机头在卡盘轴上安装要妥当，在不用时应妥善保存，以免受到伤害；

⑤电子类传感器在通电前应该接线安装完毕，不得带电接线，以免电冲击损坏器件；

⑥需要移动四轮定位仪时，注意不要让它受到振动，否则可能会损坏传感器及计算机等部件；

⑦四轮定位仪应每3个月到5个月检验标定一次，标定工作应该在专用标定器上进行。

(注意,四轮定位仪应备有专用标定器和标定程序。)

⑧在用四轮定位仪检测车轮定位角前,一定要进行车轮钢圈补偿操作,否则会产生相当大的测量误差。

⑨四轮定位仪用举升台要定期进行标定,即通过特定的程序把举升台的误差值(不平度误差值)记录到四轮定位仪的计算机中,以使四轮定位仪在测量时能自动去除该误差值。

5.汽车四轮定位仪应用实例

一辆2002年产桑塔纳2000型轿车,行驶8万km,发生追尾事故后到修理厂维修。整型后试车时发现,直线行驶条件下轿车向右跑偏,并且转向盘抖动。回厂后进行故障分析,认为该故障与汽车车轮定位角度有关,于是把车开上举升台进行四轮定位检测,测得的前轮定位角度为:左前轮后倾角0.7°,右前轮后倾角0.5°,左前轮外倾角-0.7°,右前轮外倾角0.0°,总前束角0.05°。该型轿车相应的标准前轮定位角度分别为:1.0°~2.0°,1.0°~2.0°,-0.8°~-0.2°,-0.8°~-0.2°,-0.15°~0.15°。

通过以上数据可以看出,轿车前轮的后倾角和外倾角都不符合标准,右前轮后倾角小于左前轮的,而右前轮外倾角大于左前轮的,这与其向右跑偏的故障现象相符,可是前轮后倾角是固定的,不可以通过调整螺栓来改变。进一步检测发现车轴偏角较大,表明两个车轮不在同一轴线上。经过分析,认为此车的整形工作未能达到要求,需要按照底盘数据再次进行维修。

再次对底盘整形后,用四轮定位仪检验所得的前轮定位数据为:左前轮后倾角1.3°,右前轮后倾角1.2°,左前轮外倾角-0.5°,右前轮外倾角-0.4°,总前束角0.0°。由此可见,前轮后倾角已经在可以接受的范围内,而且左右两轮相差不大,再调整好前轮外倾角和前束角,四轮定位工作结束。汽车经过路试后,发现转向盘抖动现象虽然有所减轻,但仍然存在。经过分析认为,可能是车轮动不平衡造成的。于是拆下轮胎,对车轮进行动平衡,装复后试车,故障消失。

通过上述轿车故障排除的实例可以看到,四轮定位作为汽车维修的一个项目,不能将它单独列于其他维修工作之外,只有将它与其他维修工作配合操作,才能发挥其应有的作用;同时,由于四轮定位是用数字化来体现汽车状态的,所以它可以为其他维修工作提供依据或参考。

通常,在下述情况下需要对汽车进行四轮定位检测:新车行驶3 000 km后;每行驶10 000 km或6个月后;直线行驶时需要紧握转向盘,并感觉汽车被往左或往右拉;感觉车身漂浮或摇摆不定,转向盘很难操控;前轮或后轮单边磨损或快速磨损;安装新的轮胎后,汽车跑偏或轮胎异常磨损;碰撞事故维修后,转向盘无法操纵,车轮定位角度超差;行驶中遇到凸出物的强烈冲击;更换了与车轮定位角度相关的悬架部件后。

四、红外线测温仪

1.红外线测温仪的功用

随着汽车技术的发展和普及,以及电子技术和计算机在汽车上的大量应用,汽车的精密程度越来越高。如何对汽车进行快速准确的故障分析和诊断是维修企业的技术水平、工作效率以及服务意识的重要标志。

红外线测温仪(图2-2-50)采用先进的红外线技术,能快速、准确、方便地测量物体表面的温度。采用红外线测温仪不需要直接接触被测物体的表面,这对测量温度高、危险或难以接触的物体表面温度尤为重要。

汽车在运行过程中如果发生故障,或存在潜在的故障,必然会引起汽车零部件表面温度的变化，甚至突变。因此在汽车不解体的故障诊断中，通过测量汽车零部件表面温度的变化和温度的突变情况，常可以迅速找到汽车发生故障的部位。

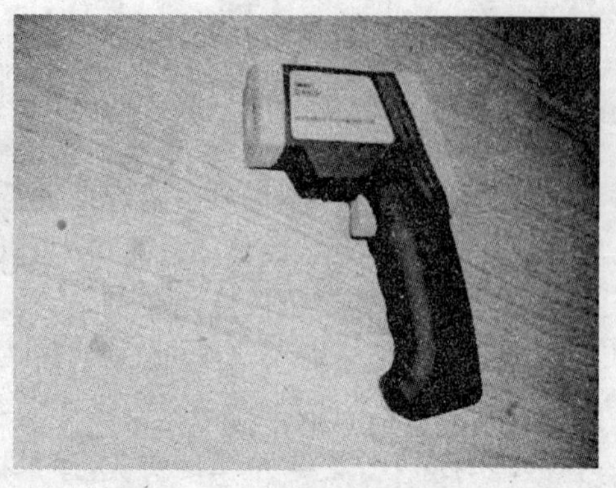

图 2-2-50　红外线测温仪

2. 红外线测温仪的工作原理

红外线测温仪由光学系统、光电探测器、信号放大器及信号处理电路、显示器等部分组成。光学系统汇集其视场内的目标红外线幅射能量，视场的大小由红外线测温仪的光学零件及其位置决定。红外线能量聚焦在光电探测仪上并转变为相应的电信号。该电信号经过放大器和信号处理电路按照仪器内部的算法和目标发射率校正后转变为被测目标的温度值；除此之外，红外线测温仪还应考虑目标和环境条件（如温度、气氛、污染和干扰等因素）对性能指标的影响及修正方法。

3. 用红外线测温仪进行故障诊断的优点

（1）便捷。红外线测温仪可快速测取被测量物体表面的温度，并可以连续测量物体表面每一点的温度。在用热电偶温度计测取一个渗漏连接点温度的时间内，用红外线测温仪几乎可以测取所有连接点的温度，因而能迅速找到汽车表面温度突变的部位。用红外线测温仪很容易检测如制动鼓、制动摩擦片、轴承、排气管和进气管等容易发热的零件的温度，对某些部分（如发动机冷却系统）还可以在不拆卸的条件下监测其温度的变化。另外，由于红外线测温仪坚实、轻巧，且不用时易于放在皮套中，所以携带方便。

（2）精确。红外线测温仪的精确度高，通常都在 1℃以内，因此可快速探测温度的微小变化，将故障排除在萌芽期。

（3）安全。安全是使用红外线测温仪测温的最重要的优点。不同于接触式测温仪的是，红外线测温仪能够安全地测取难以接近的或不可达到的目标的温度，不需要冒险去接触可能烧伤手指的部位。红外线测温仪具有激光瞄准，便于识别目标区域，十分方便。

4. 红外线测温仪在故障诊断中的应用

红外线测温仪在测试物体表面温度突变时，具有其他仪器不可替代的作用，它在汽车故障诊断中主要应用在以下几个方面：

①迅速检查发动机某一缸是否不点火或工作不良；

②检查发动机点火系统的点火线圈是否工作不良；

③检查冷却系统故障，准确判断散热器是否堵塞以及水温传感器是否良好；

④检查废气控制系统、三效催化转化器及排气管的故障；

⑤检查空调系统的性能和故障；

⑥测量检查轮胎和制动鼓的温度突变情况，检查轴承、电动机、制动盘的温度突变情况。

5. 红外线测温仪的使用方法

①安排好距离与光斑尺寸之比和视场，确保目标要比测点大（当测量值的精确度很重要时，要确保目标不小于测点的两倍）。目标越小，测温仪就应越靠近目标。

②将红外线测温仪对准要测试的物体，按触发器，在仪器的 LCD 上读出温度数据。

6. 红外线测温仪使用注意事项

①红外线测温仪只能测量物体表面温度，不能测量物体内部温度。

②不能透过玻璃进行测温，因为玻璃有很特殊的反射和透过特性，使红外线测温仪的读数不准；并且，红外线测温仪最好不要用于对光亮或抛光的金属表面测温。

③若发现温度高的部位，要将红外线测温仪瞄准该部位，然后做上下扫描运动，直至确定热点。

④环境条件，如蒸汽、尘土、烟雾等，会因阻挡仪器光学系统的工作而影响测量结果的精确度。

⑤如红外线测温仪突然暴露在环境温度为 20 ℃或更高的环境下，允许仪器在 20 min 内调节到新的环境温度。

第三节 汽车示波器

一、MT2400 汽车示波器

1. 结构

(1)MT2400 汽车示波器具有波形显示、数字万用表和诊断数据库等功能。仪表有一个用于显示数据的液晶显示屏和四个按钮、一个转轮(为输入端)。四个按钮是：显示屏幕背景灯的开关按钮、电源开关按钮、用于确定选项的“Y”按钮、用于否定或后退一步的“N”按钮。MT2400 汽车示波器的外观如图 2-2-51 所示。

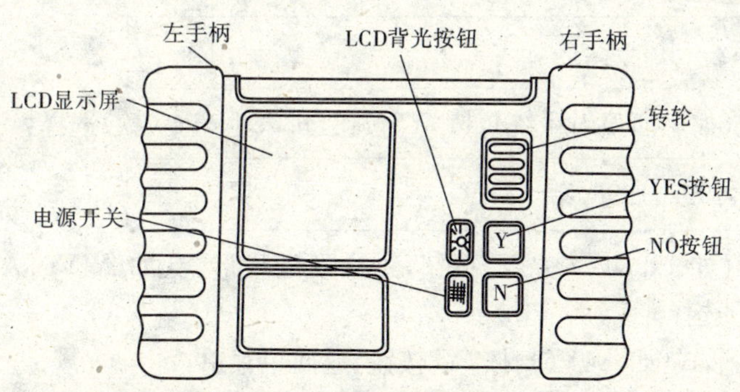

图 2-2-51 MT2400 汽车示波器外观

(2)如图 2-2-52 所示，该仪表具有五个测试通道接口和一个串行打印机接口，其中测试通道 CH3/4，可通过一个 9 脚的 mini—DIN 连接器连接压力表和 kV 级模块系统。依据通道的选择，该仪器可读出以下内容：直流电压、直流电流、交流电压、电阻、频率、脉宽、压力、真空度、转速、二次侧(次级)电压、循环频率等数值。

(3)诊断数据库资料，可提供传感器、动作执行元件、控制信号的测试以及制造商和各系统的信息，如一般元件的工作原理、技术参数、接头位置和正常波形等。

(4)按下显示屏背景灯按钮，慢慢转动转轮可以调整显示屏亮度。转动转轮，屏幕上的光标移动，可选择所需选项。“Y”键用于激活菜单确定选区项，“N”键用于放弃选择或退出选项。按下电源开关，可打开 MT2400 汽车示波器仪表；关闭时，按下电源开关并保持至仪表关闭为止。也可在常规设置中，设置一段时间未操作时，仪表自动关闭。

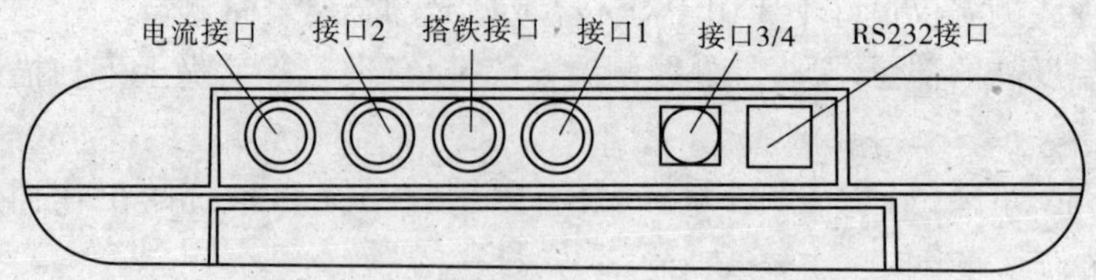

图 2-2-52 MT2400 汽车示波器测试接口说明

2. T2400 示波器的使用方法

①元件测试设置。打开 MT2400 汽车示波器时，屏幕上会显示版权主菜单：

主菜单
元件测试性能特征及优越性
万用表常规设置
波形显示怎样……………………
存储屏幕 A－Z 的索引
使用者测试

②从主菜单通过转轮选择元件测试项，确定后仪表将会列出可测车型：克莱斯勒、福特、通用、吉普、奥迪、宝马、本田、现代、马自达等。

③通过滚动转轮选择待测车型，例如奥迪。按"Y"按钮，进入奥迪车系测试系统（若改变车系，可按"N"返回车系选择显示）：

燃油喷射系统、其他系统

④选择某系统（如燃油喷射系统），按"Y"按钮，进人生产年（款）选择：

1999、1998、1997、1996 等

⑤选择生产年（如 1998）。按"Y"按钮，进入发动机形式（如 A4V6、A6QUATTRO、A8、A8QUATTRO 等）选择。

⑥选择发动机形式（如 A4V6），按"Y"按钮，返回主菜单：

主菜单
元件测试性能特征及优越性
万用表常规设置
波形显示怎样……………………
存储屏幕 A-Z 的索引
使用者测试

⑦选择元件测试性能特征及优越性，按"Y"按钮，进入元件选项：凸轮轴位置传感器、冷却液温度传感器、活性炭罐电磁阀、燃油压力、进气温度传感器、点火控制模式、喷油器、爆燃传感器、空气流量传感器、氧传感器、转速传感器、节气门阀控制模式、故障诊断代码电路、旧术语、缩写应用、依普通项目列出元件单。

⑧选择凸轮轴位置传感器，按“Y”按钮，进入该项目：原理、连接、测试。依次选择上述项目，仪器将提示传感器的原理、位置、线路连接及测试。例如：当选择测试项时，仪器会自动进入万用表功能，显示测试数据。转动滚轮并按下“Y”按钮，可选定所需菜单；按下“N”键，可实现万用表和测试帮助信息的切换。退出测试功能并返回到元件测试选择菜单时，首先应转动滚轮，使屏幕正文进入测试帮助处，再按下“N”键并放开。

⑨其他传感器的测试与上述类似。

⑩如果在主菜单中选择万用表功能，则按确定键后，进入万用表使用模式。在此模式下，可做独立的万用表使用，有四种主要检测模式：图形、数字、双重显示、全屏显示和单独显示。

⑪在万用表状态下和图形模式中，可显示测试波形；与示波器类似，x 轴为时间坐标，y 轴为测试最大与最小值坐标。

3. 使用注意事项

①测试应在通风良好的环境下进行，不允许有火花或明火。

②起动发动机进行测试前，要将变速杆放人空挡或 P 位，拉紧驻车制动器。

③注意仪器使用安全，遵守安全操作规则。

④更换电池、熔丝、数据储存卡或卸下前端盖前，要拆除所有测试表笔，并将仪器关闭；更换熔丝时，必须换用相同类型的；两侧黑色橡胶保护套未装好前，不要使用仪器。

⑤测试电流或电压时，不得超过仪器规定的最大测试值，并且其他测试孔不插任何表笔。

⑥不得在交流电路中测试电流信号，也不要在大于 32 V 的直流电路中测试电压信号。

⑦在转换功能前，一定要先将红表笔从当前的测试电路中拆除，然后拆下黑色表笔。

⑧测量元件电阻前，一定要将待测元件从电路中断开。

⑨测试时要远离汽车驱动部分和其他运动件。

二、FLUKE98 汽车专用示波器

1. 功能与结构

(1)FLUKE98 汽车专用示波器的功能：

①可用来对传感器、进气/燃油系统、点火系统进行测试。

②具有对柴油发动机和电气系统测试功能，以及示波器和万用表功能。

③可改变汽车数据和仪器设置。

④具有连续的自动量程，可在任何情况下自动地以最佳方式显示测量的信号。

⑤可检测点火线圈二次侧(次级)电压波形，为分析、判断点火系统的故障部位提供简捷的方法。

⑥具有汽缸相对压力的分析功能，可找出汽缸压力低的汽缸。

⑦单独显示某一缸的点火波形，同时显示点火电压、转速、燃烧时间及燃烧电压。

(2)按键使用说明　FLUKE98 汽车专用示波器的外观如图 2-2-53 所示，其按键使用说明如表 2-2-6 所列：

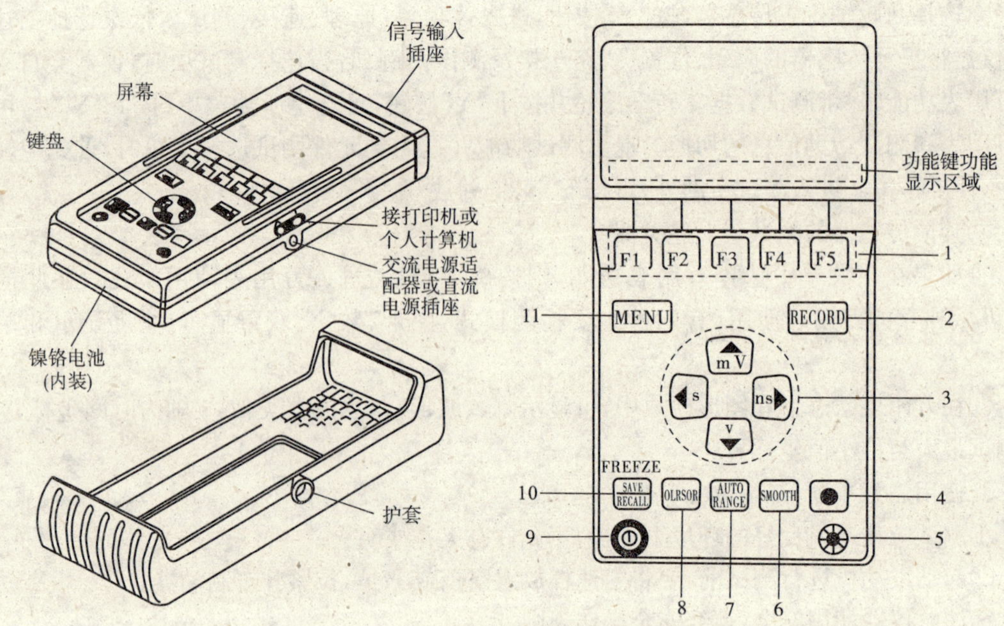

图 2-2-53 FLUKE98 汽车专用示波器的外观

按键使用说明 表 2-2-6

项目	按键	说明
1	F1～F5	共五个功能键。每个功能键的功能，对应显示在屏幕下方的功能显示区的菜单
2	RECORD	显示记录功能的菜单。此功能可显示并存储一段连续时间的测试数据
3	↑↓ ⇄	上、下光标键，可执行下列功能：移动光标选择菜单列出功能；选择量程；上、下移动波形；作为示波器使用时，调整触发电平； 左、右光标键，可执行下列功能：选择单格量程范围；左、右移动光标位置
4	●	在菜单中选择某一功能时按此键可显示该功能的说明，在执行某一项测试时，按此键可列出该功能说明
5	⊛	打开或关闭 LCD 背景灯，持续按住此键时可调整屏幕对比度
6	SMOOTH	此键可平滑所显示的波形，可使波形看起来更平滑易读，读数更稳定；可将波形所含有的噪声和尖峰信号系统滤除
7	AUTO RANCE	自动量程键。启动“AUTO RANGE”后，可自动设定最佳的量程，同时在屏幕上显示“AUTO ANCE”字样。关闭此功能后，必须手动设定量程
8	CURSOR	光标键：启动光标功能后，可移动两条垂直光标至波形任意位置，以测量所需数据
9	ⓞ	电源键。启动电源键时，FLUKE98 汽车专用示波器将启动使用者上一次所执行的测试功能
10	FREEZE SAVE RECALL	按此键可锁定目前所显示的屏幕(屏幕上方将显示 HO 印字样)、显示存储、调用及打印
11	MENU	按此键可显示主菜单。在测试中若要改变测试功能时，均须先按此键

2. LUKE98 汽车专用示波器的使用方法

(1)测量前的准备：

①将被测车辆按照所测量的项目准备好，如将发动机热机等。

②确认仪器的设置与被测车辆的基本数据相符。可在仪器开机时，在被测车辆基本数据

菜单中检查确认，设置的内容必须与被测车辆相符。

③当使用其他探头或测试线时，必须更改探头或测试线的设置。

④从主菜单上选择所需的测试功能，在线帮助可帮助作出正确选择。

⑤在执行测试前，屏幕会提示应该使用哪一种探头或测试线及如何接线，用以选用正确探头或测试线连接仪器的输入端和被测车辆。

(2)电源开关接线及开机：

①确认电源适配器与所用电源电压相符，并将电源适配器接于电源插座。

②如图 2-2-54 所示，将电源适配器的直流电压输出插头插入 FLUKE98 汽车专用示波器的电源插座。此时，FLUKE98 汽车专用示波器的电池可进行充电。

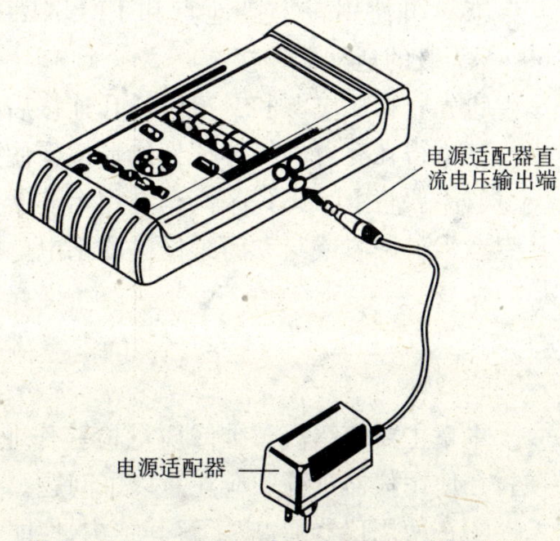

图 2-2-54　FLUKE98 汽车专用示波器与电源适配器

③按电源键可开关 FLUKE98 汽车专用示波器主机。

④电源打开时，PLUKE98 汽车专用示波器首先显示汽车基本参数设置情况，可根据被测车辆改变设置。

(3)主菜单操作　所有测试功能的菜单操作均类似，现以次级点火测试操作为例进行说明。按照下列步骤进行操作：

①按动“MENU”键，FLUKE98 汽车专用示波器显示主菜单。

②通过上、下光标键至点火系统。

③按“F5”键选择点火系统，进入该系统菜单。

④通过上、下光标键至次级点火。

⑤按键选择次级点火，此时屏幕出现接线说明。

⑥按照接线说明，将次级点火拾取器夹到点火线圈高压端，并将转速信号拾取器夹于 1 缸分缸线上。

⑦按“F1”键进行测试。

⑧按“●”键可获得在线帮助。

3. 使用注意事项

①测试应在通风良好的环境下进行，不允许有火花或明火。

②起动发动机进行测试前，要将变速杆放入 N 位或 P 位，拉紧驻车制动器。

③注意仪器使用安全，遵守安全操作规则。

④使用 FLUKE98 汽车专用示波器测量电容时，要切断电容电源并予以充分放电。

⑤仔细检查测试线的连接性能，更换损坏的测试线。正确选择测量功能和量程；当使用测试探头时，不要将手指接触金属部分。

⑥当工作电压直流峰值大于 60 V、42 V，或有效值大于 30 V 时要小心，这些电压有电击的可能。

⑦从 FLUKE98 汽车专用示波器上拆下测试线之前，要将测试线从测试点断开。

⑧不要随意进行仪器内部的维修和调整。

⑨只可使用一个接地点和 FLUKE98 汽车专用示波器以及随机提供的探头适配器或 600 V等级的适配器连接。

⑩先将稳压电源和交流电插孔连接后，再和 FLUKE98 汽车专用示波器相连。

⑪不得在有可燃气体挥发的环境下使用 FLUKE98 汽车专用示波器。

⑫不要将 FLUKE98 汽车专用示波器使用的镍铬电池和其他电池混合使用。报废的电池让专业人员回收或与专门维修站联系电池的回收。

本章小结

本章主要介绍汽车维修质量检验作业中常用仪器的名称、用途、使用方法和使用注意事项。在使用仪器过程中应注意以下问题：

①在使用仪器前，应了解其结构、性能、使用方法和注意事项，做好对仪器的维护工作，以确保仪器的正确使用和操作安全；

②对仪器的连接和断开，应严格按仪器说明书的要求进行操作，以免损坏仪器；

③在仪器的使用过程中，应注意掌握其操作要领，正确操作，避免外部因素的干扰；

④注意仪器的检验标定，以确保仪器的性能完好，测量数值和图形的准确性。

复习思考题

1. MF500 型指针式万用表的检测功能有哪些？
2. 用 MF500 型指针式万用表可以测出变化的电流吗？
3. 数字式万用表有哪些测试功能？
4. 怎样选择数字式万用表的量程？
5. 怎样使用电脑故障诊断仪进行故障诊断？有哪些使用注意事项？
6. 怎样使用发动机综合性能分析仪检测发动机的各项参数？有哪些使用注意事项？
7. 怎样使用四轮定位仪检测车轮定位参数？有哪些使用注意事项？
8. 怎样使用红外线测温仪？
9. 用通用示波器可以检测哪类参数？

第三篇

汽车维修质量检验

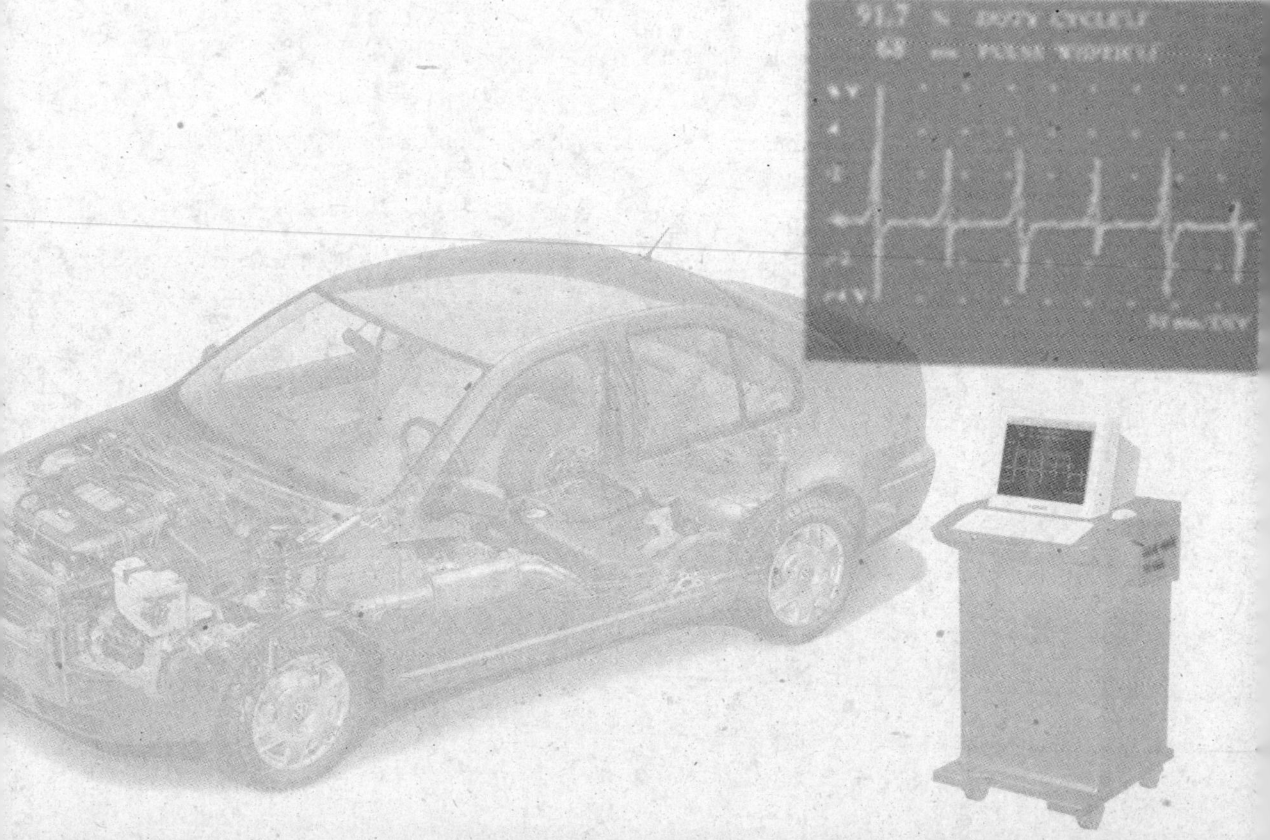

第一章　汽车性能检验

汽车整车的性能参数直接反映整车的技术状况。汽车的检测与诊断往往是从整车性能参数检测开始的,当发现整车性能参数发生变化时,再进而进行汽车各系统的深入检测与诊断。因此,整车性能参数的检测在汽车的检测与诊断中占有重要地位。

汽车检测分为人工检测和仪器设备检测两种方法。人工检测是汽车检验人员凭实际经验和一定的理论水平,借助于简单的工具,用眼看、耳听、手摸和鼻子闻的方法对汽车的技术状况进行判断。这种方法简单,不需要专门的仪器设备、投资少,但检测速度慢、准确性差,检验人员应有较高的技术水平。仪器设备检测是用现代仪器设备对汽车的性能和技术状况进行判断,其优点是检测速度快、准确性高,是现代汽车检验技术的发展方向,但投资大,操作人员多。

1.汽车检测站

汽车检测站分两种主要类型:一种是“车辆安全环保检测站”,另一种是“车辆综合性能检测站”。

■车辆安全环保检测站承担的任务:机动车申请注册登记时的初次检验;机动车定期检验;机动车临时检验;机动车特殊检验,包括肇事车辆、改装车辆和报废车辆技术检验。

凡愿意承担社会机动车辆安全技术检测任务的检测站必须具备下列条件:

①有检测车辆侧滑、灯光、轴重、制动、排放、噪声的设备以及其他必要的检测设备。

②每一条检测线至少有工程师或技师技术职务的主任检验员一名,具有一定的汽车理论知识和修理经验,并能熟练地运用检测设备对机动车辆的安全性能做出正确评价的检验员若干名。

③有相应的停车场地、试车跑道和试验驻车制动器的坡道。要布局合理,根据国家标准设置交通标志、标线,出入口视线良好,不妨碍交通。

④检测厂房宽敞、通风,照明、排水、防雨、防火和安全防护等设施良好,各工位要有相应的检测面积,检测工艺布置合理,便于流水作业。

⑤必须有设备维修人员,保持检测设备经常处于良好的技术状态和精度。

车辆安全环保检测站定期检测在用车辆中与安全运行和环境保护有关的项目,其检测结果只显示“合格”或“不合格”两种,不显示检测数据的大小,也不显示车辆技术状况的故障模式,因此检测速度快,便于批量定期检测。对于自动化程度比较高的检测站年度检车量可达数万台次。

■综合性能检测站的检测设备齐全且配套。自动化程度高,数据处理迅速准确,检测项目齐全且有深度,能担负对检测设备的精度测试,合理制定检测标准,为科研、教学、设计、制造和维修等部门提供较为翔实的依据。

2.汽车检测线

目前国内大多数建立的检测站是综合性能检测站,它由一条安全环保检测线和一条综合性能检测线组成。这两种检测线都是由多个检测工位组成并且按一定顺序分布在直线通道上。

■安全环保检测线有人工控制和自动控制两种类型。人工控制的安全环保检测线主要由外观检查工位、侧滑制动车速表工位、灯光尾气三个工位组成。自动控制安全环保检测线一般由汽车资料输入及安全装置检查工位、侧滑制动车速表工位、灯光尾气工位、车底检查工位、综合判定及主控制室工位五个工位组成。

外观检测工位由人工对汽车的外观进行检验，配备有地沟、举升器、探伤仪、摄像机、车轮平衡机、轮胎充气机等仪器设备。

侧滑制动车速表工位（也称为 ABS 工位）由设备进行检测，配备有侧滑试验台、制动试验台和车速表试验台三大检测设备。有些制动试验台上还设有轴重自动计量装置。

灯光尾气工位（也称为 HX 工位）由仪器进行检测，配备有前照灯检验仪、废气分析仪和烟度计三种测量仪器。

资料输入及安全装置检查工位是对汽车的安全装置进行外观检查，并把检查的结果以及汽车的型号、外型尺寸、牌照号码、发动机及底盘编号等输入微机（工位机）。

■综合判定及主控制室工位主要控制整个检测线的检测工作并进行综合判定，将其检测结果打印输出并贮存信息。

综合性能检测线有两种类型，一种是全能综合性能检测线，另一种是一般综合性能检测线。全能综合性能检测线设有包括安全环保检测线主要检测设备在内的比较齐全的工位，一般综合性能检测线不包括安全环保检测线的主要设备。

全能综合检测线由外观检查及前轮定位工位、制动工位和底盘测动三个工位组成，能对汽车技术状况进行全面检测。一般综合检测线主要由底盘测功工位组成。

外观检查及前轮定位工位配备地沟、轮胎自动充气机、车轮平衡机、举升器、探伤仪、侧滑试验台、前轮定位检验仪、转向力矩检测仪等仪器设备。

制动工位配备制动试验台、轴重仪。

底盘测功工位配备底盘测功试验台、汽（柴）油机综合参数测试仪、电器综合测试仪、汽缸漏气检测仪、汽缸压力表、真空表、油耗计、废气分析仪、烟度计、声级计、机油分析仪、前照灯检验仪、传动系异响分析仪等仪器设备。该工位的检测项目最多。

目前，国内许多部门建立全自动检测线大大提高了检测效率。全自动检测系统是采用一台主控计算机将各个工位上各单项检测功能的仪表联结起来统一控制。主控制计算机通过信号显示，指示驾驶员驾驶车辆进入检测线，自动启动各工位检测设备、采集检测数据并进行处理，将分析归纳的结果打印输出。在每个工位上配置一台单片机，即工位机，承担数据采集、数据加工、专用控制，并与主控计算机通过数据信息相互联系。在主控计算机的控制下各工位的检测有条不紊地进行，并能在一条检测线上对多台车进行多工位检测。因此可以提高车辆检测效率。一般情况下一条检测线年检能力可达到（4～5）万辆/年。

采用现代技术手段检测汽车的各项性能指标与人工检测相比具有如下优点：

①避免了路试受到自然气候、道路条件等原因造成的标准不定、检测失误的状况。检测站检测使各项技术指标可信度更高，从而避免了人工检测的主观性和局限性。

②有利于维护和执行各种法规和制度，避免人工检测因尺度不一、人为因素所造成的纠纷。有利于不同地区、不同部门的检测标准统一化。

③现代检测技术采用了微机进行管理和控制。整个检测工作有条不紊，效率显著提高，而

且检测数据能自动存贮、归档，使管理工作更加完善。

④检测站能准确、全面、可靠地检测车辆的各项性能，及早发现隐患，从而有利于安全行车和交通安全。

本章介绍的整车检测与诊断内容包括：底盘输出功率的测定，汽车排放污染物测定与分析，车速表校验，汽车噪声的测定，前照灯检验，汽车防雨密封性试验及汽车外观检视。整车检测诊断内容，除少数项目需要在室外场地上进行外，大部分项目可以在室内试验台上进行。

第一节 汽车动力性能的检验方法和技术要求

汽车是一种高效率的运输工具，其运输效率的高低主要取决于汽车的动力性，该性能是汽车各种性能中最基本最重要的性能。

一、汽车动力性能的检验标准和检验方法

汽车动力性是指汽车在行驶中能达到的最高车速、最大加速能力和最大爬坡能力。汽车检测部门一般常用汽车的最高车速、加速能力、最大爬坡度、发动机最大输出功率、底盘输出最大驱动功率作为动力性评价指标。

1. 最高车速(km/h)

最高车速是指汽车以厂定最大总质量状态在风速≤3 m/s 的条件下，在干燥、清洁、平坦的混凝土或沥青路面上，能够达到的最高稳定行驶速度。

2. 加速能力

汽车加速能力是指汽车在行驶中迅速增加行驶速度的能力。通常以汽车加速时间来评价。加速时间是指汽车以厂定最大总质量状态在风速≤3 m/s 的条件下，在干燥、清洁、平坦的混凝土或沥青路面上，由某一低速加速到高速所需的时间。

①原地起步加速时间，亦称起步换挡加速时间，系指用规定的低速起步，以最大加速度(包括选择适当的换挡时机)逐步换到最高挡位后，加速到某一规定的车速所需的时间，如 0～50 km/h，对轿车常用 0～80 km/h，0～100 km/h，或用规定的低挡起步，以最大加速度逐步换到最高挡后，达到一定距离所需的时间，其规定的距离一般为 0～400 m，0～800 m，0～1 000 m，起步加速时间越短，动力性越好。

②超车加速时间亦称直接挡加速时间，指用最高挡或次高挡，由某一预定车速开始，全力加速到某一高速所需的时间，超车加速时间越短，其高速挡加速性能越好。

3. 最大爬坡度

最大爬坡度是指汽车满载，在良好的混凝土或沥青路面的坡道上，汽车以最低前进挡能够爬上的最大坡度。由于受道路坡道条件限制，汽车综合性能检测站通常不做汽车爬坡测试。

4. 发动机最大输出功率

发动机最大输出功率是指发动机在全负荷状态下用来带动维持运转所必须的附件时所输出的功率，又称总功率。此时被测发动机一般不带空气滤清器、冷却风扇等附件。新出厂发动

机的最大输出功率一般指发动机的额定功率。额定功率是制造厂根据发动机具体用途，发动机在全负荷状态和规定的额定转速下所规定的功率。在国外有些厂家所谓的额定功率是指发动机在额定转速下输出的净功率。常在额定功率后注有“净”字，以示区别。净功率是指在全负荷状态下，发动机带有全套附件时所输出的功率。

汽车在使用一定时期后，技术状况发生变化，发动机的最大输出功率变小，所以用其变小的差值评价发动机技术状况下降的程度。我国《汽车技术等级评定标准》就是按在用汽车的发动机最大输出功率与额定功率相比较小于75%时，将该车技术状况定位三级。但应注意，在汽车综合性能检测站用无外载测功法或底盘测功机所测定的发动机功率，必须换算为总功率后才能与额定功率比较。

5.驱动轮输出功率

驱动轮输出功率是汽车发动机功率经过传动系消耗功率后传到驱动轮的输出功率，它是汽车发动机和传动系综合工作过程后的输出参数。驱动轮输出功率的大小完全取决于发动机发出的功率和传动系的传动效率，也取决于它们的技术状况，驱动轮输出功率的减少说明发动机或传动系的技术状况已变差。发动机和传动系技术状况的微小变化，都会通过驱动轮输出功率的增加或减少反映出来。因此用驱动轮输出功率作为整车动力性的评价指标是比较直观、科学和合理的方法。驱动轮输出功率可在底盘测功机上直接测量，其测试条件容易控制，操作也简便，其通用性很强，重复性好，测试误差较小。

汽车在使用过程中，发动机本身、发动机附件及传动系统的技术状况都会变差，其底盘输出的最大功率将因此减小。

二、底盘输出功率的测定

汽车底盘的输出功率（即驱动轮输出功率）是评价汽车技术状况的基本参数之一，是汽车综合性能检测的必检项目。汽车底盘的输出功率，除了可以通过整车的道路试验测定外，还可以在室内条件下在底盘测功机上测定。测定底盘输出功率的目的，有时是为了获得汽车驱动轮的输出功率或牵引力，以便评价汽车的动力性；有时则是用获得的驱动轮输出功率与发动机输出功率进行对比，并求出传动效率，以便判定底盘传动系的技术状况。

底盘测功机能够在室内模拟汽车的各种运行工况，因此，还可以在底盘测功机上进行汽车性能试验和汽车各系统的技术状况诊断。

（一）盘测功机的测量原理

汽车在道路上行驶时是相对于静止的路面作纵向运动，汽车在行驶中将受到各种阻力。如空气阻力、爬坡阻力等。在底盘测功机上则是以滚筒的表面代替路面，是滚筒的表面相对于静止的汽车作旋转运动。由于底盘测功机具有加载装置，通过加载装置可以模拟汽车在道路上行驶时的各种阻力，再现汽车行驶中的各种工况，从而实现汽车在各种转速下驱动轮上的输出功率或牵引力的测定。

具有飞轮装置的底盘测功机称为惯性式底盘测功机。飞轮的转动惯量是根据道路试验和台架试验两种情况下，总动能相等的关系推导求得。在底盘测功机的传动系加装具有一定转动惯量的飞轮来模拟汽车行驶时的加速阻力，并通过加载装置模拟汽车行驶时的负荷情况，完成汽车性能试验和各系统故障诊断。

(二)底盘测功机的组成

底盘测功机,一般由滚筒装置、加载装置、测量装置、控制与指示装置和辅助装置等组成,如图 3-1-1 所示。

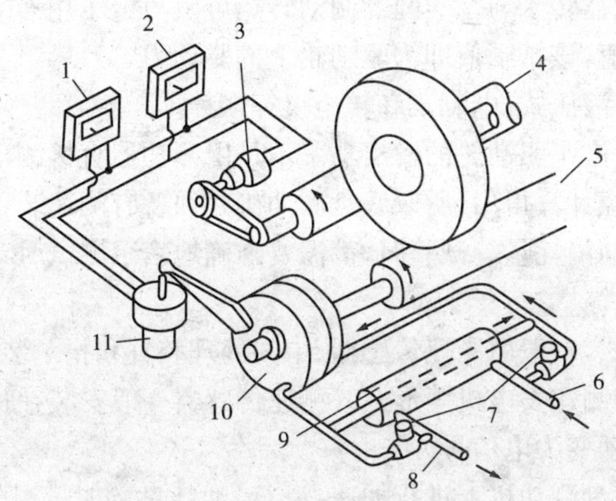

图 3-1-1 底盘测功试验台结构示意图

1-功率表;2-速度表;3-测速发电机;4-从动滚筒;5-主动滚筒;6-进水管;7-电磁阀;8-排水管;9-热交换器;10-功率吸收装置;11-转矩传感器

1. 滚筒装置

底盘测功机的滚筒相当于连续移动的路面,被测车辆的车轮在其上滚动。底盘测功机有单滚筒与双滚筒之分,如图 3-1-2 所示。

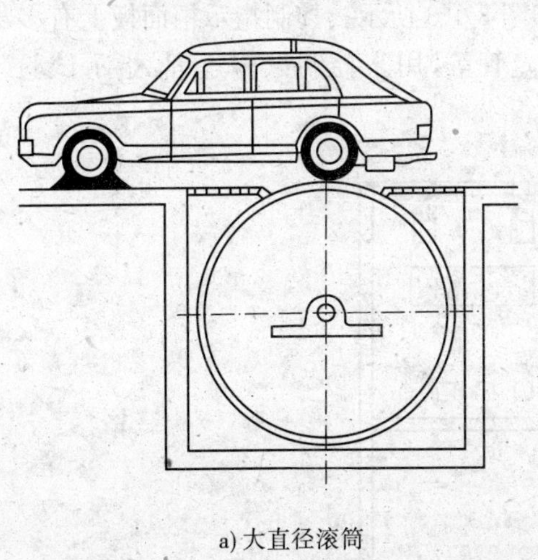

a) 大直径滚筒

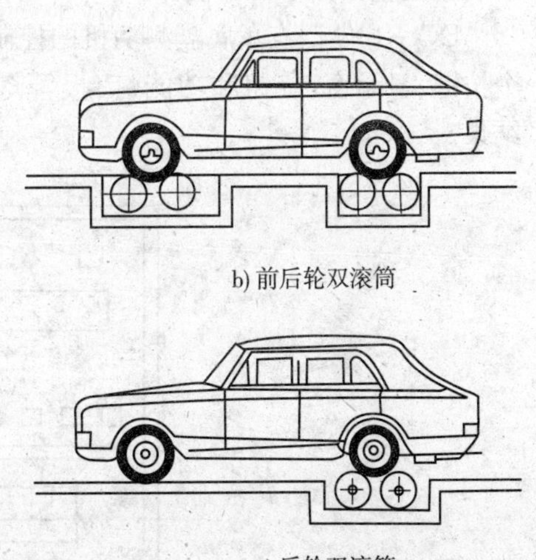

b) 前后轮双滚筒

c) 后轮双滚筒

图 3-1-2 滚筒装置的结构形式

支承两边驱动车轮的滚筒各为单个的底盘测功机,称为单滚筒底盘测功机。

支承两边驱动车轮的滚筒各为两个的底盘测功机,称为双滚筒底盘测功机。汽车综合性能检测站和维修企业使用的为双滚筒底盘测功机。

2. 加载装置

加载装置用来吸收和测量驱动轮上的输出功率,亦称测功器。

底盘测功机上采用的测功器的类型有:水力测功器、电力测功器和电涡流测功器。电涡流测功器测试范围广、结构紧凑、耗电量小及易于实现自动控制，且造价适中，故应用较广。

3.测量装置

测量装置包括测力装置、测速装置、测距装置和功率指示装置等。

(1)测力装置。测功器转子与定子间的制动转矩可由与定子相连的测力臂传给测力装置，然后由仪表指示出其数值，该指示值即为驱动轮上的驱动力。

测力装置有机械式、液压式、电测式和转矩仪等多种。

(2)测速装置。因为汽车驱动轮的输出功率不是由测功器直接测出，而是根据测得的转速和转矩或速度和驱动力经计算得出，所以底盘测功机必须备有测速装置。同时，在进行汽车的加速性能、滑行性能、燃油消耗量等试验时，都需要准确地表示测试时刻的车速，并要求连续测量，因此也需要测速装置。

测速装置多为电测式，一般由测速传感器、中间处理装置和指示装置组成。常见的测速传感器有磁电式、光电式和测速发电机等形式。测速传感器一般安装在从动滚筒的端部，随滚筒一起转动并把滚筒的转动变为电信号。

(3)测距装置。在底盘测功机上进行加速、滑行、油耗试验时，除了要测量车速外，还必须测量汽车的行驶距离，故需要测距装置。一般是采用光电盘脉冲计数式的测距装置。

4.控制与指示装置

现代汽车底盘测功机广泛采用工控单片机或微机为核心的控制系统。由微机控制的底盘测功机，通常采用电测式测力装置，测力传感器输出的电信号送入微机，经微机处理后，可在指示装置上直接指示功率值。

DCG-10C 型汽车底盘测功机的控制指示柜面板如图 3-1-3 所示。控制指示柜面板上有多个按键、显示窗、旋钮和功能灯、报警灯、指示灯及发光管等，用来控制试验过程，指示试验结果。

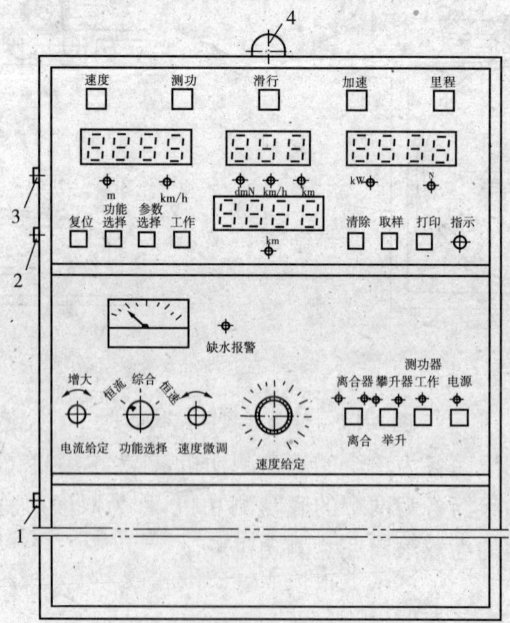

图 3-1-3 DCG-10C 型汽车底盘测功机控制指示柜面板

1-打印机电源线插座；2-打印机数据线插座；3-取样盒插座；4-报警灯

5. 辅助装置

为方便被测车驶入和驶出台架，在底盘测功机的两个平行滚筒之间装有举升器。举升器有气动式、液动式和电动式三种型式，以气动式举升器为多见。

汽车在底盘测功机上进行模拟道路工况试验时，由于汽车并不发生位移，缺少迎面风，因而使发动机冷却系的散热速度相对不足。特别是在进行长时间大负荷、全负荷试验时，发动机易过热，一般试验台在汽车前面设置有移动式冷风装置，以加强冷却。

在进行汽车性能试验时，为了模拟汽车惯性质量的影响，底盘测功机旋转质量的动能应与汽车在道路上行驶时的动能相等，因此，有的底盘测功机的传动系统加装有飞轮，如图 3-1-4 所示。飞轮可以通过离合器直接与主动滚筒相连，也可以通过增速器与主动滚筒相连(适应不同车型需要)。

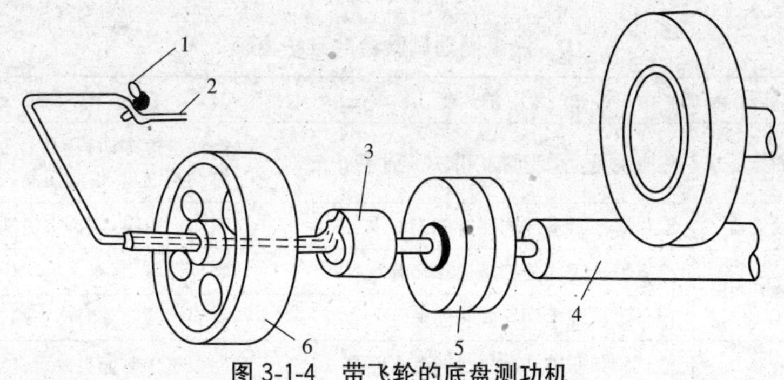

图 3-1-4 带飞轮的底盘测功机

1-离合器调节阀；2-压缩空气管；3-气压传动离合器；4-主动滚筒；5-功率吸收装置；6-飞轮

(三)底盘测功机的测功方法

1. 试验台的准备

①检查调整试验台各部件，补足润滑油。

②检查举升器有无漏气(或漏油)现象、工作是否正常。

③检查指示仪表指针是否指零位，并注意使用中指针的回位情况。

④检查各种导线的接触情况，如有接触不良或损伤，应予更换。

2. 被测车的准备

①汽车在开上底盘测功机以前，必须通过路试走热全车(发动机冷却液达正常温度)。

②仔细调整发动机供油系和点火系，使其处于最佳工作状态。

③检查并紧固传动系、车轮的连接情况。

④检查轮胎气压并使之达到制造厂的规定值，清洁轮胎表面。

3. 测试步骤

在汽车技术等级评定时，只需要测定发动机额定功率转速下驱动轮的输出功率。为了全面考核车辆的动力性和调整质量，测量点除了制造厂给出的额定功率相应的转速点和最大转矩相应的转速点以外，还应进行低转速下的功率测量，这样才能全面反映出供油系和点火系的调整质量。通常测量点不少于 3 个(其中包括额定功率和最大转矩点)。

测试步骤如下：

①接通底盘测功机电源，功率表换挡开关置相应挡位；

②升起举升器托板，使被测车的驱动轮与滚筒垂直停放在托板上；

③降下举升器托板，并用挡块抵住试验台外面的一对车轮。接通发动机冷却装置电源；

④起动发动机，逐渐增加其转速，同时调节测功器的负荷，使发动机在节气门全开的情况下以与最大功率相应的转速运转。待转速稳定后，记下仪表指示的功率和车速值；

⑤保持发动机节气门全开，并逐步增加测功器负荷，测出包括最大转矩点和低转速下的功率和车速值；

⑥全部测试完毕，待驱动轮停转，切断发动机冷却装置电源，移去挡块，升起举升器托板，被测车驶出底盘测功机；

⑦切断底盘测功机电源。

4.底盘测功机的维护

底盘测功机的维护按表 3-1-1 的规定进行。

底盘测功试验台的维护要领 表 3-1-1

维护周期	维护部位	维 护 要 领	调 修 方 法
1 个月	注油器	检查油量，不足时按厂家规定油品补充	滴油量过多时，通过注油器上部的调整螺钉调整油量，使阀门滴入的油量适当
	空气滤清器	旋松滤清器下部的螺钉放出积水	积污严重时，应拆下清洗
	滚筒	检查滚筒表面是否磨损和沾有污物	磨损严重、具有伤痕时应更换滚筒
		检查滚筒轴承的异响和间隙	有异响或间隙时应更换轴承
	联轴器	检查轴与联轴器凸缘盘间有无间隙	间隙过大时应更换键
	举升器	检查汽缸是否有空气泄漏；检查汽缸的动作状态	有空气泄漏应更换 O 型密封圈
		检查管路(包括橡胶软管)是否漏气	有空气泄漏时，应更换管路
		检查滚轮式制动器的机械状态	制动器不起作用时，应更换制动蹄片
	旋转检测装置	检查齿轮及其啮合间隙状态	齿轮损坏应更换，并调整至正常啮合间隙
	转矩检测连接装置	检查连接装置有无间隙，旋转轴是否圆滑	间隙过大时，应更换滑环或轴衬套
	测功器	检查测功器及橡胶管是否漏水	橡胶水管漏水应更换，测功器有漏水时，应进行修理
	侧面托架	检查侧面托架的回转状况	回转状况不良，应更换轴承
	转矩传感器	取下传感器盖板。检查传感器的滑动部分及油室是否脏污，油是否用尽	传感器如有卡滞指示不正确时，应在其滑动部分涂上一层尽可能薄的油
6 个月	直流发电机电刷	检查电刷是否磨损	电刷磨损严重时应更换
	指示仪表、控制盘	检查指示仪表的动作状况 确认指示灯的照明状况 旋紧接线盘上的螺钉	
	连接螺栓	旋紧各部螺栓。特别是可动部分和固定螺栓	
	冷却水控制电磁阀	检查工作情况是否正常	工作异常应进行维护
1 年	接受设备检定部门检定		

(四)底盘测功机的应用及检测结果分析

在底盘测功机上可以再现汽车在道路上行驶的各种工况，因此除可以进行底盘输出功率测定外，还可以进行汽车性能试验和发动机与底盘各系统技术状况诊断。

1.汽车性能试验

底盘测功机上的加载装置(即测功器)，除用来吸收和测量驱动轮上的功率或牵引力外，通过调节底盘测功机上测功器的负荷可以模拟汽车在道路上行驶时所受到的各种阻力。加装飞轮的底盘测功机，其飞轮的转动惯量可以等效(通过更换不同质量的飞轮或通过带增速器的飞轮调速来实现)试验汽车加速时的惯性力(即加速阻力)。因此，可以在底盘测功机上模拟汽车在行驶时的各种工况，进行整车性能如加速性能、爬坡性能和滑行性能等试验，车辆等速油耗量和多工况油耗量试验以及车速表指示误差校验等。

汽车动力性测试可采用底盘测功机测量底盘输出功率来换算发动机功率。由底盘测功机实测的底盘输出功率换算成发动机的输出功率，需要求出功率转换系数，即

$$K=P_K/P_f \tag{3-1-1}$$

式中：K——功率转换系数；

P_K——底盘输出功率，kW；

P_f——发动机输出功率，kW。

从分析发动机功率传输关系可得到汽车底盘输出功率

$$P_K=P_f\cdot\eta_T\cdot\eta_m \tag{3-1-2}$$

式中：η_m——汽车的传动效率；

η_T——底盘测功试验台的传动效率。

比较式(3-1-1)和(3 1-2)可知，功率转换系数 K 等于汽车传动效率 η_m 与底盘测功机传动效率 η_T 之积。因此，功率转换系数值与汽车车型和底盘测功机的类型有关。由十底盘测功机的类型不同以及被测汽车的车型不同，不可能有统一的功率转换系数。因此，配有底盘测功机的汽车综合性能检测站，可以根据本站底盘测功机的类型，选择相当数量的常用车型，经过大量测试，求得各类车型(可将各类车型划分为中重型、轻型、前驱动轿车及微型车等几个挡次)底盘输出功率的平均值，与发动机输出功率相比求出不同车型的功率换算系数，作为检测标准使用。

2.发动机和底盘各系统技术状况诊断

凡需要汽车在运行中进行检测与诊断的项目，只要配备所需的仪器均可在底盘测功机上进行，如检测车辆各种工况下的废气成分与烟度，检测汽油机点火提前角与柴油机喷油提前角，诊断各总成或系统的噪声与异响(包括经验诊断法)，观察汽油机点火波形与柴油机供油波形，检测各总成工作温度和各电气设备工作情况等。

在底盘测功机上还可以诊断传动系各总成技术状况，如离合器打滑、传动轴摆振、变速器异响、跳挡等。在惯性式底盘测功机上，当测得底盘输出功率后，立即踩下离合器踏板，利用测功机对汽车的反拖，可测得传动系消耗功率。这种测功机，如果将测得的同一转速下的底盘输出功率与传动系消耗功率相加，就可以求得这一转速下的发动机的输出功率。

3.检测结果分析

从底盘测功机上测出的驱动轮输出功率与发动机的输出功率进行对比，可以求出底盘的传动效率

$$\eta_0=P_K/P_f \tag{3-1-3}$$

式(3-1-3)中，η_0 为汽车传动效率 η_m 与底盘测功机传动效率 η_T 之积，因 η_T 是定值，由此可以求出 η_m。汽车传动效率的正常值如表 3-1-2 所列，当被测车经检测后，其传动效率低于表中

值时，说明消耗于传动系的功率增加。损耗的功率主要消耗在各运动件的摩擦和搅油上。因此，通过正确的调整和合理的润滑，传动效率会得到提高。应该指出的是，汽车传动系传动效率的变化符合如下规律：新车的传动效率并不是最高，只有经过走合期后，使传动系完全走合，传动系各运动件配合状况变好，摩擦力减小，才能使传动效率达到最大值，此后，随着车辆继续使用，行驶里程的不断增加，传动系配合副的磨损逐渐扩大，配合状况逐渐恶化，造成摩擦损失不断增加，因而传动效率又会逐渐降低。因此，从车辆的正确使用和维修角度，对于新车或大修竣工车，一定要加强走合期的使用，严格按规范进行走合，汽车维修中注意传动系的正确调整和合理润滑，才能获得较高的底盘输出功率，提高汽车的动力性能。

汽车传动系机械传动效率 表 3-1-2

汽车类型		传动效率
轿车		0.90～0.92
载货汽车和公共汽车	单级主减速器	0.90
	双级主减速器	0.84
4×4 越野汽车		0.85
6×4 载货汽车		0.80

三、发动机功率的检测

发动机输出的有效功率，是发动机的综合性能评价指标，该指标直接确定了发动机的技术状况，并能定量地获得发动机的动力性。功率的检测方法有稳态和动态测功之分，稳态测功是指发动机在节气门开度一定、转速一定和其他参数保持不变的稳定状态下，在水力测功器、电力测功器或电涡流测功器上测定功率的一种方法。采用该方法测功，不论发动机的工作行程数和形式如何，发动机有效功率 P_e(kW)、转矩 T_{tq}(N·m)和转速 n(r/min)三者之间均具有以下关系

$$P_e=\frac{T_{tq}}{9549.3} \tag{3-1-4}$$

稳态测功的结果准确可靠，多为发动机设计、制造部门、高等院校和科研部门进行性能试验所采用。但测功一次费时费力，成本高，且需要大型、固定安装的测功器，因而汽车维修企业和道路运政管理机构通常不采用该方法。

目前应用较为广泛的是无负荷测功或无外载测功，它是指发动机在节气门开度和转速均为变动的状态下，测定其功率。这种测功的方法是当发动机在怠速或空载某一低速下运转时，突然全开节气门，使发动机克服惯性和内摩擦阻力而加速运转，其加速性能的好坏直接反映出最大功率的大小。因此，只需测量出加速过程中的某一参数，就可以得出相应的最大功率。由于无负荷测功不加负荷，不需大型设备，既可以在台架上进行，也可以就车进行，这样就提高了检测的方便性和迅速性，特别适用于对在用汽车发动机功率的检测，但其测量精度较低，误差较大。

（一）无负荷测功的原理

1. 通过测瞬时加速度检测功率

把发动机所有的运动部件看作是一个绕曲轴中心转动的简单回转体。发动机在怠速运转情况下，突然打开节气门加速到某一高转速，此时发动机产生的动力，除克服各种阻力矩外，其有效转矩 T_{tq} 将全部用来加速运动部件，也就是发动机以其自身运动部件为载荷加速运转。因此，只要测出指定转速范围内急加速时的平均加速度，或测出某一定转速下的瞬时加速度，就

可得知发动机的动力性能。这是因为,加速度越大,发动机的功率也越大。发动机在加速过程中,在某一转速下的功率与该转速下的瞬时加速度成正比。因此,只要测出加速过程中的这一转速和对应的瞬时加速度,即可得到该转速下的功率。

2. 通过测加速时间检测功率

某指定转速范围内的平均功率与加速时间成反比,即:节气门突然全开时,发动机由转速 n_1 加速到 n_2 的时间越长,表明发动机功率越小,反之加速时间越短,表明功率越大。因此,测量出某一转速范围内的加速时间便可了解发动机的动力性能。

另外,还需要通过台架试验,找出稳态特性平均功率与外特性最大功率 P_{emax} 之间的关系。其中加速时间 t 与最大功率 P_{emax} 之间的关系可对无负荷测功检验仪进行标定,并输入微机,以便通过测加速时间而能直接读出功率数,也有的把它们之间的关系绘制曲线图或排成表格,以便测出加速时间后能在图中或表中查出对应的功率值。

(二)无负荷测功仪的测功原理

1. 测瞬时加速度仪器的电路原理

这是一种通过测量加速过程中某一转速下的瞬时加速度(dn/dt),从而获得瞬时功率的方法,其电路原理如图 3-1-5 所示。

这类仪器通过非接触式的电磁感应传感器,在检测时使其与飞轮保持一定距离,当曲轴转动时,飞轮的每一个齿越过传感器时就产生一个脉冲信号,所以,每分钟的脉冲信号频率除以飞轮齿圈齿数,就是发动机的转速。传感器将转速脉冲信号输入到信号放大处理装置放大(以提高仪器的灵敏度),然后送入计算机。只有当发动机转速达到规定值 n_1 时,计算机开始记时并工作,记录从传感器输入的脉冲数,并把这些脉冲累加起来。时间间隔由计算机内的时间信号发生器控制。每一时间间隔内的脉冲数与发动机转速成正比,而后一时间间隔与前一时间间隔的脉冲数差值与发动机的加速度成正比,加速度又与发动机的功率成正比。计算机将这些脉冲信号自动分析计算,通过显示器或打印机显示出发动机的功率。

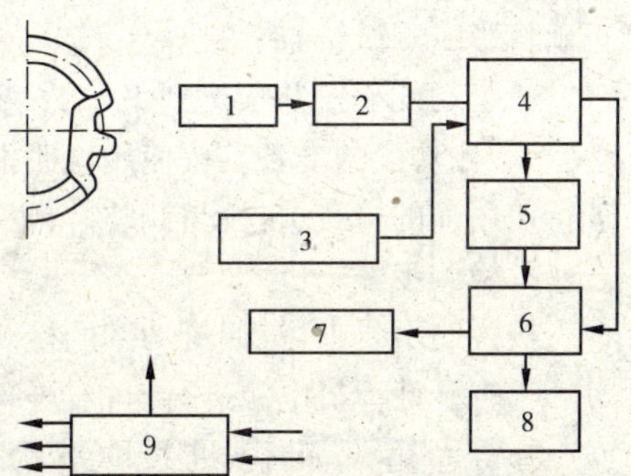

图 3-1-5　测瞬时加速度仪器的电路原理

1-传感器;2-整形装置;3-时间信号发生器;4-计数器和控制装置;5-转换分析器;6-转换开关;7-功率表;8-转速表;9-电源

2. 测加速时间仪器的测量原理

该方法通过测量加速过程中某转速范围内加速时间 t,从而获得平均加速功率。该仪器能把来自点火系初级电路中初级电流的感应信号作为转速脉冲信号,经整形后变成矩形触发波,然后再把矩形的转速脉冲变为平均电压信号。当发动机节气门突然全开,加速到起始转速 n_1 时,此时与起始转速电压信号去触发计算与控制电路,使时标信号进入计算机并寄存。当发动机转速加速到终止转速 n_2 时,此时转速对应的电压信号又去触发计算与控制电路,使时标信号停止进入计算机,并把寄存器中时标脉冲数经数模转换成电流,通过显示器显示出来。加速时间测量原理如图 3-1-6 所示。

国产 QFC-5 型微机发动机综合测试仪由主机和显示器、键盘、打印机、检测信号接收和处理系统与电源等几部分组成,既可单独使用,也可安装在检测线、检测车上组成配套仪器使用,除了能进行功率检测之外,还具有发动机起动系统、燃油系统、点火系统及各种异响的检测功能。该仪器是以计算机为核心的测量和数据处理系统。该系统通过不同的传感器，从发动机的相应部位采集到多种信号。这些信号经过放大和处理后送往计算机，并采用相应的软件，通过键盘操作完成发动机各种参数的测量和故障判断。检测结果可由屏幕显示出来，还可由打印机输出。

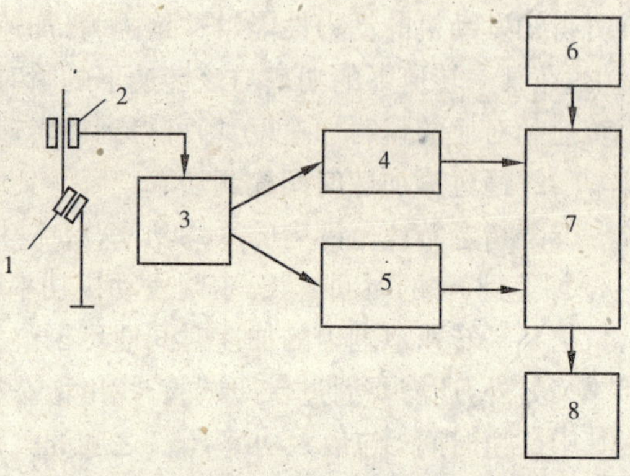

图 3-1-6 测加速时间仪器的测量原理

1-断电器触点；2-转速信号传感变压器；3-转速脉冲整形装置；4-起始转速（n_1）触发器；5-终止转速（n_2）触发器；6-时标；7-计算与控制装置；8-显示装置

（三）用 QFC-5 型微机发动机综合测试仪检测功率的方法

目前，国内外生产的无外载加速测功仪型号很多，其使用方法也略有不同，因此，使用之前一定要认真地阅读仪器的使用说明书。QFC-5 型微机发动机综合测试仪的使用方法如下。

1. 检测前的准备

（1）被测发动机的准备：

①检测前要调整好发动机的配气机构、供油系和点火系，使其处于完好技术状态，调整不正确将影响测试结果。

②起动发动机并预热到正常的规定温度。

（2）测功仪的准备。按使用说明书的要求，安装好工作台，检查仪器是否正常，并对测功仪进行使用前的检查、自校与调整。自校与调整应在开机达到预热时间后进行。

2. 检测步骤

按说明书要求，汽油机功率的检测步骤如下：

①打开计算机电源进行自检，屏幕显示出 2. 13 汉字系统配置选择。

②键入“ESC”键，就进入 DOS 状态；键入“回车键”，进入 QFC-5 型微机发动机综合测试仪程序。屏幕除显示出检测程序的版本号、生产厂家外，还出现：

1. 汽油车检测　　2. 柴油车检测
3. 输入新车型　　4. 返回 DOS

③键入“1”键，进入汽油车检测，屏幕显示：

实际检测吗（Y/N）？ Y

键入“Y”，实际检测状态。键入“N”，模拟检测状态。

④键入“Y”，按回车选择实际检测，此时，屏幕显示出各种车型，按序号排列，如果按选中车型的序号，该车型即为所检测的车型。

⑤键入所选车型的序号，选出所测车型，屏幕显示：

汽油机检测项目

1. 起动系检测　　2. 点火系检测
3. 动力性检测　　4. 发动机异响检测
5. 综合检测　　6. 充电系检测
7. 打印综合输出表格　　8. 显示存盘数据
9. 快速检测

D：返回 CCDOS　　N：返回前级目录　　Z：返回主目录

⑥键入“3”，进入“动力性能检测程序”，屏幕显示：

汽 油 机 动 力 性 能 检 测

注意事项 模拟时可不接传感器

1.请接好“触点传感器”黑夹子接搭铁，红夹子接触点

2.操作步骤：

首先使发动机转速处于怠速，猛踩加速踏板，使发动机在最短的时间内达到高速，当发动机达到一定转速后，自动熄火，以保护发动机并结束功率检测。

3.数据分析：

加速时间越小，功率就越大，如果是已标定的车型，K值就已经给定可直接得到功率值。用户可通过“新车信息输入表”输入“K”系数，可自动计算。否则按原有的“K”值计算，会有很大误差。

开始功率测量吗(Y/N)？ Y

⑦键入“Y”进行测量，屏幕显示再次出现“汽油机动力性检测结果”目录。

⑧键入“Y”键，进入“检测”程序对发动机进行检测，按说明书要求进行正确操作，此时屏幕分别显示出转速值、加速时间、减速时间、功率平均值。输入正确的“K”系数。

⑨重复检测3次，键入“C”键，重新测量，此时屏幕显示同上；键入“P”键，可自动将数据打印出；键入“N”键，将退出检测程序，返回目录。

3.汽油机单缸功率的检测

检测单缸功率的方法与上述相同，只不过需先测出发动机整机功率，再测出某单缸断火情况下的发动机功率，两功率差即为断火之缸的单缸功率。技术状况良好的发动机，比较各单缸功率，可判断各缸工作状况。

也可利用在单缸断火情况下测得的发动机转速下降值，来评价各缸的工作状况。工作正常的发动机，在某一转速下稳定运转时，发动机的指示功率与摩擦功率是平衡的。此时，若取消一个汽缸的工作，发动机转速都会有相同下降值。当发动机在800 r/min下稳定工作时，取消一个汽缸工作致使转速正常平均下降值如表3-1-3所列，要求最高与最低下降值之差不大于平均下降值的30%。如果下降值低于表中所列，说明断火之缸工作不良。转速下降值愈小，则单缸功率愈小，当下降值等于零时，单缸功率也等于零，即该缸完全不工作。

转速正常平均下降值 表3-1-3

发动机汽缸数	转速正常平均下降值(r/min)	发动机汽缸数	转速正常平均下降值(r/min)	发动机汽缸数	转速正常平均下降值(r/min)
4缸	80～100	6缸	60～80	8缸	40～80

发动机单缸功率偏低，一般系该缸高压分线、分线插座或火花塞技术状况不佳，汽缸密封性不佳，汽缸窜润滑油等原因造成，应更换、调整或修理。

4.微机发动机综合测试仪的维护

①仪器应存放在－5～＋40℃，相对湿度＜80%，无腐蚀气体的环境中。

②当出现故障时，应由专业人员维修，切勿随意拆卸。

③使用时必须严格按说明书进行操作，尤其注意电源不要接错，否则会烧坏仪器。

④仪器可连续使用 4 h 以上，不必经常关机。

(四)用 QCG-2GJ 型汽车无负荷测功表检测功率的方法

无负荷测功表的工作原理与无负荷测功仪相同，但它只能测发动机无负荷功率及转速。

1. 仪器面板的组成与功用

仪器面板上有表头、指示灯、按键、测功按钮及天线。表头上有上、下两个刻度，上刻度为转速刻度，由 0～5，读数时×1 000；下刻度为功率指数刻度，由 0.5～1。指示灯有两个，表头右下方的绿色指示灯为电源指示灯，表头左下方的红色指示灯为仪表工作距离指示灯。仪器有两个按键：绿灯下面的按键为电源按键，红灯下面的按键为仪表功能转换键。测功按钮位于面板中央，天线装于仪表右下角。

2. 测量操作方法

(1)测量转速：

①将仪表天线完全拉出。

②跳起仪表功能选择键，此时仪表为测量转速的状态。

③按下电源按键，此时绿色信号灯亮，表示仪表已接通电源。

④起动发动机，调整在怠速状态，待冷却液温度达到 80℃左右后，调整天线顶端与分电器的距离，直到红色信号灯亮度稳定(对于解放和东风汽车，天线顶端距 3 缸、4 缸为火花塞 0.5 m即可)此时踩、松加速踏板，仪表即指示汽车相应的转速。

⑤读数(确定汽车转速)时，如被测汽车为 6 缸汽油机，将仪表指示值×1 000(例如：指针指在 1.5 的刻度线上，转速则为 1.5×1 000=1 500 r/min)。如被测车为 4 缸发动机，则再乘 1.5(例如：指在 1.5 的刻度线上，转速则为 1.5×1 000×1.5=2 250 r/min)。

(2)无负荷测功：

①测完转速后，将节气门关小到怠速位置，按下仪表功能转换键，此时仪表由转速工作状态转换到测功状态。

②按下测功按钮，待指针指在"M"位置后松开，与此同时猛踩加速踏板，使发动机转速迅速上升到最大。此时仪表指针即会停在功率指数刻度的某一刻度上，如 0.5、0.7 等。

③查 P-S 对照表，确定发动机功率(在仪表的背面有 P-S 对照表)，其横坐标为功率指数 S，纵座标为相对应的功率 P。如被测汽车为东风 EQ1090 型，仪表指针停在功率指数 0.7 刻度线上，从 P-S 对照表上即可查得该车发动机功率为 91.1 kW。

在 P-S 表上未列入的汽车，则由仪表指针所停的区域来判断汽车功率。如停在蓝色区域为功率良好的汽车，停在黄色区域为功率中等以上的汽车，停于红色区域为功率较差的汽车。表针所指的功率指数值越小，功率越大。

④测功结束后，如需进行第二次测功，必须关闭电源，并按下测功按钮 2 s 左右使其完全放电后再进行。切忌碰撞仪器，当仪器指针不到"M"时，应更换电池，为节省电池，在不使用时应及时关闭电源。

(五)发动机的动力性指标

表 3-1-4 所列为部分汽车发动机的动力性指标(不带风扇、空压机、空滤器和排气消声器等附件时输出的功率)，是在一定实验条件下的功率曲线最高值。

部分汽车发动机动力性指标 表3-1-4

汽车型号	系 列	排量(L)	发动机型号	最大功率(kW)	最大功率对应转速(r/min)
东风EQ1090	—	—	EQ6100－1	99.3	3 000
解放CA1091	—	—	CA6102	99.3	3 000
上海桑塔纳	LX	1.8	JV	66	5 200
上海桑塔纳	2 000	1.8	AFE	72	5 200
一汽奥迪	100	1.8	JW	66	5 500
红旗	CA7200	2.21	CA488	65	4 800
北京切诺基	—	2.46	HX2.5L	77.2	5 000
广州标致	505	1.97	XN1A	72	5 500

四、检测结果分析

1.整车动力性影响因素分析

由于被检车辆底盘传动系调整、维护不良造成传动系消耗功率较大，影响到整车动力性下降。其具体表现有如下：

①离合器打滑。底盘测功机加载后，车辆就模拟带负荷工作，当加速踏板踩到底后，但车辆速度提升较慢，并能闻到摩擦片烧焦的味道。由于离合器打滑造成驱动轮的输出功率下降。

②制动器间隙偏小。车辆在检测时为了使制动性能合格，经常盲目调整制动间隙并造成间隙偏小，这种状态在底盘测功机上检测时将会消耗部分功率使驱动轮功率下降，制动鼓外壳发烫。严重时也会伴有烧制动带的味道，制动间隙偏小从踏板自由行程也能反映出来。

③传动轴变形弯曲，中间轴承支架松旷，传动轴不平衡等。传动轴故障会使车辆在检测时抖动严重并伴有异响，车辆在检测时由于传动轴的问题，车辆的抖动不但影响到轮胎在滚筒上滑移，而且车速不能恒定，这就难以保证检测的准确性。

④后轿装配不良或有故障，如轴承调整较紧、轴承孔不同心，齿轮间隙过大、过小等，除后桥会发烫外，还有异响。这种车辆检测时，其阻力将消耗较大功率，会影响到整车动力性的下降。

⑤轮辋变形，轮胎气压和轮胎花纹规格不符合要求也会造成滑移损耗增加，影响到动力性测试。

⑥传动系、行驶系润滑不良。现在部分营运车辆的维护很不规范，少数车辆长期不进行日常润滑作业。传动轴、悬架装置及变速器、主减速器不但要按规定加足润滑油，而且一定要按说明书规定加注规定的润滑油品，例如，双曲线齿轮油不能用普通齿轮油替代，即使是双曲线齿轮油也不允许不同型号油品混用，如果不按规定，混用、代用润滑油，不仅不能起润滑作用，反而会引起化学腐蚀，损坏机件造成早期磨损。

2.发动机动力性影响因素分析

根据《机动车运行安全技术条件》规定，在用车发动机功率不得低于原额定功率的75%，否则需进行修理，大修后的发动机功率不得低于原额定功率的90%。发动机功率偏低，是燃料供给系统调整状况不佳、点火系状况不佳或汽缸密封性不佳等原因造成。其典型故障的原因与排除方法如表3-1-5所列。

影响发动机功率的典型故障及排除方法 表 3-1-5

故障现象	故障原因	排除方法
压缩不良	活塞环磨损或烧蚀，活塞和汽缸磨损 气门和气门座不密封 一个或数个气门弹簧折断	修理发动机 研磨气门 更换弹簧
汽缸充气不良	汽缸垫烧穿 化油器节气门完全打开 气门间隙调整不当 空气滤清器堵塞 消声器堵塞	更换衬垫 调整节气门操纵机构 调整间隙 洗涤滤器器、并加新润滑油 清理消声器
动机过热	风扇传动带松或有油污 冷却系有水垢	调整传动带紧度和清洁传动带 消除冷却系有水垢
爆震、回火、冒黑烟	点火过早或过迟 混合气过浓或过稀	调整点火提前角 清洗和调整化油器、汽油泵

第二节　汽车安全性能的检验方法和技术要求

汽车安全检测主要以《机动车运行安全技术条件》为依据，内容包括：汽车外观、制动性能、侧滑量、转向性能、车速表、照明和信号装置、噪声和废气排放等方面的检测。

通过安全检测，提高汽车的技术性能、完善安全结构，对预防交通事故，减少环境污染，增进人民健康都具有重要意义。

一、汽车制动性能检测与诊断

汽车制动系的技术状况变化直接影响汽车行驶的安全性和运输效率。因此，汽车制动系的检测是汽车检测的重点之一。根据 GB 7258—2004《机动车运行安全技术条件》的规定，可以用制动距离、制动减速度或制动力检测汽车制动性能。制动性能检测分路试法检测和试验台检测两种，试验台检测可在滚筒式制动试验台上进行，也可以在平板式制动试验台上进行。

(一)汽车制动性能的台架检测

与路试法检测制动性能相比，试验台检测制动性能具有迅速、准确、经济、安全、不受自然条件的限制，以及试验重复性好和能定量地指示出各轮的制动力等优点，因此在国内外得到了广泛的应用。

1.制动力检测原理

汽车制动时制动力取决于制动器制动力和车轮与地面间附着力中的较小者，其中制动器制动力取决于制动系统压力和车轮制动器技术状况，而车轮与地面附着力由车轮垂直载荷和轮胎与地面间的附着系数 φ 决定。

测力式制动试验台在试验台轮胎支承面高附着因数的前提下，测出制动全过程中车轮所受制动力的反作用力——轮胎对试验台支承装置的作用力，进行分析，给出制动系技术状况的评价。

目前应用较广泛的测力滚筒式制动试验台制动力的检测原理如图 3-1-7 所示。将被检车的车轮置于两个滚轮上，用电动机通过减速器驱动滚筒从而带动车轮旋转，当车轮制动时，车轮给滚筒一个与其旋转方向相反的力，该力大小与滚筒对车轮的制动力相等，并通过浮动的电动机减速器体、杠杆传给测力秤，并由测力秤的指示表显示出来，从而测出了车轮的制动力。

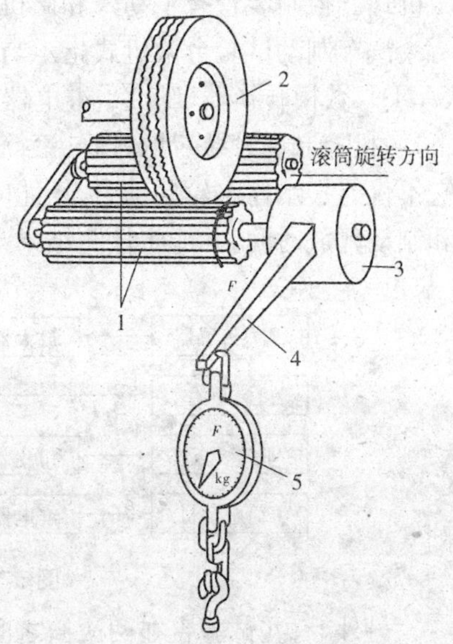

图 3-1-7 制动力检测原理

1-滚筒；2-车轮；3-电动机减速器；4-杠杆；5-测力秤

2. 测力式制动试验台的组成

测力式制动试验台按车轮支承形式不同可分为滚筒式和平板式两种。

(1)滚筒式制动试验台。测力滚筒式制动试验台有单轮式、单轴式和双轴式 3 种。

图 3-1-8 所示为单轴测力滚筒式制动试验台的结构示意图。它由框架、驱动装置、滚筒装置、测量装置、举升装置和指示与控制装置等组成。

①驱动装置由电动机、减速器（或扭力箱）和传动链条等组成。电动机通过减速器减速增扭后驱动主动滚筒转动，主动滚筒又通过链传动带动从动滚筒转动。减速器与主动滚筒共用一轴，其壳体处于浮动状态。车轮制动时，该壳体能绕轴摆动，把制动力矩传给测力杠杆。

②滚筒装置由 4 个滚筒组成，左右各一对单独设置。被测车轮置于两滚轮之间，滚筒相当于一个活动路面，用来支承被检车轮并在制动时承受和传递制动力。

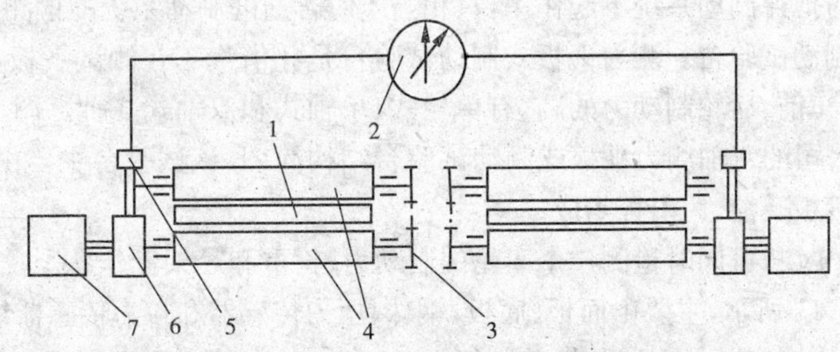

图 3-1-8 单轴测力滚筒式制动试验台结构示意图

1-举升装置；2-指示装置；3-链传动；4-滚筒装置；5-测量装置；6-减速器；7-电动机

③测量装置由测力杠杆和传感器等组成。测力杠杆一端与减速器壳体连接，另一端与传感器相连，传感器的形式很多，如油压式、自整角电机式、电位计式、差动变压器式和电阻应变片式等。传感器能把测力杠杆的移动量或受力变成电信号，送入指示与控制装置。

④举升装置由举升器、举升平板和控制开关等组成。汽车驶入、驶出时，举升器将举升平板托起，使汽车平稳出入两滚筒之间，减少冲击。举升器有液压式、气压式和电动式等形式。

⑤指示装置有电子式和微机式两种。电子式指示装置多配以指针式仪表，这种仪表有一轴单针式和一轴双针式两种型式。单针式只指示一个车轮的制动力，左右车轮需分别设置；双针式可同时指示左右轮制动力。微机式指示装置多配以数字式显示器，目前制动试验台多为

微机式。控制装置有手动式和微机自动式两种。

汽车制动试验台微机式指示与控制装置组成如图 3-1-9 所示，主要由放大器、模数转换器(A/D)、数模转换器(D/A)、继电器、微机、显示器和打印机等组成。在键盘和脚踏开关的控制下，微机控制举升装置的升降、滚筒电动机转动与停止、测力传感器信号的采集、存贮和处理，它不仅能指示左右轮制动力，还能输出左右轮制动力的和与差值、车轮阻滞力、制动协调时间和制动释放时间，并能将检测结果与检测标准对照，作出技术状况评价。

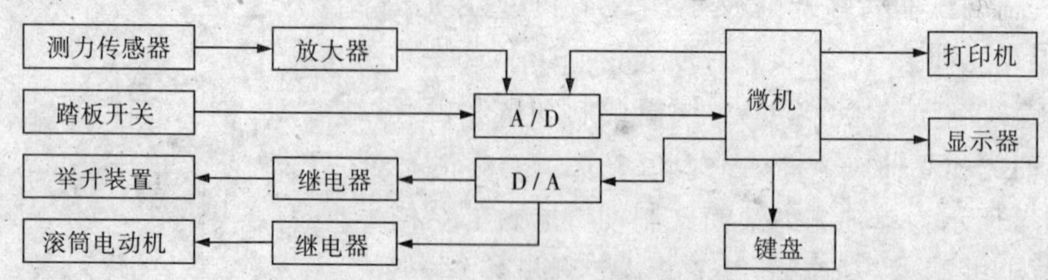

图 3-1-9 微机式指示与控制装置框图

另外，有些试验台在两滚筒之间装有直径较小的第三滚筒，其上带有转速传感器，其作用是一旦检测时车轮制动抱死，其上的转速传感器送出的电信号可使滚筒立即停转，防止轮胎剥伤。由于制动力诊断标准是以轴制动力和占轴荷的百分比为依据，因此，有些测力式滚筒制动试验台带有内藏式轴重测量装置。

目前，大多数测力滚筒式制动试验台对具有防抱死(ABS)系统的汽车制动系的制动性能，还无法进行准确的测试。主要原因是这些试验台的测试车速较低，一般不超过 5 km/h，而现代防抱死制动系统均在车速为 10～20 km/h 以上时起作用，所以在上述试验台上检测车轮制动力时，车辆的防抱死制动系统不起作用，只相当于对普通的制动系统的检测。

(2)平板式制动试验台。测力平板式制动试验台是凭借汽车在测试平板上的实际紧急制动过程来测定汽车前、后轮制动力的，它有单轮式、单轴式和双轴式 3 种。图 3-1-10 所示为意大利 VAMAG 公司的双轴测力平板式制动试验台结构简图，该试验台主要由测试平板、控制和显示装置、过渡板及前、后引板组成。

测试平板共 4 块，可同时检测 4 个车轮的制动力、轮重和悬架工作状况。4 块测试平板结构相同，如图 3-1-11 所示，主要由面板、底板、钢珠、压力传感器和拉力传感器组成。

当汽车以一定速度驶上测试平板并进行紧急制动时，车轮对测试平板作用一大小与车轮制动力相等、方向与汽车行驶相同的作用力，该力通过纵向拉杆传到拉力传感器，传感器将此作用力转变为相应大小的电信号，并将该信号送入放大器。车轮作用于平板的垂直作用力由分布于面板四角的压力传感器转变为电信号，送入放大器。

控制与显示装置是一个以单片机为核心的数据采集、分析、处理和显示系统。单片机对拉力传感器放大器和压力传感器放大器中的各路输出信号进行高速采样，并将其转换为数字信号，然后对这些数字信号进行处理、计算，按要求显示出各轮制动力、轴制动力和、左右轮制动力差、全车制动力和、制动协调时间和制动释放时间等测试结果。同时还能给被检车驾驶员提供操作指示。VAMAG 平板式制动试验台还能通过对制动停车后前、后轮胎对面板垂直作用力的变化过程的分析，获知汽车车身振动的衰减情况，从而判断汽车悬架系统技术状况。

辅助装置包括前、后引板和中间过渡板，其作用是方便汽车上下制动测试平板。

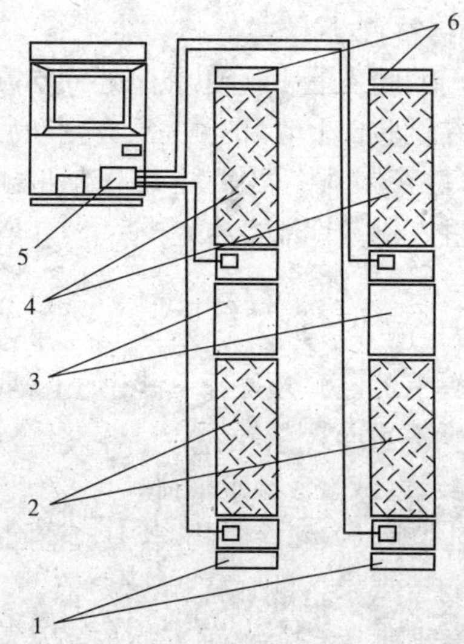

图 3-1-10　双轴测力平板式制动试验台结构简图

1-前引板；2-前测试平板；3-过渡板；4-后测试平板；5-控制和显示板；6-后引板

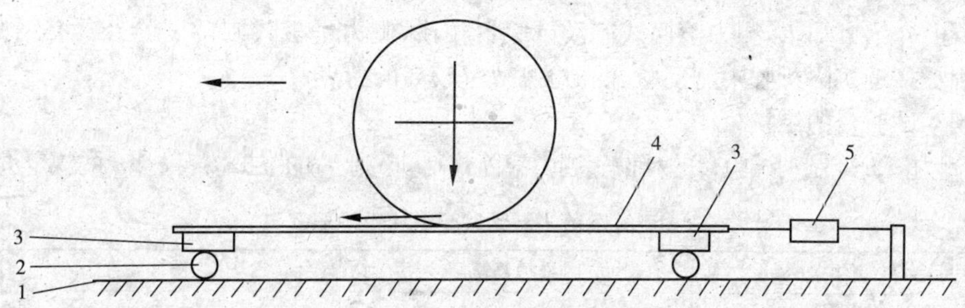

图 3-1-11　测试平板结构

1-底板；2-钢珠；3-压力传感器；4-面板；5-拉力传感器

3. 检测方法

(1)测力滚筒式制动试验台检测方法：

①将试验台指示与控制装置上的电源开关打开，按使用说明书要求预热至规定时间；

②如果指示装置为指针式仪表，检查指针是否在零位，否则应调整之；

③检查并清洁试验台滚筒表面；

④核实汽车各轴荷，不得超过试验台额定轴荷；

⑤检查汽车轮胎是否沾有泥、水、砂、石等杂物，否则应清除之；

⑥检查汽车轮胎气压是否符合汽车制造厂的规定，否则应充、放气至规定值；

⑦升起试验台举升器，汽车尽可能沿垂直于滚筒的方向驶入试验台。先前轴，再后轴，使车轮处于两滚筒之间；

⑧汽车停稳后变速杆置空挡位置、驻车制动为完全放松状态；把脚踏开关套在制动踏板上；

⑨降下举升器，至轮胎与举升器完全脱离为止；

⑩如试验台带有内藏式轴重测量装置则应在此时测出轴荷；

⑪起动电动机，使滚筒带动车轮转动，先测出车轮阻滞力；

⑫用力踩下制动踏板，一般试验台在 1.5～3.0 s 后或第三滚筒发出信号后，滚筒自动停

转，读取检测结果；

⑬升起举升器，驶出已测车轴，驶入下一车轴，按上述同样方法检测制动力；

⑭当与手制动相关的车轴在试验台上时，检测完行车制动后应重新起动电动机，在制动踏板完全放松的情况下，用力拉紧驻车制动杆，检测驻车制动性能；

⑮车辆所有的行车制动及驻车制动性能检测完毕后，汽车驶出试验台；

⑯切断试验台电源。

(2)测力平板式制动试验台检测方法：

①将试验台指示与控制装置上的电源开关打开，按使用说明书要求预热至规定时间；

②检查并清洁制动试验台平板表面；

③核实汽车各轴轴荷，不得超过试验台额定轴荷；

④检查汽车轮胎是否沾有泥、水、砂、石等杂物，若有应清除之；

⑤检查汽车轮胎气压是否符合要求，否则调整至规定值；

⑥被测车以 5～10 km/h 车速驶上试验台，前方指示灯闪亮时，驾驶员施以紧急制动；

⑦汽车重新起步，当指示灯再次闪亮时，立即拉紧驻车制动杆，然后再起步驶离试验台；

⑧切断试验台电源。

从以上介绍可知，与测力滚筒式制动试验台相比，测力平板式制动试验台具有结构简单，检测过程更接近实际行驶中制动状况和检测效率较高的特点。

4.制动试验台的维护

(1)测力滚筒式制动试验台的维护。测力滚筒式制动试验台的维护按表 3-1-6 的规定进行。

测力滚筒式制动试验台的维护要领 表 3-1-6

维护周期	维护部位	维护要领	调修方法
1 周	滚筒轴承盖螺栓和扭力箱内大齿轮轴端螺钉	检查各处螺栓是否松动	各处螺栓如有松动应予紧固
3 个月	滚筒轴承处	检查滚筒轴承处润滑脂润滑情况	如有赃污或干涸时，应按厂家规定油品进行加注润滑脂
6 个月	滚筒及滚筒轴承	检查滚筒有无运转杂音或损伤部位	滚筒有无运转杂音或损伤时，应进行修理
	扭力箱、缓冲器及链条	拆下链罩盒，检查链条赃污和张紧情况	链条赃污时，要彻底清洗，并重新润滑，链条伸长时，应予更换
1 年	接受设备检定部门的检定		

(2)测力平板式制动试验台的维护。测力平板式制动试验台的维护按表 3-1-7 的规定进行。

测力平板式制动试验台的维护要领 表 3-1-7

维护周期	维护部位	维护要领	调修方法
1 个月	测试平板	检查测试平板移动是否灵活	如不灵活应进行清洁和润滑
	拉力传感器	检查拉力传感器元件两端连接是否松动	如松动应紧固
6 个月	测试平板	拆下测试平板，检查上下 V 型槽、钢珠及测力杠杆，检查连接磨损情况	对磨损严重的零件应视情更换
1 年	接受设备检定部门的检定		

(二)汽车制动性能的路试检测

汽车制动性能除通过制动试验台检测制动力进行评价外,还可以通过道路试验检测制动距离和制动减速度进行评价。

1. 用路试法检测制动距离

路试检测制动性能应在平坦、硬实、清洁、干燥且轮胎与地面间的附着系数不小于 0.7 的水泥或沥青路面上进行。检测时,被检车在规定宽度的试验车道上沿着车道的中心线行驶至高于规定的初速度后,置变速器于空挡,当滑行到规定的初速度时,急踩制动,使汽车停止,借助于第五轮仪或其他测试方法测量车辆的制动距离。

汽车的制动距离是指汽车在规定的初速度下急踩制动时,从脚接触制动踏板时起至汽车停住时止汽车驶过的距离。

为保证检测精度,在路试法检测制动性能中常使用第五轮仪进行检测,它可以测出制动过程中的制动距离、制动时间和制动初速度。第五轮仪有机械式、电子式和微机式 3 种,目前微机式第五轮仪应用较广泛。

微机式第五轮仪由传感和记录两部分组成。传感部分的作用是把汽车行驶的距离变为电信号输出,其结构如图 3-1-12 所示,由充气轮胎、传感器、减振器、连接装置和对地压力调节机构等组成。充气轮胎安装在汽车的尾部或侧面,在对地压力调节机构的作用下,轮子紧贴地面,并随汽车的行驶作纯滚动。常用的传感器有光电式和磁电式两种,随轮子转动,传感器发出与轮子滚动距离相对应的电信号,送给记录部分。记录部分的作用是将传感器送来的电信号进行计数,并与自身产生的时间信号相比较计算出车速,根据设定的制动初速度测量制动距离和制动时间,并将结果显示出来。

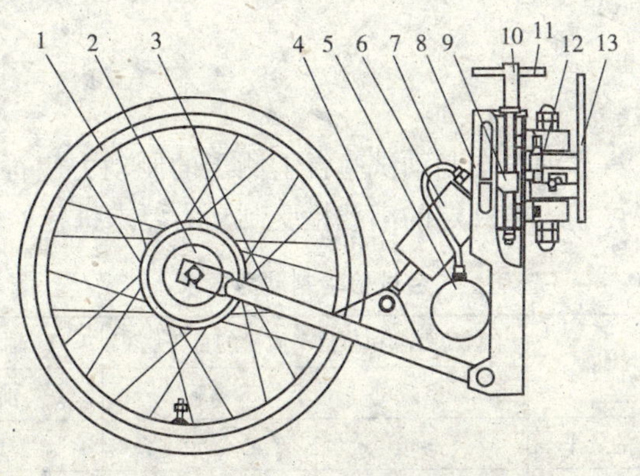

图 3-1-12　微机式第五轮仪传感部分

1-充气轮胎;2-传感器;3-叉架;4-活塞杆;5-储气筒;6-汽缸;7-气管;8-壳体;9-螺母;10-丝杆;11-调节手把;12-调节轴;13-固定板

第五轮仪不使用时应保持清洁,妥善放置;传感部分各关节点应清洁润滑,轮胎保持充气状态;每年应接受设备检定部门的检定,以保证检测精度。

2. 用路试法检测制动减速度

用路试法检测制动减速度的试验条件与路试法检测制动距离相同,不同点是用制动减速度仪或用其他测试方法测量车辆充分发出的平均减速度(FMDD)。充分发出的平均减速度应在测得其计算公式中相关参数后计算确定。

汽车制动减速度是指汽车在规定的初速度下，急踩制动时，汽车速度在单位时间内降低的程度，GB 7258—2004《机动车运行安全技术条件》规定，用在规定的初速度下急踩制动时充分发出的平均减速度来评价汽车制动性能。

充分发出的平均减速度 FMDD 可用下式进行计算求得

$$\mathrm{FMDD}=\frac{v_b^2-v_e^2}{25.92(S_e-S_b)} \tag{3-1-5}$$

式中：FMDD——充分发出的平均减速度，m/s²；

v_b——试验车速（$v_b=0.8v_0$），km/h；

v_0——试验车制动初速度，km/h；

v_e——试验车速（$v_e=0.1v_0$），km/h；

S_b——试验车速从 v_0 到 v_b 之间车辆行驶的距离，m；

S_e——试验车速从 v_0 到 v_e 之间车辆行驶的距离，m。

制动减速度仪以检测制动减速度和制动时间为主。制动减速度仪由仪器和传感器两部分组成。传感器有滑块式和摆锤式两种，常见的滑块式传感器由弹簧滑块机构和光电转换机构组成。汽车检测时，传感器部分放置在汽车驾驶室或车厢地板上，正面朝上，其前端对准汽车前进方向，并紧靠固定部位。汽车制动时，在惯性力的作用下滑块克服弹簧的拉力产生位移，位移量与汽车减速度成正比。为尽量减少弹簧与滑块组合产生的简谐振动，有阻尼杆产生适当阻尼。光电转换机构由二极管、光敏晶体管、定光栅和动光栅组成，将滑块移动量变成电脉冲信号送入仪表。仪表部分接到脚踏开关信号后，对传感器送来的信号进行整形、放大、分析、处理，最后显示制动减速度和制动时间。

（三）制动性能检验标准

1. 台架试验检测标准

(1)行车制动性能检验：

①制动力——汽车、汽车列车在制动试验台上测出的制动力应符合表 3-1-8 的要求，对空载检验制动力有质疑时，可用表中规定的满载检验制动力要求进行检验。

台试检验制动力要求 表 3-1-8

机动车类型	制动力总和与整车质量的百分比		轴制动力与轴荷[①]的百分比	
	空载	满载	前轴	后轴
乘用车、总质量不大于 3500kg 的货车	≥60	≥50	≥60[②]	≥20[②]
其他汽车、汽车列车	≥60	≥50	≥60[②]	—

①用平板制动检验台检验乘用车时应按动态轴荷计算；
②空载和满载状态下测试均应满足此要求。

②制动力平衡要求——在制动力增长全过程中，左右轮制动力差与该轴左右轮中制动力大者之比对前轴不应大于 20%；对后轴（及其他轴）在轴制动力不小于该轴轴荷的 60%时不应大于 24%；当后轴（及其他轴）制动力小于该轴轴荷的 60%时，在制动力增长全过程中同时测得的左右轮制动力差的最大值不应大于该轴轴荷的 8%。

③制动协调时间——对液压制动的汽车不应大于 0.35 s，对气压制动的汽车不应大于 0.60 s，汽车列车和铰接客车、铰接式无轨电车的制动协调时间不应大于 0.80 s。

④车轮阻滞力——车轮阻滞力是指行车和驻车制动装置处于完全释放状态，变速器置空挡位置时，试验台驱动车轮所需的作用力。汽车各车轮的阻滞力不得大于该轴轴荷的5%。

(2)驻车制动性能检验。当采用制动试验台检查车辆驻车制动的制动力时，车辆空载，乘坐一名驾驶员，使用驻车制动装置，驻车制动力的总和应不小于该车在测试状态下整车质量的20%；对总质量为整备质量1.2倍以下的汽车，此值应为不小于15%。

2.路试检测标准

(1)行车制动性能检验：

①制动距离——车辆在规定的初速度下的制动距离和制动稳定性应符合表3-1-9的要求，对空载检验制动距离有质疑时，可用表中满载检验的制动性能要求进行检验。

制动距离和制动稳定性要求　　表3-1-9

机动车类型	制动初速度(km/h)	满载检验的制动距离(m)	空载检验的制动距离(m)	试验通道宽度(m)
乘用车	50	≤20	≤19	2.5
总质量≤3 500 kg的低速货车	30	≤9	≤8	2.5
其他总质量≤3 500 kg的汽车	50	≤22	≤21	2.5
其他汽车、汽车列车	30	≤10	≤9	3.0

②充分发出的平均减速度——汽车、汽车列车在规定的初速度下急踩制动时充分发出的平均减速度和制动稳定性应符合表3-1-10的要求。对空载检验制动性能有质疑时，可用表中满载检验的制动性能要求进行检验。

制动减速度和制动稳定性要求　　表3-1-10

机动车类型	制动初速度(km/h)	满载检验充分发出的平均减速度(m/s^2)	空载检验充分发出的平均减速度(m/s^2)	试验通道宽度(m)
乘用车	50	≥5.9	≥6.2	2.5
总质量≤3 500 kg的低速货车	30	≥5.2	≥5.6	2.5
其他总质量≤3 500 kg的汽车	50	≥5.4	≥5.8	2.5
其他汽车、汽车列车	30	≥5.0	≥5.4	3.0

③制动协调时间——制动协调时间是指在急踩制动时，从脚接触制动踏板(或手触动制动手柄)时起至车辆减速度(或制动力)达到表3-1-10规定的车辆充分发出的平均减速度(或表3-1-10所规定的制动力)的75%时所需的时间。对液压制动的汽车不应大于0.35 s，对气压制动的汽车不应大于0.60 s，汽车列车和铰接客车、铰接式无轨电车的制动协调时间不应大于0.80 s。

(2)驻车制动性能检验。在空载状态下，驻车制动装置应能保证坡度为20%(总质量为整备质量的1.2倍以下的车辆为15%)、轮胎与路面间的附着系数≥0.7的坡道上正、反两个方向保持固定不动的时间应≥5 min。对于允许挂接挂车的汽车，其驻车制动装置必须能使汽车列车在满载状态下时能停在坡度为12%的坡道上(坡道上轮胎与路面间的附着系数不应小于0.7)。

GB 7258—2004《机动车运行安全技术条件》规定，制动力、制动距离和制动减速度3个指标中只要其中之一符合要求，即判为合格。3个指标中的具体检测项目为：

①制动力检测——行车制动性能(含制动力、制动力平衡要求、制动协调时间和车轮阻滞

力)及驻车制动性能(驻车制动力)。

②制动距离检测——行车制动性能(制动距离)及驻车制动性能。

③制动减速度检测——行车制动性能(含充分发出的平均减速度和制动协调时间)及驻车制动性能。

3. 检测结果分析

在反力制动试验台上检测汽车制动性能时制动系常见故障形式有制动力不足、同轴左右轮制动力差值过大、制动协调时间过长和车轮阻滞过大等。

(1)液压制动系:

①各车轮制动力均偏低,主要原因为制动踏板自由行程太大,制动液中有空气或变质,制动主缸故障,增压器或助力器效能不佳或失效。

②个别车轮制动力偏低,主要原因是该车轮制动器故障,若同一制动回路两车轮制动力均偏小,则应检查该制动回路中有无空气或不密封处。

③同轴左右轮制动力最大值差值过大故障原因同②;若在制动力上升阶段左右轮制动力差值过大应检查制动间隙是否适当,若在制动释放阶段左右轮制动力差值过大则应检查制动轮缸及制动蹄回位弹簧。

④各车轮制动协调时间过长应主要检查制动踏板自由行程是否过大;若个别车轮制动协调时间过长,则要检查车轮制动间隙是否过大;若同一制动回路两车轮制动协调时间过长则可能是该制动回路中有空气。

⑤各车轮阻滞力都超限主要原因是制动主缸故障或制动踏板无自由行程;若个别车轮阻滞力超限则主要是该车轮制动间隙过小、制动轮缸故障、制动蹄回位弹簧故障或轮毂轴承松旷。

(2)气压制动系:

①各车轮制动力均偏低,主要原因是制动踏板自由行程太大,储气筒气压太低或制动阀故障。

②个别车轮制动力偏低,主要原因是制动间隙过大或制动器故障。若同一制动回路两车轮制动力偏低,主要原因是制动管路漏气或某一制动气室膜片破裂。

③同轴左右轮制动力最大值差值过大故障原因同②;若在制动力上升阶段左右轮制动力差值过大应检查制动间隙是否适当;若在制动释入阶段左右轮制动力差值过大,则可能是制动蹄或制动气室回位弹簧故障。

④各车轮制动协调时间过长应主要检查制动踏板自由行程是否过大;若个别车轮制动协调时间过长则应主要检查该车轮制动间隙是否过大。

⑤各车轮阻滞力均超限主要原因是制动踏板无自由行程或制动控制阀故障;若个别车轮阻滞力超限则主要是该车轮制动间隙过小、制动蹄回位弹簧故障或轮毂轴承松旷。

二、车轮定位值的检测

汽车车轮定位参数的检测,有静态检测法和动态检测法两种。静态检测法是在汽车停止的情况下,使用测量仪器对车轮定位进行几何参数的测量;动态检测法是在汽车以一定车速行驶情况下,用测量设备检测车轮定位产生的侧向力或由此引起的车轮侧滑量。

车轮定位包括车轮前束、车轮外倾、主销后倾和主销内倾,是车轿技术状况的重要诊断参数。车轮定位正确与否,将直接影响到汽车的直线行驶稳定性、安全性、燃油经济性、轮胎和有关机件的磨损及驾驶员的劳动强度等。因此，车轮定位值的检测不仅对在用车是十分必要的，而且对新车定型和质量抽查也是必不可少的。

车轮定位值的检测采用静态检测法时，使用的检测设备有气泡水准式、光学式、激光式、电子式和电脑式等车轮定位仪，它们一般是利用车轮旋转平面与各定位角间存在的直接或间接的关系进行测量的。

微机式车轮定位仪一般由微机、显示屏、操作键盘、传感器、打印机、遥控器和支架等组成，往往制成可移动式。这种仪器一般由安装在车轮上的传感器，把车轮与定位角之间的几何关系转变成电信号或光信号，送入微机分析判断，然后由显示屏或打印机输出。微机可以存贮若干车型的前轮定位数据，而且还可以不断输入新的数据，以便与测得的同一车型的定位值对照。汽车资料由键盘输入，测试过程可操作全功能遥控器遥控。有些微机式车轮定位仪不仅能检测前轮定位，而且还可以检测后轮定位的技术状况。如美国战车牌（FMC）、大熊牌（BEAR）、太阳牌（Sun）、丹麦（HPA）、法国“班米纳（BEMMULLER）、意大利意宝牌（614 型）等产品均具有上述功能。

下面以美国战车牌（FMC）高级汽车四轮定位仪为例，介绍该仪器组成、原理和检测方法。

（一）仪器组成

该仪器主要由电控箱、液压系统、跑台、二次举升台、主机和机头等组成。

液压系统是由电动机、油泵、限压阀、油箱、高（低）压输油管、油缸等组成。其作用是产生液压油，由电控箱来控制跑台的升降高度，并保证跑台可靠实现自锁。电动机带动油泵，油泵将油吸入，并排向高压输油管，经限压阀将合适压力的油液传入左右主油缸，油缸的活塞将举升臂与工作台撑开，从而达到举升的目的；下降则是电动机带动油泵，使油泵产生负压，使油缸中的液压油回到油箱；同时低压油管输送液压油进入上齿条上的小油缸内，产生一个较低的压力，但足以将上齿条顶起与下齿条脱开（类似棘轮机构），主油缸内的油液回到油箱，压力消失，依靠跑台自重下降。

跑台自锁亦是同样原理。跑台升到一定高度，按下“LOCK”键，油泵产生负压，使主油缸中的液压油回油，主油缸内压力消失，从而依靠自重，使跑台下降，此时上下齿条相互咬合，达到自锁目的。

跑台机构由工作台面、举升臂、底座、转盘、平衡杆、油缸、二次举升台等组成。

跑台共有两个举升臂、两个底座、两个工作台，它们共同构成平行四边形结构，依靠主油缸的活塞运动使两工作台同步水平举升。自锁装置能保证工作台在任何高度的安全性，两底座间的平衡杆，能保证举升台举升、下降、自锁的同步性与稳定性。

跑台的水平与否对检测精度的影响很大，它主要是通过跑台地脚螺栓下的垫片来调整的，因此在安装时必须严格把关。

（二）工作原理

利用机头的测量头上的红外线发射源与接收源，将被测车体用红外线包围起来。以红外线作为“光尺”测量各定位参数，信号通过各机头中的光敏芯片（或单片）进行数模转换，并通过跑台上的传感器接口及信号线传入主机，经过处理后，检测员可通过屏幕上的界面清楚地看到各定位参数的显示，从而对车况进行诊断，对照电脑屏幕上显示的定位数据调整各相应部件，使各定位数据符合标准。

(三)检测方法

1.使用前的准备工作及注意事项

①检查液压系统中液压油存量,用标尺观察,油渍应在其2/3处,不能低于最低刻度线。

②检查各输油管连接处、油缸是否漏油,尤其是看活塞与缸体之间有否漏油。

③举起跑台将油缸上输油管的闷头螺栓拧下,按下"DOWN"键,将油管中的空气排掉,直至油管中有油喷出即可。

④检查举升臂下的转轴以及平衡杆与连接处的润滑点是否加润滑脂润滑。

⑤检查气泵是否需加润滑油,将气水分离器中的水倒净。

⑥表面清洁检查。

⑦键盘检查及打印机检查。

⑧机头校验。

2.面板按钮说明

(1)电控箱上的开关操作方法:

接通电源——用手轻推电控箱左上部的开关至"1",电源接通。

切断电源——用手轻推电控箱左上部的开关至"0",电源切断。

举升——用手持续按住有"UP"提示的按钮,至所期待的高度,松开手指。

下降——用手持续按住有"DOWN"提示的按钮,至所期待的高度,松开手指。

锁定——将跑台上升或下降到某高度后,用手按住有"LOCK"提示的按钮,至跑台稳定。

(2)机头上操作按钮说明(图3-1-13):

数字键——各窗底下的功能键代号。

帮助键——在窗口为菜单显示时,可随时按该键而能得到内部资料。

主菜单键——按此键即返回主菜单。

星键——安装新的软件时,提高软件等级键(键盘上功能);轮辋补偿键,仅在轮辋补偿时使用(机头上功能)。

Enter键——进入下一步骤。

暂停键——观看电脑屏幕动画时,用此键予以暂停。

转页键——将屏幕显示翻到上(或下)一页。

#键为键盘上功能,在机头上为功能窗切换键,即在窗口底部有8个功能窗,4个一组,此键用于切换两组功能窗在屏幕上的显示。

注:机头上在星键与"#"键位置为另两个特殊功能键,它们与键盘上的功能相异。

3.检测方法

①接通电源,打开UPS、以及主机电源开关,进入定位程序。

②根据菜单提示,选择相应定位项目,输入客户资料,选择车辆规格型号,准备工作完毕。

③车辆开上跑台,车身与跑台基本对称,前轮必须在前转盘的中间位置。

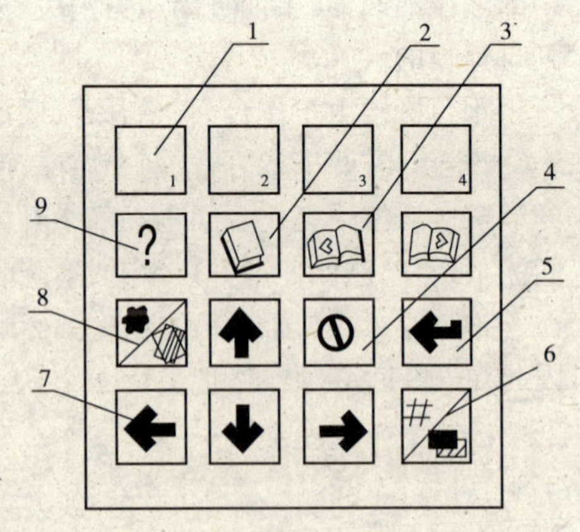

图3-1-13 机头上操作按钮示意图

1-数字键;2-主菜单键;3-转页键;4-暂停键;5-Enter键;6-#键/功能窗切换键;7-光标键;8-星键/轮辋补偿键;9-帮助键

④升起跑台至A平面(自锁齿响4下、上升4格位置),用楔片将后轮固定,以防车辆未拉驻车制动,车辆会移动造成危险。

⑤将机头装在轮辋上,确保其已固定紧不会滑落,接上传感器接头。

⑥打开气泵,使用二次举升台将车辆举至4轮悬空。

⑦松开驻车制动杆,对轮胎进行轮辋变形的检查及补偿。

⑧放下车辆,用踏板抵压器顶住制动踏板,调节机头水平仪使之完全水平。

⑨根据屏幕提示,测量后倾角。

⑩固定转向盘至水平位置,再次调平机头。

⑪根据屏幕显示各定位参数,对照制造厂家规定,进行检测诊断,打印输出结果。

⑫若定位参数不符合规定,可参照图解调整至正常位置。

⑬将所有紧固件拧紧后,检测完毕,卸下机头,将车辆驶离跑台。

常见车型车轮定位值如表3-1-11所列。

常见车型车轮定位值与最大转角值 表3-1-11

车 型	前轮前束(mm)	前轮外倾	主销后倾	主销内倾	前轮最大转角	后轮前束	后轮外倾
上海桑塔纳(JV发动机)	空载−1~−3(−20′±10′) 重载−30′±10′ 左右允差15′	−1°40′±20′ 左右允差20′	30′空载,不可调	—	向左4°18′ 向右35°36′	25′±5′左右允差20′	−1°40′±20 左右允差15′ 不可调
一汽奥迪100	0.5~1	−0°30′±30′	50′±40′	14°20′	—	—	—
一汽捷达	0°~±10′	−30′±20′	1°30′±30′	14°	—	—	—
北京切诺基	0左右允差 −0.79~+0.79	0°±15′	7°30′±30′	—	—	—	—
红旗7560	5~7	0°±30′	−1°~30′	7°−30′	—	—	—
天津夏利TJ7100	−1~+3	0°20′±10′	2°55′±1°	12°±30′	向左39°55′±2° 向右35°±2°	+4~+8	—
北京BJ 2020A	1~4	1°30′	3°	5°30′	—	—	—
北京BJ1040	1.5~3	1°	1°30′	7°30′	—	—	—
跃进NJ1041A	1.5~3	1°	2°30′	8°	向左39° 向右36°	—	—
解放CA1091	2~4	1°	1°30′	8°	向左38°	—	—
东风EQ1090E	1~5	1°	2°30′	6°	向右30°30′	—	—
黄河JN1150	6~8在轮内侧 ∅648 mm直径上测	1°40′	2°	6°50′	向左36°46′ 向右29°20′	—	—
黄河JN1171	3~4.5子午线胎0.5	1°	2°	5°	—	—	—

三、车轮侧滑量的检测

前轮侧滑量的检测须采用动态检测法,检测的主要目的是为了确知前轮前束与前轮外倾配合是否恰当,使用的检测设备主要有滑动板式侧滑试验台和滚筒式车轮定位试验台两种。

(一)滑动板式侧滑试验台的组成与工作原理

侧滑试验台是使汽车在滑动板上驶过,用测量滑动板左、右方向移动量的方法,来检测前轮侧滑量并判断是否合格的一种检测设备。侧滑试验台按滑动板数不同,可分为单板式和双板式两种。近年来双板式侧滑试验台获得了广泛应用,下面以该种型式作介绍。

1. 侧滑试验台的组成与工作原理

侧滑试验台一般由测量装置、指示装置和报警装置等组成。

(1)测量装置。由框架、左右两块滑动板、杠杆机构、回位装置、滚轮装置、导向装置、锁止装置、位移传感器及信号传递装置等组成,它能把前轮侧滑量测出并传给指示装置。

在侧向力作用下,两滑动板只能在左右方向上作等量位移,并且同时向内,或同时向外,在前后方向上不能位移。当前轮正前束(IN)过大时,滑动板向外侧滑动;当前轮负前束(OUT)过大时,滑动板向内侧滑动;当侧向力消失时,在回位装置作用下两滑动板回到零点位置;当关闭锁止装置时,两滑动板被锁止。

按滑动板位移量传递给指示装置方式的不同,测量装置可分为机械式和电气式两种。

机械式测量装置,把滑动板与指示装置机械地连接在一起,通过连杆和L型杠杆等零件,把活动板位移量直接传递给指示装置。如图3-1-14所示。

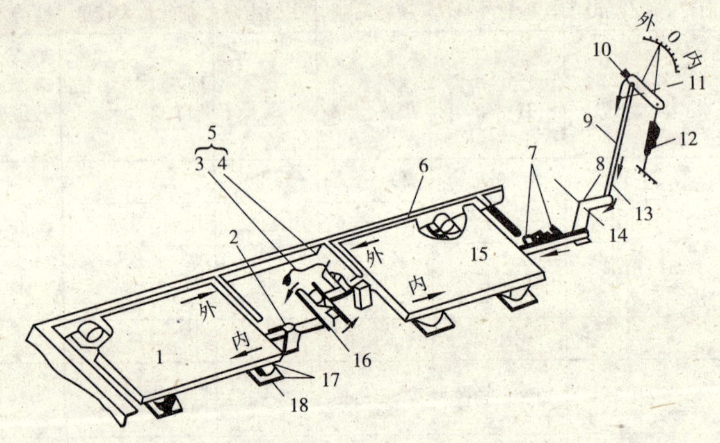

图 3-1-14 机械式测量装置

1-左滑动板;2-导向滚轮;3-回位弹簧;4-摆臂;5-回位装置;6-框架;7-限位开关;8-L型杠杆;9-连杆;10-刻度放大倍数调整器;11-指示机构;12-调整弹簧;13-零位调整装置;14-支点;15-右滑动板;16-双销叉式曲柄;17-轨道;18-滚轮

电气式测量装置是把滑动板的位移量通过位移传感器变成电信号,再经过放大、处理而传输给指示装置的一种结构形式。位移传感器有自整角电机式、电位计式和差动变压器式等多种型式。

(2)指示装置。该装置分为机械式和电气式两种,如图3-1-15和图3-1-16所示。

指示装置把测量装置传递来的滑动板侧滑量,按汽车每行驶1 km侧滑1 m定为一格刻度,前轮正前束(IN)和负前束(OUT)分别刻有7格以上的刻度指示。因此,当滑动板长度为1 000 mm,单边滑动板侧滑量1 mm时,指示装置指示1格刻度。这样,检测人员从指示仪表上就可获得前轮侧滑量的定量数值,并根据指针偏向IN或OUT的方向确定出侧滑的方向。

指示装置的刻度板上除用数字和符号标明侧滑量和侧滑方向外,有的还用颜色和英文划分为3个区域,即侧滑量0 ~3 mm范围内为绿色,表示为良好(GOOD)区域;侧滑量3 ~5 mm为黄色,表示为可用区域;侧滑量5 mm以上为红色,表示为不良(BAD)区域。

(3)报警装置。在检测前轮侧滑量时,为便于快速表示结果是否合格,当侧滑量超过规定值(5 格刻度)后,侧滑试验台的报警装置能根据测量装置的限位开关等发出的信号,用蜂鸣器或信号灯报警,因而无须再读取指示仪表上的数值,为检测工作节约了时间。

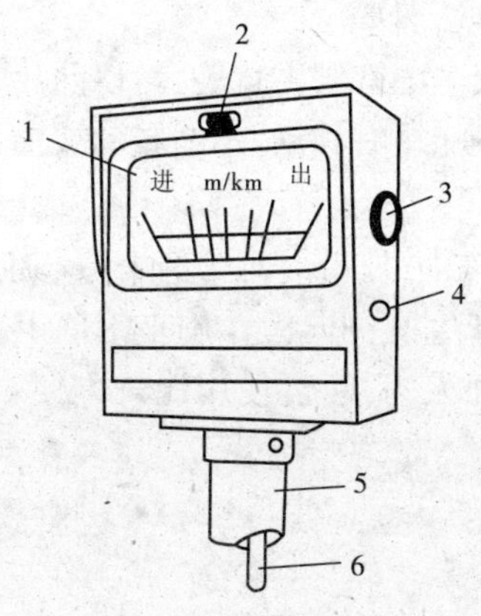

图 3-1-15 机械式指示装置

1-指示仪表;2-报警信号灯;3-报警蜂鸣器;4-电源开关;5-座;6-连杆

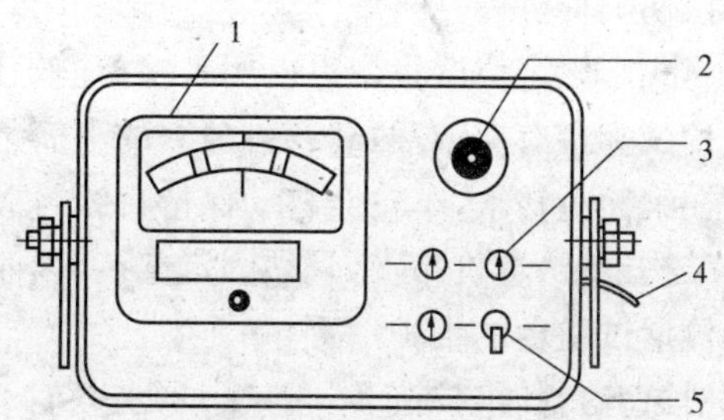

图 3-1-16 电气式指示装置

1-指示仪表;2-报警用蜂鸣器或信号灯;3-电源指示灯;4-导线;5-电源开关

近年来国内各厂家生产的侧滑试验台的电气式指示装置,多以单片机进行数据采集和处理,因而具有操作方便、运行可靠、抗干扰性强等优点,同时还能对检测结果进行分析、判断、存贮、打印和数字显示等功能。如国产 CH—10A 型侧滑试验台就是如此,其指示装置面板如图 3-1-17所示。

2.侧滑试验台的使用方法

不同型号的侧滑试验台,其使用方法有所区别,应根据使用说明书制订的使用规程。一般都应进行如下工作:

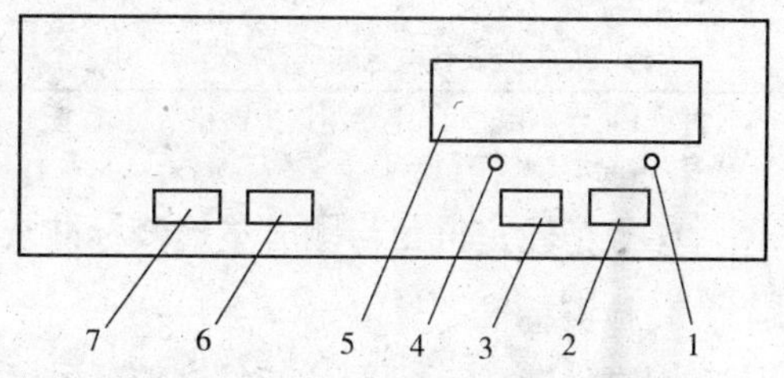

图 3-1-17 指示装置面板

1-报警灯;2-复位键;3-打印键;4-电源指示灯;5-显示器;6-电源断键;7-电源通键

(1)检测前的准备:

①在不通电情况下,检查仪表指针是否指在零位上;接通电源,晃动滑动板,待滑动板停止后,察看指针是否仍在零位。如指针失准可用零点调整螺钉或零点调整游丝将仪表校零。

②检查试验台及周围场地有无润滑油、石子、泥污等杂物,并清除干净。

③检查各种导线有无因损伤造成接触不良的部位,必要时应进行修理或更换。

④被测车轮胎气压应符合规定。

⑤检查并清除轮胎上的油污、水渍和嵌入的石子、杂物等。

(2)检测方法:

①拨出滑动板的锁止销,接通电源。

②汽车以 3~5 km/h 的速度垂直驶向试验台,使前轮平稳通过滑动板。

③当前轮完全通过滑动板后,从指示装置上观察侧滑方向(注意区别正、负前束)并读取、打印最大的侧滑量。

④检测结束后，切断电源并锁止滑动板。

对于后轮没有定位的汽车，可用侧滑试验台根据汽车后轮前进、后退驶过滑动板时滑动板的滑动方向和滑动量大小来检测后轴是否变形和轮毂轴承是否松旷。对于后轮有定位的汽车，可用前述的四轮定位仪进行后轮前束、外倾的检测。

(3)使用注意事项。检测时应注意，超过容许吨位的汽车不许驶上试验台，以防压坏、损伤机件；不准汽车在侧滑试验台上转向或制动，因为侧滑板只能左右移动，不能转动或前后移动，否则会扭伤测量机构。

滚筒式车轮定位试验台也可用来检测前轮侧滑量，并能同时测得前轮前束值和前轮外倾值。该种试验台有左、右两套各自独立的滚筒装置，车轮产生的侧向力作用在滚筒上，而且只要车轮在滚筒上转动，车轮会自动保持直线行驶状态，无须人为找正，使用比较方便。但该种试验台结构复杂，造价昂贵，且须固定安装，因而应用较少。

3. 侧滑试验台的维护

侧滑试验台的维护按表 3-1-12 所列进行。

侧滑试验台的维护要领 表 3-1-12

维护周期	维护部位	维护要领	调修方法
1 个月	蜂鸣器、信号灯或限位开关	蜂鸣器或信号灯在侧滑量超过规定值时，能否及时报警	如蜂鸣器、信号灯或限位开关不良时，应予调整或更换
3 个月	杠杆机构指针及回位装置	杠杆机构指针及回位装置动作是否灵敏	如动作欠灵敏，应予清洁和润滑，必要时更换有关零件
6 个月	滑动板、滚轮和轨道	检查各部位有无脏污、变形、松动、锈蚀、磨损等情况	应进行清洁、紧固和润滑
1 年	接受设备检定部门的检定		

注：试验台不用时，一定要用锁销锁止滑扳，以防止经常晃动而损坏测量机件；保持试验台表面及周围环境的清洁，及时清除泥、水和垃圾，防止侵入试验台；试验台上不要停放车辆或堆放重物，防止滑板及测量机件变形或损坏。

(二)车轮定位角与侧滑量检测标准及检测结果分析

1. 检测标准

国家标准 GB 7258—2004《机动车运行安全技术条件》对车轮定位及侧滑量的要求如下：

①机动车车轮定位值应符合该车整车有关技术条件的规定；

②用侧滑试验台检验转向轮的横向侧滑量其值应≤5 m/km。

2. 检测结果分析

汽车的前束和转向轮外倾对侧滑量影响较大，因此侧滑量的调整主要是通过前束和外倾的调整来实现。若转向轮向外侧滑，且侧滑量超标，则表明转向轮前束过大，或负外倾角过大，须调整，一般尽量先调整前束，若无法达到侧滑量调整的要求，或前束调整量太大，可判断是由于负外倾角的影响，须进一步用车轮定位仪检测，找出原因并排除。

若转向轮向内侧滑，且侧滑量超标，则表明转向轮负前束或外倾角过大，也须调整。

四、车轮平衡的检测

(一)车轮不平衡检测原理

车轮不平衡包括车轮静不平衡和动不平衡两种。

1. 车轮静不平衡及其检测原理

将车桥顶起，调整好轮毂轴承松紧度，转动车轮待其自然停住，在车轮最低处作一标记，然后重复转、停试验多次，若车轮停转时所作标记基本处于最低处，则车轮是静不平衡的，即车轮质心与车轮回转中心不重合，而偏向作标记一边。

静不平衡的车轮，其质心与旋转中心不重合，车轮转动中会产生离心力，该离心力可分解为一个水平分力和一个垂直分力，在车轮转动一周中，当不平衡质量处于通过车轮旋转中心的垂直位置上、下点时，垂直分力达到最大值，但是方向相反，引起了车轮的上下跳动。当不平衡质量处于通过车轮旋转中心的水平位置前、后点时，水平分力最大，方向相反，引起了车轮的前后窜动。对于转向轮，还会形成绕主销来回摆动的力矩，造成转向轮摆振。当左、右前轮的不平衡质量相互处于180°位置时，左右轮跳动相位相反，将引起车身的横向摆振，前轮摆振也最为严重，影响汽车行驶时操纵稳定性。

就车式车轮平衡仪检测车轮静不平衡的原理如图3-1-18所示。支离地面的车轮如果不平衡，转动时必然引起车轮上下振动，该振动通过转向节或悬架传给检测装置的传感磁头、可调支架和底座内的传感器，传感器将振动信号变为电信号后控制频闪灯闪光以指示车轮不平衡点位置，并指示静不平衡值。当传感磁头传递向下的力时频闪灯就发亮，所照射的车轮最下部的点即为不平衡点；不平衡程度越大，传感器的受力也愈大，传感器输出信号越大，指示装置指示的数值也愈大。

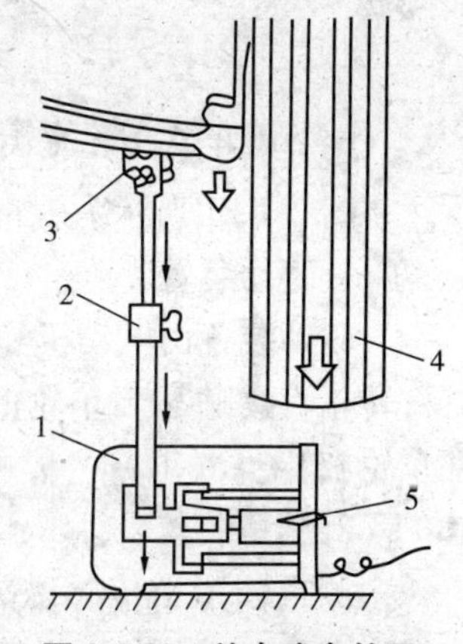

图 3-1-18　就车式车轮平衡仪静不平衡的检测原理

1-底座；2-可调支架；3-传感磁头；4-车轮；5-传感器

2. 车轮动不平衡及其检测原理

静平衡的车轮，若车轮的质量分布相对车轮纵向对称中心面不对称，就会造成动不平衡，如图 3-1-19 所示。假定 a 点和 b 点上分别具有两个质量相同的质点 m_1 和 m_2，大小相等方位相反，车轮质心与车轮旋转轴心重合，亦即车轮处于静平衡状态。当该车轮旋转时，m_1 和 m_2 将分别产生离心力，这两个力大小相等方向相反，其作用线间距为 L，车轮转动中，由于两个离心力的合力矩不为零而产生一个方向反复变动的力偶 M，这种情况就称为车轮处于动不平衡。车轮转动时，由于存在力偶 M，且 M 的方向反复变化，在 M 的作用下，引起轮毂轴承附加动载荷，造成前轮绕主销的摆振。

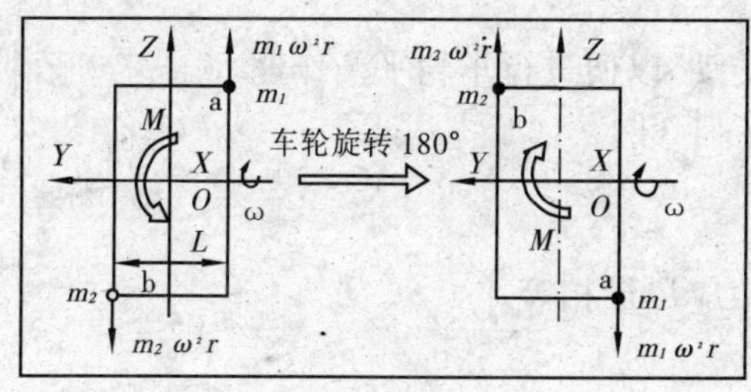

a）车轮动不平衡受力

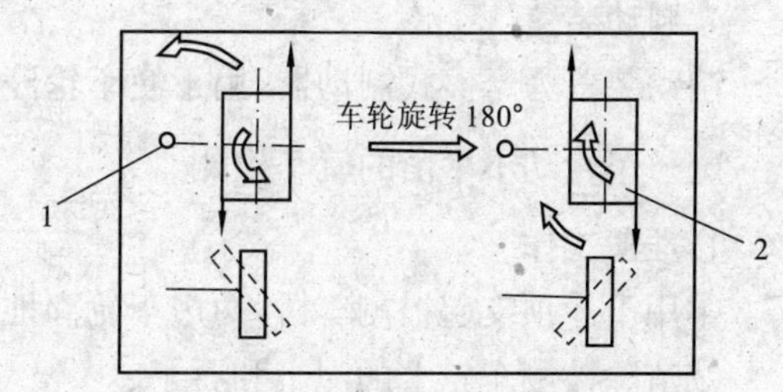

b）车轮动不平衡引起的前轮摆振

图 3-1-19　车轮动不平衡

1-主销；2-车轮

就车式车轮平衡仪检测车轮动不平衡的原理如图 3-1-20 所示。支起车桥，车轮平衡仪传感磁头安装于制动底板边缘部位，且与车轮旋转中心水平。转动车轮，若车轮动不平衡，则必然引起车轮绕主销的摆振，该振动通过传感磁头传到传感器，传感器将振动信号转换为电信号，控制频闪灯闪光并指示动不平衡值。

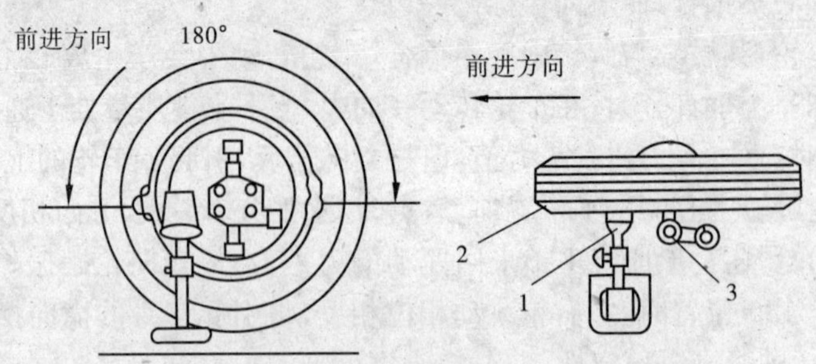

图 3-1-20 就车式车轮平衡仪动不平衡检测原理

1-传感磁头；2-车轮；3-转向节主销

（二）就车式车轮平衡仪

图 3-1-21 所示为就车式车轮平衡仪的组成示意图。该平衡仪主要由以下 4 部分组成：

1. 驱动装置

驱动装置由电动机和转轮组成，检测从动车轮时，将转轮直接贴靠于车轮的胎面，电动机通过转轮带动车轮旋转。

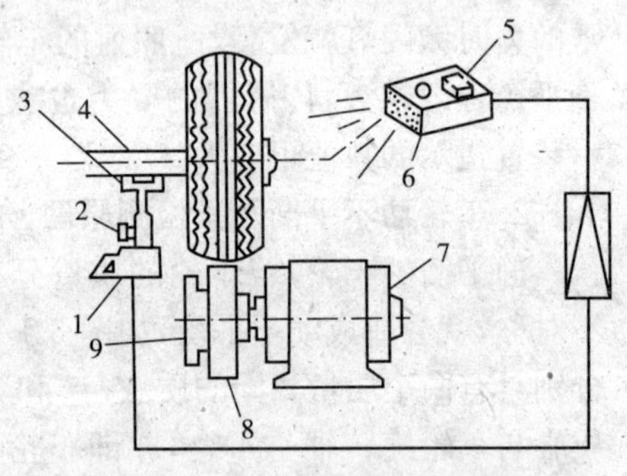

图 3-1-21 就车式车轮平衡仪

1-底座；2-可调支架；3-传感磁头；4-转向节；5-不平衡度表；6-频闪灯；7-电动机；8-转轮；9-制动板

2. 测量装置

测量装置由传感磁头、可调支架、底座（内装传感器）等组成。检测时，将传感磁头吸附在独立悬架下臂或非独立悬架的转向节处或制动底板上，将振动信号传给底座内传感器，变成电信号输出。

3. 指示装置

指示装置由频闪灯和不平衡度表组成。传感器信号送入指示装置，驱动频闪灯闪光，指示不平衡位置，不平衡量由不平衡度表显示。

4. 制动装置

制动装置为摩擦式制动器，用于使车轮停止转动，以便进行车轮平衡作业。

（三）车轮动不平衡的就车检测

1. 准备工作

①用千斤顶支起被测车桥，两边车轮离地间隙应尽量相等。

②清除被测车轮上的泥土和石子。

③检查轮胎气压，视情充至规定值。

④用手转动轮胎，检查轮毂轴承是否松旷，检查车轮的径向跳动和横向摆动是否明显，视情作适当调整。

⑤在轮胎外侧面任意位置上用粉笔或白胶布做好标记。

2.前从动轮静不平衡检测

①用三角垫木塞紧对面车轮和后桥车轮，将测量装置推至被测前轮一端的前梁下，传感磁头吸附在悬架下或转向节下，磁头应尽量垂直安装，调节可调支架高度并锁紧。

②推车轮平衡仪转轮至车轮侧面或前面，检查频闪灯工作是否正常，检查转轮的旋转方向能否使车轮的转动与前进行驶时一致。

③操纵车轮平衡仪与轮胎接触并压紧，起动电动机，带动车轮旋转至规定转速。

④观察频闪灯照射下的轮胎标记位置，并从仪表上读取不平衡量数值。

⑤操纵车轮平衡仪上的制动装置，使车轮停转。

3.前从动轮动不平衡检测

①将传感磁头吸附在经过擦拭的制动底板边缘平整处，并尽量使磁头与车轮旋转中心处在同一水平位置。

②操纵车轮平衡仪电动机使车轮旋转至规定转速，用频闪灯观察轮胎标记位置，从仪表上读取车轮动不平衡量数值。

4.驱动轮平衡

①驱动轮转动可由发动机驱动，一般驱动轮车速应达到 50 ～70 km/h，并在某一转速下稳定运转。

②测试结束后用汽车车轮制动器使车轮停转。

③其他方法及注意事项同从动轮动静不平衡检测。

（四）车轮平衡仪的维护

车轮平衡仪在使用与保管中应做好如下维护工作。

①指示仪表应避开阳光直射和温度高的地方，车轮平衡仪应尽可能远离振动源。

②车轮平衡仪应切忌进水，如已进水，要关掉电源，及时送专业部门维修。

③每使用 3 个月应检查制动器磨损情况，调整踏板自由行程；检查调整传动带张紧力和显示器的数据显示时间。

④每使用 1 年除进行第 3)项维护作业外，应接受设备检定部门的检定，保证检测精度。

（五）检测结果分析

用就车式车轮平衡仪检测车轮动、静不平衡情况，一般其动、静不平衡量在 10 g 以内认为可继续使用，若超过 10 g 则应进行平衡作业。

若车轮动、静不平衡量过大则主要检查车轮平衡块是否脱落，轮胎是否存在异常磨损、局部损坏或轮胎修补方法不当，汽车行驶中该车轮是否发生过较严重的碰撞导致轮辋变形等。

五、汽车悬架和转向系间隙检测

1.悬架和转向系间隙检测原理

汽车悬架和转向系间隙过大，可能引起汽车转向盘抖振、行驶跑偏、乘坐舒适性差、轮胎异常磨损和行驶噪声等故障，这些故障现象只有在汽车行驶中才会出现，汽车停止时检查费时费力，不易觉察。如图 3-1-22 所示，将汽车车轮置于检测平板上，通过平板前、后、左、右等方向的强制移动，给车轮施加各个方向的作用力，模拟汽车在颠簸路面上运动时车轮的受力，就可充分暴露悬架和转向系各零部件的技术状态和各连接处松紧程度，从而可快捷、准确地判断故障部位。

2. 汽车悬架和转向系间隙检查仪组成

汽车悬架和转向系间隙检查仪组成如图3-1-23所示。该检查仪主要由电控箱、手电筒开关、泵站和左右测试机构组成。

(1)手电筒开关。手电筒开关由左、右测试板移动方向控制按键和照明两部分组成。按键用于控制电控箱中各继电器的动作,照明部分可方便检测时对各检查部位的观察。

(2)电控箱。电控箱主要由控制电路和保护电路两部分组成。在手电筒按键的控制下,电控箱中油泵电动机和电磁阀继电器动作,给泵站中油泵电动机和相应的电磁阀供电。保护电路具有油泵电动机过载和电路漏电保护功能。

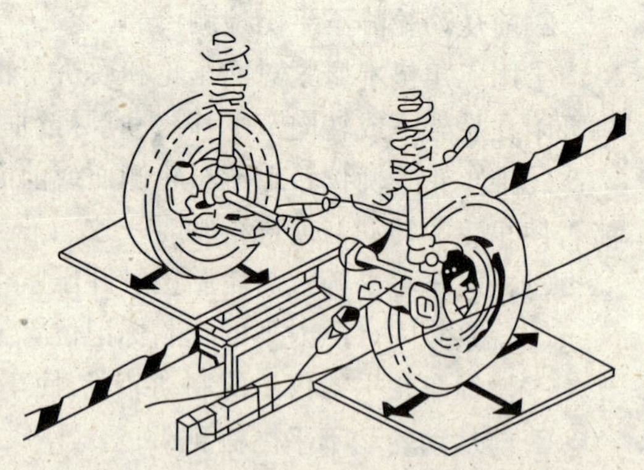

图3-1-22 悬架和转向系间隙检测原理

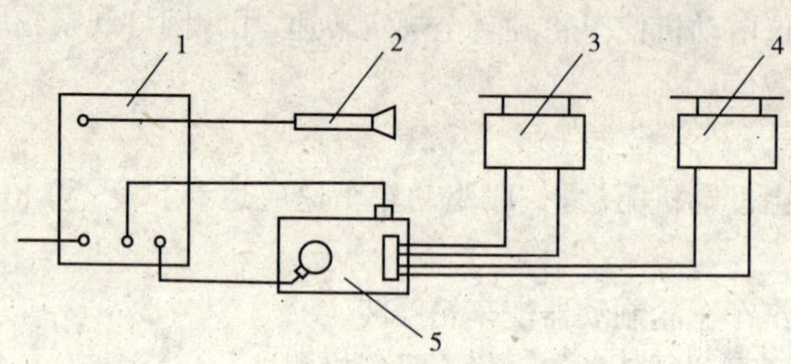

图3-1-23 汽车悬架和转向系间隙检查仪组成

1-电控箱;2-手电筒开关;3-左测试机构;4-右测试机构;5-泵站

(3)泵站。泵站由电动机、油泵、电磁阀、滤油器、溢流阀和压力表等组成。电动机带动油泵工作建立一定的油压;电磁阀在电控箱中继电器作用下控制高压油流向相应的油缸,为测试板推动车轮提供动力。

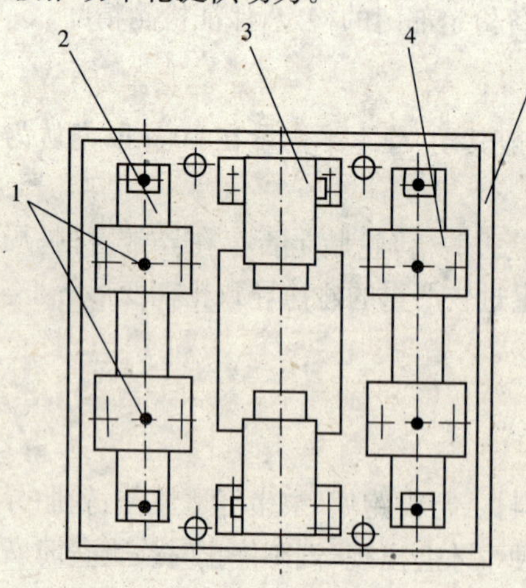

图3-1-24 双向移动式测试机构

1-润滑孔;2-导向杆;3-油缸;4-轴承座;5-箱体

(4)测试机构。一般检查仪由左右两个测试机构组成。按测试板可移动的方向不同,测试机构可分为前、后双向移动式,前、后、左、右四向移动式和前、后、左、右、左前、左后、右前、右后八向移动式三种类型。

可移动方向数不同,测试机构复杂程度也不同,图3-1-24所示为前、后双向移动式测试机构的结构。它主要由测试板、动力油缸、导向机构和箱体等组成。检测时,在电控箱控制下,泵站油泵高压油经电磁阀输入一个油缸(另一油缸处于卸荷状态),这样在油缸作用下,测试板按导向机构规定的方向移动,给车轮施加移动方向的作用力。

意大利VAMAG公司4PLDT型测力平板式制动试验台具有悬架性能检测功能,现将其检测原理作一简介。

为了便于分析，对汽车复杂的多质量振动系统进行适当的简化。若汽车在试验台上制动时，没有横向绕纵轴的角振动，只考虑汽车垂直振动和绕横轴的纵向角振动，忽略汽车轮胎的阻尼，并把悬架质量 M 分解为前轴上的质量 M_1、后轴上的质量 M_2 以及质心 C 上的质量 M_3，则汽车振动系统可简化为图 3-1-25 所示的平面振动模型。根据振动知识可知，汽车以一定初速度驶上制动测试平板并施以紧急制动时，由于汽车质心惯性力的作用，必然引起汽车前、后轴振动子系统发生振动，从而导致各车轮对测试平板垂直作用力的交替变化，通过测量、分析安置在测试平板面板四角的压力传感器（见图 3-1-11）输出的电信号就可了解各轮制动振动情况。

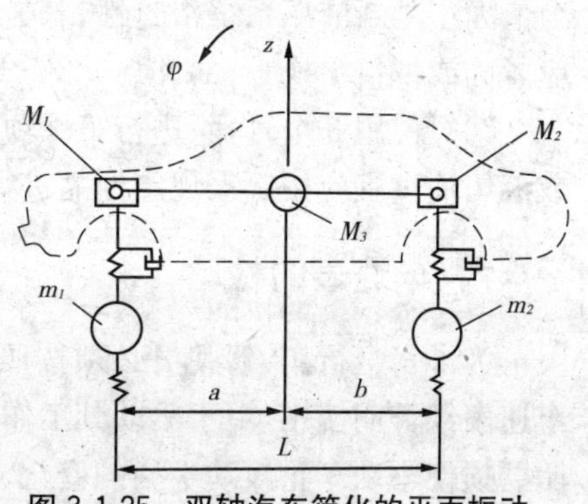

图 3-1-25　双轴汽车简化的平面振动模型

对各车轮悬架系统而言，由确定的质量、弹簧和减振器组成的振动系统，在制动惯性力作用下，其振动衰减具有一定的规律性。若悬架系统中弹簧和减振器性能不良，必然引起振动过程的改变，因此通过检测制动时各测试平板所受垂直作用力变化过程，进行分析、对比就可确定汽车悬架系统中悬架弹簧和减振器的技术状况。

3.悬架和转向系检测方法

①接通电控箱上总电源，电控箱上若有空气开关则打开空气开关。

②将手电筒上工作开关按下，手电筒中工作灯应亮，电控箱上绿色指示灯应亮，此时电动机转动，油泵工作。若有异常应检查排除。

③按下手电筒上某一测试板向前或向后键，系统升压，当检测板移动到一侧极限位置时，检查压力表油压是否正常，否则调节溢流阀旋钮，使其达到要求值。然后分别按下其他键使检测板移到中间位置。

④检查左、右检测板表面是否沾有泥、油、砂等杂物，若有应清除。

⑤检查轮胎气压是否符合规定，否则应调整到规定值。检查轮胎上是否有泥土和砂子，若有应清除。

⑥将前桥置于左右检测板上，尽量使车轮在检测板上居中停放，车上引车员踩紧制动并握住转向盘，车下检验员按动手电筒开关上检测板“前、后移动方向”键，使悬架作上、下、左、右、前、后复杂运动。对断开式前桥，注意观察车轮与制动底板（或制动盘），上下摆臂和销与衬套以及上下球头销处运动是否正常；对整体式前桥，注意观察车轮与制动底板，U 形螺栓，钢板弹簧和前、后吊耳是否异常。

⑦车轮保持上述停放状态，按下手电筒开关上检测板“左、右移动方向”键，使悬架受到左右切向力的作用。对于断开式前桥，注意观察车轮和轴头、减振器和螺旋弹簧、横向稳定杆和摇臂等部位是否正常；对整体式前桥，注意观察车轮和轴头、减振器及衬套、横直拉杆与球头是否异常。

⑧根据所测汽车悬架及转向系结构特点，选择左右检测板不同运动方向组合方式，检查相关节点工作情况。

⑨前桥检测完毕，将后桥（或中桥）开上检测板，用上述检测方法进行检测。

⑩检测完毕，关掉手电筒工作开关，再关掉空气开关及总电源，工作结束。

4.汽车悬架和转向系间隙检查仪的维护

①检查仪不使用时,应保持检查平板及其周围环境的清洁,防止脏物侵入检查仪。

②每使用1个月按厂家规定油品对各润滑点进行润滑;通过液压系统压力表指示最大压力值大小判断液压系统密封性,若最大压力过低应进一步检查液压系统各零、部件,若有泄漏应紧固或视情更换零、部件。

③每使用3个月,除进行第②项维护作业外,应检查液压油的数量和脏污程度,油量不足或液压油过脏应按厂家规定油品进行补充或更换。

六、车速表的检验

为了安全行车,驾驶员必须按照车速表来控制车速,为此,车速表本身一定要准确可靠。车速表经长期使用,由于驱动其工作的传动齿轮、软轴及车速表本身技术状况的变化以及因轮胎磨损使驱动车轮滚动半径的变化,车速表指示误差会愈来愈大。如果车速表的指示误差过大,驾驶员就难以正确控制车速,且极易因判断失误而造成交通事故。为确保车速表的指示精度,必须适时对车速表进行检测、校正。

(一)车速表误差的检测原理

车速表误差的检测原理是以车速表试验台的滚筒作为连续移动的路面,把被测车轮置于滚筒上旋转,来模拟汽车在路面上行驶时的实际状态,进行车速表误差的检测。试验时,将汽车驱动轮置于滚筒上,由发动机经传动系驱动车轮旋转,车轮借助于轮胎的摩擦力带动滚筒转动。滚筒端部装有测速发电机(即速度传感器),测速发电机的转速随滚筒转速的增高而增加,而滚筒的转速与车速成正比,因此测速发电机发出的电压也与车速成正比。滚筒的线速度、圆周长与转速之间的关系,可用下式表达

$$v=L\cdot n\cdot 60\times 10^{-6} \tag{3-1-6}$$

式中:v——滚筒的线速度,km/h;

L——滚筒的圆周长,mm;

n——滚筒的转速,r/min。

因车轮的线速度与滚筒的线速度相等,故上述的计算值即为汽车的真正车速值,该值在试验时由试验台上的速度指示仪表显示。车轮在滚筒上转动的同时,车速表的软轴也由变速器输出轴带动旋转,并在车速表上显示车速值,即车速表指示值。将上述试验台上速度指示仪表上显示的真正车速值与车速表上显示的车速指示值相比较,即可得出车速表的误差。

(二)车速表试验台的组成

车速表试验台有3种类型:无驱动装置的标准型,它依靠被测车轮带动滚筒旋转;有驱动装置的驱动型,它由电动机驱动滚筒旋转;把车速表试验台与制动试验台或底盘测功试验台组合在一起的综合型。

1.标准型车速表试验台

该试验台由速度测量装置、速度指示装置和速度报警装置等组成,如图3-1-26所示。

(1)速度测量装置。速度测量装置主要由滚筒、速度传感器和举升器等组成。滚筒一般为4个,通过滚筒轴承安装在框架上。速度传感器一般采用测速发电机,装在滚筒的一端,其输出电压信号幅度即表征实际车速的大小。

在前、后滚筒之间设有举升器，以便汽车进出试验台。举升器与滚筒制动装置联动，举升器升起时，滚筒不会转动。

(2)速度指示装置。速度指示装置是根据测速发电机发出的电压大小来工作的。根据滚筒圆周长与转速可算出其线速度，以 km/h 为单位在速度指示仪表上显示车速。

(3)速度报警装置。速度报警装置是为在测量时，便于判明车速表误差是否在合格范围之内而设置的，一般有 3 种形式。

①用试验台报警装置指示检测车速。当汽车实际车速达到某一规定值(如 40 km/h)时，报警装置的报警灯亮或蜂鸣器响，提醒驾驶员已达到检测车速，注意观察驾驶室内车速表的指示车速值。

②将试验台指示仪表一定范围内涂成绿色区域。按现行标准将试验台速度表的 33.3 ～ 42.1 km/h 涂成绿色区域，表示为合格区域。

③同时具备上述两种装置的报警装置。

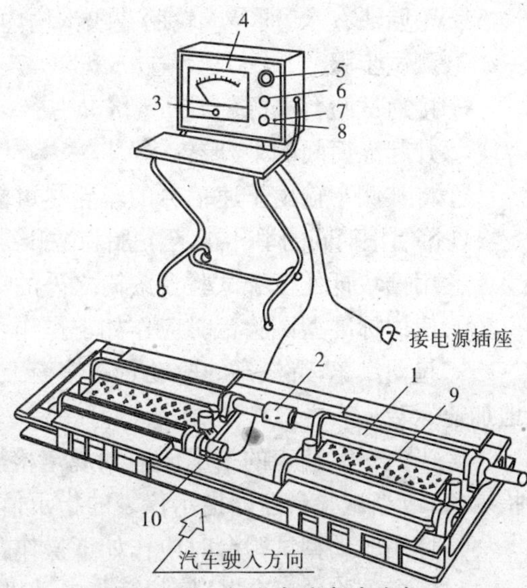

图 3-1-26　标准车速表试验台

1-零点调整旋钮；2-速度指示仪表；3-蜂鸣器；4-报警灯；5-电源灯；6-电源开关；7-联轴器；8-滚筒；9-举升器；10-速度传感器(测速发电机)

2.驱动型车速表试验台

驱动型车速表试验台是为适应后置发动机汽车的试验而制造的，其结构如图 3-1-27 所示。这种试验台在滚筒的一端装有电动机，由它来驱动滚筒旋转。

此外，这种试验台在滚筒与电动机之间装有离合器，若试验时将离合器分离，又可作为标准型试验台使用。

(三)车速表的检测方法

车速表的检测方法因试验台的牌号、类型而异，应根据使用说明书进行操作。这里仅介绍一般的检测方法。

1.试验台的准备

①在滚筒静止状态检查指示仪表是否在零点上，若指针不在零点上，可用零点调整旋钮(或零点调整电位计)调整。

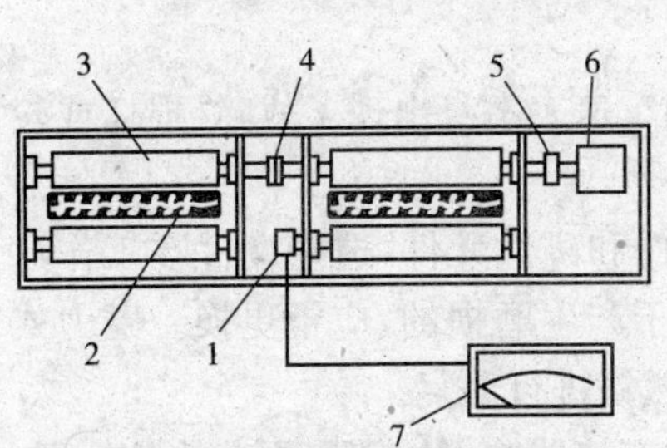

图 3-1-27　驱动型车速表试验台

1-测速发电机；2-举升器；3-滚筒；4-联轴器；5-离合器；6-电动机；7-速度指示仪表

②检查滚筒上是否沾有油、水、泥等杂物。若有，要清除干净。

③检查举升器动作是否自如和有无漏气部位。若有阻滞或有漏气部位，应予修理。

④检查导线的接触情况。若有接触不良或断路，应予修理或更换。

经常使用的试验台，不一定每次使用前都要进行上述检查。

2.被测车的准备

①按汽车制造厂的规定检查并补充轮胎气压。

②轮胎沾有水、油等或轮胎花纹沟槽内嵌有小石子时，应清除干净。

3.测试步骤

①接通试验台电源。

②升起滚筒间的举升器。

③将被测车输出车速信号的车轮尽可能与滚筒成垂直状态地停放在试验台上。

④降下滚筒间的举升器，至轮胎与举升器托板脱离为止。

⑤用挡块抵住位于试验台滚筒之外的一对车轮，防止汽车在测试时滑出试验台。

⑥使用标准型试验台时应作如下操作：

a.起动汽车，待汽车的驱动轮在滚筒上稳定后，挂入最高挡，踩下加速踏板使驱动轮平稳地加速运转；

b.当汽车车速表的指示值达到规定检测车速（40 km/h）时，读出试验台速度指示仪表的指示值；或当试验台速度指示仪表的指示值达到检测车速时，读取车速表的指示值。

⑦使用驱动型试验台时应作如下操作：

a.接合试验台离合器，使滚筒与电动机联在一起；

b.将汽车的变速器挂入空挡，接通试验台电源，使电动机驱动滚筒旋转；

c.当汽车车速表达到检测车速时，读取试验台速度指示仪表的指示值；或当试验台速度指示仪表达到检测车速时，读取汽车车速表的指示值。

⑧测试结束后，轻轻踩下汽车制动踏板，使滚筒停止转动。对于驱动型试验台，必须先关断电源再踩制动踏板。

⑨升起举升器，去掉挡块，汽车驶离试验台。

⑩切断试验台电源。

4.车速表试验台的维护

车速表试验台的维护按表 3-1-13 的规定进行。

（四）车速表检测标准及检测结果分析

1.车速表检测标准

国家标准 GB 7258—2004《机动车运行安全技术条件》中规定：当汽车车速表指示值为 40 km/h时，车速表检验台速度指示仪表的指示值为 32.8 ～40 km/h 范围内为合格；当车速表检验台速度指示仪表的指示值为 40 km/h 时，该机动车车速表的指示值在 40 ～48 km/h 范围内时为合格。

2.检测结果分析

车速表经检测出现误差，其主要原因是长期使用过程中车速表本身出现了故障、损坏或轮胎磨损。

车速表内有转动的活动盘、转轴、轴承、齿轮、游丝等零件和磁性元件，这些构件在工作过程中产生的磨损和性能变化会造成车速表的指示误差。对于产生磨损的，应予更换。磁力式车速表的磁铁磁力退化，也会引起指针指示值失准，应更换磁铁进行修复。

汽车轮胎在使用过程中由于磨损，其半径逐渐减小。在变速器输出轴转速不变的条件下，汽车行驶速度因轮胎半径的变化而变化，而车速表的软轴是与变速器输出轴相连的，因此车速表指示值与实际车速形成误差。

为消除车速表机件磨损和轮胎磨损形成的指示误差，应借助于车速表试验台适时地对车速表进行校验。

车速表试验台维护要领　　　　表 3-1-13

维护周期	维护部位	维护要领	调修方法
使用前	速度指示仪表	在滚筒静止状态，检查速度指示仪表指针的机械零点与电气零点	指针若不在零点，用零点调整旋钮（或零点调整电位计）调整零点
	滚筒	检查有无油、水、泥等杂物	如有，要清除干净
	举升器、控制阀和空气压缩机	检查举升器动作及有无漏气部位	动作阻滞或有漏气部位，应解体、清洗、润滑，并消除漏气现象
		检查空气压缩机滤清器的脏污程度及润滑油量	脏污时，清洗滤清器；油量不足按厂家规定的油品补足
	各种导线	检查有无因损伤引起接触不良的部位	有接触不良或断线的导线，要焊好或更换
3个月	滚筒及滚筒轴承	检查滚筒在运转时，有无异响、损伤，运转是否平稳	有异响或损伤时，应进行修理
	联轴节及导向滚筒	检查联轴节是否松旷，导向滚筒运转是否平稳	松旷时，紧固并润滑导向滚筒
	指示检测部分	检查传感器的固定情况，接头有无松动	松动时，应紧固
		检查脏污、松紧和损伤情况	如脏污，清洗后重新调整松紧度。如损伤，应予更换
6个月	滚筒制动器	检查工作情况是否良好	如不起作用，应更换蹄片
1年	接受法定计量检定部门的年度检定		

七、前照灯的检验

前照灯的技术指标主要指发光强度和光束照射位置。当发光强度不足或光束照射位置偏斜时，驾驶员就不易辨清前方的障碍物或造成对方来车驾驶员眩目，导致交通事故。为保证夜间行车安全，前照灯的发光强度和光束照射位置被列为汽车安全检测中的必检项目。前照灯的技术状况，可用屏幕法和前照灯检验仪进行检验。

（一）前照灯的检验指标及配光特性

1. 前照灯的检验指标

按国家标准 GB 7258—2004《机动车运行安全技术条件》规定，汽车前照灯的检验指标为发光强度和光束照射方位的偏移值。

（1）发光强度。按国际标准 SI 的规定，发光强度单位是指一光源在给定方向上发出频率为 540×10^{12} Hz 的单色辐射，且在此方向上的辐射强度为 1/683 W 每球面度，则此光源在该方向上的发光强度为一个坎德拉，简称“坎”，单位符号用 cd 表示。

（2）光束照射方位的偏移值。由于前照灯透过散光玻璃各点的光线是不均匀的，同时还有与主光束交叉的光线，因而它不是从单纯光源散发出的散射光线。但是，由于主光束上的光线，大部分都是穿过散光玻璃中心直射的，因此，在离开散光玻璃足够远的地方，可以近似的看作是由点光源发出的散射光线。如果把前照灯最亮的地方看作是光束的中心，则它对水平、垂直坐标轴交点的偏离，即表示它的照射方位的偏移，其偏移的尺寸就是光束照射方位的偏移值，亦称光轴的偏斜量。

2. 前照灯的配光特性

用等照度曲线表示的明亮度分布特征称为配光特性，亦称为光形分布特性。照度是表示不发光物体被光源照明的程度，即表示受光面明亮度的物理量，其单位为勒克斯(lx)。前照灯的配光特性有对称配光和非对称配光两种。

(1)对称配光特性。前照灯光束的光形分布一般是水平方向宽，垂直方向窄。若等照度曲线左右对称，不偏向一边，上下扩展也不太宽，这种配光特性称为对称配光特性，如图3-1-28 所示。

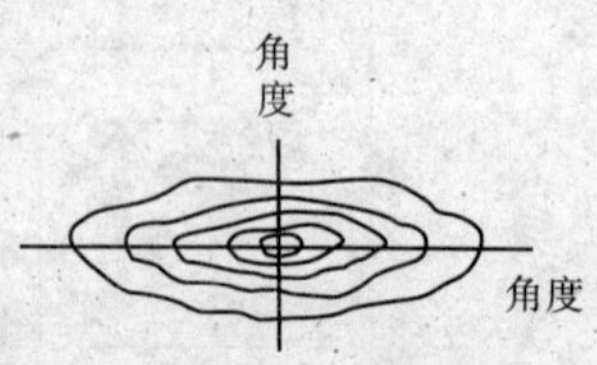

图 3-1-28　对称配光特性

(2)非对称配光特性。非对称配光即光形分布有一条明显的明暗截止线(灯光投射到配光屏幕上，眼睛感觉到的明暗陡变的分界线)。非对称配光有两种：一种是在配光屏幕上，明暗截止线的水平部分在 V—V 线的左半边，右半边为与水平线向上呈 15°的斜线，如图 3-1-29 a)所示。另一种是明暗截止线右半边为与水平线向上呈 45°斜线至 h—h 的垂直距离为 25 cm 处转向水平的折线，由于明暗截止线呈 Z 形，亦称 Z 形配光，如图3-1-29 b)所示，我国前照灯近光灯多采用这种配光形式。

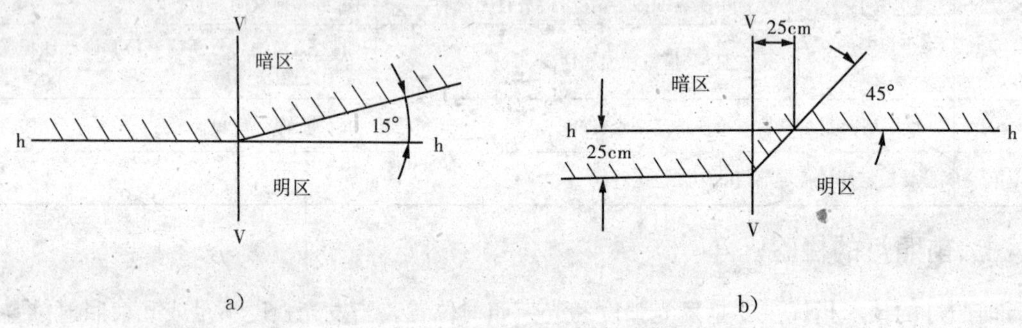

图 3-1-29　非对称式配光示意图

(二)用前照灯检验仪检验发光强度和光轴偏斜量

前照灯检验仪是按一定测量距离放在被检车对面，用来检验前照灯发光强度和光轴偏斜量的专用设备。

1. 前照灯检验仪的检验原理

前照灯检验仪，通过采用能把吸收的光能变成电流的光电池作为传感器，按照前照灯光轴照射光电池产生电流的大小和比例，来测量发光强度和光轴偏斜量。

(1)发光强度的检验原理。如图 3-1-30 所示，连接光电池与光度计，按规定的距离使前照灯照射光电池，光电池便按受光强度的大小产生相应的光电流，使光度计指针摆动，指示出前照灯的发光强度。

(2)光轴偏斜量的检验原理。如图 3-1-31 所示，其中有四块光电池，在 $S_{上}$ 和 $S_{下}$ 之间接有上下偏斜指示计，在 $S_{左}$ 和 $S_{右}$ 之间接有左右偏斜指示计。打开前照灯，四块光电池各自产生电流，根据 $S_{上}$ 和 $S_{下}$、$S_{左}$ 和 $S_{右}$ 的电流的差值，使上下偏斜指示计和左右偏斜指示计动作。

图 3-1-32 所示为光电池受光面无偏斜受光的情况，这时上下偏斜指示计和左右偏斜指示计指针均垂直向下，即处于零位。图 3-1-33 所示为光电池受光面向左下方偏斜受光的情况，

这时上下偏斜指示计的指针向下偏斜，左右偏斜指示计的指针向左偏斜。

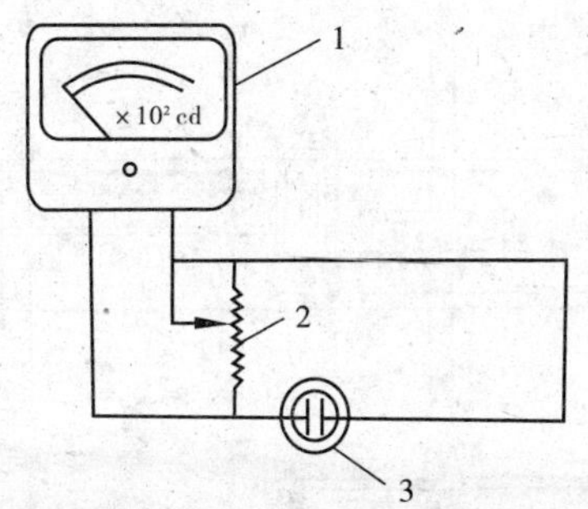

图 3-1-30　发光强度检验原理

1-光度计；2-可变电阻；3-光电池

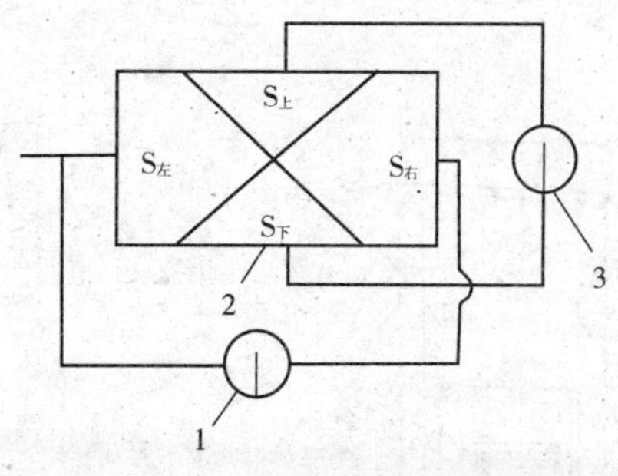

图 3-1-31　光轴偏斜量的检验原理

1-左右偏斜指示计；2-光电池；3-上下偏斜指示计

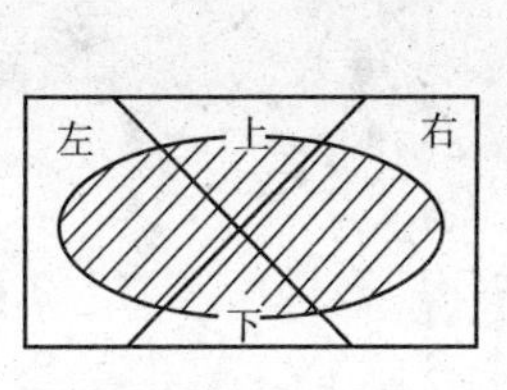

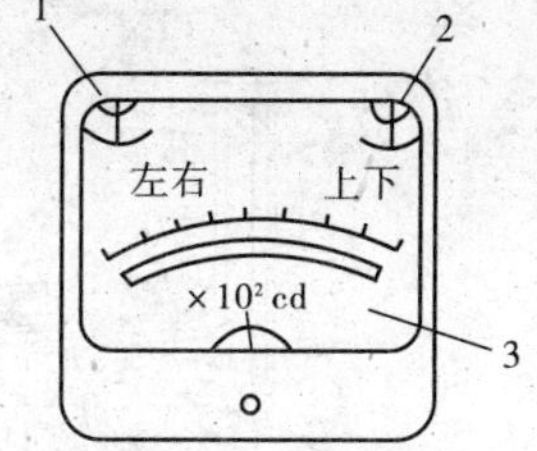

图 3-1-32　光轴上下与左右均无偏斜的情况

1-左右偏斜指示计；2-上下偏斜指示计；3-光度计

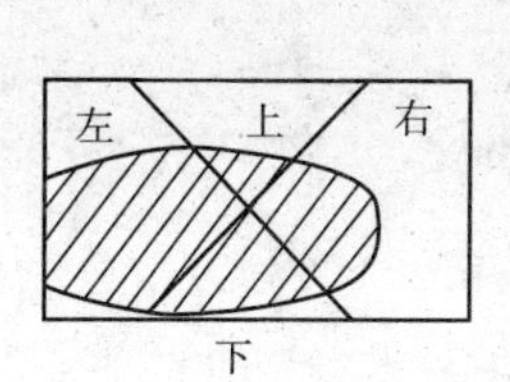

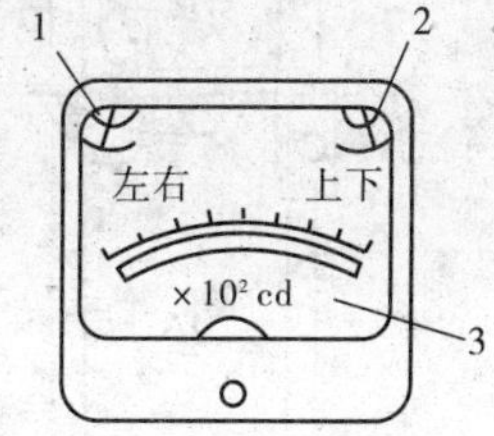

图 3-1-33　光轴上下与左右均有偏斜的情况

1-左右偏斜指示计；2-上下偏斜指示计；3-光度计

2. 前照灯检验仪的构成

根据结构特征与测量方法，前照灯检验仪可分为聚光式、屏幕式、投影式和自动追踪光轴式等几种类型。这些不同类型的前照灯检验仪由下列构件组成：接受前照灯光束的受光器、使受光器与汽车前照灯对正的校准装置、前照灯发光强度指示装置、光轴偏斜方向和偏斜量指示装置以及支柱、底板、导轨、汽车摆正找准装置等。

(1)聚光式前照灯检验仪。聚光式前照灯检验仪的构造如图 3-1-34 所示。它是用受光器的聚光透镜把前照灯的散射光束聚合起来，根据其对光电池的照射强度，来检验前照灯的发光强度和光轴偏斜量的。

由于测量方法的不同，该仪器又分为移动反射镜式、移动光电池式和移动聚光透镜式 3 种类型。

(2)屏幕式前照灯检验仪。屏幕式前照灯检验仪是把前照灯的光束照射到屏幕上，从而检验发光强度和光轴偏斜量的。屏幕式前照灯检验仪的构造如图 3-1-35 所示。在固定的屏幕 3 上装有可以左右移动的活动屏幕 9，在活动屏幕上装有能上下移动的内部带光电池的受光器 11。检验时，移动受光器和活动屏幕，根据光度计指示值为最大时的位置找到主光轴的方向，然后由固定屏幕和活动屏幕上的光轴刻度尺 10 即可读出光轴偏斜量，同时可从光度计的指示值得出发光强度。

(3)投影式前照灯检验仪。投影式前照灯检验仪是将前照灯光束的影像映射到投影屏上，从而检验出发光强度和光轴偏斜量的。投影式前照灯检验仪的构造如图 3-1-36 所示。

(4)自动追踪光轴式前照灯检验仪。自动追踪光轴式前照灯检验仪是用受光器自动追踪光轴的方法来检测发光强度和光轴偏斜量的。自动追踪光轴式前照灯检验仪的构造如图 3-1-37 所示。

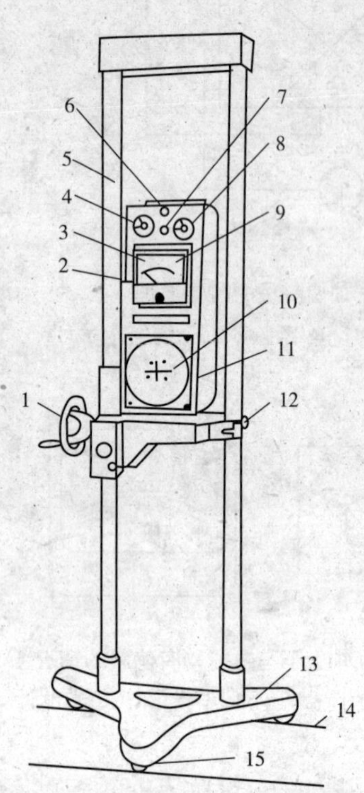

图 3-1-34 聚光式前照灯检验仪

1-升降手轮；2-光度计；3-左右偏斜指示计；4-光轴刻度盘(左、右)；5-支柱；6-汽车摆正找准器；7-光度、光轴变换开关；8-光轴刻度盘(上、下)；9-上下偏斜指示计；10-前照灯照准器；11-聚光透镜；12-角度调整螺钉；13-底座；14-导轨；15-移动滚轮

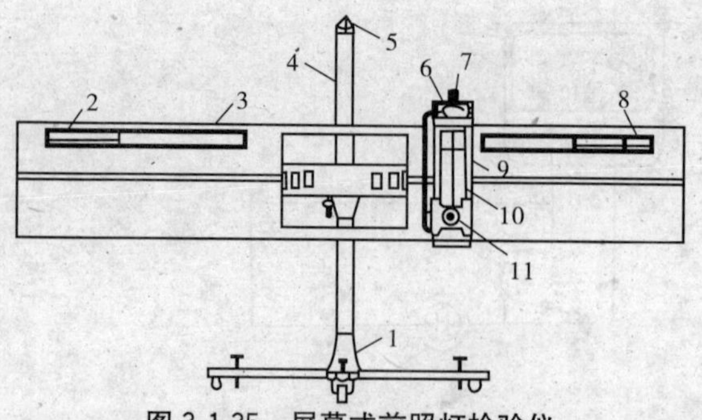

图 3-1-35 屏幕式前照灯检验仪

1-底座；2、8-光轴刻度尺(左、右)；3-固定屏幕；4-支柱；5-汽车摆正找准器；6-光度计；7-前照灯照准器；9-活动屏幕；10-光轴刻度尺(上、下)；11-受光器

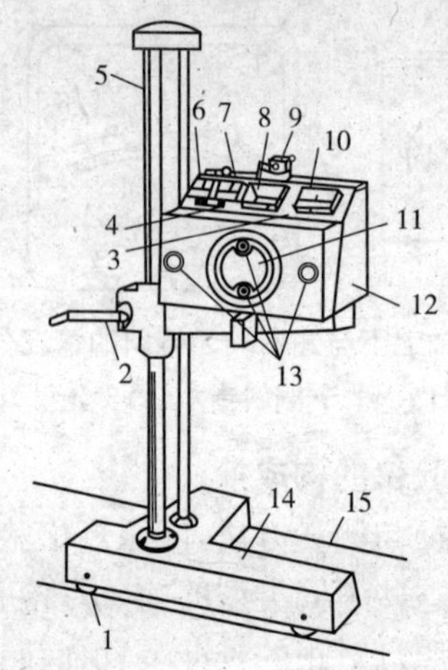

图 3-1-36 投影式前照灯检验仪

1-移动滚轮；2-上下移动手柄；3-光轴刻度盘(上下)；4-光轴刻度盘(左右)；5-支柱；6-左右偏斜指示计；7-上下偏斜指示计；8-投影屏；9-汽车摆正找准器；10-光度计；11-聚光透镜；12-受光器；13-光电池；14-底座；15-导轨

3. 前照灯发光强度和光轴偏斜量的检验

(1)检验前的准备工作。

①检验仪的准备

a. 在不受光的情况下，调整前照灯检验仪光度计和光轴偏斜指示计指针的机械零点。

b. 检查聚光透镜和反射镜的镜面上有无污物。若有，用柔软的布或镜头纸擦拭干净。

c. 检查水准器的技术状况。若水准器无气泡，应进行修理；若气泡不在红线框内时，可用水准器调节器或垫片进行调整。

d. 检查导轨是否沾有泥土等杂物。若有，应扫除干净。

②被测车的准备

a. 清除前照灯上的污垢。

b. 轮胎气压应符合汽车制造厂的规定。

c. 汽车蓄电池应处于充足电状态。

(2)前照灯发光强度和光轴偏斜量的检验。由于前照灯检验仪的牌号、类型不同，其检验方法也不尽相同，现分述如下：

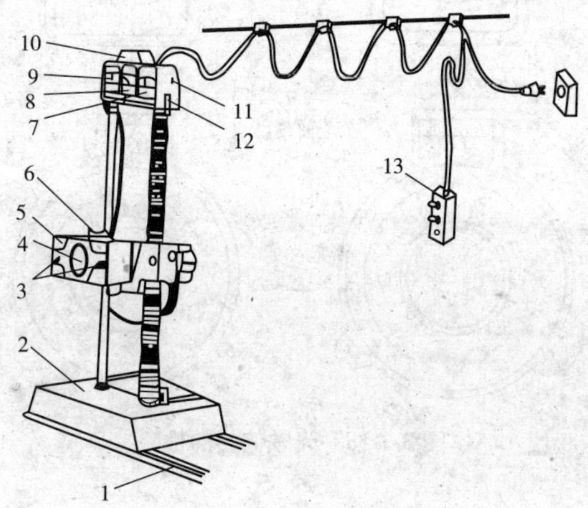

图 3-1-37　自动追踪光轴式前照灯检验仪

1-导轨；2-控制箱；3-光电池；4-聚光透镜；5-受光器；6-汽车摆正找准器；7-上下偏斜指示计；8-光度计；9-左右偏斜指示计；10-显示器；11-电源开关；12-熔丝；13-控制盒

①聚光式前照灯检验仪的检验方法

a. 将被测车尽可能地与检验仪的导轨保持垂直方向驶近检验仪，直至前照灯与检验仪受光器之间达到检验所要求的距离(1 m、0.5 m、0.3 m)。

b. 用汽车摆正找准器，使检验仪与被检车对正。

c. 开亮前照灯，用前照灯照准器使检验仪与被检车前照灯对正。

d. 将“光度・光轴”转换开关扭向光轴一边，然后转动上下和左右光轴刻度盘，使光轴偏斜指示计的指示值为零。此时，两光轴刻度盘上指示值即为光轴偏斜量，如图 3-1-38 所示。

e. 保持光轴刻度盘位置不动，将“光度・光轴”转换开关扭到光度一边，此时光度计的指示值即为前照灯的发光强度。

②屏幕式前照灯检验仪的检验方法

a. 将被测车尽可能地与检验仪的屏幕或导轨保持垂直方向驶近检验仪，使前照灯与检验仪受光器相距 3 m。

b. 用汽车摆正找准器使检验仪与被测车对正。

c. 开亮前照灯，用前照灯照准器使检验仪与被检前照灯对正，然后把固定屏幕调整到与前照灯等高，要特别注意使受光器与被检前照灯配光镜的表面中心重合。

d. 使固定屏幕上左右光轴刻度尺的零点与活动屏幕上的基准指针对正，如图 3-1-39 所示。

上下和左右移动受光器，使光度计指示值达到最大值。此时，根据受光器上的基准指针所指活动屏幕上的上下刻度值和活动屏幕上的基准指针所指固定屏幕上的左右刻度值，即可得出光轴偏斜量。根据此时光度计上的指示值，可得出前照灯发光强度，如图 3-1-40 所示。

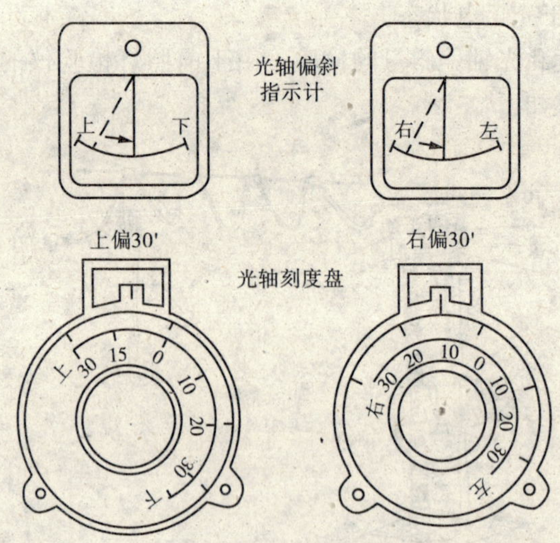

图 3-1-38 光轴偏斜的检验

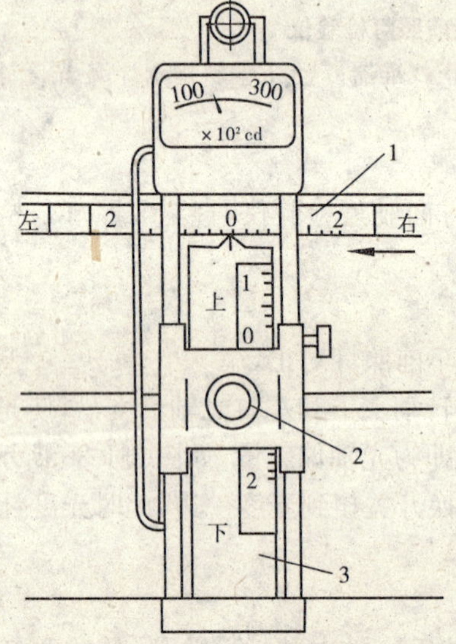

图 3-1-39 左右光轴刻度尺零点校准

1-固定屏幕;2-受光器;3-活动屏幕

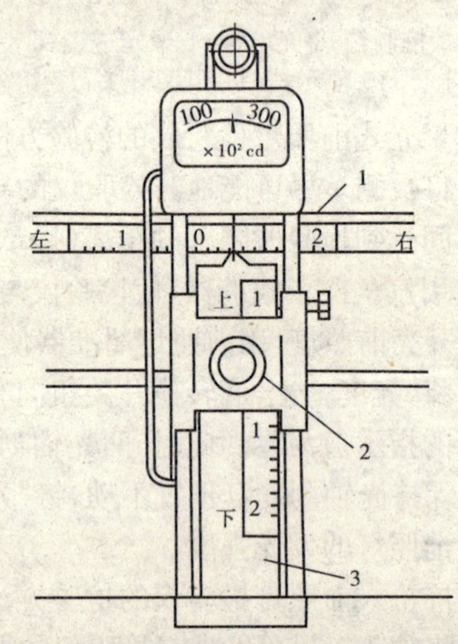

图 3-1-40 光轴偏斜量和发光强度的显示

1-固定屏幕;2-受光器;3-活动屏幕

③投影式前照灯检验仪的检验方法

a. 将被测车尽可能与导轨保持垂直方向驶近检验仪,使前照灯与检验仪受光器相距 3 m。

b. 用汽车摆正找准器使检验仪与被测车对正。

c. 开亮前照灯,移动检验仪,使光束照射到受光器上,并使上下和左右光轴偏斜指示计指示值为零。此时,根据投影屏上前照灯光束影像位置,即可得出光轴的偏斜量。

d. 根据光度计上的指示值,即可得出前照灯的发光强度。

④自动追踪光轴式前照灯检验的检验方法

a. 将被测车尽可能与导轨保持垂直方向驶近检验仪,使前照灯与检验仪受光器相距 3 m。

b. 用汽车摆正找准器使检验仪与被测车对正。

c. 开亮前照灯，接通检验仪电源，用控制器上的上下、左右控制开关移动检验仪的位置，使前照灯光束照射到受光器上。

d. 按下控制器上的测量开关，受光器随即追踪前照灯光轴，根据光轴偏斜指示计和光度计的指示值，即可得出光轴偏斜量和发光强度。

(3)前照灯检验仪的维护。前照灯检验仪的维护按表 3-1-14 的规定进行。

前照灯检验仪维护要领　　表 3-1-14

维护周期	维护部位	维护要领	调修方法
使用前	指示仪表	切断“光轴・光度”转换开关（相当于不受光状态），检查光度计和光轴偏斜指示计的指针机械零点	指针若不在零点，用零点调整旋钮将指针调到零点
	聚光透镜和反射镜	检查镜面有无污垢、是否模糊不清	有污垢时，用软布擦净
	水准器	检查有无气泡与气泡位置	无气泡，应进行修理；气泡位置不对，用调整器调整
	导轨	检查有无泥土或小石块等杂物	如有，要清除干净
3 个月	车轮、支柱和升降台	检查动作是否灵活自如	动作不灵活，应除锈、清洗和润滑。如弯曲变形，应进行修理
	导轨	左右移动检验仪，检查动作是否灵话	如有弯曲，不水平时，应进行修理
6 个月	行走部分	检查工作状况	进行清洁、润滑和调整
	限位开关	检查是否有卡滞	如有，要排除并进行调整
1 年	接受法定计量检定部门的年度检定		

(三)前照灯检验标准及检测结果分析

1. 前照灯检验标准

国家标准 GB 7258—2004《机动车运行安全技术条件》中，对机动车前照灯光束照射位置和前照灯光束发光强度作了规定。

(1)前照灯光束照射位置。

①在检验前照灯近光光束照射位置时，前照灯照射在距离 10 m 的屏幕上时，乘用车前照灯近光光束明暗截止线转角或中点的高度应为 0.7 H～0.9 H（H 为前照灯基准中心高度，下同），其他机动车（拖拉机运输机组除外）应为 0.6 H～0.8H 。机动车（装用一只前照灯的机动车除外）前照灯近光光束水平方向位置向左偏不允许超过 170 mm，向右偏不允许超过 350 mm。

②在检验前照灯远光光束及远光单光束灯照射位置时，前照灯照射在距离 10 m 的屏幕上时，要求在屏幕光束中心离地高度，对乘用车为 0.9 H～1.0 H，对其他机动车为 0.8H ～0.95 H；机动车（装用一只前照灯的机动车除外）前照灯远光光束水平位置要求，左灯向左偏不允许超过 170 mm，向右偏不允许超过 350 mm，右灯向左或向右偏均不允许超过 350 mm。

(2)前照灯光束发光强度。机动车每只前照灯的远光光束发光强度应符合表 3-1-15 要求。

2. 检测结果分析

前照灯检验不合格有两种情况：一是前照灯发光强度偏低；二是前照灯照射位置偏斜。

(1)前照灯发光强度偏低。

①左右前照灯发光强度均偏低,应检查下列项目:

前照灯远光光束发光强度要求(cd)　　表 3-1-15

车辆类型	发光强度要求					
	新注册车			在用车		
	一灯制	两灯制	四灯制★	一灯制	两灯制	四灯制★
最高设计车速小于 70km/h 的汽车	—	10 000	8 000	—	8 000	6 000
其他汽车	—	18 000	15 000	—	15 000	12 000

★四灯制是指前照灯具有四个远光光束。采用四灯制的机动车,其中两只对称的灯达到两灯制的要求时视为合格。

a. 检查前照灯反光镜的光泽是否明亮,如昏暗或镀层剥落或发黑应予更换。

b. 检查灯泡是否老化,质量是否符合要求,如老化或质量不符合要求,光度偏低者应更换。

c. 检查蓄电池端电压是否偏低,如端电压偏低,应先充足电再检测。送检汽车普遍存在蓄电池电量不足,端电压偏低的现象。如由蓄电池供电,前照灯发光强度一般很难达到标准的规定;如由发电机供电则大部分汽车前照灯发光强度增加,多数可达到规定标准。

②左右前照灯发光强度不一致。检查发光强度偏低的前照灯的反射镜光泽是否灰暗,灯泡是否老化,质量是否符合要求,一般多为搭铁线路接触不良。

(2)前照灯光束照射位置偏斜。前照灯安装位置不当或因强烈震动而错位致使光束照射位置偏斜量超标,应予以调整。前照灯光束照射位置偏斜量的调整可在前照灯检验仪上进行。

第三节　汽车燃油经济性能的检验方法和技术要求

一、汽车燃油经济性能检测的意义

对汽车燃油经济性能的评价,一般是通过汽车燃油消耗量试验来确定的,它是用以评价在用汽车技术状况与维修质量的综合性参数,也是诊断和分析汽车故障的重要参考。检测汽车燃油消耗量通常是以燃油消耗检测仪测定的燃油消耗量的容积或质量来表示。在汽车检测站,多是在底盘测功试验台上模拟路试来检测其燃油消耗量。

影响燃料消耗的因素主要有以下几方面:

①车辆的技术状况。包括发动机的技术状况和底盘的技术状况两部分。

②道路条件及气候。包括路面质量,交通混合情况,平原还是坡道,海拔高度和天气等。

③车辆载重及拖运情况。载重量越大和拖挂重量越大,油耗越高。

④驾驶操作。在其他条件相同的情况下,驾驶技术水平不同,油耗可相差 20%～40%。

二、燃油消耗量的检测

汽车燃油消耗量与发动机类型、制造工艺、调整状况、道路条件、气候情况、海拔高度、驾驶技术等多种因素有关。因此，检测方法必须有完整的规范。根据中华人民共和国 GB/T 12545—90《汽车燃料消耗量试验方法》和 GB/T 19233—2003《轻型汽车燃料消耗量试验方法》规定的方法进行检测。乘用车检测结果应符合 GB 19578—2004《乘用车燃料消耗量限值》的规定。

燃油消耗量检测，可采用测定其容积、质量、流量和流速等方法，其中容积法和质量法较常用，特别是容积法应用更为广泛。发动机台架试验时，容积法和质量法是测定发动机消耗一定燃油体积或燃油质量所经过的时间，计算单位时间的燃油消耗量。

汽车道路试验或整车在底盘测功试验台上检测燃油消耗量时，则是测定汽车通过一定里程时消耗的燃油量和通过时间，然后由燃油量、里程和时间，计算试验车速下单位里程体积燃油消耗量（L/100 km）、100 t·km 体积燃油消耗量（L/100 t·km）或单位体积油耗行程（km/L）。

就车测定燃油消耗量时，需采用车用油耗计，这种测量装置具有体积小、重量轻、使用方便、不易损坏的优点，能以蓄电池为电源，可装在车内与里程表并用，可固定安装在汽车上，随汽车长期使用，考核其燃油消耗量。

车用油耗计的形式有多种，常见的为容积式。容积式车用油耗计按其结构不同可分为膜片式、量管式和活塞式 3 种，目前较为常用的有 GD—30 型车用油耗计。

CD－30 型车用油耗计为容积膜片式，适用汽、柴油两种发动机。其电源为直流 12 V，流量范围 2 —30 L/h，最大使用压力±98.066 5 kPa，精度为±1%，仪器的质量仅为1.3 kg。GD—30 型车用油耗计由传感器和计数器两部分组成，如图 3-1-41 所示，传感器串接在待测汽车的油道上(进出油口可以互换)。计数器安装在便于操纵及观察的地方，两者之间用专用电线连接。当燃油流经传感器时，传感器能发生与流经传感器的液体体积成正比的脉冲信号，并将脉冲信号输送到计数器。计数器内有电子放大器将信号放大，并驱动电磁计数器进行记录，然后由数码管显示。实际测量时，应经常检查仪器的计数器工作是否正常、传感器是否正常，特别要注意正确安装及连接。需要说明的是，测出的油耗值必须乘以 K 值，K 的数值在该型号油耗计计数器标牌中已标定，具体操作方法详见 GD—30 型车用油耗计的使用说明书。

PY—14 数字油耗仪、BCY 型及 SLJ—2 型微电脑流量计、AM2018 型燃油消耗测试仪等，也都是由传感器和计数器组成。

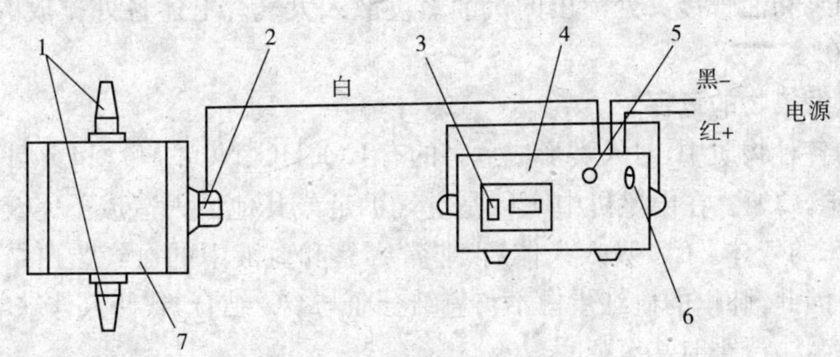

图 3-1-41　GD—30 型车用油耗计

1-进出油口；2-磁敏开关；3-复位按钮；4-计数器；5-电源指示灯；6-电源开关；7-传感器

第四节　汽车排气污染物测定与分析

随着汽车工业的迅速发展，汽车保有量急剧增加，汽车排放对大气的污染已构成公害。它恶化了人类的生存环境，影响了人们的身体健康，已发展成为严重的社会问题。因此，监督并检测汽车排气污染物的浓度，已成为汽车检测中重要的检测项目。为限制汽车排气污染物的排放量，世界上许多国家都制定了限制汽车排放的法规，其中美、日等国对汽车排放限制最为严格。我国自1983年颁布第一批机动车污染控制排放标准(GB 3842．3844—83)以来，又陆续颁布了一些新的标准，2005年7月1日开始执行GB 18285—2005《点燃式发动机汽车排气污染物排放限值及测量方法(双怠速法及简易工况法)》和GB 3847—2005《车用压燃式发动机和压燃式发动机汽车排气烟度排放限值及测量方法》。

一、汽车排气污染物的主要成分及其危害

1.汽车排气污染物的主要成分

汽车排气的污染物，主要是一氧化碳(CO)、碳氢化合物(HC)、氮氧化合物(NO_X)、铅化合物、二氧化硫(SO_2)、炭烟及其他一些有害物质。在相同工况下，汽油机排放的CO、HC和NO_X量比柴油机大，因此，目前的排放法规对汽油机主要限制CO、HC和NO_X的排放量。柴油机对大气的污染较汽油机要轻，其CO、NO_X排放量通常为汽油机的1/4～1/3，但柴油机燃烧时混合气形成时间非常短，在空气不足或混合气不均匀的情况下，会产生炭烟污染，因此排放法规主要限制柴油机排气的烟度。

汽车排气污染物主要有3个来源：

①发动机排气管排出的废气(亦称尾气)。汽车排放中的有害污染物中，大约55%的HC和绝大部分CO、NO_x、SO_2、微粒等都是由排气管排出的。

②曲轴箱窜气。曲轴箱窜气的主要成分是HC(占HC总排量的20%～25%)，其余还有CO、NO_x、SO_2等成分。

③汽油蒸气。主要是化油器的浮子室因受发动机高温的影响，汽油蒸气经空气滤清器排入大气或从汽油泵和油管接头处渗出的汽油蒸发散入大气。上述各处排放的主要是HC，约占总排出量的20%。

2.汽车排气污染物的危害

汽车排出的各种物质中，对人类形成危害的有CO、HC、NO_X、SO_2和炭烟等。

(1)一氧化碳(CO)。在内燃机中，CO是空气不足或其他原因造成不完全燃烧时，所产生的一种无色、无味的气体。CO吸入人体后，非常容易和血液中的血红蛋白结合，它的亲和力是氧的300倍。因此，肺里的血红蛋白不与氧结合而与CO结合，致使人体缺氧，引起头痛、头晕、呕吐等中毒症状，严重时甚至死亡。

CO的容许限度规定为8 h内100×10^{-6}(体积分数，以下同)。如1 h内吸入500×10^{-6}的CO，就会出现中毒症状，并危害中枢神经系统，造成感觉、反应、理解、记忆等机能障碍，严重时会引起神经麻痹。如1h内吸入$1\,000\times10^{-6}$的CO，就会发生死亡。

(2)碳氢化合物(HC)。HC是指发动机废气中的未燃部分,还包括供油系中燃料的蒸发和滴漏。单独的HC只有在浓度相当高的情况下才会对人体产生影响,一般情况下作用不大,但它能引起光化学反应,生成光化学氧化剂,且生成甲醛,形成烟雾,影响视线,刺激眼粘膜。

(3)氮氧化合物(NO_X)。NO_X是发动机大负荷工作时大量产生的一种褐色的有臭味的废气。发动机废气刚一排出时,气内存在的NO毒性较小,但NO很快氧化成毒性较大的NO_2等其他氮氧化合物。这些氮氧化合物,我们统称为NO_X。NO_X进入肺泡后能形成亚硝酸和硝酸,对肺组织产生剧烈的刺激作用。亚硝酸盐则能与人体内的血红蛋白结合,形成变性血红蛋白,可在一定程度上导致组织缺氧。3.5×10^{-6}的NO_2作用1 h即可对人产生有害影响,而0.5×10^{-6}的NO_2作用1 h可对自然界中的某些敏感植物产生毒害作用。

NO_X与HC受阳光中紫外线照射后会发生化学反应,形成光化学烟雾。当光化学烟雾中的光化学氧化剂超过一定浓度时,具有明显的刺激性。它能刺激眼结膜,引起流泪并导致红眼症,同时对鼻、咽、喉等器官均有刺激作用,能引起急性喘息症。光化学烟雾还具有损害植物、降低大气能见度、损坏橡胶制品等危害。

(4)二氧化硫(SO_2)。SO_2有强烈的气味,当空气中SO_2的体积分数达10×10^{-6}时就可刺激咽喉与眼睛;体积分数达40×10^{-6}时会使人中毒。若大气中含SO_2过多,还会形成“酸雨”,损害生物,使土壤与水源酸化,影响自然界的生态平衡。

当汽车使用催化净化装置时,就算很少量的SO_2也会逐渐在催化剂表面堆积,造成所谓催化剂中毒,危害催化剂的使用寿命。

(5)炭烟。炭烟以柴油机排放量为最多,是柴油发动机燃油燃烧不完全的产物,其内含有大量的黑色炭颗粒。炭烟能影响道路上的能见度,并因含有少量的带有特殊臭味的乙醛,往往引起人们恶心和头晕。为此,包括我国在内的不少国家都规定了最大允许的烟度值,并规定了测量方法。

二、汽油车排气污染物的检验

国家标准GB 18285—2005《点燃式发动机汽车排气污染物排放限值及测量方法(双怠速法及简易工况法)》,在测量方法中指出,测量仪器应采用不分光红外线(NDIR)气体分析仪。

(一)不分光红外线气体分析仪的构成及工作原理

该分析仪是从汽车排气管内搜集取出汽车的尾气,并对气体中所含有的CO和HC的浓度进行连续测定。它主要由尾气采收部分、尾气分析部分、尾气指示部分和校正装置等构成。用于检测除使用闭环控制电子燃油喷射系统和三元催化转化器技术的汽车以外的,装配点燃式发动机的在用汽车排气污染物的排放浓度。

1. 排气采集部分

气体分析仪的流程图如图3-1-42所示,由探测头、过滤器、导管、水分离器和泵等构成。用探头、导管、泵从排气管采集尾气。排气中的粉尘和炭粒用过滤器滤除,水分用水分离器分离出去。最后,将气体输送到分析部分。

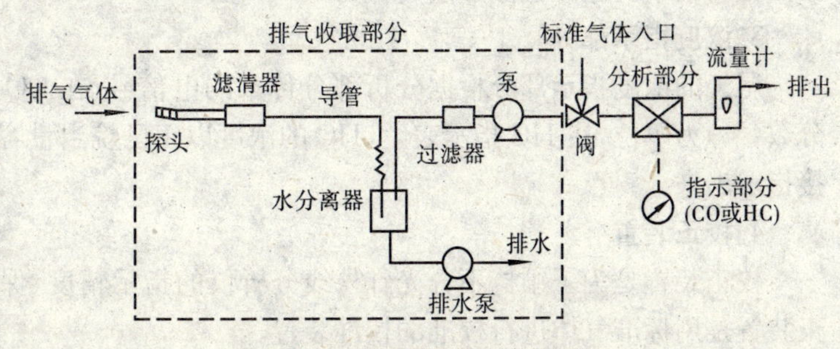

图3-1-42 气体分析仪的流程图

2.排气污染物的分析部分

这种废气分析仪的测量原理是建立在一种气体只能吸收其独特波长的红外线特性基础上的，即是基于大多数非对称的多原子(除了单原子气体和相同原子的双原子气体如 H_2、O_2、N_2 外)气体对红外线波谱带(一般工业用为 2.5 ～10 μm)中一定波长具有吸收功能，而且其吸收程度与被测气体的浓度有关。如 CO 能吸收 4.5 ～5 μm 波长的红外光线、CO_2 能吸收 4～4.5 μm 波长的红外光线、CH_4 能吸收 2.3 μm、3.4 μm、7.6 μm 波长的红外光线、NO 能吸收 5.3 μm 波长的红外光线。该分析部分是由红外线光源、测量室(测定室和比较室)、回转扇和检测器构成。从采集部分输送来的多种气体共存在尾气中，通过不分光红外线分析部分分析测定气体(CO、HC)的浓度，用电信号将其输送到浓度指示部分。工作原理如图 3-1-43 所示，它由两个红外线光源发出两组分开的射线，这些射线被两旋转扇片同相地遮断，从而形成射线脉冲，射线脉冲经滤清室，测量室而进入检测室，测量室由两个腔室组成，一个是比较室，另一个是测定室。比较室中充有不吸收红外线的氮气，使射线能顺利通过。测定室中连续填充被测试的尾气，尾气中 CO 含量越高，被吸收的红外线就越多。

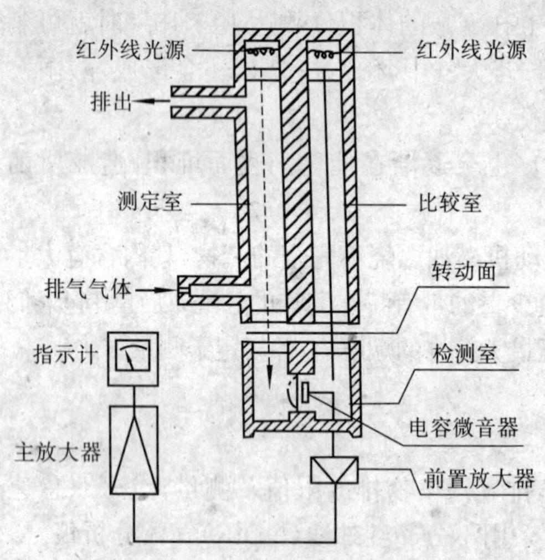

图 3-1-43 电容微音器式分析装置

检测室由容积相等的左右两个腔室组成，其间用一金属膜片隔开，两室中充有同摩尔数的 CO。由于射到检测室左室的红外线在通过测定室时，一部分射线已被排气中的 CO 吸收，而通过比较室到达检测室右室的红外线并未减少，这样检测室左右两室吸收的红外线能量不同，从而产生了温差，温度的差异导致了压力差的存在，使作为电容器一个表面的金属膜片弯曲。弯曲振动的频率与旋转扇片的旋转频率相符。排气中的 CO 浓度越大，振幅就越大。膜片振动使电容改变，电容的改变引起电压的改变，从而产生交变电压。交变电压经放大，整流成直流信号，变为被测成分浓度的函数，便实现了仪表测量。而 HC 由于受到其他共存气体的影响，可使用固体滤光片，巧妙地利用了正己烷红外线吸收光谱。因此，样品室内共存的 CO、CO_2、H_2O 等 HC 以外的气体所产生的红外线均被吸收，再经检测室窗口的选择和去除，仅让具有 3.5 μm 附近波长的 HC(正己烷)到达检测室内。HC(正己烷)被封入检测器，样品室中的 HC(正己烷)吸收量也就能被检测器检测出来。这种检测方法简称为 NDIR 法。

3.浓度指示部分

尾气的浓度指示部分根据分析部分传来的电信号，在 CO 指示表上 CO 的浓度以容积百分数(%)为单位，在 HC 指示表上，HC 的浓度以正己烷当量容积百万分数($\times 10^{-6}$)为单位直接指示出来。

4.校正装置

校正装置是为了维持不分光红外线分析仪的指示精度、保持准确的测定值而设置的。校正装置是用标准气体进行校准的校准装置。

标准气体的校准装置是用标准气体从专用注入口直接注入分析部分，通过标准气体浓度和仪表指示值的比较，进行校正。

(二)四气体/五气体分析仪

怠速工况法测定 CO、HC 两种气体的排放量已无法有效反映汽车排气污染物对大气的污染现状，更不能满足环保部门对全球环境全面严格监控的要求。因此，除测定 CO、HC 外，还必须测定汽车排气中的 NO_2 和 CO_2。同时，汽车排气中含氧量是装有电控燃油喷射发动机的汽车计算机监控空燃比、控制排放量、保护三效催化转化器正常工况的重要信号。为此，目前对汽车的尾气排放检测就增加了 O_2 的检测要求。因此，现在使用的对汽车尾气排放检测用的气体分析仪，要对 CO、HC、NO_2、CO_2、O_2 等五种气体进行检测。

对于五种气体(CO、HC、CO_2、NO_2 和 O_2)成分的浓度通常采用两种不同的方法进行检测，其中 CO、HC、CO_2 通过不分光红外线不同波长能量吸收的原理(即 NDIR 法)来测定。而 NO_2、O_2 的浓度通常采用电化学的原理来测定，排气中含氧量的浓度通过测试通道中设置氧传感器即可测定。NO_2($NO+NO_2$)浓度可采用化学发光法(CLD)的原理进行测定，虽然 NO 也可以用 NDIR 法来检测，但不如化学发光法。化学发光法具有灵敏度高(约 0.1×10^{-6})、反应速度快(一般为2 ～4 s)、线性好(在 $10^4\times10^{-6}$ 内)，适于低浓度连续分析等优点。

CLD 测试基本原理如图 3-1-44 所示，NO 和过量的 O_3 的相互作用，产生某些激化态 NO_2^* 分子，这些 NO_2^* 分子衰减到基本态 NO_2 时，就会发射出波长为 0.59 ～2.5 μm 的光量子 hγ(h 为普朗克常数，γ 为光子的频率)，其化学发光强度，即光电倍增管的光电流大小，与样气中的 NO 浓度成正比。使用适当的光电检测器(如光电二极管)即可根据检测计信号的强弱换算出 NO 的含量。对于排气中的 NO_2，通过转换器分解成 NO。用上述方法分析，要经常检查 NO_2 的转换率是否低于 90%，否则将影响测试的精度。

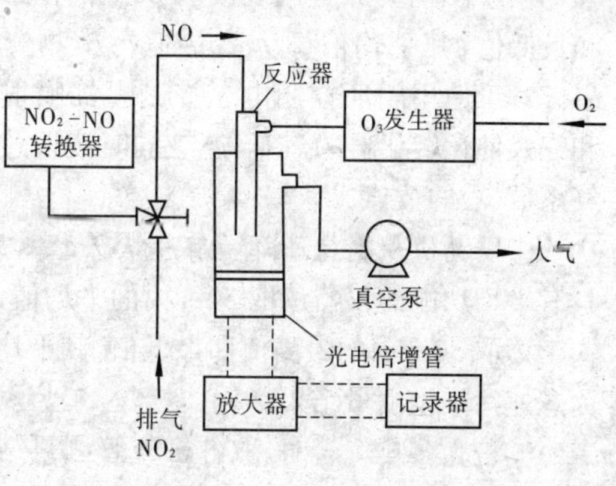

图 3-1-44　CLD 测试过程

因 CLD 法测定 NO_x 浓度的设备结构较复杂，故市场上提供的有些在线快速检测很少用五气体分析仪，而多采用与 CO、HC、CO_2 相同的不分光红外线检测原理，但需要说明的是对 NO_2 来说这种方法测定的精度较低。

(三)装配点燃式发动机的在用汽车排气污染物的检验方法

1.双怠速检验方法

用双怠速检验方法对装配点燃式发动机的在用汽车排气污染物进行检测时，应按照 GB 18285—2005《点燃式发动机汽车排气污染物排放限值及测量方法(双怠速法及简易工况法)》规定的检测程序进行。

(1)测量仪器的技术要求。对 2000 年 7 月 1 日以前生产的第一类轻型车、2001 年 10 月 1 日以前生产的第二类轻型车，以及 2004 年 9 月 1 日以前生产的重型车检测的测量设备应符合以下技术要求：

①各排气组分均应采用不分光红外线吸收型(NDIR)气体分析仪。

②测量仪器的使用环境、量程范围、响应时间及精度应符合 HJ/T 3—93 的规定。

③取样软管长度等于 5.0 m，取样探头长度不小于 600 mm，并应有插深定位装置。

④仪器的取样系统不得有泄漏，由标气口静态标定和由取样系统动态标定的结果对 CO 应一致，对 HC 允差 100×10^{-6}。

⑤仪器应有在大气压为 86 ～106 kPa 范围内保持上述各项性能指标要求的措施。

对于其他车辆的检测，排放测量设备应符合 GB 18285—2005《点燃式发动机汽车排气污染物排放限值及测量方法（双怠速法及简易工况法）》附录 A 的技术要求。

（2）测量程序：

①应保证被检测车辆处于制造厂规定的正常状态，发动机进气系统应装有空气滤清器，排气系统应装有排气消声器，并不得有泄漏。

②应在发动机上安装转速计、点火正时仪、冷却液和润滑油测温计等测量仪器。测量时，发动机冷却液和润滑油温度应不低于 80℃，或者到达汽车使用说明书规定的热车状态。

③发动机从怠速状态加速至 70％额定转速，运转 30 s 后降至高怠速状态。将取样探头插入排气管中，深度不少于 400 mm，并固定在排气管上，维持 15 s 后，由具有平均功能的仪器读取 30 s内的平均值，或者人工读取 30 s 内的最高值和最低值，其平均值即为高怠速污染物测量结果。对于使用闭环控制电子控制燃油喷射系统和三效催化转化器的汽车，还应同时读取过量空气系数（λ）的数值。

④发动机从高怠速降至怠速状态 15 s 后，由具有平均功能的仪器读取 30 s 内的平均值，或者人工读取 30 s 内的最高值和最低值，其平均值即为怠速污染物测量结果。

⑤若为多排气管时，取各排气管测量结果的算术平均值作为测量结果。

⑥若车辆排气管长度小于测量深度时，应使用排气加长管。

⑦对于单一燃料汽车，仅按所用燃料进行排放检测；对于两用燃料汽车，要求对两种燃料分别进行排放检测。

⑧测量结果判定：

a. 如果排放污染物检测值有一项超过规定的限值，则认为排放不合格。

b. 对于使用闭环控制电子控制燃油喷射系统和三效催化转化器的汽车，如果检测的过量空气系数（λ）超过了标准规定的要求，则认为排放不合格。

用仪器对装配点燃式发动机的在用汽车排气污染物进行双怠速法仪器测量程序如图3-1-45

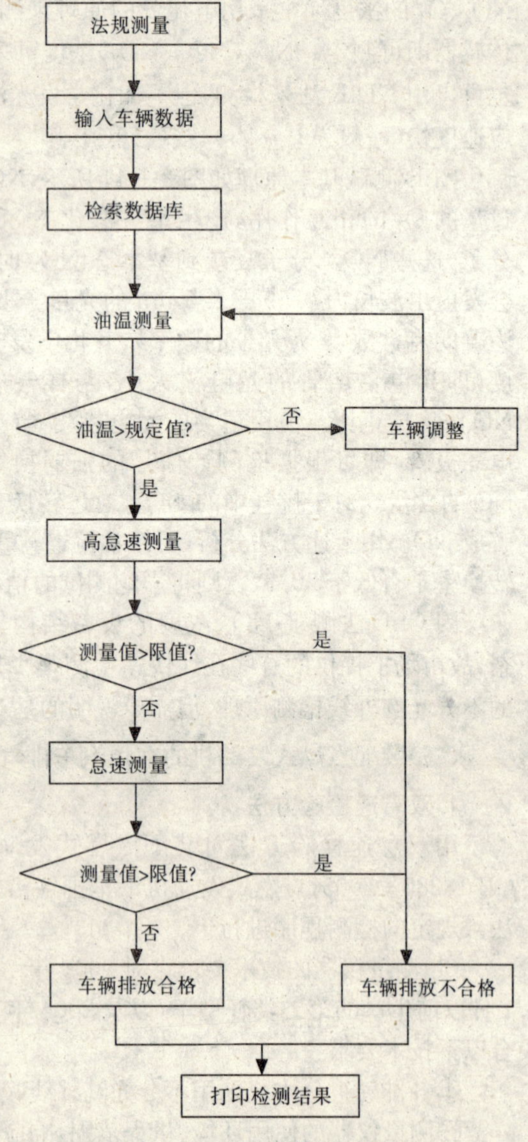

图 3-1-45　双怠速法仪器测量程序

所示。

2.稳态工况检验方法

GB 18285—2005《点燃式发动机汽车排气污染物排放限值及测量方法(双怠速法及简易工况法)》中规定了对装配点燃式发动机的在用汽车排气污染物进行简易工况法检验的三种方法:稳态工况法、瞬态工况法、简易瞬态工况法。目前使用最多是稳态工况法。

(1)稳态工况法概述。

①在底盘测功机上的测试运转循环:

在底盘测功机上的稳态工况法(ASM)试验运转循环由 ASM5025 和 ASM2540 两个工况组成,如图 3-1-46 和表 3-1-16 所示。

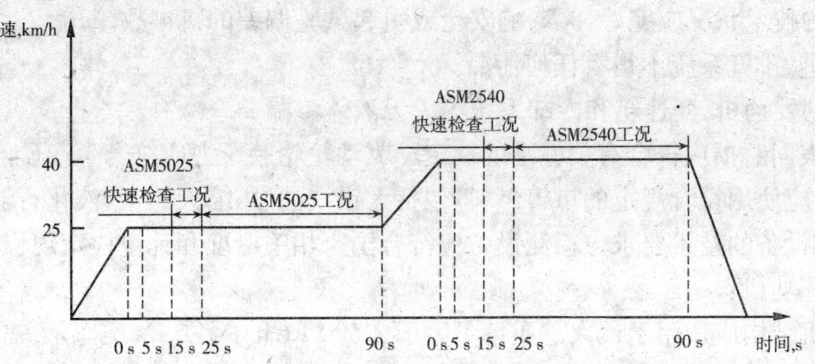

图 3-1-46 稳态工况法(ASM)试验运转循环

稳态工况法(ASM)试验运转循环表 表 3-1-16

工 况	运转次序	速度(km/h)	操作时间(s)	测试时间(s)
5025	1	25	5	—
	2	25	15	
	3	25	25	10
	4	25	90	65
2540	5	40	5	—
	6	40	15	
	7	40	25	10
	8	40	90	65

②ASM5025 工况:

经预热后的车辆加速至 25.0 km/h,测功机以车辆速度为 25.0 km/h、加速度为 1.475 m/s^2时的输出功率的 50%作为设定功率对车辆加载,工况计时器开始计时(t=0 s)。车辆以25.0 ±1.5 km/h的速度持续运转 5 s,如果底盘测功机模拟的惯量值在计时开始后持续 3 s 超出所规定误差范围时,工况计时器将重新开始计时(t=0 s)。如果再次出现该情况,检测将被停止。系统将根据分析仪最长响应时间进行预置,(如果分析仪响应时间为 10 s,则预置时间为10 s,t=15 s),然后系统开始取样,持续运行 10 s(t=25 s)。快速检查工况结束后,继续运行至 90 s(t=90 s)即为 ASM5025 工况。

③ASM2540 工况:

ASM5025 工况检测结束后,车辆立即加速至 40.0 km/h,测功机以车辆速度为

40.0 km/h,加速度为 1.475 m/s^2 时的输出功率的 25%作为设定功率对车辆加载。工况计时器开始计时(t=0 s)。车辆以 40.0 ±1.5 km/h 的速度持续运转 5 s,如果底盘测功机模拟的惯量值在计时开始后持续 3 s,超出所规定误差范围,工况计时器将重新开始计时(t=0 s)。如果再次出现该情况,检测将被停止。系统将根据分析仪最长响应时间进行预置(如果分析仪响应时间为 10 s,则预置时间为 10 s,t=15 s),然后系统开始取样,持续运行 10 s(t=25 s),即为 ASM2540 快速检测工况。ASM2540 快速检查工况结束后继续运行至 90 s(t=90 s),即为 ASM2540 工况。

(2)车辆和燃料。

①试验车辆:

a. 车辆的技术状况应完好,无影响安全或引起试验偏差的机械故障。

b. 车辆进、排气系统不得有任何泄漏。

c. 车辆的发动机、变速箱和冷却系统等应无液体渗漏。

d. 轮胎表面磨损应符合有关标准的规定。驱动轮轮胎压力应符合生产厂的规定。

②燃料:应使用符合规定的市售燃料,包括无铅汽油、压缩天然气、液化石油气等。

(3)检测设备的技术要求。检测设备应符合国家相关标准和计量检定规程的规定。

①底盘测功机:

a. 测功机结构应适用于最大总质量不大于 3 500 kg 的 M 类、N 类车辆。

b. 根据检测录入的车辆参数,测功机应能自动选择测试工况的加载功率。

c. 测功机功率吸收装置。设定的测功机加载功率允许波动范围为±0.2 kW。设定测功机对车辆的加载功率时,应考虑到车轮与滚筒表面的摩擦损失功率和测功机内部损失功率,并按下列公式进行功率设定

$$P_i = P_t - P_c - P_f \qquad (3\text{-}1\text{-}7)$$

$$P = P_i + P_c$$

式中:P——设定功率值,根据基准质量和试验工况确定,kW;

P_i——测功机的指示功率,kW;

P_t——车辆规定工况的输出功率,kW;

P_f——测功机滚筒与轮胎表面摩擦损失功率,kW;

P_c——测功机内部损失功率,kW。

测功机功率吸收装置应能满足最大总质量(GVM)小于 3 500 kg 的 M 类、N 类车辆进行 ASM5025 和 ASM2540 工况时的试验负荷要求。在滚筒转速大于 22.5 km/h 时,功率吸收装置吸收的功率应不少于 15 kW,稳定的试验状态应不少于 5 min,每次试验间隔 3 min,连续试验应不少于 10 次。

测功机应定期标定系统的内部损失功率(包括轴承摩擦损失、系统驱动摩擦损失和风阻损失等)。

应使用电功率吸收装置。在 0~40℃环境范围内,测功机在 25 km/h 和 40 km/h 的转速下,吸收功率应能以 0.1 kW 为单位进行调整。功率设定的准确度应为±0.2 kW。

d. 滚筒。测功机应装备双滚筒。滚筒直径为 200 ~530 mm 之间。同一地区的检测项目应采用配备同一直径滚筒的底盘测功机。可采用左右可移动式滚筒或固定式滚筒。固定式滚筒内外跨距要求能满足轻型车工况检测的安全要求。

滚筒中心距要求

$$L=(620+D)\sin 31.5^{\circ} \tag{3-1-8}$$

式中：L——滚筒轴间距，mm；

D——滚筒直径，mm。

滚筒轴间距公差为－6.5 ～12.5 mm。

在任何气候条件下，滚筒尺寸、表面处理和硬度均应保证轮胎不打滑；测试距离、速度精度恒定；轮胎磨损小、噪声低。

e. 惯量：

■基准惯量

测功机应配备机械飞轮或惯量模拟装置，使测功机具有不得低于 900 ±20 kg 的基准惯量；并在铭牌上标明基准惯量。

■惯量模拟

测功机应能模拟基准质量小于 3 500 kg 的车辆在加速度为 0 ～1.475 m/s^2 时的瞬态惯量。惯量为 800 ～2 700 kg，速度为 90 km/h 的车辆加速时测功机最大模拟输出功率应大于 18 kW。应标明惯量模拟偏差，惯量模拟应做相应修正。

■惯量模拟系统响应

惯量模拟扭矩响应在 0.3 s 内应达到扭矩变化终值的 90%。

■惯量模拟误差

惯量模拟误差应不超过被试车辆所选惯性质量的±3%。

f. 其他要求

■测功机应有滚筒转速测量装置。测功机应能达到的最高车速为 90 km/h。车速大于 10 km/h 时，测量准确度应为±0.2 km/h。

■测功机应配备限位系统。限位系统应保证施加于驱动轮上的水平、垂直方向的力对排放测量没有影响。

■测功机应配备冷却车辆的装置。环境温度超过 22℃时冷却系统应启动。应避免冷却车辆催化转化器。

■测功机的安装应保证测试车辆在测功机上试验时处于水平位置。

■四轮驱动测功机应能按以上的规定对车辆正确加载，不能损坏车辆的四轮驱动系统，并适用于加装防抱死制动系统和牵引力控制系统的车辆。前后车辆滚筒速度同步误差应小于 0.3 km/h。

②测量仪器

a. 排气分析仪

■取样系统由水气分离装置、颗粒过滤装置、取样泵和流量控制装置构成，应保证可靠耐用，无泄漏并且易于维护。与取样气体接触的制造材料不能与取样气体发生化学反应，并且不污染取样气体或改变被分析气体的特性。取样系统必须耐腐蚀，并能耐受 ASM 工况检测过程中车辆的排气温度。

■取样探头插入车辆排气管深度应不小于 400 mm，所用材料应能耐受 600℃的排气温度。

■排气分析仪应能测试双排气管车辆。双取样探头应保证各支管流量相同。

■排气。通风系统不应引起探头取样点尾气被稀释，且不能引起车辆排气出口压力变化大于 0.25 kPa。

■排气分析仪应能满足至少每秒一次的废气浓度测试能力。

■出现下列情况系统取样分析应自动停止工作：排气分析仪未进行充分预热；无关气体干扰影响超过±10×10⁻⁶HC、±0.05%CO、±0.20%CO_2 和±25×10⁻⁶NO；取样系统中 HC 残留量浓度大于 10×10⁻⁶；零点漂移或标定时的读数漂移超过分析仪调整范围。

■排气分析仪应能抗电磁干扰，抗振动冲击。

■排气分析仪响应要求：排气分析仪对 HC、CO、CO_2 分析，从探头输入被测气体到显示终值的 90%响应时间应小于 8 s，显示终值的 95%反应时间应小于 12 s；对 NO 分析，从探头输入被测气体到显示终值的 90%响应时间应小于 12 s，NO 稳定值读数下降到 10%稳定读数值的响应时间应小于 12 s。

■HC、CO 和 CO_2 分析应采用不分光红外吸收型（NDIR）气体分析仪，NO 分析应采用（CLD）测试法或其他等效方法。仪器量程和测量误差应满足表 3-1-17 的要求（满足相对误差和绝对误差任一项即可）。

仪器量程和测量误差要求 表 3-1-17

气体种类	量程	测量误差	
		相对误差	绝对误差
HC	$0 \sim 2\,000\times10^{-6}$	±5%	$\pm10\times10^{-6}$
	$2\,001\times10^{-6} \sim 2\,000\times10^{-6}$	±10%	—
CO	0～10%	±5%	±0.05%
	10.01%～14%	±10%	—
CO_2	0～16%	±5%	±0.5%
	16%～18%	±10%	—
NO	$0 \sim 4\,000\times10^{-6}$	±5%	$\pm25\times10^{-6}$
	$4\,000\times10^{-6} \sim 5\,000\times10^{-6}$	±10%	—

b. 其他测量装置

■湿度计。设备应配备湿度计，相对湿度测量范围应为 5%～95%，测量准确度应为±3%。湿度计须安置在能直接采集检测场内环境湿度的地方，按检测程序要求向控制计算机传输实时数据。

■温度计。设备应配备温度计，温度测量范围应为 255～333 K（－18～60℃），测量准确度应为±1.5 K。温度计应安置在能直接采集检测场内环境温度的地方，按检测程序要求向控制计算机传输实时数据。

■气压计。设备应配备气压计，气压测量范围应为 80～110 kPa，测量准确度应为±3%。在大气压力变化不大的地区，系统应能够允许人工输入检测地域的季节大气压力。

■计时器。计时器测量范围为 10～1 000 s，测量准确度应为±0.1%。

c. 测量仪器显示分辨力

测量仪器显示分辨力应满足表 3-1-18 的要求。

测量仪器显示分辨力　　表 3-1-18

类　别	分 辨 率
HC	1×10^{-6}(正己烷当量)
NO	1×10^{-6}
CO	0.01%
CO_2	0.1%
速度	0.1km/h
载荷	0.1kW
相对湿度	1%
干球温度	1℃
气压计压力	0.1kPa

③试验准备

a. 车辆准备

■如需要，可在发动机上安装冷却液和润滑油测温计等测试仪器。

■应关闭空调、暖风等附属装备。装备牵引力控制装置的车辆应关闭牵引力控制装置。

■车辆预热：进行试验前，车辆各总成的热状态应符合汽车技术条件的规定，并保持稳定。在试验前，车辆的等候时间超过 20 min 或在试验前熄火超过 5 min，应选以下任一种方法预热车辆：车辆在无负荷状态使发动机以 2 500 r/min 转速运转 4 min；车辆在测功机上按 ASM5025 工况运行 60 s。

■变速器的使用：自动变速器车辆应使用前进挡进行试验。手动变速器车辆应使用二挡进行试验，如果二挡所能达到的最高车速低于 45 km/h 可使用三挡。

■车辆驱动轮应位于滚筒上，必须确保车辆横向稳定。驱动轮轮胎应干燥防滑。

■车辆应限位良好：对前轮驱动车辆，试验前应使驻车制动起作用。

■在试验工况计时过程中，车辆不允许制动。如果车辆制动，工况起始计时应重新预置($t=0$)。

b. 设备准备

■排气分析仪预热：应在通电后 30 min 内达到稳定。在 5 min 内未经调整，零位及 HC、CO、NO 和 CO_2 的量距读数应稳定在误差范围内。

■在每次开始试验前 2 min 内，分析仪器应完成自动调零、环境空气测定和 HC 残留量的检查。

■在每天开机开始检测前，应对排气分析仪取样系统进行泄漏检查，如未进行泄漏检查或泄漏检测没有通过，系统应该锁定，停止检测。

■ 测功机预热：测功机每天开机后，应以转速小于 25 km/h 的工况运转 30 min，应在进行试验前预热。此预热应由系统自动控制完成，如没有按规定完成预热，系统应锁定不能进行检测。

■载荷设定：在进行每个工况试验前，测功机应根据输入的车辆参数及试验工况按 GB 18285—2005《点燃式发动机汽车排气污染物排放限值及测量方法(双怠速法及简易工况法)》附件 BA 的要求自动设定对车辆的加载载荷，并符合要求。

■在试验循环开始前，应记录环境温度、相对湿度和大气压力。

■CO与CO_2浓度之和小于6%时，或发动机在测试中途熄火时，应终止试验，排放测量无效。

④测试程序。车辆驱动轮位于测功机滚筒上，将分析仪取样探头插入排气管中，深度为400 mm，并固定于排气管上，对独立工作的多排气管应同时取样。

a. ASM5025工况。

车辆经预热后，加速至25 km/h，测功机根据测试工况要求加载，工况计时器开始计时(t=0 s)，车辆保持25 ±1.5 km/h等速5 s后开始检测。当测功机转速和扭矩偏差超过设定值的时间大于5 s，检测应重新开始。然后系统根据规定开始预置10 s之后，开始快速检查工况，计时器为t=15 s时，分析仪器开始测量，每秒钟测量一次，并根据稀释修正系数及湿度修正系数计算10 s内的排放平均值。至此，运行10 s(t=25 s)ASM5025快速检查工况结束；车辆运行至90 s(t=90 s)时，ASM5025工况结束；测功机在车速25.0±1.5 km/h的允许误差范围内，加载扭矩应随车速的变化作相应的调整，保证加载功率不随车速改变。扭矩允许误差为该工况设定扭矩的±5%。

在测量过程中，任意连续10 s内，从第1 s至第10 s的车速变化，相对于第1 s小于±0.5 km/h时，测试结果有效。快速检查工况10 s内的排放平均值，经修正后如果等于或低于限值的50%，则测试合格，检测结束；否则应继续进行至90 s工况。如果所有检测污染物连续10 s的平均值均低于或等于限值，则该车应判定为ASM5025工况合格。继续进行ASM2540检测；如任何一种污染物连续10 s的平均值超过限值，则测试结果判为不合格，检测结束。在检测过程中，如任意连续10 s内的任何一种污染物10次排放值经修正后，均高于限值的500%，则测试结果判为不合格，检测结束。

b. ASM2540工况。车辆从25 km/h直接加速至40 km/h，测功机按测试工况要求加载，工况计时器开始计时(t=0 s)，车辆保持40 ±1.5 km/h等速5 s后开始检测。当测功机转速和扭矩偏差超过设定值的时间大于5 s时，检测应重新开始。然后系统按规定预置10 s之后，开始快速检查工况，计时器为t=15 s时，分析仪器开始测量，每秒钟测量一次，并根据稀释修正系数及湿度修正系数，计算10 s内的排放平均值。运行10 s(t=25 s)，ASM2540快速检查工况结束。车辆运行至90 s(t=90 s)，ASM2540工况结束。测功机在车速40.0 ±1.5 km/h的允许误差范围内，加载扭矩应随车速的变化做相应的调整，保证加载功率不随车速改变。扭矩允许误差为该工况设定扭矩的±5%。

在测量过程中，任意连续10 s内第1 s至第10 s的车速变化相对于第1 s小于±0.5 km/h时，测试结果有效。快速检查工况10 s内的排放平均值经修正后，如果等于或低于限值的50%，则测试结果判为合格，检测结束；否则应继续进行至90 s工况。如果所有检测污染物连续10 s的平均值均低于或等于限值，则该车应判定为合格。如任何一种污染物连续10 s的平均值超过限值，则测试不合格，检测结束。在检测过程中，如任意连续10 s内的任何一种污染物10次排放值，经修正后高于限值的500%，则测试结果判为不合格，检测结束。

3. 瞬态工况检验方法

瞬态工况检验的方法应按GB 18285—2005《点燃式发动机汽车排气污染物排放限值及测量方法(双怠速法及简易工况法)》中附录C的规范要求进行。

4. 简易瞬态工况检验方法

简易瞬态工况检验的方法应按GB 18285—2005《点燃式发动机汽车排气污染物排放限值及测量方法(双怠速法及简易工况法)》中附录D的规范要求进行。

5. 不分光红外线气体分析仪的维护

不分光红外线气体分析仪的维护按表 3-1-19 的规定进行。

不分光红外线气体分析仪维护要领　　表 3-1-19

维护周期	维护部位	维护要领	调修方法
使用前	指示仪表	在不接通电源的状态下，检查指针的机构零点	偏离时，调节零点调整旋钮，直至合格
	流量计	从气体入口处取下导管，用手遮盖进气口，检查其动作状态	当发现不能正常动作时，应进行修理
	取样探头和导管	检查有无压扁、割坏、不通、脏污等情况	当发现已压扁、割坏时应更换新件；脏污不通时，用布和压缩空气清扫
	滤清器	检查脏污程度	脏污时应更换
	水分离器	检查存水量	发现有存水时，取下，排尽余水，并擦拭干净
	校准装置（标准气样校准和简易校准装置）	接通电源进行必要的预热，吸进清净空气，检查零点调整是否灵敏、有效。关闭泵开关（校准、测定转换开关，放在校准侧），注入标准气样。检查能否进行标准调整（频率按制造厂的规定），打开简易校准开关，检查动作状态和指针位置，即刻度板的调整位置	不能调整时，应送专业厂家修理。HC 分析仪的标准气样是丙烷，所以应通过下式求校准的基准值： 校准基准值＝标准气样浓度×换算系数 当发现不能调整时，应进行修理
	接线	检查有无损伤和接触不良的地方	如发现有接触不良和断线处. 应更换新线
6 个月	对仪器进行校准		
1 年	接受法定计量检定部门的年度检定		

三、柴油车排气烟度的检验方法

柴油车排气烟度的检测，应按 GB 3847—2005《车用压燃式发动机和压燃式发动机汽车排气烟度排放限值及测量方法》中附录 I、J、K 的规范进行。

汽车排烟以柴油车为甚。柴油车排出的烟色，主要分为黑烟、蓝烟和白烟三种。其中，以柴油机在全负荷和加速工况时，排出的黑色炭烟最为常见。

柴油机的排气烟度用烟度计来测量。烟度计分为滤纸式烟度计、不透光式烟度计和重量式烟度计等多种。使用不同的烟度计，烟度的定义也不同，如滤纸式烟度计，烟度的定义是：定容量排气所透过滤纸的染黑度。

柴油车排气烟度的测量，从测量方法、测量仪器到烟度的允许限值，目前尚未形成世界性的统一标准，各国都根据本国的具体情况制定了有关规定。我国国家标准 GB 3847—2005《车用压燃式发动机和压燃式发动机汽车排气烟度排放限值及测量方法》，在测量方法中规定，测量仪器采用滤纸式烟度计或不透光烟度计。对于 2001 年 10 月 1 日前生产的在用汽车的排气烟度排放状况的检测，使用滤纸式烟度计；对于 2001 年 10 月 1 日以后生产的在用汽车的排气烟度排放状况的检测，使用不透光烟度计。

（一）烟度计的结构及原理

1. 滤纸式烟度计的结构及原理

德国博世（Bosch）烟度计是典型的滤纸式烟度计。我国也多使用这种烟度计。滤纸式烟度计其结构如图 3-1-47 所示，由采样器和检测器两部分组成。采样器为一个弹簧泵，前端带有采样探头，插入排气管中央吸取一定容积的尾气，使其通过一张面积一定的洁白滤纸，排气中的炭烟积聚在滤纸表面，使滤纸污染。用检测器测定滤纸的污染度。该污染度即定义为滤纸烟度，单位为博世(Bosch)值，用Rb表示。规定全白滤纸的Rb值为0，全黑滤纸的Rb值为10，并从0～10均匀分度。

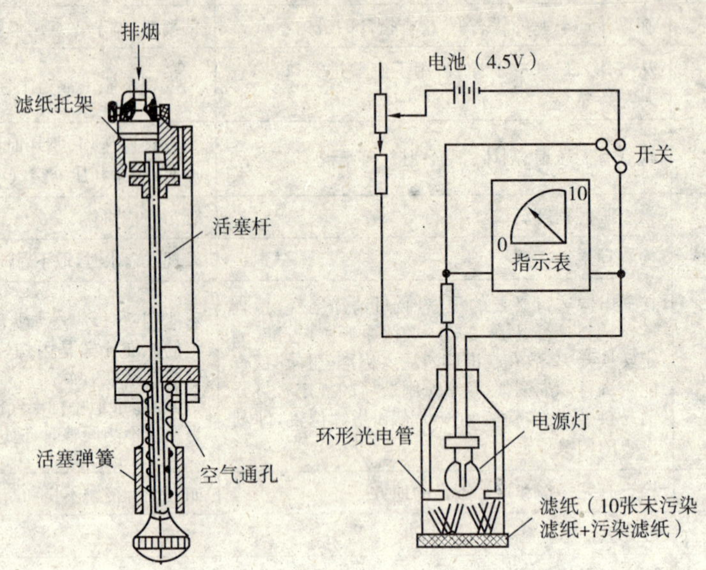

图3-1-47 滤纸式烟度计结构

滤纸式烟度计结构简单，调整方便，测定值可靠性高，价格低廉，滤纸试样直观性好，便于保存，适宜于稳态工况的测定；但缺点是只能测排气中黑色的炭烟，当柴油机在怠速及低负荷运转时，因排温低及其他原因排出的油雾及水蒸气形成的蓝烟和白烟却不能测出。

(1)排烟采样部分。排烟采样部分是由采样探头、导管、吸入泵等构成。由于采用脚踏开关控制采样，因此排烟采样和发动机加速动作相同步。将采样探头插入排气管内，在加速踏板上安装脚踏开关，踩下踏板使发动机作急加速运转，同时使吸入泵动作，吸入定量的排烟，由于滤纸设置于排烟吸入通路中，所以排烟中的炭粒子被吸附到滤纸上。图3-1-48所示为排烟的吸入路径。用压缩空气清扫通道，即是在收取排烟前，先清除采样探测头和导管内所残留的烟气，以确保其检测精度。

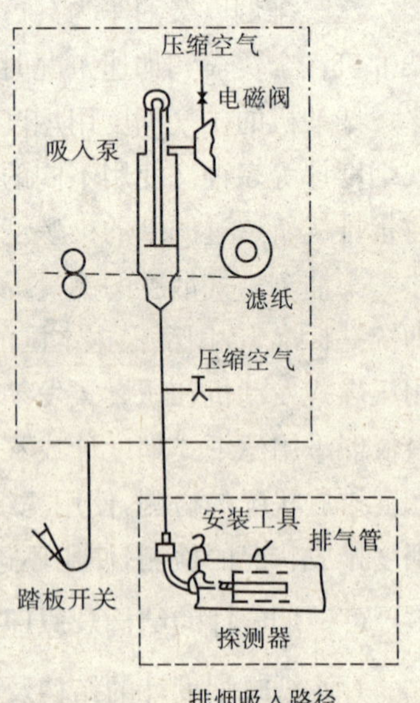

图3-1-48 烟度计排烟收集部分

(2)检测指示部分。检测指示部分由光电传感器、指示仪表等组成，光电传感器由光源(白炽灯泡)、光电元件(环形硒光电池)和电位器等组成。这部分功能是，将已经采集到黑烟的滤纸对着检测部分的光电传感器，从灯泡发出的光被滤纸反射，用环状的光电元件接受其反射光，产生电流并使指示表针动作，当滤纸的污染较重时，反射的光量就少，指针向满刻度“10”偏移；滤纸的污染度较低时，指针就向“0”偏移。

(3)校正装置。滤纸式烟度计还备有校正染黑度(满刻度一半,即 Rb5 左右)用的标准纸,当将校正用标准纸正对着检测部分,再用指示调整旋钮根据校正用标准纸的染黑度调节指示值,就能方便地实施指示部分的校正,从而维持测定的精度,使测定值保持正确。

2.不透光式烟度计

不透光式烟度计是利用透光衰减率来测定排气烟度,其测量原理如图 3-1-49 所示。该烟度计的主要元件有光源、充满排气并有一定长度的光通路及放置在光源对面将透光信号转变成电信号的光电元件。光电元件的输出与烟气所造成的光强度衰减(遮光度)成正比。通常,透光法测得的不透光度(即烟度)用百分比表示。

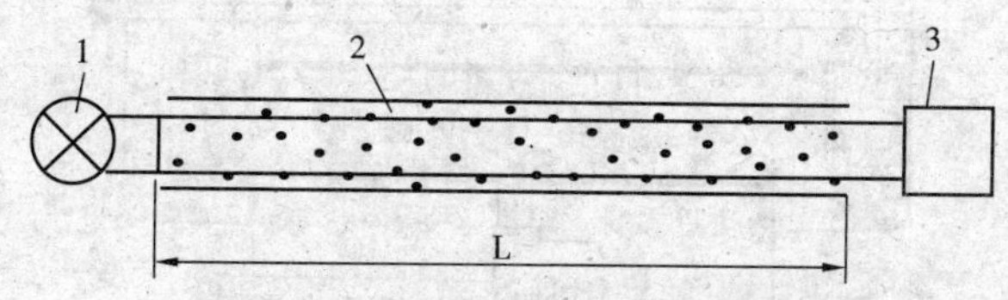

图 3-1-49 不透光式烟度计测量原理

1-光源;2-烟气测量管;3-光电管检测器

不透光式烟度计可分为全流式和分流式两类,如图 3-1-50 所示。全流式不透光烟度计测量全部排气的透光衰减率,有在线式及排气管尾端式两种。美国 PHS 烟度计就是这种全流式透光烟度计,其基本原理如图 3-1-51 所示。在排气管口端不远处的排气烟束两侧分别布置光源和光电池,光电池接收到的光线与排气烟度成反比。为了不受排气热影响,光源和光电器件尽量放在远离排气通路的部位。

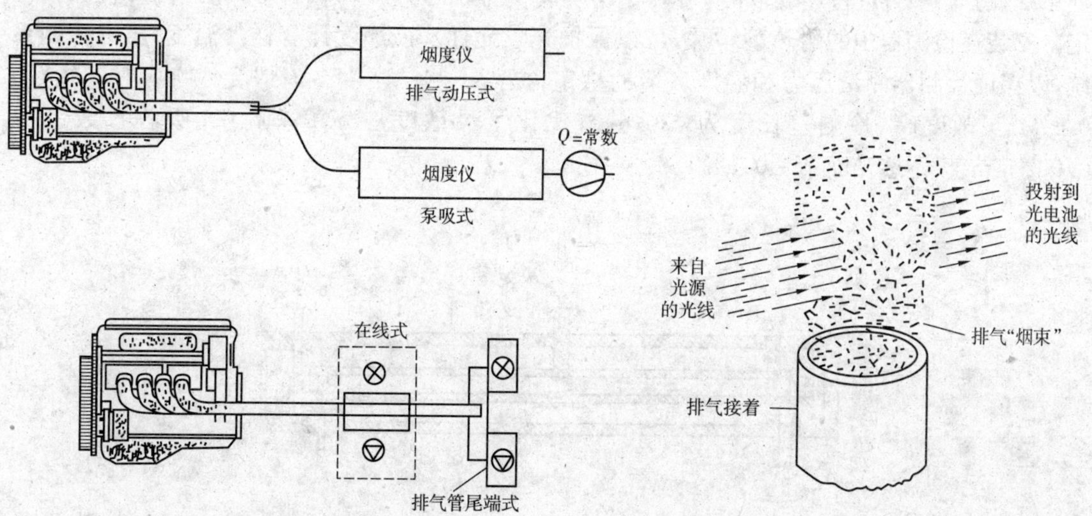

图 3-1-50 不透光烟度计测量方法

图 3-1-51 全流式不透光烟度计工作原理

分流式不透光烟度计是将排气中一部分烟气引入测量烟气取样管,送入烟度计进行连续分析。图 3-1-52 为英国哈特里奇(Hartridge)透光烟度计的结构简图。测定前用风机向校正管吹入干净空气,转动手柄使光源和光电池置于校正管两端,进行烟度计零点校正。在测试时,将光源和光电池转至测试管两侧,从排气管取样,光线透过烟气,光电池即可检测出光线的衰减率。指示值 0 为无烟,100 为全黑。

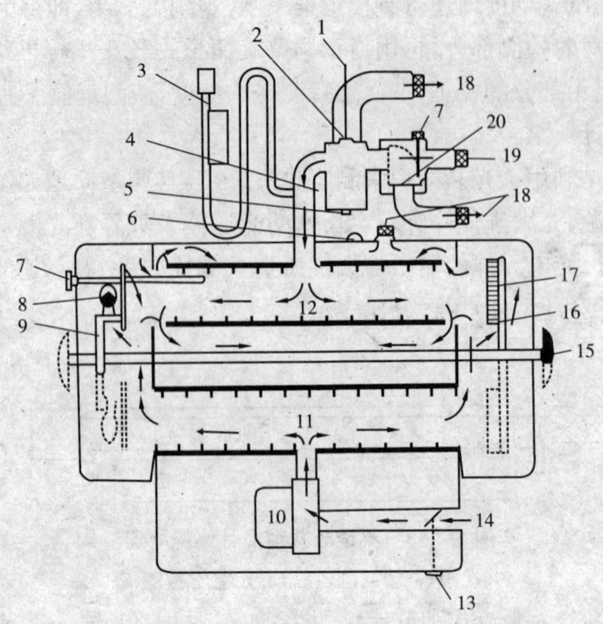

图 3-1-52 哈特里奇(Hartridge)透光烟度计的结构

1-减压阀指示器;2-减压阀;3-压力表;4-去水压力接头;5-泄水管;6-壳体压力接头;7-温度计;8-卤素灯;9-臂;10-洁净空气鼓风机;11-洁净空气管;12-排气测量管;13-鼓风机控制阀柄;14-洁净空气入口;15-转换手柄;16-臂;17-光电管;18-排气出口;19-排气入口;20-排入旁通阀

图 3-1-53 为奥地利 AVL 公司研制的 AVL439 分流式不透光烟度计。它采用闭路采样循环系统(图 3-1-54)进行连续取样,可确保在发动机排气压力波动状态下,样气流量仍保持恒定。安装在检测器中的耐热型镜片,可以保护光学元件。该烟度计有样气温度、压力控制系统,以保证检测器测量压力和温度环境的稳定,提高了测试精度。该烟度计响应时间短(为 0.1 s)、灵敏度高(检测室长度为 430 mm,优化了灵敏度),分辨率高(光吸收系数 $K=0.0025\ m^{-1}$、不透光度 $N=0.1\%$)。

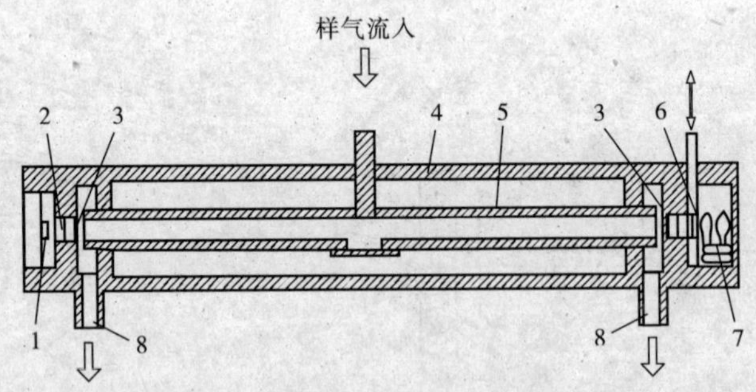

图 3-1-53 AVL439 分流式不透光烟度计

1-检测器;2-光源孔;3-耐热镜片;4-框架;5-测量室;6-标定镜片位置;7-光源;8-样气出口

此外,还有一种便携的分流式不透光烟度计(如 AVL437O 烟度计),可直接插在排气管尾部或中部接口,安装及使用都较方便,适于作现场检测用。

由于排烟是连续不断通过测试管的,所以对稳态、非稳态和过渡现象烟度的测定都很方便。但是由于光学系的污染,这种烟度计测定中容易产生误差,因此必须注意清洗。另外,排气烟中所含的水滴和油滴也可能作为烟度显示出来。当抽样检验的排烟超过 500℃时,必须采用其他冷却装置冷却排烟以确保其中检测精度。

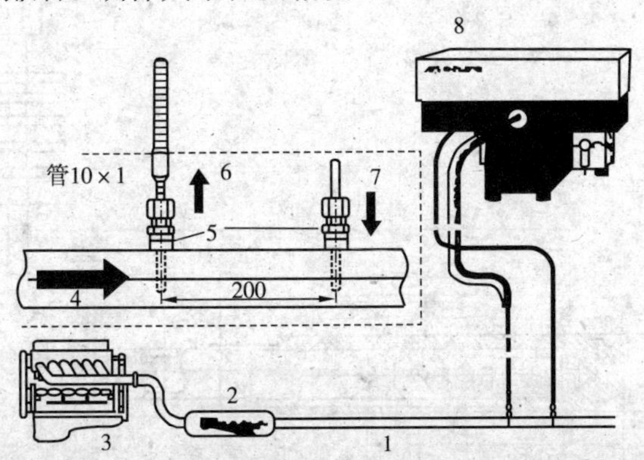

图 3-1-54 闭路采样循环系统连续测量排气烟度

1-排气管;2-消声器;3-发动机;4-排气;5-采样探头;6-样气;7-电流;8-AVL439 透光烟度计

(二)在用汽车排气烟度的检验

在用汽车自由加速烟度检验可分为自由加速滤纸烟度法和自由加速不透光烟度法两种。对于 2001 年 10 月 1 日以前生产的在用汽车,按自由加速滤纸烟度法进行检测;对于 2001 年 10 月 1 日起生产的在用汽车,按自由加速不透光烟度法进行检测。

自由加速工况是:在发动机怠速下,迅速但不猛烈地踏下加速踏板,使喷油泵供给最大油量。在发动机达到调速器允许的最大转速前,保持此位置。一旦达到最大转速,立即松开加速踏板,使发动机恢复至怠速状态。

1.滤纸烟度法

在自由加速工况下,从发动机排气管抽取规定长度的气体柱所含的碳烟,使规定面积的清洁滤纸染黑的程度,称为自由加速滤纸烟度。

(1)测量仪器的技术要求:

①采用滤纸式烟度计,其技术参数和要求应满足 HJ/T 4—93《柴油车滤纸式烟度计技术条件》的规定。

②采样系统由取样探头、抽气装置、清洗装置和取样连接管组成。取样探头应符合图 3-1-55的要求;滤纸有效工作面积直径为 32 mm;取样连接管长度为 5.0 m,内径为 5 mm,取样系统局部内径不得小于 4 mm。

③滤纸规格:反射系数为(92±3)%;当量孔径为 45 μm;透气度为 3 000 ml/cm^2 · min(滤纸前后压差为 1.96 ～3.90 kPa);厚度为 0.18 ～0.20 mm。

④烟度计应定期标定,在有效期内方可使用。

(2)受检车辆:

①进气系统应装有空气滤清器,排气系统应装有消声器并且不得有泄漏现象。

②检验用柴油应符合国家标准的规定,不得另外使用燃油添加剂。

③测量时发动机的冷却液和润滑油温度应达到汽车使用说明书所规定的热状态。

④自 1995 年 7 月 1 日起,新生产柴油车装用的柴油机,应保证起动加浓装置在非起动工况不再起作用。

(3)测量循环。循环前准备:用压力为 300 ～400 kPa 的压缩空气清洗取样管路,把抽气泵置于待抽气位置,将洁白的滤纸置于待取样位置,将滤纸夹紧。

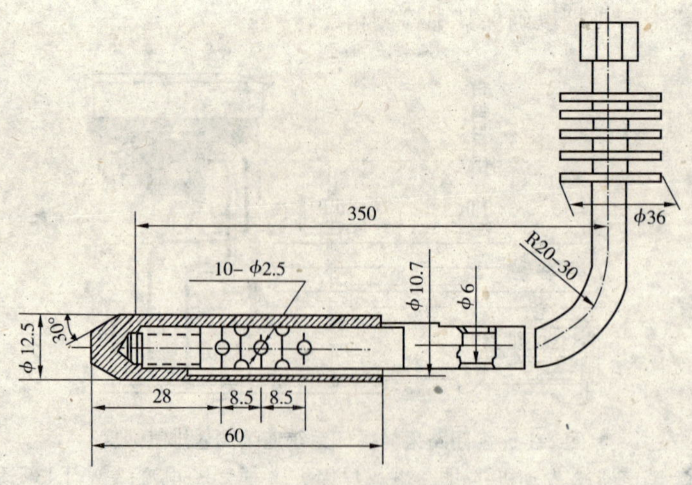

图 3-1-55 取样探头

循环系统由以下各步骤组成：

①抽气泵抽气：由抽气泵开关控制，抽气动作应和自由加速工况同步。

②滤纸走位：每次抽气完毕后，应松开滤纸夹紧机构，把烟样送至试样台。

③抽气泵回位：可以手动也可以自动，以准备下一次抽气。

④滤纸夹紧：抽气泵回位后，手动或自动将滤纸夹紧。

⑤指示器读数：烟样送至试样台后，由指示器读出烟度值。

⑥清洗管路：在按测量程序完成 4 个测量循环后，用压力为 300 ～400 kPa 的压缩空气，清洗取样管路。

(4)循环时间。应于 20 s 内完成上面所规定的测量循环，对手动烟度计，指示器读数可以在完成测量程序后一并进行。

(5)测量程序：

①安装取样探头：将取样探头固定于排气管内，插入深度为 300 mm，并使其中心线与排气管轴线平行。

②吹除积存物：按自由加速工况进行 3 次，以清除排气系统中的积存物。

③测量取样：将抽气泵开关置于加速踏板上，按自由加速工况及上述测量循环，循环测量 4 次，取后 3 次读数的算术平均值为所测烟度值。

④当汽车发动机出现黑烟冒出排气管的时间和抽气泵开始抽气的时间不同步的现象时，应取最大烟度值。

(6)滤纸式烟度计的维护。滤纸式烟度计的维护按表 3-1-20 的规定进行。

2. 不透光烟度法

(1)测量仪器的技术要求。不透光烟度计的显示仪表应有两种计量单位，一种为绝对光吸收系数单位，从 0 到趋于∞(m^{-1})；另一种为不透光度线性分度单位，从 0 到 100%。两种计量单位的量程，均应以光全通过时为 0，全遮挡时为满量程。

①不透光烟度计光学特性应为：当烟室充满光吸收系数接近 1.7 m^{-1} 的烟气时，反射和漫射的综合作用，应不超过线性分度的一个单位。

②不透光烟度计显示仪表应保证光吸收系数为 1.7 m^{-1} 时，其读数准确度为 0.025 m^{-1}。

③测量电路的响应时间应在0.9～1.1 s，即插入遮光屏使光电池全被遮住后，显示仪表指针偏转到满刻度的90%时所需要的时间。

滤纸式烟度计维护要领　　表3-1-20

维护周期	维护部位	维护要领	调修方法
使用前	指示仪表	在不接通电源的状态下，检查指针的机械零点。接通电源进行必要的预热。用标准纸对着检测部分，旋转指示调整旋钮，检查指针的指示是否符合标准纸的染黑度数值	电表指示不准时，用零点调整旋钮调到“10”的位置 不能调整时，清扫检测部分，更换灯泡
	取样探头和导管	检查有无压扁、割坏、堵塞、污染等	发现已压扁、割坏时，应更换新件；如有污染和堵塞时，应用压缩空气清扫
	空气压力调整器	检查控制压力	根据制造厂规定的压力进行调整
	空气清扫机构	检查空气清扫机构的动作状态	不动作时，检查空气压缩机的压力表和烟度计的空气压力调整器
	抽气泵和脚踏开关	检查动作状态	动作不灵活时，应进行修理
	送纸装置（没有的除外）	检查有无滤纸及其动作状态	如无滤纸，应补足；动作不灵活时，应进行修理
	接线	检查有无损伤和接触不良处	发现有接触不良或有断线处，应更换新品
1个月	测定器（没有的除外）	检查污染和变形	污染时，进行清扫；变形时，应更换新品
1年	接受法定计量检定部门的年度检定		

④由于烟室中的物理现象而产生的不透光烟度计响应时间，是从气体进入烟室开始到完全充满烟室为止所经历的时间，应不超过0.4 s。

⑤排气烟度的测量结果，应使用光吸收系数k(m^{-1})。

(2)车辆准备。

①车辆在不进行预处理的情况下，也可以进行检验。出于安全考虑，必须确保发动机处于热状态，并且机械状态良好。

②发动机应充分预热，在发动机机油标尺孔位置测得的机油温度应至少为80℃；如果温度低于80℃，发动机也应处于正常运转温度。因车辆结构，无法进行温度测量时，也可以通过其他方法，使发动机处于正常运转温度，例如，通过控制发动机冷却风扇转速。

③采用至少3次自由加速过程或其他等效方法，对排气系统进行吹拂。

(3)试验方法：

①目测检测车辆的排气系统的相关部件是否有泄漏现象。

②发动机在每个自由加速循环的起点，均处于怠速状态。对重型发动机，将加速踏板放开后至少等待10 s。

③在进行自由加速测量时，必须在1 s内，将加速踏板快速、连续地完全踩到底，使喷油泵在最短时间内供给最大油量。

④对每一个自由加速测量，在松开加速踏板前，发动机必须达到断油点转速。对带自动变速箱的车辆，则应达到制造厂家申明的转速（如果没有该数据值，则应达到断油转速的2/3)。关于这一点，在测量过程中必须进行检查。例如：通过监测发动机转速，或延长加速踏板踩到底后与松开加速踏板前的间隔时间，对于重型汽车，该间隔时间应至少为2 s。

⑤计算结果取最后3次自由加速测量结果的算术平均值。在计算均值时，可以忽略与测量均值相差很大的测量值。

四、汽车排气污染物排放限值及检测结果分析

（一）装配点燃式发动机车辆污染物排放限值

装配点燃式发动机的车辆是指汽油车、两用燃料车（能燃用汽油和一种气体燃料的车辆）、单一燃料车（能燃用汽油和一种气体燃料，但汽油仅限于紧急情况或发动机起动用，且汽油箱容积不超过15L的车辆）。

GB 18285—2005《点燃式发动机汽车排气污染物排放限值及测量方法（双怠速法及简易工况法）》规定了点燃式发动机汽车怠速和高怠速工况下排气污染物的限值。

怠速工况是指发动机无负荷运转状态。即离合器处于接合位置，变速器处于空挡位置（自动变速汽车处于"P"挡位）；采用化油器供油系统的汽车，阻风门应处于全开位置，加速踏板处于完全松开位置。高怠速工况是指满足上述（除最后一项）条件，用加速踏板将发动机转速稳定控制在50%额定转速或制造厂技术文件中规定的高怠速转速时的工况。在GB 18285—2005标准中，将轻型汽车的高怠速转速规定为2 500±100 r/min，重型汽车的高怠速转速规定为1 800±100 r/min；如有特殊规定的，按照制造厂技术文件中规定的高怠速转速。

1. 在用汽车污染物排放限值

装配点燃式发动机的在用汽车，排气污染物排放限值如表3-1-21所列。

在用汽车排气污染物排放限值（体积分数） 表3-1-21

车　型	不同工况下排放限值（体积分数）			
	怠　速		高　怠　速	
	CO　%	HC　10^{-6}	CO　%	HC　10^{-6}
1995年7月1日前生产的轻型汽车	4.5	1 200	3.0	900
1995年7月1日起生产的轻型汽车	4.5	900	3.0	900
2000年7月1日起生产的第一类轻型汽车1)	0.8	150	0.3	100
2000年10月1日起生产的第二类轻型汽车	1.0	200	0.5	150
1995年7月1日前生产的重型汽车	5.0	2 000	3.5	1 200
1995年7月1日起生产的重型汽车	4.5	1 200	3.0	900
2004年9月1日起生产的重型汽车	1.5	250	0.7	200

注：对于2001年5月31日以后生产的5座以下（含5座）的微型客车，执行此类在用车排放限值。

在用汽车排气污染物排放限值的车辆定义是：轻型汽车指最大总质量不超过3 500 kg的M1类、M2类和N1类车辆；重型汽车是指最大总质量超过3 500 kg的车辆。第一类轻型汽车是设计乘员数不超过6人（包括驾驶员），且最大总质量≤2 500 kg的M1类车；第二类轻型汽车是除第一类轻型汽车以外的其他所有轻型汽车。

2. 过量空气系数（λ）

过量空气系数（λ）是指燃烧1 kg燃料所混合的实际空气量与理论上所需空气量之质量比。对于使用闭环控制电子燃油喷射系统和三元催化转化器技术的汽车，进行过量空气系数（λ）的测定。发动机转速为高怠速时，λ应为1.00±0.03或在制造厂家规定的范围内。进行λ测试前，应按制造厂汽车使用说明书的规定预热发动机。

3.点燃式发动机在用汽车的排放监控

从 2005 年 7 月 1 日起，对点燃式发动机在用汽车的排放监控，采用 GB 18285—2005 标准规定的双怠速法排气污染物排放限值测量方法；在机动车保有量大，污染严重的地区，也可采用 GB 18285—2005 标准中附录 B、C、D 中所列的简易工况法。对于同一车型的在用汽车的实施排放监控，环保定期检测时不得采用二种或二种以上的排气污染物排放检测方式。

采用简易工况法的地区，由省级人民政府制定排气污染物排放限值，报国务院环境保护行政主管部门备案后实施。也可以按 HJ/T 240—2005《确定点燃式发动机在用汽车简易工况法排气污染物排放限值的原则和方法》中的排放限值参考执行。该标准的实施日期为 2006 年 1 月 1 日，现对排放限值分别加以介绍。

(1)稳态工况法排放限值。对于 2000 年 7 月 1 日以前生产的第一类轻型汽车和 2001 年 10 月 1 日以前生产的第二类轻型汽车，参考的稳态工况法排放限值如表 3-1-22 所列。

稳态工况法排气污染物排放限值Ⅰ(参考) 表 3-1-22

车辆基准质量(RM)(kg)	最低限值要求						最高限值要求					
	ASM5025 工况			ASM2540 工况			ASM5025 工况			ASM2540 工况		
	HC，10^{-6}	CO，%	NO，10^{-6}	HC，10^{-6}	CO，%	NO，10^{-6}	HC，10^{-6}	CO，%	NO，10^{-6}	HC，10^{-6}	CO，%	NO，10^{-6}
RM≤1 020	230	2.2	4 200	230	2.9	3 900	120	1.3	2 600	110	1.4	2 400
1 020<RM≤1 250	190	1.8	3 400	190	2.4	3 200	100	1.1	2100	90	1.2	2 000
1 250<RM≤1 470	170	1.6	3 000	170	2.1	2 800	90	1.0	1 900	80	1.1	1 750
1 470<RM≤1 700	160	1.5	2 650	150	1.9	2 500	80	0.9	1 700	80	1.0	1 550
1 700<RM≤1 980	130	1.2	2 200	130	1.6	2 050	70	0.8	1 400	70	0.8	1 300
1 980<RM≤2 150	120	1.1	2 000	120	1.5	1 850	60	0.7	1 300	60	0.8	1 150
2 150<RM≤2 500	110	1.1	1 700	110	1.3	1 600	60	0.6	1 100	50	0.7	1 000

对于 2000 年 7 月 1 日起生产的第一类轻型汽车和 2001 年 10 月 1 日起生产的第二类轻型汽车，参考的稳态工况法排放限值如表 3-1-23 所列。

稳态工况法排气污染物排放限值Ⅱ(参考) 表 3-1-23

车辆基准质量(RM)(kg)	最低限值要求						最高限值要求					
	ASM5025 工况			ASM2540 工况			ASM5025 工况			ASM2540 工况		
	HC，10^{-6}	CO，%	NO，10^{-6}	HC，10^{-6}	CO，%	NO，10^{-6}	HC，10^{-6}	CO，%	NO，10^{-6}	HC，10^{-6}	CO，%	NO，10^{-6}
RM≤1 020	230	1.3	1 850	230	1.5	1 700	120	0.6	950	110	0.6	850
1 020<RM≤1 250	190	1.1	1 500	190	1.2	1 350	100	0.5	800	90	0.5	700
1 250<RM≤1 470	170	1.0	1 300	170	1.1	1 200	90	0.5	700	80	0.5	650
1 470<RM≤1 700	160	0.9	1 200	150	1.0	1 100	80	0.4	600	80	0.4	550
1 700<RM≤1 980	130	0.8	1 000	130	0.8	900	70	0.4	500	70	0.4	450
1 980<RM≤2 150	120	0.7	900	120	0.8	800	60	0.3	450	60	0.3	450
2 150<RM≤2 500	110	0.6	750	110	0.7	700	60	0.3	400	50	0.3	350

(2)瞬态工况法排放限值。对于 2000 年 7 月 1 日以前生产的第一类轻型汽车和 2001 年 10 月 1 日以前生产的第二类轻型汽车，参考的瞬态工况法排放限值如表 3-1-24 所列。

对于 2000 年 7 月 1 日起生产的第一类轻型汽车和 2001 年 10 月 1 日起生产的第二类轻

型汽车，参考的瞬态工况法排放限值如表 3-1-25 所列。

瞬态工况法排气污染物排放限值Ⅰ(参考) 表 3-1-24

车辆基准质量(RM)(kg)	CO(g/km)	HC(g/km)	NO_X(g/km)
RM≤750	19	3.5	2.5
750<RM≤850	21	3.7	2.5
850<RM≤1 020	22	3.8	2.5
1 020<RM≤1 250	26	4.1	3.0
1 250<RM≤1 470	29	4.4	3.5
1 470<RM≤1 700	33	4.7	3.7
1 700<RM≤1 930	36	5.0	3.8
1 930<RM≤2 150	39	5.2	3.9
2 150<RM	42	5.6	4.0

瞬态工况法排气污染物排放限值Ⅱ(参考) 表 3-1-25

车辆类型		车辆基准质量(RM)(kg)	限值(g/km)	
			CO	HC+NO_X
第一类车		全部	3.5	1.5
第二类车	Ⅰ类	RM≤1 250	3.5	1.5
	Ⅱ类	1 250<RM≤1 700	6.5	2.0
	Ⅲ类	1 700<RM	8.5	2.5

(3)简易瞬态工况法排放限值。对于 2000 年 7 月 1 日以前生产的第一类轻型汽车和 2001 年10 月 1 日以前生产的第二类轻型汽车，参考的简易瞬态工况法排放限值如表 3-1-26 所列。

简易瞬态工况法排气污染物排放限值Ⅰ(参考) 表 3-1-26

车辆基准质量(RM)(kg)	最低限值要求			最高限值要求		
	CO(g/km)	HC(g/km)	NO_X(g/km)	CO(g/km)	HC(g/km)	NO_X(g/km)
RM≤1020	41.9	5.9	6.7	22	3.8	2.5
1020<RM≤1470	45.2	6.6	6.9	29	4.4	3.5
1470<RM≤1930	48.5	7.3	7.1	36	5.0	3.8
RM>1930	51.8	8.0	7.2	39	5.2	3.9

对于 2000 年 7 月 1 日以前生产的第一类轻型汽车和 2001 年 10 月 1 日以前生产的第二类轻型汽车，参考的简易瞬态工况法排放限值如表 3-1-27 所列。

(二)装配压燃式发动机汽车排气烟度排放限值

压燃式发动机是指通过将燃油压缩而使其自燃的发动机，柴油机便是压燃式发动机。

GB 3847—2005《车用压燃式发动机和压燃式发动机汽车排气烟度排放限值及测量方法》的第Ⅳ部分规定了在用汽车的排气烟度排放控制要求，对在用汽车，根据生产日期的不同，规定了不同的排放限值。

简易瞬态工况法排气污染物排放限值Ⅱ(参考) 表 3-1-27

车辆类型		车辆基准质量(RM)(kg)	最低限值要求		最高限值要求	
			CO(g/km)	HC+NO_X(g/km)	CO(g/km)	HC+NO_X(g/km)
第一类车		全部	12.0	4.5	6.3	2.0
第二类车	Ⅰ类	RM≤1 250	12.0	4.5	6.3	2.0
	Ⅱ类	1 250<RM≤1 700	18.0	6.3	12.0	2.9
	Ⅲ类	1 700<RM	24.0	8.1	16.0	3.6

1. 对于 GB 3847—2005 标准实施后生产的在用汽车

自标准实施之日起,按标准规定,经类型核准的车型的在用汽车,应按《在用汽车自由加速试验不透光烟度法》进行自由加速烟度检验,所测得的排气光吸收系数不应大于核准车型的自由加速排气烟度排放限值,再加 0.5m^{-1}。

2. 对于 2001 年 10 月 1 日起生产的在用汽车

自 2001 年 10 月 1 日起至 2005 年 7 月 1 日生产的汽车,应按标准规定的《在用汽车自由加速试验 不透光烟度法》的要求进行自由加速试验,所测得的排气光吸收系数不大于以下数值:

自然吸气式:2.5 m^{-1};

涡轮增压式:3.0 m^{-1}。

3. 对于 2001 年 10 月 1 日前生产的在用汽车

自 1995 年 7 月 1 日起至 2001 年 9 月 30 日期间生产的在用汽车,应按《在用汽车自由加速试验 滤纸烟度法》的要求进行自由加速试验,所测得的烟度值应不大于 4.5 Rb。

自 1995 年 6 月 30 日以前生产在在用汽车,应按《在用汽车自由加速试验 滤纸烟度法》的要求进行自由加速试验,所测得的烟度值应不大于 5.0 Rb。

4. 压燃式发动机在用汽车的排放监控

自 2005 年 7 月 1 日起,压燃式发动机在用汽车排放监控,采用 GB 3847—2005 标准规定的排气烟度排放限值及测量方法。在机动车保有量大,污染严重的地区,可采用标准附录 J 中规定的加载减速工况法,加载减速工况法排气烟度排放限值由省级人民政府发布,报国务院有关行政部门备案后实施。也可以参考 HJ/T 241—2005《确定压燃式发动机在用汽车加载减速法排气烟度排放限值的原则和方法》中参考排放限值执行。该标准的实施日期为 2006 年 1 月 1 日,其排放限值如表 3-1-28 所列。

加载减速法检测排放限值范围 表 3-1-28

车型		光吸收系数(m^{-1})
轻型车	重型车	
2005 年 7 月 1 日起生产的第一类轻型车和 2006 年 7 月 1 日起生产的第二类轻型车	2004 年 9 月 1 日起生产的重型车	1.00~1.39
2000 年 7 月 1 日起生产的第一类轻型车和 2001 年 10 月 1 日起生产的第二类轻型车	2001 年 9 月 1 日起生产的重型车	1.39~1.86
2000 年 7 月 1 日以前生产的第一类轻型车和 2001 年 10 月 1 日以前生产的第二类轻型车	2001 年 9 月 1 日以前生产的重型车	1.86~2.13

对于新车车型或发动机机型，排放达到 GB 17691—2005 第Ⅲ阶段排放标准的在用车，可参照表 3-1-28 中的 1.00 ～1.39 m^{-1}限值执行。

(三)检测结果分析

1.汽油车怠速污染物检测结果分析

汽油车怠速污染物超过标准的主要原因是，汽油机供油系调整不当所致。除了发动机供油系的调整对排气污染物的成分、浓度有影响外，点火系和冷却系工作状态及曲柄连杆机构技术状况，对排气中 CO、HC 的浓度也有影响。下面简要介绍降低怠速污染物的调整要点。

(1)混合气过浓。发动机混合气过浓，意味着空气量不足，燃烧不完全，废气中 CO 的含量必然增加，为此须注意以下的调整与检验。

①调整化油器。检查化油器主量孔是否调整过大(主量针旋入过少；不可调式铜质主量孔螺塞安装不紧或孔径扩大等)；浮子室油面是否过高(浮子是否破裂，三角针阀是否卡住或与阀座不密合，浮子杠杆是否弯曲等)；检查阻风门是否开启不足。

②检查空气滤清器。检查空气滤清器滤芯是否被灰尘堵塞而影响发动机吸气。湿式滤芯浸入润滑油池内，检查空气滤清器内润滑油油面高度是否超限。

③检查汽油泵。检查汽油泵安装垫片厚度是否合适。垫片过薄会造成汽油泵摇臂行程加大，提高供油压力，从而造成浮子室油面超高。

(2)点火正时失准。汽油机点火正时过迟，会使混合气燃烧不彻底，致使废气中 C0、HC 含量增加。为此，要按规定正确调整点火提前角，并检查怠速时真空点火提前角调节装置是否起作用，真空点火提前角调节装置膜片是否损坏等。

(3)冷却系温度过低。发动机冷却不良，工作时温度过低，致使燃油不能充分雾化燃烧，可导致废气中 CO、HC 含量增加。节温器工作失常、散热器容量过大、百叶窗不能关闭等，都会影响冷却系正常工作。

(4)曲柄连杆机构磨损严重。汽缸、活塞、活塞环等磨损严重，漏气增加，致使在压缩冲程终了时，汽缸内压力不足，致使混合气不能充分燃烧，也会造成排气中 CO、HC 的增加。为此，需要适时测量汽缸压力，以便确定汽缸及活塞组件的技术状况。

2.柴油车自由加速烟度检测结果分析

柴油车自由加速烟度超过标准时，其主要原因是柴油机供油系调整不当所致。此外，柴油机汽缸活塞组和曲柄连杆机构的技术状况及柴油的质量等，都对排放烟度有所影响。柴油机供油系调整不当和相关系统技术状况的变化，主要表现在柴油机出现冒黑烟、蓝烟及白烟故障。下面简要介绍排烟故障的产生原因和诊断方法。

(1)黑烟故障。柴油机工作时黑烟浓重，其故障多因喷油量过大，雾化不良，各缸喷油量不均匀，喷油时刻过早，调速器失调和空气滤清器堵塞等因素引起。

诊断时，对个别缸喷油量过大，可用分缸停止供油和结合观察排气烟色的方法予以判别。如某缸停止供油(旋松喷油器)后，烟色减轻，即为该缸喷油量过大。找出喷油量过大的汽缸后，检查该缸喷油泵柱塞调节齿扇固定螺钉是否松脱，喷油器是否良好。检查喷油器时，可将喷油器从缸体上拆下，但仍连接高压油管，用旋具撬动该缸喷油泵柱塞弹簧座，作喷油动作，观察喷油雾化情况和有无滴油现象。若雾化不良，则应将喷油器解体检查。

经检查，若各缸喷油量均过大时，应打开调速器盖，检查调节齿杆的刻度是否向油泵壳内移入过多(刻线应与泵壳后端面平行)。同时，还需检查调速器飞块是否卡滞，引起喷油量过大。

在柴油机冒黑烟同时，还可听到汽缸内有清脆敲击声，说明喷油时刻过早，应正确校准喷油正时。检查中发现空气滤清器堵塞(滤芯脏污)，应即清洗、吹净，并按规定加注新润滑油。

此外，柴油机冒黑烟还与柴油品质有关，为使着火性能良好，一般柴油机选用十六烷值为40～45的柴油为宜。若十六烷值超过65，则柴油蒸发性变差，致使燃烧不彻底，工作时也可发生冒黑烟现象。

(2)蓝烟故障。蓝色烟雾一般是润滑油窜入燃烧室后燃烧而生成的。因此，发现蓝色烟雾后，首先要检查油底壳的油面高度是否超高，因为润滑油油面过高，容易造成润滑油上窜。值得注意的是，检查油面高度时，切不可在发动机停熄工作后就抽出油尺查看，因为此刻飞溅到曲轴箱壁上的润滑油尚未流回，须待停机后10 min，再抽出油尺查看。

如果经检查油面高度正常，则可进一步检验汽缸压缩压力。若汽缸压力低，则表明汽缸、活塞、活塞环磨损，间隙增大，漏气增加，润滑油上窜也比较严重。对于新车或刚刚大修过的汽车，一般不会因汽缸间隙过大而引起润滑油上窜，往往是活塞环内、外切口(或切角)装反而引起润滑油上窜，必要时，可解体发动机进行检查。

此外，空气滤清器堵塞，会使汽缸进气过程阻力增加，进气不畅，汽缸内有一定负压，也会将润滑油吸入燃烧室。因此，出现冒蓝烟故障时，勿忘对空气滤清器的检查与清洁。

(3)白烟故障。燃油中含有水分或冷却液漏入汽缸(汽缸套有砂眼、裂纹，汽缸垫损坏等)，经炽热后化为蒸汽由排气管喷出，常被视为白烟。寒冷季节或雨天汽车露天停放，初次起动时，排气管所冒白汽，往往是由于排气消声器内积水被发动机排气加热蒸发造成的，在发动机起动运转正常后，水蒸气蒸发殆尽，症状也即消失，故不必为虑。

柴油机喷油时刻过迟，喷油压力低，雾化不良，可导致柴油未经充分燃烧即化作灰色烟雾排出。为此，发现柴油机冒灰白色烟雾时，应及时检查喷油正时、喷油压力等是否符合标准。

五、汽车噪声的测定

噪声是汽车的第二公害。噪声通常是指频率和声强杂乱无章的声音。从生理学观点来说，凡是使人感到厌烦的声音统称为噪声。噪声不仅会破坏环境的安静，使人心情不安、烦躁、疲倦和工作效率降低，而且还会损害人体健康，引起某些疾病，如听力下降，严重的会造成噪声性耳聋。另外，还会引起人的神经系统和血液循环系统疾病。车内噪声过大还会影响驾驶员的操作和汽车安全行驶。

汽车的噪声主要来自发动机、传动系、轮胎，车身扰动空气也会发生声响。因此，汽车噪声是由多种声源组成的综合性响声，它与汽车和发动机的结构形式、技术状况及运行条件(车速、载荷、道路等)有关。

(一)噪声的评价指标

噪声的主要物理参数有声压与声压级、声强，以及声强级和声功率与声功率级。其中声压与声压级是表示声音强弱的最基本参数。声压是指声波作用于大气使大气压强发生变化的变动量(pa)；声压级是指某点的声压 p 与基准声压(听阈声压) p_0 的比值，其值取常用对数再乘以20表示，即

$$L_P = 20\lg\frac{p}{p_0} \tag{3-1-9}$$

但人耳对声音的感觉不仅与声压有关，而且还与声音的频率有关。人耳可闻声音的范围为 20 ～20 000 Hz。声压级相同的声音，但由于频率不同，听起来并不一样响；相反，不同频率的声音，虽然声压级也不同，但有时听起来却一样响。因此，用声压级测定的声音强弱与人们的生理感觉往往不一样。对噪声的评价常采用下列与人耳生理感觉相适应的指标。

1. 响度与响度级

响度和响度级能表示人所感受到的声音的强弱程度，它是一种与人耳听感特性有关声音强弱的主观表示法，这种表示法不仅与声音的声压有关，而且与声音的频率有关。

响度的单位为宋，1 宋是声压级为 40 分贝(dB)、频率为 1 000 Hz 纯音所产生的响度；响度级的单位为方，1 方的数值等于根据听力正常的听者判断为等响度的 1 000 Hz 纯音的声压级分贝(dB)值。

2. 噪声级

为了模拟人耳对不同频率声音的灵敏性，在声级计内，设有一种能够模拟人耳听觉特性，把电信号修正为与听觉近似值的网络。这种网络叫作计权网络。通过计权网络测得的声压级，已不再是客观物理量的声压级(叫线性声压级)，而是经过听感修正的声压级，叫作计权声级或噪声级。

一般的声源，并不是仅发出单一频率的声音，而是发出具有很多频率成分的复杂声音。因此，为全面了解一个声源的特性，仅知道它在某一频率下的声压级和声功率级是不够的，还必须知道它的各种频率成分和相应的声音强度，这就是频谱分析。噪声频谱也是噪声评价的指标之一。以频率(Hz)为横坐标、以声压级(dB)为纵坐标，作出的噪声测量图形，称为噪声频谱图。

为测量和分析方便，将可闻声音的频率范围分成若干段，称为频程或频带。可闻声音频率范围用 10 段倍频程表示，如表 3-1-29 所列。

倍频程中心频率及频率范围(Hz) 表 3-1-29

中心频率	31.5	63	125	250	500	1 000	2 000	4 000	8 000	16 000
频率范围	22～45	45～90	90～180	180～355	355～710	710～1 400	1 400～2 800	2 800～5 600	5 600～11 200	11 200～22 400

为使频段分得更细，可采用 1/3 频程。1/3 频程是在每个倍频程的频率之间插入两个频率，使 4 个频率之间依次相距 1/3 频程。

(二)声级计

1. 声级计的组成与工作原理

声级计是一种能将按人耳听觉特性近似地测定噪声级的仪器，根据测量精度的不同，声级计分精密声级计和普通声级计两类。声级计一般由传声器、前置放大器、衰减器、放大器、计权网络、检波器、指示表头和电源等组成，其原理方框图如图 3-1-56 所示。

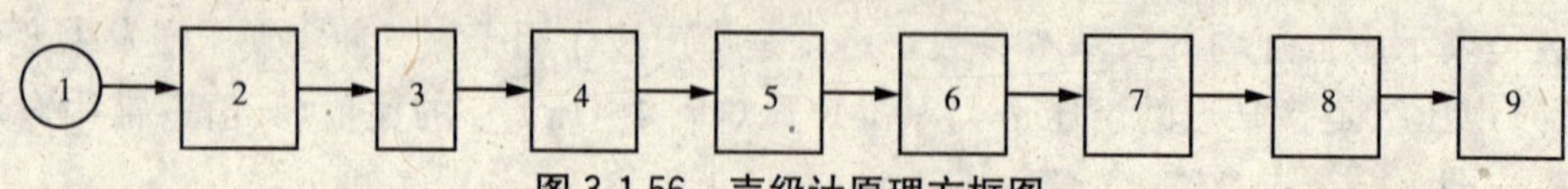

图 3-1-56 声级计原理方框图

1-传声器；2-前置放大器；3-输入衰减器；4-输入放大器；5-计权网络；6-输出衰减器；7-输出放大器；8-检波器；9-表头

(1)传声器。传声器是把声压信号转变为电压信号的装置,也称为话筒,是声级计的传感器。常见的传声器有晶体式、驻极式、动圈式和电容式数种。

(2)放大器和衰减器。由于传声器将声压转变为电压的能量很小,所以在声级计中装有低噪声放大器。在放大电路中一般采用两级放大器,即输入放大器和输出放大器。输入和输出衰减器是用来改变输入和输出信号衰减量的,以便使表头指针在适当的位置,其每一挡的衰减量为 10 dB。

(3)计权网络。计权网络是一种能把电信号修正为与人的听感近似值的网络。声级计有A、B、C 三挡计权网络。A 计权网络测得的噪声值比较符合人耳对噪声的感觉,在汽车和发动机噪声测试时,大多采用 A 计权网络。

由于 A、B、C 三个计权网络的特性不同,故对所测得的分贝值必须指明所采取的计权网络,如 A 声级 70 dB、C 声级 90 dB 等。

(4)检波器。为了使经过放大的信号通过表头显示出来,声级计还需要有检波器,它的作用是把迅速变化的电压信号转变成变化较慢的直流电压信号,这个直流电压的大小要正比于输入信号的大小。

(5)指示表头。指示表头是一只电表,对其刻度进行了一定的标定,可从表头上直接读出噪声级的分贝值。

声级计面板上一般还备有一些插孔,通过插孔可把示波器、分析仪、磁带记录仪等仪器与声级计组合,配套使用。

2. 声级计的检查与校准

①在未接通电源时,先检查并调整仪表指针的机械零点。

②检查电池容量。把声级计功能开关对准“电池”,此时电表指针应达到额定红线,否则读数不准,应更换电池。

③打开电源开关,预热仪器 10 min。

④校准仪器。每次测量前或使用一段时间后,应对仪器的电路和传声器进行校准。根据声级计上配有的电路校准“参考”位置,校验放大器的工作是否正常。如不正常,应用微调电位计进行调节。电路校准后,再用已知灵敏度的标准传声器对声级计上的传声器进行对比校准。

⑤将声级计的功能开关对准“线性”、“快”挡。由于室内的环境噪声一般为 40 ～60 dB,声级计上应有相应的示值。当变换衰减器刻度盘的挡位时,表头示值应相应变化 10 dB 左右。

⑥检查计权网络。按上述步骤,将“线性”位置依次转换为“C”、“B”、“A’,由于室内环境噪声多为低频成分,故经“C”、“B”、“A”三挡计权网络后的噪声级示值将低于线性值,而且应依次递减。

⑦检查“快”、“慢”挡。将衰减器刻度盘调到高分贝值处(例如 90 dB)。通过操作人员发声,来观察“快”挡时的指针能否跟上发声速度,“慢”挡时的指针摆动是否明显迟缓。

⑧在投入使用时,若不知道被测噪声级多大,必须把衰减器刻度盘预先放在最大衰减位置(即 120 dB),在实测中再逐步旋至被测声级所需要的衰减挡位。

(三)汽车噪声的测量方法

1. 汽车定置噪声

汽车定置噪声,是指被检车辆定置(不行驶)在测量场地上,发动机处于空载运转状态,按 GB/T 14365—1993 中规定的方法测得的噪声。用这种方法得到的测量数据可评价、检查机动车辆的主要噪声源——排气噪声的水平。

(1)汽车定置噪声限值。汽车定置噪声限值如表 3-1-30 所列。

汽车定置噪声限值 表 3-1-30

车辆类型	燃料种类		不同出厂时期的限值(dB)	
			1998 年 1 月 1 日以前	1998 年 1 月 1 日及以后
轿车	汽油		87	85
微型客车、货车	汽油		90	88
轻型客车、货车 越野车	汽油	n_r≤4 300 r/min	94	92
		n_r>4 300 r/min	97	95
	柴油		100	98
中座客车、货车大型客车	汽油		97	95
	柴油		103	101
重型货车	N≤147 kW		101	99
	N>147 kW		105	103

注:N—汽车发动机额定功率

n_r—发动机额定转速

(2)汽车定置噪声检验方法。

①测量场地:

a. 车辆测量场地应为开阔的,由混凝土、沥青等坚硬材料所构成的平坦地面。其边缘外廓至少 3 m(图 3-1-57)。测量场地之外的较大障碍物,例如,停放的车辆、建筑物、广告牌、树木、平行的墙等。距离传声器不得小于 3 m。

b. 除测量人员和驾驶员外,测量现场不得有影响测量的其他人员。

②背景噪声:

a. 背景噪声是指车辆以外的噪声。测量过程中,传声器位置处的背景噪声(包括风的影响)应比被测噪声低 10 d(A)以上。

b. 如果背景噪声比测量噪声低 6 ~10 dB(A),测量结果应减去表 3-1-31 中的修正值,差值小于 6 dB(A),测量无效。

背景噪声修正值(dB) 表 3-1-31

测量噪声与背景噪声差值	6~8	9~10	>10
修正值	1.0	0.5	0

③现场风速:

a. 风速超过 2 m/s 时,声级计应使用防风罩,同时注意降风对测量的影响。

b. 测量的风速大于 5 m/s,否则测量无效。

④噪声测量仪器

a. 声级计或相当声级计的其他测量系统应符合 CB 3185 中对 I 型或Ⅱ型仪器的要求。

b. 测量使用声级计的 A 计权网络,快挡。

c. 测量前后,仪器应按规定进行校准,两次校准值相差不应超过 1 dB,校准器准确度应优于或等于±0.5 dB。

(3)汽车定置噪声测量程序。

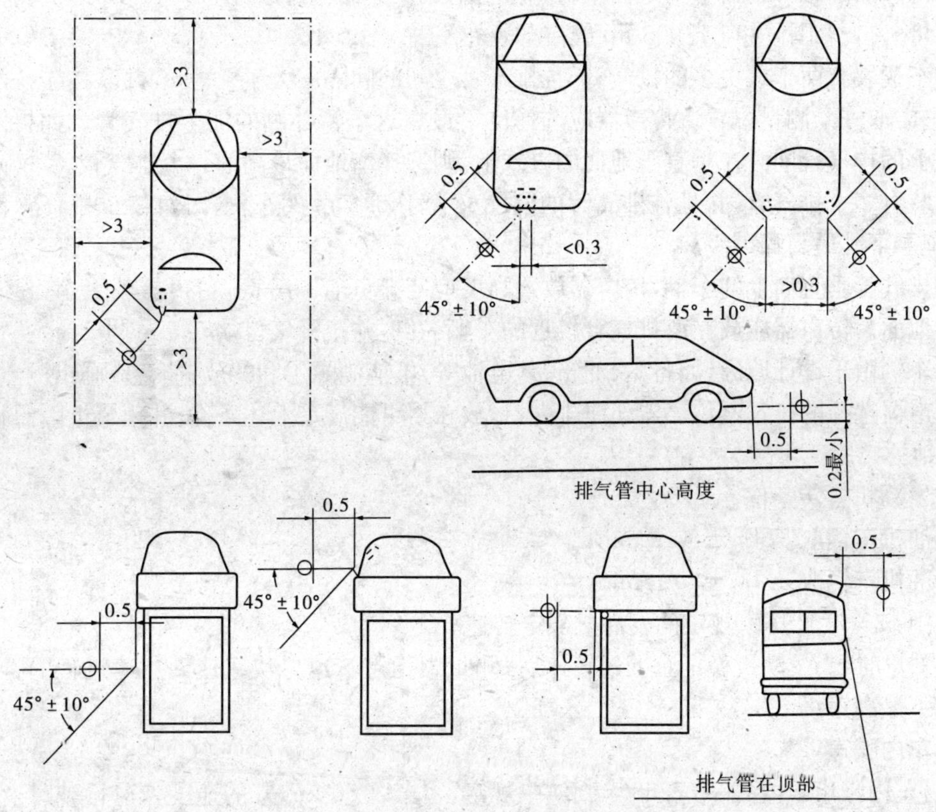

图 3-1-57　汽车定置噪声测量场地和传声器位置(单位:m)

①车辆位置和状态

a. 车辆位于测量场地的中央,变速器挂空挡,拉紧驻车制动器,接合离合器。

b. 发动机机罩、车窗与车门应关上,车辆的空调器及其他辅助装置应关闭。

c. 测量时,发动机冷却液温度及机油温度应符合生产厂的规定。

②测量次数

各类试验的每个测点重复进行试验,直到连续出现 3 个读数的变化范围在 2 dB 之内为止,并取其算术平均值作为测量结果。

③噪声测量(图 3-1-58)

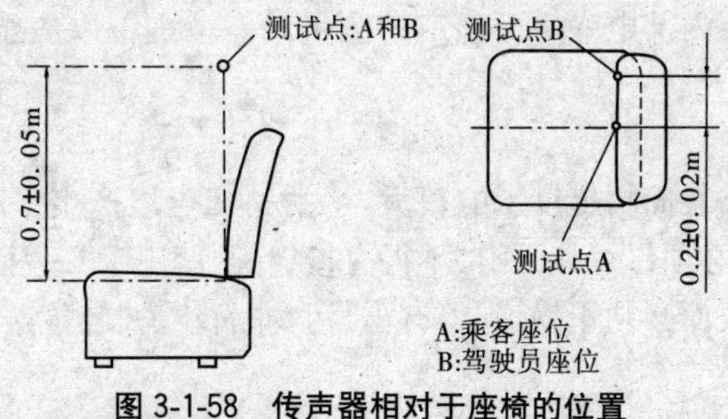

图 3-1-58　传声器相对于座椅的位置

a. 传声器位置

■传声器与排气口端等高,在任何情况下,距地面不得小于 0.2 m。

■传声器的参考轴线应与地面平行，并与通过排气口气流方向呈45°±10°的夹角。传声器朝向排气口。距排气口端0.5 m，放在车辆外侧。

■车辆装有两个或更多的排气管，且排气管之间的间隔不大于0.3 m，并联接于一个消声器时、只需取一个测量位置。传声器应选择位于最靠近车辆外侧的那个排气管。如果两个或两个以上的排气管同时在垂直于地面的直线上，则选择离地面最高的一个排气管。

■装有多个排气管，并且各排气管的间隔又大于0.3 m的车辆，对每一个排气管都要测量，并记录下其最高噪声级。

■排气管垂直向上的车辆，传声器放置高度应与排气管口等高，传声器朝上，其参考轴应垂直于地面。传声器应放在离排气管较近的车辆一侧，并距排气口端0.5 m。

■车辆由于设计原因(如备胎、油箱、蓄电池等)不能满足①和②放置时，应画出测点图，并标注传声器选择的位置。传声器朝向排气口，放在尽可能满足上述条件，并距最近障碍物大于0.2 m地方。

b. 发动机运转条件

汽油机车辆取3/4n_r±50 r/min；

柴油机车辆取3/4n_r±50 r/min。

式中：n_r—生产厂家规定的发动机额定转速。

c. 测量时，当发动机稳定至上述转速后，测量由稳定转速尽快减速到怠速过程的噪声，然后记录下最高声级。

2. 车内噪声

(1)车内噪声限值。GB 7258—2004中规定，客车以50 km/h的速度匀速行驶时，客车车内噪声应不大于79 dB(A)。

(2)车内噪声测量方法。

①车内噪声测量条件。

a. 声学环境、气象条件

■测量场地必须具备如下条件，即为避免汽车辐射的声音通过建筑物、墙壁或汽车外的大型物体的反射成为车内噪声，在进行测量的过程中，汽车与这类大型物体之间的距离应该大于20 m。

■测试场地环境气温必须在－5～＋35℃范围内，沿着测量路线在约1.2 m高度的风速不得超过5 m/s。

■由背景噪声和仪器内部电噪声而确定的测量动态范围下限应至少低于所测声级10 dB(A权声级测量)。

b. 试验的道路条件

汽车车内噪声受道路表面粗糙度影响很大，平滑路面可以产生平稳的车内噪声。因此试验的路段应该是硬路面，必须尽可能平滑、不得有接缝、凸凹不平等表面缺陷，否则将会增加汽车内部的声压级。道路表面必须干燥，不得有雪、污物、石块、树叶等杂物。

c. 车辆条件

■发动机和轮胎条件。在测量过程中发动机的所有运行条件，如燃料、润滑油、点火正时或喷油时间等都应该符合制造厂家的规定。在测量开始前，发动机应该稳定在正常的工作温度范围内，或以中等速度行驶一段路程。

所采用的轮胎应该与制造厂家规定的型号一致。轮胎的压力必须符合制造厂家的规定要求。

■车辆在测试噪声时必须是空载(除驾驶员、测量人员和测试装备外,不得有其他载荷)。

只有汽车的标准装备、测试装备和必不可少的人员方可留在车内。在大型客车且座位在8个以上的车辆中,在车内的人员不得超过3人。

■开口、窗户、辅助装置、可调节的座椅。开口,如天窗、所有的车窗、进风口及出风口,如有可能都必须关上。辅助装置,如刮水器、暖风装置、风扇以及空调等,在测量试验过程中不得工作。

d. 车辆运行条件

测试时车辆有匀速行驶、全油门加速行驶和车辆定置三种运行条件。

■匀速行驶。从60 km/h或最高车速40%(取两者较小值)到120 km/h或最高车速的80%(取两者较小值)范围内,至少以等间隔的5种车速进行A权声级测量。

■全油门加速行驶。当汽车达到稳定的初始工作状态(变速器处于最高挡位,发动机处于最低的初始转速),须尽可能快地使节气门全开,同时启动记录装置开始记录,直到发动机转速达到(汽车制造厂)规定额定转速的90%或达到120 km/h车速(取两者较小值)时,记录停止。

■车辆定置。变速器置于空挡,使发动机在低速运转;踩下加速踏板,使发动机加速到最高转速,并在此位置上至少持续5 s。

e. 测量仪器

■声级计应该符合GB/T 3785规定的1型的要求。声级计传声器的指向性会影响测量结果,因此,必须优先采用全指向传声器。

■在每次测量的开始和结束时,都要按照制造厂家的说明书对测量装置的声学性能进行检查,最好用声校准器(如活塞发声器)进行校准。声级计应在有效检定期内,使其符合GB/T 3785规定的1型的要求。

■车辆车速和发动机转速的测量仪器的准确度应为3%或优于3%。

②车内噪声测点位置。由于汽车车内噪声级明显与测量位置有关,应该选择能够代表驾驶员和乘客耳旁的车内噪声分布的足够数量的测点。

一个测量点必须选在驾驶员座位。对于轿车来说,也可以在后排座位上追加一个测量点。对于客车来说,应该考虑在中间和后部追加测量点,各测量点均位于汽车的纵向轴线附近。

合适的座位和站立位置都应作为测量点。测量点的确切位置应该表示在简图中。在测试过程中,除驾驶员位置外,所选的测量位置上不得有人。

传声器离车厢壁或座椅垫的距离必须大于0.15 m。传声器应以最大灵敏度的方向(具体方向按照制造厂规定)水平指向测量位置坐着或站立的乘客视线方向。如果不能定义这个方向,则应指向行驶方向。所采用的传声器在测试噪声过程中必须规范安装,以使其不会受到汽车振动的影响。传声器安装应该能够防止其与汽车之间产生过大(振幅约为20 mm)的相对运动。只要声级计的制造厂家未做说明,则传声器最大灵敏度的方向应与其中心方向一致。

a. 座位处的传声器位置(图3-1-58)。传声器的垂直坐标是座椅的表面与靠背表面的交线以上0.7±0.05 m处;水平坐标应在座椅的中心面(或对称面)上。在驾驶员座位上,水平横坐标向右(右置方向盘的汽车则向左)到座位中心面的距离为0.2±0.02 m。

b. 站立处的传声器位置。垂直坐标应在地板以上1.6±0.1 m处。水平坐标应在所选测点站立的位置上。

c. 卧姿的传声器位置。卧姿指客车或货车的卧铺等状态。传声器须放在头枕的中部以上,

0.15±0.02 m 处。

③车内噪声测量程序：

a. 对于匀速行驶试验，至少要在 d(a)中所规定的 5 种车速下记录 A 计权声级的数值。

b. 对于油门全开加速试验，应记录在所规定的加速范围内出现的 A 计权声级最大值，并应在报告中加以说明。

c. 对于定置噪声试验，应记录怠速时 A 计权声级读数和油门全开过程中最大声级读数，并应在报告中加以说明。

3. 汽车驾驶员耳旁噪声

(1)汽车驾驶员耳旁噪声限值。

GB/T 14365—1993 中规定，汽车驾驶员耳旁噪声声级应不大于 86 dB(A)。

(2)汽车驾驶员耳旁噪声检测方法：

①测点位置。汽车驾驶员耳旁噪声测量点一般选在驾驶员右耳附近，声级计按图 3-1-58 所示测点位置放置，声级计的传声器应朝向驾驶员耳朵方向。

②测量时车辆状态。测量汽车驾驶员耳旁噪声时，车辆应处于静止状态，且变速器置于空挡，发动机应处于额定转速状态。车辆门窗应紧闭。

③声级计应置于 A 计权、快挡。

4. 汽车喇叭声级测量

汽车喇叭声级的测点位置如图 3-1-59 所示。测量时，应注意不被偶然的其他声源峰值所干扰。测量次数宜在 2 次以上，并注意监听喇叭声音是否悦耳。

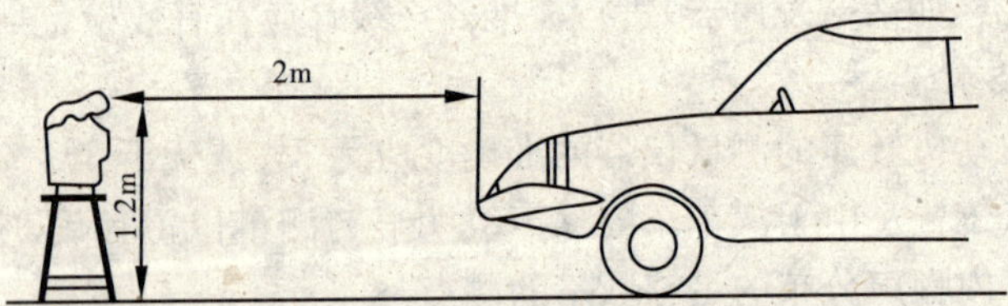

图 3-1-59 汽车喇叭噪声的测点位置

喇叭允许声级：机动车喇叭声级在距车前 2 m、离地高 1.2 m 处测量，其值应为 A 声级 90 ～A声级 115 dB。

5. 声级计的维护

声级计的维护按表 3-1-32 的规定进行。

声级计维护要领 表 3-1-32

维护周期	维护部位	维护要领	调修方法
使用前	指示表头	在不通电的状态下，检查指针的机械零点	不准时，调节零点调整旋钮
	指示控制旋钮和放大量调整旋钮	接通电源，使声级计进行必要的预热，检查各旋钮是否能够将指针调到预定位置	不能调整时。送专业机构修理
	接线等	检查有无损伤和接触不良等	发现有接触不良、断线的，应予更换
1个月	声级计	连接好传声器，在测试状态通风约 30 min，检查是否正常	长期不使用时，因湿度的影响，易发生故障。须对其内部进行干燥
	传声器	检查有无灰尘等	应将污垢清除
1年	接受法定计量检定部门的年度检定		

第五节 汽车检视和路试检验

正确检验汽车，首先必须掌握整车检验的基本项目。整车检验项目包括：整车尺寸、整车装备、防雨密封性、滑行性能、异响和润滑状况等。

一、汽车外观检视

汽车外观检视是汽车检测诊断的重要内容。在汽车综合性能检测站，通常把汽车外观检视放在汽车检测的第一道工序，它是以人工为主借助于简单仪器对汽车的外观及性能进行的检查。

1.汽车外观检视的必要性

既然汽车外观检视是汽车检测诊断的重要内容，那么就应该给予足够的重视。汽车的外观检视之所以成为汽车检测的第一道工序，其主要原因有两点。

(1)它是汽车检测诊断过程顺利进行的必要准备。为了保证汽车检测顺利进行和检测结果的准确可靠，检测线上的设备、仪具对汽车外观有一定要求，如装备整齐、功能应正常、无泄漏以及轮胎的气压、磨损程度等，否则难以进行检测或造成检测结果失准。此外，被测车应清洁，无污泥、油垢，这不仅是检测过程顺利进行的条件，而且也是确保检测仪具、设备耐久和正常使用的保证。

(2)它是对汽车性能和故障进行定量、客观检测诊断的补充和完善。汽车使用过程中，随着行驶里程的增加，由于磨损、腐蚀、疲劳、变形和老化等原因，不但技术状况逐渐变坏，如动力性、经济性、安全性、可靠性下降等，而且还将伴随出现种种外部症状，如车体不正、车身开裂、油漆剥落、连接松动、配合松旷、泄漏严重和润滑不良等。尽管随着检测诊断技术的发展，检测仪具、设备的准确性、定量性和适用性有了很大的进步，但影响汽车性能的很多外部症状尚难以用仪具、设备检测出来，仍然需要用人工进行检查、观察、体验，并辅以简单仪具进行直观定性的检查，结合检测结果才能对汽车的真实技术状况、故障部位及原因作出准确判断。此外，汽车编号、厂牌、出厂年月、车身颜色等的查验，也都需要人工通过检视予以核对。因此，只有充分认识了汽车外观检查的重要性和必要性，才能认真做好这一工作。

2.汽车外观检视的内容及仪具

汽车的外观主要涉及车容车貌、发动机、车轮、连接部位、自由间隙、灯光信号和润滑密封状况以及汽车型号、编号、厂牌和颜色等车证核对方面的内容，分系统、部位作出明确而直观的检视。

(1)主要检验仪具和设备如下：

①轮胎自动充气机；

②轮胎花纹测量器；

③检视手锤；

④地沟内举升平台；

⑤地沟上举升器；

⑥车轮平衡机；

⑦超声波探伤仪；

⑧转向盘自由转动量检测仪；

⑨传动系游动角度检验仪；

⑩底盘松旷量检测仪等。

在微机联网的检测站，该工位还配备有汽车资料登陆微机（含键盘及显示屏）、工位测控微机、不合格项目输入键盘、电视摄象机及光电开关等。

（2）外观检视项目如下：

①车上外观检视。人工检视汽车的灯光、安全装置、操纵装置、工作仪表和车身等是否装备齐全、工作正常、连接可靠和符合规定。检视的重点是灯光和安全装置。具体检视项目如表3-1-33所示。

车上外观检视项目 表3-1-33

序号	检视项目	序号	检视项目	序号	检视项目
1	远光灯	10	车身、漆面	19	转向盘
2	近光灯	11	后视镜、下视镜、侧视镜	20	油箱、油箱盖
3	制动灯	12	风窗玻璃	21	防护网及连接装置
4	倒车灯	13	刮水器	22	导线
5	牌照灯	14	喇叭	23	起动机
6	示宽灯、辅助灯、标志灯	15	车轮、螺栓、半轴螺栓	24	发电机
7	室内灯	16	离合器、变速器	25	蓄电池
8	车厢、座位、安全带	17	制动踏板	26	仪表、仪表灯
9	车门、车窗	18	驻车制动操纵杆	27	报警器

②车底外观检查。由检查人员在地沟内人工检视底盘各装置及发动机连接是否牢固可靠，有无弯扭断裂及漏油、漏水、漏气和漏电等现象，具体检视项目如表3-1-34所列。

车底外观检视项目 表3-1-34

序号	检视项目	序号	检视项目	序号	检视项目
1	发动机及其连接	9	后悬连接	17	变速器
2	车架	10	减振器	18	主减速器、后桥壳
3	前桥	11	各种软管	19	排气管及消声器
4	转向器、支架、万向节	12	电路、油路、气路	20	制动系拉杆、驻车制动器
5	转向轴、转向摇臂	13	贮气筒	21	缓冲器、保险杠、牵引钩
6	转向主销、轴承	14	传动轴、伸缩节	22	漏油、漏水、漏气、漏电
7	横、直拉杆	15	万向节、中间支承	23	油箱、蓄电池固定
8	前悬连接	16	离合器及其操纵机构	24	挡泥板

③就车检测车轮不平衡量。利用就车式车轮平衡机检测车轮不平衡量并配重。

④对转向节等安全机进行探伤。利用声发射探伤仪在不解体情况下，探测机件的裂纹和伤痕。探伤的机件主要有发动机和传动系各机件，转向节和转向节臂，转向横、直拉杆和球销，钢板弹簧，车架及前、后桥等。

⑤转向盘自由转动量。利用转向盘自由转动量检测仪检测转向盘自由转动量。

⑥检测传动系游动角度。利用传动系游动角度检验仪检测传动系游动角度。

⑦检测底盘主要配合副的松旷量。利用底盘松旷量检测仪检测轮毂轴承、主销和横、直拉杆等处的松旷量。

目前,汽车检测中外观检视尚无国家标准。国标 GB 7258—2004 《机动车运行安全技术条件》对汽车外观检视有一些规定,但并不全面系统,直观性和针对性也不够,因此各地汽车检测站均根据当地实际情况,制订出有关外观检视的范围、作业内容、使用仪具的规程或企业标准等。

二、路试检验

行驶中的检查目的是察看整车各总成部件的综合性能,操作应特别谨慎,注意安全,其项目及顺序如下。

(1)起步行驶前,发动机应达到正常温度并检查一次仪表信号装置的工作情况。

(2)检查离合器。离合器应分离彻底,接合平稳可靠,无发抖、打滑、异响等现象。

(3)低速行驶 2 ~3 km,使底盘各部件温度升至正常及润滑正常,注意各部件是否有异常响声。轻踏制动踏板,检查制动踏板是否灵活有效,然后提高车速。转向系应轻便灵活,无跑偏现象,高速时不能有"飘"的感觉。

(4)选择合适场地,检查车辆的最小转弯半径,转弯半径必须符合原车规定。

(5)在加速或减速时,留意细听变速箱、离合器、传动轴、差速器有无响声,检查要求如下:在不同挡位及不同的速度下,允许齿轮有不同的轻微响声,但决不允许有敲击声;在任何一个挡位,当速度突然变化时允许齿轮有瞬间的敲击声;传动轴在正常行驶时不能有响声,但在行驶动力不足而又未能及时转换低速挡时允许有响声。

(6)检查变速箱有否跳挡。这在车辆行驶中急加、减速便可知道。

(7)车内噪声检查:在行驶过程中,感受一下车内的噪声是否过大。一般情况下,噪声级会随着汽车价格的上升而降低。一些二手车会有排气泄漏,噪声级随着泄漏位置的不同而变化。如果噪声大得过于反常,就应该好好检查一下是否有比较大的排气泄漏。

(8)检查风的噪声:不同的汽车有不同的空气动力性,总的来说,空气动力性差的车,车速越高,车内的噪声就会越大。如果在路试时感到风的噪声过大,往往表明车门或车窗的密封条变坏。

(9)检查发动机运行情况:在畅通的公路上急加速,节气门应该反应迅速并且灵敏,减速后再加速一次,发动机不应该有反应迟钝的感觉。在发动机带负荷(汽车加速,超车、上坡)的情况下,倾听是否有轻微金属敲打声,如果有,可能是爆燃传感器有问题。在汽车以一定速度稳定行驶时倾听发动机是否发出不正常的声音。

(10)检查仪表和报警器:在频繁停车和堵车时观察冷却液的温度。如果发现机油压力低或冷却液温度超常,那表明发动机有比较严重的问题,而且这种故障的维修费用往往较高。停车后再次起动发动机,注意发动机的热起动是否良好。

(11)检查变速器和离合器:手动变速器应该实现平稳换挡,如果在每次换挡时出现磨齿轮的情况,可能是离合器有缺陷或更为严重问题是变速器本身有问题。离合器应该在没有抖动或颤动的情况下接合或分离,离合器踏板踩到 3/4 时,离合器就应该稳固的接合。猛加速到高挡时确保离合器不打滑。对于自动变速器汽车,要检查自动变速器在没有冲击、粘合或延迟的情况下实现平稳的换挡。在汽车加速和减速时要保证自动变速器换挡自如。

(12)检查制动器:在畅通的公路上或试车场上进行紧急制动,检查汽车的制动性如何。在制动时,其车身不应该偏向一边,如果车身往一边偏,说明此车的紧急制动是比较困难的。制动时不应该有尖叫声、振动或突然转向的问题出现。当踩下制动踏板时如果发出尖叫噪声,说明制动片可能磨损了。

(13)检查汽车的转向性:在公路上行驶时,注意转向盘是否摇晃或偏向一边。摇晃或发抖的转向盘通常暗示严重的车轮不平衡或对中问题。在车速大约为 60 km/h 时,双手放开转向盘,汽车应该保持直线行驶并且不会明显转到一边,无论车轮转到哪一边,都说明转向轮定位不正确。检查转向盘是否转动灵活,如果转向沉重说明动力转向泵、齿轮或变速器可能磨损。

(14)检查悬架:开车通过不规则的路面,倾听是否有从汽车前端发出忽大忽小的嘎吱声或低沉噪声,如果有说明滑柱或减振器紧固装置可能松了或衬套可能已经磨损。还要进行一些小转弯和急转弯,汽车在转弯时应该感到稳定和可靠,内侧车轮不过分升起。如果汽车在转弯时车身倾斜过大,则说明横向杆衬套或减振器可能磨损。在前轮驱动车上,前面发出的不正常声说明等速万向节可能已经磨损。

三、汽车滑行检测

汽车滑行检测主要是测定汽车的滑行距离,该距离直接影响汽车的传动效率。如滑行距离长,则行驶阻力小,传动效率高,汽车的动力性好。反之,若滑行距离短,则行驶阻力大,传动效率低,汽车的功率损失大,动力性差。

这种试验用来检查汽车底盘部分的调整状况,测定汽车行驶速度为 50 km/h 的滑行距离。该试验适用于各类汽车。汽车滑行距离的长短亦影响汽车的燃油经济性,汽车的滑行距离越长,则汽车的燃油经济性越好。

(一)汽车滑行距离的测定

试验时将汽车门窗关闭,在清洁、干燥、平坦的沥青或混凝土路面上,道路长 2 ~3 km,宽度不小于 8 m,纵向坡度在 0.1%以内。

1.测试方法

①在长约 1 000 m 的试验路段两端设立标杆作为滑行区段。

②汽车在进入滑行区段前,车速应稍高于 50 km/h,驾驶员应将变速器挂入空挡,使汽车开始滑行。当车速为 50 km/h 时,汽车应进入滑行区段,用第五轮仪进行记录,直至汽车完全停止为止。记录滑行初速度(约 50±0.3 km/h)和滑行距离。在滑行过程中,驾驶员不得转动转向盘,即汽车处于直线行驶状态。

③试验至少往返各滑行一次,往返区段尽量重合,以减少道路对试验结果的影响。

2.试验数据处理

据试验结果计算出标准初速度为 50 km/h 的滑行距离。试验数据按下列公式校正

$$S=\frac{-b\pm\sqrt{b^2-ac}}{2a} \tag{3-1-10}$$

式中:S——初速度为 50km/h 的滑行距离,m;

b——常数，m/s^2；（一般 $b=0.2$。当整车总质量≤4 000 kg，且滑行距离≤600 m 时，$b=0.3$）；

c——常数，m/s^2，$c=771.6$；

a——计算系数，$a=\frac{v_{a01}^2}{S_1^2}$，$1/s^2$；

v_{a01}——实测滑行初速度，m/s；

S_1——实测滑行距离，m。

v_{a0}——50 km/h 的滑行距离为往返两个方向的平均值。

（二）检测结果分析

滑行距离异常的主要原因有：

①轮胎气压不正常；

②汽车传动系统阻力过大；

③轮毂轴承预紧度不正确；

④车轮定位不准确；

⑤车身空气阻力过大、车身变形等。

四、润滑油品质变化程度的检测

对于已用润滑油的分析与新润滑油的理化分析不同，它主要是分析润滑油的污染性质和程度。机油污染分析仪的检测方法使用较广，机油污染分析仪有很多种类型。

1.通过测量一定厚度润滑油膜的不透明度来反映润滑油的污染程度

分析仪的结构原理如图 3-1-60 所示。稳压电源为电桥和光源提供稳定的电源，光源发出的光通过放油样的玻璃油池而传到光敏电阻上。光敏电阻作为电桥的一个桥臂，其输出端接电流放大器，而直流放大器的输出端接一个指示读数的电流表——光电表，表头按百分刻度。油池中放入干净油时，表头指示为零；当润滑油污染程度达到极限允许值时，指针指 80%。为了使用方便，用 3 种颜色大致表示污染范围，红色表示需要更换润滑油的换油区，黄色表示润滑油可用区，绿色表示良好区。

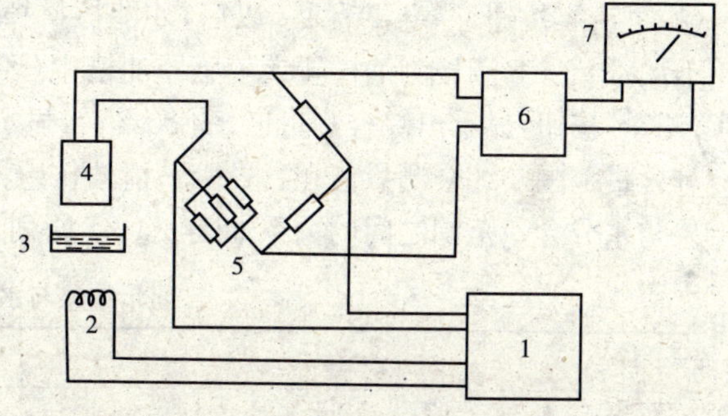

图 3-1-60 机油污染分析仪原理图

1-稳压电源；2-光源；3-试样油池；4-光电管组成的平衡电桥；5-电阻；6-直流放大器；7-透光度表

测试前，先在油池中放入干净油样，调整表头指针为零，然后再换入需要测量的油样。由于测试油样与标准油样的透光度不同，照在光敏电阻上的光线强度就不一样，润滑油污染越严重，透光越弱，光敏电阻阻值变化越大，电流表指针指示也越大。

这种仪器的优点是结构简单，使用方便。缺点是测量精度差，使用范围窄，而且不能测出有添加剂的润滑油中添加剂残余能力以及润滑油含杂质的成分。

2.通过测定润滑油的介电常数反映润滑油的污染程度

（1）RZJ—2A 型机油质量检测仪的工作原理。润滑油是电介质，有一定的介电常数，它是

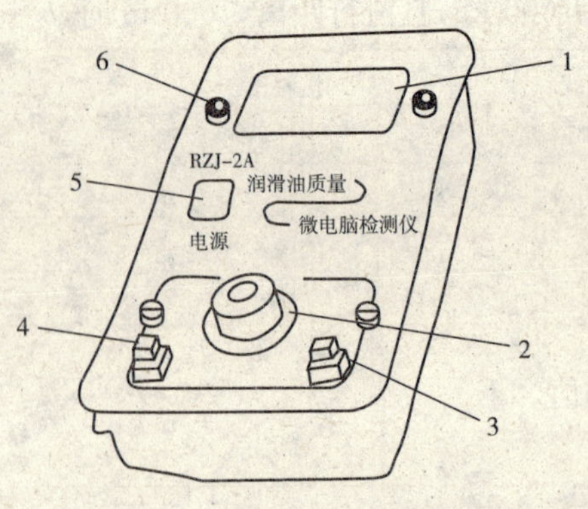

图 3-1-61 仪器面板示意图

1-数字显示屏;2-润滑油传感器;3-清零按键;4-测量按键;5-电源开关;6-固定螺钉

表示物质绝缘能力特性的系数,叫介电常数,又叫介电系数。在润滑油中,介电常数值取决于润滑油中的添加剂或存在的污染物。

在润滑油变质时,过氧化物、酸和其他原子团在油粒子上形成,从而引起了油粒子的极性变化(一端变正,一端变负)。当一些极化了的粒子逐渐增多时,润滑油混合物的介电常数随之增大。也就是说,润滑油污染越重,介电常数越大。通过对润滑油介电常数变化的比较,来分析润滑油的污染程度。

这种分析仪如图 3-1-61 所示。它采用了对污染物有较大灵敏度的平面电容器作为传感器,而润滑油试样如同电容的电介质,当润滑油的介电常数变化时,电容值也随之改变。通过专用的数字电路,将其变成数字信号,送入微机处理与参考数字信号比较。当显示为零时,数字相等,当显示不为零时,数字信号大于或小于参考信号,表示油的介电常数发生改变,从而达到检测润滑油质量的目的。

(2)仪器操作方法:

①检测前的准备。打开电源,仪器液晶应依次显示“+00.0’’、“+11.1”…“99.9”、“00.0”之后,出现“-0”,表示自我检测结束,仪器工作正常,可以测量。但若中间出现的数字与上述不符时表示仪器有问题,须进一步检查。

②测量。在测量前用白色脱脂棉清洁传感器油槽;用 3～5 滴与被测油样同牌号的新油置入传感器油槽中,一定要使油与油槽边沿平齐(使油液面的反射面为平镜面);等油扩散完后约 2 ～5 s 后,轻轻按一下“清零”按钮。先显示与上一个零点变化量,约 2 s 后清零,显示“±000”(按下清零按钮,一定要等 4 s 以后,才能擦拭掉新油);再彻底清洁传感器油槽,并保持清洁、干燥;用 3～5 滴被测油样置入传感器油槽中(要求同新油);等油扩散 2 ～5 s后,轻轻按一下“测量”按钮,显示出综合测量值,约 30 s 后,显示水分含量范围,以后每隔 2 s 分别交替显示水分含量范围与综合测量值;测试完后,清洁传感器。持续测试时,要间歇调整零点,显示出的结果与水分含量范围之间的关系如表 3-1-35 所列。

显示结果与水分含量的关系 表 3-1-35

水分含量(%)	仪器显示值
0～0.2	0.2
0.2～0.4	−2.4
0.4～0.6	−4.6
0.6～0.8	−6.8
>0.8	−8.0

(3)测试结果与润滑油污染的关系。机油品质检测仪,是依据感受油的介电常数这一性质来测定油的质量的。这个介电常数的大小与润滑油中存在的一些污染物的相对浓度成比例,表 3-1-36 中所列的是润滑油污染物及对介电常数的效应。

润滑油污染物及对介电常数的效应 表 3-1-36

污染物	显示结果		
	向(＋)偏	向(＋)偏激烈	向(－)偏
氧化物	●		
油泥	●		
污物	●		
燃烧炭烟	●		
酸	●		
防冻液		●	
水		●	
金属粒子		●	
汽油			●

(4)机油品质检测仪的换油标准。根据主要理化性能标准、污染指数标准及行车试验结果的验证，建议油污染指数 4.2～4.7 为汽油机润滑油换油标准，5.0～5.5 为柴油机润滑油换油标准。该仪器不仅能分析润滑油的污染程度，还能分析主要是哪些污染物使润滑油变质的。

(5)油质仪的使用与维护。

①当数字显示屏左上方显示出“LDBA—T”字符号时，说明电池电压已经低于 7.2 V，需要更换电池或扩大稳压电源的量程。

②在开机自检或测试过程中出现“＋78.9”时，说明传感器的两条螺旋线被金属颗粒短路。此时应用脱脂棉沾着汽油仔细将金属颗粒擦干净(必要时，用放大镜观察传感器螺旋线，用绣花针轻轻将金属颗粒拔掉)。因两条金属线很细，严禁对传感器刻、划、碰。

③若按下电源开关后无显示，应检查电池接线柱是否接触不良或断线。

④每次测量前，应热机 15 min，并不断反复调试 0 点，对提高测量精度有所帮助。

⑤传感器对潮湿很敏感，在雨、雪和雾天气不要使用机油品质检测仪。

⑥在开机自检中，出现“＋12.3”，说明 CPU 损坏，需更换；出现“＋45.6”，说明序片中程序有问题，需与厂家联系更换；出现“＋23.4”时说明“清零”、“测量”按键中有异常导通现象，用万用表测量一下，便可找出并更换；出现数字少画或多画，是由于导电橡胶接触不好，须重新安装；若出现一个或数个数字变化不是同时加“l”的增长或没有“＋”号，说明连接电缆接触不良，用万用表换个测量接插件对应角通不通即可。

⑦在“－0”中按“测量”或“清零”键时，不出现正常显示值，仍为“－0.0”时，说明按键断线或按下不导通。接上断线或更换按键。

3.通过光缆传输润滑油的透光能力反映润滑油被污染的程度

这种仪器主要用于监控和确定最佳换油时期，其结构原理如图 3-1-62 所示。

检验时，测量槽套管经润滑油加注口，插入工作的发动机油底壳中，润滑油经套管的进油口进入测量槽。然后，接通仪器的光源，使灯泡的光束经光缆传入测量油槽中。光束在穿过测量油槽后，照射到反射镜上，反射过来的光通过光缆和另一条光缆支路照射到光电管上。光束在穿过测量油槽的过程中，其能量被吸收，吸收多少取决于油槽中润滑油被污染的程度。与新润滑油相比，光电管产生的光电流下降值，便是润滑油被污染的尺度。光电流下降值可直接显示在电流表上，表上的刻度为润滑油污染程度百分数。

仪器的测量槽间隙可通过调整螺栓进行调整，可调范围为0.1～0.5 mm。测量油槽套管很细，可以插入直径为6 mm的加油口中。

除上述方法可对润滑油进行检测外，还有化学分析、光谱分析、放射性同位素分析等方法。

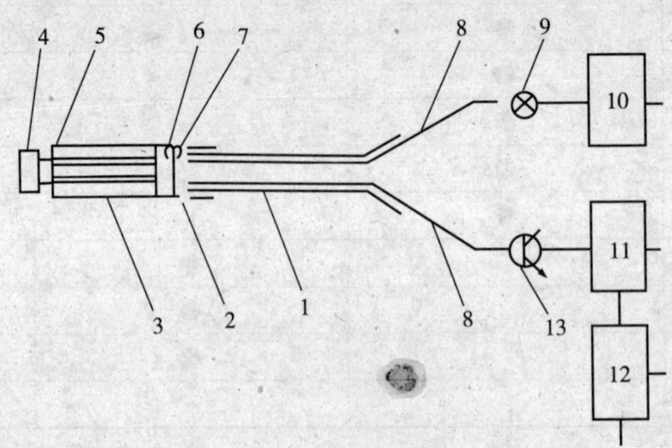

图3-1-62 光缆式机油分析仪

1-光缆；2-进油口；3-测量槽套管；4-调整螺栓；5-密封盖；6-反射镜；7-测量槽；8-光缆支路；9-灯泡；10-光源；11-信号放大；12-信号处理及读出装置；13-光电管

五、汽车异响的检测与诊断

(一)发动机异响检测与诊断

发动机所发生的响声是一组复杂声音的组合，因为发动机是一种自运转式的周期性循环工作的机器，因此发动机发出的响声都具有周期性。一台技术状况良好的发动机，在怠速运转时，只能听到轻微的机械振动、排气等声音；加速运转时，将发出有力且过渡圆滑的轰鸣声；高速运转时，则为平稳的轰鸣声。

当发动机工作不正常时，其声音也随之产生变化，如出现间歇的金属敲击声、连续的金属敲击声、无规律的金属碰擦声等，通常把这些不正常的声音称为异响。根据异响的不同类型可查明其产生原因，从而诊断出某机件或机构存在的故障，并予以排除。

1.异响类别

发动机的异响是发动机产生的不正常响声，主要有机械异响、燃烧异响、空气动力异响和电磁异响等。

2.异响原因

(1)机械异响。机械异响主要是运动副配合间隙太大或配合面有损伤，运转中引起冲击和振动造成的。因磨损或调整不当造成运动副配合间隙太大时，运转中会引起冲击和振动，产生声波。曲轴主轴承响、连杆轴承响、凸轮轴轴承响、活塞敲缸响、活塞销响、气门响、正时齿轮响等，多是因配合间隙太大造成的。但有些异响也可能是配合面(如正时齿轮齿面)有损伤或其他原因造成的。

(2)燃烧异响。燃烧异响主要是发动机不正常燃烧造成的。如汽油发动机产生突爆和表面点火时，柴油发动机工作粗暴时，汽缸内均会产生极高的压力波。这些压力波撞击燃烧室壁及活塞连杆组，发出了强烈的类似敲击金属的异响。当汽油发动机化油器发出回火声，排气管发出放炮声或“突、突”声时，也属于燃烧异响。

(3)空气动力异响。空气动力异响主要是在发动机进气口、排气口和运转中的风扇处,它是因气流振动而造成的。

(4)电磁异响。电磁异响主要是发生在发电机、电动机和某些电磁元件内,它是由于磁场的交替变化,引起机械中某些部件或某一部分空间容积产生振动而造成的。

3.异响的影响因素和诊断

异响与发动机的转速、温度、负荷和润滑条件等有关。

(1)转速。一般情况下,转速愈高机械异响愈强烈。高转速时,各种响声混杂在一起,听诊某些异响不易辨清。听诊气门响和活塞敲缸时,在怠速下或低速下就能听得非常明显;当主轴承响、连杆轴承响和活塞销响较为严重时,在怠速和低速下也能听到。总之,诊断异响应在响声最明显的转速下进行,并尽量在低转速下进行,以减少不必要的噪声和损耗。

(2)温度。有些异响与发动机温度有关,而有些异响与发动机温度无关或关系不大。在机械异响诊断中,对于热膨胀系数大的配合副,要特别注意发动机的热状况,最典型的例子是活塞敲缸。在发动机冷起动时,该响声非常明显,然而一旦温度升高,响声即减弱或消失。所以,诊断该响声应在发动机低温下进行。热膨胀系数小的配合副所产生的异响,如曲轴主轴承响、连杆轴承响、气门响等,发动机温度的变化对异响的影响不大,因而对诊断温度无特别要求。

发动机温度也是燃烧异响的影响因素之一。汽油发动机过热时,往往产生点火敲击声(突爆或表面点火);柴油发动机过冷时,往往产生着火敲击声(工作粗暴)。

(3)负荷。许多异响与发动机的负荷有关。如曲轴主轴承响、连杆轴承响、活塞敲缸响、汽缸漏气响、汽油机点火敲击响等,均随负荷增大而增强,随负荷减小而减弱;柴油机着火敲击声随负荷增大而减小。但是,也有个别异响与负荷无关,如气门响,负荷变化时异响不变化。

(4)润滑条件。不论什么机械异响,当润滑条件不佳时,异响一般都显得严重。

异响的影响因素往往成为异响的诊断条件。

诊断发动机异响的方法有两种:人工凭经验诊断法和示波器频谱分析诊断法。

4.异响列表诊断法

现以夏利轿车为例,根据异响特征和影响因素,辅以一些简单试验操作,以异响诊断表格的形式,诊断夏利轿车发动机、变速器、离合器、驱动桥、车轮及传动轴的异响。

由于发动机和变速器的异响诊断比较复杂,而且诊断方法相似,故将其归为一类。表3-1-37和表3-1-38分别为发动机和变速器异响诊断表。

异响的表现程度共分为:尤为明显、明显、比较明显、不大明显、轻微以及无等6挡,分别用“5”、“4”、“3”、“2”、“1”和“0”表示。

(二)底盘异响检测与诊断

离合器、驱动桥、车轮和传动轴的诊断方法比较简单且相似,因此可归为一类。表3-1-39至表3-1-42分别为离合器、驱动桥、车轮和传动轴异响故障诊断表。这类异响故障诊断时,通过辅助试验给出故障类型的可能性(%),异响类型的可能性分为100%、75%、50%、25%以及0%等5挡,分别用“4”、“3”、“2”、“1”以及“0”表示。

六、汽车防雨密封性试验

防雨密封性是指车辆在下雨天行驶时,车身、风窗、挡风玻璃等部位渗、滴、流的程度。防雨密封性试验是在专用淋雨试验台上进行的。主要考核车身、车门、风窗、挡风玻璃等部件的制造质量是否达到防雨密封性的要求。进行汽车防雨密封性试验时，车身前部降雨量为 8 ～10 mm/min；车身两侧、后部、顶部的降雨量为 4 ～6 mm/min；车身底部降雨量为 6 ～8 mm/min。为了模拟自然降雨条件，国家标准规定了淋雨试验台喷嘴轴线与铅锤方向的夹角为 30°～45°，喷嘴朝向车身。车辆前部、后部、顶部的喷嘴至车身表面的距离为 500 ～1300 mm，底部喷嘴至车身表面的距离为 300 ～700 mm。

发动机异响故障诊断表

表 3-1-37

故障症状 / 表现程度 / 故障类型	怠速异响	怠速稍高异响	中速异响	中速稍高异响	怠速至中速一次性加速异响	急加速异响	低速抖动加速踏板异响	急减速异响	响声密度随转速递增异响	高速异响	低温异响	温度升高后异响	某缸断火异响消失或减弱	某缸断火响声增大	单缸断火响声不变
活塞敲缸异响	3	2	0	0	0	0	0	0	0	1	5	2	1	0	0
活塞销异响	3	0	0	0	0	0	0	5	0	0	0	1	0	2	0
严重窜气异响	2	0	0	0	1	3	0	0	5	0	0	0	4	0	0
连杆轴承异响	0	0	3	5	5	5	4	0	5	0	0	0	4	0	0
曲轴轴承异响	0	0	4	5	3	5	0	5	0	0	4	0	0	0	1
气门异响	3	4	3	0	0	0	0	0	0	1	0	0	0	0	0
凸轮轴轴承松旷异响	2	2	4	0	0	0	0	1	0	0	0	0	0	0	0
曲轴轴向窜动异响	2	0	0	0	3	2	0	0	0	0	0	0	0	0	0
飞轮松旷异响	0	5	2	4	4	4	5	0	0	0	0	0	0	3	0
气门弹簧折断异响	4	4	3	1	0	0	0	0	2	0	0	0	0	0	0
发电机轴承异响	3	3	0	0	0	0	0	0	0	0	0	0	0	0	0
水泵轴承异响	3	3	3	3	0	0	0	0	4	0	0	0	0	0	0
正时皮带张紧轮轴承异响	2	3	2	3	0	0	0	0	4	0	0	0	0	0	0
爆震异响	1	2	4	5	3	3	1	2	5	4	1	5	2	1	2
混合气燃烧不完全异响	0	0	0	3	0	3	2	0	0	2	1	2	0	0	0
化油器回火异响	0	4	2	1	3	4	0	0	2	1	0	0	0	0	0
分电器异响	0	4	2	1	3	4	0	2	3	1	0	0	0	0	0
高压漏电异响	5	4	2	1	3	1	0	2	0	1	1	2	0	5	0
进气系统异响	0	1	2	1	3	3	0	2	0	3	0	0	3	1	1
平衡轴异响	5	4	2	1	3	3	4	2	5	3	4	1	0	0	0

(一)淋雨试验台的构成

淋雨试验台由水泵、驱动电机、压力调节阀、节流阀、水压表、流量计、输水管附件、喷嘴、蓄水池、支架、喷嘴架和驱动调整装置构成。电机驱动水泵，将水从蓄水池泵入主管道内，经压力调节和流量调节进入淋雨管道，通过喷嘴射向车体表面，喷射出的水被汇集后，再流入蓄水池，经过多级沉淀，循环使用。水泵最大流量的选择应考虑所测汽车范围，应能满足所有喷嘴规定流量的总和。并考虑管路系统渗漏等情况，所以，要求所选水泵的额定流量比实际最大流量增加 5%～10%。为避免因管路阻尼引起的水压降，导致喷射压力不足（喷嘴的喷射压力为60～147 kPa），水泵扬程应≥40 m。

变速器异响故障诊断表 表 3-1-38

故障症状 \ 表现程度 \ 故障类型	壳变形（输入输出轴不平行）	直齿和斜齿面磨损	齿轮油不足	输入轴后轴承磨损	输入轴前轴承磨损	输出轴前轴承磨损	输出轴后轴承磨损	变速器安装螺栓松动	同步器失效	齿轮副磨损
转速改变时，异响更明显	2	3	1	4	3	1	4	3	0	3
运行中异响更清晰	3	4	2	3	5	4	3	2	0	2
怠速时有不正常响声	2	2	3	2	0	0	0	1	0	0
各挡均有异响	4	3	4	5	3	0	5	5	1	0
空挡有异响	2	2	5	1	1	0	0	4	0	0
高速挡异响明显	4	5	4	4	2	2	2	0	0	0
挂挡有异响	0	0	2	2	2	2	2	2	3	5
低速挡起步困难	0	1	1	1	1	1	1	0	1	2
上、下坡异响加重	2	2	3	4	3	2	0	0	0	1
跳挡	3	0	0	1	1	2	2	0	0	0
变速杆振摆	1	0	1	2	2	2	2	0	1	0
挂挡沉重	0	1	0	1	0	0	0	5	4	0
变速器温度高	0	1	3	0	0	0	0	0	1	1
仅某一挡异响明显	2	5	0	0	0	0	0	0	5	0
离合器离合瞬时有强烈异响	0	0	0	0	0	4	0	3	0	0
低速挡有异响。高速挡减轻或消失	1	2	2	2	2	2	2	0	0	4

离合器异响故障诊断表 表 3-1-39

故障症状 \ 表现程度 \ 故障类型	自由行程调整不当	扭簧失效	离合器分离轴承松旷、缺油	离合器摩擦片磨损或碎裂	压盘与盖配合松旷	分离轴承与膜片弹簧结合面不平，膜片弹簧折断	离合器拨叉或弹簧折断
起动发动机后，即出现“沙沙”声	2	2	0	0	0	0	0
踏板放松后还能抬起少许，且异响随之消失	2	0	0	0	0	0	0
自由行程正常，发动机转速变化时，有间断撞击或摩擦声	0	2	4	0	0	0	0
怠速时，踏下离合器踏板至自由行程消除时，即出现“沙沙”声	0	0	0	4	0	0	0
踏板踏到底后，即出现连续不断的尖叫声和敲击声	0	0	0	0	1	0	0
转速愈高，响声愈重，伴随汽车抖动	0	0	0	0	1	0	0
怠速运转时异响声明显	0	0	0	0	0	3	0
中速稳定运转时，异响声明显减弱或消失	0	0	0	0	1	1	0
踏下踏板时异响，抬起踏板时不响且挂挡困难	0	0	0	0	1	0	4

驱动桥异响故障诊断表

表 3-1-40

故障症状 \ 表现程度 \ 故障类型	差速器套和止推垫片磨损或行星齿轮装配过紧	行星齿轮或半轴齿轮牙齿破碎或行星齿轮止推垫片过厚	行星齿轮与半轴齿轮损伤或不配套	齿轮油不足或差速器齿圈磨损、烧结	减速器齿轮牙齿折断	减速器齿轮啮合不良	减速器齿隙过大
挂挡行驶有异响，脱挡滑行时响声减弱或消失	0	0	0	0	1	1	1
挂挡行驶或空挡滑行均有异响	0	0	0	4	0	0	0
转弯行驶有异响，直行异响消失	1	1	1	0	0	0	0
挂挡行驶有强烈“当、当”金属碰击声	0	0	0	0	3	0	0
车速稍高即出现连续的混浊噪声	0	0	0	0	0	3	0
变换车速时出现明显的金属撞击声	0	0	0	0	0	0	3
低速转弯滑行时车身略有抖动	3	0	0	0	0	0	0
架起前桥，转动一侧车轮时，两轮转动方向一致	0	3	0	0	0	0	0
架起前桥，转动一侧车轮时，两轮转动方向相反	0	0	3	0	0	0	0

车轮异响故障诊断表

表 3-1-41

故障症状 \ 表现程度 \ 故障类型	后轮轴承松旷，分泵锈死，或有小部件折断	后轮轴承烧结或磨损	前轮轴承损伤	前轮制动底板松旷或制动盘磨损	蹄片底板卡簧装配不当或脱焊
低速行驶时后轮有轻微噪声	4	0	0	0	0
行驶中后轮有沉重异响	0	4	0	0	0
低速行驶时前轮有轻微噪声	0	0	2	1	1
脱挡滑行至停车时，转向盘略有振动	0	0	2	0	0
制动时前轮发出噪声	0	0	0	3	2
汽车行驶或转弯时前轮响	0	0	1	0	0
行驶中，发出有规律的“嚓嚓”声	0	0	0	0	1

传动轴异响故障诊断表

表 3-1-42

故障症状 \ 表现程度 \ 故障类型	球头磨损或转向节套内缺油	内外侧万向节总成齿隙磨损，球头与内外侧万向节套磨损、缺油或装配记号不对
直线行驶无噪声，但转弯时前桥异响	4	0
直线行驶时，前桥有异响	0	4

（二）试验条件及试验方法

1.试验条件

气温在 5～35℃，气压在 99 ～102 kPa 范围内；若在室外淋雨试验台上试验时，应选择晴天或阴天天气，并且风速不得超过 1.5 m/s.

2. 试验方法

进行淋雨试验之前，首先检查降雨强度和喷射压力。并通过压力调节阀调至规定值。将试验车停放在淋雨场地内指定位置，检测人员进入车厢或驾驶室内，然后关闭全部门窗、孔盖，启动淋雨设备。待进入稳定工作状态时（一般为 2 min），即为试验开始时刻。同时，记录开始时间，5 min 后开始观察并记录车厢内渗、滴、流水的部位和程度，试验进行 15 min 后关闭淋雨设备，试验结束。防雨密封性指标限值是根据车辆类型制定的。规定试验总分为 100 分，出现一处“渗”扣 1 分，出现一处“慢滴”扣 3 分，出现一处“快滴”扣 6 分，出现一处“流”扣 14 分，总分减去全部扣分值就是实的得分数。若出现负值，则按零分计算。

（三）客车密封性允许限值

客车密封性允许的限值如表 3-1-43 所列。

客车防雨密封性极限值　　表 3-1-43

客车类型		限值(分)
轻型客车		≥93
中型客车	旅游客车	≥92
	团体客车	≥90
	城市客车	≥88
	长途客车	≥88
大型客车	旅游客车	≥90
	团体客车	≥88
	城市客车	≥87
	长途客车	≥87
特大型客车	单铰接式客车	≥84

本章小结

（1）汽车整车的性能参数直接反映整车的技术状况。汽车的检测与诊断往往先从整车性能参数检测开始，进而进行汽车各系统的深入检测与诊断。汽车检测有人工检测和仪器设备检测两种方法。

（2）汽车检测站有车辆安全环保检测站和综合性能检测站两类。

（3）常用汽车的最高车速、加速能力、最大爬坡度、发动机最大输出功率和驱动轮输出功率作为动力性评价指标。

（4）汽车底盘的输出功率是汽车综合性能检测的必检项目，可以通过整车的道路试验测定，还可以在底盘测功机上测定。在底盘测功机上可以进行汽车性能试验和汽车各系统的技术状况诊断。在稳定状态下测定发动机输出的有效功率，可以使用水力测功机、电力测功机或电涡流测功机，目前应用较为广泛的是无负荷测功或无外载测功。

（5）GB 7258—2004《机动车运行安全技术条件》规定，可以用制动距离、制动减速度或制动力来检测汽车制动性能。制动性能检测分路试法检测和试验台检测两种。

（6）车轮定位包括车轮前束、车轮外倾、主销后倾和主销内倾，是表示汽车前轴车轮技术状况的重要参数，有静态检测法和动态检测法两种。

(7)检测前轮侧滑量使用的检测设备主要有滑动板式侧滑试验台和滚筒式车轮定位试验台两种。

(8)车轮不平衡包括车轮静不平衡和动不平衡两种。

(9)汽车悬架和转向系间隙过大，会引起汽车转向盘抖振、行驶跑偏、乘坐舒适性差、轮胎异常磨损和行驶噪声等故障。

(10)如果车速表的指示误差过大，驾驶员就难以正确控制车速，且极易因判断失误而造成交通事故。为确保车速表的指示精度，必须适时对车速表进行检测、校正。

(11)为保证汽车夜间行车安全，前照灯的发光强度和光束照射位置被列为汽车安全检测中的必检项目。可用屏幕法或前照灯检验仪进行检验。

(12)汽车燃油经济性是用以评价在用汽车技术状况与维修质量的综合性参数，也是诊断和分析汽车故障的重要依据。就车测定燃油消耗量时，一般采用车用油耗计。

(13)汽车排放对大气的污染已构成公害。汽车排气污染物的浓度是汽车检测中重要的检测项目。汽油车排气污染物的测量仪器一般使用不分光红外线气体分析仪。测量方法有稳态工况法、瞬态工况法、简易瞬态工况法等。柴油车排出的烟色，主要分为黑烟、蓝烟和白烟三种。其中，以柴油机在全负荷和加速工况时排出的黑色炭烟最为常见。

(14)柴油机的排气烟度用烟度计来测量。烟度计大致分为滤纸式烟度计、透光式烟度计和重量式烟度计等多种。国标 GB 3847—2005《车用压燃式发动机和压燃式发动机汽车排气烟度排放限值及测量方法》规定：对于 2001 年 10 月 1 日前生产的在用汽车的排气烟度排放状况的检测使用滤纸式烟度计，对于 2001 年 10 月 1 日以后生产的在用汽车的排气烟度排放状况的检测使用不透光烟度计。

(15)噪声是汽车的第二公害。主要测量汽车定置噪声、车内噪声、汽车驾驶员耳旁噪声和汽车喇叭噪声。

(16)汽车的外观主要涉及车容车貌、发动机、车轮、连接部位、自由间隙、灯光信号和润滑密封状况以及汽车型号、编号、厂牌及颜色等车证核对方面的内容。

(17)汽车行驶中的检查目的是察看整车各总成(或部件)的综合性能。

(18)汽车滑行检测主要是测定汽车的滑行距离，该距离直接影响汽车的传动效率。

(19)根据异响的不同类型可以诊断出某机件或机构存在的故障。

(20)防雨密封性是指车辆在雨天行驶时，车身、风窗、风窗玻璃等部位渗、滴、流的程度。防雨密封性试验可在专用淋雨试验台上进行，主要检查车身、车门、风窗、车窗玻璃等是否达到防雨密封性的要求。

复习思考题

1. 汽车动力性能的检验标准和检验方法有哪些?
2. 叙述底盘测功试验台的测量原理。
3. 底盘测功试验台由哪几部分组成? 各部分的功能是什么?
4. 在底盘测功试验台上，除进行驱动轮输出功率测定外，还能进行哪些检测?
5. 试述无负荷测功的基本原理。

6. 如何用发动机综合性能测试仪检测汽车发动机的功率?

7. 如何用 QCG—2GJ 型汽车无负荷测功表检测发动机的最大功率?

8. 汽车安全检测包括哪些内容?

9. 测力式制动试验台检测的基本原理是什么?

10. 怎样用测力滚筒式制动试验台检测汽车制动性能?

11. 测力平板式制动试验台有哪些特点?

12. 现行《机动车运行安全技术条件》对汽车制动力有何具体要求?

13. 汽车制动性能路试检验的方法有哪些?各需什么仪器?

14. 什么叫车轮定位?汽车为什么要有车轮定位?

15. 车轮定位包括哪些诊断参数?其检测方法分为哪两种?使用的检测设备有哪些?

16. 四轮定位仪由哪几部分组成?试述检测车轮定位角的方法。

17. 双板式侧滑试验台一般由哪些装置组成?其检测标准是什么?怎样对检测结果进行分析?

18. 车轮不平衡量过大对汽车性能有何影响?

19. 怎样用就车式车轮平衡仪检测车轮的静、动平衡?

20. 怎样用检查仪检查汽车悬架及转向系的间隙?

21. 什么叫转向盘自由转动量?怎样检测?

22. 车速表误差的测量原理是什么?

23. 前照灯的检验指标有哪些?何谓对称配光特性和非对称配光特性?

24. 试述自动追踪光轴式前照灯检验仪的结构原理和检验方法。

25. 怎样分析前照灯检测结果?

26. 简述燃油消耗量的检测方法。

27. 汽车排气污染物主要成份有哪些?各有什么危害?这些污染物的来源有哪几个方面?

28. 简述不分光红外线气体分析仪的组成和工作原理。

29. 简述 CLD 测试 N02、02 浓度的基本原理。

30. 何为双怠速检验方法?何为简易工况法?

31. 试述汽油车怠速污染物的测量方法。

32. 何谓柴油车自由加速工况?试述柴油车自由加速烟度的检验方法。

33. 怎样分析汽油车怠速污染物检测结果?

34. 怎样分析柴油车自由加速烟度检测结果?

35. 汽车噪声的评价指标有哪些?

36. 试述汽车噪声的检测方法。

37. 为什么要进行汽车外观检视?汽车外观检视的内容有哪些?

38. 汽车路试检验的目的是什么?检验项目有哪些?

39. 汽车滑行检测的目的是什么?如何检测?

40. 润滑油品质变化程度的检测依据是什么?阐述检测方法?

41. 发动机异响有哪些类型?如何分析判断?

42. 底盘会产生哪些异响?如何检测与判断?

43. 试述汽车防雨密封性试验的方法。

第二章 汽车主要零部件检验

第一节 发动机主要零部件检验

一、汽缸体和汽缸盖的检验

汽缸体是发动机的基础零件，发动机所有零部件都是以它为基础组装起来的，所以其技术状况直接影响着发动机修理质量和使用寿命。汽缸体、汽缸盖在工作过程中常产生的缺陷有：变形、裂纹、汽缸表面的磨损和螺纹孔的损坏等。

（一）汽缸体和汽缸盖变形的检验

汽缸体和汽缸盖的结构、形状复杂，各处的壁厚不均匀，长期在高温、高压、交变载荷下工作，容易产生变形；尤其在制造过程中，如果时效处理不彻底，留有残余应力，则在发动机工作时，高温使残余应力逐渐松弛，导致汽缸体、汽缸盖变形。

汽缸体、汽缸盖变形，常使汽缸体与汽缸盖的结合平面翘曲，当其平面度误差超过技术标准时，将会发生发动机漏气、漏水、漏油等故障；严重时汽缸垫会被冲坏，以致发动机无法工作。另外，汽缸体的变形，常会破坏曲轴、凸轮轴轴承承孔的同轴度，加剧曲轴、凸轮轴及轴承的磨损和损坏。

1.汽缸体上平面、汽缸盖下平面平面度误差的检测

汽缸体上平面、汽缸盖下平面平面度误差（翘曲变形的程度）多用直尺和塞尺进行检测。检测时先将被测平面清洗干净，将长度等于或略大于被测平面的最大尺寸的直尺立在被测平面上，然后用塞尺测量直尺和平面之间的间隙（如图3-2-1所示），其最大值便是平面度误差。另外，也可用平板作接触印痕检验或用百分表检测。国产汽车汽缸体上平面、汽缸盖下平面的平面度公差如表3-2-1所列。

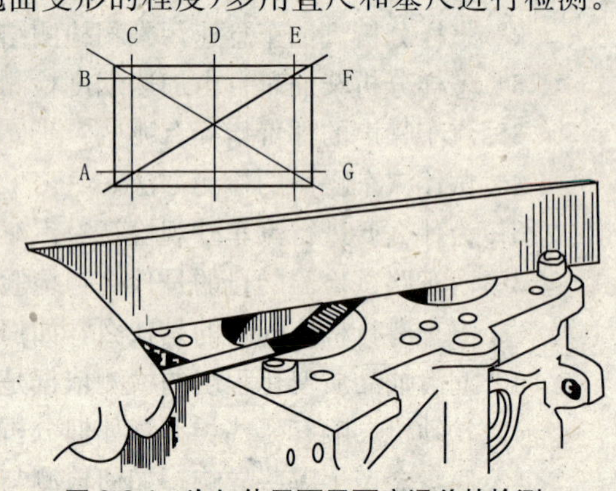

图3-2-1 汽缸体平面平面度误差的检测

2.汽缸体主轴承承孔同轴度误差的检测

主轴承承孔一般磨损很小，通常先用内径百分表检测其圆度和圆柱度误差，然后检测承孔的同轴度。主轴承承孔的同轴度，一般需用专用的汽缸体轴承座孔同轴度检验仪检测，如图3-2-2所示，以汽缸体两端主轴承承孔的公共轴线为基准：在两承孔内安装定心套，然后将定心轴安装在定心套内，再在定心轴上安装本体、等臂杠杆及百分表。检测时，使等臂杠杆的球形触头触及被测轴承孔的表面，然后转动定心轴，如果承孔不同轴，则等臂杠杆的球形触头便产生径向移动，其移动量经等臂杠杆传给百分表，百分表便显示出该孔的同轴度误差。对不同承孔进行检测，便可测得各道承孔的同轴度误差。

汽缸体上平面和汽缸盖下平面的平面度公差(mm)　　表 3-2-1

测量范围	汽缸长度	铸铁			铝合金		
		汽缸体上平面	汽缸盖下平面		汽缸体上平面	汽缸盖下平面	
		—	侧置气门式	顶置气门式	—	侧置气门式	顶置气门式
任意 50×50	—	0.05	0.05	0.025	0.05	0.05	0.05
整个平面	≤600	0.15	0.25	0.10	0.15	0.35	0.15
	>600	0.25	0.35	—	0.35	0.50	—

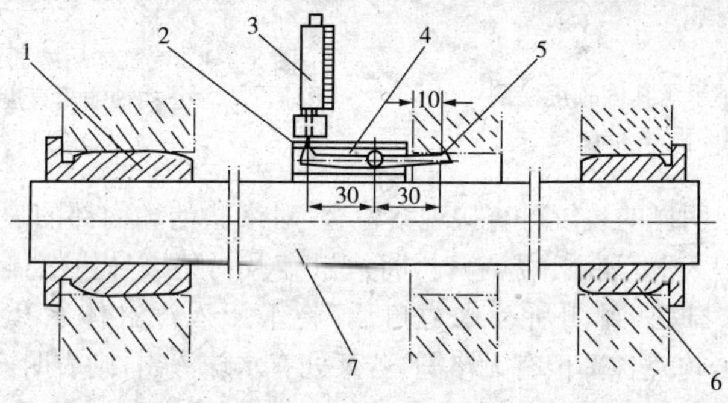

图 3-2-2　汽缸体轴承座孔同轴度检验仪

1、6-定心轴套；2-本体；3-百分表；4-等臂杠杆；5-球形触头；7-定心轴

检测时应先将主轴承盖及汽缸体主轴承承孔清洗干净，然后将主轴承盖正确地安装在汽缸体上，并按标准拧紧力矩拧紧螺栓，便可安装检验仪进行检测。当无汽缸体轴承座孔同轴度检验仪时，也可以用检验杆(或搪瓦机搪杆)和塞尺进行检测，如图 3-2-3 所示。

3.汽缸体后端面对两端主轴承承孔公共轴线垂直度误差的检测

汽缸体的变形，常常会破坏其后端面对两端主轴承承孔公共轴线的垂直度，影响飞轮壳和变速器相对于曲轴的正确位置关系，从而使离合器和变速器的工作状况恶化，磨损加剧，传动“发响”。一般要求汽缸体后端面对两端主轴承承孔公共轴线的端面全跳动量≤0.20 mm。

汽缸体后端面对两端主轴承承孔公共轴线的垂直度误差可采用通用量具如平板、90°角尺、固定和可调支承、带指示器的测量架和心轴进行检测，如图 3-2-4 所示。作为基准的两端主轴承承孔轴线用定心轴模拟，用固定和可调支承将汽缸体后端面向下支持在平板上，用 90°角尺使心轴与平板垂直，然后沿整个后端面移动指示器进行测量，所得最大读数差便是汽缸体后端面对主轴承承孔轴线的垂直度误差。

(二)汽缸体、汽缸盖裂纹的检验

汽缸体、汽缸盖在工作过程中有时会产生裂纹，导致发动机漏水、漏气、漏油，影响发动机的正常工作。发生裂纹的部位，在不同型号的发动机上并不一致，但大多发生在水套壁较薄处，或工作过程中应力（尤其是热应力）比较集中的部位，如汽缸盖两气门座之间和汽缸体两汽缸孔之间等。裂纹产生的原因大多是使用维护不当，例如：发动机长时间在高负荷、高温下工作，或在高温下骤加冷水，从而产生过大的热应力；冬季使用时未加防冻液，夜间停车又未放水而造成冻裂。

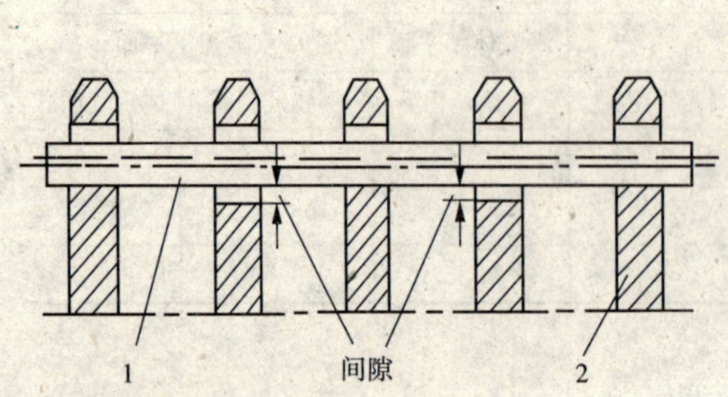

图 3-2-3 主轴承承孔同轴度检测

1-检验杆；2-汽缸体

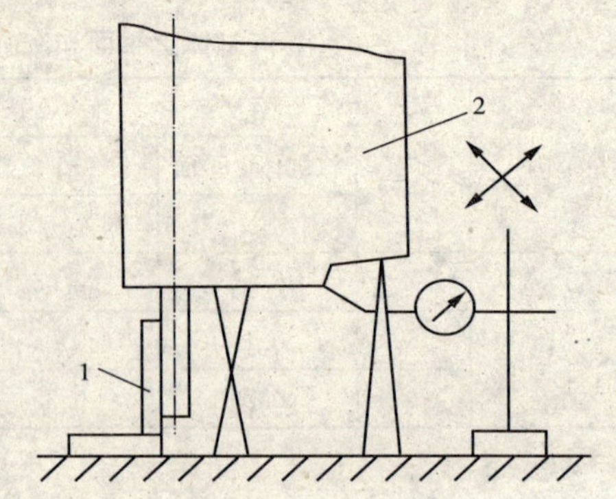

图 3-2-4 汽缸体后端面对两端主轴承承孔公共轴线垂直度的检查

1-90°角尺；2-汽缸体

汽缸体、汽缸盖上明显的裂纹可直接观察检查，对细微的和内部的裂纹，一般用水压试验的方法进行检查，如图 3-2-5 所示。检查时，将汽缸盖及衬垫装在汽缸体上，将水压机出水管接到汽缸体前端进水口处，封闭所有水道口后，将水压入汽缸体水套内，在水压为 343～441 kPa下保持 5 min，检查各部位有无渗漏，若某处有水珠渗出，则表明该处有裂纹。

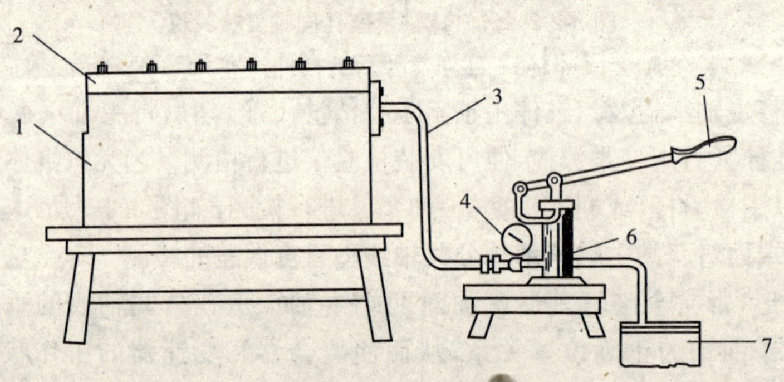

图 3-2-5 水压试验

1-汽缸体；2-汽缸盖；3-管子；4-水压表；5-手把；6-水压机；7-贮水槽

汽缸体、汽缸盖的裂纹也可以用渗透法进行检查，其原理是在被检查的零件表面涂上渗透液，使渗透液渗透进零件表面的裂纹中去，然后将表面多余的渗透液除去，再在零件表面涂上一层显像剂，将裂纹中残存的渗透液吸出，从而显示出裂纹的部位。渗透法通常有着色法和荧光法，前者是在渗透液中加入显示性比较明显的红色染料，在白色的显像剂衬托下能够明显地将裂纹显示出来；后者是在渗透液中加入荧光物质，在喷涂显像剂后，若零件表面有裂纹，在紫外线照射（可用水银灯）下，裂纹中残存的荧光物质能发出明亮的荧光，从而显示出裂纹的所在部位和形状。

（三）汽缸盖燃烧室容积的测量

汽缸盖经过修整后，其燃烧室容积会发生变化，影响发动机的压缩比和发动机的动力性、经济性及运转状况。一般国产汽车发动机燃烧室容积应不小于原设计最小极限值的95%。同一台发动机汽缸盖各燃烧室容积之差应符合原设计规定。因此汽缸盖经过修整后应检测其燃烧室容积。

燃烧室容积的测量方法，一般用量杯法。首先清除燃烧室内的积炭和油污，将火花塞（或喷油器）按标准拧紧力矩装在汽缸盖上，将汽缸盖放在平板上，并用水平仪校平，然后用量杯将量好的柴油注入燃烧室内，待油面上升到与上盖玻璃板接触时停止加注，再观察量杯，其减少的容积即为被测燃烧室的容积。

为了保证燃烧室容积在允许范围内，丰田2Y、3Y发动机汽缸盖最大加工量应≤0.20 mm，桑塔纳发动机汽缸盖高度极限值为132.60 mm。

（四）汽缸的检验

1.汽缸的磨损和检验

汽缸表面在发动机工作过程中经常处在高温、高压、润滑不良及腐蚀物质的作用下，是最易产生磨损的部位。当汽缸磨损到一定程度时，发动机的动力下降，燃油和机油的消耗增加，发动机工作的可靠性也下降，因此汽缸的磨损程度常常作为发动机是否需要大修的重要依据。

在正常情况下，汽缸表面的磨损主要是在活塞环运动的区间，一般沿高度方向磨损成上大下小的锥形，而磨损最大部位是与活塞位于上止点时第1道活塞环相对应的部位，活塞环没有运动到的上口，因为没有磨损而形成明显的台阶，如图3-2-6所示。

汽缸表面沿圆周方向的磨损也是不均匀的，常形成不规则的椭圆形，其最大磨损的部位往往随发动机的结构及使用条件的不同而不同，一般左右侧面磨损较大，当活塞有偏缸情况时，则会在汽缸前、后或侧面产生较大的磨损。对侧置式气门机构的汽缸，其最大磨损的部位往往靠近进气门的对面，如图3-2-7所示。

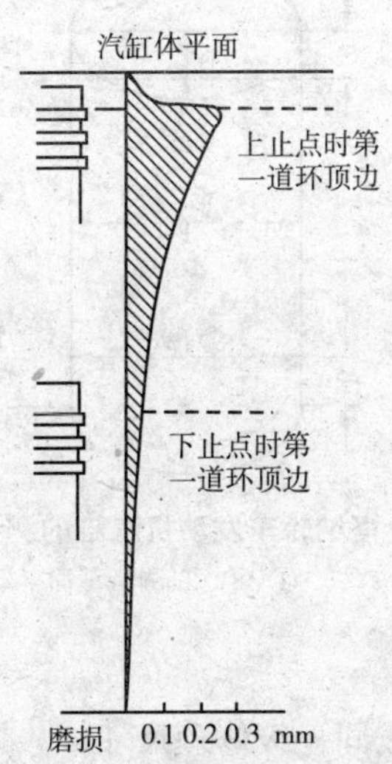

图3-2-6　汽缸的锥形磨损

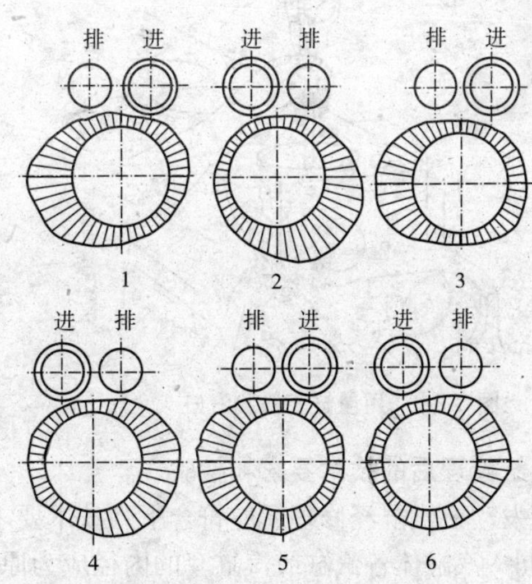

图3-2-7　汽缸的椭圆形磨损

汽缸表面磨损成锥形的原因主要是发动机工作时，汽缸上部压力大、温度高，润滑油膜易破坏，另外，汽缸表面上部因受腐蚀物的作用大而产生较大的腐蚀磨损及磨料磨损，所以常形成上大下小的磨损；汽缸表面在圆周方向磨成的椭圆形往往是不规则的，它与发动机的结构、工作条件和修理装配质量等因素有关。

汽缸表面磨损的检验，首先用观察的方法检查汽缸表面有无明显的刮伤和裂纹；然后用量缸表（内径百分表）进行测量，以确定汽缸的圆度和圆柱度误差，再对照技术标准，确定汽缸是否需要修理及修理尺寸的级别。

量缸表由百分表及测量架所组成，百分表刻度的每一格一般为 0.01 mm。当将量缸表活动测杆置于汽缸孔内时，活动测杆将随汽缸内径大小的变化而伸缩，并通过中间传动杠杆传递到百分表，显示汽缸的内径。

用量缸表测量磨损的汽缸时，首先应根据汽缸内径的尺寸，选装长度合适的接杆，并用外径百分尺校准量缸表的“0”位；然后将外径百分尺调整到汽缸的标准尺寸，并加以锁定；再将量缸表活动测杆和加长接杆的两触头平正地卡放在外径百分尺两测头之间，将量缸表校准到标准尺寸，并使活动测杆有 2 mm 左右的压缩行程；此时转动量缸表的表盘，使大指针对准“0”位，并记下小指针的读数，接着便可将量缸表放入汽缸内的测量位置，对汽缸进行测量，如图 3-2-8 所示。测量时应前后稍微摆动量缸表，百分表指针的最小读数，便是该位置汽缸的实际偏差值，将此偏差值加上汽缸的标准尺寸，便是汽缸在该位置的实际尺寸。

用量缸表测量磨损的汽缸时，一般沿汽缸轴线方向测量汽缸上下不同的 3 个截面上的直径，如图 3-2-9 所示，即活塞在上止点时第一道活塞环对应的汽缸壁位置及活塞裙部对应的汽缸壁位置，活塞在下止点时，最下一道活塞环对应的汽缸壁位置及汽缸下边缘活塞环没有运动到的部位。在每个截面上测出直径的最大值和最小值（中间截面应测量与活塞销垂直的方向），然后算出其圆度误差和圆柱度误差。圆度误差为汽缸同一截面不同方向上最大直径与最小直径差值的一半；圆柱度误差为被测汽缸不同截面任意方向上最大直径与最小直径差值的一半。对多缸发动机应以误差最大的一缸为准，当汽缸圆柱度误差或圆度误差达到总成大修标准时，发动机应进行大修。

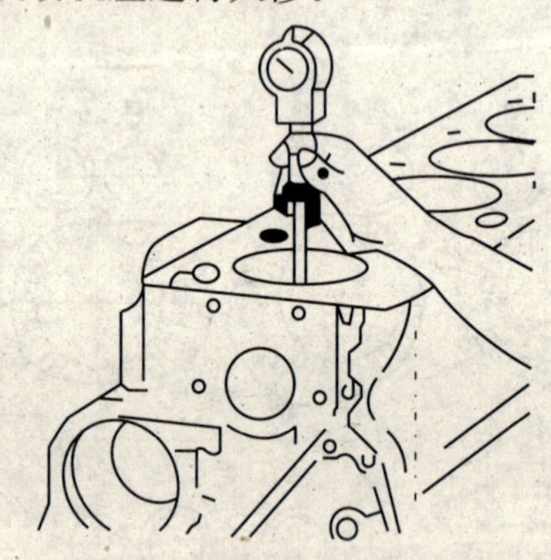

图 3-2-8　用量缸表检测汽缸

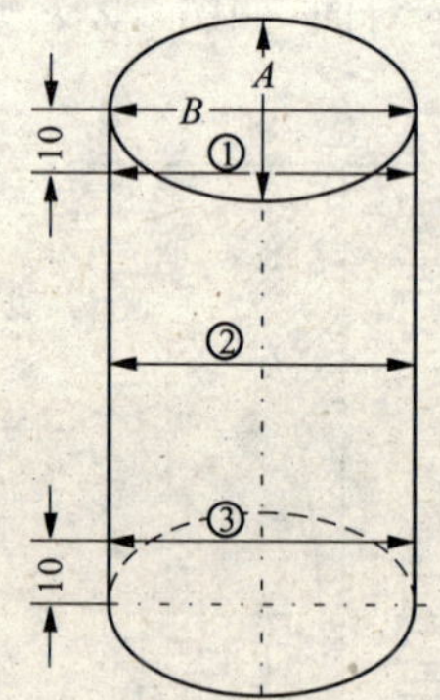

图 3-2-9　桑塔纳轿车发动机汽缸的测量位置

①、②、③-测量截面

2.汽缸修理后的技术要求和检验

国产发动机汽缸经修理后应符合下列技术要求：

(1)同一汽缸体各汽缸或汽缸套的内径应为原设计尺寸或同一级修理尺寸；

(2)缸壁表面粗糙度为 R_a0.8 μm；

(3)干式汽缸套的汽缸圆度误差≤0.005 mm，圆柱度误差≤0.007 5 mm；湿式汽缸套的汽缸圆柱度误差≤0.012 5 mm；

(4)汽缸轴线对汽缸体两端曲轴主轴承承孔公共轴线的垂直误差≤0.05 mm。

3.汽缸轴线对汽缸体两端曲轴主轴承承孔公共轴线的垂直度误差检验

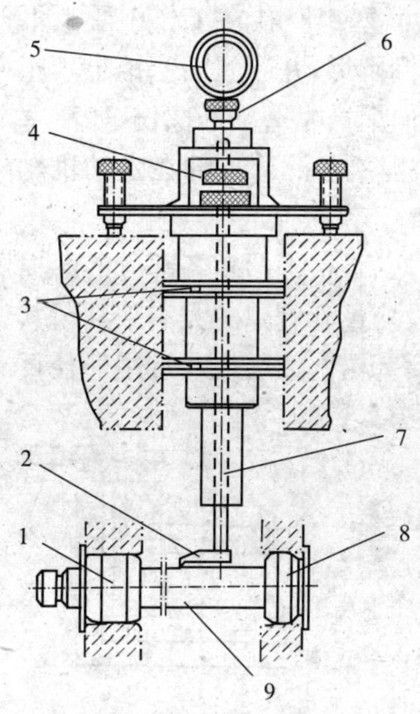

图 3-2-10 汽缸孔垂直度检验仪

1-后定心轴套;2-测量头;3-三爪定心器;4-转动手柄;5-百分表;6-百分表触头;7-柱塞;8-前定心轴套;9-定心轴

汽缸轴线对汽缸体两端曲轴主轴承承孔公共轴线的垂直度,直接影响汽缸的磨损速度和使用寿命,修理后应进行检验。图 3-2-10 所示是用于检查汽车发动机汽缸轴线与曲轴主轴承承孔轴线垂直度的汽缸孔垂直度检验仪,该检验仪由定心轴、前后定心轴套、柱塞、百分表、测量头、转动手柄及三爪定心器等构成。检验仪用 2 个三爪定心器固定在汽缸中,使仪器的轴线与汽缸轴线重合;柱塞的上端顶在百分表触头上,柱塞下端装有带球形触头的测量头,柱塞轴线至球形触头的距离为 35 mm;转动手柄,带动柱塞使之转动 180°,百分表指示值的差,即为汽缸轴线对曲轴主轴承承孔公共轴线在 70 mm 长度范围内的垂直度误差,随后换算成汽缸全部长度上的垂直度误差,应不超过技术标准(≤0.005 mm)。

当无汽缸孔垂直度检验仪时,也可用普通量具进行检验,如图 3-2-11 所示,所用设备为固定和可调支承、平板、90°角尺、定心轴和带指示器的测量架。基准的曲轴主轴承承孔轴线用定心轴模拟。用固定和可调支承将汽缸体支持在平板上,用 90°角尺使定心轴与平板垂直,汽缸轴线用上下两条线的中心来代替,用指示器在汽缸孔若干部位上进行测量,并记录每个测量点上的读数差 $M_1—M_2$,其中,最大与最小值差的一半即为整个汽缸长度上轴线的垂直度误差,应≤0.05 mm。这种方法不需专用仪具,但在安装、调整、测量时比较烦琐。

(五)汽缸体和汽缸盖螺纹孔的检验

汽缸体、汽缸盖的螺纹孔,常由于拆装不当,拧紧力矩过大而损坏,影响装配质量。修理时一般用观察方法进行检查,要求安装火花塞、喷油器、预热塞的螺纹孔螺纹损伤不多于 1 牙,其他螺纹孔螺纹损伤不多于 2 牙,修复后的螺纹孔螺纹应符合装配要求。

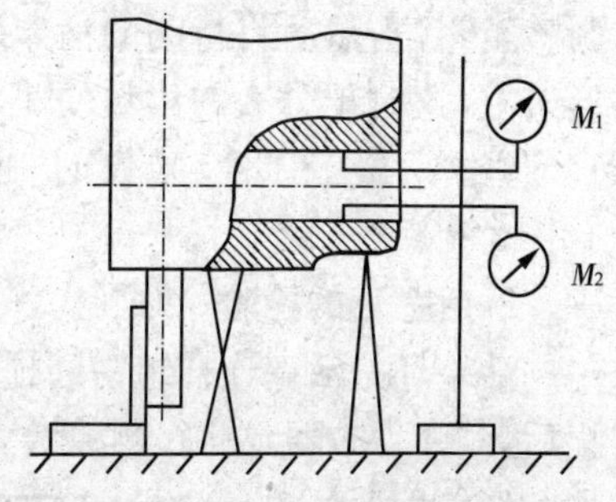

图 3-2-11 在平板上检验汽缸轴线对两端主轴承承孔中心线垂直度误差

二、曲柄连杆机构的检验

(一)活塞连杆组的检验

活塞连杆组是发动机的重要组合件,由于经常在高温、高压、润滑不良的条件下作高速运动,其零件易产生磨损和变形,直接影响发动机的工作性能,是发动机修理作业中的重要修理项目。

1.活塞的检验

活塞在正常工作中磨损较小,通常主要是活塞环槽及活塞销座孔部位磨损较大;活塞裙部虽与缸壁接触,但由于单位压力较小,润滑条件也较好,所以通常磨损不大。

活塞环槽在工作中，由于经常受到活塞环很大的压力和冲击力，常常被磨损成内小外大的梯形，而且，环槽下平面磨损较重；由于受燃烧气体高温高压作用，第1道环槽磨损最为严重。活塞环槽磨损后，活塞环侧隙增大，会引发汽缸漏气、窜油故障。活塞销座孔在工作中受上下往复运动的冲击力，常使活塞销座孔磨损成垂直方向直径较大的椭圆形，并导致活塞销与其座孔松旷，在工作时产生敲击声。活塞裙部一般在承受侧压力的方向上产生磨损和擦伤，如活塞裙部与汽缸的配合间隙过大，则发动机工作时易产生敲缸和窜油现象。活塞顶部在发动机燃烧不正常（如爆震、早燃等）时，会产生烧蚀和穿洞。

检验活塞时，首先用观察方法检查活塞表面有无裂纹、划痕，然后，检查活塞各部分的磨损情况。活塞环槽的磨损，一般是用新的活塞环放入环槽内，用塞尺测量其侧隙的大小来判断其磨损的程度。活塞销座孔的磨损通常用内径百分表进行测量。活塞裙部的磨损通常用外径百分尺进行检测，测量时应测出在活塞销座孔方向和与其相垂直的方向上的直径，然后算出裙部的椭圆度和活塞与汽缸的配合间隙。

在发动机大修时，应根据汽缸的修理尺寸，选配同一级修理尺寸的新活塞。在选用新活塞时，在同一台发动机上，应选用同一厂牌同一组别的活塞，以便使活塞的材料、性能、重量、尺寸一致，同一发动机内各缸活塞质量差应符合原厂规定。如三菱6D14—2A、6D22—1A型发动机同组活塞质量差应<10 g。

活塞销座孔在修理过程中，有时须进行适当加工，以保证与活塞销的配合。活塞销座孔加工后，除保证活塞销座孔尺寸和几何形状精度外，还应保证活塞销座孔轴线与活塞裙部轴线的垂直度误差，该垂直度误差检验可在活塞销座孔轴线与活塞轴线垂直度检验仪上进行，如图3-2-12所示。检验仪主要由V形块（120°）、心轴、支座和千分表组成。检验时，先用标准件将千分表调整至零位，然后将待测的活塞装在检验仪上并将活塞紧靠在V形架上，这时千分表的读数便是活塞销座孔轴线与活塞轴线的垂直度误差。当无此检验仪时，也可用普通工具进行检查，如图3-2-13所示。

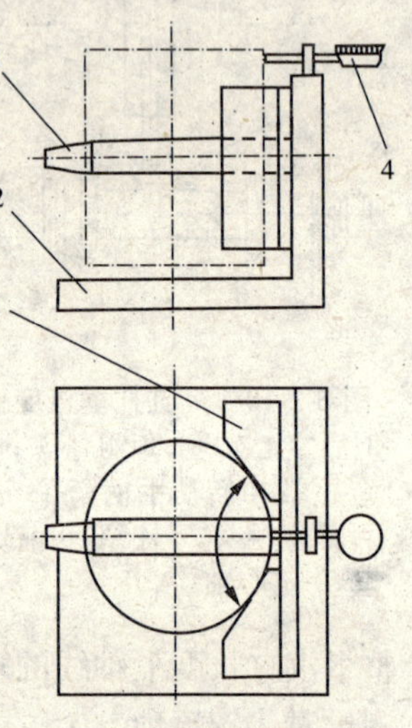

图3-2-12 活塞销座孔轴线与活塞轴线垂直度检验仪

1-V形架；2-支座；3-心轴；4-千分表

2.活塞环的检验

活塞环是活塞连杆组中磨损最快的零件，尤其是第一道活塞环磨损更为剧烈。活塞环磨损后，其弹力减弱，端隙、侧隙增大，使汽缸的密封性变差，导致汽缸漏气、窜油，使发动机动力性和经济性变坏。

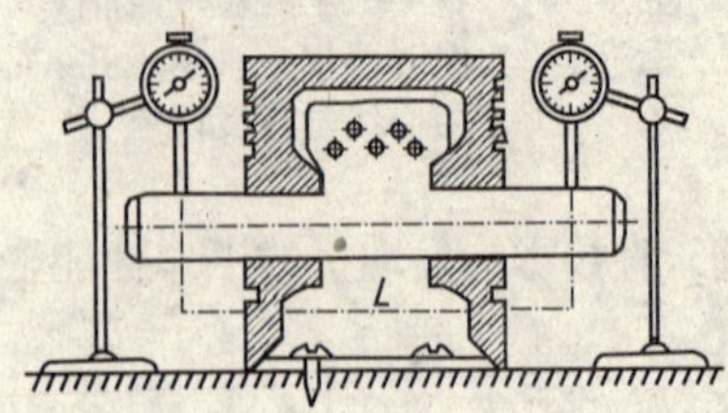

图3-2-13 活塞销座孔轴线与活塞轴线垂直度检验

活塞环磨损后，一般是根据汽缸和活塞的尺寸，换用同一级尺寸的新活塞环。为了保证活塞环的正常工作，要检验新活塞环的弹力、漏光度、端隙和侧隙，只有当它们都符合技术标准时，才能予以装配使用。

（1）活塞环弹力的检验。活塞环的弹力是保证汽缸密封性的主要条件之一，一般是在弹力检验仪上进行检验，如图3-2-14所示。检验时把活塞环放在弹力检验仪上，使活塞环的开口处于水平位置，然后移动检验仪上的重锤，把活塞环的端隙压缩到标准值，同时观察秤杆上指示的重量，应符合技术要求。

(2)活塞环漏光度的检验。为了保证活塞环与汽缸的密封性，要求活塞环外表面与汽缸表面处处贴合，一般用检查漏光程度来判断其贴合状况。漏光检验可在专用检验设备上进行，通常多用如图3-2-15所示的简易方法进行检查：将待检验的活塞环放在与其相配合的汽缸内，用活塞顶将其推平，并用直径略小于汽缸直径的盖板，挡住活塞环的中心部位；在汽缸孔下部放一光源(灯泡)，这样便可观察出活塞环与汽缸壁间的漏光情况。

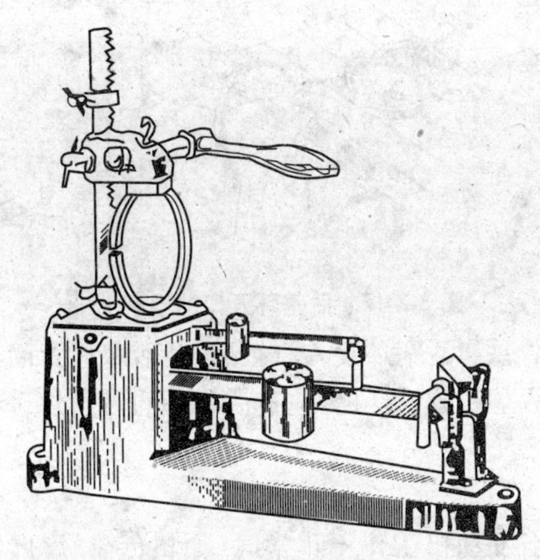

图 3-2-14 活塞环弹力的检查

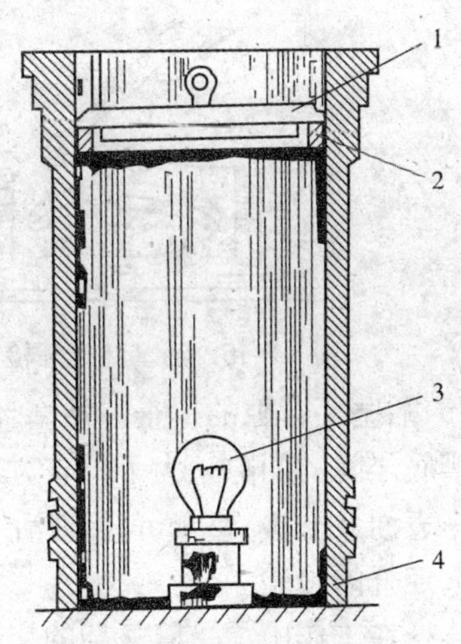

图 3-2-15 活塞环漏光检查

1-盖板；2-活塞环；3-灯泡；4-汽缸

(3)活塞环端隙的检查。活塞环端隙是指将活塞环放入与其相配合的汽缸后，在环的开口处呈现的间隙。端隙过大，易造成汽缸漏气；端隙过小，活塞环易胀死在汽缸内，造成拉缸。活塞环端隙的检查方法是：将活塞环放入待配的汽缸内，用活塞将其推平；然后用塞尺插入端隙，测出端隙值，如图3-2-16所示。常用机型活塞环标准端隙如表 3-2-2 所列。如活塞环端隙过大，则不能使用，应重新选配；如端隙过小，可用细平锉对环口端面加以锉修，如图3-2-17所示。锉修时应锉环的一端，边锉边量，直到端隙合适为止。

常见车型活塞环各部配合间隙(mm)　　表 3-2-2

<table>
<tr><th colspan="3" rowspan="2">车 型</th><th colspan="3">端 隙</th><th colspan="3">侧 隙</th><th colspan="2">背 隙</th></tr>
<tr><th>第 1 道气环</th><th>第 2 道气环</th><th>油 环</th><th>第 1 道气环</th><th>第 2 道气环</th><th>油 环</th><th>气环</th><th>油环</th></tr>
<tr><td colspan="3">CA1091</td><td>0.40～0.60</td><td>0.30～0.50</td><td>0.20～0.40</td><td colspan="2">0.055～0.087</td><td>0.04～0.08</td><td colspan="2">—</td></tr>
<tr><td colspan="3">EQ1090</td><td>0.35～0.55</td><td>0.35～0.55</td><td>0.50～1.00</td><td>0.05～0.11</td><td>0.03～0.09</td><td>0.03～0.09</td><td colspan="2">0～0.75</td></tr>
<tr><td rowspan="4">桑塔纳</td><td rowspan="2">LX 型</td><td>1.6 L</td><td>0.30～0.45</td><td>0.25～0.40</td><td>0.25～0.40</td><td>0.020～0.051</td><td>0.020～0.050</td><td>0.02～0.05</td><td colspan="2">—</td></tr>
<tr><td>1.8 L</td><td>0.30～0.46</td><td>0.25～0.51</td><td>0.25～0.51</td><td>0.020～0.051</td><td>0.025～0.051</td><td>0.025～0.051</td><td colspan="2">—</td></tr>
<tr><td rowspan="2">2000 型</td><td>GLS</td><td>0.30～0.46</td><td>0.25～0.51</td><td>0.25～0.51</td><td>0.020～0.051</td><td>0.020～0.051</td><td>0.025～0.051</td><td colspan="2">—</td></tr>
<tr><td>GLi</td><td>0.30～0.46</td><td>0.25～0.51</td><td>0.25～0.51</td><td>0.020～0.051</td><td>0.025～0.051</td><td>0.025～0.051</td><td colspan="2">—</td></tr>
<tr><td colspan="2" rowspan="2">奥迪 100 型</td><td>4 缸</td><td>0.30～0.45</td><td>0.30～0.45</td><td>0.25～0.45</td><td>0.020～0.050</td><td>0.025～0.050</td><td>0.025～0.051</td><td colspan="2">—</td></tr>
<tr><td>5 缸</td><td>0.15～0.36</td><td>0.20～0.40</td><td>0.25～0.51</td><td>0.025～0.076</td><td>0.025～0.076</td><td>0.025～0.051</td><td colspan="2">—</td></tr>
</table>

(4)活塞环侧隙的检查。将活塞环放入环槽后,活塞环与环槽之间沿高度方向存在的间隙称为侧隙。它是为防止活塞环在环槽内卡死,确保其能在环槽内自由活动。侧隙过大,会造成汽缸漏气窜油;侧隙过小,会使活塞环卡死在环槽内,造成拉缸事故。侧隙的检查方法如图3-2-18所示,将活塞环放在各自环槽内,用塞尺进行测量,便可测出侧隙。生产中,常将活塞环放入与其相配的环槽内,如它既能绕环槽自由滚动,又无松旷和卡滞现象,则该活塞环可以使用。当侧隙过小时,可将活塞环平放在铺有"0"号砂纸的平板上进行砂磨。

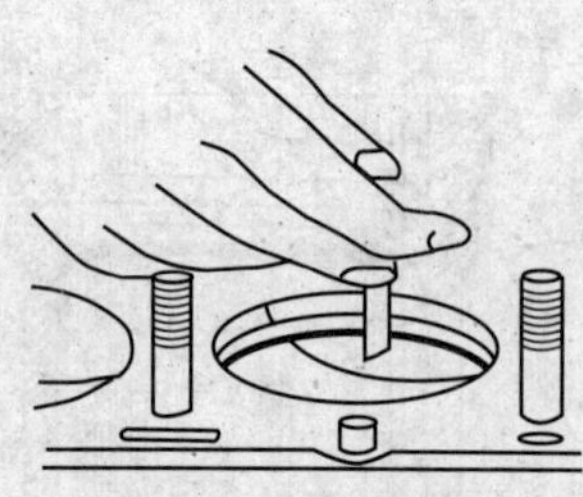
图 3-2-16 活塞环端隙检查

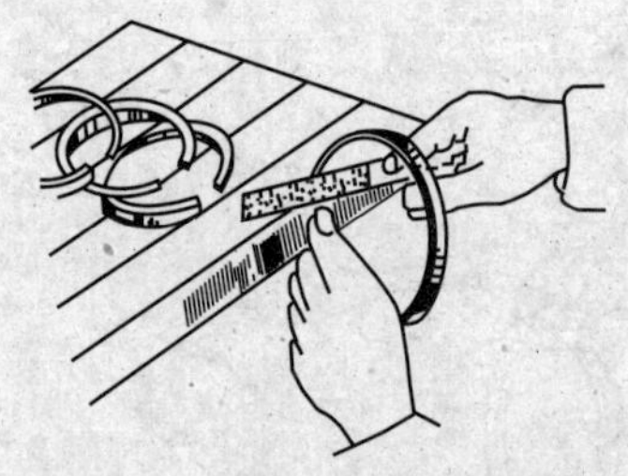
图 3-2-17 活塞环开口的锉削

(5)活塞环背隙的检查。活塞环背隙是指将活塞和活塞环装入汽缸后,在活塞环背面与活塞环槽底之间的间隙。为了检查方便,通常是将活塞环放入环槽,检查活塞环的表面是否低于环槽岸表面 0 ~ 0.35 mm,否则活塞环不能使用。

3. 连杆的检验

连杆在工作中承受着复杂的交变载荷,尤其当发动机工作不正常时(如超负荷、爆燃等),会引起连杆弯曲、扭曲变形,严重时会使连杆产生断裂。另外,连杆大小端座孔、连杆螺栓也常有损伤。连杆变形后将使活塞连杆组与汽缸、曲轴的配合关系失常,加速汽缸与活塞、曲轴轴颈与轴承的磨损。

(1)连杆的探伤。根据修理技术标准,发动机进行修理时,对连杆及连杆螺栓应进行探伤检查,不得有任何性质的裂纹。

连杆有无裂纹,通常多采用磁力探伤检查,磁力探伤的基本原理如下:在磁力线通过被检测的零件时,如零件表面有裂纹(垂直于磁力线),则磁力线在裂纹的部位因磁阻大而偏散,裂纹处形成微小的磁极,如图 3-2-19 所示。此时如在零件表面撒上磁性铁粉,铁粉就会磁化而被吸附在裂纹处,从而显现出裂纹的位置和大小。

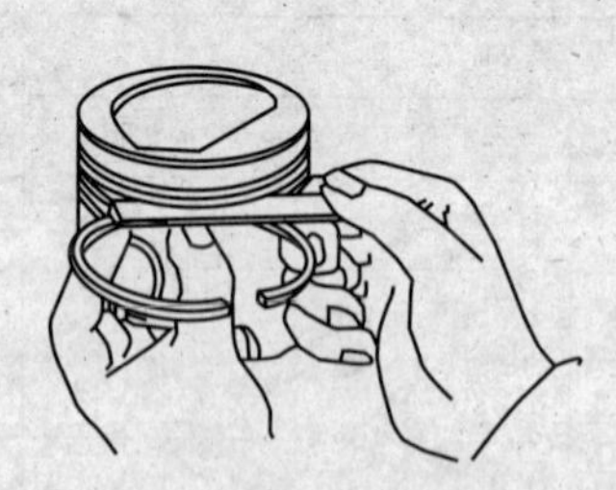
图 3-2-18 活塞环侧隙的检查

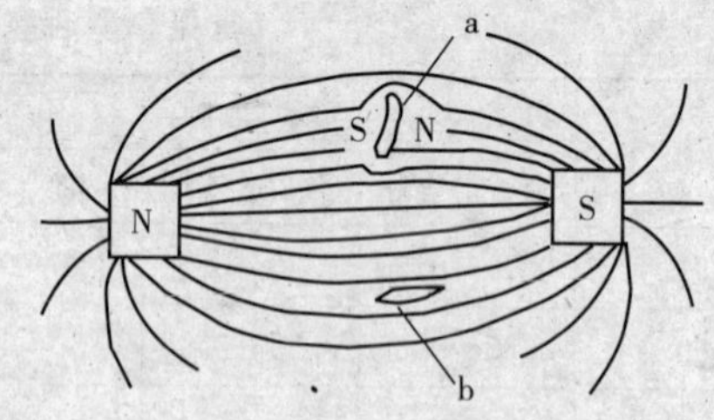

图 3-2-19 磁场在缺陷边缘的分布和磁极的形成
a-垂直于磁力线的裂纹;b-平行于磁力线的裂纹

(2)连杆弯曲、扭曲变形的检验。连杆有无弯曲、扭曲变形,一般用连杆检验器进行检验,图 3-2-20 所示是常用的一种连杆检验器。检验时,应将连杆大端轴承取下,将轴承承孔清洁干净,然后将连杆盖正确装在连杆杆身上,并按标准拧紧力矩拧紧连杆螺栓。经检查,表明连杆大端轴承承孔的圆度和圆柱度误差均符合技术要求后，按连杆小端承孔选配标准心轴，然后将连杆大端安装在连杆检验器可调横轴上，拧动调整螺钉使半月键向外扩张，把连杆固定在检验器上。检验工具是带有V形槽的三点规，三点规上的3个测点在同一个平面上，并与V形槽相垂直；下面2个测点的距离为100 mm，而上面的1个测点则处在下面2个测点连线的垂直等分线上，与下面2个测点连线的距离也是100 mm。检测时，将三点规放在连杆小端的标准心轴上，使三点规的3个测点紧贴检验器的平板。根据这3个测点与平板的接触情况，便可判断连杆有无弯曲和扭曲变形。

图 3-2-20　连杆弯曲、扭曲的检验

检验时，如果三点规的3个测点都与检验器的平板相接触，则表明连杆无弯曲变形，无扭曲变形；如果上测点与检验平板接触，而2个下测点与检验平板不接触，且与平板的间隙相等，或2个下测点与平板接触而上测点与平板不接触，则连杆有弯曲，这时可用塞尺测量测点与平板的间隙，便是连杆在100 mm长度上的弯曲值。检验时若只有1个下测点与检验平板相接触，且上测点与检验平板的间隙等于另一个测点与平板间隙的一半，则连杆发生了扭曲，其下测点与平板的间隙便是连杆在100 mm长度上的扭曲值；检验时，若连杆同时存在弯曲和扭曲变形，其现象是在一个下测点与平板相接触，但上测点与平板的间隙不等于另一下测点与平板间隙的一半。

连杆变形的检验，当无专用的检验器时，也可将连杆用心轴支架在平板上的V形架上(需对连杆大小端承孔，各配制1根配合精确的心轴)，用百分表进行检验，如图3-2-21所示。其中，图3-2-21 a)是检验连杆有无弯曲，如连杆有弯曲，则连杆小端心轴两端的高度就不相等，此时可根据心轴两端的高度差和两测点距离算出连杆在100 mm上的弯曲值。图3-2-21 b)是检验连杆有无扭曲，如连杆有扭曲，则连杆小端心轴两端的高度就不相等。

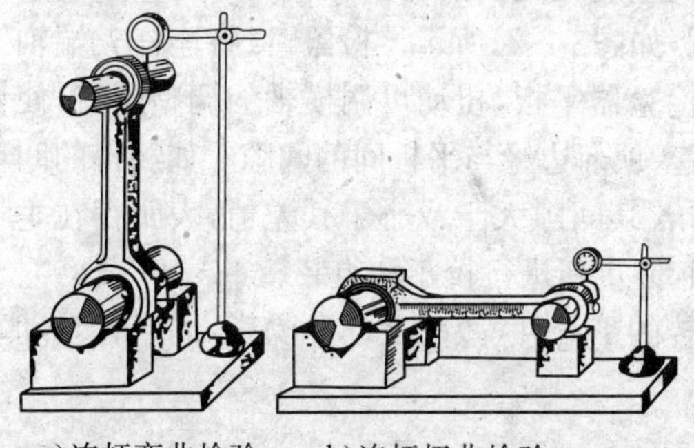

a)连杆弯曲检验　　b)连杆扭曲检验

图 3-2-21　在平板上用百分表检验连杆

连杆的弯曲度、扭曲度应符合原厂规定，一般国产汽车要求：连杆上、下承孔轴线应在同一平面内，其平行度(即弯曲度)≤100∶0.03，在与此平面垂直的方向上，轴线的平行度(即扭曲度)≤100∶0.06。丰田系列各型汽车的连杆弯曲度、扭曲度≤100∶0.05。当超过此限度时，应进行校正。

(3)连杆大小端轴承轴线相互位置误差的检验。连杆大小端轴承经加工后，除应保证其尺寸、形状和表面粗糙度外，还必须保证两轴线在同一平面上的平行度和距离符合技术要求，以保证发动机装配后的质量。两轴线平行度误差可在连杆检验器上检查，两轴线距离可用连杆上、下轴承轴线距离检验仪检验，如图3-2-22所示。当无此检验仪时，也可用普通量具进行检验，如图3-2-23所示。检验时，用游标卡尺测量出上、下两轴承孔内侧距离 l，用内径百分表测出上下两轴承孔直径 d_1 和 d_2，两孔轴线中心距 L 便可用下式算出

$$L=l+\frac{(d_1+d_2)}{2}$$

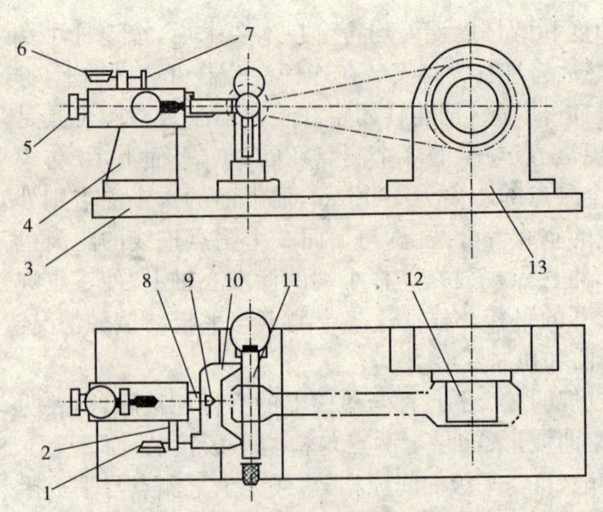

图 3-2-22 连杆上、下轴承轴线距离检验仪

1-千分表;2-小轴;3-底板;4-支架;5-手把;6-千分表;7-小轴;8-润滑轴;9-销轴;10-杠杆;11-心轴;12-涨式心轴;13-支架

4.活塞连杆组装后的检验

连杆与活塞、活塞销组装后应检验活塞裙部椭圆形的变化情况,并检验活塞裙部轴线对连杆大端孔轴线的垂直度误差以及活塞连杆组的质量。

(1)活塞裙部椭圆形的检测。活塞、连杆和活塞销组装时,由于活塞销与活塞销座孔配合过紧或装配工艺不当,如热装时加温不够,组装后活塞裙部的椭圆形会产生变化,影响活塞与汽缸的正常配合间隙。一般可用外径百分尺测量其变形量,如超过允许范围,则应分解后找出原因,并重新组装。

(2)活塞裙部轴线对连杆大端承孔轴线垂直度误差的检测。活塞裙部轴线对连杆大端承孔轴线垂直度误差一般是在连杆检验器上进行检测,如图3-2-24所示。检验时,将连杆大端轴承孔安装在连杆检验器的横轴上,使活塞裙部紧贴检验器平板,扭动可调横轴的调整螺钉,使半圆键张开,把活塞连杆组固定,然后用塞尺测量活塞顶部边缘与平板间的间隙。如测得的间隙等于活塞裙部半径与顶部半径之差值,即为合格;若其间隙大于或小于其差值,表明存在垂直度误差,当垂直度误差超过允许值时,应找出原因,并重新进行校正和组装。

(3)活塞连杆组质量检验。为了保证发动机运转的平稳性,减少振动和噪声,同一台发动机各缸活塞连杆组的质量差应符合技术标准。

(二)曲轴及轴承的检验

1.曲轴常见的损伤及检验

曲轴是发动机主要零件之一,形状复杂,加工精度高。在工作中,曲轴承受着周期变化的气体压力、活塞连杆组往复运动的惯性力及旋转运动的离心力的共同作用,因而,曲轴常产生轴颈磨损,弯曲、扭曲变形,有时还会产生裂纹或断裂。

(1)曲轴轴颈的磨损和检验。曲轴轴颈在工作中经常产生磨损,磨损往往是不均匀的,但常有一定的规律性。图 3-2-25 所示是四缸发动机曲轴轴颈磨损的特征。连杆轴颈径向磨损的最大部位一般在轴颈内侧,主轴颈磨损的最大部位则靠近连杆轴颈的一侧。这主要是曲轴在旋转运动中,连杆轴颈所承受的综合作用力的方向,始终受着连杆大端离心力的牵制,其方向始终沿着曲柄半径方向，作用在连杆轴颈的内侧，使连杆轴颈内侧磨损较大；主轴颈由于受连杆轴颈、连杆大端旋转质量离心力的作用，靠连杆轴颈一侧磨损较严重，其中第2、4道主轴颈由于两边都有连杆轴颈，所以受力较均匀，磨损也较均匀。连杆轴颈磨成锥形的影响因素很多，如通向连杆轴颈的油道是倾斜的，由于离心力的作用，润滑油中的杂质常偏积在连杆轴颈的一端，如图3-2-26所示，因此，加速了连杆轴颈该端的磨损，使轴颈磨成锥形。另外，连杆弯曲及汽缸轴线与曲轴轴线不垂直，使连杆轴颈沿轴向受力不均匀，也是连杆轴颈磨成锥形的常见原因。

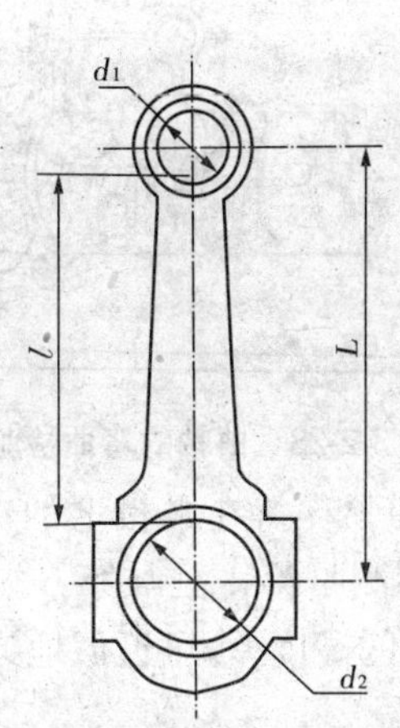

图3-2-23　连杆两轴承孔轴线距离检验

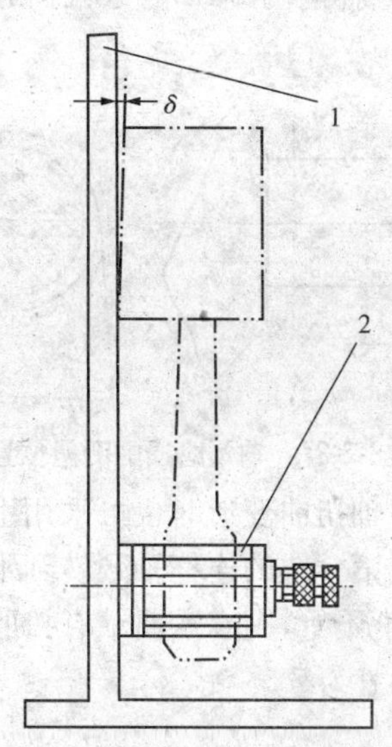

图3-2-24　活塞连杆组装后垂直度检验

1-平板主体；2-可调定位心轴

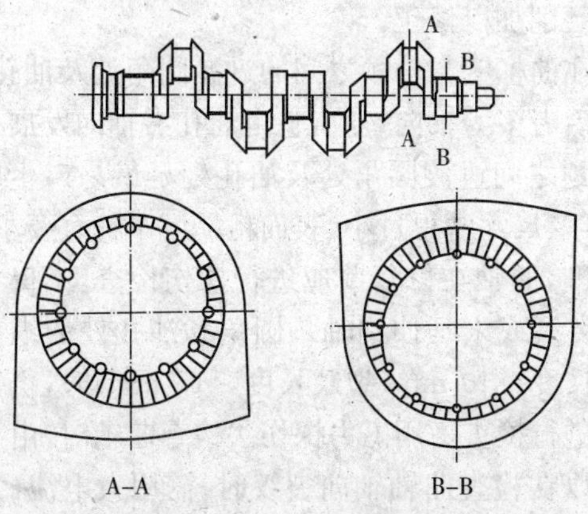

图3-2-25　曲轴轴颈的磨损规律

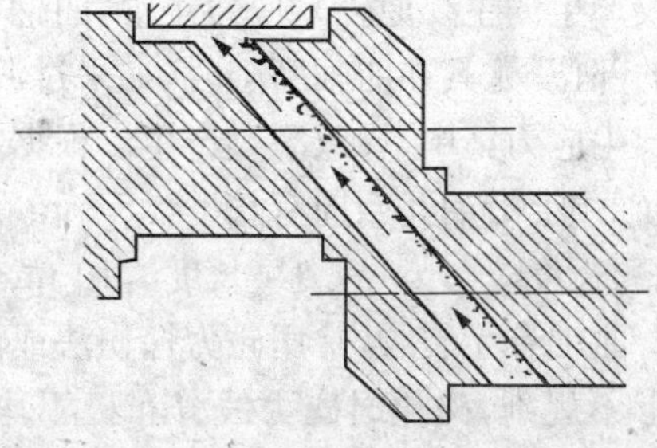

图3-2-26　机油杂质在连杆轴颈上的偏积

曲轴轴颈磨损程度通常用外径百分尺进行测量，每个轴颈测量2个截面，在每个截面上测量出其最大直径和最小直径，如图3-2-27所示，并算出圆度误差和圆柱度误差，然后对照技术标准确定曲轴轴颈是否需要修磨。

(2)曲轴变形的检验。曲轴在工作中常产生弯曲、扭曲变形，其原因多是由于使用、维修不当，如发动机经常在超负荷、爆燃下工作，以及曲轴轴颈与轴承配合间隙过大等，使曲轴受到过大的冲击载荷；当发动机发生烧瓦抱轴事故时，曲轴会受到过大的转矩作用而产生弯曲、扭曲变形。曲轴弯曲变形后，将会加剧曲轴轴颈与轴承、汽缸和活塞连杆组的磨损，严重时，会使曲轴产生裂纹，甚至断裂。曲轴扭曲变形后，会改变各缸曲柄的夹角，影响发动机的配气相位和点火正时，并会破坏曲轴的平衡，影响发动机的正常工作。

检验曲轴弯曲变形多是将曲轴两端轴颈支撑在检验平板上的V形架上，如图3-2-28所示，使百分表触头垂直接触中间主轴颈，然后慢慢转动曲轴一周，百分表指针摆动的最大值便是曲轴中间主轴颈的径向圆跳动量。当该径向圆跳动量≥0.15 mm时，需进行校正后再光磨曲轴轴颈；当径向圆跳动量＜0.15 mm时，可结合轴颈光磨加以消除。

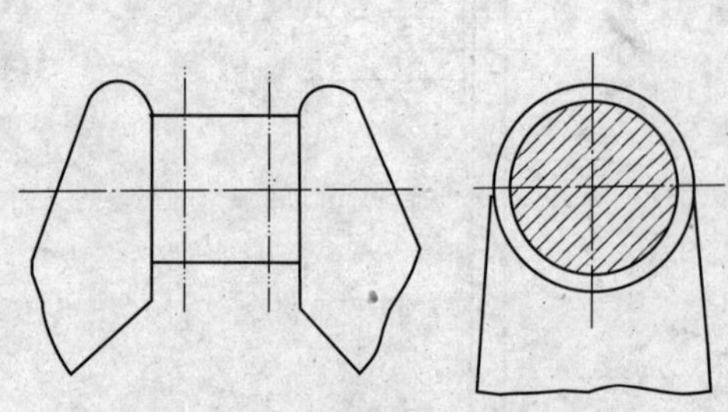

图3-2-27 轴颈磨损的测量位置

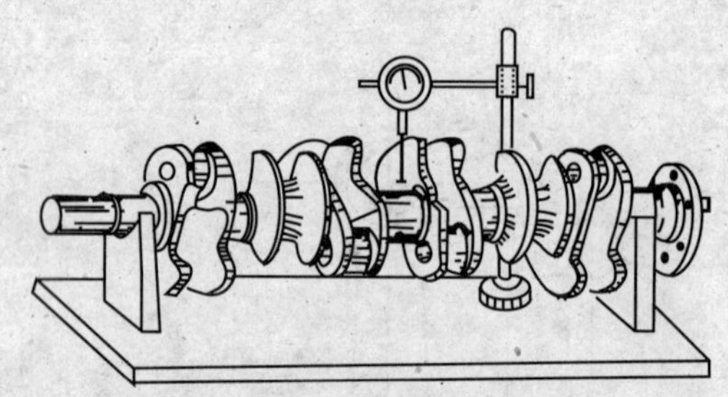

图3-2-28 曲轴的弯曲检验

检验曲轴扭曲变形时也可采用上述设备，将曲轴两端轴颈支持在平板上的V形架上，然后将第1或第6缸的连杆轴颈转到水平位置，用百分表分别测量第1缸与第6缸连杆轴颈的高度，若高度不等，则表示曲轴有扭曲变形，利用两连杆轴颈的高度差，可近似地计算出连杆轴颈的扭转角θ为

$$\theta=(\delta\times360)/2\pi R=57\delta/R$$

式中：R——曲柄半径，mm；

δ——两连杆轴颈高度差，mm。

曲轴扭曲变形一般较小，多是结合连杆轴颈磨削加以修正。

(3)曲轴的裂纹和检验。曲轴的裂纹多发生在曲柄臂与轴颈之间的过渡圆角处及油孔处。前者多为横向裂纹，易导致曲轴断裂，危险性大；后者多为轴向裂纹，它由油孔沿轴向发展。曲轴裂纹产生的主要原因是应力集中，曲柄臂与轴颈之间过渡圆角处及油孔处是最易产生应力集中的部位，尤其在曲轴磨削时，如果过渡圆角半径尺寸磨得过小，表面粗糙度不符合要求，则更易产生应力集中，导致裂纹产生。根据技术标准，曲轴在修复前应进行探伤检查，不得有裂纹，但轴颈上沿油孔四周有长度≤5 mm的短浅裂纹或未延伸到轴颈圆角和油孔处的纵向裂纹(轴颈长度≤40 mm，裂纹长度≤10 mm；轴颈长度＞40 mm，裂纹长度≤15 mm)时，仍允许修复。曲轴有无裂纹，常用磁力探伤法或渗透法进行检查。用磁力探伤法检查曲轴时，由于曲轴外形不规则，磁化时磁力线分布极不均匀，所以在检查曲轴轴向裂纹时，需用大电流(大约400 A)作环形磁化；而在检查横向裂纹时，需要分段作纵向磁化。

2.曲轴修后检验

(1)曲轴飞轮凸缘的检验。为了保证离合器和变速器的正常工作，曲轴飞轮凸缘修后的径向圆跳动量、外端面的端面圆跳动量应符合技术要求。检验时一般将两端主轴颈支承在平板上两等高的V形架上，以曲轴两端主轴颈的公共轴线为基准，并对曲轴进行轴向定位，使百分表触头分别垂直地触在凸缘的外圆及外端面上，如图3-2-29所示。将曲轴旋转1周，百分表1的最大读数差即为飞轮凸缘的径向圆跳动量；百分表2的最大读数差即为飞轮凸缘外端面的端面圆跳动量。在检测端面圆跳动量时，若未指定测量半径，则可将百分表的触头触在所测端面的最大半径处进行测量。

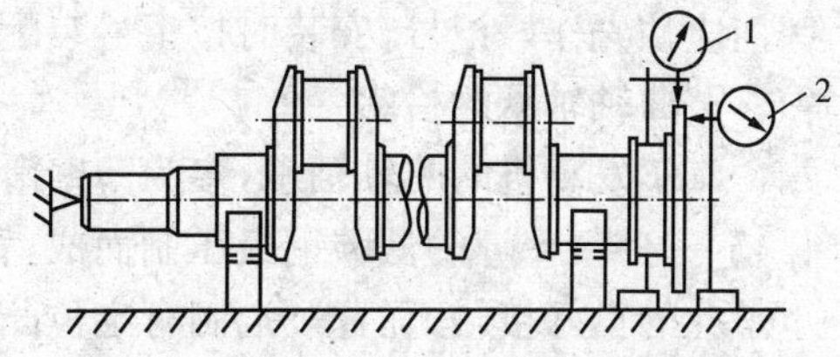

图 3-2-29 曲轴飞轮凸缘的径向和端面圆跳动量检验
1-百分表 1；2-百分表 2

(2)曲轴连杆轴颈回转半径的检验。曲轴连杆轴颈回转半径的变化，不仅影响曲轴的平衡，而且影响活塞顶至汽缸体上平面的距离，从而引起发动机压缩比的变化，影响发动机的性能。曲轴磨削后，应检查连杆轴颈的回转半径，只有在技术标准允许范围内时，才能将曲轴装机使用。

检验曲轴连杆轴颈回转半径，可在专用的检验仪上进行，如图 3-2-30 所示。当无此设备时，也可将曲轴两端主轴颈支持在平板上的V形架上，利用游标高度尺测量连杆轴颈处在最高、最低时的高度，如图 3-2-31 所示。两高度差值的一半，便是曲轴连杆轴颈的回转半径。

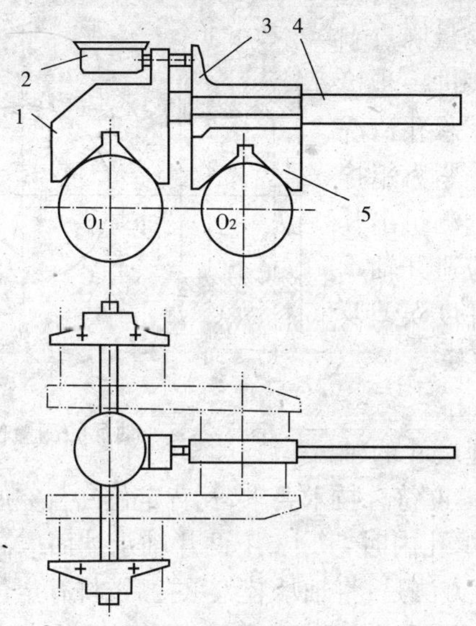

图 3-2-30 曲轴连杆轴颈回转半经检验仪
1-轴颈量脚(2 个)；2-千分表；3-游标；4-主尺；5-连杆轴颈量脚

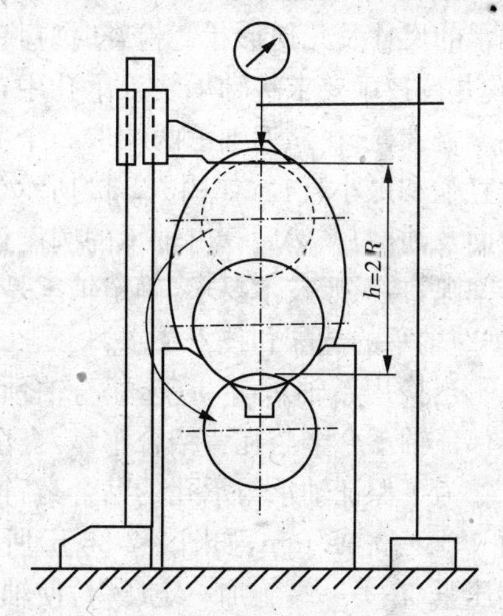

图 3-2-31 曲轴连杆轴颈回转半径检验

(3)曲轴平衡的检验。曲轴是高速旋转的零件，如果失去平衡，在工作时将使曲轴轴颈与轴承产生附加载荷，不但会加速曲轴轴颈和轴承的磨损，还会引起机器振动，并发生冲击响声。因此曲轴修理后，根据技术要求，必须进行平衡试验，其不平衡量应符合原设计规定，如EQ1090E 型汽车发动机曲轴允许每端动不平衡量为 100 g·cm。

零件的平衡分为静平衡和动平衡两种。静不平衡是由于零件的质心偏离了其旋转轴线而引起的，一般对直径尺寸较大而长度尺寸较小的盘形零件，如发动机飞轮、离合器压盘等应进行静平衡试验。动不平衡是由于长形零件的质量沿长度分布不均而引起的，如发动机的曲轴、底盘的传动轴应进行动平衡试验。动平衡试验应在专用的平衡试验机上进行。

曲轴一般都带有平衡重，有的发动机上平衡重与曲轴制成一体，有的发动机上平衡重是用螺栓紧固在曲轴上的。在修理发动机时，不要随便拆下曲轴的平衡重；若有必要拆卸，则在拆卸前应预先作好记号,安装时按记号装配。

3.曲轴轴承的检验

汽车发动机的曲轴轴承,多为薄壁滑动轴承,由瓦背和减磨合金组成。瓦背一般用厚度为1.45～2.45 mm的低碳钢板压制而成,背面一般镀有0.001～0.003 mm的锡层,以保证与轴承承孔的良好接触;瓦背一端制有定位凸台,以保证定位可靠。轴承的减磨合金有巴氏合金、铜铅合金和铝基合金。

(1)轴承常见损伤和检验。轴承在工作中承受交变冲击载荷,负荷大,与曲轴轴颈产生高速摩擦。在发动机低速运转或起动时,由于油膜难以建立,易产生干摩擦,因此轴承会磨损,使它与轴颈的配合间隙增大,润滑条件恶化,并产生敲击声。轴承长期在交变冲击载荷条件下工作,轴承合金有时会产生疲劳裂纹,严重时会造成合金剥落。机油中含有机械杂质,在轴承工作时,会进入轴承与轴颈的间隙中刮伤合金表面。在机油不足或超负荷条件下工作时,轴承合金可能熔化,引发烧瓦抱轴事故。

轴承合金表面的损伤情况,应首先通过观察的方法进行检查。合金表面仅有少量很浅的环状沟痕或少量麻点剥落时,对轴承承载能力影响不大,可用内径百分表进一步检查轴承的尺寸及几何形状。检查时应将轴承及其承孔清洗干净,并按技术要求将轴承装入承孔中,按标准拧紧力矩拧紧轴承盖螺栓,在靠近轴承两端取2个截面,分别测量出其最大直径和最小直径,如图3-2-32所示(测量点应避开轴承分合面及油槽)。然后算出轴承的圆度误差、圆柱度误差及配合间隙,再对照技术要求,确定轴承是否需要更换。

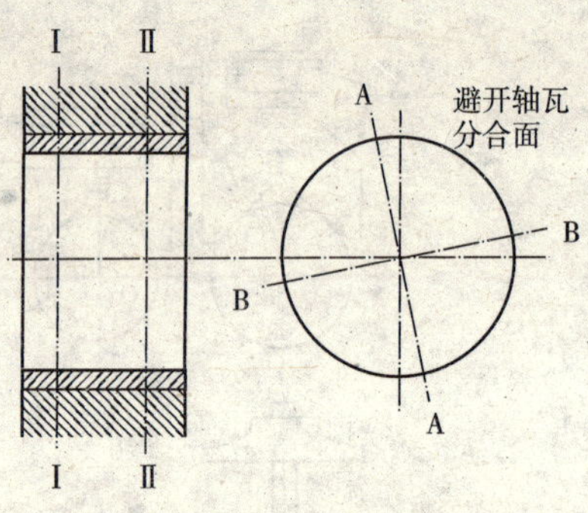

图3-2-32　轴瓦的测量位置

(2)轴承的选配和技术要求:

①当换用新轴承时,应选配与轴颈同级修理尺寸的轴承应保证轴承合金与瓦背结合牢靠,合金表面粗糙度符合技术要求,瓦背定位凸台完好。

②为了保证轴承与承孔的贴合,新轴承装入承孔内时,其上、下两片轴承端面应高出承孔平面0.03～0.05 mm,如图3-2-33 b)所示。检查方法是:将轴承装入承孔后,将有定位凸台的一端压紧,在另一端施加一定压力,使轴承与承孔贴紧,此时该端高出座孔平面的高度h应符合要求,如图3-2-34所示。若高度过大,当轴承盖装紧后,轴承会在座孔内产生变形;若高度过低,则轴承与承孔的配合紧度不能保证,工作时轴承会出现滑动。因此,在上述两种情况下都应重新选配轴承。

③轴承弹力要合适,要求新轴承的曲率半径大于座孔的曲率半径,如图3-2-33 a)所示,使轴承被压入承孔后,能凭借自身弹力的作用与承孔紧密贴合。

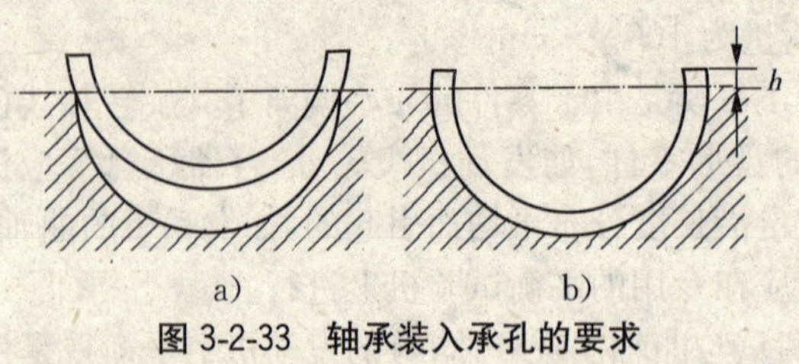

图3-2-33　轴承装入承孔的要求

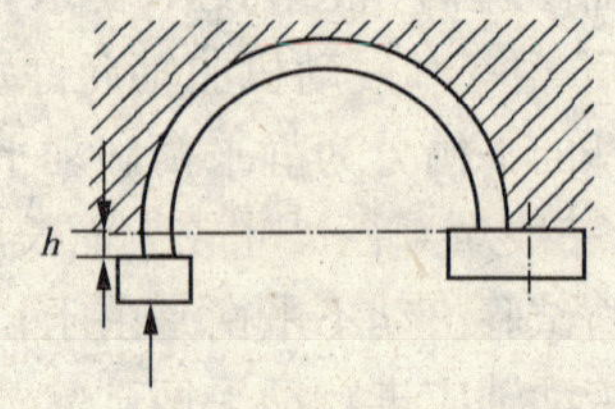

图3-2-34　轴瓦高出承孔余量的检验

（三）飞轮的检验

飞轮的常见损伤是齿圈的磨损或破裂，与离合器接触的工作面磨损和擦伤也时有发生。当齿圈轮齿仅单面磨损时，可将齿圈翻转使用；个别轮齿打坏时，可堆焊修复后继续使用；当齿圈两面均严重磨损或轮齿损坏连续4个齿以上时，应更换齿圈。当飞轮工作面的平面度误差＞0.10 mm或沟深＞0.5 mm时，应进行修整。飞轮修后不得有裂纹，其工作面应平整光洁，平面度误差≤0.10 mm，飞轮的厚度一般不得小于原始尺寸1.2 mm。飞轮修后，应进行静平衡试验，其允许不平衡量一般为100 g·cm。飞轮与曲轴装合后，飞轮工作面对曲轴轴线的端面全跳动量应≤0.20 mm，其检验方法如图3-2-35所示。

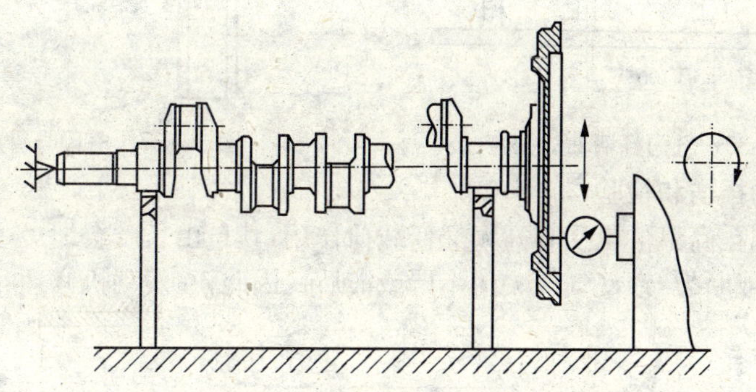

图3-2-35　飞轮工作面对曲轴轴线端面全跳动量的检验

三、配气机构主要零件的检验

发动机在工作过程中，配气机构的一些零件常产生磨损、烧蚀、变形等，降低了配气机构工作的可靠性和准确性，使发动机动力下降，燃油消耗增加。

（一）气门组零件检验

1.气门损伤的检验

气门在工作中的损伤主要有气门头工作面的磨损、烧蚀，气门杆的磨损和弯曲变形，气门杆的端面磨损等，使气门与气门座的密封性遭到破坏。

气门头工作面的损伤一般用观察的方法检查，当其工作面过宽、凹陷、烧蚀时，应进行修磨。修磨后气门头工作面的斜角角度和宽度应符合原厂规定，圆柱部分高度一般≥0.8 mm。气门杆弯曲的检查方法如图3-2-36所示，将气门杆支承在平板上的两V形架上，将百分表触头分别垂直触在气门杆中部和气门头工作面上，转动气门杆1周，便可测出气门杆的径向圆跳动量和工作面（斜面）的圆跳动量。当其径向圆跳动量＞0.06 mm时，应予校正。气门杆的磨损可用外径千分尺进行测量。

2.气门导管的磨损和检验

气门导管和气门杆磨损后，其配合间隙增大，致使气门在工作时歪斜，气门因关闭不严而漏气，并会出现烧机油、气门卡死的现象。气门导管孔的磨损可用内径千分表进行测量，如图3-2-37所示，然后算出其和气门杆的最大间隙。当它超过允许极限时，应更换气门导管。

3.气门座的损伤和技术要求

气门座与气门相配，在工作中承受着气门的冲击载荷及燃烧气体的烧蚀，使其工作面逐渐磨损变宽、凹陷及产生麻点，造成气门密封不严。气门座出现上述损伤后，应进行铰削修理。气门座修理后，应保证其工作面斜角角度、工作面宽度符合原厂规定，并保证与气门密封良好。

气门与气门座的密封性通常多用渗油法检验，即将气门装人气门座中，在燃烧室内注满煤油或柴油，若不渗油，则表示密封性良好。也可在气门工作面上用软铅笔均匀画上若干条直线条，如图 3-2-38 所示，然后将气门放在气门座上转动 1/8～1/4 转或轻拍数下，再检查气门工作面上的铅笔线条，如所有线条均被切断，则表明气门与气门座密封良好。

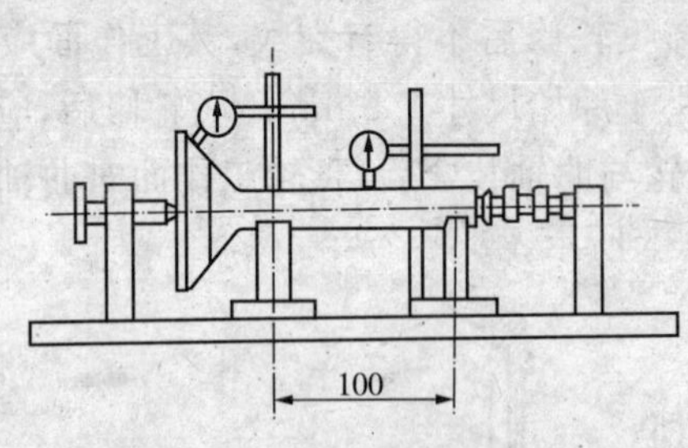

图 3-2-36　气门杆弯曲的检查

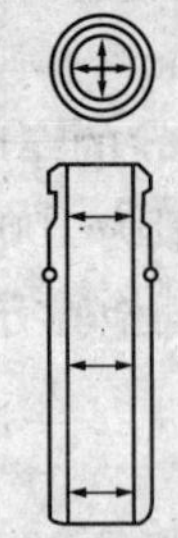

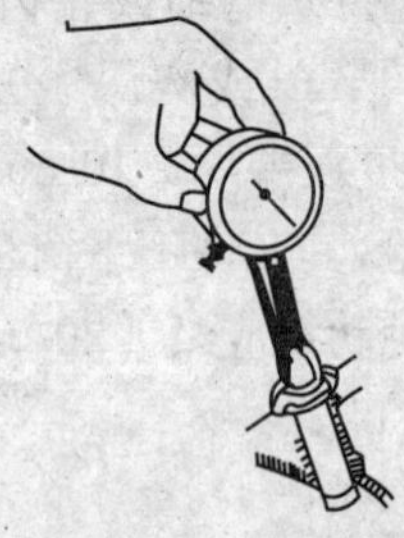

图 3-2-37　气门导管内径的测量

4. 气门弹簧的损伤和检验

气门弹簧长期在高温下承受着高频交变载荷作用，其自由长度会缩短，弹性减弱和发生变形，甚至发生裂纹或断裂，致使气门关门不严或滞后。因此，在发动机修理时，必须对气门弹簧进行检验。

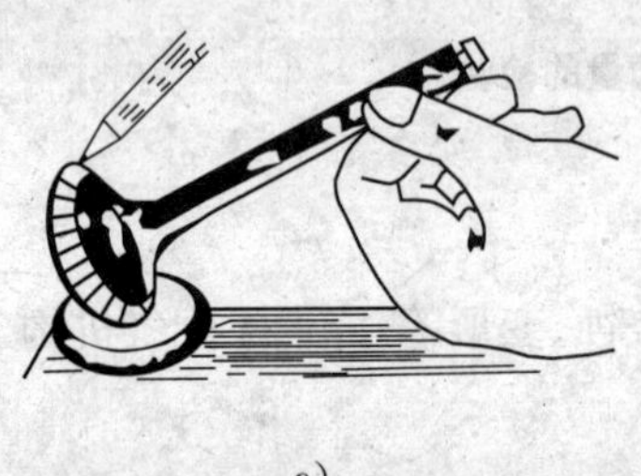

a)　b)

图 3-2-38　铅笔画线检验气门密封性

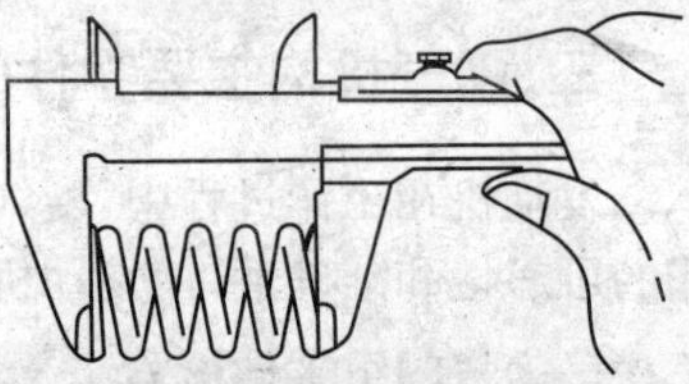

图 3-2-39　弹簧自由长度检查

气门弹簧的自由长度可用游标卡尺测量，如图 3-2-39 所示。气门弹簧弹力的检验应在弹簧弹力检验仪上进行，如图 3-2-40 所示。检验时，将气门弹簧装在仪器上，并压缩到规定的长度，检查其弹力是否符合要求。对于气门弹簧是否变形，可将气门弹簧放置在平板上，用 90°角尺检查其垂直度误差，如图 3-2-41 所示，一般要求其上端间隙≤1.5 mm，否则，应进行更换。

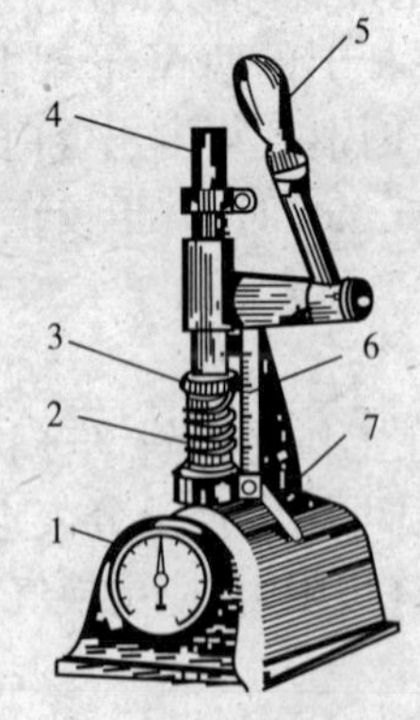

图 3-2-40　气门弹簧弹力检验仪

1-压力表；2-被试弹簧；3-压头；4-压柱齿杆；5-手柄；6-检验仪机体；7-台架

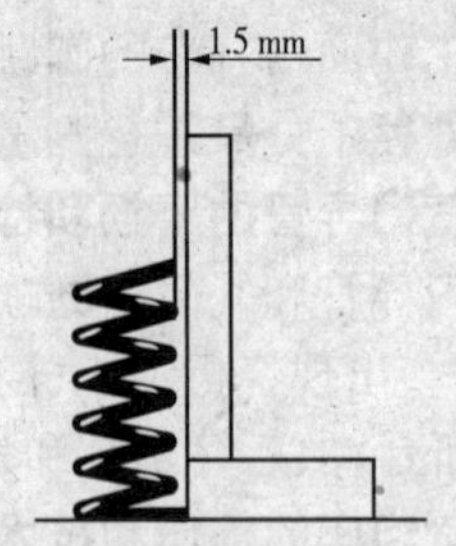

图 3-2-41　气门弹簧变形检验

(二)气门传动组零件的检验

1. 凸轮轴的损伤及检验

凸轮轴在工作中常产生凸轮磨损、擦伤，轴颈磨损及凸轮轴弯曲变形等缺陷。

(1)凸轮轴凸轮的检验。凸轮外形直接控制着气门的开启规律，影响着配气正时和气门开启时间断面系数。在工作中凸轮表面承受着周期性的冲击载荷，凸轮与挺柱(或摇臂)接触面积很小，单位压力大，而且两者相对滑动速度很高，因此凸轮表面常产生磨损、擦伤及疲劳剥落。凸轮表面磨损是不均匀的，如图 3-2-42 所示，凸轮在顶部磨损最大，磨损后凸轮的尺寸和形状发生了变化，影响进排气效果，使发动机性能下降。

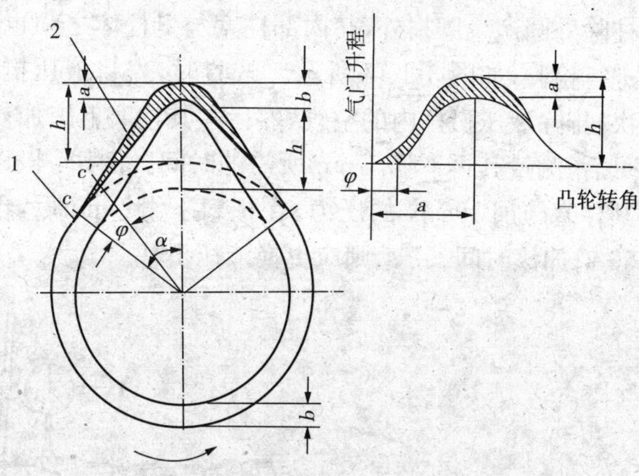

图 3-2-42　凸轮的磨损特性及影响

1-新凸轮外形；2-磨损后的凸轮外形

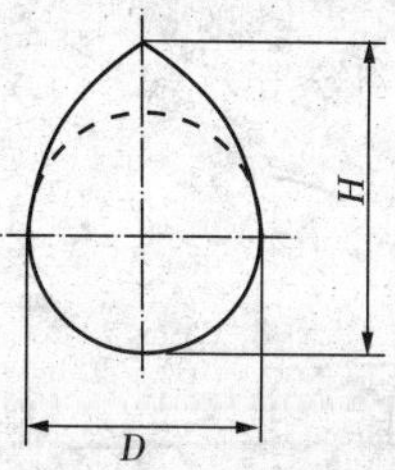

图 3-2-43　凸轮磨损的测量

凸轮磨损后通常用外径千分尺测量凸轮的最大高度 H 和基圆直径 D，如图 3-2-43 所示，两者之差便是其实际升程，然后按下式算出其升程减小量 S 和累计磨损量 Δ

$$S=h-(H-D)$$

$$\Delta=S+\delta$$

式中：h——凸轮理论升程，mm；

δ——凸轮基圆半径方向的磨损量，$\delta=\dfrac{(D_b-D)}{2}$，mm；

D——基圆直径，mm；

D_b——标准凸轮基圆直径，mm。

当凸轮表面严重损伤或凸轮升程减小量超过极限值时，应修磨凸轮，恢复凸轮的升程和形状。凸轮修磨后，其凸轮轮廓的升程曲线应符合原设计规定，但个别区段内的升程量允许有≤0.02 mm的超差；通过凸轮最高点和轴线的平面相对于正时齿轮键槽中心平面的角度偏差不得超过±45'。磨损后的凸轮也可用样板或凸轮磨损检验仪进行检验，如图 3-2-44 所示。

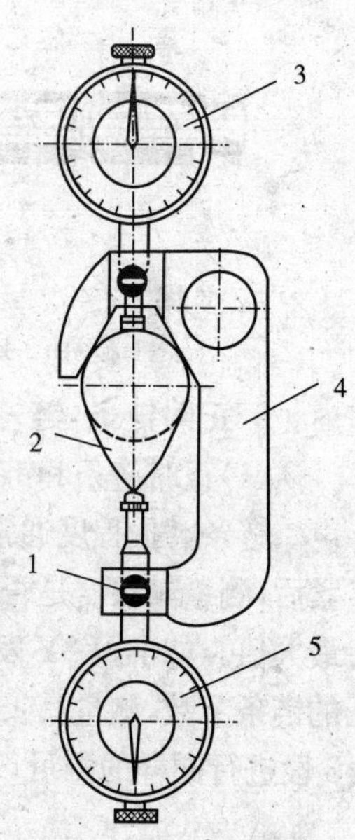

图 3-2-44　凸轮磨损检测仪

1-紧固螺钉；2-被测凸轮；3、5-百分表；4-本体

(2)凸轮轴弯曲变形的检验。凸轮轴弯曲的检验方法，一般是将凸轮轴两端轴颈支承在平板上的 V 形架上，用百分表测量中间轴颈的径向圆跳动量，如图 3-2-45 所示。当径向圆跳动量超过极限值时，应校正凸轮轴，使其径向圆跳动量≤0.025 mm。

2. 气门挺柱的检验

目前，汽车发动机上所用挺柱有普通气门挺柱和液压挺柱两种。在工作中，挺柱外圆与承孔由于长期摩擦而产生磨损，使其配合间隙增大，影响配气机构的正常工作。一般用外径千分尺和内径千分表分别测量出挺柱外径及其承孔内径，当挺柱与承孔的配合间隙超过允许极限时，应更换挺柱。挺柱端面磨损，一般用观察法或样板进行检查，如图 3-2-46 所示。当其漏光缝隙>0.02 mm 时，应磨修或更换挺柱。液压挺柱除外圆产生磨损外，其内部柱塞与挺柱体之间也有磨损，影响其密封性，一般是用泄漏试验进行检验，如图 3-2-47 所示。试验时，先将液压挺柱浸在发动机机油中，往复拉动柱塞若干次，排除液压挺柱内的空气，然后在其柱塞上施加规定的压力，使柱塞在液压挺柱内下滑一定量后，测量其再下降 1 mm所需的时间。例如：丰田 Y 系列发动机液压挺柱，在温室 20℃时对其柱塞施加 196 N 的压力，在柱塞下滑2 mm后，再测量其下滑 1 mm 所需的时间，应为 7～50 s；如该时间<7 s，则应更换液压挺柱。

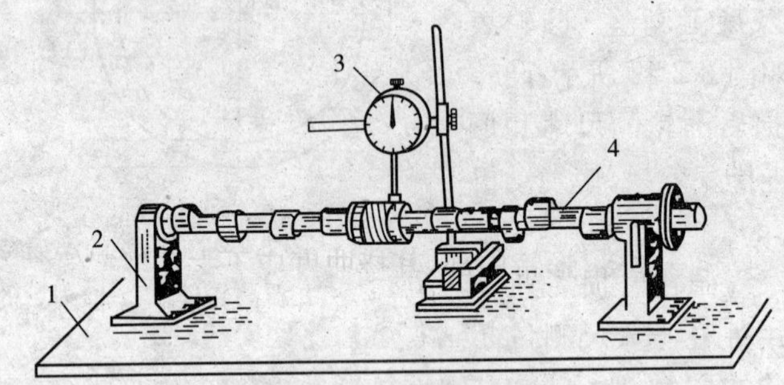

图 3-2-45　凸轮轴弯曲检查

1-平板；2-V 形架；3-百分表；4-凸轮轴

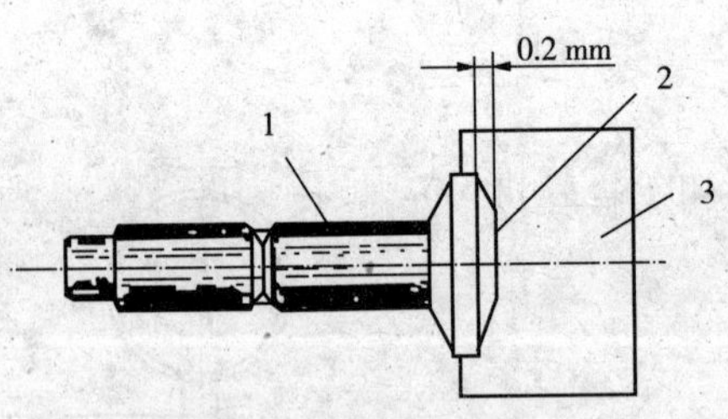

图 3-2-46　挺柱端面的检查

1-挺柱；2-球面；3-样板

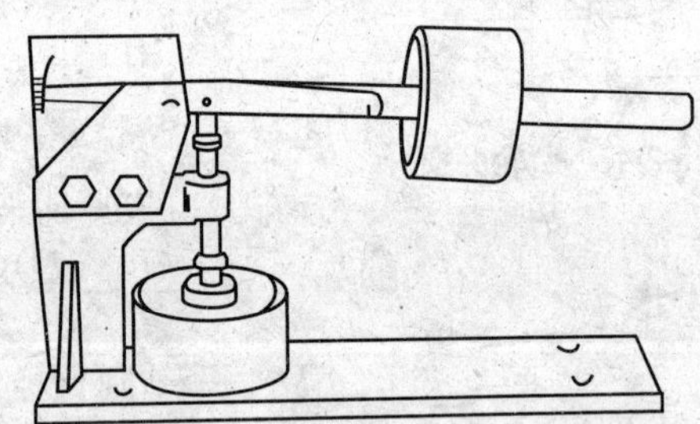

图 3-2-47　液压挺柱泄漏试验

3. 正时链条、链轮和正时齿形带的检验

(1)正时链条和链轮检验。正时链条和链轮在使用中常产生磨损，使链条伸长，引起传动噪声。链条磨损程度通常用检查其伸长量来判断。检查时，将链条对折，对链条施加规定的拉力拉紧后，测量其长度是否超过极限值，如图 3-2-48 所示，检查时，应随机在不同部位测量 3 次，取其最大值。如丰田 2Y 发动机的链条在拉力为 49 N 时，其长度极限值为 291.40 mm。也可按规定的链条节数，测量其长度。图 3-2-49 所示为测量丰田 5 M 发动机正时链条 17 节的长度，随机选 3 段进行同样的测量，若最大长度超过极限值(147.0 mm)，则该正时链条应报废。

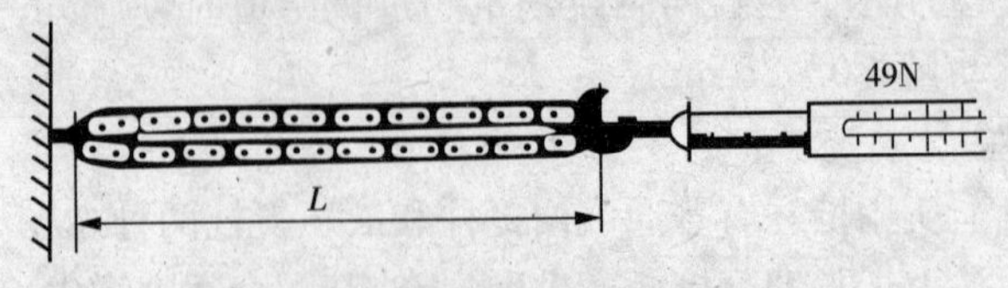

图 3-2-48　正时链条伸长量测量

链轮磨损的测量，一般是用新链条绕在链轮上，用游标卡尺测量链条在链轮上的直径，如图 3-2-50 所示，若直径小于极限值，就应更换链轮。

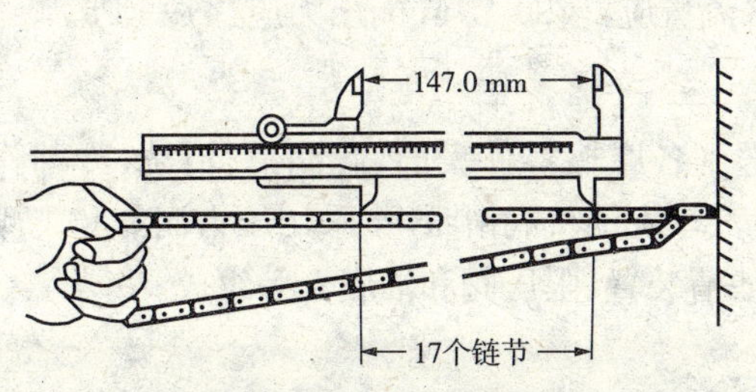

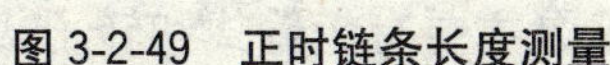
图 3-2-49　正时链条长度测量

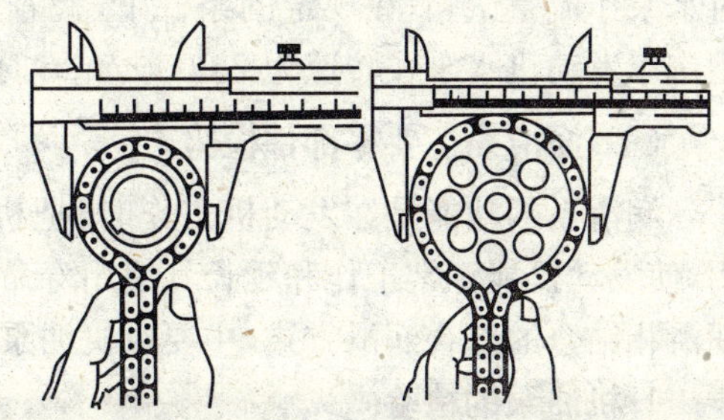
图 3-2-50　链轮磨损的测量

(2)正时齿形带和带轮的检验。在工作中，齿形带常产生拉伸变形、齿损坏、磨损等缺陷，导致正时带打滑，破坏气门传动机构的正常工作。带轮一般磨损较少。检查齿形带时，首先用观察的方法，若有裂纹、缺口、脱胶分层，应予以报废。齿形带拉伸变形一般是在车上进行检查，用大姆指力(约 9.8 N)压在齿形带中部，其挠曲度应不大于规定值(一般约为 5 ～7 mm)。

四、冷却、润滑系主要零部件检验

(一)冷却系主要零部件检验

冷却系的功能是保证发动机维持规定的工作温度，使发动机能正常地运转。目前，汽车发动机上广泛采用水冷却系统，主要由水泵、散热器、节温器、风扇等组成。

1. 散热器的检验

散热器的功能是将冷却水(或冷却液)中的热量散发给外界大气，以保持水温在适宜的范围内。散热器在长期工作中，常产生冷却管堵塞、冷却管破裂或金属管脱焊漏水、散热片变形损伤、上下水室腐蚀等缺陷，影响散热器的散热效能。

检查散热器是否渗漏，一般是先将散热器的进、出水口堵住，然后浸入水池中，再向散热器充入约 49 kPa 压力的压缩空气，如果有气泡冒出，则冒泡处有裂纹，应做好记号，准备修复。

2. 节温器的检验

节温器的功能是根据冷却水温度的变化，自动控制冷却水的循环路线，以保持发动机正常的工作温度，因此，节温器的技术状况直接影响发动机的工作温度，发动机修理时，一定要对节温器技术状况进行检验。

检查节温器的技术状况，是将它放置在有水的容器内，将水逐渐加热，并用温度计测量水的温度，检查节温器阀门刚开启的温度、完全开启的温度及节温器阀门的升程是否符合技术要求。部分汽车节温器阀门的开启温度和升程如表 3-2-3 所示。

部分汽车发动机节温器阀门开启温度和升程　　表 3-2-3

车　型	始启温度(℃)	全开启温度(℃)	升程(mm)
EQ1090	76	86	≥8
CA1091	76	86	>9
桑塔纳	85	105	≥7

3. 水泵的修后检验

水泵经修理后，用手转动带轮，泵轴转动应无卡滞现象，水泵叶轮与泵壳应无碰擦。还应对水泵作流量试验，在规定的条件下，检查水泵泵水流量是否符合技术要求。例如，EQ1090型汽车发动机水泵在转速为 2 000 r/min 时的泵水流量应≥220 L/min，压力应≥49 kPa。

(二)润滑系主要零部件检验

润滑系的功能是在发动机工作时，把机油输送到各摩擦零件表面，起润滑、清洗、冷却作用，使发动机能正常工作和延长其使用寿命。现代汽车发动机润滑系，多采用压力润滑和飞溅润滑相结合的综合润滑方式，主要由机油泵、机油滤清装置、限压阀和油底壳等组成。

1. 机油泵的检验

机油泵是润滑系的主要部件，现代汽车发动机所用机油泵主要有齿轮式和转子式两种。

(1)齿轮式机油泵检查。齿轮式机油泵常产生齿轮齿面的磨损和损伤，泵盖内平面和齿轮端面磨损，齿轮齿顶和泵壳内圆磨损，齿轮轴和轴套磨损等。这些磨损，导致机油泵机件各配合间隙增大，泵油压力和泵油量下降。其检查方法如图 3-2-51 所示。常见的汽车齿轮式机油泵的检验数据如表 3-2-4 所示。

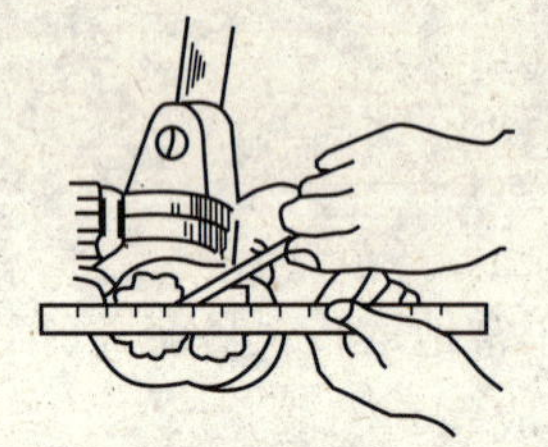

a)端面间隙检查

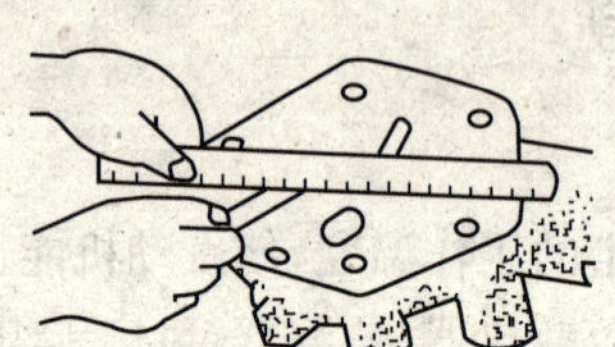

b)泵盖平面度误差检查

c)齿轮啮合间隙检查

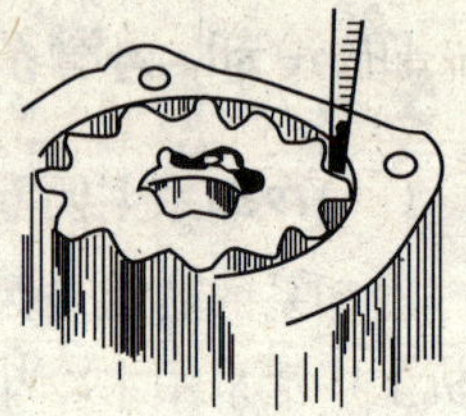

d)齿顶间隙检查

图 3-2-51 齿轮式机油泵的检查

常见的汽车齿轮式机油泵检验数据(mm) 表 3-2-4

项　目	CA1091	EQ1090	上海桑塔纳	北京切诺基
端面间隙	0.05～0.1	0.06～0.1	0.05～0.1	0.05～0.15
齿顶间隙	0.05～0.1	0.082～0.185	0.05～0.10	0.05～0.10
齿轮啮合间隙	0.05～0.25	0.05～0.025	0.05～0.2	0.05～0.20
主动轴与泵壳孔间隙	0.04～0.074	0.016～0.054	0.03～0.075	0.03～0.06
主动轴与主动轴齿轮孔间隙	—	0.016～0.054	—	—
被动轴与泵壳孔间隙	—	−0.46～0.001	—	—
被动轴与衬套孔间隙	0.10	0.019～0.064	—	—

(2)转子式机油泵的检查。转子式机油泵的检查如图 3-2-52 所示。

(3)机油泵的试验。机油泵修理装配后应进行试验，确认其性能符合技术要求后，再行装车使用。试验应在机油泵试验台上进行，其试验条件应和发动机正常工作条件相近，常见型号汽车齿轮式机油泵的试验数据如表 3-2-5 所列。

当无机油泵试验台时，也可用经验方法检查：将机油泵和集滤器装复后，一同放人清洁的机油池中，然后用旋具按顺时针方向转动机油泵轴，此时应有机油从出油孔排出，当用手指堵住出油孔时，应感到有一定的压力。

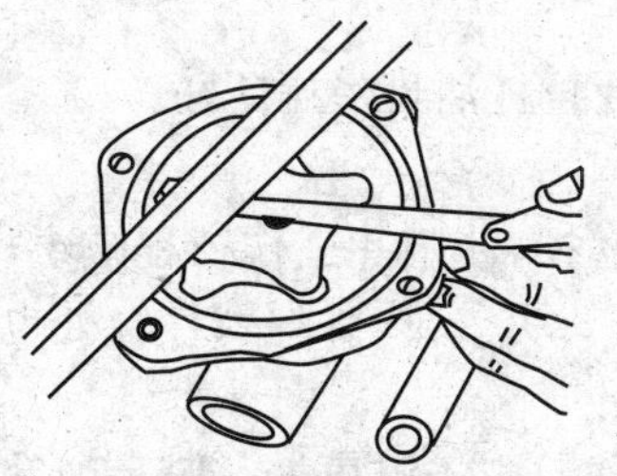

a)端面间隙的检查

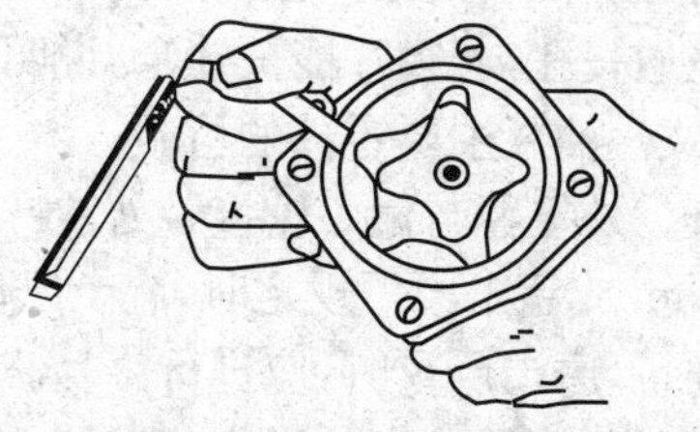

b)外转子与泵壳内圆间隙的检查

图 3-2-52　转子式机油泵的检查

常见型号汽车齿轮式机油泵的试验数据　　表 3-2-5

车　型	转速(r/min)	输油压力(kPa)	流量(L/min)	容积效率(%)	限压阀开启压力(kPa)
CA1091	1 800	空载	3 800	—	600±100
EQ1090	250	147	8.5	74	380～420
	1 500	392	59	85.5	—
上海桑塔纳	800	>30	—	—	—
	2 000	>200	—	—	—
北京切诺基	600	8.9	—	—	—
	1 600	51.9	—	—	—

2. 机油滤清器修后检验

机油粗、细滤清器均应彻底清洗干净，装配完好。离心式细滤清器装配时，转子和转子盖必须按规定标记(如箭头)对准，以免破坏转子的平衡，转子装好后，转动要轻便、自如。

为了保证性能良好，滤清器装配后，应在试验台上进行试验，检查其密封性、旁通阀的开启压力及离心式转子的转速等。EQ1090 型汽车发动机粗滤清器在油压为 588 kPa 时，1 min内不应渗漏，旁通阀开启压力为 147～176 kPa，额定流量为 30 L/min。离心式细滤器在油压为 294 kPa 时，其转子转速应≥5 000 r/min。

五、燃油系主要零部件的检验

(一)汽油机燃油系主要零部件检验

1. 汽油泵的检验

现代汽油发动机大多采用膜片式汽油泵，在工作中常发生摇臂磨损，进出油阀关闭不严，膜片破损漏油，膜片弹簧弹力不足，各接合平面不平等缺陷，由此导致汽油泵供给压力、供油量不足或不供油。目前，轿车大多采用不可拆卸的汽油泵，一旦损坏，只能报废；对可拆卸的汽油泵，当零件磨损损坏后，可更换或修复。

(1)汽油泵不解体检验：

①将汽油泵进油口浸入汽油中，扳动摇臂数次，使汽油湿润进出油阀。

②用手将进油口、出油口、回油口堵住，若膜片能被锁定，说明膜片密封良好，否则说明其密封不良。

③用手将出油口、回油口堵住，扳动摇臂，若膜片下行后能被锁定，说明进油阀密封良好；若膜片能自由回升，说明进油阀不密封。

④用手将进油口堵住，扳动摇臂，若能感觉到有较大的阻力，膜片下行后能被锁定，说明出

油阀密封良好，否则，说明出油阀密封不良。

⑤用手堵住通气孔，若膜片能被锁定，说明膜片拉杆油封密封良好。

(2)可拆卸式汽油泵主要零件的检验：

①摇臂检查。外摇臂与偏心轮接触处常产生磨损，使膜片工作行程减小，泵油量下降，当磨损量>0.20 mm或超出原厂规定时，应予以修复。另外，内外摇臂接合处也常磨损，影响膜片的行程和泵油量，磨损严重时，应进行修复。

②膜片和膜片弹簧的检查。当膜片破裂、老化时，应予以更换。膜片弹簧经长期使用后，其弹力减小，致使汽油泵的泵油压力和泵油量下降，所以，修理时应检查其自由长度和弹力，如不符合技术要求，应予以更换。

③进出油阀的检查。进出油阀会因受汽油中酸性物质的腐蚀及胶质的影响而关闭不严，使得泵油压力和泵油量下降，如问题严重，应予以更换。

④泵体的检查。上下泵体结合平面不平，会引起漏气、漏油。可将其放在平板上检查，其平面度误差应≤0.10 mm，泵体与汽缸体结合平面的平面度误差应≤0.20 mm。否则，应进行修理。另外，泵体不得有裂纹。

(3)汽油泵修后的检验：

①在试验台上试验。按规定的转速和摇臂行程驱动汽油泵，其泵油量和泵油压力等应符合技术要求，部分汽油泵的技术要求如表3-2-6所列。

汽油泵出油量及密封要求 表3-2-6

汽油泵型号	凸轮转速(r/min)	泵油量(L/min)	出油口关闭压力(10^4 Pa)	停止泵油1 min后压力降(10^4 Pa)	吸油高度(mm)	输油高度(mm)	适用车型
EQB601－C	1 500	3.16	2.67～3.67	<0.27	500	500	EQ1090—1
C4B604	1 500	3.16	2.40～3.60	<0.27	500	500	CA1091
266A16	1 800	>2.5	2～3.1	<0.27	500	500	BJ2022
三菱4G62	5 000	>1.3	2.6～3.5	<0.27	500	500	三菱4G62
三菱4G33	4 800	>1.3	2.6～3.5	<0.27	500	500	三菱4G33

②经验试验。将进、出油口接上油管，使进油管浸入汽油中，用手扳动外摇臂，出油管应喷出有力的油柱，喷射距离应达50 mm以上。

2. 化油器主要零件检验

(1)浮子检查。浮子在工作中有时产生凹陷变形或破裂，影响浮子室的油面高度。检查浮子是否破裂，可将浮子放在80～90℃的热水中，破裂浮子内部的空气受热膨胀，便从破裂处溢出而产生气泡。浮子凹陷变形或破裂时，应进行修复，浮子修后的质量不得超过原质量的5%。

(2)浮子室针阀与阀座密封性检验。浮子室针阀与阀座应密封良好，其检验方法多用嘴吸试验，但最好用专用仪器进行试验。如图3-2-53所示，把针阀装在阀座上，打开开关，起动抽气机，当玻璃管内的水柱上升到1 000 ～1 100 mm时，将开关关闭，管中水柱

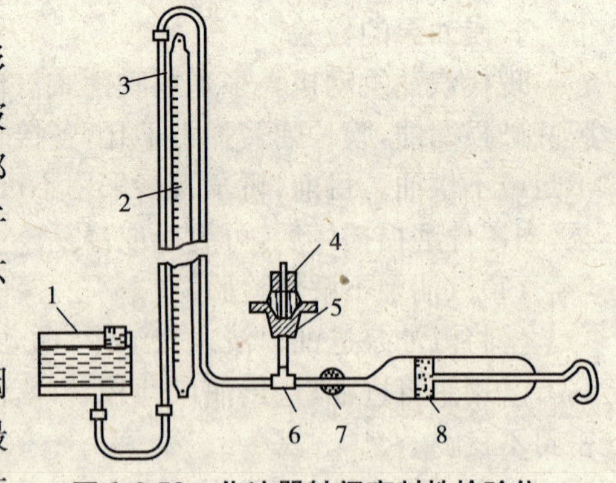

图3-2-53 化油器针阀密封性检验仪

1-容器；2-玻璃管；3-刻度尺；4-被检验针阀；5-针阀座；6-三通管；7-开关；8-抽气机

下降高度应符合技术要求。

(3)壳体的检查。化油器壳体应完好,无破损,其上体、中体、下体各结合平面的平面度应≤0.10 mm。

(4)节气门的检查。节气门全关闭时,检查其边缘与化油器内壁的间隙,应≤0.10 mm。节气门轴与承孔的配合间隙应≤0.10 mm。

(5)量孔的检验。量孔在使用中,孔径会因磨损而扩大,也可能因燃油结胶而缩小,因此,应检查量孔流量,以判断量孔可否继续使用。

量孔流量的检查方法,按其原理可分为绝对流量测量法和相对流量测量法。前者是直接测量单位时间流过量孔的水容积,后者是和标准量孔作比较,测定被检查量孔的流量。图 3-2-54 是相对流量测量法,其基本原理是,比较在同一时间内被测量孔与仪器上固定量孔流量的差值,并以此差值来衡量被测量孔的流量。测定前,先将水加到计时水缸中,直至与定容管平齐,同时使压头筒中水与溢水管的口平齐;打开橡皮塞,将量筒中的水通过橡皮塞孔放净。转动手柄,将上下橡皮管的夹子放松,水便从计时水缸流人压头筒中,压头筒中的水一方面经被测量孔流入容器中,一方面经溢水管流人量筒中。当计时水缸中的水流尽后,量筒中水面所在处的数值,便是被测量孔的流量。

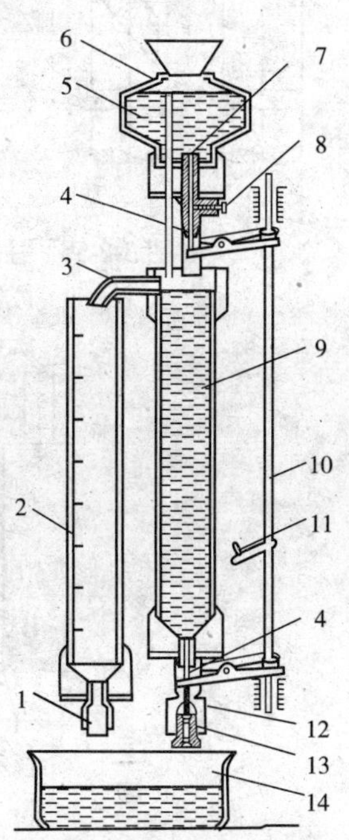

图 3-2-54 量孔相对流量测量法

1-橡皮塞;2-量筒;3-溢水管;4-橡皮管;5-定容管;6-计时水缸;7-调节臂;8-调节针;9-压头筒;10-凸轮轴;11-手柄;12-接头塞;13-量孔;14-容器

(二)柴油机燃油系主要零部件检验

1.精密偶件的检验

柴油机燃油系的主要零件是精密偶件,如柱塞式喷油泵的柱塞偶件、出油阀偶件,喷油器的针阀偶件等。它们在很高的压力下工作,要求有很高的密封性,以保证高压油的形成,因此其精度要求很高,如柱塞偶件的圆度公差和圆柱度公差都为 0.001 mm,表面粗糙度为 R_a 0.1 μm,配合间隙为 0.001～0.003 mm。

(1)精密偶件的磨损。柱塞式喷油泵的柱塞偶件、出油阀偶件在工作中受高压燃油及其中机械杂质的冲刷,其表面会产生磨损。柱塞偶件的主要磨损部位如图 3-2-55 所示。当磨损量达到一定程度时,便出现燃油泄漏,供油量减少,供油时间滞后,发动机动力下降,怠速不稳和起动困难等现象。出油阀偶件的主要磨损部位是出油阀的密封锥面和减压环带,阀座与出油阀相配合部位,如图 3-2-56 所示。减压环带磨损,使减压作用减弱,喷油提前和滴油,供油量增加,以致发动机工作粗暴、冒黑烟、敲缸等。喷油器针阀偶件的主要磨损部位是密封锥面、导向柱面和销针。轴针式喷油器偶件的主要磨损部位如图 3-2-57 所示。针阀偶件磨损,使喷孔变大、喷油雾化不良和滴漏等,以致燃料燃烧不完全,发动机冒烟和产生积炭。

(2)柱塞偶件检验:

①观察检验。柱塞和套筒配合工作表面不允许有任何刻痕和腐蚀现象。

②经验法检验。将在柴油中清洗干净的柱塞偶件倾斜 45°,如图 3-2-58 所示,然后从套筒中将柱塞抽出约 1/3,再松开柱塞,依靠其自身重力的垂直分力作平稳地沿套筒下滑。转动柱塞,在任何位置,均应符合该技术要求。

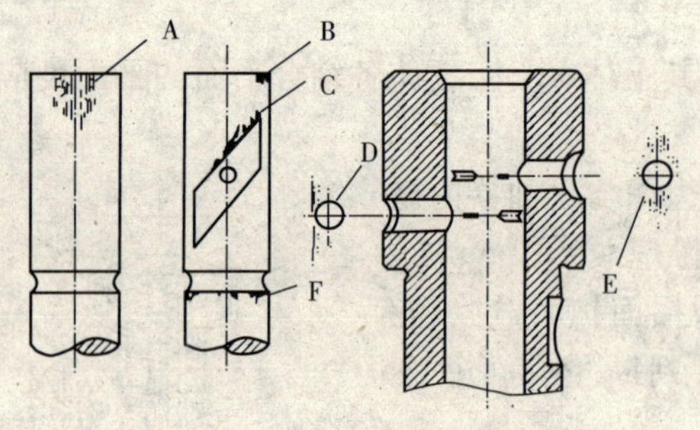

图 3-2-55 柱塞偶件磨损

A、B、C、D、E、F-磨损部位

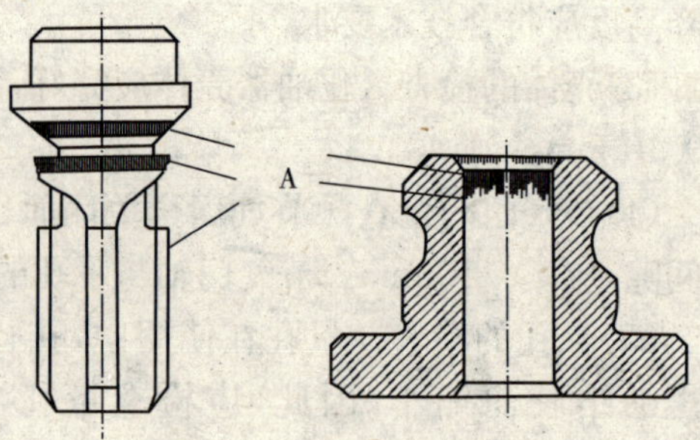

图 3-2-56 出油阀偶件的磨损

A-磨损部位

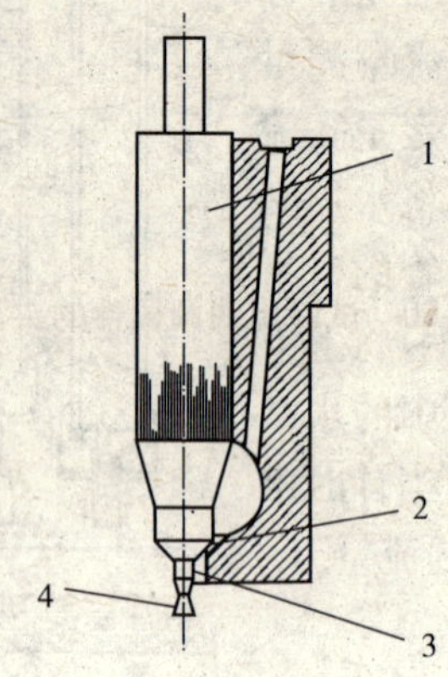

图 3-2-57 喷油器偶件的磨损

1-导向柱面;2-密封锥面;3-销针;4-倒锥体

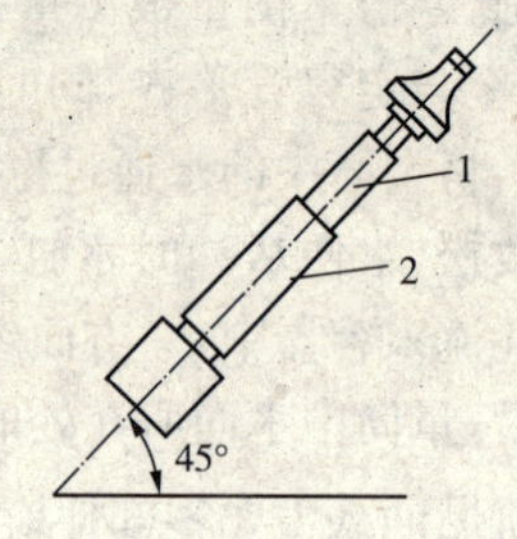

图 3-2-58 柱塞偶件滑动性能试验

1-柱塞;2-柱塞套筒

③密封性试验。取下喷油泵出油阀体,接上喷油器试验台管路,将柱塞调整到最大供油量的中间行程位置,用手泵油,使油压达到 20 MPa 时停止泵油,测定油压降至 10 MPa 所需的时间应≥10 s,同一喷油泵各柱塞偶件密封性相差应≤5%。

密封试验也可用简单经验法,如图 3-2-59 所示,用手指堵住套筒顶部,使柱塞处于最大供油位置,将柱塞从套筒中抽出到柱塞上端不露出套筒油口处,然后放松柱塞,应能迅速被吸回原位。

(3)出油阀偶件检验:

①观察检验。出油阀偶件的配合表面不得有任何刻痕和腐蚀现象。

②密封性试验。试验可在图 3-2-60 所示专用工具上进行,将出油阀偶件装入专用工具中,并和喷油器试验台高压油管相连,旋出顶头螺钉,使出油阀落在阀座上,试验密封锥面的密封性,要求油压由 25 MPa 降至 20 MPa 所需时间≥60 s;旋进顶头螺钉,顶出出油阀 0.03~0.05 mm,试验减压环带的密封性,要求油压从 25 MPa 降至 10 MPa 所需时间≥2 s。

减压环带的密封试验也可用经验法,如图 3-2-61 所示,用手堵住出油阀座下孔,将出油阀放在阀座中,当出油阀减压环带进入阀座时,手指应能感觉有空气压力,放松出油阀后,出油阀应能被弹出。

(4)喷油器针阀偶件检验:

①观察检验。喷油器针阀偶件的配合表面不得有任何刻痕和腐蚀现象。

②密封性检验。喷油器针阀偶件的密封锥面和导向柱面应密封良好，检验时，将偶件装在喷油器体内，用喷油器进行试验，要求油压从 20 MPa 下降至 18 MPa 的时间应≥5 s，且不允许有渗漏和滴油现象。

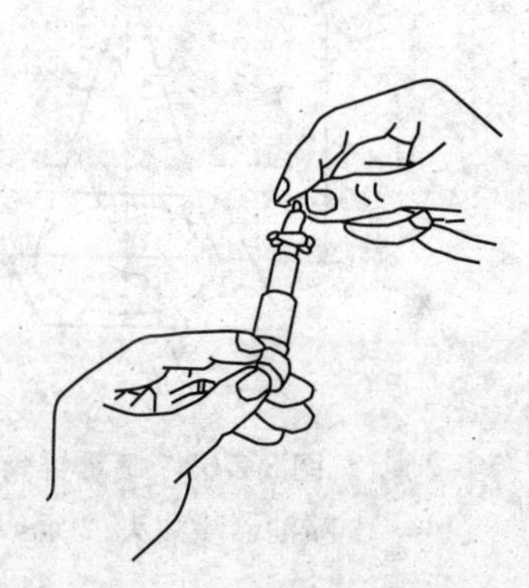

图 3-2-59 柱塞偶件简单密封性试验

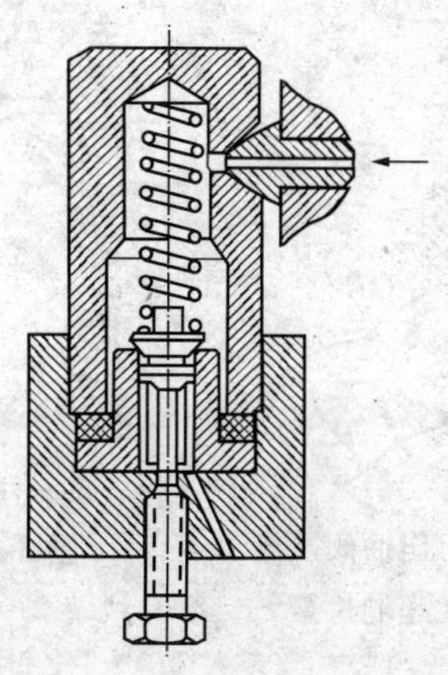

图 3-2-60 试验出油阀偶件的夹具

2. 喷油泵试验

喷油泵经修理装复后，应在喷油泵试验台上进行试验，并根据试验结果，确定是否需要调整。试验的主要内容包括供油时刻、不同工况下的供油量和调速器转速等。

①供油时刻试验包括第 1 缸开始供油时刻和各缸供油间隔角试验，要求各缸供油间隔角偏差在±0.5°范围内。

②供油量试验主要为额定转速供油量、怠速供油量、起动和校正供油量试验。多缸发动机，还要检测各缸供油不均匀度，其中，以额定转速供油量试验最重要，要求各缸供油不均匀度≤3%。

③调速器试验主要为高速起作用转速和怠速起作用转速试验与调整，应符合技术要求。

3. 喷油器试验

对装配好的喷油器，应在喷油器试验器上进行试验，如图 3-2-62 所示，主要内容包括检测喷油压力、喷雾质量等。

(1)喷油压力试验。将喷油器装在喷油器试验器上，扳动试验器手柄，排除油管和喷油器的空气，然后以每分钟 60 次的速度扳动手柄，同时观察压力表。当喷油器喷油时，压力表指针会摆动，摆动前的油压便是喷油压力。喷油压力和各缸喷油压力差应符合技术要求。

(2)喷油质量试验：

①雾化质量。以 60 次/min 的速度扳动试验手柄，使喷油器喷油，要求油雾呈均匀雾状，不得有用肉眼能看到的油滴，燃油切断干脆，并有清脆声响。

②喷雾角度。喷油器喷出的燃油雾锥，应符合技术要求。检查时，可在距喷孔 100 ～200 mm 处放一张白纸，如图 3-2-63 所示，油雾喷在白纸上，由纸面至喷孔的距离 A 和纸上的油痕直径 d，便可算出其喷雾锥角，计算公式如下

$$\tan\alpha = d/2A$$

式中：d——油雾喷在白纸上的印痕直径，mm；

A——白纸至喷油泵喷孔的垂直距离，mm。

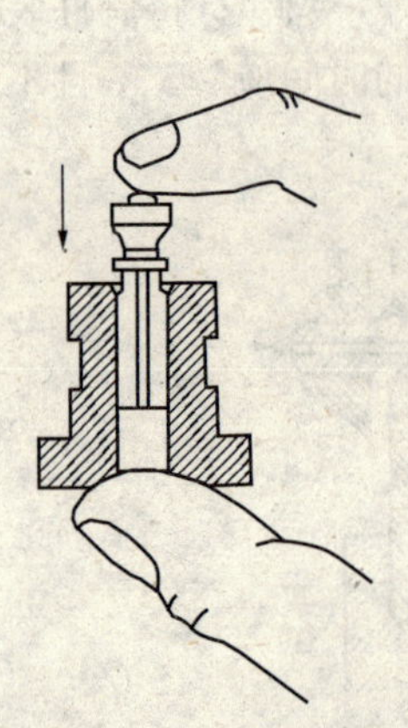
图 3-2-61　出油阀及阀座的检查

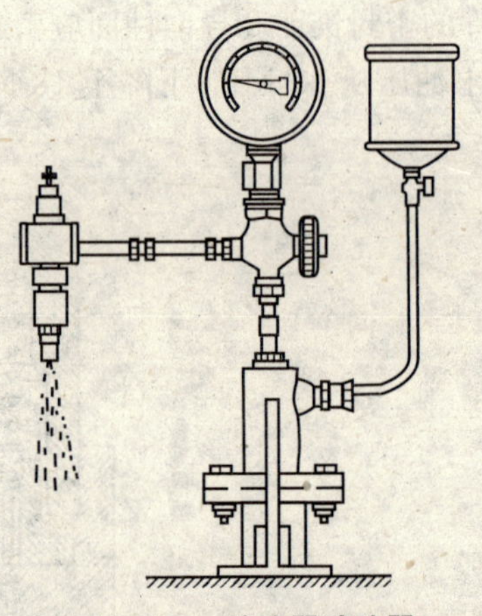
图 3-2-62　喷油器试验器

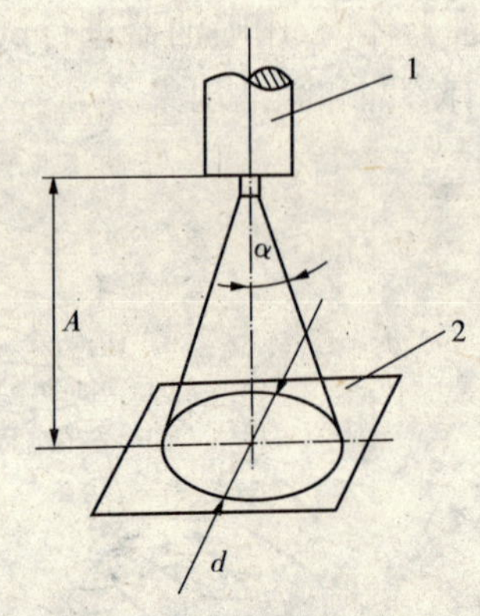

图 3-2-63　喷雾锥角检查
1-喷油器喷油头；2-纸或金属网

六、发动机各部分机械故障诊断与排除

1. 曲柄连杆机构(表 3-2-7)

曲柄连杆机构故障诊断与排除　　表 3-2-7

故障类别	故障现象	故障原因	排除方法
汽缸垫漏水、漏气	(1)机油乳化，水漏入排气管中，发出“突突”的声响 (2)发动机转速不能提高，功率下降	汽缸垫装配时不平整或位置不正确	换用新品，放置平整且位置正确
		汽缸盖螺栓未按规定次序或扭紧力矩扭紧	按规定次序和扭紧力矩扭紧汽缸盖螺栓
		汽缸盖安装时粘有油污，使汽缸垫受损	更换汽缸垫，并清洁汽缸体、汽缸盖平面
		汽缸盖或汽缸体平面的平面度误差过大	修整汽缸体、汽缸盖平面或予以更换
活塞敲缸	发动机在怠速稍高时，发出一种清脆有节奏的金属敲击声，如“当、当”或“嗒、嗒”的声音	汽缸壁及活塞磨损，使其配合间隙过大	镗磨汽缸，更换活塞
		连杆弯曲、扭曲或活塞销孔铰偏	重新校正连杆
		点火提前角或喷油提前角不符合要求	重新调整点火提前角
		冷起动时，活塞与汽缸壁间隙过大	当温度升高时响声消失，这种程度的敲缸是允许存在的，可不予以排除
活塞销响	发动机在怠速稍高时，发出一种清脆而有节奏的金属敲击声，抖动油门提高转速的瞬间，尾随几声更清脆的响声，某缸断火后响声变大	连杆衬套与活塞销磨损过甚或活塞销轴向窜动	更换连杆衬套
		活塞销座孔严重磨损，与活塞销配合松旷	换用加大直径的活塞销或同级新活塞
		活塞销两端面与卡环间隙过大，与卡环碰击发响	更换卡环或采用同级新活塞销
连杆轴承响	发动机在中等转速工作时，产生较重、短促、有节奏的响声，在中速范围内响声明显，在突然加速时有短促而连续的“当、当”的敲击声，当发动机熄火 10 min 左右后，再次起动的瞬间，响声更加明显	连杆轴承固定螺母松动	按规定扭紧力矩扭紧连杆螺栓紧固螺母
		曲轴连杆轴颈与连杆轴承的配合间隙过大	光磨曲轴，更换相应的轴承
		润滑不良造成连杆轴承烧蚀或合金脱落	光磨曲轴，更换相应的轴承

续上表

故障类别	故障现象	故障原因	排除方法
曲轴主轴承响	发动机在中、高转速时发出沉重、发闷的响声，由中速急加至高速时，发出明显而沉重的“当、当、当”的金属敲击声，发动机熄火 10 min 左右后，起动时响声更加明显，将相邻两缸同时断火时，响声减弱或消失	曲轴主轴颈与主轴承配合松旷	光磨曲轴，更换相应的轴承
		主轴承盖螺栓松动	按规定扭紧力矩扭紧主轴承盖螺栓
		主轴承烧蚀或合金层脱落	光磨曲轴，更换相应的轴承
		主轴承润滑不良	更换相应的轴承或机油泵
		曲轴弯曲	校正曲轴
汽缸窜气响	怠速稍高时，发出轻微的“嚓、嚓、嚓”响声，是一种短促的、类似敲缸的金属敲击声	活塞环背隙、端隙过大	更换活塞环
		活塞环开口重合	重新安装活塞环
		活塞环弹力不足或汽缸圆度误差增大	更换活塞环或镗磨汽缸
		活塞环咬死在活塞环槽内或折断	更换活塞环
		汽缸壁磨损过甚或拉伤	镗磨汽缸和更换相应的活塞环
汽缸窜油	发动机功率下降，机油消耗增大，排气管冒蓝烟	汽缸磨损导致活塞与汽缸的配合间隙过大	镗磨汽缸和更换相应的活塞与活塞环
		曲轴箱通风装置失效	检查曲轴箱通风装置，更换失效部件
拉缸	机油消耗增大，严重时，活塞会卡死在汽缸内，使发动机不能运转	活塞环端隙过小	修复汽缸，按规定选配活塞环端隙
		机油中有杂质	更换机油
		发动机温度过高	检查冷却系统，修复或更换损坏的零部件

2. 配气机构（表 3-2-8）

配气机构故障诊断与排除　　表 3-2-8

故障类别	故障现象	故障原因	排除方法
气门脚响	发动机在怠速稍高时，发出不太坚实、清脆、有节奏的金属敲击声，随转速提高响声的频率也提高	气门间隙调整不当，出现响声	按规定重新调整
		气门间隙调整螺钉损坏	更换气门间隙调整螺钉，重新调整气门间隙
		液压挺柱工作不良	更换液压挺柱
		凸轮轴弯曲	校正或更换凸轮轴
气门挺杆响	发动机在怠速稍高时发出有节奏的、清晰的“哒哒”声，但中速以上则响声模糊；响声不受发动机断火的影响	挺柱球面磨损有沟槽或有凹面	更换挺柱
		挺柱卡滞转动不灵活	检修挺柱或挺柱架
		挺柱与挺杆架间隙过大	更换挺柱或挺柱架
		液压挺柱的机油压力过低	调整机油压力
		液压挺柱失效	更换液压挺柱
气门漏气	发动机动力不足，起动困难；进气歧管回火，排气歧管“放炮”，燃油消耗增加	气门与气门座工作面因磨损、烧蚀、密封不严而漏气	铰削气门与气门座工作面，重新研磨气门与气门座
		气门与气门导管间隙过大，气门杆晃动，气门因关闭不严而漏气	更换气门导管
		气门在气门导管内卡住，气门因不能上下移动而漏气	铰削气门导管
		气门弹簧失去弹性或折断	更换气门弹簧

续上表

故障类别	故障现象	故障原因	排除方法
正时齿轮响	发动机运转时，呈现有时有节奏、有时无节奏的复杂响声	正时齿轮的啮合间隙过大	更换啮合的正时齿轮
		正时齿轮固定螺母松动	按规定扭紧力矩扭紧固定螺母
		正时链条松动	更换正时链条或进行调整
凸轮轴轴承响	发动机在怠速稍高时发出一种有节奏的、发闷的金属敲击声	凸轮轴轴颈与轴承磨损过大，致使其配合间隙过大	更换凸轮轴轴承或更换凸轮轴
		凸轮轴轴承的合金脱落、烧蚀或松动	更换凸轮轴轴承
		凸轮轴弯曲或轴向窜动	更换凸轮轴或调整其轴向间隙
气门油封漏油	排气歧管冒蓝烟，机油消耗大	气门油封安装不正确，造成气门油封过早损坏	更换并正确安装气门油封
		气门油封老化，密封效果明显下降	更换气门油封

3.进、排气系统(表 3-2-9)

进、排气系统故障诊断与排除 表 3-2-9

故障现象	故障原因	排除方法
排放噪声	排气管或接头中有孔	按需要进行更新
碰撞噪声	排气管安装位置不正确	重新安装排气管
混合气过浓(排气管冒黑烟)	发动机支承损坏	更新发动机支承
进气口有噪声	空气滤清器堵塞	更换空气滤清器或滤芯
发动机冷机动力不足	进气管或空气滤清器泄漏或松动	视情进行检修或更换
	空气加热装置不工作	检修空气加热装置
噪声过大	排气系统或歧管接头不严，排气系统有破裂处	进行检修或更换
车内有浓烟	排气系统或歧管接头处有故障	检修
有“嘎嘎”声	排气系统安装位置不正确，排气系统支承件损坏，发动机支承磨损	重新安装或更换支承件

4.冷却系统(表 3-2-10)

冷却系统故障诊断与排除 表 3-2-10

故障现象	故障原因	排除方法
冷却液消耗过多	散热器盖或密封垫损坏	检修散热器盖或更换密封垫
	软管损坏或松动	更换或固紧软管
	散热器或水泵损坏	检修散热器或水泵
	汽缸盖螺栓松动	扭紧汽缸盖螺栓
	汽缸垫损坏	更换汽缸垫
	汽缸体、汽缸盖变形或损坏	检修汽缸体或汽缸盖

续上表

故障现象	故障原因	排除方法
发动机过热	冷却液不足	添加冷却液
	冷却系统水垢过多	清洗冷却系统
	节温器不能正常工作	更换节温器
	温控风扇工作不正常	检修或更换温控风扇
	散热器表面灰尘油污过多	清洗散热器
	水泵工作不正常	检修水泵
	风扇传动带过松或损坏	调整风扇传动带的紧度或更换风扇传动带
	发动机点火正时失准	校正点火正时
	混合气过浓或过稀	调整混合气浓度
	燃烧室内积炭过多	清除燃烧室内的积炭
发动机升温缓慢	节温器工作不正常	清洁、检修或更换节温器
	温控风扇损坏	检修温控风扇
	水温表或水温传感器损坏	检修或更换水温表、水温传感器

5. 润滑系统(表 3-2-11)

润滑系统故障诊断与排除 表 3-2-11

故障现象	故障原因	排除方法
机油压力过低	机油油量不足	添加机油
	机油黏度低	更换机油
	机油被稀释	排除故障,更换机油
	严重漏油	查找漏油部位并修复
	机油压力传感器或机油压力表有故障	更换机油压力传感器或机油压力表
机油压力过低	机油限压阀失准或失效	调整或更换机油限压阀
	机油泵磨损或损坏	维修或更换机油泵
	曲轴轴承等的配合间隙过大	检修轴承等
	集滤器滤网堵塞	清洗集滤器
机油压力过高	机油黏度过高	更换符合标准要求的机油
	限压阀调整不当或卡死	调整或更换限压阀
	润滑油道堵塞	清洗并吹通润滑油道
	机油压力传感器或机油压力表失准	更换机油压力传感器或机油压力表
	机油滤清器堵塞且旁通阀打不开	更换滤芯,检修旁通阀
机油变质	机油使用时间过长	按规定更换机油
	曲轴箱通风不良,燃油混入机油	检修曲轴箱通风装置
	机油滤清器堵塞	清洗机油滤清器
	活塞与汽缸壁间隙过大,燃油下漏而进入机油	检修汽缸和活塞
	汽缸垫或汽缸体损坏,冷却液进入机油	更换汽缸垫或检修汽缸体

续上表

故障现象	故障原因	排除方法
机油消耗量超标	机油外漏	检查发动机外部并修理
	气门油封损坏	更换气门油封
	气门与气门导管的间隙过大	更换气门或气门导管
	汽缸磨损严重或拉伤	检修汽缸
	活塞环损坏或安装有错	更换活塞环，并按要求安装

6. **化油器式汽油机燃油供给系统**（表 3-2-12）

7. **柴油机故障诊断与排除**（表 3-2-13）

化油器式汽油机燃油供给系统故障诊断与排除 表 3-2-12

故障现象	故障原因	检查及排除方法
发动机不能启动	操作不当	按要求操作
	进气管中有积油	启动时踩下加速踏板
	阻风门不能正常工作	检查阻风门轴
	化油器进油不畅	检查供油装置
	空气进入进气歧管或化油器	更换衬垫，扭紧有关连接螺栓或螺母
	主量孔、主油道被堵塞	清洗化油器
发动机热机不易启动	阻风门打不开	清除污垢
	浮子室油平面过低或过高	调整浮子室油平面的高度
	发动机怠速转速过低	调整发动机怠速
	曲轴箱通风阀黏结或损坏	清洁或更换曲轴箱通风阀
发动机怠速或低速熄火	汽油泵低速供油不足	维修或更换汽油泵
	节气门下方严重漏气	查明漏气部位并予以修复
	浮子室油平面过低或过高	检查针阀，调整浮子室油平面
	怠速调整不当	按要求调整怠速
发动机怠速或低速熄火	怠速量孔或油道堵塞	清洗化油器
	曲轴箱通风阀黏结或损坏	清洗或更换曲轴箱通风阀
发动机加速发闷，转速不能很快提高，功率不足	加速泵有故障	检修加速装置
	浮子室油平面过低	调整浮子室油平面
	节气门不能全开	检修节气门
	汽油滤清器堵塞	清洗并更换汽油滤清器滤芯
	混合气过浓	检查浮子室油平面及阻风门
	空气滤清器进气阻力大	清洗或更换滤芯
	主量孔磨损过大	更换主量孔
	排气管堵塞	清洗排气管
	点火提前装置工作不良	检修点火提前装置
	分电器松动	固牢分电器

续上表

故障现象	故障原因	检查及排除方法
发动机高速熄火	气阻	冷却汽油泵，排除汽油管内空气
	供油不足	检查汽油箱存油及汽油泵工作情况
	发动机过热	查找发动机温度过高的原因
	曲轴箱通风阀黏结或损坏	清洗或更换曲轴箱通风阀
发动机加速时有降速现象	浮子室油平面过低	调整油平面
	加速泵有故障	检修加速装置
	分电器点火提前装置出现故障	检修分电器点火提前装置
发动机升温缓慢	升温阶段阻风门打不开	调整或修理
	冷却系统有故障	检查冷却系统各机件
	快怠速转速过低	调整怠速转速
耗油量过大	浮子室油平面过高	检查并调整浮子室油平面
	汽油泵漏油	检修汽油泵
	阻风门不能正常打开	调整或维修阻风门
	空气滤清器堵塞	清洗或更换滤芯
	化油器主量孔磨损过大	更换主量孔
	油管漏油	检修油管

柴油机故障诊断与排除 表 3-2-13

故障类别		故障原因	排除方法
整机不易启动	启动系统有故障	蓄电池电量不足	蓄电池充电
		启动开关损坏，线路接错或接头松动	更换开关，检查线路，紧固接头
		启动机不转或动力不足	清洁电磁开关，检修起动机
		启动机齿轮不能与飞轮齿圈啮合	检查起动机安装情况，正确安装
		预热器未预热或预热时间太短	检修预热器或增加预热时间
整机不易启动	燃油系统有故障	燃油箱中无油或油箱开关未开	加注柴油，开启开关
		燃油管路中有气、水或漏油	排出空气，更换柴油，紧固接头
		油路及柴油滤清器堵塞	清洗油路，更换柴油滤清器滤芯，清洗输油泵进油管及其滤网
		输油泵、喷油泵不供油或供油提前角失准	检查输油泵、喷油泵是否供油，调整供油提前角
		喷油器不喷油或喷油压力太低，喷油器雾化不良，调压弹簧断裂，喷油孔堵塞	拆修喷油器，调整喷油压力，清洗、修理或更换喷油器偶件，更换调压弹簧
		喷油泵出油阀漏油、弹簧断裂，柱塞偶件磨损	研磨喷油泵出油阀，修复或更换有关零件
	汽缸压力过低	气门间隙过小	检查气门间隙并调整
		气门漏气	检查气门弹簧弹力，研磨气门
		汽缸垫漏气	更换汽缸垫，扭紧汽缸盖螺栓
		活塞环磨损，胶结，开口位置重叠	更换、清洗活塞环，调整活塞环开口位置
	其他	气温太低，机油的黏度过大	用热水灌入冷却系统，使用起动预热器，使用规定牌号的机油
		燃烧室或汽缸中有水	检查、修理发动机的有关部分，并视情更换损坏的零件

续上表

故障类别	故障原因		排除方法
整机功率下降	汽缸压力过低	气门漏气或气门间隙不适当	检查气门，研磨气门与气门座，调整气门间隙
		气门弹簧断裂	将活塞摇至上止点，更换气门弹簧
		活塞环与汽缸壁磨损过大	更换活塞环或镗磨汽缸
		活塞因积炭而卡死或拉缸	清除积炭或更换活塞，镗磨汽缸
		汽缸垫漏气	扭紧汽缸盖螺栓或更换汽缸垫
	燃油系统工作不正常	燃油供给不足，油路堵塞或漏油	检查油路，排除故障后向油箱加柴油
		供油提前角不准	调整供油提前角
		喷油器雾化不良或喷油压力失常	检查喷油压力，修复喷油器偶件
		喷油泵柱塞磨损	更换喷油泵柱塞
		调速器弹簧松弛	调整高速螺钉，更换调速器弹簧
	增压压力过低	空气滤清器堵塞	清洗空气滤清器
		涡轮增压器有故障	检修涡轮增压器
		活塞环与汽缸磨损	更换活塞和活塞环
		进气管变形	修复进气管
排气管冒黑烟	负荷过大		减小负荷
	喷油泵供油过多或各缸供油不均匀		调整各缸供油量，使各缸供油均匀
	气门间隙不正确，气门密封不良		调整气门间隙，研磨气门与气门座
	气门或活塞环漏气		检修气门、弹簧或活塞环
	供油提前角过小，燃烧太迟，部分燃油在排气中燃烧		调整喷油泵供油提前角
	进气管、空气滤清器严重堵塞		清除空气滤清器滤芯上的灰尘或更换滤芯
排气管冒黑烟	喷油器雾化不良，偶件卡住		清洗，修复，调整喷油器或更换偶件
	喷油泵柱塞弹簧断裂		更换喷油泵柱塞弹簧
	排气管严重堵塞		清洗排气管
排气管冒白烟	喷油压力太低，喷油器雾化不良或滴油		检查，调整，修复或更换喷油器偶件
	冷却液温度过低		提高冷却液温度
	柴油中有水，汽缸中有水		检查柴油品质或汽缸垫，排除漏水故障
	汽缸压力不足		查明原因，调整正常
排气管冒蓝烟	活塞环、活塞、汽缸磨损过大，活塞环因积炭而弹力不足，机油窜入燃烧室内		检查、清洗或更换磨损零件
	油底壳机油油面过高		检查机油油面，放出多余的机油
	活塞环卡死，气环上、下面装反		更换活塞环，重装活塞环
	气门导管与气门杆间隙过大而窜机油		恢复气门杆与气门导管的间隙

续上表

故障类别	故障原因		排除方法
机油压力不正常	机油压力为零或过低	油底壳中机油油面过低	加机油至机油标尺满度刻线
		机油管路漏油严重	检修机油管路
		机油管路及机油滤清器堵塞	清洗机油管路，更换机油滤清器滤芯
		机油压力表损坏或机油压力表管路堵塞	检修或更换机油压力表及其管路
		机油泵内外转子磨损，间隙过大	更换机油泵
		主轴承，连杆轴承及凸轮轴衬套等严重磨损，相应的配合间隙过大	检查、调整或更换零件
		机油泵调压弹簧变形、断裂	更换机油泵调压弹簧
		机油泵垫片破损	更换垫片
		机油道堵塞	清洗机油道
	机油压力过高	机油泵限压阀工作不正常	检查并调整机油泵限压阀
		气温过低，机油黏度过大	换用规定牌号的机油
	其他	摇臂轴处不上机油，汽缸盖油道和摇臂轴支座底部的油孔堵塞	清洗，疏通有关机油道
机器过热	超负荷工作时间过长		减轻负荷
	柴油燃烧不良		检查、调整供油提前角及配气相位
	水温过高	水量不足或水管中形成气障	加满水箱，提高水位
		水箱及水道中水垢太多	清除水垢
		水泵工作不正常，风扇传动带太松	检修水泵，消除漏水，张紧风扇传动带
		节温器失灵	检修或更换节温器
	机油温度过高	机油不足或过多	检查机油油面，应符合规定
		机油压力过低，机油流量过小	查明原因，排除故障
		机油稀释变质或牌号不符合规定	更换机油
		轴承间隙过小	调整各轴承间隙
		活塞环漏气，活塞和汽缸套磨损过大，燃气窜入曲轴箱	检查、更换活塞环、活塞和汽缸套，消除漏气现象
怠速运转不均匀	燃油喷射量不当		调整喷油量
	气门与气门座不密封或气门间隙不当		研磨气门与气门座，重新调整气门间隙
	喷油正时不当		重新调整正时
	活塞和活塞环磨损或咬死		及时予以修复
	发动机温度过高		及时检修发动机

续上表

故障类别	故障原因	排除方法
机器运转有不正常的声音	供油提前角过大，汽缸内发出有节奏的金属敲击声	调整供油提前角
	喷油器滴油或针阀卡住，从排气管中突然发出“嗒、嗒、嗒”的声音	清洗、修复或更换针阀偶件
	连杆衬套与活塞销间隙过大，此声轻微而尖锐，在怠速时尤为清晰	更换连杆衬套，保证间隙正常
	活塞与汽缸壁间隙过大，柴油机刚起动后发出响声，此种响声随柴油机温度的升高而减轻	视磨损情况更换汽缸套或活塞
	连杆轴承与轴颈的配合间隙过大，当转速突然降低时可听见沉重而有力的敲击声	更换连杆轴承，确保配合间隙符合规定
	主轴承与主轴颈的配合间隙过大，曲轴箱内有周期性的沉闷撞击声	更换主轴承，确保配合间隙符合规定
	曲轴止推片磨损，轴向间隙过大，低速运转时可听到曲轴前后游动碰击声	更换曲轴止推片
	气门间隙过大，在汽缸盖罩壳内可听到清晰的“滴答、滴答”的敲击声	调整气门间隙
	活塞碰气门，在汽缸盖处有沉重而有节奏的敲击声(用手轻轻搁在汽缸盖罩壳螺母上，可感觉到有活塞碰击的振动)	适当加大气门间隙，调正连杆轴承与轴颈的间隙，或更换连杆衬套
	活塞碰汽缸盖，可听到沉重有力的撞击声	更换汽缸垫
	挺柱磨损、气门弹簧断裂或气门推杆弯曲，使配气机构发出轻微的敲击声	更换挺柱、气门弹簧或推杆等，并调整气门间隙
	正时齿轮磨损量过大，正时齿轮室内发出不正常声音，当发动机转速突然降低时，可听到撞击声	更换正时齿轮
机器运转振动严重	各缸供油不均匀，个别汽缸喷油器(针阀)卡死，喷油器雾化不良；个别汽缸漏气，各缸压缩比相差大	调整供油时间，修复或更换喷油器偶件，排除汽缸漏气故障，检查、调整各汽缸的压缩比
	柴油机敲缸，工作粗暴	检查调整供油提前角，预热后再缓慢加大负荷
	柴油中有水，油路中有空气	更换柴油，排除管路中空气
	柴油机安装对中不佳，支承螺栓松动	正确安装柴油机(校正对中情况)，扭紧支承螺栓
油底壳机油油面升高	汽缸盖、汽缸体有裂纹	修理或更换汽缸盖、汽缸体
	汽缸垫损坏	更换汽缸垫
	汽缸套封水圈损坏	更换汽缸套封水圈
机油消耗量过大	机油黏度过低，机油牌号不符合规定	换用规定牌号的机油
	活塞环、活塞与汽缸套磨损过大，机油上窜燃烧室	检查后，按规定配合间隙更换活塞环，活塞或汽缸套
机油消耗量过大	活塞环胶结，气环上、下面装反，刮油性能变差	清洗活塞环并按技术要求重新装配或更换活塞环
	油气分离器、曲轴前后油封、油底壳结合平面等密封处漏油	检查后更换有关零件
	机油温度、压力过高，造成机油蒸发飞溅	降低机油温度，检查机油泵限压阀

续上表

故障类别	故 障 原 因	排 除 方 法
运转中“飞车”（转速剧增）	调速器失灵（拉杆卡死在大油量位置）	拆修调速器及调速器拉杆（送工厂检修）
	调速器滑动盘轴套卡住	送工厂检修
	喷油泵柱塞调节臂从拨叉中脱出	送工厂检修
	窜机油过多	送专业维修部的检修
运转中“游车”	各缸供油量不均匀，喷油器滴油，拉杆拨叉螺钉松动	调整各缸供油量，修理或更换喷油器针阀偶件，扭紧拉杆拨叉螺钉
	拨叉与调节臂间隙过大，钢球及滑动盘磨损出现凹痕	更换磨损量过大的零件
	喷油泵凸轮轴轴向间隙过大	用铜垫片调整
	滑动盘轴套阻滞	清洗、检修或更换滑动盘轴套
运转中自行熄火	柴油用完	向油箱加满柴油
	供油管路有空气，输油泵不供油，柴油滤清器堵塞	放气，检修输油泵，清洗柴油滤清器
	烧瓦，活塞卡在汽缸内，气门落入汽缸内	检查配合间隙，修理或更换损坏的零件
	喷油泵出油阀卡死，柱塞弹簧断裂，调速器滑动盘轴套卡住	检修或更换损坏的零件

七、发动机大修竣工出厂技术条件简介

1.汽油发动机

国标GB/T 3799.1—2005《商用汽车发动机大修竣工出厂技术条件　第1部分：汽油发动机》对汽油发动机大修后的质量作出了详细的规定，要求发动机的外观整洁，装备齐全。对发动机的启动性能、额定功率和最大转矩、最大燃料消耗率和机油消耗量等要求按GB/T 18297中的检验方法进行检验（环境温度在15～30℃范围内，海拔高度变化后，发动机额定功率可按公式进行修正）。发动机的排放性能、噪声、增压（增压发动机）压力及温度以及机油消耗量等，都应符合有关标准或原设计规定。此外，对发动机的大修工艺和性能还作了如下规定：

①装配后的发动机如需进行冷磨、热试，应按工艺要求和技术条件进行冷磨、热试、清洗，并更换润滑油、机油滤清器或滤芯。原设计有特殊规定的按相应规定进行。

②发动机在各种工况下运转应稳定，不得有过热现象；不应有异常响声；急剧改变工况时，应圆滑过渡，不得有突爆、回火、放炮等异常现象。

③发动机在正常环境温度和低温（－18℃）时，都能顺利起动（允许起动3次）。

④在正常工作温度下，发动机怠速运转稳定，其怠速转速应符合原设计规定，并能保证向其他工况圆滑过渡。

⑤在正常工作温度和标准状态下，发动机怠速运转时，进气歧管真空度符合原设计规定，其波动范围是：六缸汽油发动机一般不超过3 kPa，四缸汽油发动机一般不超过5 kPa。

⑥最低燃料消耗率不得大于原设计标定值的105％。

除上述质量要求以外，国标还要求承修单位对大修的发动机给予质量保证期，自竣工之日起，不少于半年或行驶里程为20 000 km（以先到者为准），如达不到这一要求，应给送修方赔偿或重新检修。

2. 柴油发动机

国标 GB/T 3799.2—2005《商用汽车发动机大修竣工出厂技术条件 第2部分:柴油发动机》对柴油发动机大修后的质量作出了详细的规定。与国标 GB/T 3799.1—2005 相比,该国标还有下列特有(针对柴油机的特点)的规定:

①发动机在各种工况下运转,应稳定,不得有过热和异常燃烧、爆振等现象,不应有异常响声;改变工况时应过渡平稳。

②当发动机转速超过额定转速时,断油控制装置正常有效;紧急停机装置在发动机整个运转过程中可靠有效,不得出现失控现象。

③发动机在正常环境温度和低温－10℃时,都能顺利启动(允许启动 3 次)。

④调速率按 GB/T 18297 中的检验方法进行检验,柴油发动机稳定调速率应符合原设计规定。

第二节 底盘主要零部件检验

底盘的作用是接受发动机的动力,使汽车产生运动。由于底盘在汽车运行过程中经常承受变化巨大的动载荷,各部分之间又存在着极其复杂的关联和影响,所以各部分零件除发生滑动表面的磨损外,还经常发生因疲劳或应力过大所引起的变形和断裂。底盘的技术状况直接影响到汽车行驶安全及发动机功率损耗,所以必须重视这部分零件的检验。

一、离合器主要零部件检验

(一)离合器主要零部件检验

1. 从动盘部件

从动盘部件由摩擦片、钢片、从动盘毂等组成。从动盘部件常见的损伤有摩擦片磨损、烧蚀、开裂、脏污、铆钉松动、钢片翘曲变形及从动盘毂花键槽磨损等。其中,摩擦片的磨损和烧蚀是离合器损伤的主要形式。

(1)摩擦片的检验方法:

①检视摩擦片有无裂纹、油污、烧蚀、铆钉松动等现象。

②用游标卡尺测量铆钉头的深度,如图 3-2-64 所示,以检查摩擦片磨损程度和磨损均匀性。一般铆钉头应低于摩擦片工作表面 0.5 mm 以上,否则,应予以更换。

(2)钢片变形的检验方法:用百分表在车床上测量钢片外缘端面圆跳动量,如图 3-2-65 所示。也可以把钢片放在专用的检验平板上,用塞尺在其周边测量翘曲量,但该方法不大准确。如钢片外缘端面圆跳动量超过允许值,则可用冷压校正法修复。

(3)从动盘毂的检验方法:

①用敲击听音法检查从动盘毂与钢片的铆合情况。

②用百分表或样板规检查花键槽的磨损量。其具体方法是:把变速器第 1 轴的花键端插入从动盘毂的花键槽中,将百分表触头接触第 1 轴齿轮的齿面,再扳动第 1 轴,观察百分表指针的摆动值。根据该摆动值,换算出花键啮合间隙,进而获得花键齿的磨损量(齿厚的磨损量

一般不得超过 0.25 mm)。

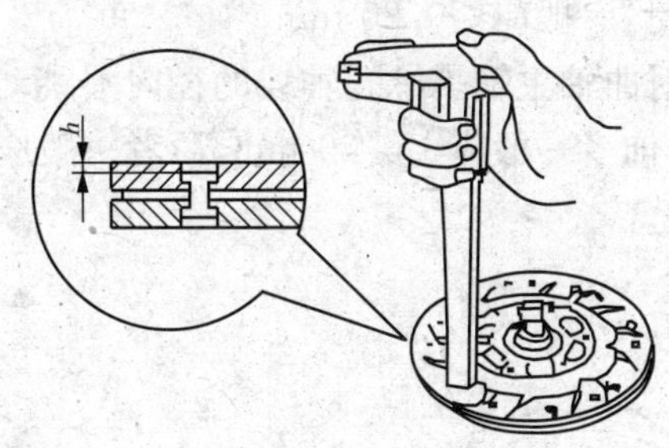

图 3-2-64　从动盘摩擦片磨损的检查

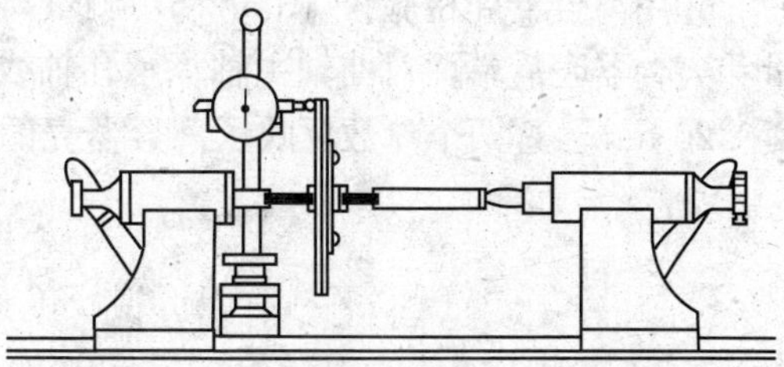

图 3-2-65　从动盘钢片端面圆跳动量的检查

(4)从动盘部件的检验方法:

①用游标卡尺测量从动盘部件的厚度。

②用游标卡尺测量铆钉埋入深度。

③用塞尺检查摩擦片和钢片的铆接紧度:0.1 mm 的塞尺一般应不能插入两者之间(应无间隙)。

④用钢直尺和塞尺检查摩擦片表面的平面度,其值一般应≤0.50 mm。

2.压盘

压盘的损伤主要发生在与从动盘接触的表面上,表现为工作平面擦伤、烧蚀、磨损、变形和裂纹。双片离合器中间压盘常发生传动销孔磨损或传力槽的磨损。

压盘的检验方法是:

①检视压盘工作平面是否有沟槽,沟槽深度一般应≤0.5 mm;

②用平面度检验仪(如图 3-2-66)、平板和百分表、平板和塞尺或直钢尺和塞尺检查压盘工作平面的平面度,如超过允许值,可用光磨法修复;

③在静平衡装置上对压盘进行静平衡;

④对于双片离合器的中间压盘,除了要检查上述项目外,还要测量其传动销孔(或传力槽)的磨损量,一般应≤0.50 mm。

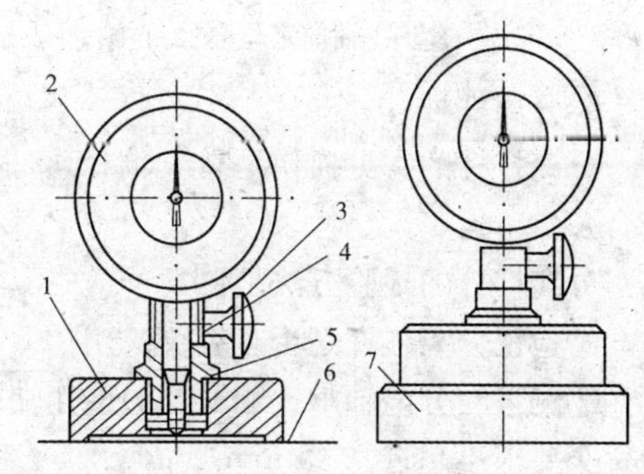

图 3-2-66　平面度检验仪

1-底座;2-百分表;3-锁紧螺栓;4-锁紧套;5-表座;6-被检平面;7-调零规

3.压紧弹簧

压紧弹簧的常见损伤是弹簧的永久变形和弹力减弱,有时也会出现磨损和断裂等损伤。

压紧弹簧的检验方法是:用离合器弹簧弹力检验仪或在平板上用高度游标卡尺测量其自由长度、压缩长度和相应的压力。对膜片弹簧,还应测量其内端的磨损深度,其内端应在一个平面上,相差一般应≤0.5 mm。

4.离合器壳

离合器壳是直接连接发动机和变速器的重要机件,使用中承受较大的力,其常见损伤是裂纹、变形和承孔磨损等。

离合器壳的检验方法是:

①用敲击听音法检查离合器壳的裂纹，裂纹长度一般应≤150 mm；

②用精度较高的游标卡尺测量离合器壳承孔的磨损量，一般应≤0.30 mm；

③用离合器壳检验仪(图 3-2-67)测量离合器壳承孔对曲轴主轴承承孔轴线的径向圆跳动量和离合器壳后端面对曲轴主轴承承孔轴线的圆跳动量，前者一般应≤0.30 mm，后者一般应≤0.20 mm。这两个参数反映了离合器壳的变形情况。

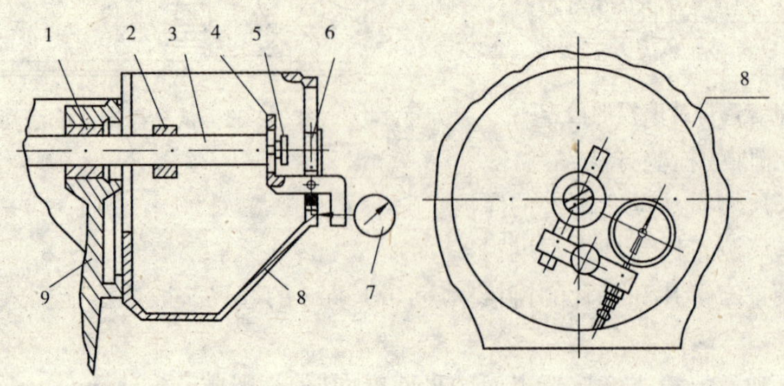

图 3-2-67　离合器壳检验仪

1-定心套；2-轴向定位套；3-心轴；4-表架；5-紧固螺栓；6、7-百分表；8-离合器壳；9-汽缸体

5.分离杠杆

分离杠杆的常见损伤是裂纹、端面磨损(与分离轴承接触摩擦)、销孔磨损(与分离杠杆销配合)。

分离杠杆的检验方法是：

①检视分离杠杆是否有裂纹；

②测量与分离轴承接触摩擦的工作端面的磨损量，一般要求不大于 1 mm(东风 EQ1090E 型货车要求不超过 0.25 mm)。

(二)离合器装配后的检验

①用高度游标卡尺和直尺测量离合器分离杠杆端面至飞轮表面的距离，同时检查 4 个分离杠杆端面的高度差。

②在动平衡试验台上，对离合器、曲轴与飞轮组件总成进行动平衡试验。

③用直尺测量离合器踏板的自由行程。

(三)桑塔纳 2000 和奥迪 100 型轿车离合器修理技术数据

桑塔纳 2000 和奥迪 100 型轿车离合器修理技术数据如表 3-2-14 所列。

二、变速器主要零部件检验

(一)变速器主要零部件检验

1.变速器壳体与盖

变速器壳体与盖的常见损伤是变形、裂纹、轴承孔磨损和螺纹损坏等。

(1)变速器壳体与盖的裂纹和螺纹损伤的检验方法。变速器壳体与盖的裂纹和螺纹损伤等可用敲击听音法和检视法检查。变速器壳体与盖如有未延伸到轴承承孔的裂纹，可以修复；如裂纹已延伸到轴承承孔或安装固定孔，则变速器壳体和盖应报废。

桑塔纳 2000 和奥迪 100 型轿车离合器修理技术数据(mm)　　表 3-2-14

项　目	桑塔纳 2000	奥迪 100
铆钉头深度的最小允许值	0.3	0.3
从动盘端面圆跳动量(距外边缘 2.5 mm 处)	0.4	0.4
压盘工作平面的平面度误差	0.2	0.2
膜片弹簧内端磨损深度的极限值	0.6	0.3
弹簧内端与专用工具之间间隙的最大允许值	—	0.5
主缸、工作缸、缸筒内壁的允许磨损量	—	0.125
活塞与缸筒之间间隙的最大允许值	—	0.20
离合器踏板高度	150～155	200～210
离合器踏板自由行程	15～20	10～15

(2)变速器壳体与盖的形位误差的检验方法。变速器壳体与盖一般为铸铁件，在铸造残余应力和工作负荷的作用下会变形。由于变速器壳体和盖的变形较难检验，且难以修复，所以很多维修企业不予检验。但是，变速器壳体与盖的变形会影响变速器的正常工作和使用寿命，特别是变速器壳体的变形会导致齿轮磨损加剧，传动噪声增大，自动脱挡等缺陷。因此，在变速器大修时，特别是第一次大修时，对其壳体和盖的形位误差的检验应给予充分重视。

①平面度误差检验方法。变速器壳与盖结合平面的平面度误差可用平板与塞尺或钢直尺与塞尺测量。

②平行度误差检验方法。变速器壳体各轴承承孔轴线间及其与壳体上平面的平行度误差可用高度游标卡尺、百分表、外径千分尺等测量。如图 3-2-68 所示，将上平面平面度误差合格的壳体倒放在检验平板上，在待测的变速器的第一、二轴轴承承孔和中间轴轴承承孔中装上定心套和测量轴，然后用外径千分尺测量两轴之间的距离。该两轴左、右两端距离之差即为两轴轴承承孔轴线在全长上的平行度误差。用带百分表的高度尺测量同一测量轴两端的高度差，其差值即为该轴两轴承承孔轴线与壳体上平面的平行度误差。

③端面圆跳动量检验方法。变速器壳体前、后端面对第一轴、第二轴轴承承孔的公共轴线的端面圆跳动量可用百分表与测量轴测量，如图 3-2-69 所示。百分表的转臂长为该端面最大可测量直径的一半。这样，转动百分表一周时，其最大与最小读数之差即为变速器壳体端面对第一轴和第二轴轴承承孔的公共轴线的端面圆跳动量。

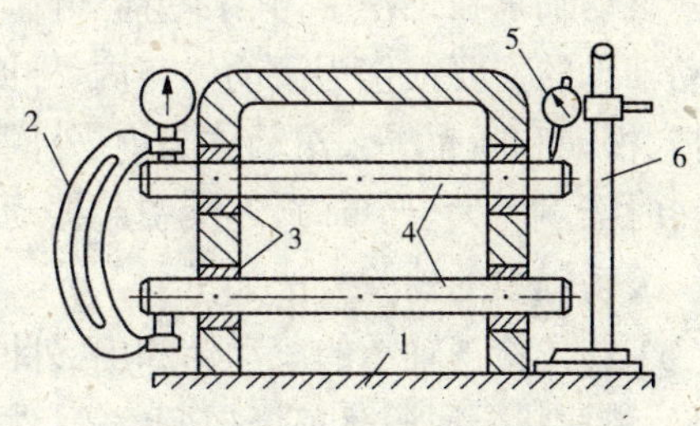

图 3-2-68　平行度误差检验
1-平板；2-外径千分尺；3-定心套；4-测量轴；5-百分表；6-带百分表的高度尺

④变速器壳体各轴承承孔圆度误差和配合的检验方法。变速器壳体各轴承承孔的圆度误差和

轴承承孔与滚动轴承的配合尺寸可用内径千分尺(表)和外径千分尺测量。

(3)变速器盖球节座孔磨损的检验方法

变速器盖球节座孔通常与变速杆球节装合在一起检查。如图 3-2-70 所示,球节露出部分的高度 A 应小于球高 H 的 1/3,或下陷量 $B<4$ mm。

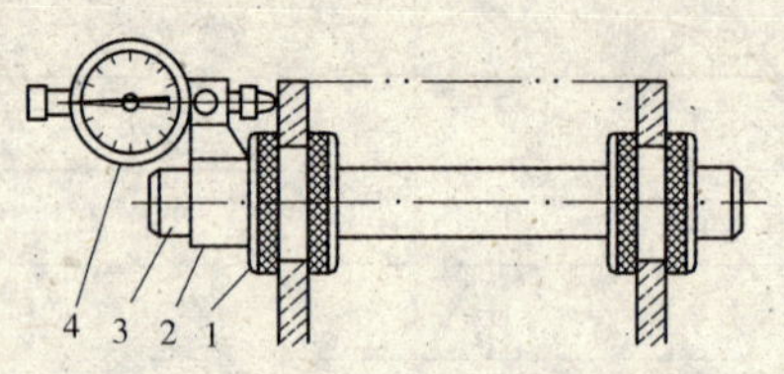

图 3-2-69 端面圆跳动量检验

1-定心套;2-表架;3-芯棒;4-百分表

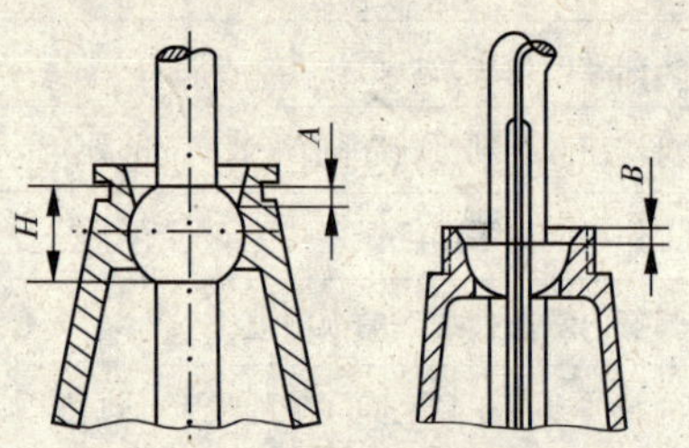

图 3-2-70 球节座孔的检验

2. 变速器轴

变速器轴在工作过程中承受着变化的转矩和弯曲力矩,其花键齿部分还承受着挤压、冲击和滑磨等的作用。因此,变速器轴的主要损伤为弯曲、轴颈磨损及花键齿磨损等。

变速器轴的检验方法如下:

①用百分表检测轴的弯曲量。将轴装夹到车床上或支承在 V 形架上,用手转动轴,同时用百分表测量其中间轴颈的径向圆跳动量。

②用外径千分尺测量轴颈磨损量,用百分表测量花键与花键槽的侧隙。

3. 齿轮

齿轮传递的载荷大,齿面的滑动速度高,并且在换挡、转速变化和载荷变化时齿面常受到冲击,因此,齿轮的常见损伤为齿面的疲劳磨损、裂纹、腐蚀斑点、轮齿边缘破损、部分或整齿折断等。

齿轮的检验方法如下:

①检视齿轮齿面是否有裂纹和腐蚀斑点,齿轮边缘是否破损,轮齿啮合状况等。

②用齿轮游标卡尺、普通游标卡尺或专用样板,检测齿轮轮齿的磨损量。用齿轮游标卡尺测量之前,需在技术资料上查到齿顶高的数值。用普通卡尺测量之前,需先查明卡脚内跨测的齿数和公法线的标准长度。

4. 滚动轴承

滚动轴承在工作中,其滚动体和内、外圈的接触面承受着很大接触应力的反复作用,因此,滚动轴承的主要损伤为滚动体与内、外圈滚道的疲劳磨损,内、外圈配合表面的磨损,保持架的磨损、松动和断裂等。滚动体与内、外圈滚道的疲劳磨损使滚动轴承的径向和轴向间隙增大,运转时噪声增大,严重时,还会引起振动。

滚动轴承的检验方法如下:

①首先检视轴承的滚动体和内、外圈滚道的状况。滚动体和内、外圈滚道应无裂纹、斑点、凹陷、鳞片状金属脱落及烧损变色等,然后,用手指转动轴承,检视轴承的转动情况,轴承应运转平稳,转动声响均匀,无间隙感,无卡滞、摆动和杂音等缺陷。

②用带架百分表测量轴承的径向和轴向间隙,分别如图 3-2-71 和图 3-2-72 所示,径向间隙一般应≤0.30 mm,轴向间隙一般应≤0.50 mm。

③用量具测量滚动轴承内圈内径、外圈外径，轴颈和轴承孔的尺寸，保证滚动轴承与轴颈及承孔的配合符合规定。

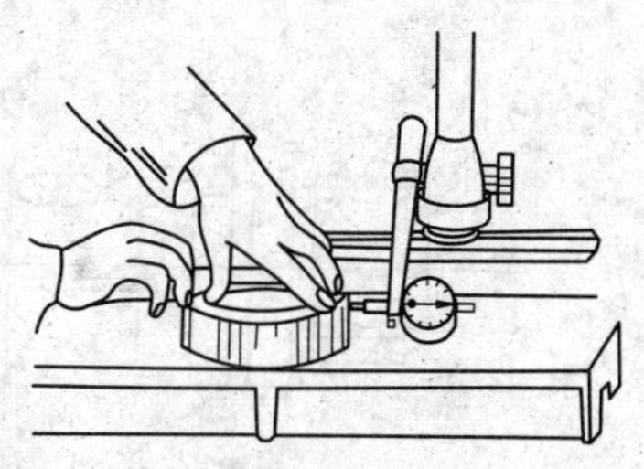

图 3-2-71　轴承径向间隙的测量

5.锁环式同步器

锁环式同步器的常见损伤是锁环内锥面、花键齿及轴向切槽的磨损，也可能有个别花键齿断裂。

(1)锁环内锥面磨损程度的检验方法。锁环内锥面磨损程度的检验方法是，将锁环放在齿轮外锥面上，用力压紧并使其作相对转动，凭感觉检查其摩擦阻力和制动性能，如图 3-2-73 a)所示，然后，用塞尺测量锁环与齿轮端面之间的间隙，如图 3-2-73 b)所示。

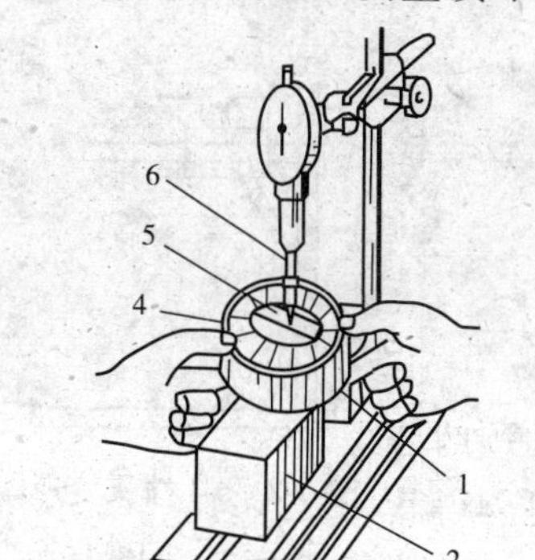

图 3-2-72　轴承轴向间隙的测量

1-轴承外座圈；2-平座；3-百分表支架平座；4-轴承内座圈；5-平铁板；6-百分表触头

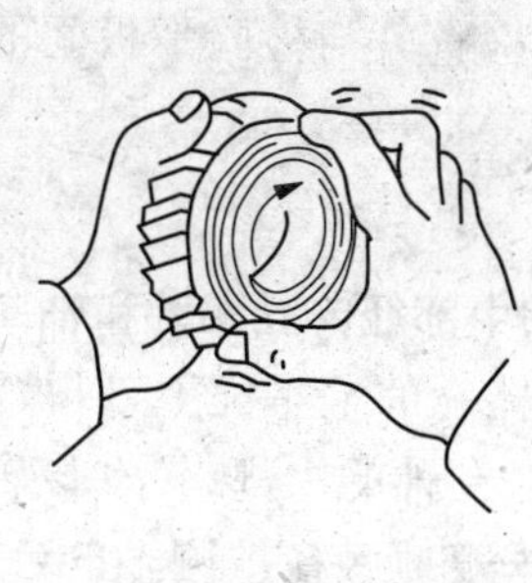

a)锁环内锥面和齿轮外锥面间摩擦力检验

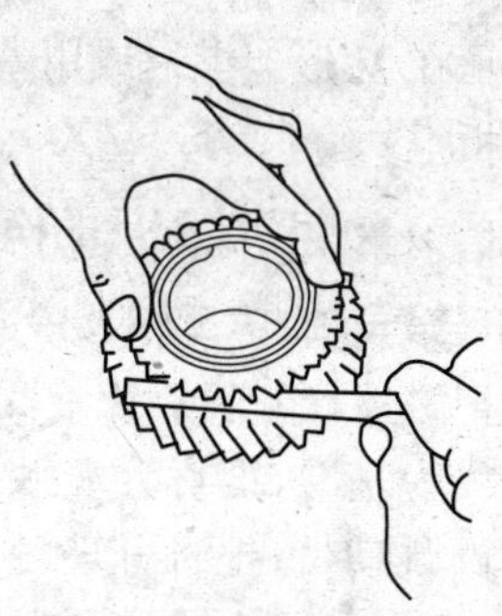

b)锁环与齿轮端面间隙的测量

图 3-2-73　锁环磨损的检验

锁环内锥面与齿轮外锥面的接触面积应＞80％。

(2)锁环上 3 个缸口磨损程度的检验方法。锁环在长期使用中由于与滑块摩擦，缺口会变大。检查方法是将锁环、接合套和花键毂等一并装到轴上，并将接合套置于空挡位置，使轴固定，让滑块处于缺口的中间位置。此时，轻轻拨动锁环，当锁环与滑块之间的间隙消除时，锁环上花键齿尖端应与接合套内齿的一侧正好平齐；若拨动接合套，其内齿恰好与锁环上的花键齿相抵触而不能挂入挡位，说明锁环上的缺口是符合要求的，如图 3-2-74 a)所示。若缺口因磨损而过大，如图 3-2-74 b)所示，或因更换锁环不当而过小，如图 3-2-74 c)所示，换挡操作都会变得困难。

6.其他零件

(1)变速杆的检验方法。变速杆的常见损伤是球节、定位槽及下端球头磨损，严重时，会使变速器脱挡或乱挡。检验时，一般采用与新件对比的方法或用经验法检查其球节和变速叉导块凹槽的配合。

(2)拨叉的检验方法。拨叉的主要损伤是拨叉的弯曲和扭曲变形、拨叉导块凹槽磨损和拨叉下端面磨损。拨叉的变形可用专用量具检验，如图3-2-75所示。

(3)拨叉轴、定位互锁装置。拨叉轴、定位互锁装置的常见损伤是拨叉轴的弯曲和磨损，定位球凹槽、互锁销凹槽的磨损，定位球、互锁销的磨损，定位弹簧刚度变软和折断等。它们都会导致变速器跳挡和乱挡。

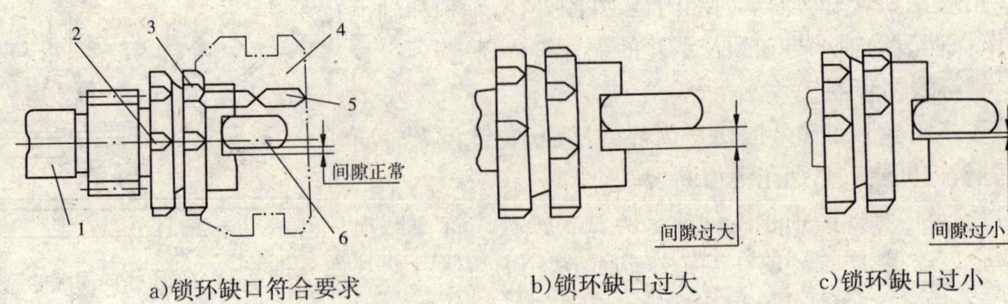

a)锁环缺口符合要求　　b)锁环缺口过大　　c)锁环缺口过小

图 3-2-74　锁环缺口与滑环的间隙

1-轴；2-换挡齿；3-锁环；4-接合套；5-接合套内齿；6-滑块

拨叉轴的弯曲变形可用百分表测量其中部的径向圆跳动量(将拨叉轴支承在V形架上)，或用塞尺检查其与检验平板间的缝隙(将它置于检验平板上)。

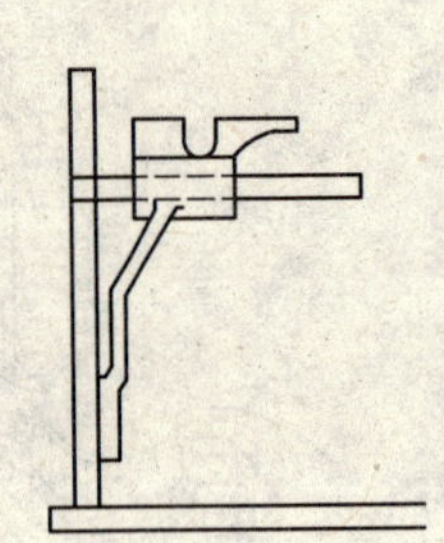

图 3-2-75　拨叉变形的检查

(二)变速器装配后的检验

1. 第一轴、第二轴及中间轴中部径向圆跳动和轴向间隙的检验

把磁性百分表架置于变速器壳的上平面上，以被测轴两端轴颈的公共轴线为基准，把百分表触头触在轴的中部，转动该轴1圈，即可测得其径向圆跳动量；把百分表触头垂直地触在被测轴的台肩或固定在该轴的零件(如固定齿轮)上，前后撬动该轴，即可测得其轴向间隙。

2. 各齿轮啮合间隙、端面间隙和啮合印痕的检验

(1)啮合间隙的检验方法。将磁性百分表架置于变速器上平面，把百分表触头垂直地触在主动齿轮齿面的中部，固定被动齿轮，用手往复转动主动齿轮，则百分表指针的摆动范围即为啮合间隙。

啮合间隙也可用铅片来检查。检查时，将铅片放在齿轮工作面之间，用手缓缓地转动齿轮轴，铅片便被挤压。测量铅片最薄处的尺寸，即为齿轮的啮合间隙。为了使检查准确，应检查齿轮圆周上间隔互为120°的3处的啮合间隙。

(2)齿轮端面间隙的检验方法，齿轮端面间隙可用塞尺测量。

(3)啮合印痕的检验方法。在从动齿轮圆周上等分3处部位上，将红印油均匀地涂在每处相邻的3个齿的工作面上，然后，转动从动齿轮轴，观察主动齿轮工作面上的印痕是否符合要求(距齿顶和齿根0.50～2.00 mm，印痕面积不小于轮齿工作面积的1/3)。

(三)变速器的磨合与试验

变速器装配后应在试验台上进行磨合与试验，先进行无负荷磨合与试验，然后进行有负荷磨合与试验。运转前应按规定加注清洁的、黏度较低的润滑油。

1. 磨合与试验的规范

变速器磨合与试验规范：第一轴转速1 000～2 000 r/min；润滑油温度15～65℃；各挡的磨合、试验时间约15 min，各挡运转时间的总和一般≥1 h。负荷试验时，加载负荷为额定传递转矩的30%。

2. 磨合与试验时的检验项目与要求

①齿轮在任何挡位，均应无自动脱挡或跳挡现象。

②操纵机构和同步器换挡轻便，灵活，迅速，可靠。

③各挡齿轮运转和换挡时均不得有异常响声。

④变速杆不得有明显的抖动现象。

⑤所有密封装置不得渗油、漏油。

⑥变速器无过热现象。

(四)自动变速器的性能检验

自动变速器在检修结束后应进行全面的性能检验，以保证自动变速器的各项性能指标达到标准要求。自动变速器性能检验包括下列各方面：

①一般检查，包括发动机怠速转速的检查，自动变速器油品质和油面高度的检查，换挡操纵手柄位置和节气门拉索的检查；

②道路试验，包括升挡检查，升挡车速检查，升挡时发动机转速的检查，换挡轻便性的检查，锁止离合器工作状况的检查，发动机制动作用的检查，强制降挡功能的检查；

③失速试验，用于检查有关换挡执行元件的工作；

④油压试验，对控制系统各油路中的油压进行测量；

⑤延时试验，测量自动变速器换挡的迟滞时间。

(五)桑塔纳2000和奥迪100型轿车变速器修理技术数据

1.桑塔纳2000型轿车变速器修理技术数据

①轴中部的径向圆跳动量为0.05 mm；

②轴颈允许磨损量为0.04 mm；

③同步器锁环与齿轮端面的间隙：一、二、五挡的标准间隙均为1.10～1.70 mm，三、四挡的标准间隙为1.35～1.90 mm；各挡的最小允许间隙为0.50 mm。

2.奥迪100型轿车变速器修理技术数据

①变速器壳体。壳体结合平面的平面度为0.50 mm；轴承承孔最大允许磨损量为0.05 mm。

②轴。轴中部的径向圆跳动量为0.05 mm；轴颈的最大磨损量为0.04 mm。

③齿轮。齿轮啮合面上细小斑点所占面积≤25%；齿顶磨损量≤0.25 mm；齿长磨损量≤30%；轮齿间的最大啮合间隙≤0.5 mm。

④花键齿。齿厚允许磨损量为0.2 mm；花键与花键槽的允许侧隙为0.4 mm。

⑤拨叉与接合套凹槽的最大配合间隙为1.0 mm。

⑥变速杆处弹簧的压缩量为5～10 mm。

三、万向传动装置主要零部件检验

(一)万向传动装置主要零部件检验

1.传动轴轴管

传动轴轴管的常见损伤是轴管弯曲、凹陷和裂纹等。传动轴轴管的检验方法如下。

①检视轴管是否有凹陷、裂纹。可用无损探伤法检查裂纹。

②用百分表检查轴管弯曲。用V形架将传动轴架起，用手转动传动轴，同时用百分表测量其中间部分的径向圆跳动量，如图3-2-76所示。

2.传动轴花键轴

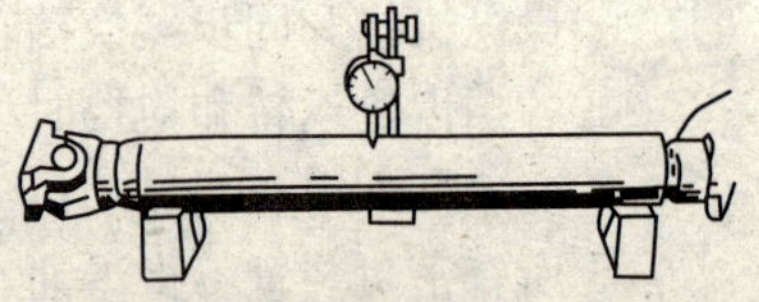
图 3-2-76 轴管弯曲的检验

传动轴花键轴的常见损伤是花键齿磨损和花键齿的横向裂纹。

传动轴花键轴花与万向节叉花键槽的配合侧隙不能超标。花键与花键槽的配合，一般不直接检测花键齿和花键槽的磨损量，而是检测其配合侧隙。检测传动轴花键轴花键与万向节叉（或凸缘）花键槽配合侧隙的方法有两种：一是用间隙规检查，如图 3-2-77 所示，另一种方法是用百分表检查。后者是将万向节叉夹在台虎钳上，把传动轴花键轴花键插入万向节叉花键槽中，并使其部分露在外面，然后用百分表触头触在传动轴花键轴的花键齿上，来回转动传动轴花键轴，百分表指针的摆动值即为配合侧隙，如图 3-2-78 所示。

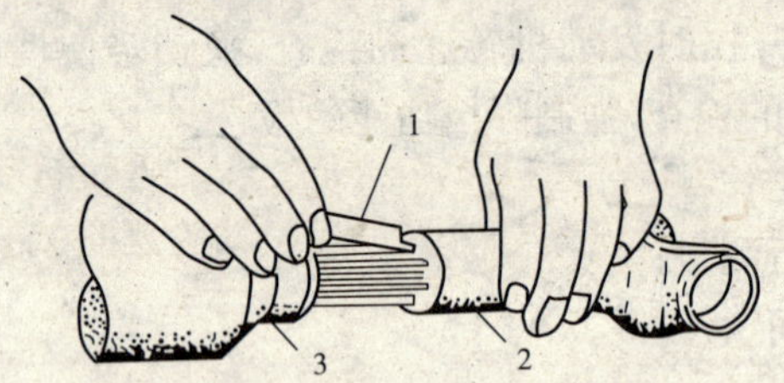

图 3-2-77 用间隙规检查配合侧隙

1-间隙规；2-万向节；3-传动轴

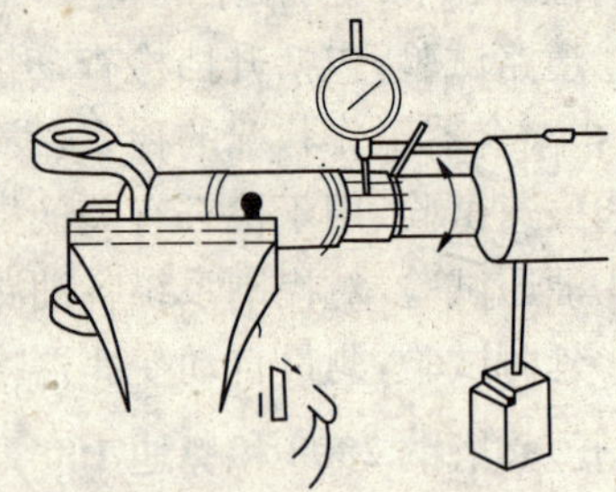
图 3-2-78 用百分表检查配合侧隙

3.万向节

■刚性万向节

（1）万向节叉。万向节叉的常见损伤是花键槽磨损、轴承座孔磨损、轴承盖板平面磨损及螺纹孔损坏。

万向节叉的检验方法如下：

①检视万向节叉的平面、螺纹孔的损伤。测量花键槽的磨损量（测量其与花键轴花键的配合侧隙）。

②用专用的心棒检查两轴承承孔的同轴度。用专用心棒、90°角尺和检验平板检查两轴承承孔公共轴线对传动轴轴线的垂直度，如图 3-2-79 所示。

（2）十字轴和滚针轴承。十字轴和滚针轴承的常见损伤是十字轴轴颈和滚针的磨损。十字轴和滚针轴承的检验方法如下：

①检视十字轴轴颈和滚针的损伤情况。十字轴轴颈应无磨损沟槽，滚针或座圈应无裂纹或明显的凹痕、伤痕、偏心磨损等。

②检测十字轴轴颈与滚针轴承的径向间隙。将十字轴夹在台虎钳上，如图 3-2-80 所示，将滚针轴承套在十字轴轴颈上，上下推滚针轴承，读出轴承外表面最高点上百分表读数的变化值，即为滚针轴承的径向间隙。

■球笼式万向节

球笼式万向节的主要损伤是钢球和滚道的磨损，一般通过检查万向节的传动间隙来判断钢球和滚道的磨损情况。

球笼式万向节的检验方法如下：

①检视钢球和滚道的工作表面，应无锈蚀、裂纹、剥落和擦伤。检视球笼和球形壳，应无

凹陷。

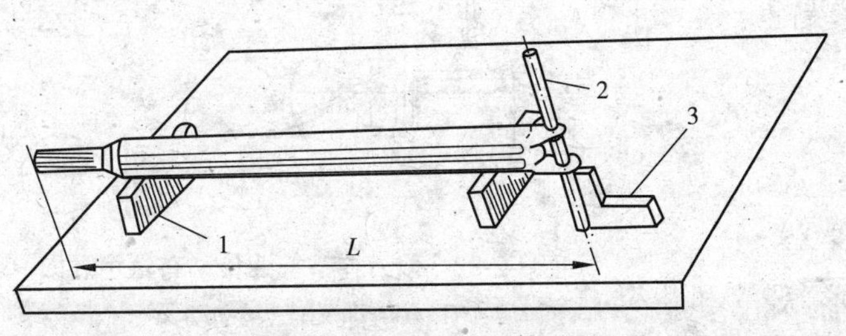

图 3-2-79 万向节叉的检验

1-V形架;2-心棒;3-90°角尺

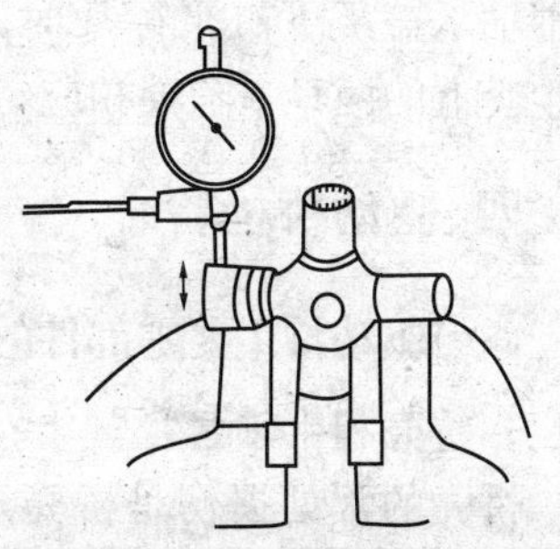

图 3-2-80 十字轴轴颈与滚针轴承径向间隙的检测

②检查半轴轴端的花键齿和球形壳的花键槽,其磨损量均应在规定范围以内。

③将万向节内、外半轴分别用 2 块 V 形架支承,用千分表的触头沿星形套圆周的切线方向触及其凸齿,在外半轴不动的情况下来回转动内半轴,千分表指针的摆动量即为万向节的传动间隙。桑塔纳轿车的传动间隙应≤0.80 mm。

4.中间支承

中间支承的常见损伤是轴承磨损、橡胶垫老化或损坏。

中间支承的检验方法如下:

①检视中间支承各零件的状况,应无明显的损伤。

②检测中间支承轴承的轴向间隙。将轴承外圈夹在台虎钳上,如图 3-2-81 所示,轴向推内圈,同时读出百分表读数的变化值,即为轴向间隙。

5. 传动轴修理过程中的检验

①换轴管时,测量轴管孔与轴管叉凸肩及花键轴凸肩的配合尺寸。

②换花键轴时,测量花键轴端头到轴管叉轴承承孔轴线的距离。

③球笼式万向节装配后,用手推动球形壳,球形壳在轴向范围内应能来回灵活移动。

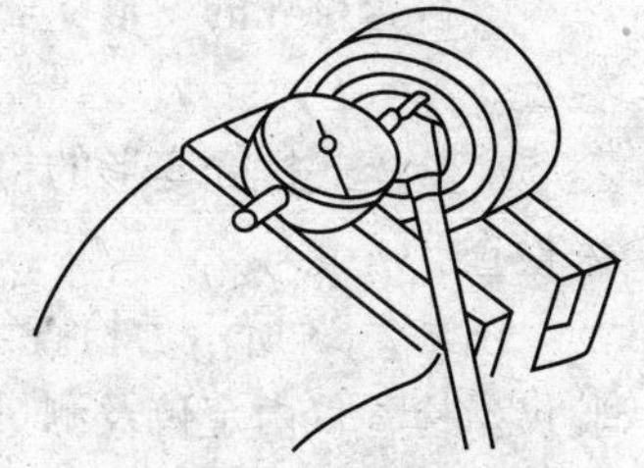

图 3-2-81 中间支承轴承轴向间隙的检测

(二)传动轴装配后的检验项目

1.轴向间隙检验

十字轴、万向节叉轴承和万向节叉装合后,应检查其轴向间隙(货车应为 0.02 ~ 0.25 mm,轿车应为≤0.05 mm)。

2.等速性检验

传动轴两端万向节叉应位于同一平面内,与传动轴两端万向节叉相连接的两轴和传动轴的夹角应相等,即 $\alpha_1=\alpha_2$(图 3-2-82)。该夹角的大小与发动机曲轴轴线及主减速器主动锥齿轮中心线位置有关,因此,应检验发动机垫块厚度和钢板弹簧规格,必须与原来的相同。

3.传动轴总成的动平衡检验

传动轴组装后,应进行动平衡检验,以保证其动不平衡量在规定范围以内。对于无动平衡试验设备的企业,为了保证传动轴组装后不至于出现较大的动不平衡,应该注意检查以下各项:装配时不得变动原平衡片(包括数量与位置);十字轴轴承盖板下有平衡片时,平衡片应按原位装回;防尘套上的两只卡箍锁扣应错开 180°装配。

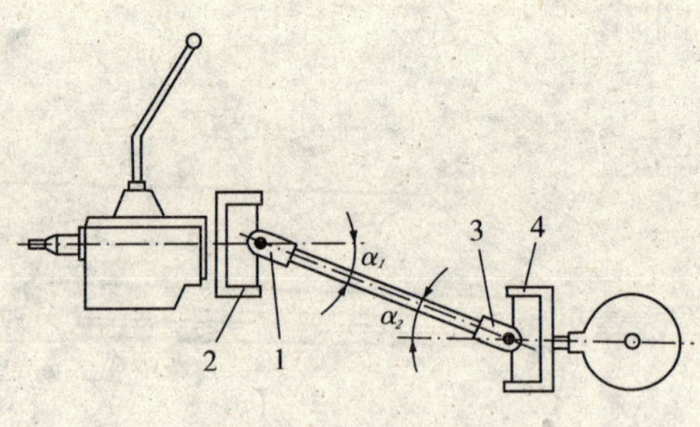

图 3-2-82　双万向节等速传动布置示意图

1、4-从动叉;2、3-主动叉

四、驱动桥检验

(一)驱动桥主要零部件的检验

1. 桥壳和半轴套管

桥壳的常见损伤是桥壳弯曲变形、裂纹和断裂,镶半轴套管的承孔磨损,定位销孔磨损,螺纹孔损坏,半轴套管轴颈磨损和外端螺纹损坏等。

桥壳上应力最大的断面在钢板弹簧座附近,因此,桥壳的断裂易发生在钢板弹簧座附近。半轴套管则在与桥壳的接合处容易发生断裂。钢板弹簧外侧的桥壳和半轴套管容易出现弯曲变形。桥壳弯曲后,两半轴中心线不重合,使半轴承受较大的弯曲应力,严重时,可能导致疲劳断裂。

半轴套管上安装滚动轴承的轴颈磨损,会使轴承与轴颈间的配合松动,甚至可能使轴承与轴颈间发生滑动;当滑动严重时,半轴套管会产生高温退火,强度降低,使半轴套管损坏。半轴套管外端管螺纹磨损可使轴承松动,车轮摇摆,从而导致行驶阻力增加,制动效能降低和轮胎磨损加剧,严重时,可能将后轮甩出,造成事故。

(1)桥壳的检验方法:

①检视桥壳的外部损伤,并用敲击听音法检查其裂纹。

②用量具测量钢板弹簧座定位孔磨损量和钢板弹簧座厚度的减少量。

③检查桥壳的变形。驱动桥壳分为整体式和断开式,不同类型的桥壳应采用不同的方法检查。

a. 整体式桥壳变形的检查。这类桥壳的变形程度可用测量其半轴套管承孔同轴度的方法来检查。

图 3-2-83 所示为检查半轴套管承孔同轴度误差的专用仪器——半轴套管承孔同轴度检验仪。检验仪由定位及测量两部分组成。其中,定位部分包括有花瓣套的定位头、外管、内管、推母和锁母;测量部分包括检验杆、接杆和百分表。检验时,将仪器放入桥壳内,把内管拉出,使两定位头的花瓣套位于桥壳两侧靠内端的半轴套管承孔内;然后,锁紧锁母,使锁母内的橡皮圈被压缩变形而将内管抱住(锁母与内管便连成一体);再用钩形扳手旋转推母(推母的内圆、外圆上分别制有正、反螺纹,分别与锁母及外管连接),内、外管便向两端伸长,使两端定位头的花瓣套张开,在半轴套管承孔内张紧。这时,花瓣套的轴线便与半轴套管承孔的轴线重合,形成检验用的定位基准。从操作孔推动检验杆,使接杆及百分表移至其他需要检查的各承孔内(百分表触头应位于承孔宽的 2/3 处),然后转动检验杆及接杆,此时,百分表上最大读数与最小读数之差即为该承孔的同轴度误差,其值一般应≤ 0.12 mm。

对于装有半轴套管的桥壳的弯曲变形,可用较简单的方法检验。具体方法是:将轮毂外端面修平,消除其端面摆差,然后将两端轮毂装到后桥上并按规定调整好轴承紧度,再将标准半轴装上,从桥壳中部装主减速器的孔中检视左、右两半轴端头中心位置是否对正,以判断桥壳的弯曲变形情况,如图 3-2-84 所示。两中心之差的允许值一般为 0.75 mm,极限值为 1 mm。

b. 断开式桥壳变形的检查。对于断开式桥壳,可用图 3-2-85 所示的方法进行检查,从各处测得的凸缘盘到两半桥壳结合面间距离之差，一般应≤2 mm。对凸缘盘以外处的检验，可用该图左上方所示的样板进行检验，要求样板与套管全面贴合。

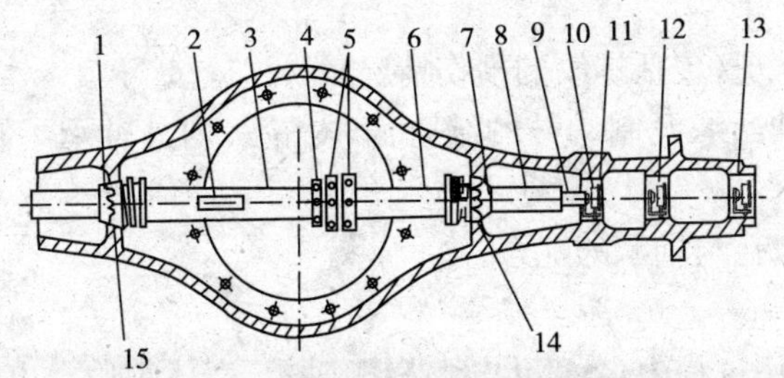

图 3-2-83　半轴套管承孔同轴度检验仪

1、7-定位头；2-操作孔；3-外管；4-推母；5-锁母；6-内管；8-检验杆；9-接杆；10-百分表；11、12、13、14、15-半轴套管承孔

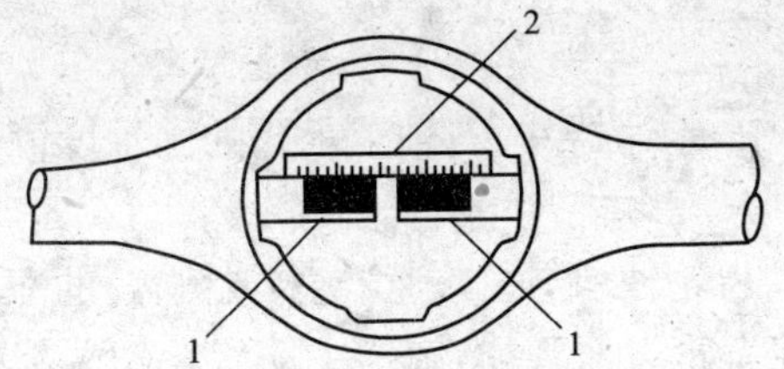

图 3-2-84　装有半轴套管时桥壳变形的检查

1-半轴；2-直尺

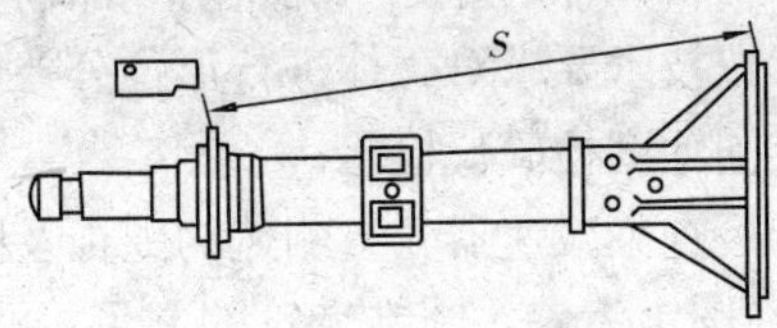

图 3-2-85　断开式桥壳变形的检查

④检查桥壳的其他损伤。用量具测量钢板弹簧座厚度减少量，检查半轴套管承孔与半轴套管轴颈的配合，测量滚动轴承与桥壳（半轴套管）的间隙（一般应为 0.005～0.06 mm）、钢板弹簧定位孔磨损量、油封轴颈的径向磨损量与端面磨损量、桥壳上与制动底板结合平面及圆柱面对桥壳轴线的端面圆跳动量及径向圆跳动量。

(2)半轴套管的检验方法：

①用探伤方法检查半轴套管的裂纹。

②更换半轴套管时，应检查其与桥壳半轴套管承孔的配合及半轴套管压入桥壳后外露部分的长度。

2. 半轴

半轴常见的损伤有半轴扭曲、弯曲和断裂，花键齿磨损、扭曲和折断，半轴凸缘螺纹孔磨损或损坏等。

全浮式半轴只承受转矩，因此其主要损伤是由转矩或由材料疲劳引起的；半浮式半轴外端还承受全部弯矩，因此还会产生弯曲变形。

半轴的检验方法是：

①检视半轴花键和凸缘螺纹孔状况；

②用探伤法检查半轴表面裂纹；

③用百分表在车床上检查半轴中部未加工面的径向圆跳动量，花键外圆柱面的径向圆跳动量，以及半轴凸缘内侧端面圆跳动量；

④测量半轴花键与半轴齿轮花键槽的配合侧隙。

3.轮毂

轮毂的常见损伤是轮毂轴承承孔磨损和半轴凸缘固定螺纹孔损伤等。轮毂的检验方法是：

(1)检视轮毂外部状况(包括螺纹的损伤情况)；

(2)测量轮毂与半轴凸缘及制动鼓的结合面，对轮毂内外轴承承孔公共轴线的端面圆跳动量；

(3)检查轮毂轴承承孔与轴承的配合。

4.主减速器

主减速器在长期使用过程中，各部齿轮、花键、轴承、壳体等均会出现磨损、变形甚至损坏，使主减速器工作恶化。

(1)主减速器壳体。主减速器壳体的常见损伤是壳体的变形和裂纹、轴承承孔的磨损等。主减速器壳体的检验方法是：

①检视壳体的外部状况(包括螺纹状况)；

②按技术要求对壳体进行形位公差检验，其中，差速器左、右轴承承孔的同轴度可用专用心轴或同轴度检验仪检验；

③检查主减速器壳与侧盖的配合及圆柱主动齿轮轴承与主减速器壳(或侧盖)的配合。

(2)圆锥齿轮。圆锥齿轮的常见损伤有圆锥齿轮齿面磨损，圆锥主动齿轮轴端部螺纹损伤，轴颈磨损和花键磨损等。圆锥齿轮的检验方法如下：

①检视圆锥齿轮的状况。

②测量圆锥齿轮的齿厚和齿长。测量方法与一般圆柱齿轮相同，圆锥齿轮的齿厚应在其大端测量。

③测量圆锥主动齿轮轴花键与凸缘花键槽的配合侧隙，检验其轴颈与轴承的配合。

④测量圆锥从动齿轮端面对其轴线的端面圆跳动量。

(3)圆柱齿轮

圆柱齿轮的常见损伤是齿面磨损和主动圆柱齿轮轴轴颈磨损等。圆柱齿轮的检验方法是：

①检视圆柱齿轮的状况；

②检查圆柱主动齿轮轴承与轴颈的配合间隙。

5.差速器

(1)差速器壳。差速器壳的常见损伤有差速器壳变形和裂纹，壳体与行星齿轮磨损，半轴齿轮垫片的接触面磨损，差速器壳十字轴承孔磨损，差速器壳半轴齿轮轴颈承孔磨损，以及差速器与轴承配合的轴颈磨损等。差速器壳的检验方法如下：

①检视差速器壳的状况。

②按技术要求检查差速器壳的形位误差。

③检查有关配合尺寸。十字轴与差速器壳十字轴承孔及行星齿轮的配合间隙、半轴齿轮轴颈与差速器壳半轴齿轮轴颈承孔的配合间隙、差速器轴承与差速器壳上轴颈的配合间隙及主减速器壳的配合间隙。

(2)差速器十字轴。差速器十字轴的常见损伤是磨损。差速器十字轴的检验方法是：

①检视十字轴轴颈工作表面，不得有裂纹，不得有严重磨痕和大于其表面25%的剥落和

腐蚀缺陷。

②测量十字轴轴颈工作表面的磨损量，一般应≤0.08 mm。

(3)差速器半轴齿轮和行星齿轮。差速器半轴齿轮和行星齿轮的常见损伤是磨损。差速器半轴齿轮和行星齿轮的检验方法是：

①检视半轴齿轮和行星齿轮的状况，齿轮工作面上不允许有裂纹或阶梯形磨损，齿面上允许有轻微斑点，但面积不得超过齿面的25%。

②测量半轴齿轮轴颈的磨损量，一般应≤0.15 mm。测量行星齿轮孔的磨损量，一般应≤0.12 mm。

(二)驱动桥装置时的检验

驱动桥装配过程中必须注意检查下述各项目，保证其符合技术要求。

1.装配记号

对于有配合要求的零件，应按原位装回(拆卸时应做记号)，如差速器左、右轴承外座圈和轴承盖等(丰田汽车)。

2.重要紧固螺栓、螺母的扭紧力矩

北京切诺基汽车驱动桥重要紧固螺栓、螺母的扭紧力矩如表3-2-15所列。

北京切诺基汽车驱动桥重要紧固螺栓、螺母的扭紧力矩　　表3-2-15

项　　目	扭紧力矩(N·m)
圆锥主动齿轮万向节叉紧固螺母	18
差速器轴承盖螺栓	77
圆锥从动齿轮连接螺栓	69
后驱动桥盖螺栓	18
后驱动桥加油塞	34
后钢板前吊耳销螺母	149
后钢板后吊耳销螺母	149
后制动底板螺母	43
轮胎螺母	101
减震器下支架螺母	58

3.圆锥主动齿轮轴承预紧力或轴向间隙

轴承的预紧力或轴向间隙均表征轴承的预紧程度。

圆锥主动齿轮轴承预紧力的测量方法如图3-2-86所示。将圆锥主动齿轮、轴承和轴承座等装合(不装油封)后，按规定扭紧力矩扭紧凸缘螺母，然后，将主减速器夹紧在台虎钳上，用弹簧秤钩在凸缘的边缘孔上转动凸缘，弹簧秤指示的拉力即为轴承预紧力。根据该拉力以及凸缘边缘孔中心与圆锥主动齿轮轴轴线的距离，可以计算出转动凸缘的转矩。

圆锥主动齿轮轴向间隙的测量方法是：将组装好圆锥主动齿轮轴承的主减速器(或轴承座)固定在台虎钳上，然后将百分表触头抵住圆锥主动齿轮轴端，用手来回推动凸缘，表针所摆动的数值即为圆锥主动齿轮轴承的轴向间隙。

4.圆锥主、从动齿轮的啮合间隙

圆锥主、从动齿轮的啮合间隙可用百分表(图3-2-87)或铅片进行测量。

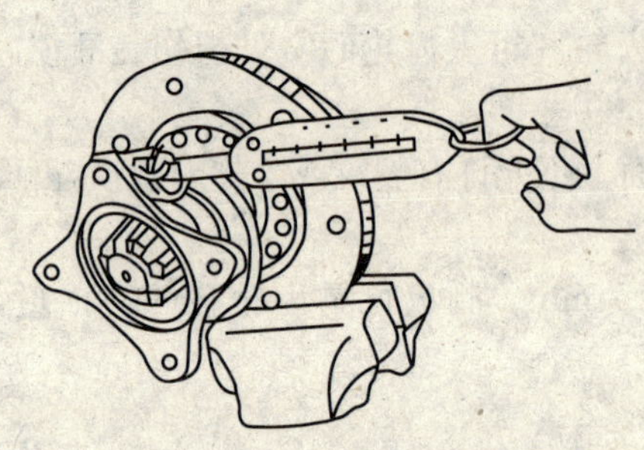

图 3-2-86 圆锥主动齿轮轴承预紧力的测量

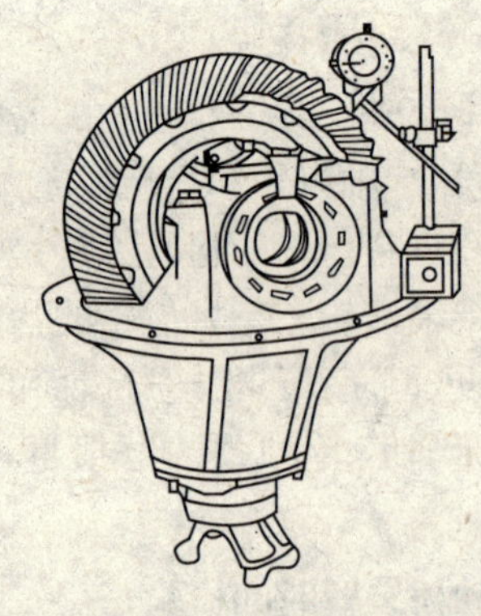

图 3-2-87 圆锥主、从动齿轮啮合间隙测量

5. 圆锥主、从动齿轮的啮合印痕

两圆锥齿轮的啮合印痕(即接触印痕)必须在这两个圆锥齿轮轴承预紧力(或轴向间隙)符合技术要求的情况下进行检查。检查时,首先在圆锥从动齿轮相隔 120°的 3 处每处均取 2～3 个齿,在齿面上涂上薄而均匀的红丹油,然后对圆锥从动齿轮略加阻力,转动圆锥主动齿轮整圈后,观察圆锥从动齿轮上压出的印痕是否符合规定。

圆弧螺旋齿轮(或称格里森齿轮)的啮合印痕应如图 3-2-88 所示;准双曲线齿轮的啮合印痕如图 3-2-89 所示。解放 CA1091 型汽车主减速器采用的齿轮是前者,而奥迪轿车主减速器采用的齿轮是后者。

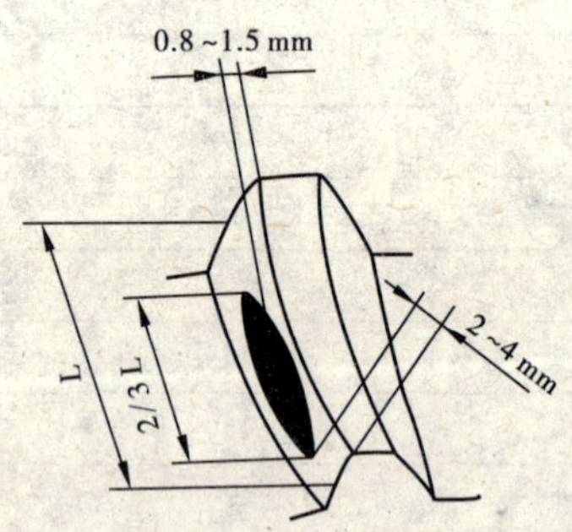

图 3-2-88 圆弧螺旋齿轮(从动齿轮)啮合印痕

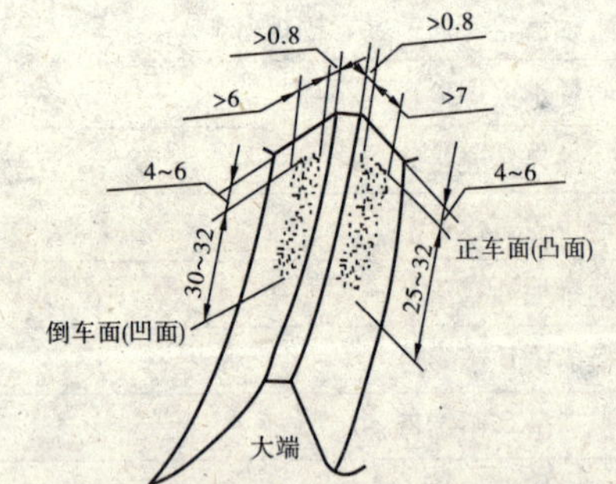

图 3-2-89 准双曲线齿轮(从动齿轮)的啮合印痕(单位:mm)

圆锥主、从动齿轮的啮合间隙和啮合印痕都是利用改变两齿轮装配中心距来调整的,因此,调整啮合间隙时,啮合印痕会发生变化,而调整啮合印痕时,啮合间隙也会发生变化。这两者是互相联系的,在调整时要兼顾。如果无法兼顾,则以保证啮合印痕为主,可适当放大啮合间隙,但也不得超过允许的极限值。

6. 第 2 级齿轮的啮合间隙、啮合印痕和轴向间隙

对双级主减速器的第 2 级齿轮必须检查其啮合间隙、啮合印痕和轴向间隙。

(三)驱动桥的磨合与试验

驱动桥装配后应在试验台上进行磨合与试验(图 3-2-90),先进行无负荷磨合与试验(正转与反转),然后,进行有负荷磨合与试验(正转与反转)。运转前,加注规定的润滑油(其黏度比正常使用的润滑油低)。

1. 磨合与试验的规范

驱动桥磨合与试验的规范:圆锥主动齿轮轴转速为 1 400～1 500 r/min,各项试验时间

≥10 min,运转总时间≥1.5 h。

2. 磨合与试验时的检验项目和要求

①各轴承区的温升应≤25℃。

②齿轮运转时,允许有均匀的啮合声,但不允许有敲击声或高低变化的响声。

③各结合部位不允许有漏油现象。

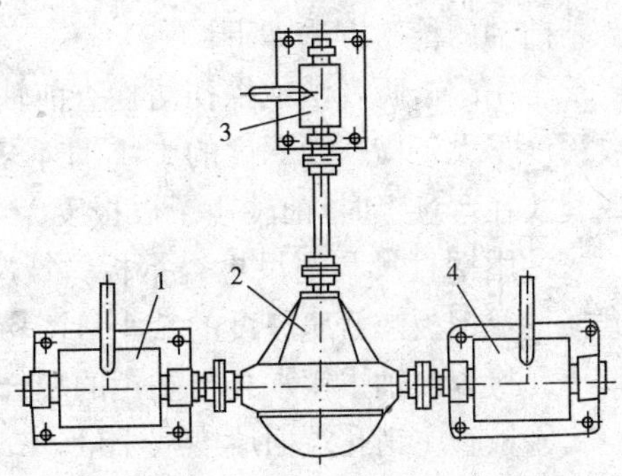

图 3-2-90 主减速器和差速器的磨合与试验

1、4-平衡发电机;2-驱动桥主减速器和差速器;3-电动机

(四)北京切诺基汽车驱动桥主要修理数据

1. 前驱动桥

①差速器轴承预紧量为 0.15 mm。

②半轴齿轮与壳体之间的间隙为 0~0.15 mm。

③圆锥主、从动齿轮侧隙为 0.12~0.25 mm。

④圆锥主动齿轮轴承预紧力矩:旧轴承为 2~3 N·m,新轴承为 2~ 5 N·m。

⑤圆锥主动齿轮深度标准值为 53.21 mm。

2. 后驱动桥

①圆锥主、从动齿轮侧间隙为 0.12~0.23 mm。

②圆锥主动齿轮轴承预紧力矩为 2~3 N·m。

③圆锥主动齿轮深度标准值为 53.2 mm。

④差速器轴承预紧量为 0.2 mm。

⑤差速器壳端面跳动量为≤0.05 mm。

⑥半轴齿轮与差速器壳间隙为≤0.18 mm。

五、转向桥及转向系主要零部件检验

(一)转向桥主要零件的检验

根据悬架结构不同,转向桥可分为整体式和断开式二种。根据转向桥的功能不同,转向桥又可分为转向桥和驱动转向桥二种。这里仅讨论整体式转向桥。

1. 前轴

前轴(又称工字梁)的常见损伤是弯曲,裂纹和断裂,主销承孔上、下端面磨损,钢板弹簧座平面及定位孔磨损等。

前轴的弯曲有垂直方向的弯曲和水平方向的弯曲。垂直方向弯曲的原因是前轴受到过大的垂直负荷,特别是汽车超载以及在不平道路上行驶时受到冲击等产生过大的弯曲力矩。水平方向弯曲的原因主要是汽车起步过猛,高速通过障碍物时受到水平方向的冲击力。当汽车左、右轮受力不一致时,两钢板弹簧座外侧承受的转矩不一致,使前轴产生扭转变形。即使上述条件相同,由于钢板弹簧座与主销间有一定距离,前轴受力后也会产生弯曲和扭曲变形。由于垂直弯矩和水平弯矩的最大值均在钢板弹簧座处,前轴的弯曲和扭曲变形大多发生在钢板弹簧座和主销孔之间。前轴的弯曲变形以垂直弯曲较为常见,因为各处弯矩中以垂直弯矩为最大。扭曲变形以前扭转较为常见,这是因起步、加速、紧急制动的力均向前所致。

前轴的检验方法如下：

①用敲击听音法或探伤法检查前轴的裂纹。前轴裂纹如在两钢板座中心定位孔之间，裂纹深度不大于横断面深度的1/4，且不多于2条时，允许补焊；裂纹深度超过横断面深度的1/4或裂纹在弯颈上时，前轴应予以报废。

②用钢直尺和塞尺检查钢板弹簧座的平面度误差，并用量具测量定位孔、U形螺栓孔的磨损量及钢板弹簧座厚度的减小量。

③检查前轴主销承孔与主销的配合间隙。

④检查主销孔端面厚度减小量。

⑤检查前轴的变形程度。前轴的变形检查必须在其定位基准（钢板弹簧座平面和主销孔）检验和修正之后进行。检查前轴变形程度的方法有以下3种。

a.拉线法。将前轴支平，在两主销孔中心间拉一根细线，然后测量该线与两钢板弹簧座之间的距离（图3-2-91）。如两距离（h_1 和 h_2）不等，说明前轴在垂直方向上已弯曲。如再配合使用90°角尺测量两钢板弹簧座定位孔中心至拉线所在的垂直平面间的距离，即可判明前轴的水平弯曲及扭曲情况。

b.角尺法。将两根试棒插入主销孔内，在钢板弹簧座上放置平垫铁，并使其中心刻线与钢板弹簧座平面定位孔对正，然后用角尺测量主销内倾角（图3-2-92），如主销内倾角不符合规定，说明前轴弯曲。另外，以角尺与垫块刻线的重合情况和角尺与试棒的重合情况，可以判断前轴的弯曲和扭曲程度。

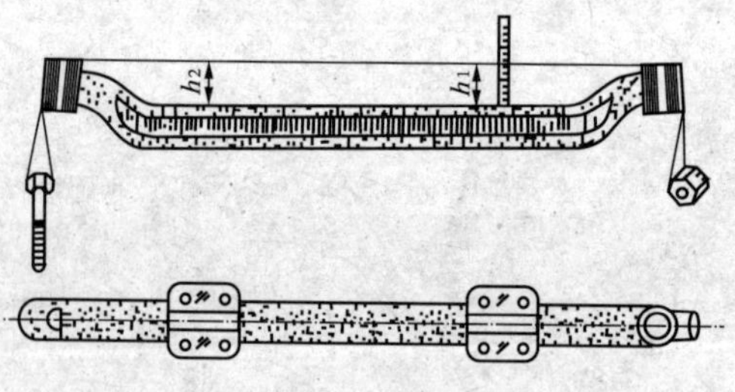

图3-2-91　用拉线法测量前轴的弯曲量

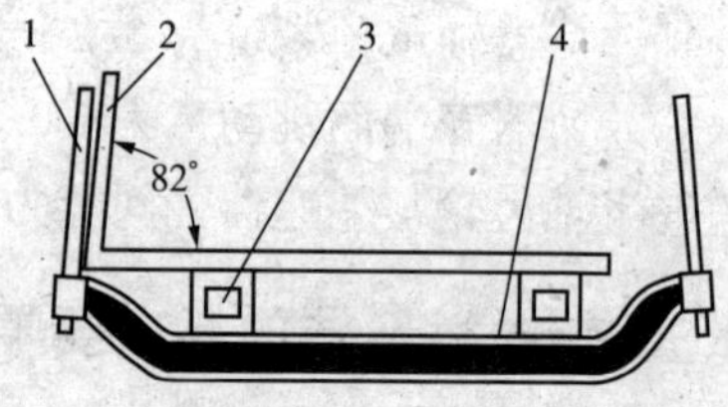

图3-2-92　用角尺和试棒检查前轴变形

1-试棒；2-角尺；3-垫块；4-前轴

c.仪器法。采用前轴弯扭检验仪（图3-2-93）检查前轴的弯曲和扭曲。它主要由刻度盘B、C、D、F和刻度板A、E组成。刻度板A用于检查主销孔中心线的内倾角和主销孔至钢板弹簧座段前轴在垂直平面内的弯曲变形；刻度盘B用于检查主销孔至钢板弹簧座段前轴的扭曲变形；刻度盘C用于检查主销孔至钢板弹簧座段前轴在水平面内的弯曲变形；刻度盘D用于检查两钢板弹簧座平面之间前轴的扭曲变形；刻度盘E用于检查两钢板弹簧座平面之间前轴在垂直平面内的弯曲变形；刻度盘F用于检查两钢板弹簧座平面之间前轴在水平面内的弯曲变形。用刻度盘C、F可检查两主销孔与钢板弹簧座中心是否在一条直线上。

⑥在前轴弯曲、扭曲变形量不超过规定值的前提下，可用角尺法检查主销孔轴线的内倾角。

⑦测量主销孔端面对其轴线的端面全跳动。上端面的允许值约为0.15 mm，下端面的允许值约为0.08 mm。

2.转向节

转向节的常见损伤是轴颈根部产生裂纹，端部螺纹损坏，轮毂轴承轴颈磨损，主销承孔及其上、下端面磨损，主销承孔轴线与轮毂轴颈公共轴线的夹角超标，轮毂轴承轴颈同轴度超标等。

转向节主要承受垂直力和侧向力所形成的弯曲力矩的作用，当汽车通过不平路面时，要承受冲击载荷，在制动时，承受由制动引起的水平方向弯曲力矩，转向节轴颈类似悬臂梁，轴颈根部的弯曲应力最大，容易产生疲劳裂纹和断裂。

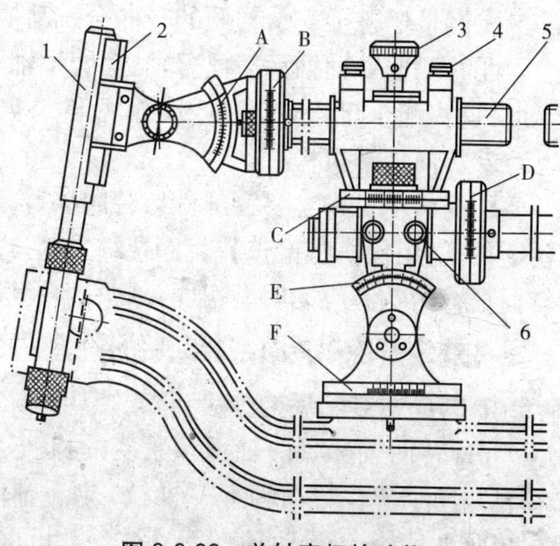

图 3-2-93　前轴弯扭检验仪

1-定位心轴；2-V 形铁；3-手轮；4-V 形定位螺钉；5-齿条轴；6-紧固螺钉；A、E-刻度板；B、C、D、F-刻度盘

转向节的检验方法是：

①检视转向节的外观状况；

②用着色法或磁力探伤方法检查转向节表面，特别是轴颈根部的裂纹；

③检查主销孔轴线与轮毂轴颈公共轴线的夹角，检查转向节上、下主销承孔轴线的同轴度误差，检查转向节内侧两端面对转向节主销承孔公共轴线的端面全跳动量；

④检测转向节内、外轴承与轴颈的配合间隙，检测转向节衬套承孔与主销的配合间隙，检测衬套与转向节主销衬套承孔的配合间隙。

3. 前轴与转向节的装配检验

①检查转向节主销孔内端面与前轴上端面装配后的间隙。

②检查前轴与转向节的装配紧度。检查方法是：用弹簧秤挂在转向节轴的端部，然后拉动转向节，观察弹簧秤上指示的拉力，其值应≤10 N。

（二）转向系主要零件的检验

1. 转向器

转向器的常见损伤是壳体变形和裂纹，转向轴及蜗杆变形、裂损，转向器主要啮合件（蜗杆与滚轮或指销、齿条或齿轮与扇形齿、钢球与滚道等）的工作面磨损、裂纹、剥落，摇臂轴配合松旷，花键齿扭曲等。

（1）壳体及盖的检验方法：

①检视壳体及盖的状况。

②按技术要求检查壳体的形位误差。

（2）蜗杆和转向轴的检验方法：

①检视蜗杆和转向轴的状况。

②用探伤方法检查转向轴的表面裂纹。

③检查蜗杆轴承与壳体、蜗杆轴承与蜗杆的配合状况。

④用百分表检查转向轴（在根部）的弯曲变形量（图 3-2-94），在根部，径向圆跳动量一般应≤0.5 mm。

（3）摇臂轴的检验方法：

①检视摇臂轴的状况。

②用探伤方法检查摇臂轴和滚轮的表面裂纹。

③测量摇臂轴支承轴颈的径向全跳动量。

④检测摇臂轴轴承与摇臂轴、摇臂轴轴承与壳体及与侧盖的配合间隙。在更换摇臂轴轴承时，这些配合间隙应符合原设计规定。

2. 转向传动机构

转向传动机构主要零部件有转向摇臂、直拉杆、横拉杆、转向节臂及球头销等。对这些主要零件，要用探伤法检查其表面裂纹。横拉杆，要检查其直线度误差。直拉杆应无明显变形，转向摇臂的花键应无明显扭曲；球头销及其配合部位应无明显磨损。

（三）转向桥和转向系装配后的检验

1. 转向器装配后的检验

（1）转向轴（蜗杆）轴承预紧度的检查方法。在蜗杆、蜗杆轴承、下盖装配后（摇臂轴未安装），用手握住转向轴上下推拉，应无轴向间隙感，但转向轴转动灵活；然后，用弹簧秤挂在转向盘外缘上转动转向盘（图 3-2-95），观察弹簧秤指示的拉力，计算转动转向轴所需的转矩。

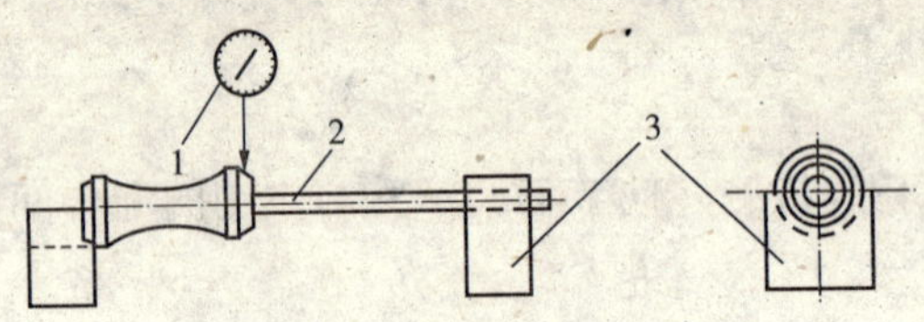

图 3-2-94 转向轴的弯曲检验

1-百分表；2-转向轴；3-V 形架

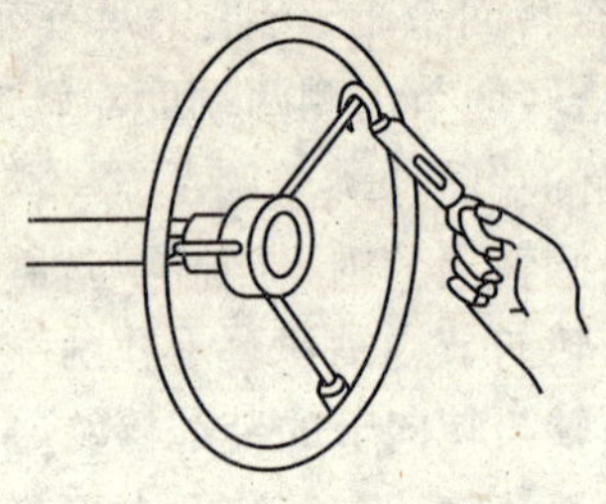

图 3-2-95 转向轴转矩检查

（2）啮合副啮合间隙的检验方法。啮合副啮合间隙调整后，把转向盘从一个极限位置转到另一个极限位置，应转动自如，无沉重感；装上摇臂后，用手扳动摇臂，啮合副处于中间啮合位置时，应感觉不到有显著的间隙，但可带动转向盘左右转动。

2. 转向传动机构的检验

（1）转向摇臂的安装检验。转向摇臂应按装配记号安装。如无装配记号，应在转向器啮合副处于中间位置时安装转向摇臂。

（2）转向摇臂与摇臂轴的配合检验。摇动转向摇臂时，应无松旷感。转向摇臂端面一般应高出摇臂轴花键端面2 ～5 mm。

（3）横、直拉杆装合后的检验。横、直拉杆装合后，其球头销轴颈小端一般应低于锥孔上端面 1 ～2 mm。转动球头销时，应稍有阻力感，但转动灵活、无卡滞现象。

3. 前轮定位的检验

前轮定位正确与否，对汽车直线行驶的稳定性、转向的轻便性、行驶的安全可靠性及轮胎的磨损等至关重要，应用前轮定位仪仔细检查。

整体式转向桥的主销内倾角和车轮外倾角由前轴主销孔和转向节的设计保证。在没有仪器检查时，只要安装正确，主销后倾角一般不需检查，主要是对车轮前束进行检查。

（1）准备工作：

①将车辆停放在平整的硬路面上，并将左右轮胎气压调整到规定范围。

②检查前轮毂轴承、主销和转向联动处，其技术状态应符合规定。

③顶起前轮，使前轮能平稳转动，在车轮轮胎花纹中心处画出胎宽中心线，然后使轮胎落地，并恢复直行状态。

(2)测量：

①在轮胎高度之半处画出轮胎中心线(水平线)。

②用直尺测量两轮胎花纹中心线与水平中心线交点之间的距离，前后两个数值之差就是该汽车的前束值。如用前束尺测量，可使测量的数值更正确。

4. 转向角的检验

转向角的检验应在前束调整正常之后进行，简单的检查方法如图 3-2-96 所示。顶起前轮，将前轮外缘在直行和最大转向时的位置画下来，然后测量其夹角 α 值(如 34°)。

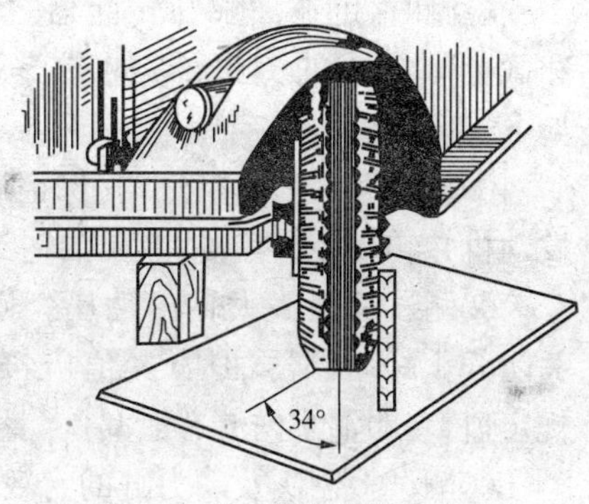

图 3-2-96 转向角的检查

5. 操纵机构工作的检查

转向盘操纵的轻便性与稳定性是减轻驾驶人劳动强度、确保行车安全的重要条件之一，操纵机构全部装配完毕之后，要进行转向盘自由行程和转向操作摩擦阻力的检查。

(1)转向盘自由行程(转动量)的检查。转向盘自由行程是指车轮处于直线行驶时，在车轮不发生偏转情况下，转向盘能从中间位置向左或向右自由偏转的角度，也称自由转动量。自由行程随转向器的结构和汽车种类的不同而不同。最大设计车速≥100 km/h 的汽车，转向盘自由行程为 10°；最大设计车速＜100 km/h 的汽车转向盘自由行程为 15°。该自由行程(自由转动量)可用目测或用转向参数测量仪进行检查。

有的汽车，如上海桑塔纳轿车，转向传动系统各运动副均为无间隙啮合，故其转向盘应无自由行程(转动量)。

(2)转向盘外缘切向力的检查。转向盘外缘切向力是指转动转向盘所需的力，应符合规定。该摩擦阻力也可用转向系工作检查仪检查，或用弹簧秤测量。

(四)转向助力装置的检验

转向助力装置主要由油泵、油缸、控制阀等组成，使用中会出现转向力不足、噪声和漏油等故障，维修前需先进行检查，以便判明故障原因及有关部位的技术状况。

1. 液压油的检查

使发动机怠速运转，反复将转向盘打到底，当液压油温度达到 40～80℃时检查液压油。若液压油起泡或发白，应换油；若油面不在油尺的“HOT”和“COLD”两标线之间，表明油量不足，在确定各部位无漏油后，应按规定牌号补足液压油。

2. 转向盘转动力的检查

汽车停在平坦的铺装地面上，两轮(气压正常)处于直行位置，使发动机怠速运转。用弹簧秤检查使转向盘从中间位置向左、右方向转动时的拉力，其值应不大于规定值(轻型车一般应≤40 N，重型车一般应≤70 N)。引起拉力过大的原因很多，通常是油泵传动带松弛或损伤，油量不足，液压油中混入空气，油压软管压瘪或扭曲，油泵或限压阀故障引起的油压不足，控制阀漏油或动力缸漏油等。

3. 行驶检查

汽车在行驶中应无前轮摆头和跑偏现象，左、右转向时所需操纵力相同，转向车轮回正能力正常。

4. 液压测试

液压测试主要是为了判定油泵、控制阀及动力缸的技术状况。

检测时，可在油泵与转向器之间安装一个由压力表和截止阀组成的测试器，如图 3-2-97 所示。检测步骤如下：

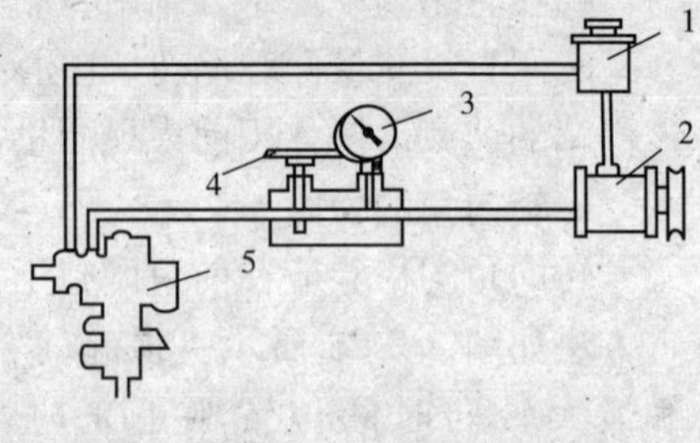

图 3-2-97 液压测试

1-贮油罐；2-油泵；3-油压表；4-截止阀；5-转向器及动力缸

①排除系统内的空气，并保证液压油油面高度；起动发动机并转动转向盘，使液压油达到工作温度。

②测试油泵最大输出油压。使发动机怠速运转，在关闭截止阀后测量油压，其值应符合规定。若油压低于规定值，表明油泵内部有泄漏。测量时，每次关闭截止阀的时间应≤5 s，以防损坏油泵。

③测试控制阀及动力缸的有效油压。使发动机怠速运转，并完全打开截止阀，然后将转向盘向左、向右打到极限位置，此时油压值应符合规定（一般与油泵压力相差不大）；若油压过低或转向盘到左、右两极限位置时油压不同，说明控制阀或动力缸存在内部泄漏现象。每次转向盘在极限位置的时间应≤5 s。

④测量无负荷油压。使发动机怠速运转，并使转向盘处于居中位置，然后检查截止阀完全打开时的油压，其值应符合规定（一般为 0.3～0.7 MPa）。如油压超过规定值，说明回油管堵塞。

⑤测量无负荷油压差。使转向盘处于居中位置，然后将截止阀完全打开，分别测量发动机转速在 1 000 r/min 和 3 000 r/min 情况下的油压差。此油压差应在规定范围内。否则，流量控制阀失效。

六、制动系统主要零部件检验

（一）制动系统主要零部件检验

1. 制动鼓

制动鼓常见损伤有制动鼓工作表面磨损、失圆和拉出沟槽，制动鼓变形和裂纹。制动鼓的检验方法如下：

①检视制动鼓的外观状况，包括内表面的表面粗糙度。用敲击听音法检查制动鼓的裂纹。

②用弓形内径规测量制动鼓内表面的圆度误差和圆柱度误差，如图 3-2-98 所示。

③测量制动鼓工作面与轮毂轴承承孔轴线的同轴度误差，如图 3-2-99 所示。

④检查同轴两制动鼓的内径差，制动鼓搪削后的内径差应≤1 mm。

2. 制动蹄

制动蹄的常见损伤是摩擦片磨损、烧蚀、破裂和脏污，制动蹄变形（摩擦热过大时尤其容易发生）和裂纹，制动蹄与凸轮接触面及制动蹄支承销孔的磨损。

制动蹄的检验方法如下：

①检视制动蹄的外观状况。

②检查摩擦片的状况。摩擦片铆钉的埋入深度(即摩擦片的剩余厚度)应≥0.5 mm(东风EQ1090型汽车该深度应≥1 mm)。摩擦片与制动蹄必须贴紧,铆钉不得有偏斜或松动,摩擦片与制动鼓的接触面积应大于摩擦片总面积的50%,并应保证两端首先接触(贴合印痕两端重、中间轻)。

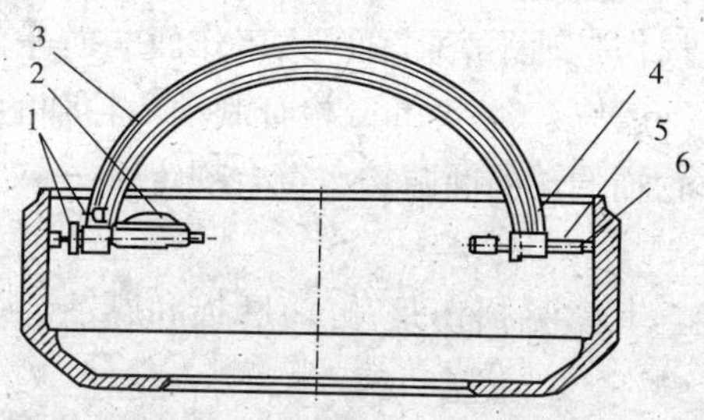

图 3-2-98 制动鼓圆度误差和圆柱度误差检查

1-锁紧装置;2-百分表;3-弓形架;4-锁紧螺母;5-调整杆;6-制动鼓

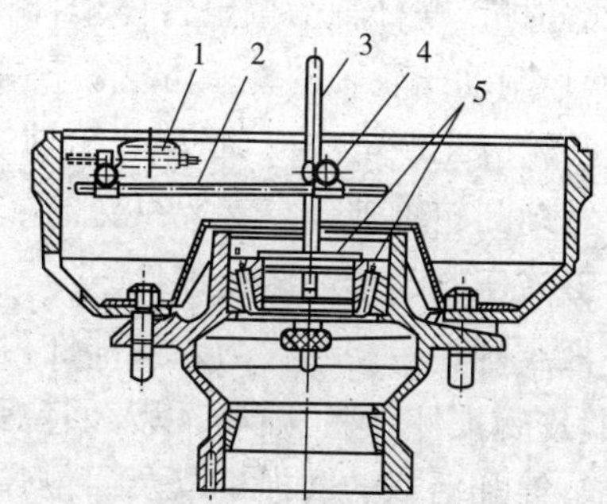

图 3-2-99 制动鼓与轮毂轴承承孔轴线同轴度误差检查

1-百分表;2-支架;3-中心杆;4-锁紧装置;5-夹具

3.**制动盘**(驻车制动器)

制动盘的常见损伤是工作表面磨损、擦伤和翘曲变形。它们分别是由工作时的摩擦、铆钉头外露和工作时发热所引起的。制动盘翘曲会使制动蹄调整困难,甚至使制动盘和制动蹄碰撞发响。

制动盘的检查方法如下:

①检视制动盘的状况(可用敲击听音法检查其裂纹)。

②测量制动盘的厚度。制动盘厚度应在与制动蹄摩擦片接触面的中心处测量,且在圆周上均匀分布的4~6个点上进行测量,各点厚度及厚度差均应在规定范围内。制动盘各点厚度差过大,会产生制动噪声和颤动。

③测量制动盘端面圆跳动量。测量时,百分表触头应触在与制动蹄摩擦片接触面的中间位置上,或是各型号汽车规定的测量位置上。

4.气压制动传动装置零件

气压制动传动装置主要包括空气压缩机、制动控制阀和制动气室等。空气压缩机零件的检验与发动机相似,不再赘述。

(1)制动控制阀主要零件的检验方法。制动控制阀主要零件的损伤是壳体变形和破裂,膜片变形和破裂,进、排气阀磨损或关闭不严,弹簧弹力减弱或折断。

弹簧弹力可用弹簧检验仪检验。进、排气阀的密封性需要通入压缩空气检验。零件的大部分损伤可用检视法检验。

(2)制动气室主要零件的检验方法。膜片式制动气室主要零件的常见损伤是壳体和盖的裂纹和推杆孔磨损,膜片破裂、变形和老化,膜片回位弹簧变形、锈蚀和折断,膜片回位弹簧弹力下降,推杆变形等。活塞式制动气室主要零件的常见损伤是壳体内表面划伤、老化等,还有活塞磨损、变形、破损,活塞皮碗及密封圈老化和变形发胀,防护套破损等。

膜片回位弹簧弹力可用弹簧试验仪测量,其他损伤一般用检视法检查。

(3)制动调整臂主要零件的检验方法。制动调整臂主要零件的常见损伤是调整蜗轮轮齿和调整蜗杆齿磨损,调整臂体变形或破裂,铆钉松动,锁止套弹簧折断或弹力下降,蜗杆轴与调整臂体蜗杆轴承孔配合松旷,调整蜗轮的内花键磨损和变形等。

通常,用测量法检查以下磨损量和配合尺寸:调整蜗轮轮齿和调整蜗杆齿的磨损量,内花键齿磨损量,蜗杆轴与调整臂体蜗杆轴孔的配合尺寸。其他损伤一般用检视法检查。

(4)制动凸轮轴的检验方法。制动凸轮轴的常见损伤是轴颈磨损、变形、工作面磨损等。

凸轮应无严重磨损,制动凸轮轴的径向圆跳动量一般应<0.15 mm(检查制动凸轮轴的弯曲),制动凸轮轴轴颈与支架衬套的配合间隙、制动凸轮轴的轴向间隙均应符合规定。

5.液压制动传动装置零件

液压制动传动装置的主要部件为制动主缸和轮缸,其常见损伤是:缸筒磨损和腐蚀,活塞磨损,皮碗损坏,阀门漏油,以及回位弹簧疲劳等。

缸筒和活塞的磨损量以及回位弹簧的弹力,都可用测量法检查。零件的其他损伤常用检视法检查。缸筒应无腐蚀、锈斑、划痕和凹坑,缸筒磨损量一般应<0.12 mm,缸筒的圆度误差和圆柱度误差应分别<0.05 mm和<0.25 mm。活塞与缸筒的配合间隙一般应<0.15 mm。回位弹簧的弹力应符合技术要求,如表3-2-16所列。

制动主缸、轮缸回位弹簧的技术要求 表3-2-16

弹簧名称	自由长度(mm)	压缩试验	
		负荷重量(kg)	加载后长度(mm)
主缸弹簧	100	5.30~5.90	≥60
	107	5.50~7.00	≥67
轮缸弹簧	65	0.85~1.06	≥25
	42	2.50~3.50	≥17

6.其他零件

在制动系的修理过程中,还应作下列检查:

①检查制动蹄回位弹簧的裂纹、自由长度和拉力。

②检查制动底板的翘曲量,一般应≤0.60 mm。检查制动底板上支承轴孔和螺栓孔的磨损量,它们一般应分别≤0.15 mm和≤0.80 mm。检查制动蹄支承轴衬套及制动蹄支承轴的配合间隙,检查支承轴与制动底板的配合间隙,它们一般应分别为0.10 ~0.18 mm及0 ~0.13 mm。

③检查制动踏板轴和衬套的配合间隙,一般应为0.30 mm左右。

④检查驻车制动器前、后制动蹄臂销孔与销的配合间隙,其值一般应为0.03 ~0.12mm。扇形齿板上的牙齿与棘爪应无滑牙或断裂现象。

(二)制动系辅助装置的检验

1.附件技术状态的检查

对制动系统装配用的附件要进行检查:制动软管有无老化、堵塞和破裂现象;接头不是松动;轮毂轴承技术状态是否完好;制动底板有无裂纹和变形,铆钉(螺钉)是否松动等。

2. 制动器制动间隙的检验

制动器经修理、装配和调整后,要求制动鼓与制动蹄之间具有适当的间隙,同时要求制动蹄张开时其外圆与制动鼓内圆同心,使制动蹄能迅速、全面地与制动鼓的工作面接触,达到最佳的制动效果。制动间隙调整后。必须进行路试,然后再进行复查。

3. 气压制动系统部件和总成的检验

(1)制动阀(复合制动阀)。对装配后的复合式气制动阀应进行调整,在调整过程中,贮气筒的气压应保持637 ~735 kPa。调整后应保证:

①主车气制动阀最大输出气压为 539~617 kPa;

②挂车气制动阀输出气压为 470~519 kPa;

③挂车气制动阀拉臂与调整螺栓的距离为 1.1~1.5 mm。

制动阀装配后应按规定方法进行密封性能和工作性能检查。

(2)制动气室。制动气室的推杆应运动灵活。前后制动气室的推杆长度应一致,制动气室推杆的行程一般为 25±5mm。制动气室在 882 kPa 气压作用下,应不漏气。

(3)贮气筒。对贮气筒要进行水压试验,在 1 274 kPa 压力下,贮气筒应无漏气、漏水现象。安全阀应在 882 kPa 压力下开启。

(4)空气压缩机。空气压缩机装配后,应在专门的试验台上进行试验。如无试验台,也可与发动机热试一同进行。

①低速试验 试验时不装汽缸盖,试验转速为 600 r/min,供油压力≥150 kPa,空气压缩机应无渗漏、异响和发热等现象。

②高速磨合试验 磨合试验时不装汽缸盖,试验转速为 1 200 r/min。此时,活塞顶部应无积油现象。

③进、排气阀密封性能试验 汽缸盖部件在装配后应进行进、排气阀密封性能试验。当每个阀门与容积为 1 L、气压为 784 kPa 的贮气筒相连,在 40 s 内贮气筒气压降一般应≤49 kPa。

④空气压缩机总成性能试验 空气压缩机总成装配后应进行性能试验,各项性能参数应符合规定。空气压缩机一般应符合下列要求:

a. 贮气筒容积为 6 L,润滑油牌号为 SB 20,油压为 196 ~ 294 kPa,转速为1 200 r/min;

b. 空气压缩机向贮气筒充气时,贮气筒内气压由 98 kPa 上升至 784 kPa 所需的时间≤25 s;

c. 空气压缩机无漏油、异响、轴承过热现象。在 784 kPa 的气压下进行密封性试验,各连接处不漏气;

d. 在油温≥40℃时,检查充气运转中经曲轴箱底盖回油孔的回油量,在 1 min 内回油量应≤50 g。

(5)系统密封性试验。用 882 kPa 气压进行试验,制动阀、制动气室、贮气筒和管路等有关零部件和接头,均应无漏气现象。

如无试验设备,可对气压制动系统进行就车试验。试验方法是:发动机以 1 200 ~ 1 350 r/min的转速运转,测试达到一定气压所需时间和能达到的最高气压,时间和最高气压均应符合规定,制动系统应无漏气、杂音和轴承过热等现象。在不制动情况下将发动机熄火,贮气筒内气压为 600 kPa 时，3 min 内气压降低值一般应≤10 kPa；在气压为 600 kPa 情况下，将制动踏板踩到底，待气压稳定后 3 min 内，气压降低值一般应≤20 kPa。

4. 液压制动系统的检验

(1)主缸和轮缸工作性能的试验。主缸和轮缸工作性能的试验在试验台上进行(图 3-2-100)。试验时，旋转手轮，使压力达到 9 MPa，保持 3 min。在此时间内，主缸、轮缸及各管接头不允许漏油，油压下降应≤0.3 MPa。关掉开关后可以单独试验主缸。

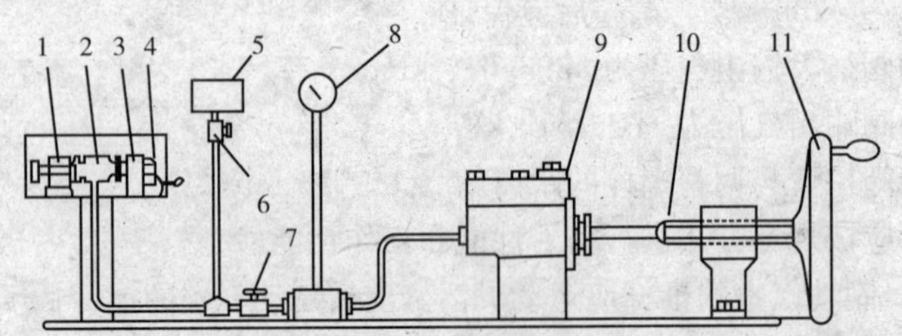

图 3-2-100　主缸、轮缸工作性能试验

1-固定夹具；2-轮缸；3、4-偏心夹具；5-油箱；6、7-开关；8-压力表；9-主缸；10-推杆；11-手轮

如无试验台，可对主缸和轮缸进行就车试验。将制动踏板连续踩几次后，以规定压力踩住制动踏板，在 1 min 内制动踏板应无向下移动的现象。

(2)真空助力器检验。真空助力器装配后，应用真空助力器试验器检查。如无试验器，也可进行就车检验。就车检验方法如下：

①检查气密封性。起动发动机，在运转 1 ～2 min 后，将发动机熄火，然后连续数次踩、松踏板，第一次踏板行程应较大，以后各次的行程应逐渐减小。如果每次踏板行程无变化，说明真空助力器有漏气部位。

②检查工作性能。使发动机停止运转，以相同的压力连续几次踩、松制动踏板，然后保持踏板高度不变，起动发动机。这时踏板应稍微下落。如果踏板高度无变化，说明真空助力器有故障。

③检查在负载下的密封性。在发动机运转情况下，踩下制动踏板，且保持制动踏板高度不变，然后使发动机熄火。在 30 s 内制动踏板高度应无变化。如果踏板上升，说明真空助力器在负载下的密封性不良。

5. 制动踏板自由行程的检验

(1)气压制动系统制动踏板自由行程的检验。气压制动系统制动踏板的自由行程是制动阀操纵摇臂摆距在踏板上的反映。一般操纵摇臂的摆距为 1 ～3 mm，相应的制动踏板自由行程为 15 ～20 mm。

(2)液压制动系统制动踏板自由行程的检验。液压制动系统制动踏板的自由行程是制动主缸推杆与活塞之间间隙的反映。制动主缸推杆与活塞之间的间隙一般为 1.5 ～2.5 mm，相应的制动踏板自由行程为 8 ～14 mm。

6. 驻车制动器的检验

拉动驻车制动杆全行程的 1/2～2/3(相当于锁扣在齿板上移动 3～5 个齿)时，制动蹄应完全压紧制动盘。在平坦干燥的路面上，拉紧手制动杆后，汽车以二挡应不能起步。放松手制动杆后，制动盘应能自由转动。

（三）桑塔纳2000和奥迪100型轿车制动器的修理技术参数

桑塔纳2000和奥迪100型轿车制动器的修理技术参数如表3-2-17所列。

桑塔纳2000和奥迪100型轿车制动器的修理技术参数(mm) 表3-2-17

<table>
<tr><th colspan="2" rowspan="2">项　目</th><th rowspan="2">桑塔纳2000</th><th colspan="2">奥迪100</th></tr>
<tr><th>装四缸、五缸机轿车</th><th>装六缸机桥车</th></tr>
<tr><td rowspan="3">盘式制动器</td><td>摩擦片厚度　标准值
极限值</td><td>14
7</td><td>14.00
—</td><td>—
—</td></tr>
<tr><td>盘厚度　标准值
极限值</td><td>20
17.8</td><td>22.00
—</td><td>前轮:22.00　后轮:10.00
—</td></tr>
<tr><td>盘端面圆跳动量</td><td>0.06</td><td>0.06</td><td>前、后轮:0.06</td></tr>
<tr><td rowspan="3">鼓式制动器</td><td>摩擦片厚度　标准值
极限值</td><td>5
2.5</td><td>5.25
2.0</td><td>—
—</td></tr>
<tr><td>制动鼓内径　标准值
极限值</td><td>180/200(选装)
181/201</td><td>230
232</td><td>—
—</td></tr>
<tr><td>制动蹄间隙(自动调节)</td><td>0.2～0.3</td><td>0.2～0.35</td><td>—</td></tr>
<tr><td colspan="2">驻车制动器生效齿数</td><td>2</td><td>4～7</td><td>4～7</td></tr>
<tr><td colspan="2">制动踏板高度</td><td>—</td><td>190～200</td><td>190～200</td></tr>
<tr><td colspan="2">制动踏板中心与安装支架支点距离</td><td>275</td><td>—</td><td>—</td></tr>
</table>

七、车架检验

车架是整个汽车的基础件，汽车的绝大多数部件和总成都是通过车架来固定和连接为一体的。由于车架在行驶过程中除了要承受静载荷外，还要承受动载荷，所以，受力情况十分复杂，工作条件较差。车架的损伤会影响汽车的技术状况，降低有关总成的使用寿命，甚至危及行车安全，因此，对车架的检验必须予以充分重视。

（一）车架的常见损伤

车架的常见损伤是变形（弯曲、扭曲）、裂纹、锈蚀和铆钉松动等。

车架变形会引起轮胎不正常磨损，汽车操纵稳定性变差，制动效能变坏，油耗增加。同时，由于汽车各总成之间的相互位置发生变化，使各总成安装困难，并引发其早期损坏。

车架的裂纹或断裂多数发生在车架纵梁上，而车架横梁的裂纹或断裂一般发生在与纵梁的连接处和横梁中部。车架纵梁裂纹主要是由弯曲应力和应力集中引起的。

车架锈蚀会降低车架金属的疲劳强度，使车架强度下降和早期损坏。

在交变载荷的长期作用下，铆钉连接处会产生微动磨损，导致铆钉松动。当车架受到较大冲击力时，铆钉还可能被剪断。

（二）车架的检验方法

1.车架外观状况检视

观察车架的清洁程度、宏观裂纹、焊接或焊修质量、铆接质量、车架防锈处理质量和附属装置的安装状况等。车架的裂纹、铆接情况与焊接质量还应用敲击听声音的方法进行检查。

2. 车架形位公差的检验

①车架宽度用直尺、卷尺或专用游标卡尺检验。

②纵梁上平面及侧面的纵向直线度误差可用 1 m 长的钢直尺和 3 mm 厚的塞尺或用拉线法检验，如图 3-2-101 所示。

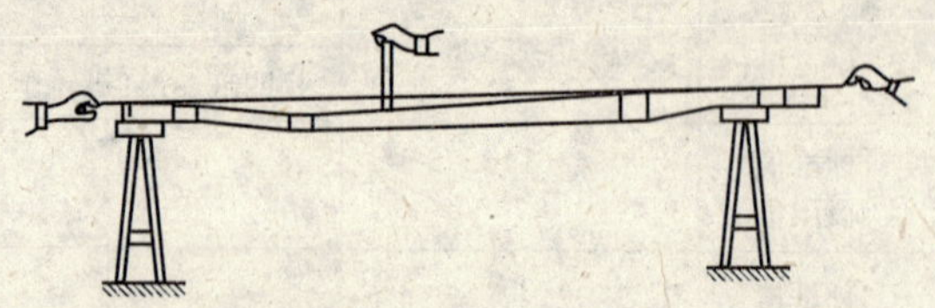

图 3-2-101 车架纵梁直线度误差的拉线法检验

③车架总成左、右纵梁上平面的平面度可用下述方法检查：在被测平面两端的纵梁上，对称放置 4 个等厚垫块，并拉对角线 ab'、$a'b$，如图 3-2-102 所示。若两对角线在 c 点不接触，则对处于下面的一条对角线两端的垫块加等厚度垫片，使两对角线相交（在 c 点处接触）。此时，将该两对角线的 4 个端点所形成的平面作为基准平面，然后再在纵梁上拉两线 ab、$a'b'$，并测量两纵梁上平面各点至 ab、$a'b'$ 线的距离，各点距离的最大差值，即为纵梁上平面的平面度误差。

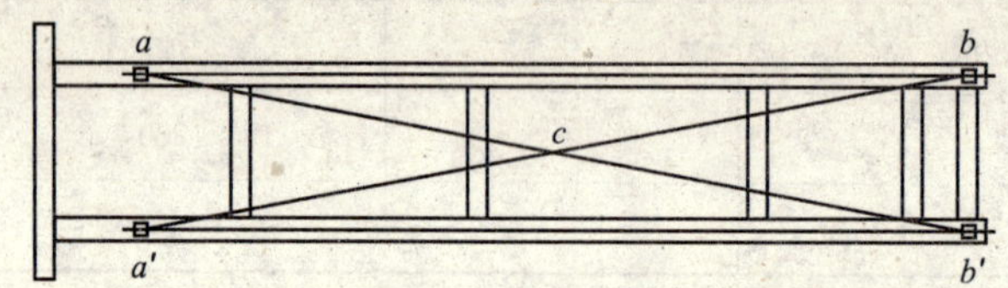

图 3-2-102 车架纵梁上平面平面度误差的检测

④纵梁侧面对车架上平面的垂直度误差可以用专用直尺、90°角尺以及塞尺进行检验，如图 3-2-103 所示。

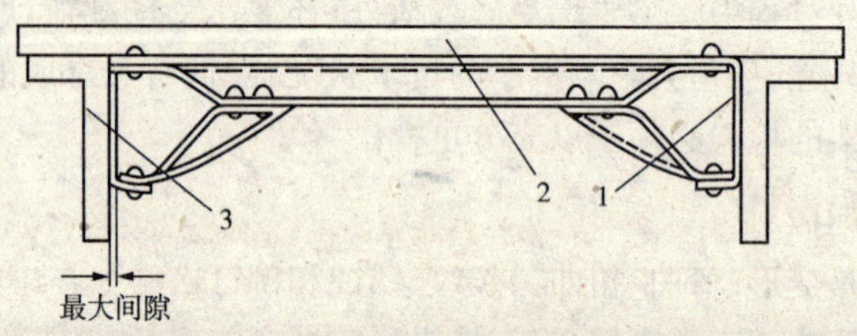

图 3-2-103 车架垂直度误差的检验

1-纵梁；2-专用直尺；3-90°角尺

⑤车架主要横梁对纵梁的垂直度误差可用 90°角尺和塞尺检查。检查方法是：用 90°角尺紧靠纵梁侧面，另一边与横梁接触，然后用塞尺量出 90°角尺边与横梁的最大间隙值，再按下式计算横梁对纵梁的垂直度误差 Δ

$$\Delta = L \cdot a / l \ (\text{mm})$$

式中：L——横梁长度，mm；

a——最大间隙值，mm；

l——与横梁接触的 90°角尺边长度，mm。

⑥车架分段检查的方法。选择车架或底架上平面较大的平整部位作为基准平面，在钢板弹簧固定支架销承孔轴线中点（或与车架或底架侧面左右等距离的对称点）引出 4 个在基准面

上的投影点，测出 4 点间对角线的长度差(图 3-2-104)。有些底盘在钢板弹簧固定支架上加工有销孔轴线中点孔，这样，对角线测量就更准确、方便。也可直接交叉测量钢板弹簧固定支架上的对应铆钉或螺栓。不过，由于受支架上铆钉或螺栓孔加工误差影响，测量出来的对角线长度差不很准确。

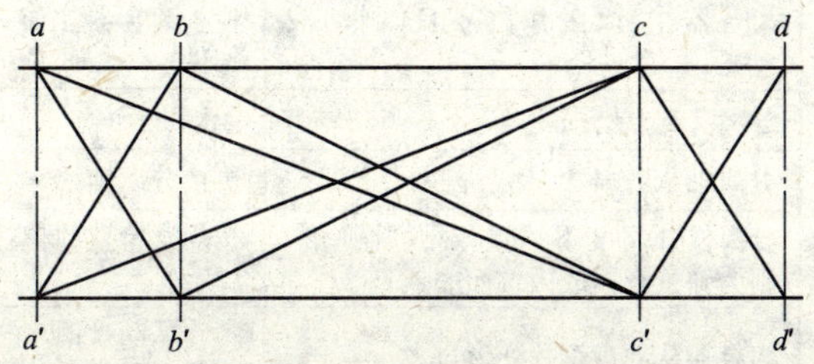

图 3-2-104　车架分段检查方法

aa'-前钢板前支架销承孔轴线；bb'-前钢板后支架销承孔轴线；cc'-后钢板前支架销承孔轴线；dd'-后钢板后支架销承孔轴线；ab'、$a'b$-第 1 段对角线；bc'、$b'c$-第 2 段对角线；cd'、$c'd$-第 3 段对角线；ac'、$a'c$-第 4 段对角线

⑦左、右钢板弹簧固定支架销孔同轴度误差的检验方法是：将两根特制的心轴分别插入左、右钢板弹簧固定支架销中，测量两轴的中心距，该中心距的 2 倍，即为两销孔的同轴度误差(如图 3-2-105 所示)。

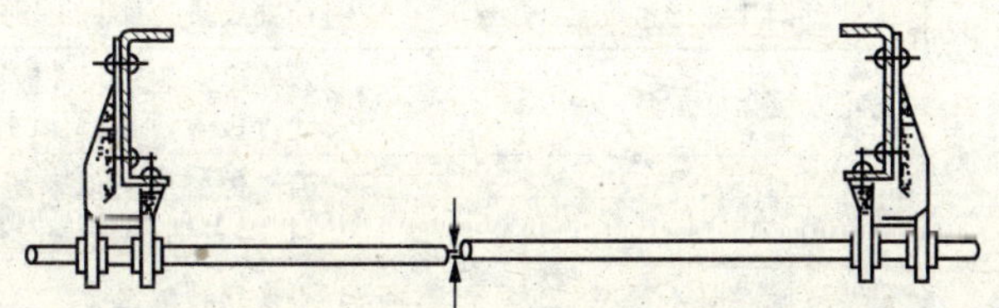

图 3-2-105　左、右钢板弹簧固定支架销孔同轴度误差的检验

⑧前、后钢板弹簧固定支架销孔轴线间的距离差可用直尺或拉线法测量。

八、底盘各部分机械故障的诊断与排除

1. 离合器故障诊断与排除(表 3-2-18)

离合器故障诊断与排除　　表 3-2-18

故障类别	故障现象	故障原因	排除方法
离合器打滑	在汽车起步或爬坡时，完全松开离合器踏板后，发动机的动力不能完全传至驱动轮，汽车加速时，车速不能随发动机转速上升而增高，当负载上坡时，打滑更为明显，严重时，离合器发出焦味	离合器踏板无自由行程，使分离轴承经常压在分离杠杆或膜片弹簧内端，离合器处于接合不良状态	检查离合器踏板的自由行程，如不符合要求，应予以调整
		工作缸活塞回位不良，使分离叉无自由行程	检查液压及机械分离装置是否卡滞，如卡滞，应检查原因，予以排除
		离合器盖与飞轮结合螺栓松动	检查离合器紧固螺栓的扭紧力矩，按规定扭紧力矩扭紧；若不能排除故障，应观察离合器盖与飞轮间有无调整垫片，如有垫片，应拆除后再重新扭紧紧固螺栓
		离合器摩擦衬片磨损，沾有油污、硬化或铆钉外露等	清洗或更换离合器摩擦衬片
		弹簧弹力过弱或折断	更换折断或弹力不足的弹簧
		压盘或飞轮变形、磨损	检查飞轮或压盘厚度，未超过使用极限时。可通过磨削修整，否则，应予以更换

续上表

故障类别	故障现象	故障原因	排除方法
离合器分离不彻底	在发动机怠速运转，完全踩下离合器踏板时，挂挡困难，变速时变速器齿轮有撞击声。严重时，如强行挂入挡位，则不等松开离合器踏板，汽车就会猛向前窜或发动机会熄火	离合器踏板自由行程过大	检查离合器踏板的自由行程，按规定予以调整
		液压操纵系统管路中有空气	排除管路中的空气
		离合器主缸、工作缸不良，制动液泄漏	检查离合器主缸、工作缸，视情况更换零件或部件
		分离叉支点磨损	予以更换
		分离轴承磨损	更换分离轴承
		分离杠杆高度不一致（对膜片弹簧，则为弹簧衰损或内端面磨损）	按规定检查、调整分离杠杆的高度（或更换膜片弹簧）
		离合器从动盘钢片变形过大	检查从动盘钢片的变形程度，若超过允许极限，应予以更换
		压盘或飞轮变形	若厚度未超过原厂规定的允许极限，可予以磨削修复；若超过，则应予以更换
		从动盘移动困难或液压分离装置、离合器主缸、工作缸出现故障，无法推动分离轴承，或机械拉索及传动件损坏	应查明原因后予以排除
离合器接合不良	汽车起步时，离合器接合不平稳而使车身发生抖动	从动摩擦片有油污或表面硬化	清洗油污或予以更换
		从动盘钢片变形过大	检查从动盘钢片的变形程度，若超限，应予以更换
		飞轮或压盘变形	若厚度未超过允许极限，则可磨削修复，若超过允许极限，则应予以更换
		从动盘摩擦衬片铆钉松动	若摩擦衬片磨损未超过允许极限，可重铆摩擦衬片，否则，应更换摩擦衬片
		扭转减振器损坏	更换扭转减振器
		离合器弹簧衰损、折断	更换离合器弹簧
离合器分离时有异响	离合器分离时，分离轴承处有异响	分离轴承润滑不良	按规定加注润滑脂或更换分离轴承
		分离轴承磨损	更换分离轴承
		导向轴承润滑不足	按规定加足润滑脂
		导向轴承磨损	更换导向轴承
离合器接合时有异响	离合器在接合状态下工作时，有异响	扭转减振器减振弹簧衰损或折断	予以更换
		离合器从动盘盘毂松动	重新铆好，并使从动盘端面圆跳动量在规定范围内
		离合器踏板衬套润滑不良	按规定加足润滑脂

2. 手动换挡变速器故障诊断与排除（表 3-2-19）

手动换挡变速器故障诊断与排除 表 3-2-19

故障现象	故障原因	排除方法
自动跳挡	变速器换挡自锁装置有故障	检修变速器
变速时有噪声	同步器磨损	检修变速器
呜呜噪声	轴承磨损	检查、更换轴承
换挡困难	离合器调整不当	调整离合器
	离合器操纵机构不良	检修离合器操纵机构
	变速器换挡杆磨损	检修换挡杆

续上表

故障现象	故障原因	排除方法
在某一挡位有异响(发动机运转时)	齿轮损坏	检查、更换损坏的齿轮
	轴承磨损	检查、更换轴承
空挡时有异响(发动机运转时)	输入轴轴承磨损	更换轴承
	润滑不足	按规定加注润滑油
	离合器分离轴承磨损	更换离合器分离轴承
齿轮啮合困难	离合器有故障	检修离合器
	换挡操纵机构磨损或调整不正确	检修或调整换挡操纵机构
	同步器损坏	更换同步器
	齿轮润滑不良	按规定加注润滑油
行驶中自动脱挡	换挡操纵机构磨损或调整不正确	检修或调整换挡操纵机构
	换挡叉磨损	更换换挡叉
	自锁装置不工作	检修自锁装置
	同步器损坏	更换同步器
行驶中车身抖动	齿轮润滑不良	按规定加注润滑油
	轴承磨损严重	更换轴承
	变速器固定不牢	检查、固定变速器
机油泄漏	密封垫圈泄漏	更换密封垫圈
	密封圈磨损	更换密封圈

3. 电控自动变速器故障诊断与排除(表 3-2-20)

电控自动变速器故障诊断与排除　　表 3-2-20

故障现象	故障原因	排除方法
ATF 变色或有烧焦气味	油质过差	更换油
	液力变矩器有故障	更换液力变矩器
	变速器有故障	分解、检修变速器
在任何前进挡或倒挡,汽车都不能够起步	换挡拉线或手动换挡机构失调	调整手动换挡机构
	阀体或主调节阀有故障	检查、更换阀体或主调节阀
	停车闭锁爪有故障	检修停车闭锁爪
	液力变矩器故障	更换液力变矩器
	传动板破裂	更换传动板
	油泵滤网堵塞	清洁滤网
	变速器有故障	分解、检修变速器
换挡杆位置错误	手动换挡机构失调	调整手动换挡机构
	手动阀和杆有故障	检查、更换阀体和杆
	变速器有故障	分解、检修变速器
换挡啮合冲击	节气门拉线失调	调整节气门拉线
	阀体或主调节阀有故障	检查、更换阀体或主调节阀

续上表

故障现象	故障原因	排除方法
换挡啮合冲击	蓄压器活塞有故障	检修蓄压器活塞
	变速器有故障	分解、检修变速器
升挡或降挡时都会发生换挡滞迟	电控系统有故障	检修电控系统
	阀体有故障	检查、更换阀体
	电磁阀有故障	检查、更换电磁阀
	节气门拉线失调	调整节气门拉线
	速控液压阀有故障	检修速控液压阀
1—2、2—3 或 3—OD 升挡时打滑，急加速时打滑或起步时发抖、打滑	手动换挡机构失调	调整手动换挡机构
	节气门拉线失调	调整节气门拉线
	阀体有故障	检查、更换阀体
	电磁阀有故障	检查、更换电磁阀
	变速器有故障	分解、检修变速器
1—2、2—3 或升挡时，有像拖、卡或堵塞现象	手动换挡机构失调	调整手动换挡机构
	阀体有故障	检查、更换阀体
	变速器有故障	分解、检修变速器
2 挡、3 挡或 OD 挡无锁止	电控系统有故障	检修电控系统
	阀体有故障	检查、更换阀体
	电磁阀有故障	检查、更换电磁阀
	变速器有故障	分解、检修变速器
降挡冲击	节气门拉线失调	调整节气门拉线
	节气门拉线和凸轮有故障	检修节气门拉线和凸轮
	蓄压器活塞有故障	检修蓄压器活塞
	阀体有故障	检查、更换阀体
	变速器有故障	分解、检修变速器
滑行时不能自行降挡	速控液压阀有故障	检修速控液压阀
	阀体有故障	检查、更换阀体
	电磁阀有故障	检查、更换电磁阀
	电控系统有故障	检修电控系统
滑行时降挡来得太快或太迟	节气门拉线失调	检查、调整节气门拉线
	阀体有故障	检查、更换阀体
	速控液压阀有故障	检修速控液压阀
	变速器有故障	分解、检修变速器
	电磁阀有故障	检查、更换电磁阀
	电控系统有故障	检修电控系统
OD—3、3—2 或 2—1 不能自行降挡	节气门拉线失调	调整节气门拉线
	电磁阀有故障	检查、更换电磁阀
	电控系统有故障	检修电控系统

续上表

故障现象	故障原因	排除方法
OD—3、3—2或2—1不能自行降挡	速控液压阀有故障	检修速控液压阀
	阀体有故障	检查、更换阀体
	变速器有故障	分解、检修变速器
2或L挡位无发动机制动	电磁阀有故障	检查、更换电磁阀
	电控系统有故障	检修电控系统
	阀体有故障	检查、更换阀体
	变速器有故障	分解、检修变速器
汽车在P挡位不能停车	手动换挡机构失调	调整手动换挡机构
	停车闭锁爪、凸轮和弹簧失效	检查、更换停车闭锁爪、凸轮和弹簧

4.万向传动装置故障诊断与排除(表3-2-21)

万向传动装置故障诊断与排除　　表3-2-21

故障现象	故障原因	排除方法
传动轴振动	传动轴不平衡量过大,由此产生的离心力,使传动轴的轴线偏离其旋转中心而产生颤抖,严重时,会影响变速器和主减速器的工作	对传动轴进行动平衡
	传动轴弯曲变形,径向圆跳动量过大	检查传动轴管的径向圆跳动量,如超过标准,应予以更换
	万向节滑动叉花键槽与传动轴花键轴花键发卡	更换万向节滑动叉
传动轴有异响	滚针轴承润滑不良,导致万向节十字轴及滚针轴承磨损或滚针碎裂	换用新件
	传动轴花键轴花键与万向节滑动叉花键槽磨损,导致其配合间隙过大而产生异响	予以修复或更换
	万向节叉固定螺母松动	扭紧固定螺母
	变速器输出轴花键与凸缘花键槽磨损过大,传动轴旷动量增大	予以修复或更换
传动轴中间支承有异响	中间传动轴支承轴承磨损过大,或轴承滚柱表面烧结、剥落等	更换轴承

5.驱动桥故障诊断与排除(表3-2-22)

驱动桥故障诊断与排除　　表3-2-22

故障类别	故障现象	故障原因	排除方法
异响	汽车低速行驶,尤其在脱挡滑行接近停车时,驱动桥出现"咯咯"声,且车辆有振动,但高速行驶时,响声不明显	润滑油量不足,差速器圆锥滚子轴承松旷	按规定加注润滑油,调整差速器圆锥滚子轴承的预紧力或更换该轴承
	汽车起步、换挡时,有明显的金属敲击声,车速稳定后,变为连续的噪声	圆锥主、从动齿轮啮合间隙过大	检查、调整齿轮的啮合间隙
	汽车低速行驶时,有连续的"嗷嗷"声,车速加快时,响声加大,脱挡滑行时,响声有所减弱	圆锥主、从动齿轮啮合间隙过小	检查、调整齿轮的啮合间隙
	汽车行驶时有"当、当"声或突然出现强烈有节奏的金属敲击声,但脱挡后敲击声消失或减弱	减速器齿轮轮齿折断或齿面有损伤	更换减速器齿轮

续上表

故障类别	故障现象	故障原因	排除方法
异响	汽车在直线行驶时,驱动桥无异响,但转弯或曲线行驶时有异响	差速器内部有故障,多为行星齿轮、半轴齿轮、十字轴、行星齿轮垫圈、半轴齿轮垫圈磨损量过大或损坏(汽车直线行驶时,因行星齿轮不自转而无异响)	更换磨损量过大或损坏的零件
局部过热	圆锥主动齿轮轴承发热	轴承的预紧力过大,后桥壳内润滑油不足或变质	调整轴承的预紧力,添加润滑油或更换润滑油
	圆锥主、从动齿轮轴承座发热或润滑油的温度过高	圆锥主、从动齿轮的啮合间隙过小,或轴承外圈松动而产生滑转	视情调整啮合间隙或更换相应的零件
	十字轴与行星齿轮烧结,半轴齿轮与行星齿轮卡死	驱动桥装配不当,齿轮啮合间隙过小而润滑不良	按技术要求装配驱动桥
漏油	减速器与桥壳连接处漏油	通气孔堵塞或连接螺栓松动	清洁通气孔,检查油面,在减速器与桥壳连接处纸垫两侧涂密封胶,并以规定扭紧力矩扭紧连接螺栓
	减速器外壳两侧的轴承盖处漏油	通气孔堵塞或轴承盖装配面有缺陷或脏物,调整垫片有皱纹、损伤等	清洗通气孔,把轴承盖和壳体的结合面、垫片清洁后涂密封胶,然后,用规定扭紧力矩扭紧连接螺栓
	圆锥主动齿轮轴承座处漏油		
	减速器油封漏油	油封装配不当、损坏或油封弹簧弹力不足	重新装配油封,更换油封或油封弹簧

6. 手控转向装置故障诊断与排除(表 3-2-23)

手控转向装置故障诊断与排除 表 3-2-23

故障现象	故障原因	捧除方法
转向沉重	轮胎气压不足	充气到正常气压
	车轮定位不正确	检查、调整前轮定位
	转向传动机构拉杆磨损或弯曲	检查修理转向传动机构拉杆
	球头销与球头座磨损	更换球头销、球头座
	转向柱偏离中心	检查修理转向柱
	转向齿轮调整不良或损坏	调整或修理转向齿轮
	润滑不良	润滑悬架和转向传动机构
转向回位不良	轮胎充气不适当	将轮胎充气到正确气压
	车轮定位不正确	检查、调整前轮定位
	转向柱偏离中心	检查、修理转向柱
	转向齿轮调整不良或损坏	调整或修理转向齿轮
	润滑不良	润滑悬架和转向传动机构
转向盘自由行过大	转向传动机构拉杆磨损	检修转向传动机构拉杆
	转向器壳固定螺栓松动	扭紧转向器壳固定螺栓
	转向盘轴联轴节松动	扭紧转向盘联轴节螺栓
	球头销与球头座磨损	更换球头销、球头座
	转向齿轮调整不良或损坏	调整或修理转向齿轮
	中间支承或随动支承轴承磨损	更换轴承

7.动力转向系统故障诊断与排除(表 3-2-24)

动力转向系统故障诊断与排除 表 3-2-24

故障现象	故障原因	排除方法
转向器有"喀哒"或"咯咯"声	转向器与支架松动	检查转向器安装螺栓,用 88 N·m 的扭紧力矩扭紧固定螺栓
	传动杆系松动	检查拉杆接头有无磨损,需要时予以更换
	压力油软管碰车辆其他部件	调整软管位置(要用手弯软管)
	转向摇臂轴扇齿调整过松	按规定调整转向摇臂轴扇齿(注:转向时有轻微的咯咯声是正常的,不应该用将间隙调整到规定范围以下的方法来消除这种轻微的咯咯声)
	转向摇臂松动	按规定扭紧力矩扭紧摇臂螺母
转弯或回正时,转向器发出尖叫声,转向盘回正性能差	滑阀上的阻尼 O 形圈断裂	更换阻尼 O 形圈
	传动杆系接头润滑不良	润滑传动杆系接头
	下连接凸缘和转向器调整器干涉	松开夹紧螺栓,然后予以正确安装
	直行时转向器和转向盘不在中间位置	将转向器和转向盘调整到中间位置
转弯或回正时,转向器发出尖叫声,转向盘回正性能差	前轮定位不正确	必要时,加以检查和调整:把前轮放在前轮定位检查架上,拆开转向摇臂和摇臂轴的连接,用手转动前轮,如前轮不转动或用很大的力才能转动,说明传动杆系接头发卡,应予调整排除
	传动杆系卡住	更换接头
	主销球接头咬住	更换主销球接头
	转向盘与外罩干涉	把外罩对中
	转向轴轴承过紧或卡滞	更换轴承
	滑阀卡住或堵塞	取下滑阀加以清洗或更换
	转向器调整过紧	从车上取下转向器,按要求进行检查和调整
	回油软管扭曲阻塞	更换软管
汽车偏驶(考虑到道路条件和风的因素。应在平坦的路面上,从 2 个方向试车检验)	前轮定位失准	按规定调整前轮定位
	转向分配阀工作不稳定(在偏驶方向上用的转向力很轻,而在相反方向上用力正常或大些)	更换转向分配阀
向左或向右急转转向盘时,转向力瞬时增大	动力转向液液面低	按要求补加动力转向液
	转向油泵传动带打滑	张紧或更换传动带
	转向油泵内泄漏量过大	检查转向油泵的压力,视情况予以修理或更换
发动机工作时转向,特别是原地转向时,转向盘颤动或振动	动力转向液液面低	按要求补加动力转向液
	转向油泵传动带松弛	按规定调整传动带的张紧度
	在极限位置时,传动杆系碰发动机油底壳	调整各机件,保证之间有足够间隙
	转向油泵的油压不足	检查转向油泵的油压,如果卸载阀损坏,予以更换
	转向油泵的流量控制阀卡住	检查流量控制阀,必要时予以更换
转向盘回正过度或转向松旷	转向机构管件中有空气	向储液罐加动力转向液,然后排除系统中的空气,检查软管接头的紧固力矩是否合适,必要时,加以调整

续上表

故障现象	故障原因	排除方法
转向盘回正过度或转向松旷	转向器与支架松动	按规定扭紧力矩扭紧连接螺钉
	传动杆系过度磨损而松动	更换松动的接头
	提升阀磨损	更换提升阀
	止推轴承预紧力不足	从车上取下转向器,按规定进行调整
	扇齿啮合间隙过大	从车上取下转向器,按规定进行调整
转向沉重或助力不足	转向油泵的传动带松动	按规定调整传动带的张紧力
	动力转向液液面低(此时转向油泵会发出过大的噪声)	补加动力转向液到规定的液面位置,如液面再行降低,则检查所有管路和接头,扭紧松动的接头
	直行时,转向器和转向盘不在中间位置	把转向器和转向盘调整到中间位置
	下连接凸缘和转向器调整螺塞干涉	松开夹紧螺栓,规范装配
	轮胎充气不当	按规定压力对轮胎进行充气
	流量控制阀卡住	对动力转向系统进行测试,视情进行检修或更换
	转向油泵输出压力低	
	转向油泵内泄漏过大	
	转向器内泄漏过大	
动力转向液产生乳状泡沫,液面低(压力也可能低)	动力转向液中有空气或转向油泵内部泄漏	检修动力转向系的泄漏处,包括检查转向油泵泵体,排除动力转向液中的空气
转向油泵输出压力低	流量阀卡滞或不能工作	清除毛刺、污垢或将其更换,用动力转向液冲洗动力转向系统
	压力板与泵环未靠平	予以矫正
转向器输出压力低	活塞环磨损或油缸严重磨损使压力降低	从车上取下转向器,拆检活塞环和油缸,更换磨损件
	阀环上,阀体和螺杆间的油封漏油	从车上取下转向器,更换油封

8. 制动系故障诊断(表 3-2-25 和表 3-2-26)

液压制动系故障诊断 表 3-2-25

故障类别	故障现象	故障原因
制动不灵	车辆制动时,感到制动效果不良,车辆紧急制动时,制动距离偏长	①制动主缸、轮缸或管接头漏油 ②贮液室无油或存量不足 ③制动液变质(变稀或变稠)或油管内壁积垢太厚 ④制动液中有空气 ⑤制动主缸皮碗、活塞或缸筒磨损过大 ⑥制动轮缸皮碗、活塞或缸筒磨损过大 ⑦制动主缸内平衡孔、补偿孔或通气孔堵塞 ⑧制动主缸出油阀、回油阀不密封或活塞回位弹簧预紧力过小 ⑨制动主缸活塞前端贯通小孔堵塞或皮碗发胀 ⑩制动踏板自由行程过大 ⑪制动摩擦片与制动鼓或制动盘接触不良或制动间隙调整不当 ⑫摩擦蹄片表面硬化、烧焦、脏污或铆钉露出 ⑬制动鼓磨损过大或制动时变形 ⑭制动蹄与支承销锈蚀、磨损,配合松动

续上表

故障类别	故 障 现 象	故 障 原 因
制动失效	踩下制动踏板车辆不减速，即使连续踩几脚制动踏板，车辆也不明显减速	①制动主缸内无制动液 ②制动主缸皮碗破裂 ③制动软管或金属管破裂 ④制动踏板至制动主缸的连接脱开
制动跑偏	制动时，车辆的方向发生偏斜，紧急制动时，车辆出现甩尾现象	①左、右车轮制动器制动蹄片材料不同或新旧程度不一 ②单边车轮制动器制动摩擦片表面硬化、脏污或铆钉外露 ③左、右车轮制动器制动摩擦片与制动鼓的接触面积不同或制动间隙不同 ④左右制动轮缸技术状况不同 ⑤单边制动管路有堵塞或泄漏现象 ⑥单边制动轮缸管路内有空气 ⑦单边制动鼓失圆、磨损严重或制动时变形 ⑧单边制动蹄与支承销不灵活 ⑨左、右两边制动蹄回位弹簧拉力不同 ⑩左、右轮胎气压不同或磨损程度相差太大 ⑪左、右悬架性能相差大
制动拖滞	抬起制动踏板后，制动不能完全解除	①制动踏板无自由行程，致使制动主缸活塞和皮碗不能彻底回位 ②制动踏板与其销轴缺油、锈蚀或制动踏板回位弹簧折断、脱落或弹力不足等 ③制动主缸活塞、皮碗的长度不符合要求或皮碗发胀 ④制动主缸平衡孔被堵塞 ⑤制动轮缸皮碗发胀或活塞发卡 ⑥制动蹄回位弹簧折断、脱落或弹力不足 ⑦制动蹄与支承销锈蚀 ⑧制动间隙不符合标准 ⑨通往制动轮缸的管路堵塞，回油不畅 ⑩轮毂轴承松旷

气压制动系故障诊断　　表 3-2-26

故障类别	故 障 现 象	故 障 原 因
制动不灵	车辆制动时，感到制动效果不良，车辆紧急制动时，制动距离偏长	①制动踏板自由行程过大 ②储气筒气压不足 ③制动阀调整不良，最大气压调整不当，以致气压偏低 ④制动阀平衡弹簧预紧力过小 ⑤制动阀膜片破裂或排气阀关闭不严 ⑥制动气室膜片破裂或制动管路有泄漏处 ⑦制动摩擦片表面硬化、烧焦、脏污及铆钉头外露等 ⑧摩擦片与制动鼓接触不良或制动间隙不正常 ⑨制动鼓磨损过大或制动时变形 ⑩制动蹄与支承销锈蚀、磨损，配合孔松动 ⑪制动凸轮轴锈蚀或卡住 ⑫制动管路内气流流动不畅
制动失效	踩下制动踏板时，车辆不减速，即使连续踩几脚制动踏板，车辆也不明显减速	①制动踏板至制动阀的连接脱开 ②储气筒无压缩空气 ③制动阀的进气阀打不开或排气阀严重漏气 ④制动阀膜片、制动气室膜片破裂或制动软管断裂 ⑤制动管路严重堵塞

续上表

故障类别	故障现象	故障原因
制动拖滞	抬起制动踏板后，制动不能完全解除	①制动踏板自由行程过小，以致制动阀的排气阀不能完全开启 ②制动阀排气弹簧弹力不足，弹簧折断或排气阀口被胶质堵塞 ③制动踏板及拉杆各连接处活动不灵活或回位弹簧弹力不足、折断或脱落等 ④制动凸轮转动不灵 ⑤制动蹄回位弹簧折断、脱落或弹簧弹力不足 ⑥制动蹄与支承销锈住 ⑦无制动间隙 ⑧轮毂轴承松旷

9. 悬架系故障诊断与排除（表 3-2-27）

悬架系常见故障的诊断与排除 表 3-2-27

故障现象	故障原因	排除方法
减速时，汽车侧倾或俯仰过量，停车时侧倾	减振器磨损或失效	成对更换减振器
	弹簧损坏	成对更换弹簧
	液压悬架有泄漏	更换液压元件或管路
	横向平衡杆支承磨损或损坏	更换横向平衡杆支承
振动噪声	悬架接头处自由间隙过大	更换悬架接头
轮胎磨损量过大	转向、悬架几何参数不正确（可能是意外损坏），悬架接头磨损	检查并调节，或者更换所有弯曲的或不能用的零部件
汽车车身摇摆或不稳定	弹簧损坏或失效	更换弹簧
	悬架接头磨损	更换悬架接头
	减振器失效	更换减振器
车轮偏向一侧，摆动行驶	悬架接头磨损	更换悬架接头
	悬架对正意外损坏	检修悬架

第三节　电器与电子设备器件及总成检验

随着汽车电子技术的发展，电器与电子设备已成为汽车不可分割的重要部分，其性能的好坏直接影响到汽车的动力性、经济性、可靠性、安全性、排气净化性及舒适性。因此，电器与电子设备器件与总成的检验，就成为汽车维修中的一项重要内容。

一、蓄电池检验

1. 蓄电池的常见损伤

蓄电池的常见损伤有外壳破裂、封口胶破裂、连接条烧断、极桩腐蚀、极板硫化、电解液脏污、极板活性物质大量脱落、极板短路等。

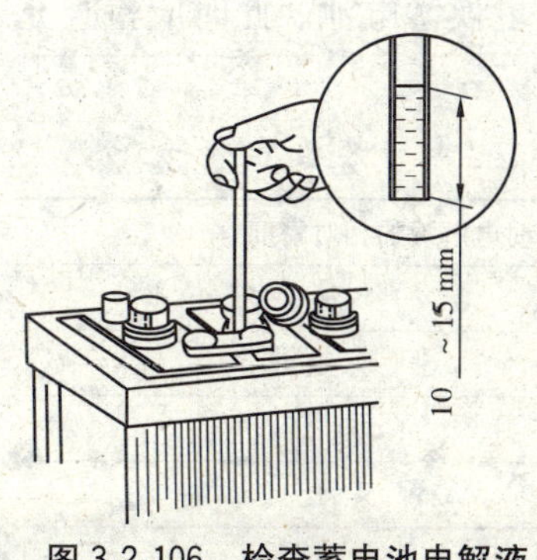

图 3-2-106 检查蓄电池电解液液面高度

2. 蓄电池的检验方法

(1)检视蓄电池外观,其表面应无明显的外部损伤。

(2)检查电解液液面高度,如图 3-2-106 所示,应为 10～15 mm或在液面线上。

(3)检查电解液的相对密度和温度。在蓄电池充足电的状态下,在加液孔中用吸式密度计测量电解液的相对密度和电解液的温度,如图 3-2-107 所示,然后再按照表 3-2-28 所列的修正数值进行修正,即可得到在 25℃时的电解液相对密度。电解液的相对密度应符合表 3-2-29 的规定。

(4)用高率放电计测量蓄电池的电压,以检查蓄电池的存电情况。用高率放电计测量蓄电池的电压相当于用电压表测量发动机起动时的蓄电池电压,即蓄电池在大电流放电时的电压。该电压比较真实地反映了蓄电池的存电情况和起动性。高率放电计有旧式和新式两种。旧式高率放电计[图 3-2-108 a)]用于测量蓄电池单格电压;新式高率放电计[图 3-2-108 b)]则用于测量整个蓄电池的电压。为保证得到正确的结果,测量应在充足电的状态下进行。测量时,用力将高率放电计触针刺入正、负极桩,持续 5 s(时间不得过长),电压应能稳定。若电压稳定在 10.6～11.6 V,说明蓄电池电量充足,起动性好;若电压稳定在 9.6～10.5 V,说明蓄电池电量不足,但仍有良好的起动性。若电压迅速下降,则说明蓄电池已损坏。

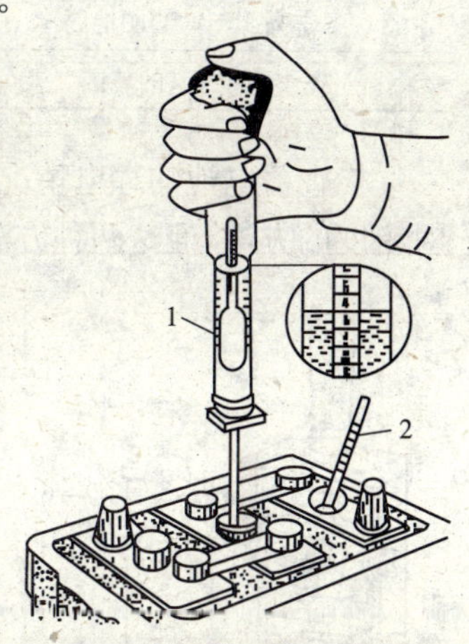

图 3-2-107 测量电解液的相对密度和温度

1-密度计;2-温度计

表 3-2-28

不同温度下密度计读数的修正值(25℃时)

实测电解液温度(℃)	相对密度修正数值(25℃时)	实测电解液温度(℃)	相对密度修正数值(25℃时)
—	—	0	−0.017 5
+45	+0.014 0	−5	−0.021 0
+40	+0.010 5	−10	−0.024 5
+35	+0.007 0	−15	−0.028 0
+30	+0.003 5	−20	−0.031 5
+25	0	−25	−0.035 0
+20	−0.003 5	−30	−0.038 5
+15	−0.007 0	−35	−0.042 0
+10	−0.010 5	−40	−0.045 5
+5	−0.014 0	−45	−0.049 0

很多免维护铅蓄电池内设置有密度计,其内部装有一颗能反光的绿色小球,随其浮升高度的不同,从玻璃观察孔中可以看到表示蓄电池状态的不同颜色,如图 3-2-109 所示。当看到绿色小点时,电解液相对密度为 1.22 以上(存电 65%Q_e),可以用高率放电计测量蓄电池电压;当看不到绿色小点(变为深绿色)时,蓄电池存电不足,必须先充电,直至出现绿色亮点后才能

进行测量;当从观察孔中看到淡黄色时,说明蓄电池已损坏,必须更换蓄电池。此时应检查充电系统的充电电压是否过高。

不同气温地区电解液的相对密度规定　　表 3-2-29

气候条件	完全充足电的蓄电池在25℃时电解液的相对密度	
	冬季	夏季
冬季低于-40℃的地区	1.30	1.26
冬季高于-40℃的地区	1.28	1.24
冬季高于-30℃的地区	1.27	1.24
冬季高于-20℃的地区	1.26	1.23
冬季高于0℃的地区	1.23	1.23

检查蓄电池的存电情况还可以采用测量蓄电池静止(开路)电动势的方法和测量电解液相对密度的方法,但这两种方法均不能有效地反映蓄电池的起动性能。

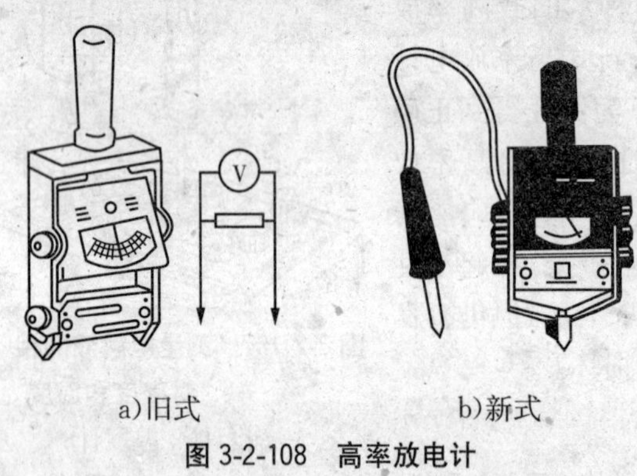

a)旧式　b)新式

图 3-2-108　高率放电计

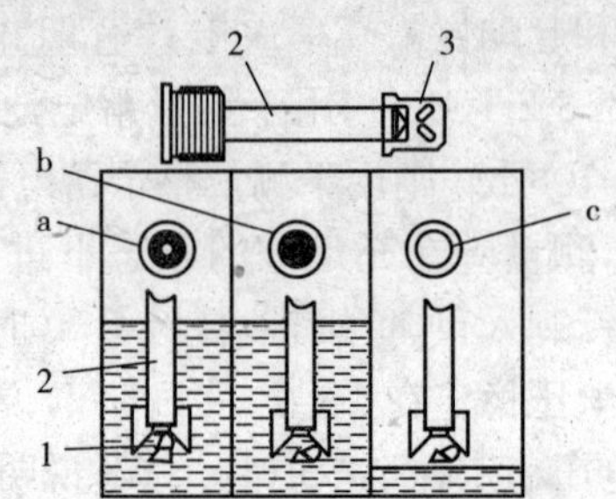

图 3-2-109　蓄电池内装式密度计

a-绿点;b-深绿点;c-淡黄色

1-绿色塑料球;2-玻璃棒;3-装小球的笼子;

二、硅整流发电机及调节器检验

(一)硅整流发电机检验

1.硅整流发电机的常见损伤

硅整流发电机的常见损伤有滑环表面油污、烧蚀、失圆,电刷磨损,电刷弹簧弹力不足,轴承磨损,转子弯曲,外壳破裂,硅二极管损坏,励磁绕组和定子绕组断路或绝缘破坏等。

2.硅整流发电机的检验方法

硅整流发电机的检验方法很多,包括整机静态测试、试验台试验和示波器检测等。这些方法均可作为修前故障诊断和修竣后性能检验。

(1)整机静态测试:

①测量各接线柱之间的电阻。在发电机不解体情况下,通过用万用表测量各接线柱之间的电阻,可初步判断硅整流发电机是否有故障。其方法是:用万用表 $R\times1$ 挡测量发电机"F"与"-"之间的电阻,"+"(电枢)与"-"之间及"+"与"F"之间的正、反向电阻。在正常情况下,电阻应符合表 3-2-30 的规定。

②测量手转硅整流发电机时的电压。用 12 V 直流电源给发电机励磁,将万用表置于

2.5 V挡，并将红表笔接“+”(电枢)，黑表笔搭铁，然后，用力转动硅整流发电机带轮，此时，万用表指针应快速摆动，指示一个电压值，再将红表笔接到“N”进行测试，万用表指针此时的指示值应为前者的1/2左右。该方法可在无检测设备情况下，粗略判断发电机的技术状况。

硅整流发电机各接线柱之间的电阻(Ω)　　表3-2-30

发电机型号	“F”与“-”之间的电阻	“+”与“-”之间的电阻		“+”与“F”之间的电阻	
		正向	反向	正向	反向
JF11 JF13 JF15 JF21	5～6	40～50	>1 000	50～60	>1 000
JF12 JF22 JF23 JF25	19.5～21	40～50	>1 000	50～70	>1 000

(2)试验台试验。在汽车电器万能试验台上测量硅整流发电机的空载转速和满载转速。该方法能准确判断发电机的性能。

试验时，将发电机固定在试验台上，按图3-2-110接线，并由调速电动机驱动。合上开关K_1(由蓄电池供给励磁电流进行他激)，逐渐提高发电机的转速，并观察电压升高到额定值时的转速，该转速即为空载转速，一般应<1 000 r/min；然后，打开开关K_1(由发电机自激)，合上开关K_2，继续升高转速，并同时调节负荷电阻，观察在额定电压下负载达到额定值时的转速，即满载转速，一般应≤2 500 r/min。如空载转速或满载转速过高，则表示发电机性能不良。

带有中性点N的硅整流发电机试验时，在其空载转速下中性点电压应为硅整流发电机输出电压的1/2。

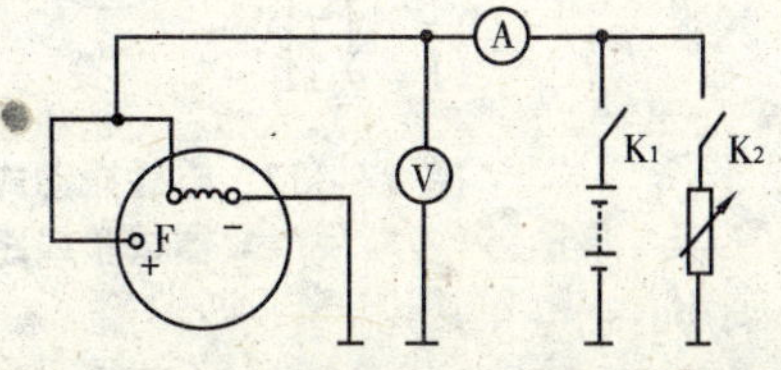

a)内搭铁硅整流发电机线路

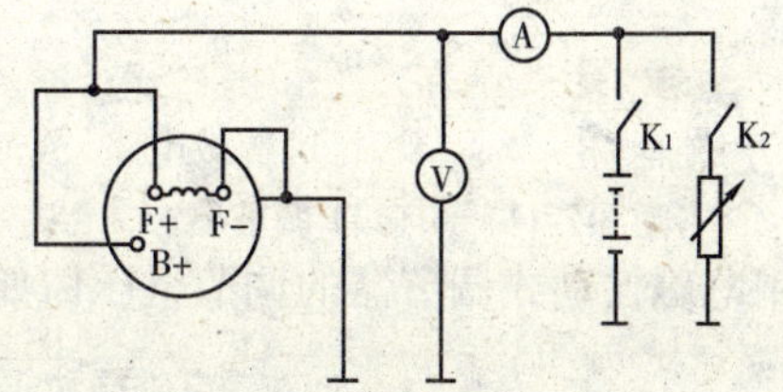

b)外搭铁硅流发电机线路

图3-2-110　硅整流发电机试验线路

(二)调节器检验

调节器有电磁振动式调节器和晶体管调节器二类。由于它们的结构和工作原理不同，所以，其检验方法也不同。

1.调节器的常见损伤

电磁振动式调节器的常见损伤有触点脏污和烧蚀、触点间隙失常、电阻损坏、线圈断路、调节弹簧弹力不足和灭弧电路失效等。晶体管调节器的常见损伤是电子元件损坏。

2.调节器的检验方法

(1)电磁振动式调节器的检验方法:

①检视触点,其厚度、位置和表面状态应符合要求。

②检测调节器性能。

a.测量静态阻值。在未接外电路时,测量调节器各接线柱间的电阻值,由可以推断出各电路元件的状态。下面以FT111/14 V单级式调节器为例,说明测试方法。该调节器的结构与等效电路如图3-2-111所示。

触点闭合时,用万用表R×1挡测量“B+”与“F”之间的电阻。当红表笔接“B+”、黑表笔接“F”时,电阻应为零;若电阻大于零,说明触点不清洁。当红表笔接“B+”、黑表笔接底座(搭铁)时,电阻应为15 Ω。若电阻约为26 Ω,则说明二极管断路或有假焊现象;若电阻为0 Ω,则表明二极管短路。

触点张开时,测量“B+”与“F”之间的电阻。当红表笔接“B+”、黑表笔接“F”时,电阻应接近154 Ω;若电阻为∞,则表明附加电阻断路。当红表笔接“B+”、黑表笔接底座时,电阻应为26 Ω;若电阻>300 Ω,则表明磁化线圈L_1断路。

b.在试验台上测量调节电压。该方法能够准确地检验调节器的性能,同时还可以对调节器进行调整。测量方法是:在汽车电器万能试验台上,按照图3-2-112接线后,测量发电机在3 000 r/min时,轻载(14 V硅整流发电机为4 A,28 V硅整流发电机为2 A)和半载状态下,调节器所维持的电压,其值应在规定范围内。

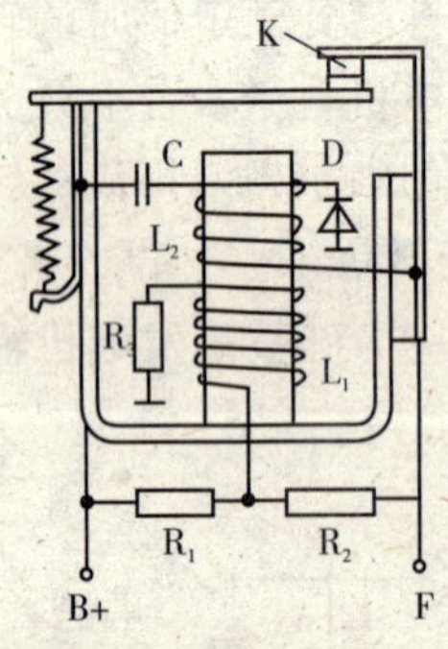

a)结构

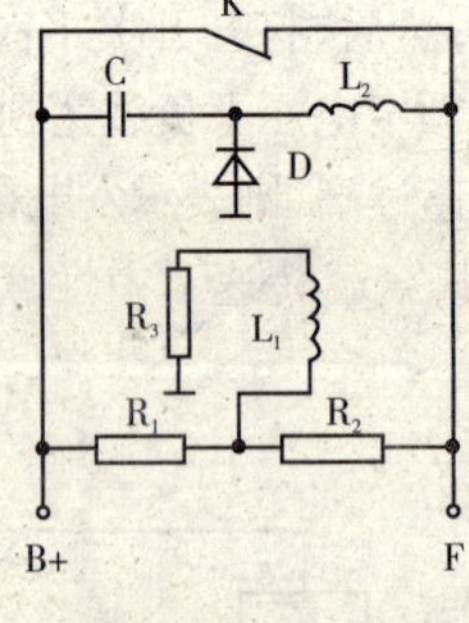

b)等效电路

图3-2-111 FT111调节器

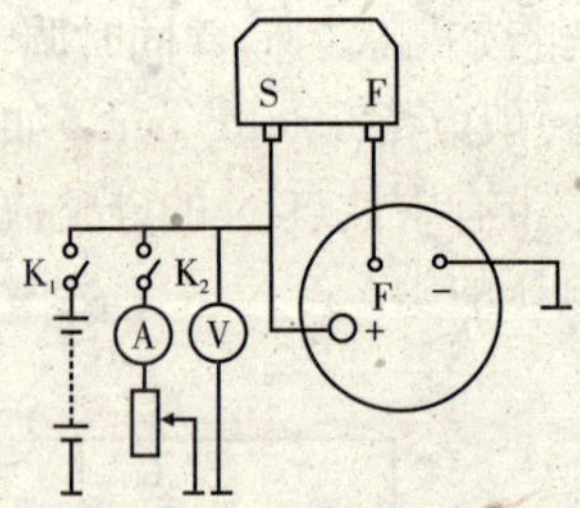

图3-2-112 电磁振动式调节器试验线路

常用电磁振动式调节器的调节电压值如表3-2-31所列。

电磁振动式调节器的调节电压值 表3-2-31

调节器型号	适用电压(V)	适用的交流发电机型号	调节电压值(V)	轻载与半载时调节电压差(V)
FT111	14	JF0l、JF11、JF21	13.5~14.5	≤0.5
FT2111	28	JF23、JF25	27.0~29.0	≤1.0
FT61	14	JF13、JF15	13.2~14.2	≤0.5
FT61A	28	JF12A	2.6~29.6	≤1.0
FT70	14	JF11	13.8~14.5	≤0.5
FT70A	28	JF12	27.6~29.6	≤1.0
FT121	14	JF13、JF15	13.5~14.5	≤0.5
FT221	28	JF23、JF25	27.0~29.0	≤1.0

(2)晶体管调节器。晶体管调节器实质上是一个开关电路,根据这个原理可以对晶体管调节器进行检验。

①测量晶体管调节器的静态电阻。用万用表 $R\times10$ 挡分别测量晶体管调节器各接线柱之间的静态电阻,对照表 3-2-32 中的数值,可大致判断调节器的技术状况。

晶体管调节器各接线柱之间的电阻(kΩ)　　表 3-2-32

调节器型号	"+"与"−"之间电阻		"+"与"F"之间电阻		"F"与"−"之间电阻	
	正向	反向	正向	反向	正向	反向
JFT121	0.2～0.3	0.2～0.3	0.09	>50	0.11	>50
JFT241	0.4～0.5	0.4～0.5	0.11	>50	0.11	>50
JFT126	1.5～1.6	1.5～1.6	4.6～5	7.8～8	5.5	6.5～7
JFT246	3	3	4.6～5	9.5～10	5.5	8.5
JFT106	1.4～1.6	1.4～1.6	1.5～2	3～4	1.4～1.6	3～4
JFT107	1.4～1.6	1.4～1.6	1.5～2	3～4	1.4～1.6	3～4
JFT206、207	1.5～2	1.5～2	1.3～1.5	2～3	1.3～1.5	4～6
JFT141、142B	1.2～1.6	3.5～4	0.5～0.7	5.7～7.5	0.55～0.6	3.9～4
JFT241、242B	1.6～1.8	3～3.3	0.65～0.7	5～5.5	0.55～0.6	4.3～5

②动态试验晶体管调节器。该方法的实质是检查"晶体管开关"在一定的电压下能否"翻转"。检验时,将 0 ~ 50 V(5 A)直流可调稳压电源、2 W、12 V(或 3 W、24 V)指示灯、开关和晶体管调节器按图 3-2-113 连接,然后接通开关,并逐渐升高电压。当电压升到 4 ~5 V(以 12 V 系列晶体管调节器为例)时,应有 1 只指示灯亮。在"+"与"F"之间指示灯亮时,该晶体管调节器为外搭铁式;在"F"与"−"之间的指示灯亮时,该晶体管调节器为内搭铁式。在指示灯亮后,将不亮的指示灯拆去,并继续升高电压,这时,指示灯的亮度应随之增大。如电压升高到接近调节电压时,指示灯由亮转灭,并且即使继续升高电压,指示灯也不亮,说明调节器性能良好。试验时,如接通开关后,升高电压时,指示灯始终不亮或常亮(电压达到调节电压后也亮),则表明该调节器有故障。没有直流可调稳压电源时,可用蓄电池作电源进行试验。

③试验台测试。在汽车电器万能试验台上,将晶体管调节器按图 3-2-114 接好线,然后,使发电机在 3 000 r/min 下稳定运转,观察发电机在半载状态下,晶体管调节器所保持的电压,该电压即为晶体管调节器的调节电压,应符合规定。常用晶体管调节器的调节电压如表 3-2-33所列。

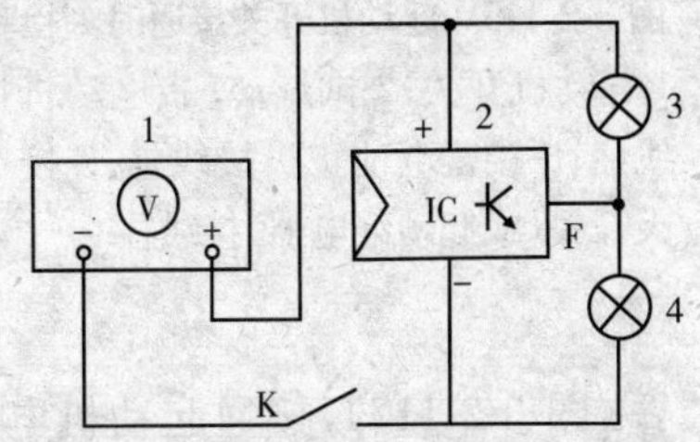

图 3-2-113　晶体管调节器动态试验

1-可调稳压电源;2-调节器;3、4-2 W/12 V (3 W/24 V)指示灯

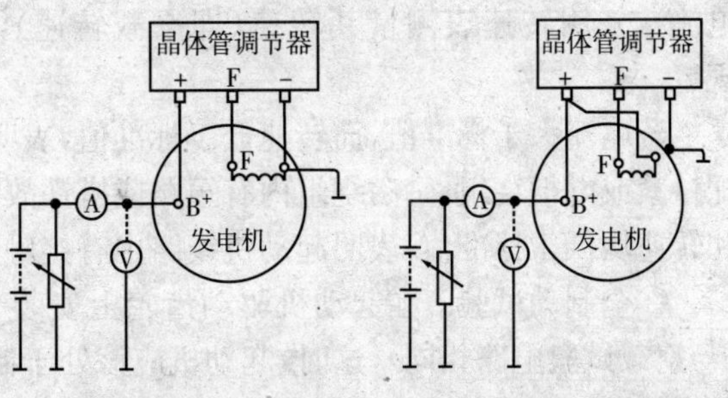

a)内搭铁调节器测试　　b)外搭铁调节器测试

图 3-2-114　晶体管调节器测试接线图

晶体管调节器的调节电压　　表 3-2-33

型号	适用电压(V)	配用发电机		调节电压(V)	型号	适用电压(V)	配用发电机		调节电压(V)
		电压(V)	功率(W)				电压(V)	功率(W)	
JFT126	14	14	350、500	13.5～14.5	JFT244	28	28	350、500	27～29
JFT106	14	14	≤1 000	13.2～14.0	JFT246	28	28	350、500	27～29
JFT107	14	14	350、500	13.5～14.5	JFT201A	28	28	500、750	27～29
JFT141	14	14	350、500	13.8～14.2	JFT241	28	28	350、500	27.5～28.5
JFT142B	14	14	350、500	13.8～14.2	JFT242B	28	28	350、500	27.5～28.5
JFT124	14	14	350、500	13.5～14.5	JFT206	28	28	≤1 000	27.2～29.2
JFT201	14	14	350、500	13.5～14.5	JFT207	28	28	350、500	27～29

三、起动机和起动继电器检验

(一)起动机的常见损伤

1.起动机的常见损伤

起动机的常见损伤:起动机开关主接触盘和触点烧蚀,副接触盘和触点表面脏污或氧化,触点或接线柱绝缘垫破损短路,复位弹簧弹力消失,接触盘搭铁或盘面歪斜;传动机构中小齿轮齿顶磨损或轮齿断裂,单向离合器发卡或打滑,缓冲弹簧折断;电刷磨损、脏污或卡死,励磁绕组断路,短路或搭铁,电枢绕组断路或搭铁,电枢轴弯曲,换向器表面烧蚀等。

2.起动机的检验方法

(1)起动机开关接通时刻的检验方法。拆掉起动机开关与电动机之间的导电片,按图3-2-115接好线后,在驱动齿轮与限位螺母(或止推垫圈)之间插入厚度为 4 ～5 mm 的塞尺,然后闭合开关 K,在驱动齿轮被推出后试灯应亮。若驱动齿轮被推出后试灯不亮,说明起动机开关接通时刻过迟;若闭合开关 K 时试灯即亮,说明接通时刻过早(易打齿)。

(2)起动机性能试验。起动机性能试验有空载试验和全制动试验两项:

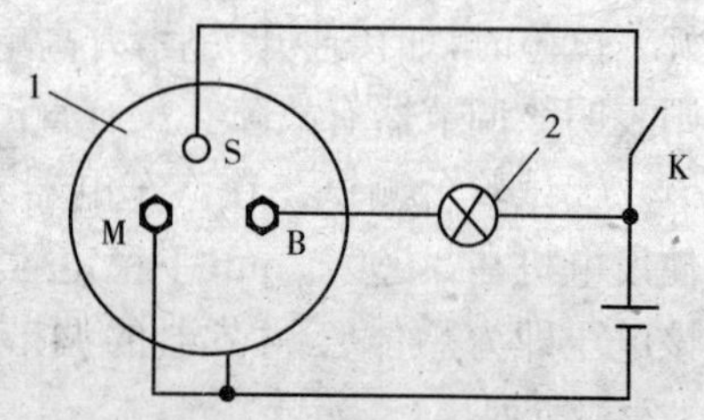

图 3-2-115　起动机开关接通时刻检验
1-起动机开关;2-试灯;M-接电动机接线柱;B-接蓄电池正极接线柱;S-接点火开关(或起动继电器)接线柱

①空载试验。将起动机安装在汽车电器万能试验台上,并按照如图 3-2-116 所示将线连接起来。接通起动机电路(每次接通时间应<1 min),起动机应运转均匀,电刷下无电火花。读取电压表读数和电流表的读数(即为空载电流),并用转速表测量其转速(即空载转速),都应符合规定。

若电流大于标准值,而转速低于标准值,表明起动机装配过紧或电枢绕组、励磁绕组内有短路或搭铁故障;若电流和转速均低于标准值,表明起动机线路中有接触不良处。

②全制动试验。在起动机驱动齿轮上安装专用测试装置(图 3-2-117),接通起动机电路(与空载试验电路相同),这时,起动机应该处于制动状态,即驱动齿轮不转。观察单向离合器是否打滑(即电枢轴是否缓慢转动),并且观察电压表读数、电流表读数(即全制动电流)和弹簧秤读数(即全制动转矩),都应符合标准。每次全制动试验时间应<5 s。

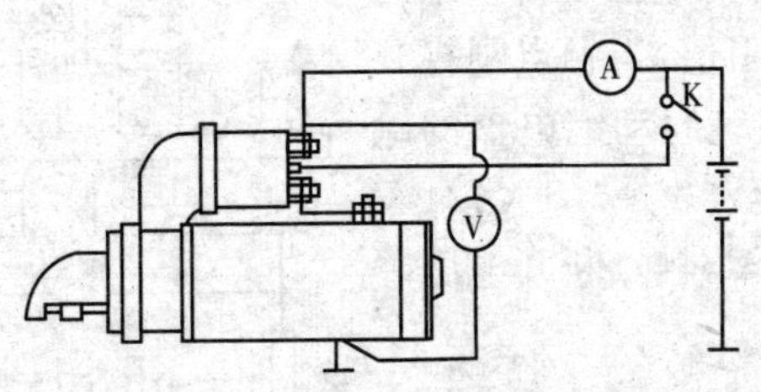

图 3-2-116　起动机空载试验电路

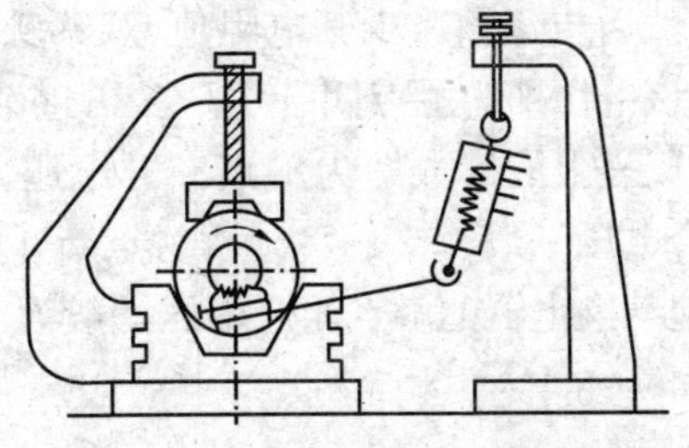

图 3-2-117　起动机全制动试验

若全制动转矩小于标准值，而全制动电流大于标准值，表明励磁绕组或电枢绕组中有短路或搭铁故障。若两者都小于标准值，则表明线路中接触电阻过大。若驱动齿轮锁止而电枢轴缓慢转动，说明单向离合器有打滑现象，此时，测得的制动电流和制动转矩不能代表全制动电流和全制动转矩。

常见起动机试验参数如表 3-2-34 所列。

常见起动机试验参数　　表 3-2-34

起动机型号	规格		空载特性		全制动性特性			适用车型
	电压等级（V）	额定功率（kW）	空载电流（A）	空载转速（r/min）	制动电压（V）	制动电流（A）	制动转矩（N·m）	
QD114A	12	0.8	≤50	≥5 000	7.7	≤600	≥12.7	SC1010 JL1010
QD113E	12	0.6	≤55	—	—	—	—	YJ1010(华利)
QD1226F	12	0.8	≤50	≥6 000	—	—	—	TJ7100(夏利)
QD1227	12	1.3	≤100	≥5 000	8	≤550	≥15.68	BJ2023
QD1332	12	2.0	≤120	≥4 000	7.5	≤500	≥13.0	五十铃 N 系列
QD1229 QD1225	12	0.95	—	—	—	≤480	≥13.0	桑塔纳
QD1237	12	1.4	≤75	≥2 900	—	—	—	北京切诺基
QD1239 QD1229	12	0.95	≤55	≥4 700	—	—	—	一汽奥迪
QD1277A	12	1.3	≤90	≥5 000	8	≤650	≥25.48	NJ1061
QD253	24	—	≤90	≥6 000	9	≤900	≥44.1	NJ1061D
QD1211	12	1.8	≤90	≥5 000	7.5	≤850	≥34.0	EQ1090E
QD124A	12	1.5	≤80	≥5 000	6	≤700	≥24.0	CA1091
QD251	24	4.5	≤80	≥6 500	8	≤800	≥59.0	CA1091K3
ST614	24	5.1	≤80	≥6 500	—	≤900	≥58.8	JN1150
QD124	12	1.47	≤90	≥5 000	8	≤650	≥30	EQ1090

（二）起动继电器检验

1.起动继电器的常见损伤

起动继电器的常见损伤有：触点脏污和烧蚀，触点间隙失常，动触点臂弹性减弱，线圈断路等。

2.起动继电器的检验方法

①检视起动继电器触点，其状况应符合技术要求。

②检验触点闭合电压和断开电压。检验时，按图 3-2-118 接线。先将可变电阻 R 调至最

大值，然后再逐渐减少其电阻值，观察触点刚闭合时电压表所指示的读数，该电压即为触点闭合电压。再逐渐增大电阻值，当触点刚打开时，电压表上的读数即为触点断开电压。12 V系统起动继电器的触点闭合电压一般为 6 ～7.6 V，触点断开电压一般为 3 ～5.5 V；24 V系统起动继电器的触点闭合电压一般为 14 ～16 V，触点断开电压一般为4.5～8 V。

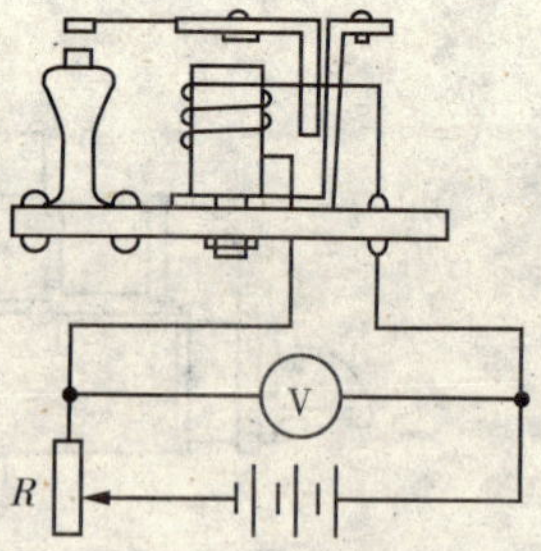

图 3-2-118 起动继电器的检验

四、点火系统主要部件的检验

（一）火花塞

1.火花塞的常见损伤

火花塞的常见损伤有：过热，严重积炭，电极烧蚀，绝缘体破裂，漏气和侧电极开裂等。

2.火花塞的检验方法

①拆下火花塞，观察其电极间隙是否符合规定，绝缘体有无裂纹，绝缘体在壳体内有无松动，侧电极焊接处有无开裂或严重烧损等缺陷。如有损伤，应更换火花塞。

②就车试验火花塞的跳火性能，试验方法有以下几种。

a.短路法。在发动机怠速运转时，用旋具将火花塞中心电极搭铁短路，如此时发动机运转立即不稳，说明该火花塞工作良好；如发动机转速无变化，说明该火花塞工作不良，应予以更换。

b.吊火法。将火花塞接线柱上的高压线拆下，使其尾端与火花塞相距 4 ～5 mm，使点火高压电击穿该空间后，在火花塞电极间跳火，若此时发动机运转立即好转，则表明火花塞积炭严重。

c.对比法。将怀疑有故障的火花塞拆下，换上良好的火花塞，起动发动机后，观察发动机的运转情况，若此时发动机运转情况好转，则说明原火花塞不良。

d.经验法。使发动机运转 15 ～20 min 后，将发动机熄火，然后用手触摸火花塞芯，如其温度很低，则说明该火花塞工作不良，应更换。

（二）点火线圈

1.点火线圈的常见损伤

点火线圈的常见损伤是：一次侧线圈或二次侧线圈短路、断路或搭铁，绝缘材料因老化而绝缘不良等。

2.点火线圈的检验方法

①用万用表测量点火线圈各接线端子之间的电阻，应符合规定，部分汽车点火线圈的标准电阻如表 3-2-35 所列。

部分汽车点火线圈的标准电阻（Ω） 表 3-2-35

车型	一次侧线圈	二次侧线圈	一次侧线圈与外壳间
EQ1090	1.5	7.3	∞
CA1090	1.5	7.0	∞
捷达	0.52～0.76	2.4～3.5	∞
桑塔纳	0.52～0.76	2.4～3.5	∞
富康	0.8	5.2	∞

②把点火线圈放在烘箱内加温到 80℃和 120℃各 2 h，测量在该 2 个温度下点火线圈各接线端子与外壳之间的电阻，均应大于 200 MΩ。

（三）点火信号发生器

1. 磁感应式点火信号发生器的检验方法

①检测点火信号发生器线圈的电阻。脱开点火信号发生器连接器，用万用表检测点火信号发生器线圈的电阻，应符合标准，所有连接器端子与外壳之间的电阻都应为无穷大。

②检查点火信号发生器的输出电压。接通点火开关，用起动机带动发动机运转，然后用电压表测量点火信号发生器的输出电压，应为 1 ～2 V（交流信号电压）。

如测得的点火信号发生器线圈电阻和输出电压与上述值相符，则说明点火信号发生器良好；否则，点火信号发生器有故障，应予以更换。

2. 霍尔式点火信号发生器的检验方法

①断开点火开关，拆下分电器盖，然后拔出中央高压线并将其搭铁。

②检测点火信号发生器的输入电压。将直流电压表的正、负极分别与点火信号发生器连接器上"+"、"−"端子的引线连接，然后接通点火开关，这时无论触发叶轮叶片是否进入点火信号发生器气隙，电压表显示的电压都应接近于电源电压。

③检测点火信号发生器的信号电压。首先断开点火开关，然后将直流电压表的正极改接到信号发生器连接器上信号电压输出端子引线上，接着接通点火开关，转动触发叶轮，当叶片进入点火信号发生器的气隙时，电压表显示的信号电压应为 9.8 V，当叶片离开气隙时，电压表显示的信号电压应为 0.1 ～0.5 V。

如测得的点火信号发生器的输入电压和信号电压与上述值相符，则说明点火信号发生器良好；否则，点火信号发生器有故障，应予以更换。

（四）点火器

1. 磁感应式点火系统点火器的检验方法

在点火器的两根信号输入线间，接一只 1.5 V 的干电池，然后，接通点火开关，用万用表电压挡检测点火器上接点火线圈的端子电压。当干电池正向连接时，电压应为 1 ～2 V（点火器内大功率三极管处于导通状态）；当干电池反向连接时，电压应为 12 V（点火器内大功率三极管处于截止状态）。如二次测得的电压均正确，则说明点火器性能基本正常；否则，说明点火器有故障。

2. 霍尔式点火系统点火器的检验方法（旁路法）

①断开点火开关，然后拔下分电器盖上的中央高压线，使其端部离汽缸体 5 ～ 7 mm。

②拔出点火信号发生器与点火器相连的连接器，然后取一跨接线，使其一端接在信号线端子上。

③接通点火开关，然后将跨接线的另一端搭铁，观察跨接线搭铁瞬间，中央高压线端部是否跳火。如跳火，则说明点火器工作良好；如不跳火，则点火器及其线路可能有故障。

（五）配电器

1. 配电器的常见故障

配电器的常见故障有：分电器盖破损漏电，分电器盖中央插孔内炭精柱压紧弹簧失效、炭精柱卡住（与分火头导电片接触不良），分火头漏电等。

2. 配电器的检查方法

①检视配电器外观，其各零件应无可见的损伤。

②检测分电器盖各插孔之间的绝缘电阻，应为 500 MΩ 以上。

③检查分火头，应不漏电，在轴上应不松旷。检查分火头是否漏电的方法是：将分火头靠在发动机螺栓上或反过来朝下平放在发动机机体的一个平面上，拔出分电器盖上的中央高压线，使高压线端离分火头导电片 3 ~5 mm；接通点火开关，转动发动机，使点火系统产生高压电。如果可以看到高压线端跳火，则说明分火头已漏电，需要更换。

(六)真空点火提前装置和离心点火提前装置

1. 真空点火提前装置的检查

(1)真空点火提前装置的简易检查方法：

用嘴含住真空提前装置上的真空管连接插头并吸吮，其拉杆应能移动，否则应予以更换。

(2)真空点火提前装置的就车检查方法：

起动发动机，使发动机温度达到正常工作温度。脱开真空点火提前装置上的真空管，并将其堵上。使发动机在 1 000 r/min 下运转，将手动真空泵装到真空点火提前装置上，并连接好点火正时灯，用手动真空泵给真空点火提前装置施加不同大小的负压，同时，观察点火提前角的变化是否与标准相符。如不符合标准，则应检修或更换真空点火提前装置。

2. 离心点火提前装置的检查

(1)离心点火提前装置的简易检查方法：

一手捏住分电器轴，另一手沿顺时针方向转动点火信号发生器转子(或分火头)，应感到有阻力。然后，放松转子(或分火头)，转子应能迅速复位。如转子不能迅速复位，则说明离心提前装置的弹簧失效，应予以更换。

(2)离心点火提前装置的就车检查方法：

起动发动机，使发动机温度达到正常工作温度。脱开真空点火提前装置上的真空管，并将其堵上，连接好点火正时灯，使发动机从怠速开始缓慢增加转速，同时，观察点火提前角度是否发生变化。点火提前角应随发动机转速的提高而平稳增大，并与标准值相符，否则，应检修或更换离心点火提前装置。

五、照明设备与信号装置检验

(一)前照灯照射位置的检验方法

汽车前照灯检验条件为：轮胎气压符合规定，前照灯配光镜清洁，汽车空载(允许坐 1 名驾驶员)，场地平整。

现以东风 EQ 1090 型汽车装用的 ND 170－Ⅲ型前照灯为例，介绍前照灯的检验方法(其他车型前照灯的检验方法与之相似)。

①使车头正对幕布或墙壁，并使前照灯距离幕布或墙壁 10 m。

②在屏幕上距离地面高度为 1 086 mm 处，画水平线 AA′，在此水平线的下方 262 mm 处，画水平线 BB′，再在屏幕上画 3 条垂直线，其中一条为中垂线，使它与汽车的中心线对正，另外两条分别位于中垂线的两侧，它们与中垂线的距离均为两前照灯中心距离的一半(515 mm)，并分别与水平线 BB′相交于 a 和 b 点。在屏幕上再按近光光形画出明暗截止线，如图 3-2-119 所示。

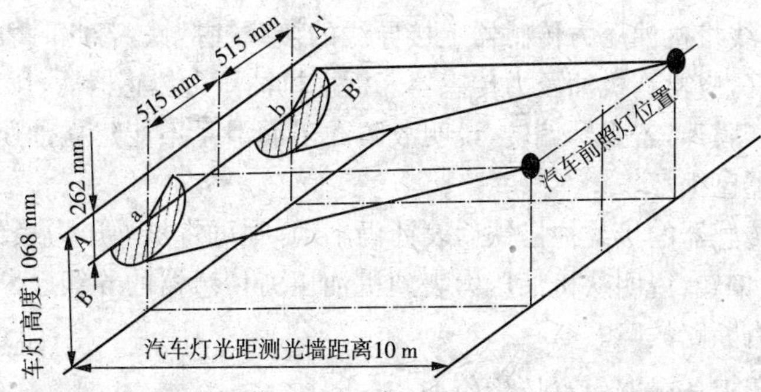

图 3-2-119 东风 EQ 1090 型汽车前照灯照射方向的检查

③检查左前照灯时，将右前照灯遮住，然后接通近光灯，左前照灯的近光光束中心应对准 a 点，其明暗截止线应与屏幕上的近光明暗截止线相重合。检查右前照灯的方法与左前照灯相同，右前照灯的近光光束中心应对准 b 点。

（二）转向灯及危险报警灯检验

对转向灯及危险报警灯，主要是检查它们的闪光频率，其频率应为 1.5±0.5 Hz。

六、仪表及辅助电器检验

（一）电流表检验

①检视指针偏摆的灵活性。

②接通前照灯，电流表指针应指示负值，同时，可根据前照灯的功率和蓄电池的电压估计电流表指示值的准确性。例如：接通 2 只 50 W 的前照灯时，蓄电池电压为 12 V，则电流表应指示−8.3 A。电流表指示值的准确性，也可以用标准电流表来校验。

（二）机油压力表故障检查

现在，就机油压力表不同故障形态的检查方法，分别作以下叙述。

1. 机油压力表指示值不准

在正常情况下，未接通点火开关时机油压力表表针应位于"0"以下。这时，若表针指示"0"或大于"0"，说明机油压力表零位不准。接通点火开关（不起动发动机）时，表针应指"0"。此时，若表针指示大于"0"，说明机油压力传感器装歪（外壳上的箭头方向应朝上，左右安装误差均不得超过 15°）或机油压力传感器与机油压力表不匹配。发动机怠速运转时，表针应指示 0.15 ～ 0.20 MPa；发动机高速运转时，表针指示值应≤0.5 MPa。断开点火开关后，表针应缓慢地退回到"0"稍下位置。

2. 机油压力表表针偏转到最右位置

接通点火开关后，表针立即偏转到最右位置的现象说明电路有搭铁故障。检查时，先拆下机油压力传感器端导线，观察表针是否从最右位置退回到原始位置。若表针退回到原始位置，说明机油压力传感器内有搭铁故障；若表针不退回到原始位置，再拆下机油压力表的"传感器"接线柱上的导线，此时，若表针退回到原始位置，说明从机油压力表到机油压力传感器的导线有搭铁故障；若表针还不退回到原始位置，说明机油压力表内部有搭铁故障。

3. 机油压力表表针不动

接通点火开关后机油压力表表针不动，如机油压力表电源接线柱上有电，说明电路有断路故障。检查时，用导线将机油压力传感器上接导线的接线柱搭铁，若此时表针偏转，说明机油压力表和导线均良好，应检查机油压力传感器。拆下机油压力传感器后，用细钢丝插入机油压力传感器油孔内顶压膜片，若表针偏转，说明故障在于润滑系不能建立油压。若表针仍不动，说明机油压力传感器已损坏。

若将机油压力传感器的接线柱搭铁后表针仍不动，则可将机油压力表的“传感器”接线柱搭铁。此时，若表针偏转，说明从机油压力表到机油压力传感器的导线已断。若表针仍不动，则机油压力表内部有断路故障。

（三）水温表及水温传感器电路故障检查

水温表及水温传感器电路的常见故障有：指示值不准，表针偏转到最右位置，表针不动。

水温表指示值不准的常见原因是：稳压器和水温传感器失效。稳压器是否失效，可根据其输出电压判断，或者根据燃油表指示值来间接判断。水温表指示值的准确性可用温度计来校验。

水温表表针偏转到最右位置和表针不动故障的检查方法与机油压力表及机油压力传感器电路故障的检验方法相同。

（四）燃油表故障检查

现在，就燃油表不同故障形态的检验方法，分别作以下叙述。

1. 燃油表表针始终指“0”

对于电磁式燃油表，如果接通点火开关后，表针始终指“0”，说明燃油表及燃油传感器电路有搭铁故障。检查方法是：拆下燃油传感器接线柱上的导线，若此时表针指向“1”，说明燃油传感器内部有搭铁故障。若表针不动，再拆下燃油表“传感器”接线柱上的导线，若此时表针指向“1”，说明自燃油表至燃油传感器的导线有搭铁故障。若表针仍然不动，说明燃油表内部有搭铁故障。

对于电热式燃油表，点火开关接通后，表针始终指“0”，表示电路有断路故障。检查时，在点火开关接通后，可先观察水温表指示是否正常。若水温表表针不动，说明稳压器有故障，若水温表指示正常，则稳压器无故障。这时，可将燃油传感器接线柱搭铁，若表针开始偏摆，说明燃油传感器内部有断路故障；若表针不动，可再将燃油表“传感器”接线柱搭铁，然后，观察表针是否偏摆。若此时表针开始偏摆，说明自燃油表至燃油传感器的导线有断路故障；若表针仍不动，说明燃油表内部有断路故障。

2. 燃油表表针始终指“1”

对于电磁式燃油表，点火开关接通后表针始终指“1”，说明燃油表及燃油传感器电路有断路故障，可用将燃油传感器接线柱、燃油表“传感器”接线柱搭铁的方法来判断故障部位（与电热式燃油表表针始终指“0”时的故障检查方法相同）。

对于电热式燃油表，该故障为燃油表及燃油传感器电路的搭铁故障，可用拆下燃油传感器接线柱、燃油表“传感器”接线柱上导线的方法，来判断故障的部位（与电磁式燃油表表针始终指“0”时的故障检查方法相同）。

3. 燃油表指示值不准

燃油表指示值不准时，可用万用表 $R\times1$ 挡检查浮子在不同位置时燃油传感器的电阻，其值应与标准相符（表 3-2-36），在浮子升降时，电阻值变化应连续，无突变现象。

常见汽车燃油传感器电阻值　　表 3-2-36

车　型	适用电压(V)	电阻值(Ω)		
		0(E)	1/2	1(F)
NJ1061 系列	12	0	30	60
	24	0	60	120
EQ1090—1	12	60	30	0
CA1091	24	120	60	0
TJ7100	12	103～117	28.5～36.5	1～5
奥迪 100	12	283±5	78±1	40±1

(五)电动刮水器检验

(1)检视电动刮水器的工作情况。有效刮雨面积应符合要求;刮片应与玻璃面垂直,电动刮水器停止工作时,刮片架能自动回位。

(2)倾听刮水器的工作声音,应无异响。

七、汽车电器与电子设备故障诊断与排除

1.汽车充电系统常见故障的诊断与排除(表 3-2-37)

汽车充电系统常见故障的诊断与排除　　表 3-2-37

故障现象	故障原因	排除方法
蓄电池充电不足	蓄电池有故障	检修或更换蓄电池
	发电机驱动带打滑	张紧发电机驱动带
	蓄电池极桩松动或腐蚀	检修或更换蓄电池
	发电机内部有故障(二极管开路、电刷磨损或调节器故障等)而供电电压过低	检修或更换发电机
	全车电路有搭铁漏电处	检修全车电路
	蓄电池漏电	检修或更换蓄电池
	充电线路中电阻过大	检修充电线路
当发动机运转时,充电指示灯一直亮	发电机驱动带打滑或损坏	张紧或更换发电机驱动带
	发电机内部有故障(二极管开路,电刷磨损或调节器故障等)而不供电	检修或更换发电机
	充电线路接头松动或损坏	紧固或检修充电线路
在任何情况下,充电指示灯都不亮	发电机内部有故障(电刷与滑环接触不良)或调节器有故障等	检修发电机或调节器
	充电指示灯灯泡烧毁	更换充电指示灯灯泡
	充电指示灯电路开路	检修充电指示灯电路

2.汽车起动系统常见故障的诊断与排除(表 3-2-38)

汽车起动系统常见故障的诊断与排除　　表 3-2-38

故障现象	故障原因	排除方法
在起动时，发动机不能转动	蓄电池接柱腐蚀	清洗蓄电池接柱
	蓄电池放电或有故障	检查蓄电池，必要时予以更换
	起动机线路松动或断开	检修起动机线路
	起动机开关有问题	检修、更换点火开关或起动继电器
	起动机齿轮或飞轮齿圈松动	检修、更换起动机齿轮或飞轮齿圈
	搭铁电缆损坏、松动或腐蚀	紧固或更换搭铁电缆
起动机噪声过大	起动机齿轮或飞轮齿圈松动	检修、更换起动机齿轮或飞轮齿圈
	起动机固定螺栓松动	扭紧起动机固定螺栓
	起动机零件损坏（轴承等）	检修起动机（更换损坏的零件）
	蓄电池放电（起动机可能会断续转、停）	检修蓄电池线路
起动无力（转动缓慢）	蓄电池放电	关断所有用电器，检修蓄电池线路
	蓄电池极柱松动或腐蚀	清洗蓄电池极柱，检修或更换蓄电池
	搭铁电缆、起动机电源电缆松动或断开	牢固连接搭铁电缆、起动机电源电缆
	起动机电源电路或搭铁电路电阻过大	检修起动机电源电路、搭铁电路
	起动机电路有故障	检修起动机电路

3.汽车点火系统常见故障的诊断与排除（表 3-2-39）

汽车点火系统常见故障的诊断与排除　　表 3-2-39

故障现象	故障原因	排除方法
火花塞电极不跳火，导致发动机不能起动或停止运转	蓄电池无电或存电不足	对蓄电池进行检修或充电
	点火开关触点接触不良	检修或更换点火开关
	低压线路断路或接头松脱	更换线路或扭紧紧固螺母
	点火线圈一次侧线圈断路	更换点火线圈
	点火线圈二次侧线圈击穿	更换点火线圈
	电容器击穿	更换电容器
	火花塞损坏	更换火花塞
	火花塞严重积炭	清除积炭或更换火花塞
	导线断裂或未插到位	更换或检修导线
	点火信号发生器损坏	更换点火信号发生器
	点火器损坏	更换点火器
火花塞跳火过弱，导致发动机工作不稳定	点火开关触点有锈蚀或接触电阻大	清除触点上的锈蚀
	导线连接处接触不良	检修和紧固导线连接部位
	高压线破裂、漏电	更换高压线
	电容器漏电	更换电容器
	火花塞漏电	更换火花塞
	火花塞电极间隙过大或过小	调整至标准间隙
	分电器盖有裂纹	更换分电器盖
	点火线圈二次侧线圈匝间短路	更换点火线圈

续上表

故障现象	故障原因	排除方法
火花塞断火，导致发动机运转不规则，转速降低，功率下降	火花塞跳火过弱引起断火	检修或更换火花塞
	火花塞积炭严重	清除积炭或更换火花塞
	火花塞漏电	检修或更换火花塞
	分电器盖有裂纹	更换分电器盖
	高压线漏电	更换高压线
	导线连接部位松脱	紧固导线连接部位
点火提前角过大或过小，点火正时不合适，导致发动机回火或排气管“放炮”，发动机产生爆燃、运转无力	离心点火提前装置弹簧拉力过大或过小	调整弹簧拉力
	离心点火提前装置弹簧折断	更换弹簧
	真空点火提前装置真空室损坏	更换真空室
	真空点火提前装置的真空管破裂	更换真空管
	点火正时不正确	调整点火正时

4.照明系统常见故障的诊断与排除(表3-2-40)

照明系统常见故障的诊断与排除 表3-2-40

故障现象	故障原因	排除方法
灯光过暗	照明电路中电阻过大	检修照明电路
	交流发电机输出电压过低	检修交流发电机，包括其电压调节器
	配光镜或反射镜变色	更换配光镜或反射镜
前照灯无法调整	固定架有故障	检修固定架
	前照灯松动	将前照灯安装牢固
	车身仪表板损坏	检修或更换车身仪表板
	调整不当	正确调整
车灯不工作	灯泡烧毁	更换灯泡
	照明系电路熔丝烧断	更换熔丝
	接线、熔断丝松动或损坏	将接线、熔断丝连接牢固或更换
	继电器不工作	检修或更换继电器
	线路连接处腐蚀	清除腐蚀物、连接好线路
	车灯开关触点未闭合	检修或更换车灯开关

5.辅助电器常见故障的诊断与排除(表3-2-41)

6.车载音响、安全和通讯系统的故障及其原因

车载音响(ICE)、安全和通讯系统的常见故障及其原因如下。

(1)报警器不工作：熔断丝烧断，设置不正确，远程钥匙污染，通往报警器的线路断路，ECU有故障，播放机、传送器有故障。

(2)报警器无明显理由自行拉响原因：蓄电池泄漏，接线松动，振动、抖动或移动检测电路设置太敏感，蓄电池自行放电，风、小鸟或昆虫等进入系统内等。

(3)无线电受干扰原因：点火高压元件漏电，有静电干扰，天线搭铁处电阻过大或断路，抗干扰电路断路。

辅助电器常见故障的诊断与排除 表 3-2-41

故障现象	故障原因	排除方法
喇叭不响或音色不佳	接线、熔断丝松动或损坏	连接或更换接线、熔断丝
	喇叭接线端子腐蚀	清洗接线端子，并将喇叭接线连接牢固
	喇叭开关触点不闭合	更换喇叭开关
	喇叭电路中触点电阻过大	清洗触点
	喇叭继电器不工作	检修或更换喇叭继电器
雨刮器不工作或工作不正常	接线、熔断丝松动或损坏	连接或更换接线、熔断丝
	雨刮器电动机接线端子腐蚀	清洗接线端子，并将雨刮器电动机接线连接牢固
	雨刮器开关触点不闭合	检修或更换雨刮器开关
	雨刮器开关电路中触点电阻过大	清洗触点
	继电器、定时器不工作	检修或更换继电器、定时器
	雨刮器电动机电刷或滑环接线端子腐蚀	清洗接线端子，并将接线连接牢固
	限位开关触点断开或电阻过大	检修或更换限位开关
	雨刮片、摇臂弹簧不能正常工作	更换刮片、摇臂弹簧
洗涤器不工作或工作不正常	接线、熔断丝松动或损坏	连接或更换接线、熔断丝
	洗涤器电动机接线端子腐蚀	清洗接线端子，并将洗涤器电动机接线连接牢固
	洗涤器开关触点不闭合	检修或更换洗涤器开关
	洗涤器电动机工作不正常或不能工作	更换洗涤器电动机
	管路或喷嘴堵住	清洗管路或喷嘴
	使用的洗涤液不对	使用规定的洗涤液
指示仪表不工作或工作灯闪光频率不正确	灯泡烧坏	更换灯泡
	接线、熔断丝松动或损坏	连接或更换接线、熔断丝
	开关触点不闭合	检修或更换开关触点
	开关电路中触点电阻过大	清洗触点
	继电器不工作	检修或更换继电器

(4)ICE 系统不能发声原因：设备未接通，接线松动或断路，导线缠绕成一团，通往某独立单元(放大器、平衡臂)的导线接错，熔断丝烧断。

(5)声音紊乱原因：平衡控制设置不正确，扬声器接线不正确(右前、左前、右后、左后等)，扬声器电路断路或输出音量过小。

(6)相位错误原因：扬声器极性不正确。

(7)扬声器发出“嘎嘎”声原因：扬声器有故障，抗干扰电路有故障。

(8)有爆裂噪声原因：某扬声器有故障，接线连接不良(仅相应频道有爆裂噪声)，抗干扰电路有故障(所有频道均有爆裂噪声)，播放机电路有故障。

(9)扬声器振动或发出“嗡嗡”声原因：扬声器安装不正确或松动，扬声器线路与电源线路相距过近，设备有故障。

(10)扬声器无声音或无线电接收效果不佳原因：扬声器功率不正确，调音不正确，无线电接收设备处于“盲点”区(高层建筑物会影响调频信号的接收)，天线未完全伸出，天线搭铁处松动或电阻过大，天线上未安装调谐器(老式无线电接收设备)，天线脏污。

(11)电话接收效果不佳原因：蓄电池电压低，接收区信号弱，汽车内有无线电干扰，电话接线松动。

第四节　汽车空调系统检验

一、空调系统工作压力的测试

(一)检测仪器

检测汽车空调系统工作压力时，需配备一套压力表组和三根连接用的胶皮管。其中，压力表组分高、低压力表二种，其读数应有公制或英制两种；三根连接用的胶皮软管，应耐冷冻剂、耐压，并具有多种不同的颜色。为了降低压缩机排泄阀的压力，软管上装有弯成45°旋回接头，它直接与压缩机排泄阀相连接，用螺母紧固，如图3-2-120所示。

汽车空调系统压力检测作业需要的压力表组，一只表用于检测空调系统高压侧的压力，另一只表用于检测低压侧的压力。低压侧压力表，既用于显示压力，也用于显示真空度，一般真空读数绝对压力范围为0～101.3 kPa，而压力刻度从0 MPa开始，量程应≥1.5 MPa。

高压侧压力表测量的压力范围从0 MPa开始，量程应≥3 MPa。

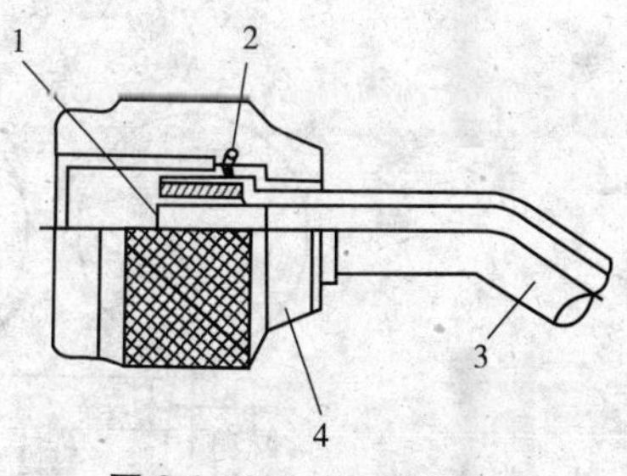

图3-2-120　旋回接头

1-锁紧螺母；2-金属弯管接头；3-橡胶密封；4-气门顶针

这两只表都装在一个表座上部，表座的两端各有一个手动截止阀，下部有三个管道接口，如图3-2-121所示。压力组合表的功能如下：

①检测高压侧和低压侧压力；

②从系统内排出空气、湿气和被污染的制冷剂；

③向系统充注制冷剂。

表座两端有手动截止阀，表座内有控制压力表(高、低压软管接口)至中间接口的管道。如果关闭此阀，系统中制冷剂可上达压力表，并使表针转动。如果打开此阀，制冷剂可流经表座通路，从中间接口流出而进入大气。显然，要想测取压力读数，这二个阀必须关闭。要想充注制冷剂，须用软管接通制冷剂罐和中间接口，然后打开一个阀，让制冷剂流经表座而进入系统，如图3-2-122所示。

(二)检测方法与标准

汽车空调系统压力，受到外界多种条件影响，例如环境温度、发动机转速、冷凝器的冷却条件等，因此，检测汽车空调系统压力的标准也是在一定的环境温度下，压缩机转速在一定的范围内,冷凝器冷却在一定条件下的标准,而不是一个同一条件的标准。

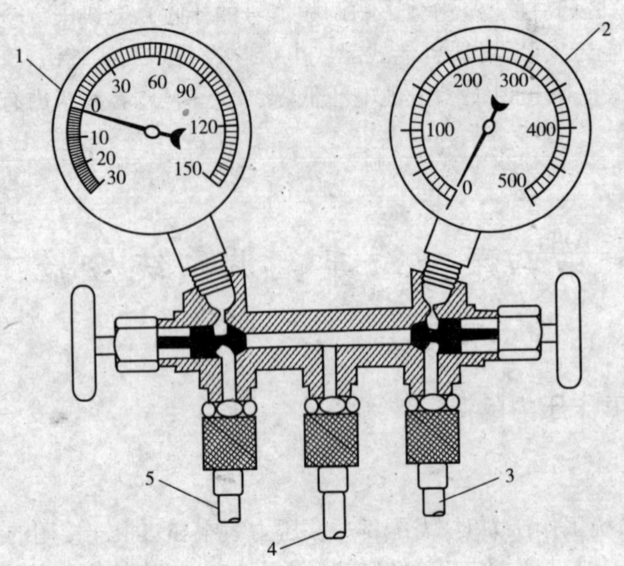

图 3-2-121　装二只压力表的表座

1-低压表(蓝);2-高压表(红);3-高压侧软管(红);4-维修用软管(黄);5-低压侧软管(蓝)

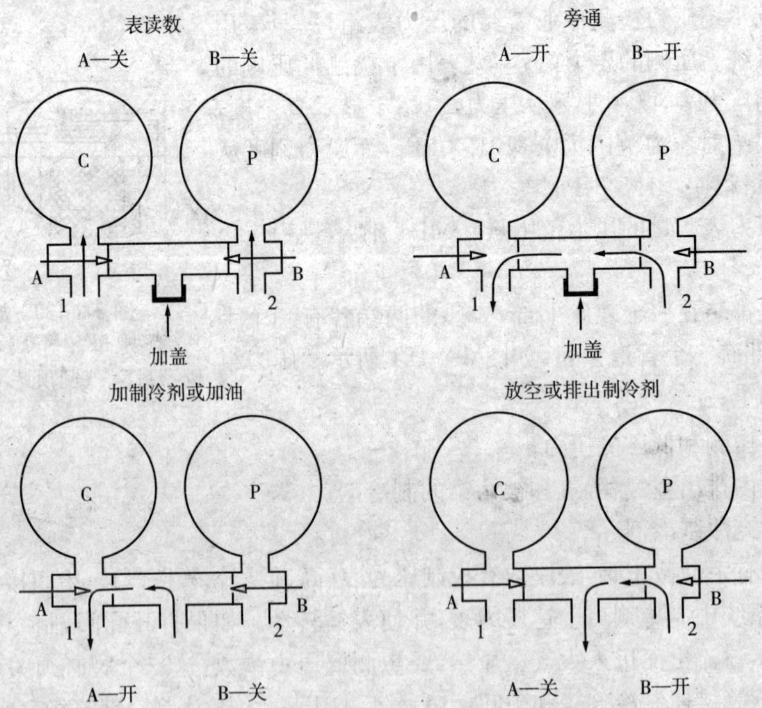

图 3-2-122　组合压力表与汽车空调系统的连接方法

1-接低压侧;2-接高压侧;C-低压表;P-高压表

将压力表组的高压表与汽车空调系统的高压侧排气阀相连接,低压表与系统低压侧排气阀相连接,压缩机转速为 1 250 r/min 的条件下,空调系统高、低压侧的正常压力如表 3-2-42

所列。

汽车空调装置的正常工作状态及其电磁离合器、传动带故障如下。

空调系统高、低压侧正常压力(压缩机转速 1250r/min)　　表 3-2-42

境温环度(车外空气)(℃)	高压侧压力(MPa)	低压侧压力(MPa)
15.5	0.84～1.19	0.09～0.12
21.1	1.05～1.15	0.09～0.14
26.6	1.26～1.93	0.09～0.14
32.2	1.40～2.18	0.12～0.21
37.7	1.61～2.30	0.15～0.24
43.3	1.89～2.53	0.19～0.26

1. 桑塔纳轿车空调系统(采用膨胀阀)**的正常工作状态**(图 3-2-123)

①压缩机运转时，低压侧压力降至 78.5 kPa 时压缩机停转，直到压力升高到 205.9 kPa 时，压缩机又开始运转。

②高压侧压力为 1.08～1.47 MPa。

③空调装置的制冷剂无气泡(在观察镜中看)。

④放在蒸发器散热片上的温度计指示 2～7℃。

2. 奥迪轿车空调系统(采用节流膨胀管，即 CCOT)**的正常工作状态**(图 3-2-124)

①压缩机运转时，低压侧压力降到 186.3 kPa 时压缩机停转，直到压力升高到 313.8 kPa 时，压缩机又开始转动。

②高压侧压力为 1.37 MPa 左右。

③蒸发器出风口温度为 7～16℃。

3. 电磁离合器及传动带故障

■故障 1

(1)故障现象(图 3-2-125)：

①低压侧压力大约为 0.6 MPa，压缩机不停地运转；高压侧大约为 0.9 MPa。

②制冷剂观察镜中有气泡。

(2)可能故障原因：

①压缩机电磁离合器有故障(打滑)，原因为：间隙太大或调整不当；电磁线圈两端电压低或控制电路有故障。

②传动带打滑，并有尖啸声，此时传动带和传动带轮温度很高。

■故障 2

(1)故障现象(图 3-2-126)：

①低压侧压力波动很快。

②高压侧压力波动也很快。

③高压侧压力在 0.68 MPa 以下。

④制冷剂观察镜中有气泡。

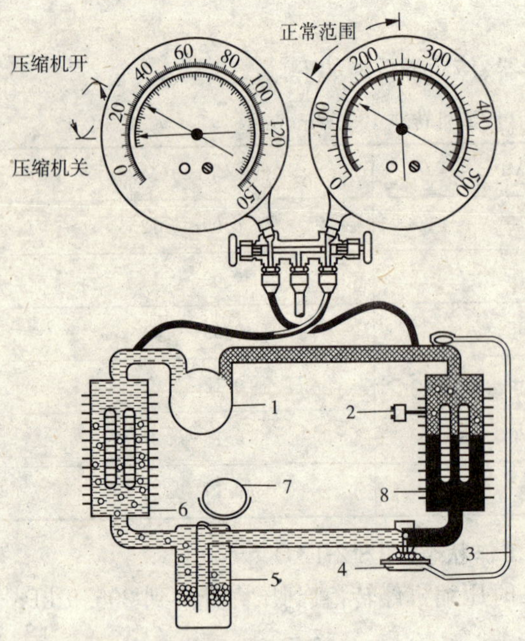

图 3-2-123　桑塔纳轿车空调系统(采用膨胀阀)的正常工作状态

1-压缩机;2-温控器;3-膨胀阀感温管;4-膨胀阀膜盒;5-干燥过滤器;6-冷凝器;7-过滤网;8-蒸发器

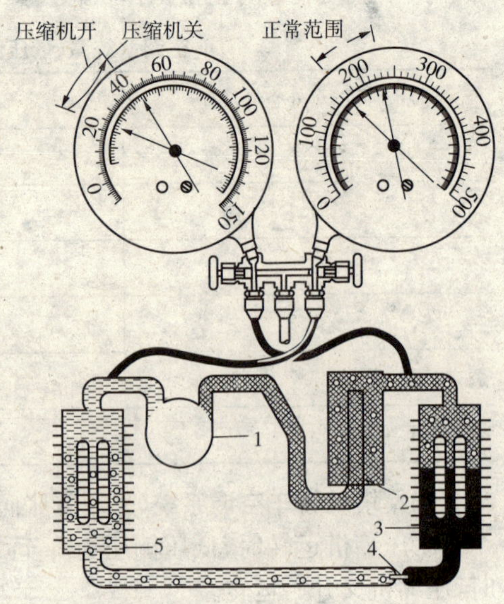

图 3-2-124　奥迪轿车空调系统(采有节流膨胀管)的正常工作状态

1-压缩机;2-储液器;3-蒸发器;4-节流膨胀管;5-冷凝器

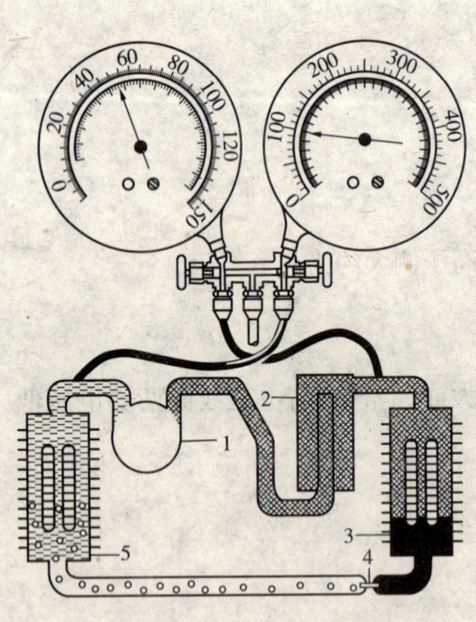

图 3-2-125　奥迪轿车空调系统

1-压缩机;2-储液器;3-蒸发器;4-节流膨胀管;5-冷凝器

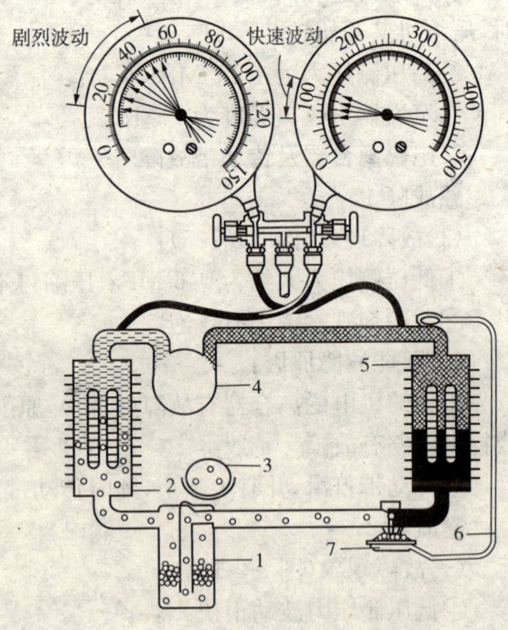

图 3-2-126　采用非节流膨胀管的轿车空调系统

1-干燥过滤器;2-冷凝器;3-过滤网;4-压缩机;5-蒸发器;6-膨胀阀感温管;7-膨胀阀

(2)可能故障原因：

①压缩机阀片损坏，并伴有“啪啪”的响声。

②蒸发器出口温度与外界温度相近，由于温度过高，压缩机润滑油失效。

③压缩机进、排气阀损坏。

■故障3

(1)故障现象(图3-2-127)：

①低压侧压力高，但不波动。

②高压侧压力非常高，有缓慢上升的趋势。

③冷凝器温度很高。

④制冷剂观察镜中有气泡。

⑤蒸发器出口温度仍比环境温度略低3℃左右。

(2)可能故障原因：

①制冷剂加注过量(应排放到标准量)。

②冷凝器散热片冷却条件恶化。

③冷凝器冷却电子扇失效。

④制冷剂内混有空气。

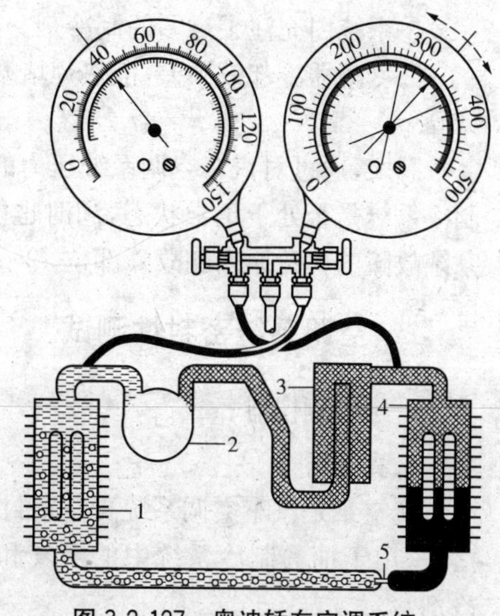

图3-2-127　奥迪轿车空调系统

1-冷凝器；2-压缩机；3-储液器；4-蒸发器；5-节流膨胀管

■故障4

(1)故障现象(图3-2-128)：

①低压侧压力显示真空读数。

②高压表上开始显示压力读数非常高，随后逐渐降低。

③蒸发器出口温度等同于环境温度。

④制冷剂观察镜中有极少量的气泡。

(2)可能故障原因：

①干燥过滤器堵塞。

②膨胀阀堵塞。

如低压表读数尚未达到完全真空，则表明系统还没有完全堵死；如干燥过滤器上部热、下部凉，有的甚至结霜，则表明干燥过滤器堵塞但尚未堵死；膨胀阀出口处开始结霜，并逐渐向蒸发器蔓延，则表明膨胀阀堵塞，但也未完全堵死。

无论干燥过滤器堵塞，还是膨胀阀堵塞，都必须予以更换。

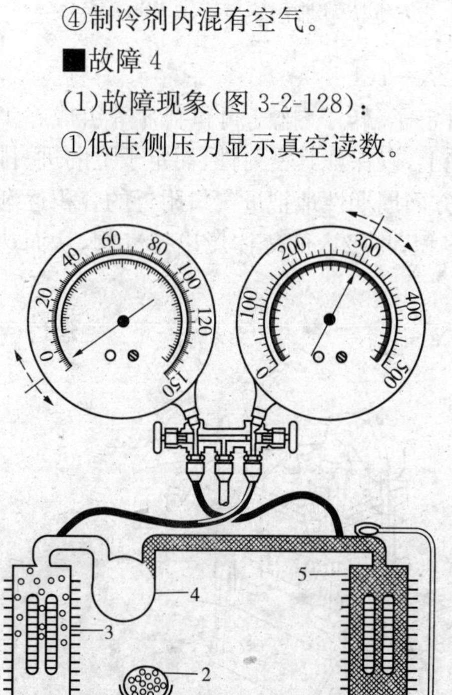

图3-2-128　非节流膨胀管的轿车空调系统

1-干燥过滤器；2-过滤网；3-冷凝器；4-压缩机；5-蒸发器；6-膨胀阀感温管；7-膨胀阀

■故障5

(1)故障现象(图3-2-129)：

①高压低压两侧压力都高。

②蒸发器出风口温度与环境温度相差不大。

(2)可能故障原因：

①系统内充注了过多的制冷剂。

②冷凝器冷却效果差，散热片堵塞，冷却电子扇有故障等。

总之，通过对汽车空调系统压力的测试，能发现空调制冷系统是否处于正常状态，同时也能根据现象判断出系统故障的大致原因和故障部位。

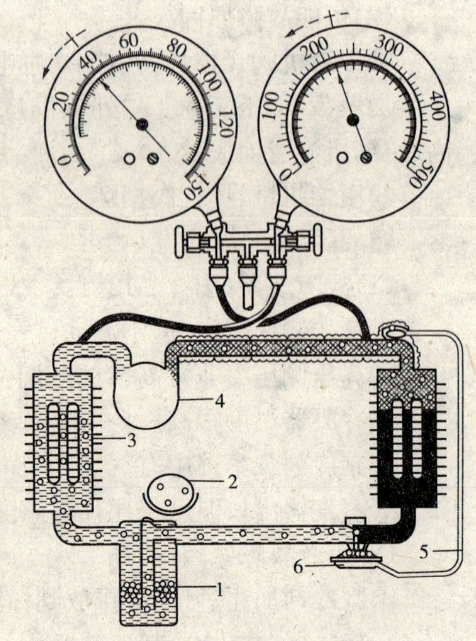

图 3-2-129 非节流膨胀管轿车空调系统

1-干燥过滤器；2-过滤网；3-冷凝器；4-压缩机；5-膨胀阀感温管；6-膨胀阀

二、空调系统密封性测试

（一）检测仪器

1. 真空泵

真空泵是汽车空调系统真空密封性测试的重要设备之一，用于抽去制冷系统中的空气和湿气，以便充灌制冷剂。

常用的真空泵，以油作密封的有滑片式和旋转刮片式二种，以水作密封的有水环式。以油作密封的真空泵真空度较高，常用滑片式真空泵型号有 ZH—8（效率为 8 L/s）和 ZH—15（15 L/s）。旋转刮片式真空泵效率高，常用型号有 2X—0.2（0.2 L/s）、2X—0.5（0.5 L/s）和 2X—1（1 L/s）等。

目前，常用的真空泵结构如图 3-2-130 所示。它由定子、转子、排气阀和刮片等组成。工作时，弹簧力及刮片的离心力将两个刮片紧贴在汽缸壁上，以保证其密封性，而定子上的进、排气口被转子和刮片分隔成二个部分，当转子旋转时，一方面周期性地把进气口附近的容积逐渐扩大而吸入气体，另一方面又逐渐缩小排气口附近的容积，将吸入的气体压出排气阀，从而达到抽真空的目的。

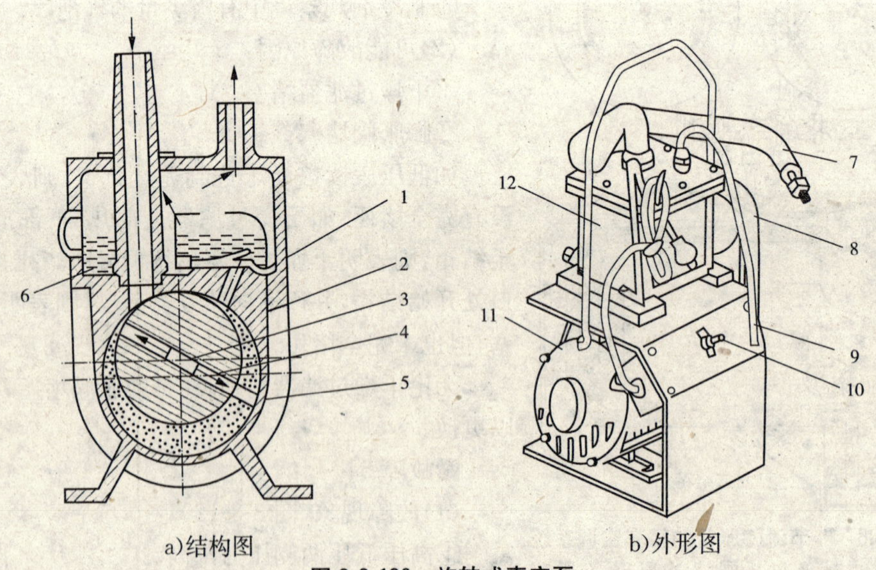

图 3-2-130 旋转式真空泵

1-排气阀；2-转子；3-弹簧；4-刮片；5-定子；6-压缩机油；7-吸气管；8-传动带护罩；9-排气嘴；10-开关；11-电动机；12-真空泵

2. 卤素检漏灯

它是一种丙烷液化气燃烧喷灯，如图 3-2-131 所示。其原理是泄漏的氟利昂气体从卤素检漏灯的吸人管被吸入而遇火焰时分解出氟氯元素，与铜化合生成卤素铜的化合物，使火焰颜色发生由绿到蓝直至紫色的变化。不同的火焰颜色即表明氟利昂泄漏量的多少:火焰颜色无变化，说明无漏气；火焰颜色为浅绿色，表明有微量漏气；火焰颜色为浅蓝色，表明有大量漏气；火焰颜色为紫色，说明有严重漏气。卤素检漏灯一般用于 R12 的检漏。

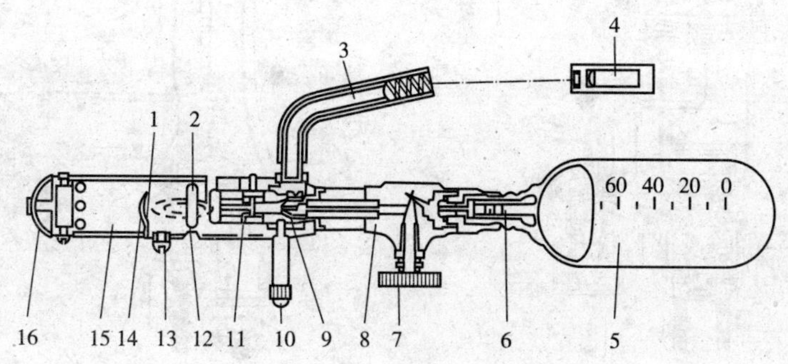

图 3-2-131　卤素检漏灯的结构

1-火焰的上限；2-火焰的下限；3-吸入管；4-滤清器；5-丙烷瓶(可拆卸更换)；6-气阀；7-调整手轮；8-检测器主体；9-喷嘴；10-燃烧筒支架；11-火焰分隔器；12-点火孔；13-反应板螺钉；14-反应板；15-火焰筒；16-盖

3. 电子检漏仪

电子检漏仪的原理，如图 3-2-132 所示。空间有制冷剂蒸气通过带电的白金丝电极时，便会立即引起其电阻变化，从而导致电路电流发生相应的变化，此时，检漏仪上的警铃及红色指示灯因电路电流的变化而都作出报警反应，从而查到泄漏的范围。电子检漏仪有用于检查 R12 泄漏的，也有用于检查 R134a 的。较先进的电子检漏仪可以检查多种制冷剂的泄漏。

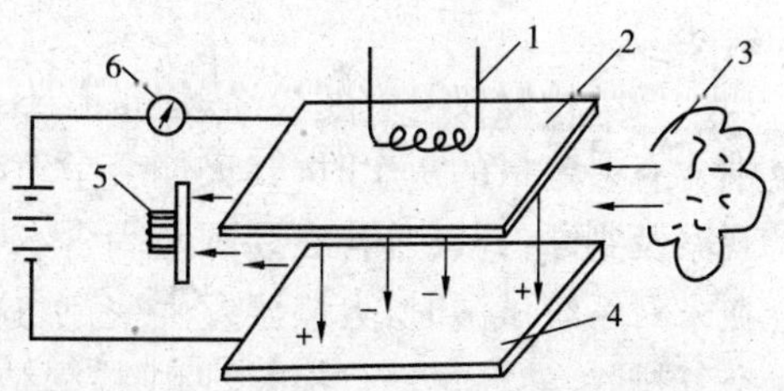

图 3-2-132　电子检漏仪工作原理示意图

1-加热器；2-阳极；3-气体制冷剂；4-阴极；5-吸气扇；6-微安表

(二)检测工艺

1. 用真空泵检测制冷系统密封性(图 3-2-133)

将空调系统与真空泵连接好，对制冷系统进行抽真空，当负压达到 101.3 kPa 时，关闭压力表阀，保持系统真空度。若过了 10 min 后真空度有所下降，则表明系统有微漏；若系统压力很快回升，则表明系统中有大漏。要查出具体器件泄漏，则要采用分段检测的方法:将被怀疑泄漏的器件从系统中拆下，然后，将系统继续封闭后抽真空，如此时能保持真空度，则拆下的器件肯定有泄漏之处。但用真空法检测泄漏有很大的局限性，如制冷系统中胶管微漏就很难用真空法检测出来，还必须用高压测试法或其他办法来检测。

2. 用卤素灯检测密封性

①点燃卤素灯，使火焰上部的铜环变成红热状态。

②转动调整手轮，使火焰伸出约 5 mm，火焰过长会降低检测的灵敏度。

③将卤素灯的吸口管对准各检漏部位仔细检查一周，并根据火焰颜色的变化判断有无泄

漏。使用时要把卤素灯保持在垂直方向，尽量避免将制冷剂燃烧产生的有毒气体吸入人体，如图 3-2-134 所示。

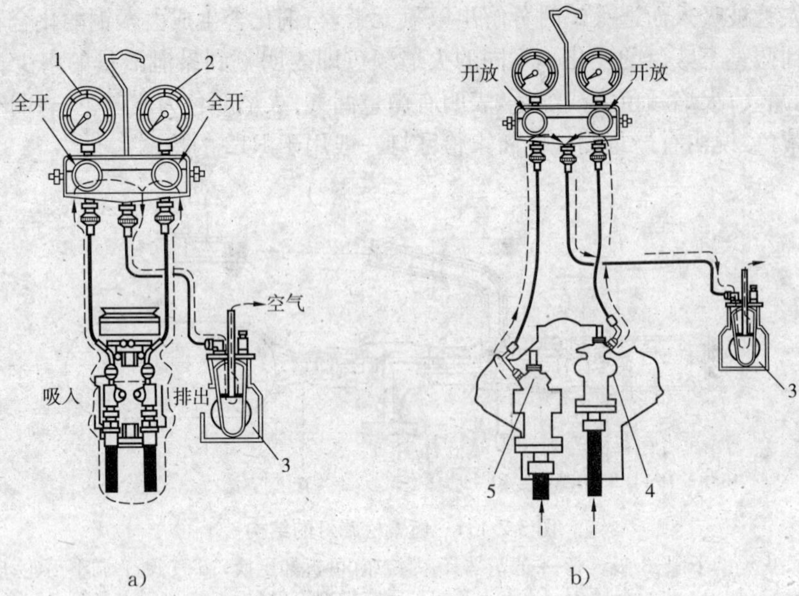

图 3-2-133 真空泵、压力组合表与空调制冷系统连接示意图

1-低压表；2-高压表；3-真空泵；4-排出工作阀（中座）；5-吸入工作阀（中座）

该类检漏仪灵敏度较高，但也有不足之处，如当空气中含有一定量的灰尘时，其火焰会呈黄色，这时就要小心观察及判断。其次，若在周围空间含有一定量制冷剂时，在未对系统试漏时，火焰已发生变色，这时就要先将周围空气排除，然后再进行检漏，否则检漏结果不准。

3. 电子检漏仪检测密封性

该仪器最大的优点是灵敏度高，它能探试出系统每年只泄漏 1 g 重制冷剂的微量漏气率，并且用警铃及指示灯显示检测结果，操作比较方便直观，但必须注意检测用的探头，必须在被检测处停留 7 s 以上，同时被检系统周围的空气中不能有其他系统释放出的制冷剂的残余气体，否则难以进行检漏。

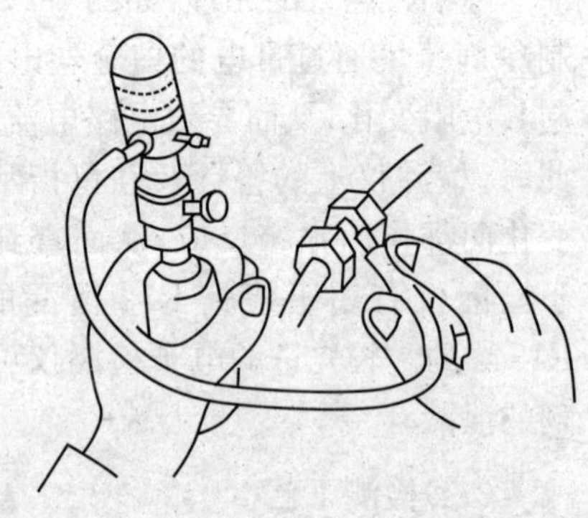

图 3-2-134 卤素检漏仪正确测试方法

4. 肥皂水泡沫试漏法

此法实施时，系统中尚有相当部分的制冷剂，如制冷剂已泄漏完了，则必须将氮气充入系统中，以达较高压力，一般为 0.78 MPa；然后把肥皂溶于水，用刷子涂抹到系统管道上，若出现泄漏，则必然会出现肥皂泡。此法较为原始，但比较简便，其优越之处还在于当用其他检漏仪器发现有泄漏时，要找具体漏点，非要用肥皂水法不可。它的不足之处是系统的有些部位，如狭小隐蔽处的系统管道，无法用肥皂水泡沫试漏法检测。

总之，检测试漏时上述各种方法大多是配合使用的，只有这样才能比较迅速有效地确定泄漏之处，以便进行处理。

三、空调系统的故障检测与诊断

(一)汽车空调系统故障诊断步骤

汽车空调系统故障诊断步骤(以制冷系统降温慢、制冷量不足为例)如下：

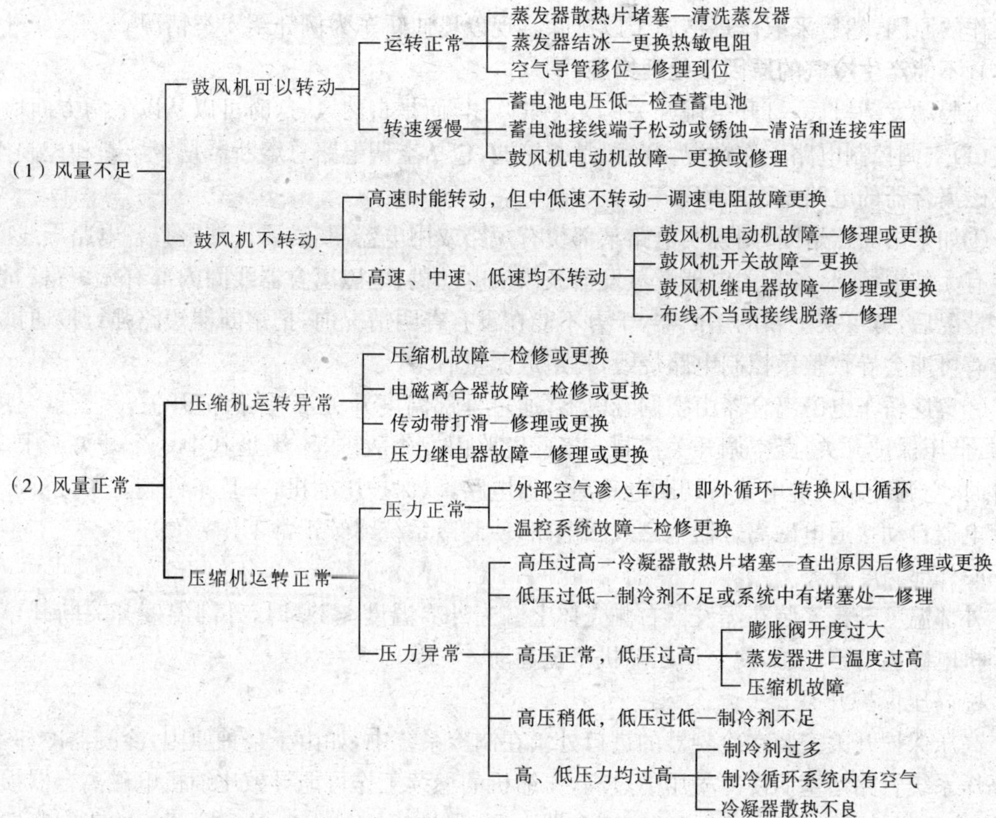

(二)空调系统常见故障的排除

对汽车空调系统故障诊断的方法很多,但对于常见故障一般可以在空调系统运行时通过“看”、“听”、“摸”进行诊断。

(1)“看”：

①看制冷剂观察镜中制冷剂流动情况,均匀透明的液体流动为正常,其余则为不正常。

②看低压回气管的结露情况,表面结露有露珠为正常。

③看制冷系统中各个管路接头处的渗油情况,干燥无油渍为正常。

④看压缩机磁力线圈工作是否正常,能将压缩机转轴吸合后转动,且无异常声响为正常。

⑤看蒸发器淌水情况,一般空调运行 8 min 左右时,有水从蒸发器接水盘中淌出为正常。

⑥看冷凝器电子扇运行是否正常。

(2)“听”：

①听压缩机运转时有无杂音或撞击声,如有,则为不正常。

②蒸发器鼓风机、冷凝器电子扇和电动机等运转时是否有杂音,如有,则为不正常。

(3)“摸”：

①摸制冷系统的高低压管，高压管烫手、低压管冷或冰手为正常。

②冷凝器(或称散热片)热为正常。

③干燥过滤器温热，且进出口无明显温差为正常。

④车内出风口吹出的风有冰凉的感觉为正常。

对故障检查和排除，汽车空调修理人员一定要根据汽车空调运行不正常的现象查明不正常工作的原因，然后采取修理措施予以排除。现以奥迪轿车为例介绍4类情况。

1.不能产生冷气的原因及处理措施

当起动发动机后，打开空调开关后无冷气吹出，而是自然风，这时可以从以下两方面检测。

(1)空调控制电路工作情况。电源是否接通，包括空调电路总熔断器是否熔断和控制压缩机电磁离合器的电路是否断路。

①如果熔断器熔断，则说明电路某部位有短路或用电器超载，要仔细检查各电路导线的绝缘层有无破损情况，各相关电器及蒸发器鼓风机电动机、电磁离合器线圈内部有无短路。查明这些情况后，方可换上新的熔断器，千万不能在没有查明情况前，把熔断器短路强行接通试机，这样有可能会导致整条控制电路烧毁，将造成严重后果。

②奥迪轿车电磁离合器由空调继电器，通过外部温度开关、高压保护开关、蒸发器温度控制器、低压保护开关，经空调开关控制。当此电路内发生故障，不满足其中一个开关所限定的条件时，空调压缩机继电器将切断电磁离合器电路，以保护压缩机；一旦条件满足了，空调压缩机继电器自动接通电磁离合器电磁线圈电路，使制冷系统继续正常工作。

a.外部温度开关

外部温度开关安装在蒸发器右侧壳体上。当外界温度≤5℃时，外部温度开关断开，切断压缩机电磁离合器电源，使空调压缩机不能起动。

b.高压保护开关

高压保护开关安装在冷凝器的进口处。在制冷系统中，如由于某种原因，冷凝器冷却不良或高压系统管路堵塞而使冷凝压力过高，压缩机的继续工作可能导致压缩机电磁离合器损坏。为此，高压保护开关切断压缩机电磁离合器电源，保护压缩机。高压保护开关的工作范围是：2.82～3.10 MPa时切断；0.103～1.73 MPa时接通。

c.低压保护开关

低压保护开关安装在蒸发器的出口处。当制冷系统中的制冷剂发生泄漏、节流和低压管路堵塞时，压缩机可能发生抽真空状态，使压缩机因无油而烧毁。在这种情况下，低压保护开关切断压缩机的工作电源，保护压缩机。低压保护开关的工作范围是：0.08～0.11 MPa时切断；0.23～0.29 MPa时接通。

d.蒸发器温度控制器

蒸发器温度控制器安装在蒸发器壳体的侧面，其感温管插入蒸发器的散热片中。它是一个温度继电器，控制压缩机在给定的蒸发温度范围内工作，防止蒸发器结霜，其工作范围是：－0.5～1.5℃时切断；1.5℃以上时接通。当蒸发器的温度下降至0℃左右时，该控制器以3次/min的频率接通和切断压缩机电磁离合器。

e.高压调整开关

高压调整开关安装在冷凝器的出口处。高压调整开关调节风扇电动机的转速，使冷凝压力限定在一定范围内。当冷凝压力为1.31～1.75 MPa时，风扇电动机以高速运转，继续冷却；当冷凝压力下降至 1.06 ～1.5 MPa，发动机冷却液温度≤105℃时，风扇电动机以低速挡运转，保证制冷系统在正常的压力范围内工作。

f. 双温开关

双温开关是发动机冷却液的双温开关。当冷却液温度高于 105℃时，双温开关接通风扇电动机的高速挡，风扇电动机按高速挡运转；当冷却液温度降至 95℃，且冷凝压力≤1.5 MPa 时，接通风扇电动机的低速挡，风扇电动机按低速挡运转；当冷却液温度降至 95℃以下，空调压缩机不起动时，风扇电动机停止工作。

g. 卸荷继电器

在汽车起动的瞬间，卸荷继电器切断空调电动机、刮水器、车灯等用电，以确保汽车起动时有足够的电量用于起动机。

h. 怠速提高电磁阀

当汽车在怠速下开空调时，由于发动机的转速低(500 ～600 r/min)，输出功率小，不足以带动空调压缩机运转，所以发动机会熄火；并且，此时发电机的发电量也小，不能满足空调电动机和压缩机电磁离合器的用电要求，以致消耗蓄电池的电能，造成发动机不能起动。为此，在化油器上装有怠速提高电磁阀，将发动机转速在空调运行时提高到 900±50 r/min，以避免出现上述现象。

(2)制冷循环系统工作情况。当对电路部分检查完毕，确认无问题后，还不能恢复制冷，可以从以下几方面继续检查：

①传动带过松，导致压缩机不转动。可将皮带重新调整好后再试机。

②制冷系统中没有制冷剂。当制冷系统中的制冷剂全部泄漏后，压缩机不工作，因此要找出泄漏部位，并在处理好以后再给制冷系统抽真空及加制冷剂。

③制冷系统已被堵死，导致制冷剂不能循环，这时压力表会显示负压(真空)状态。堵死的情况一般出现在干燥过滤器内或膨胀阀内，可更换干燥过滤器或膨胀阀。

④压缩机已损坏而无高、低压侧之分，这时必须修理或更换压缩机。

⑤制冷剂加得过多，保护电路开始起作用，使压缩机不能工作，此时只要放掉部分制冷剂即可。

2. 制冷量不足的原因及采取的措施

①冷凝效果不好。冷凝器上有污泥、杂物就会严重影响制冷系统向外散发热量，这种情况下测试压力时，高、低压都会偏高，应消除冷凝器上的污泥和杂物；若外界温度很高，通过冷凝器的空气流量不足，也会产生此现象，必要时要加装风扇，以加大流过冷凝器的空气量。

②蒸发器的鼓风机空气流量减小，带出的冷量也会减少，应清洗或更换空气滤网，清除风道中的阻碍物(主要是蒸发器散热片表面的污物)。

③制冷系统中的制冷剂不足，高压、低压表指示值偏低，制冷系统观察镜中有大量气泡，解决办法是补加制冷剂，直至观察镜中看不到气泡为止。

④压缩机长时间使用以后效率低下，应修理或更换。

⑤制冷系统中混有空气，冷凝温度偏高，散热效果不好，此时必须放掉制冷剂，抽真空和重加制冷剂。

⑥半堵，即循环管道某个部分尚未完全堵死，但不畅通，使制冷剂循环量不够。半堵一般

出现在干燥过滤器和膨胀阀内，必须更换干燥过滤器和膨胀阀。

3.制冷系统频繁间歇工作

①最常见的是制冷系统中混入潮气，少量水气在膨胀阀处结冰堵塞，导致制冷系统不能工作。等冰融化后又能制冷，制冷后又在膨胀阀处结冰堵塞，如此循环往复造成间歇制冷。解决办法是放掉制冷剂，更换干燥过滤器，在干燥的情况下抽真空，且时间稍长一些，然后补充制冷剂。

②电路接触不良，也会产生此现象，必须检查电路，常见原因是搭铁线松弛。

③怠速继电器有故障或者空调放大器怠速转速调得过高，发动机转速稍降，制冷系统就不工作，解决办法是调整怠速继电器或空调放大器转速设置。

4.制冷系统噪声大

①最常见的是压缩机传动带松弛，运转时发出尖啸声，只要张紧或更换传动带即可。

②压缩机吸盘与带轮之间打滑，可能是电磁离合器电磁线圈中的电流减小（导致电磁吸力减小）或者吸盘与带轮之间混有油垢而打滑，必须予以清洗。

③压缩机内部缺油，造成噪声增大，加大磨损，解决办法是向压缩机加 90 mL 左右同样牌号的冷冻油试一试，如果加了冷冻后油噪声不降，则压缩机必须大修或更换。

（三）大客车空调系统故障及检测

1.独立式大客车与普通轿车空调系统故障的区别

大客车空调系统基本原理与普通轿车空调相类似，对于独立式大客车空调，其故障与普通轿车空调不同之处如下：

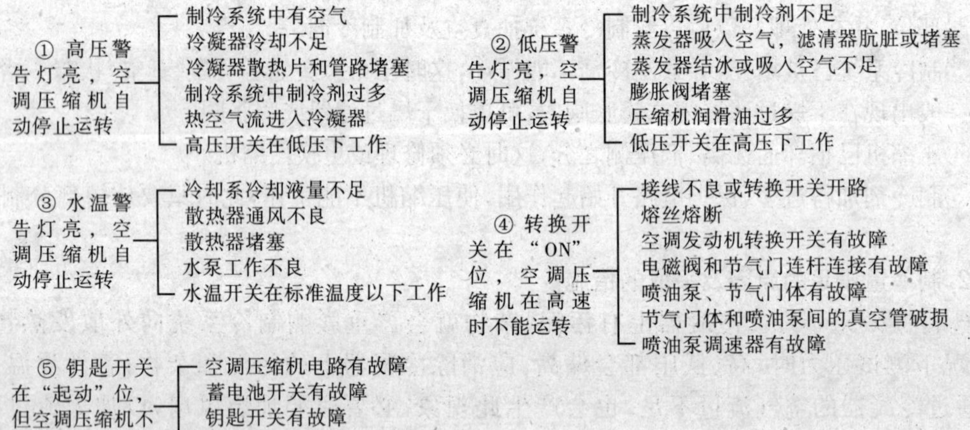

2.大客车空调的维护

(1)每天应检查的项目：

①控制发动机高、低速的磁力器是否动作灵活。

②压力、水温、油压报警灯是否完好。

③从制冷系统观察镜中观察是否缺制冷剂，从压缩机机体上油镜中观察压缩机是否缺油，如缺少，必须及时补充。

④发动机冷却液的量是否正常，散热器外表是否清洁。

(2)每 3 个月的检修项目：

①管道各接头有无松动情况，制冷剂胶管有无裂纹或磨损现象。

②冷凝器蒸发器散热片是否有灰尘。

③清洁空气过滤网。

④装上的紧固件是否松动。

⑤空调压缩机的常规检修。

(3)每年需检修的项目：

①电路上各元件的固定是否松动。

②高、低压力开关，弯道回路阀能否正常工作。

③压缩机汽缸盖的螺栓是否松动。

④联轴器有无损坏。

⑤视发动机情况更换空气过滤器芯及机油过滤器。

(4)每3年需检修的项目：

①更换压缩机中的冷冻机油。

②更换干燥过滤器。

③发动机大修。

④压缩机大修。

本 章 小 结

(1)发动机和底盘主要零部件检验中应注意下述问题。

汽车在运行过程中，其零件会逐渐产生损伤。在不同的工作条件下零件损伤的类型不同，零件损伤的类型主要有磨损、变形、断裂和腐蚀等。零件的损伤使相关部件(或总成)的技术状况恶化，性能下降。部件(或总成)在其技术状况恶化到一定程度时就要修理。

通常，零件的损伤使零件的尺寸、几何形状和相对位置发生变化。例如：汽缸的磨损使汽缸与活塞(活塞在汽缸磨损的同时也磨损)的间隙增大，汽缸的圆度和圆柱度超标，以致发动机需要大修；汽缸体的变形使曲轴主轴承承孔的同轴度超标，以致曲轴主轴颈与主轴承承孔磨损加剧；连杆的弯曲使活塞与连杆轴颈(及汽缸)的相对位置发生变化，加剧活塞和汽缸的磨损；离合器摩擦片的磨损使其厚度减小，当厚度减小到允许尺寸以下时离合器就不能正常工作。由此可见，对零件的检查主要是检查零件的尺寸和形位误差。

有摩擦必有磨损，即摩擦副零件随着工作时间的增加，其磨损量必然会增大；但对于摩擦副零件磨损量的检查，重要的往往不是检查其具体尺寸，而是检查其配合间隙，如活塞与汽缸的间隙以及齿轮的啮合间隙等。基础件，如汽缸体、变速器壳和驱动桥壳体等，一般为铸造件，在各种力和热的作用下常发生变形(有时会产生裂纹)，因此要检查其形位误差和作裂纹检验。承变载荷的零件，如曲轴、连杆和转向节等，常会因材料疲劳而产生裂纹，甚至断裂，因此对它们要作探伤检验，查明是否有裂纹。对于作高速旋转的零件，如曲轴、飞轮、传动轴和车轮等，其质量沿长度分布不均匀或重心偏离旋转中心会给零件造成附加载荷，因此对它们还要进行平衡试验(动平衡或静平衡试验)。对于有密封性要求的组件或偶件，如气门与气门座、喷油泵柱塞偶件、喷油器出油阀偶件和各种阀，还要作密封性试验。

对于部件或总成，一般在修后要检查其性能指标，应符合有关标准的要求，如汽油发动机性能应符合国标 GB/T 3799.1—2005《商用汽车发动机大修竣工出厂技术条件 第一部分：汽油发动机》的要求。

(2)电器与电子设备部件及总成检验中应注意下述问题。

对于部件中的线圈(或触点开关)可用万用表测量其电阻(或导通)的方法来判断其故障；电路中电流异常，说明电路有故障。

用测量电解液的相对密度或静止电动势的方法可以检查蓄电池的存电情况，用高率放电计测量蓄电池的电压可以检查蓄电池的起动性能。

检验硅整流发电机及其调节器的方法很多，但测量其空载转速和满载转速能准确判断发电机的性能，测量发电机在半载状态下调节器(晶体管调节器)所保持的电压可以准确判断调节器的性能。

起动机开关应在驱动齿轮被推出后接通，对起动机进行空载试验和全制动试验可以判断起动机的性能和故障类型。

通过观察连接和断开火花塞对发动机运转状况的影响可以查找有故障的火花塞；根据点火线圈初、次级线圈电阻及其绝缘电阻可以判断点火线圈的性能；对于点火信号发生器，关键是检查其点火信号电压；对于点火器是检查其能否输出正确的控制信号；配电器零件应无损伤，分电器盖和分火头应绝缘良好；对于真空点火提前装置和离心点火提前装置是检查其能否正常动作。

前照灯照射位置在无专用仪器时可以用屏幕法检查，转向灯及危险报警灯的闪光频率应为 1.5±0.5 Hz。

传统仪表电路可以用分段断路和分段搭铁的方法来检查、判断故障点。

在"汽车电器与电子设备各部分故障诊断与排除"中较详细地阐述了故障原因和排除方法，在故障诊断时可作为参考。

(3)汽车空调系统检验中应注意下述问题。

压力表组是检修汽车空调系统必需的设备，可用于检测高压侧、低压侧压力，从系统内排出空气、湿气、制冷剂和向系统内充注制冷剂。

检测空调系统压力时要考虑外界条件的影响。

电子检漏仪可用于检查 R134a 的泄漏，肥皂水泡沫试漏法可用于检查制冷剂的泄漏点。

大客车空调系统故障与普通轿车空调系统故障有一定的区别。

复习思考题

1. 试述汽缸体、汽缸盖平面翘曲的影响及检验方法。
2. 试述汽缸磨损的规律及原因。
3. 试述汽缸磨损的检验方法和技术要求。
4. 试述汽缸体裂纹的检验方法。
5. 试述汽缸搪磨后的主要技术要求，并说明汽缸轴线对汽缸体两端轴承承孔公共轴线垂直度超标的影响。
6. 选配新活塞环时应保证哪些技术要求？如何进行检验？
7. 试述连杆变形的检验方法和一般技术要求。

8. 活塞连杆组装后应符合哪些技术要求？如何进行检验？

9. 试述曲轴轴颈磨损、曲轴变形的检验方法。

10. 曲轴修磨后其连杆轴颈回转半径超标后对发动机工作有何影响？怎样检验其回转半径？

11. 选配新轴承时应保证哪些技术要求？如何进行检验？

12. 气门和气门座修理后应保证哪些技术要求？如何进行检验？

13. 试述凸轮轴凸轮磨损的特征及影响。如何进行检验？

14. 试述齿轮式机油泵、转子式机油泵经常磨损的部位及检验方法。

15. 机油泵、机油滤清器修后应符合哪些技术要求？如何进行检验？

16. 试述散热器常发生的损伤及检验方法。

17. 试述节温器技术状况的检验方法。

18. 离合器从动盘和压盘有哪些常见损伤？怎样检查？

19. 变速器壳体有哪些常见损伤？怎样检查？

20. 怎样检查传动轴花键与花键槽的配合？

21. 主减速器装配中应检验哪些项目？怎样检验？

22. 前轴有哪些常见损伤？怎样检查？

23. 制动蹄有哪些常见损伤？怎样检查？

24. 车架有哪些常见损伤？怎样检查？

25. 汽车中有哪些零件需要进行平衡试验？

26. 以主减速器圆锥主动齿轮轴为例说明检验零件的步骤。

27. 怎样用屏幕法检查前照灯光束的照射位置？

28. 机油压力表和机油压力传感器电路有哪些常见故障？怎样检查？

29. 怎样检查蓄电池的放电程度？

30. 发电机、起动机的主要性能参数是哪些？

31. 仪表电路接通后，电热式机油压力表指针始终不动或始终偏转在最右位置是什么原因？怎样检查和判断故障的部位？

32. 维修汽车空调制冷系统的专用压力表组各接头和手动阀所形成的通路有哪几种？

33. 汽车空调制冷系统常用的检漏方法有哪些？

34. 汽车制冷系统制冷剂不足或过多会出现什么现象？

35. 空调制冷系统中混入空气应如何检查？如何排除？

36. 汽车空调制冷系统为什么会发生脏堵？脏堵常出现在系统的哪些部位？

37. 用压力表组检查汽车空调制冷系统故障时，压力表值与标准值不相符的原因有哪些？如何处理？

第三章　汽车电控和液压系统检验

第一节　传感器、电控单元和执行器的检验

随着汽车电子技术的发展，汽车上安装了各种各样的电子控制系统（简称电控系统），如发动机电子控制系统、自动变速器电子控制系统、制动防抱死电子控制系统、悬架电子控制系统、安全气囊电子控制系统、自动空调电子控制系统等。不管是哪一种电子控制系统，均是由传感器、电子控制单元（ECU）和执行器三部分组成，但由于电子控制系统技术含量高，结构复杂，原理深奥，对其故障诊断与检验比较难掌握，因此，本节主要介绍传感器、电子控制单元和执行器的基本检验方法和技巧。

一、传感器的检验

汽车各个电子控制系统均有相应的传感器，一般汽车上有10多个传感器，中、高级轿车有几十个传感器。传感器的类型很多，每一种传感器又有多种类型。

传感器按能量关系分类，可分为主动型和被动型传感器。汽车上使用的传感器大多数属于被动型传感器，这种被动型传感器需要外加输入电源（一般为+5V），它才能输出电信号。例如温度传感器，它以改变电阻值的方式向外输出电信号，信号的输出需要测试回路提供电源，但电源的输出能量要受测试对象输出信号所控制。采用电阻、电感、电容及应变效应、磁阻效应、热阻效应制成的传感器都属于被动型传感器。

主动型传感器是指传感器本身在吸收了能量（光能和热能）经它本身变换后再输出电能。例如，太阳能电池和热电偶输出的电能分别来源于传感器吸收的光能和热能。因此主动型传感器不需要外加电源，它本身是一个能量变换器。例如采用压电效应、磁致伸缩效应、热电效应、光电效应等制成的传感器都属于主动型传感器。

按信号转换关系分类，可分为由一种非电量转换成另一种非电量，如弹性敏感元件和气敏传感器；另一种是由非电量转换成电量的传感器，如热电偶温度传感器、压电式加速度传感器等。

按输入量分类（即按被测量分类），可分位移、速度、加速度、角位移、角速度、力、力矩、压力、真空度、温度、电流、气体成分、浓度传感器等。

按传感器的工作原理分类，有电阻式、电容式、应变式、电感式、光电式、光敏式、压电式、热电式传感器等。

按传感器输出信号分类，有模拟式和数字式传感器两种。

按传感器使用功能又可分为两类，一类是使驾驶员了解汽车各部分状态的传感器，另一类是用于控制汽车运行状态的传感器，汽车用传感器的种类如表 3-3-1 所示。

汽车用传感器的种类 表 3-3-1

种 类	检测量或检测对象
温度传感器	冷却液、排出气体(催化剂)、吸入空气、发动机机油、自动变速器液压油、车外空气、车内空气
压力传感器	进气歧管压力、大气压力、燃烧压力、发动机油压、自动变速器油压、制动压力、各种泵压、轮胎压力
转速传感器	曲轴转速、车轮转速、变速器输入轴转速、变速器输出轴转速
速度、加速度传感器	车速(绝对值)、加速度
流量传感器	吸入空气量、燃料流量、废气再循环量、二次空气量、制冷剂流量
液量传感器	燃油、冷却液、电解液、洗窗液、机油、制动液
位移方位传感器	节气门开度、废气再循环阀开度、汽车高度(悬架、位移)、行驶距离、行驶方位、GPS 全球定位、方向盘转角
气体浓度传感器	氧气、二氧化碳、NO_x、HC、柴油烟度
其他传感器	转矩、爆震、燃料成分、湿度、玻璃结露、鉴别饮酒、睡眠状态、蓄电池电压、蓄电池容量、灯泡断线、荷重、冲击物、轮胎失效、风量、日照、光照、地磁等
各种开关信号	制动开关、动力转向开关、空调开关、怠速开关等

传感器的检验通常应检查如下内容：

①传感器的信号电压(或数据流)；

②传感器的电源电压(仅对有源传感器而言)；

③传感器线束的导通性(短路或断路)；

④传感器的电阻值；

⑤传感器的波形。

传感器种类繁多，由于篇幅有限，本书只介绍几个主要传感器的检验方法。

1. 空气流量传感器的检测

空气流量传感器的种类较多，归纳如下：

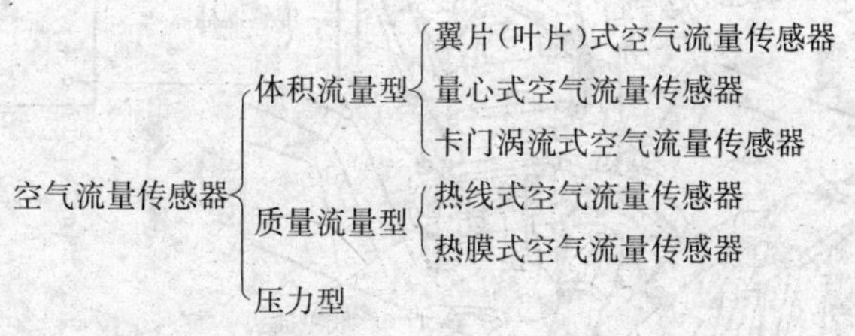

由于热膜式空气流量传感器应用较广，下面以大众车系的热膜式空气流量传感器为例，介绍其检验方法。

桑塔纳 2000GSi、捷达 GT、GTX 轿车发动机使用的热膜式空气流量传感器(G70)，用于计量发动机的进气量。图 3-3-1 为热膜式空气流量传感器及与 ECU 的连接电路，热膜式空气流量传感器的连接器插头各端子的含义如表 3-3-2 所示。

(1)检测电源电压。检测热膜式空气流量传感器电源电压的步骤如下：

步骤一：关闭点火开关，拔下空气流量传感器的插头。

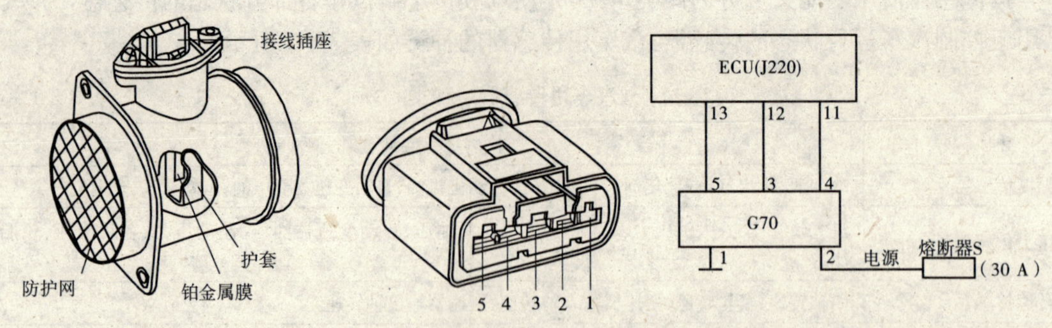

a)外形　　b)连接器插头

图 3-3-1　热膜式空气流量传感器的结构

热膜式空气流量传感器的连接器插头各端子的含义　　表 3-3-2

空气流量传感器 5 针插头各端子号	含　义
1	空
2	+12V 电源
3	负信号线
4	+5V 电源
5	正信号线

步骤二：起动发动机。

步骤三：用万用表测量插头的 2 端子与搭铁间的电压值（图 3-3-2），标准值＝12 V 蓄电池电压。

步骤四：用万用表测量插头 4 端子与搭铁间的电压值，标准值＝5 V。

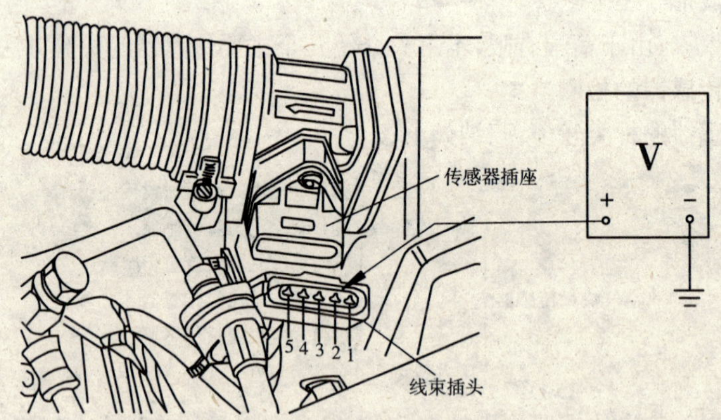

图 3-3-2　检测热模式空气流量传感器的电源电压

(2)检测信号电压。就车检查热膜式空气流量传感器信号电压的步骤如下：

第 1 步：关闭点火开关，拆下空气滤清器。

第 2 步：打开点火开关，即置于“ON”位置不起动发动机。

第 3 步：用万用表的 V 挡测量空气流量传感器插头中的 5 端子（正信号线）与 3 端子（负

信号线)之间的电压值。用"+"表笔插入空气流量传感器 5 端子线束中,"—"表笔刺入 3 端子的线束中。

第 4 步:用 450 W 的电吹风(冷风挡)向流量传感器空气入口吹气,观察信号电压的变化值。若信号电压不变化,说明空气流量传感器失效,应更换。标准值:2.0 ~4.0 V。

(3)检测线束导通性(断路)。检测热膜式空气流量传感器线束导通性的步骤如下(图 3-3-3):

第 1 步:关闭点火开关,拔下空气流量传感器的插头。

第 2 步:拔下电控单元(J220)的线束连接器。

第 3 步:用万用表检测插头 3 端子与 ECU 连接器 12 端子间的电阻值,标准值≤1 Ω。

第 4 步:用万用表检测插头 4 端子与 ECU 连接器 11 端子间的电阻值,标准值≤1 Ω。

第 5 步:用万用表检测插头 5 端子与 ECU 连接器 13 端子间的电阻值,标准值≤1 Ω。

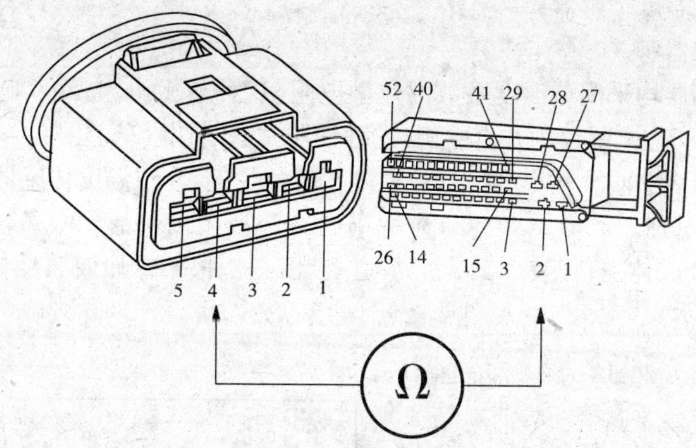

图 3-3-3 检测空气流量传感器线束的导通性

(4)检测导线间是否短路。检测热膜式空气流量传感器导线间是否短路的步骤如下:

第 1 步:关闭点火开关,拔下空气流量计的插头和电控单元(J220)的线束连接器。

第 2 步:用万用表检测流量传感器插头 2 端子与 ECU 连接器的 11 端子间的电阻值,标准值为∞(无穷大)。

第 3 步:用万用表检测流量计插头 2 端子与 ECU 连接器的 12 端子间的电阻值,标准值为∞。

第 4 步:用万用表检测流量计插头 2 端子与 ECU 连接器的 13 端子间的电阻值,标准值为∞。

第 5 步:用万用表检测流量计插头 4 端子与 ECU 连接器的 12 端子间的电阻值,标准值为∞(无穷大)。

第 6 步:用万用表检测流量计插头 4 端子与 ECU 连接器的 13 端子间的电阻值,标准值为∞。

第 7 步:用万用表检测流量计插头 5 端子与 ECU 连接器的 11、12 端子间的电阻值,标准值均为∞(无穷大)。

(5)失效保护。当空气流量传感器信号中断时,电控单元(ECU)从下面三个传感器信号中计算出一个替代值:

①发动机转速传感器(G28)的转速信号;

②进气温度传感器(G72)的进气温度信号;

③节气门电位计(G69)的节气门位置信号。

2.温度传感器的检验

汽车上温度传感器的应用很多,主要有:

①冷却液温度传感器;

②进气温度传感器;

③变速器油温传感器;

④排放温度传感器(三元催化剂温度传感器);

⑤EGR 监测温度传感器;

⑥蓄电池温度传感器;

⑦燃油温度传感器;

⑧车外温度传感器;

⑨车内温度传感器;

⑩蒸发器出口温度传感器;

⑪水温表传感器。

以上温度传感器均采用负温度系数的热敏电阻,这种热敏电阻,在 0℃时,电阻值可达几千欧姆,而在 100℃时,电阻仅为几百欧姆,这种性质尤适用在汽车上。

下面以桑塔纳 2000GSi 轿车的冷却液温度传感器为例,介绍温度传感器的检验方法。

(1)传感器的识别。桑塔纳 2000GSi 轿车的冷却液温度传感器(G62)与水温表传感器(G2)一起装在一个壳体内,安装在缸盖上水道上(图 3-3-4)。冷却液温度传感器 4 芯插头的含义如表 3-3-3 所示。

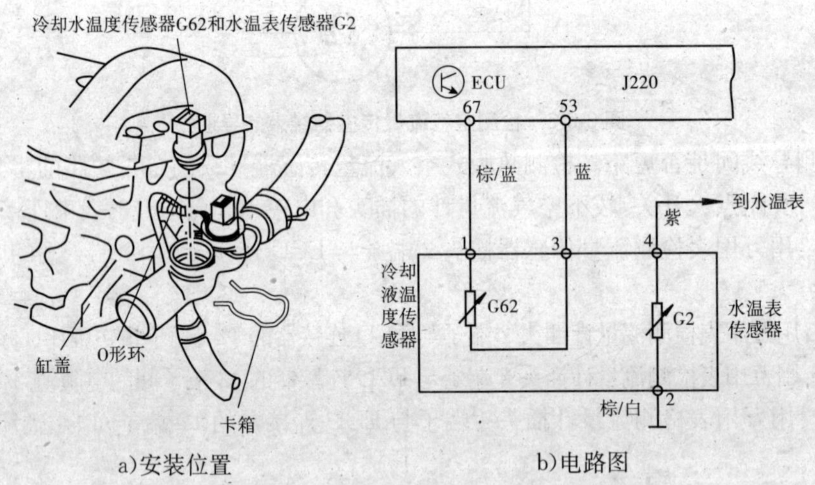

a)安装位置　　b)电路图

图 3-3-4　桑塔纳 2000GSi 轿车的冷却液温度传感器

冷却液温度传感器 4 芯插头的含义　　表 3-3-3

含 义	线 束 颜 色	含 义
1	棕/蓝	冷却液温度传感器的电源信号线
2	棕/白	水温表传感器的搭铁
3	蓝	冷却液温度传感器的搭铁
4	紫	到水温表

(2)测量冷却液温度传感器信号电压。

第1步:起动发动机。

第2步:用万用表测量冷却液温度传感器的信号线(棕/蓝线,1号)与搭铁线(3号线,蓝色)之间的电压。标准值0.1～0.8 V,随发动机冷却液温度升高,电压值逐渐下降,具体数值如表3-3-4所示。

冷却液温度传感器信号电压与冷却液温度之间的关系 表3-3-4

冷却液温度(℃)	信号电压值(V)	冷却液温度(℃)	信号电压值(V)
-20	4.78	-10	4.62
0	4.45	20	3.78
40	3.09	60	2.25
80	1.99	100	1.56
120	0.70		

(3)检测冷却液温度传感器的电源电压。

步骤1:关闭点火开关。

步骤2:拔下冷却液温度传感器的4芯插头。

步骤3:打开点火开关。

步骤4:用万用表测量4芯插头线束一侧的1号端子(棕/蓝线)与3号端子(蓝线)之间的电压值。标准值:5 V,否则线束有短路或断路故障。

(4)冷却液温度传感器的电阻值。拔下冷却液温度传感器线束插头,拆下冷却液温度传感器;将冷却液温度传感器置于烧杯的水中,加热杯中的水,同时测量在不同温度下冷却液温度传感器两接线端之间的电阻值,如图3-3-5所示。不同温度下,冷却液温度传感器的电阻值应符合表3-3-5的要求,否则需要更换冷却液温度传感器。

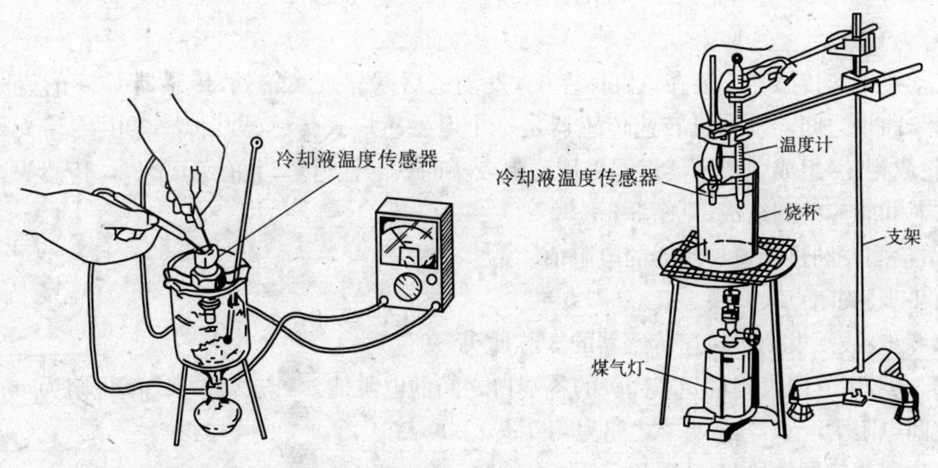

a)酒精灯加热法　　b)煤气灯加热法

图3-3-5 检测传感器的电阻变化

不同温度下冷却液温度传感器的电阻值　表 3-3-5

温度(℃)	电阻值(Ω)	温度(℃)	电阻值(Ω)
0	5 000～6 500	10	3 350～4 400
20	2250～3000	30	1 500～2 100
40	950～1 400	50	700～950
60	540～675	70	400～500
80	275～375	90	200～290
100	150～225		

3.转速传感器的检验

汽车上测量转速或活塞到达上止点位置的传感器有很多，主要有：

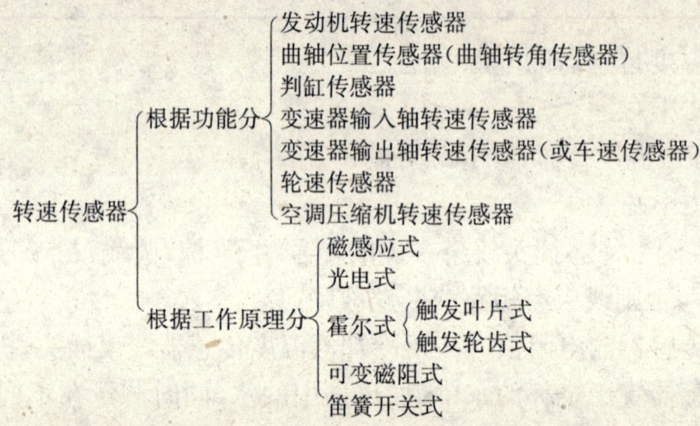

在转速传感器中，磁感应式应用最广，下面以大众车系的发动机转速传感器为例，介绍其检验方法。

(1)识别。桑塔纳和捷达轿车曲轴位置传感器又称为转速传感器，此传感器采用磁脉冲式，代号为 G28。

发动机转速传感器安装在汽缸体左侧，发动机后端靠近飞轮处，传感器 G28 的齿圈安装在飞轮与曲轴之间。发动机转速传感器是一个电磁感应式传感器。传感器由传感头和齿圈(脉冲轮或靶轮)组成。传感器齿圈采用磁阻较小的铁磁性材料，共有 60 个齿。传感头主要由永磁铁芯和感应线圈组成，见图 3-3-6。

(2)检测发动机转速传感器的电阻值。

第 1 步：关闭点火开关。

第 2 步：拔下发动机转速传感器的 3 芯插头(灰色)。

第 3 步：用万用表测量 3 芯插头的各端口之间的电阻值。1 与 2 端子之间电阻为∞；1 与 3 端子之间电阻为∞；2 与 3 端子之间为 480 ～1 000 Ω。

4.位置传感器的检验

在位置传感器中，采用线性可变电阻式应用最广，下面以桑塔纳 2000GSi 轿车的节气门位置传感器为例，介绍其检验方法。

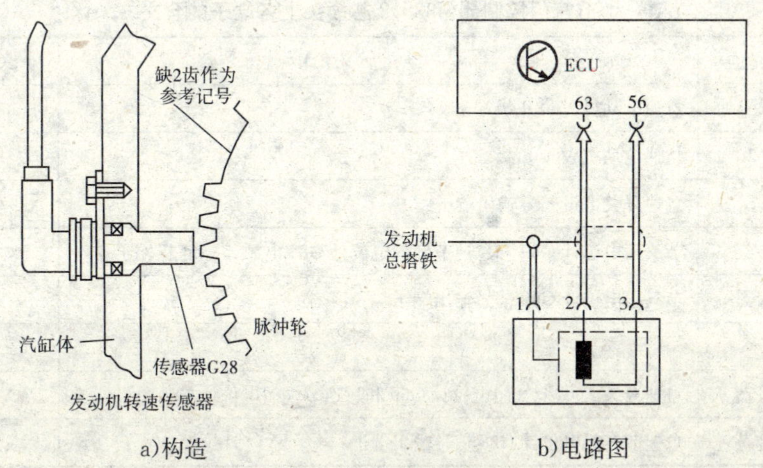

a)构造　　　　b)电路图

图 3-3-6　转速传感器

汽车上位置传感器应用较多，主要有：

位置传感器
- 节气门位置传感器
- 怠速节气门位置传感器
- 加速踏板位置传感器
- 车高位置传感器
- EGR 位置传感器
- 转向位置(角度)传感器
- 制动液油位传感器
- 燃油油位传感器
- 机油油位传感器
- 蓄电池液位传感器

(1)识别。桑塔纳 2000GSi 节气门位置传感器安装在节气门电控单元中，采用综合式节气门位置传感器(图 3-3-7)。

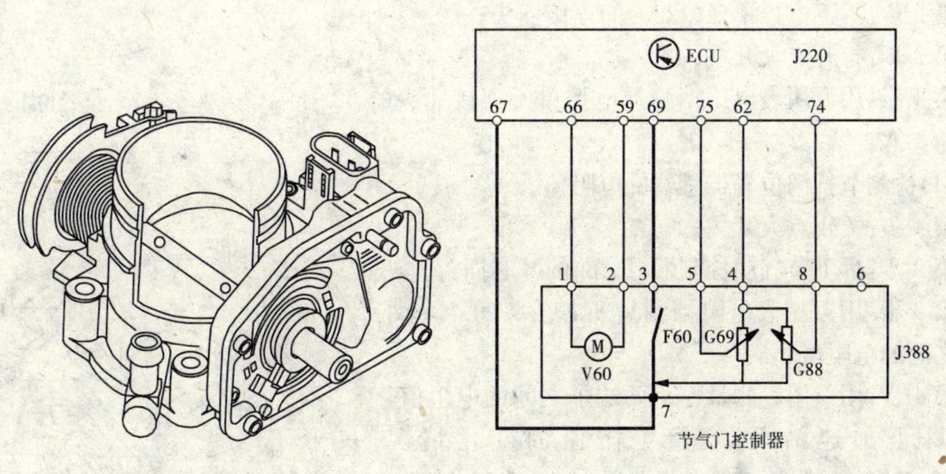

a)节气门电位计的构造　　　　b)电路图

图 3-3-7　节气门位置传感器

节气门控制器(J338)8 芯插头上各端子的含义如表 3-3-6 所示。

节气门控制器(J338)8 芯插头上各端子的含义 表 3-3-6

端子号	颜色	含　义	与 ECU 连接的端子号
1	紫	怠速电动机 V60 正极端子	66
2	紫/白	怠速电动机 V60 负极端子	59
3	白	怠速开关 F60 信号输出端子	69
4	紫/红	节气门电位计 G69 和怠速节气门电位计 G88 电源(5V)正极端子	62
5	紫/黑	节气门电位计 G69 信号输出端子	75
6	—	—	—
7	棕/蓝	怠速开关 F60、节气门电位计 G69 和怠速节气门电位计 G88 负极端子	67
8	紫/黄	怠速节气门电位计 G88 信号输出端子	74

(2)检测节气门位置传感器的信号电压。

第 1 步:将万用表正极表笔插入节气门位置传感器的信号线内(5 号端子)。

第 2 步:将万用表负极表笔搭铁。

第 3 步:打开点火开关,观察万用表的电压值大小。

第 4 步:慢慢踩下加速踏板,观察万用表上的电压变化值(表 3-3-7)。

节气门位置传感器的信号电压 表 3-3-7

测 试 条 件	节气门开度	节气门位置信号电压(5—7 两端子),V
点火开关位于 ON 位置或发动机起动	全闭	0.3～0.8
	全开	应达到 4

(3)检测节气门位置传感器的电源电压。

第 1 步:关闭点火开关;

第 2 步:拆下电控单元(J220)的连接插头;

第 3 步:打开点火开关;

第 4 步:用万用表电压挡测量电控单元连接插头的 62 号端子与 67 号端子之间的电压。标准值:5 V。

(4)检测节气门位置传感器的电阻值。

第 1 步:关闭点火开关。

第 2 步:拆下节气门控制器(J338)的 8 芯插头。

第 3 步:用万用表电阻挡测量 8 芯插头的 4、7 两端子之间的电阻值。

第 4 步:用万用表测量 5、7 两端子之间的电阻值,慢慢踩下加速踏板,观察电阻值的变化情况(图 3-3-8)。其电阻值应符合表 3-3-8 的要求。

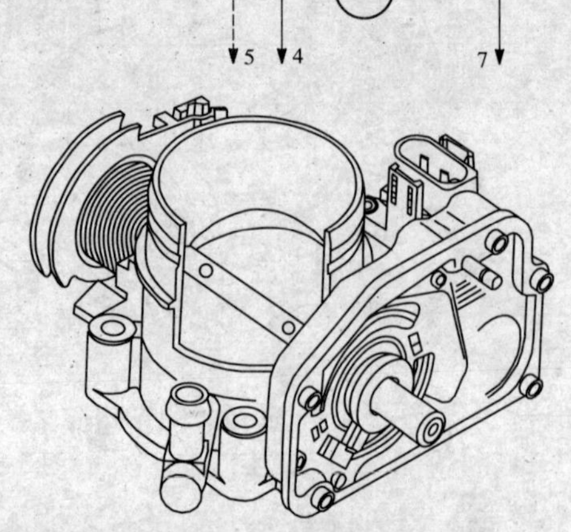

图 3-3-8 检测节气门位置传感器的电阻值

(5)检测怠速触点开关的电源电压。

第 1 步:关闭点火开关。

第 2 步:拔下节气门控制器的 8 芯插头。

节气门位置传感器的电阻值　　表 3-3-8

测量端子	节气门状态	电阻值(kΩ)
4—7	任意状态	约 0.70
5—7	全闭	约 1.60
	全开	约 0.95
4—5	全闭	约 0.90
	全开	约 1.73

第 3 步:用万用表测量 8 芯插头中 3 号端子(白色)与 7 号端子(棕/蓝色)之间的电压。标准值:怠速开关的电源电压>9 V。

(6)检测怠速开关的电阻。

第 1 步:关闭点火开关。

第 2 步:拔下节气门控制器的 8 芯插头。

第 3 步:将万用表置于电阻挡,两表笔分别与节气门控制器的 3、7 号端子连接。

第 4 步:慢慢踩下加速踏板(或转动节气门轴),观察电阻值的变化情况(表 3-3-9)。

怠速开关的电阻　　表 3-3-9

节气门状态	3、7 两端子之间的电阻值(Ω)
关闭	<1.0
打开	∞

(7)检测怠速节气门位置传感器的信号电压。

第 1 步:将万用表正极表笔插入怠速节气门位置传感器的信号线(8 号端子线)内。

第 2 步:将万用表负极表笔搭铁。

第 3 步:打开点火开关,观察万用表的电压值大小。

第 4 步:慢慢踩下加速踏板,观察万用表的电压变化值(表 3-3-10)。

怠速节气门位置传感器的信号电压　　表 3-3-10

节气门开度	怠速节气门位置传感器的信号电压(7—8 两端子)(V)	测试条件
全闭	0.3～0.8	点火开关位于 ON 位置或发动机起动
全开	约 4	

(8)怠速节气门位置传感器的电源电压。

第 1 步:关闭点火开关;

第 2 步:拆下电控单元(J220)的连接插头;

第 3 步:打开点火开关;

第 4 步:用万用表电压挡测量 J220 连接插头的 62 号端口与 67 号端口之间的电压。标准值:5 V 。

(9)检测怠速节气门位置传感器的电阻值。

第 1 步:关闭点火开关。

第 2 步:拆下节气门控制器(J338)的 8 芯插头。

第 3 步：用万用表电阻挡测量 8 芯插头的 4、7 两端子之间的电阻值。

第 4 步：测量 4、8 两端子之间的电阻值。

第 5 步：测量 7、8 两端子之间的电阻值（表 3-3-11）。

怠速节气门位置传感器的电阻值　　表 3-3-11

测量端子	节气门状态	电阻值(Ω)
4—7	任意状态	700
4—8	全闭	735
7—8	全闭	1170

5. 压力传感器的检验

汽车上采用压力传感器主要有：

压力传感器：
- 进气歧管压力传感器(MAP)
- 大气压力传感器
- 机油压力传感器
- 自动变速器油压传感器
- 制动主缸油压传感器
- ABS 蓄压器压力传感器
- 悬架减振器压力传感器

在压力传感器中，广泛采用半导体压敏电阻式，下面以广州本田轿车的进气歧管压力传感器(MAP)为例，介绍其检验方法。

(1)传感器的识别。广州本田轿车 MAP 传感器安装在节气门体进气道上，其电路图如图 3-3-9 所示。

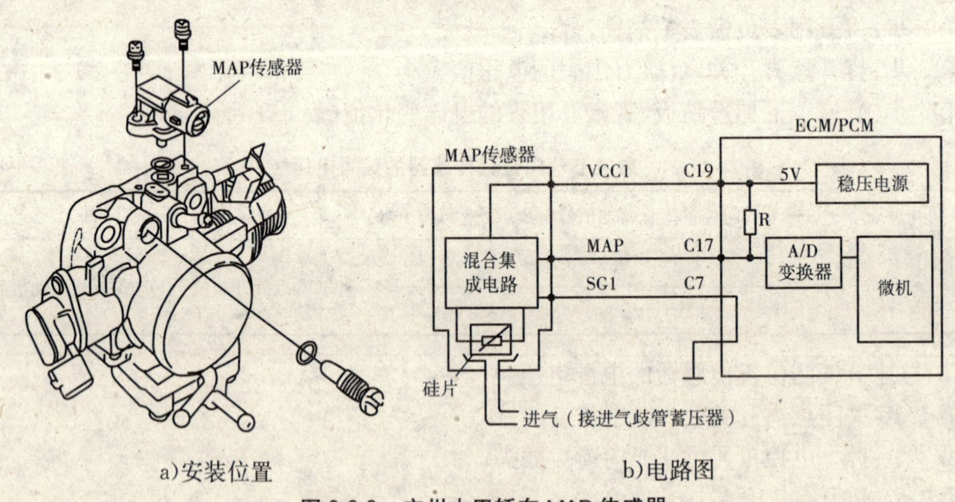

a)安装位置　　b)电路图

图 3-3-9　广州本田轿车 MAP 传感器

(2)检测 MAP 传感器的电源电压。

第 1 步：拔下 MAP 传感器的 3 芯插头。

第 2 步：打开点火开关。

第 3 步：用万用表测量 MAP 传感器 3 芯插头上的 1 号端子(SG1)与 2 号端子(VCC1)间

的电压,标准值:5 V。

(3)检测 MAP 传感器的信号电压。

第 1 步:拆下 MAP 传感器。

第 2 步:把手动真空泵接在 MAP 传感器进气口处,如图 3-3-10a)所示。

第 3 步:打开点火开关。

第 4 步:用万用表测量 MAP 传感器的信号线(浅绿色)与搭铁线(棕/黑色)之间电压,如图 3-3-10b)所示。

第 5 步:按下真空泵,随着真空度的变化,读取电压数值的变化。随着真空度的变化,其输出信号电压应按表 3-3-12 变化。

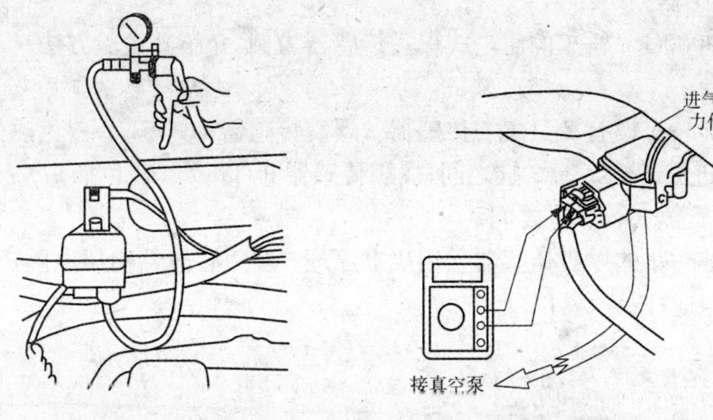

a)接手动真空泵　　b)读取电压值

图 3-3-10 检测 MAP 传感器的信号电压

不同真空度下 MAP 传感器的信号电压　　表 3-3-12

真空度(kPa)	输出信号电压(V)
100	2.6
200	2.2
300	1.6
400	1.3
500	1.0
600	0.6

6. 加速度传感器(加速传感器)

汽车上采用加速传感器主要有:

加速传感器
- 爆震传感器(爆燃传感器)
- SRS 碰撞传感器
- ABS 加速度传感器
- EPS 减速度传感器
- EPS 横摆率传感器

加速传感器的工作原理比较复杂,用在不同的控制系统中,其工作原理不同。

爆震传感器安装在发动机缸体侧面,按发动机缸体震动频率的检测方式不同,爆震传感器分为共震型和非共震型两种;按爆震传感器结构不同,分为压电式和磁致伸缩式两种。通用和日产汽车采用了磁致伸缩式爆震传感器。

碰撞传感器按工作原理可分为机电结合式、电子式和水银开关式三种。机电结合式碰撞传感器是一种利用机械机构运动(滚动或转动)来控制电器触点动作,再由触点断开与闭合来控制气囊点火器电路接通与切断的传感元件。常用的有滚球式、滚轴式和偏心锤式三种碰撞传感器。

电子式碰撞传感器没有电器触点。常用的有压阻效应式和压电效应式两种,一般用作中心碰撞传感器。

水银开关式碰撞传感器是利用水银(汞)导电的良好特性来控制气囊点火器电路接通或切断,一般用作防护传感器。

下面以桑塔纳 2000GSi 轿车的压电式爆震传感器为例,介绍其检验方法。

(1)识别。

桑塔纳 2000GSi 轿车设有 2 只爆震传感器。爆震传感器Ⅰ(G61、白色插头)是检测 1、2 缸的,安装在缸体进气管侧 1、2 缸之间;爆震传感器Ⅱ(G66、蓝色插头)是检测 3、4 缸的,安装在缸体进气管侧 3、4 缸之间。

桑塔纳 2000GSi 轿车的爆震传感器采用压电原理。爆震传感器由压电陶瓷(压电元件)配重、壳体、导线等组成(图 3-3-11)。

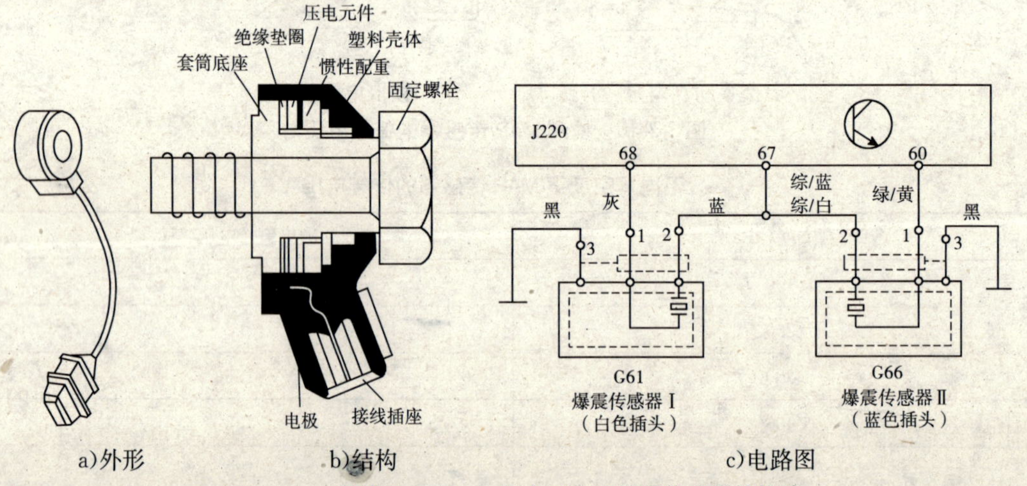

图 3-3-11 桑塔纳 2000GSi 轿车压电式爆震传感器的构造

(2)爆震传感器的电阻值。

第 1 步:关闭点火开关。

第 2 步:分别拔下爆震传感器Ⅰ、Ⅱ的 3 芯插头。

第 3 步:用万用表的 Ω 挡分别测量 3 芯插头各端子之间的电阻值。标准值>1 MΩ。

(3)检测爆震传感器的信号电压。

第 1 步:连接 V. A. G1552。

第 2 步:起动发动机,使 V. A. G1552 进入"读取测量数据块"功能,并输入 016 字样,进入数据组 16。

第 3 步:加大油门至 50%,观察各缸爆震传感器电压的信号变化情况。各缸爆震传感器的电压信号：0.300～1.400 V。在高速时，显示的爆震传感器信号电压值可达到 5.1 V。如果爆震传感器信号最大、最小值的差异大于 50%，可能是由于插接处腐蚀所致。

7. 氧传感器的检验

氧传感器是排气氧传感器的简称，其功用是通过监测排气中氧离子的含量来获得混合气的空燃比信号，并将该信号转变为电信号输入 ECU。ECU 根据氧传感器信号，对喷油时间进行修正，实现空燃比反馈控制（闭环控制），从而将过量空气系数（λ）控制在 0.98～1.02 之间（空燃比 A/F 约为 14.7），使发动机得到最佳浓度的混合气，从而达到降低有害气体的排放量和节约燃油之目的。

下面以桑塔纳 2000GSi 轿车氧传感器为例，介绍其检验方法。

（1）电路图。

桑塔纳 2000GSi 和捷达 CL、AT、GTX 型轿车使用的氧传感器型号相同，都是 G39，结构也相同，都是氧化锆型传感器，其电路如图 3-3-12 所示。

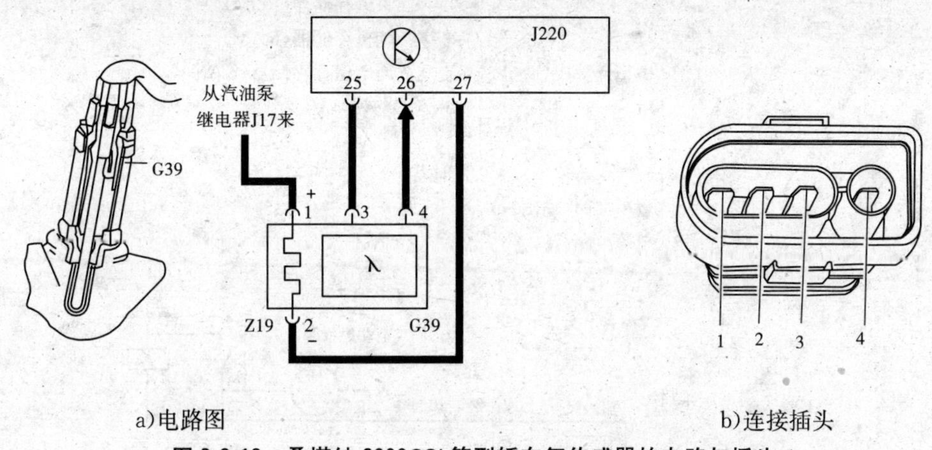

图 3-3-12 桑塔纳 2000GSi 等型轿车氧传感器的电路与插头

（2）检测加热元件的电阻。

加热元件的电阻值在常温条件下是 1～5 Ω，温度上升很少时，阻值就会显著增大。因此，在室温下，可用万用表进行检测。检测时，拔下氧传感器线束插头，检测插头上端子 1、2 之间的电阻，阻值在常温下应为 1～5 Ω。如常温下阻值为无穷大，说明加热元件断路，应更换氧传感器。

（3）检测传感器的电源电压。

氧传感器加热元件的电压为整车电源电压，当点火开关接通使燃油泵继电器触点接通时，加热元件的电源即被接通。检测加热元件的电压时，拔下氧传感器插头，起动发动机，检测连接器插头上端子 1、2 之间的电压，电压值应不低于 11 V。如电压为零，说明熔断丝（桑塔纳 2000GSi 型轿车的附加熔断丝，30 A；捷达 CL、AT 和 GTX 型轿车的 18 号熔断丝，20 A）断路或燃油泵继电器触点接触不良，分别检修即可。

（4）检测传感器的信号电压。

检测氧传感器信号电压时，插头与插座连接，将数字式万用表连接到氧传感器端子“3”、“4”连接的导线上，接通点火开关时，电压应为 0.45±0.05 V；当供给发动机浓混合气（节气门踩到底）时，信号电压应为 0.7～1.0 V；当供给发动机稀混合气（拔下空气流量传感器至发动机之间的真空管）时，信号电压应为 0.1～0.3 V，否则说明氧传感器失效，应予以更换。

检测氧传感器的信号电压,可将一只发光二极管和一只 300Ω/0.25W 的电阻串联连接在传感器"3"、"4"端子连接的导线之间进行检测。二极管正极连接到"3"端子上,二极管的负极经 300Ω 电阻连接到连接器"4"端子上。发动机怠速或小负荷运转时,发光二极管应当闪亮。如电源电压正常,二极管不闪亮,说明传感器有故障,应予以更换。发光二极管闪亮频率每分钟应不低于 10 次。如二极管不闪或闪亮频率过低,说明氧传感器或加热元件失效,则需更换传感器。

二、电控单元的检验

(一)电控单元的构造与工作原理

汽车电控单元(ECU)一般可分为输入回路(输入级)、微型计算机(微机)、输出回路(输出级)和电源电路四部分(图 3-3-13)。

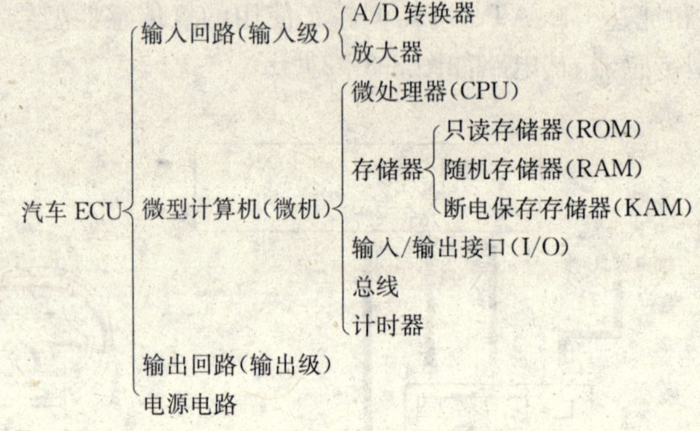

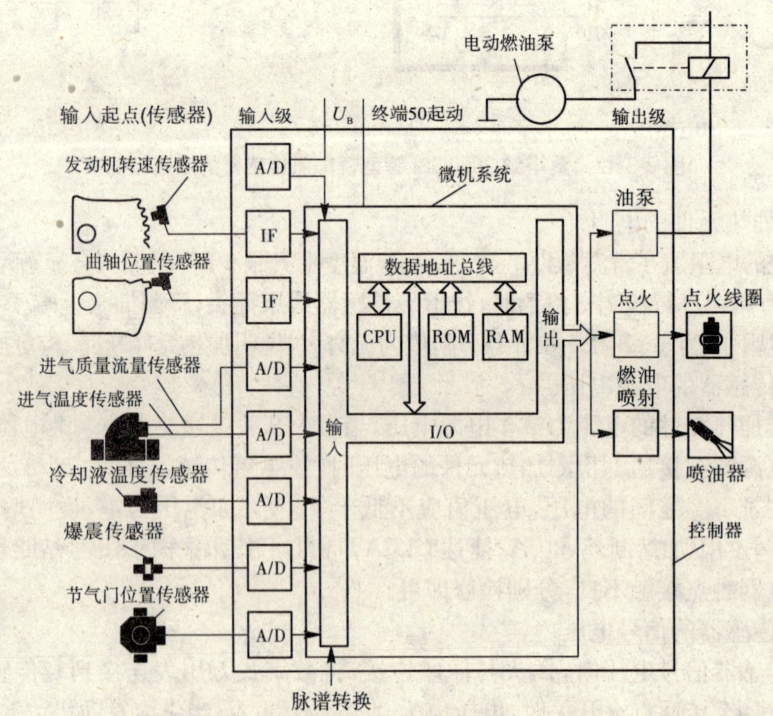

图 3-3-13 电控单元(ECU)结构示意图

1.**输入级**(输入回路)

输入级的作用是将电子控制系统中各传感器检测到的信号通过I/O接口送入微机,完成ECU对控制装置运行工况的实时检测。

从传感器来的信号有模拟信号和数字信号两种。

模拟信号的输入:模拟信号在进入A/D转换器之前,先要进行预处理,包括去杂波、将电平大小调整到与A/D转换器规定的量程相符等,如氧传感器信号电平太小需放大,而电源电压信号电平又太大需减小。在A/D转换电路中,模拟量被转换成一系列的离散数字量。

数字信号的输入:经过整形和放大(或缩小)后的数字信号,即可通过I/O接口直接进入微机。曲轴转角信号取决于触发轮上的齿数,一般只有几十个齿,而发动机对点火于喷油的定时要求往往需要精确到0.5°。因此,微机内还设有分频器或脉冲发生器,将几十个曲轴转角脉冲转换为每转720个脉冲,从而提高了曲轴的分辨力。

2.**微型计算机**(或微处理器)

微型计算机是ECU的核心部分,由中央处理器(CPU)、存储器(ROM、RAM)、接口电路(I/O)等组成。它能根据需要,用内存的程序和数据对各种传感器送来的信号进行比较、运算和修正,并将处理结果以指令的形式送至输出回路。

3.**输出级**(输出回路)

输出回路是微机与执行器之间的联系电路。由于微机输出的是数字信号,而且电流很小,一般是不能驱动执行器工作的,经过输出回路后,通过其中功率三极管的放大作用,提供一定宽度的脉冲驱动信号。

4.**电源电路**

ECU电源电路以及通过它产生的电源分配和接地,为整个电子控制系统提供电源。

综上所述,可以将ECU的内部结构分成两部分,即常规电路(包括输入、输出和转换电路)和微型计算机,常规电路采用的是通用电气元件,若损坏是可以修复的。

(二)ECU的检测方法

1.直观检查法

(1)检测思路。直观检查靠修理人员的视觉去观察电路、元器件等的工作状态,从中发现异常现象,直接找到故障的部位和原因。拿到有问题的ECU后第一个步骤就是仔细观察,从中可以了解ECU的一些基本信息,比如ECU型号、应用车型、外部连接引脚情况。有些问题在不开盖的情况下就能看出来,比如ECU引脚因进水而腐蚀,这样通过看,就可找到问题根源,同时看的过程也可以对不同车型所装备的ECU有一个很直观的认识。当然,大部分ECU的损坏从外表是看不出来的,这个时候就需要开盖检查了。由于比较严重的外部引线短路引起的故障一般多会引起ECU内部相关元件烧蚀,因此,这种故障一般是可以直接看到的。

(2)直观检查法的特点:

①此方法简易、方便,能够直接发现故障部位;

②收效低,这是因为许多故障从元件等外表上是发现不了的。

(3)适用范围和注意事项。直观检查法适用于各种故障的检查,尤其是对于一些硬性故障,如ECU内部引线腐蚀、元件冒烟等故障立竿见影。很多时候直观检查法单独使用效果并不理想，与其他方法配合使用往往会事半功倍。同时，对于直观检查的结果有怀疑时，要及时采用其他检查方法进行核实，不要放过疑点。

2. 接触检查法

(1)检测思路。一般这种方法的应用具有一定的局限性，因其检测过程中，要求ECU必须在工作的状态下进行，可以通过接触去寻找故障点。在对可疑元件接触的过程中，感知其温度，再与正常情况下进行比较，以判定工作是否正常。这其中也包含嗅觉方面的接触，比如克莱斯勒的ECU，因元件表面覆盖的保护胶质材料，可能直接看不到，但是一般打开ECU盖板时就可以闻到那种烧蚀的焦糊味。

(2)接触检测法的特点：

①此方法方便、简单、实用、针对性强，能够直接发现故障部位；

②有丰富的接触检查经验，才能获得准确的检查结果。

(3)适用范围和注意事项。接触检查法主要适用于发热元件(指一些工作在大电流工作场合下的器件)，如电磁喷油器，各种电磁阀和电动机的驱动元件、点火功率元件等。在检查的过程中要注意以下两点：

①接触检查法要靠平时维修中积累的经验，也可通过与正常运行的系统相关元件进行比较。

②接触检查中，一般来说ECU处于工作状态下，要格外小心，避免手直接接触到元件的引脚部分，以免引起新的故障，扩大故障范围。同时，因ECU在车内的引线不是很长，而且多安置在一些较低的位置，检查过程中，ECU要放置平稳，注意线路板或电子元件与其他部分(尤其是车身底盘金属)保持安全距离，以免线路搭铁，造成不可维修的故障。

3. 故障再生检查法

故障再生检查法是有意识地让故障重复发生，并力图使故障的发生、发展、转化过程变得比较缓慢，以便提供充足的观察机会、次数、时间和过程，在观察中发现影响故障的因素，从而查出故障原因。此方法应与其他方法配合运用。

对于汽车ECU来说，有些间歇性的故障是在一些特定的环境下出现的，因此，为了让故障再现，可以采取一些必要的措施。比如，有的故障是在频繁、剧烈的震动情况下出现，这个时候就可以人为地模拟这种环境，拍打、敲击ECU壳体，拉动ECU连接处的线束插头，当然要掌握一定的力度，不要真的给“打”坏了；再如，有些故障是在高温情况下产生的，这个时候需要打开ECU的盖板，可以采用电吹风或热风枪对可疑部位进行加热，以求故障再现。这个过程同样要注意，温度不能调整得太高，风口与ECU电路板要保持一定的安全距离，一般20 cm左右，以免因为温度过高而使半导体元件损坏。

此方法主要适用于一些间歇性出现的问题，即ECU时好时坏。而对于一直处于“坏”状态的则不起作用。

4. 参照检查法

参照检查法是一种利用比较手段来寻找故障部位的检查方法。通常用一个工作正常的ECU，测量其关键部位参数，包括电压、电阻等。运用移植、比较、借鉴、引申、参照等手段，查出不同之处，找出故障部位和原因。理论上讲，大部分故障都可以采用此方法检测出来，因为只要有标准物，将有故障的系统与之进行仔细对比，必能发现不同之处，找出故障原因。

参照分为实物参照和图纸参照。实物参照即需要找到同型号的车辆，对其两块电脑进行工作对比，但实现起来困难较大。另一种就是图纸参照，出于技术上的原因，ECU 的原理图一般很难找到，但不是说这样就无法参照了。

当通过检查已经将故障缩小到某一个集成电路中，此时可按其型号查找其技术文档，了解其典型应用电路及各引脚功能。通常典型应用电路与实际应用电路是相同的或十分相近的，这样就可以用典型电路来指导维修。

实际维修中通常的情况是，ECU 内的元件统一编号，或是为“定制”产品，没有资料可查，这也是一个切实存在的问题。只能注意平时多加收集，参考国外有关网站，加强理论知识学习，根据电路连接形式，逆向分析其结构，配合其他方法，进一步深入检测。

5. 替代检查法

替代检查法的基本思路是用一个质量可靠的元器件（或工作正常的电路）去替代一个所怀疑的元器件（或电路），如果替代后工作正常，说明怀疑正确，故障可排除。如果替代后故障现象不变，也会消除原先的怀疑，可缩小故障范围。

替代检查法适用于各种故障，但在有选择的情况下采用，成功率会高得多。在运用替代检查法的过程中，要注意以下几点：

①在个别情况下，一个故障是由两个元件造成的（两个故障点），此时若只替代了其中一个元件则无收效，反而认为被替代的元器件是正常的，容易放过故障点。

②替代检查法通常是一个小范围内用来针对某一个具体元件的检查方法，所以它是在其他方法已基本证实某个元件有问题后才采用。盲目的替换往往会对线路板、元器件造成伤害。

③对于集成电路这样的多引脚元件，采用替代检查法更要慎重，通常是在有较明确的结论后才进行替代检查。同时，在替代操作过程中，焊元件要在断电的情况下进行。

6. 电压检查法

电压检查法主要是对 ECU 内关键点的电压进行实时测量，以找出故障部位。这些关键点主要是各集成电路的供应电源、线路中连接蓄电池的主电源、受点火开关控制的电源，内部经过集成稳压器或调整三极管输出的稳压电源。一般来讲，电路中的数字电路、微处理器等均工作在 5 V 或更低的工作电压下，12 V 的蓄电池电压是无法直接加到这些元件的电源引脚上的，必须由稳压电路为其工作提供合适的工作电压。稳压电路在降低电压的同时可滤掉脉冲类干扰信号，以避免对数字电路所带来影响。

对这些关键电路的供应电源来讲，工作期间是固定不变的，最好的测量方法是静态下（接通点火开关但不起动发动机）。采用数字万用表对 ECU 内的集成电路的供电进行检查，当相关电源电路工作失常时，往往会影响较大面积内的元器件，导致其不能工作。采用此种方法简便易行，除万用表外，不需要什么专用仪器。

7. 电阻检查法

电阻检查法是利用万用表的欧姆挡，通过检测线路的通与断、阻值的大与小，以及通过对元器件的检测，来判别故障原因和故障部位。此种方法主要用于元器件和铜箔线路的检测。

对于元器件的检测，除了常规的电阻、二极管、三极管等外，一些集成电路也可以采用此种方法进行检测。对集成电路来讲，如引脚功能结构相同、外电路结构相似，那么正常情况下，其对搭铁电阻是十分接近的，因此可以使用数字万用表对其进行正、反向（调换表笔方向）的测量，然后将测量值进行比较，找出故障点。这种测试方法对于一些找不到芯片资料，而元件外部连线结构形式相同的集成电路来说是一个很好的测量方法。

铜箔线路开裂、因腐蚀而造成的断路也是经常发生的故障。开裂的原因可能是因为受外力的影响而造成的，而ECU进水是造成铜箔腐蚀断路的主要原因。很多车辆的ECU（或ECM/PCM）安装于驾驶室的地板下或侧面踢脚板的旁边，在一些特殊情况下，ECU（或ECM/PCM）内很容易进水，如不及时处理，铜箔在水气的作用下逐渐腐蚀，直至故障完全表现。

在分辨铜箔线路走向时，可采万用表R×1挡。若一条铜箔线路很长，弯弯曲曲，为了证实它的两端焊点是相连的，可对其两端点进行电阻值的测量，为零则表明是同一条线路。

8.示波器检查法

示波器检查法是采用汽车专用或通用示波器，对ECU中关键点的波形进行测量，对ECU的相关引脚进行测量，得知其是否正常运行。

对于外围元件也可以使用此种方法进行测量，比如一个点火线圈不工作，在排除ECU外部相关元件及连接线路的可能性后，可以使用示波器直接测量信号输入端。正常状态下，各输入端的信号形状应该是相同的，所不同的是时间轴上的差异，这一点采用双踪示波器可以直观地观察到。通过对输入信号的测量，可知问题出在哪个元件，根据诊断结果进行下一步的维修。不仅如此，示波器可以直接观察各种传感器的输入信号，经过电脑内输入电路后送给A/D转换器的信号及各种驱动器输入/输出信号等。因为它能真实地再现信号的形态，真正做到有的放矢。

9.信号注入检查法

信号注入检查法是采用函数发生器（信号发生器）给电路输入信号，在输出端观察执行器的动作情况，或在输出端连接示波器或万用表，根据示波器指示的波形和万用表显示的信号电平大小来判断故障范围。采用该方法一般应对电路的结构有了比较深层次的了解，对相应的功能电路的输入输出信号的正常波形要有所了解，这样在车辆不工作的状态下，人为地模拟相关的信号，才能对车辆相关电路进行判断。另外，该方法需要有专门的仪器设备，操作麻烦引线较多，但对于解决一些疑难问题来说，是一个很好的方法。

（三）ECU的检验注意事项

①检测ECU时，提倡使用示波器、信号发生器。若使用万用表，一定要使用高阻抗数字万用表，不宜使用指针式万用表，以免检查电路时损坏ECU。

②拆卸ECU中的电子元件时，不要用手直接接触电子元件，要用镊子夹持电子元件。焊接时要采用恒温烙铁，以避免静电和温度过高而损坏其他电子部件。

③判断ECU故障时，可先进行检测，然后确定ECU的故障部位。若故障发生在ECU的常规电路中，那么ECU是可以修复的。

三、执行器的检验

汽车的控制项目众多，因此，执行器也很多，主要有：

1.电磁阀的检验

电磁阀是一种以电磁线圈（或螺线管）作为控制系统的执行元件，被广泛应用在汽车上。

电磁线圈(电磁阀)执行器的典型代表是喷油器,下面以喷油器为例,介绍电磁阀的基本检验方法。

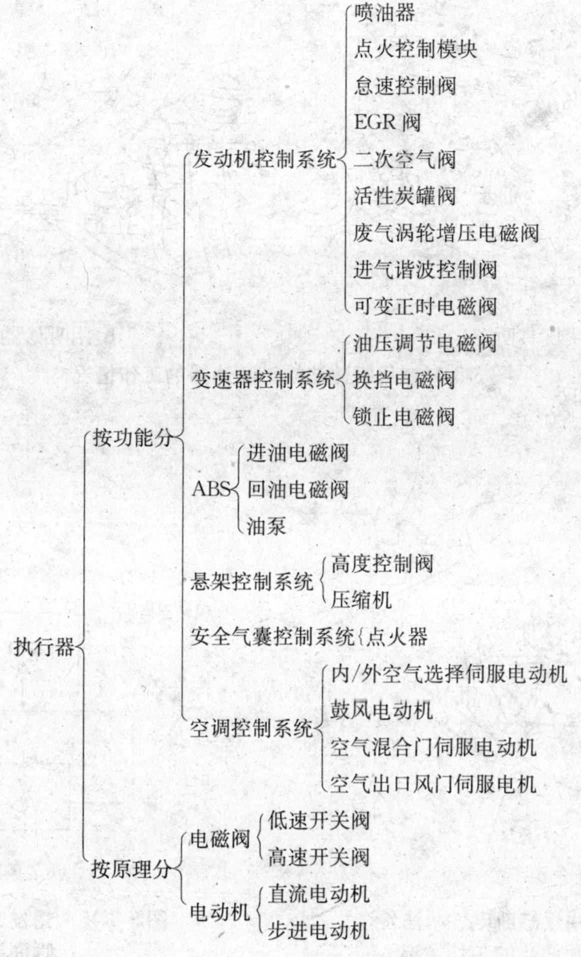

(1)检验喷油器的工作情况。

①听诊法。发动机热车后怠速运转时,用旋具(螺丝刀)或听诊器接触喷油器(图 3-3-14),通过测听各缸喷油器工作的声音来判断喷油器是否工作。在发动机运转时喷油器有节奏的"嗒嗒"声是喷油器在电脉冲下的工作声。若各缸喷油器工作清脆均匀,则各喷油器正常;若某缸喷油器的工作声音很小,则该缸喷油器工作不正常,可能是针阀卡滞,应作进一步的检查;若听不到某缸喷油器的声音,则该缸喷油器不工作,应检查喷油器及其控制线路。

②逐缸断电(油)法。使发动机怠速运转,交替断开各喷油器的电插头,用逐缸断电(油)法检查各喷油器的工作状况(图 3-3-15)。若断开某缸喷油器电插头时怠速转速无变化,则说明该喷油器或其线路有故障,应更换此喷油器并重新检查。对于每个汽缸来说,如果发动机怠速转速的降低均基本相同,则说明喷油器均是正常的。

③发光二极管法。分别拔下喷油器线束插头,并在该插头的两个端子之间串接两只发光二极管(两只二极管并联,一只的正极接另一只的负极)和一只 510Ω/0.25W 电阻(电阻与二极管串联)组成的调码器(图 3-3-16)。起动发动机,发光二极管应该闪烁。如二极管不闪烁或

不发光，说明喷油器电源线路、燃油泵继电器或 ECU 故障。

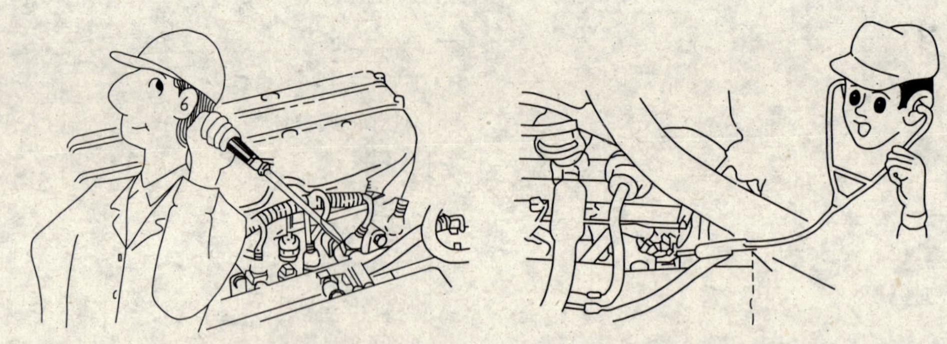

a)用旋具听诊　　b)用听诊器听诊

图 3-3-14　用听诊法检查喷油器的工作情况

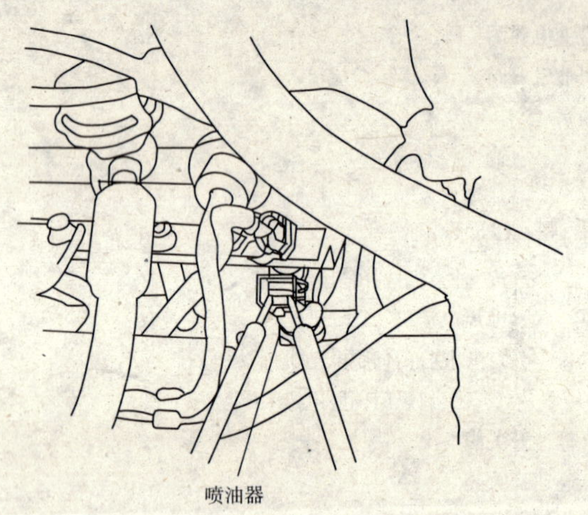

图 3-3-15　用逐缸断电(油)法检查喷油器的工作情况

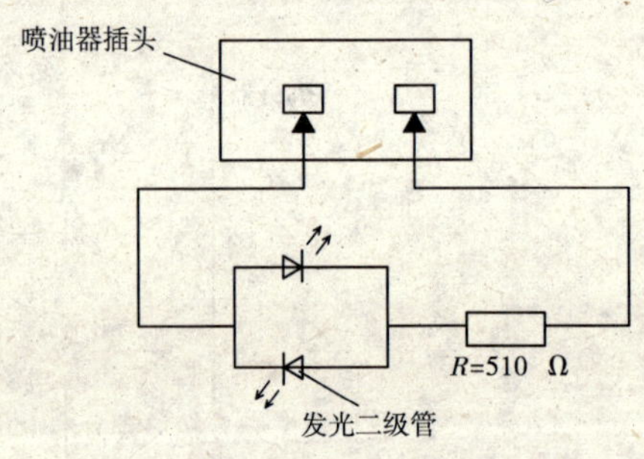

图 3-3-16　用发光二极管法检查喷油器的工作情况

(2)检测喷油器的电阻。

第 1 步：关闭点火开关。

第 2 步：拔下各喷油器的 2 芯插头。

第 3 步：依次测量各喷油器的电阻(图 3-3-17)。喷油器的电阻值为：2～4 Ω(低电阻型)，或 13～16 Ω(高电阻型)。

(3)检测喷油器的喷油量。

第 1 步：打开点火开关。

第 2 步：把喷油器伸入量杯中。

第 3 步：短接油泵主继电器，使油泵一直处于工作状态。

第 4 步：将喷油器与蓄电池正、负相连，使喷油器喷油，观察喷油量(图 3-3-18)。标准规定：在 30s 内，喷油器的喷油量为 70～85mL，各喷油器的喷油量差≤9mL。

(4)喷油脉宽波形测试。

①测试方法。将示波器的背针式探头(图 3-3-19)、跨接线或接线盒连接到喷油器的地线后起动发动机。从怠速开始测试，慢慢提升发动机转速，同时观察喷油器的信号。改变进气歧

管绝对压力传感器或氧传感器的输出信号以增加发动机的负荷。

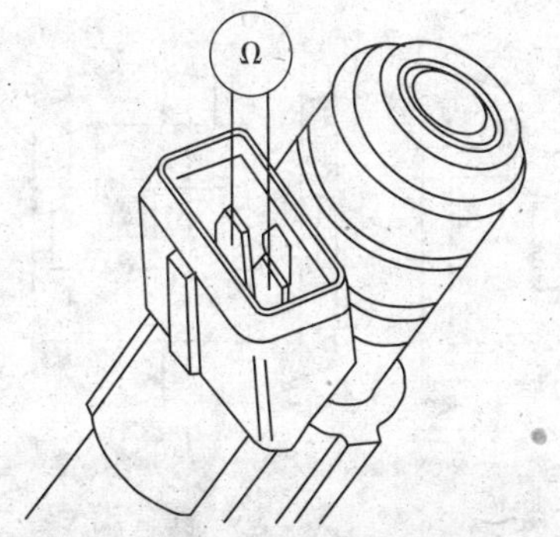

图 3-3-17　检测喷油器的电阻值

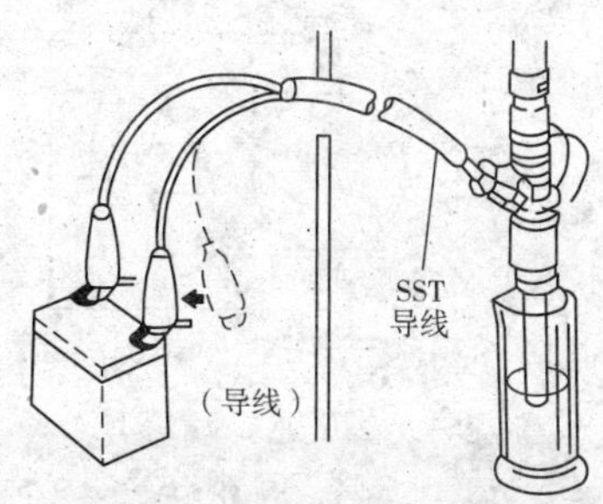

图 3-3-18　喷油器喷油量的检查

②标准波形。发动机电控单元(ECU)接通搭铁电路时，驱动三极管导通，喷油器开始喷油。当电控单元断开接地电路时，驱动三极管截止，喷油停止。同时电磁场发生突变，由喷油器线圈的磁场衰减产生峰值电压。喷油时间和峰值电压在波形图上很清楚地反映出来(图 3-3-20)。

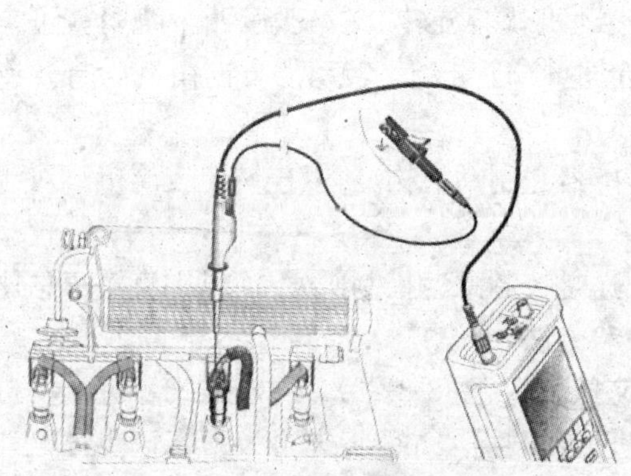

图 3-3-19　喷油脉宽波形的测试方法

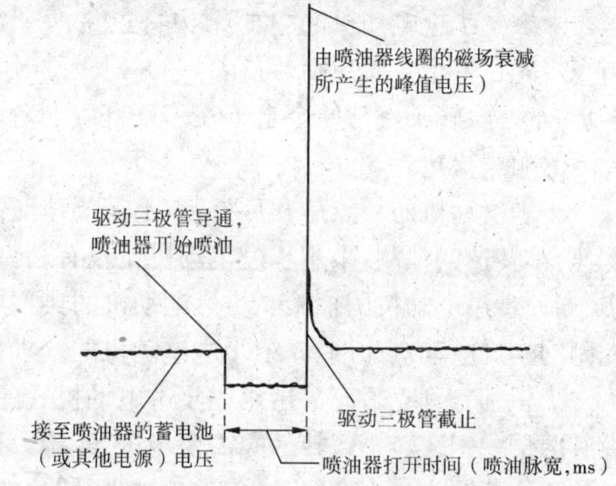

图 3-3-20　喷油脉宽的标准波形

③实测波形。在怠速无负荷时喷油器的实测波形(图 3-3-21)：喷油时间为3. 52 ms，峰值电压为64. 8 V(不超过 80 V)。

2. 电动机的检验

电动机作为汽车电子控制系统的执行器得到广泛采用。执行器的电动机主要有步进电动机和直流电动机两大类型。由于步进电动机易于实现电子控制，所以得到广泛应用。下面以步进电动机为例，介绍电动机的基本检测方法。

(1)步进电动机的类型。随着执行器在汽车上的应用，步进电动机得到越来越广泛应用。主要因为步进电动机易于实现电子控制。

步进电动机有三种类型。基本原理如图 3-3-22 所示。

①可变磁阻式电动机；

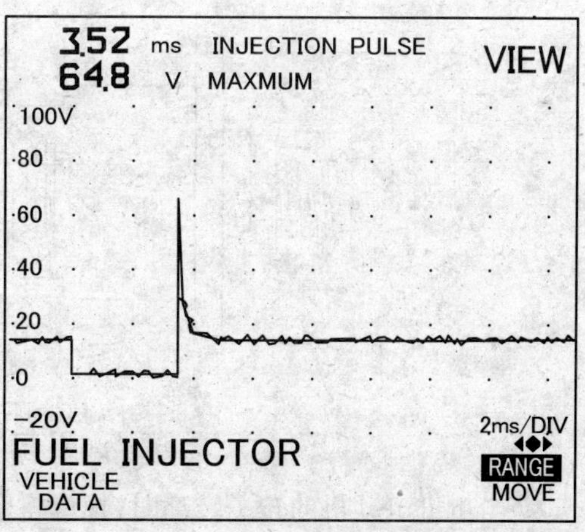

图 3-3-21　喷油脉宽的实测波形

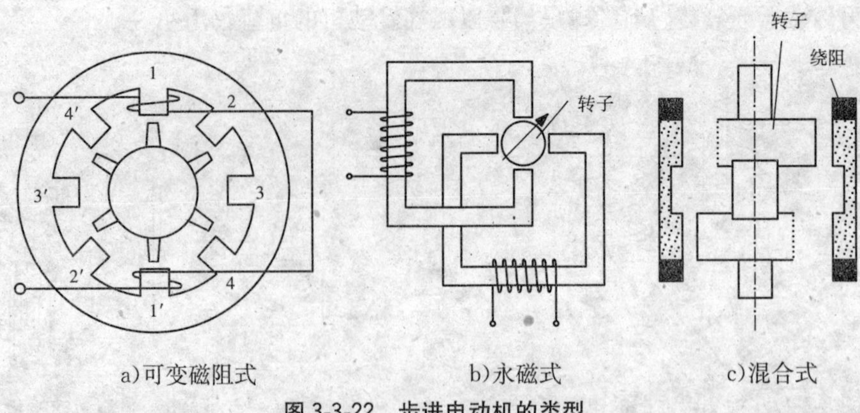

a)可变磁阻式　　b)永磁式　　c)混合式

图 3-3-22　步进电动机的类型

②永磁式(PM)电动机；

③混合式电动机。

每种类型的基本工作原理是相同的。它们都已用在或正被用在各种各样的车辆中。

永磁式步进电动机的主要结构特点是两个定子。转子常用钡-铁合金烧结成环形磁铁。当绕阻先在一个方向激励，再在另一方向激励时，电动机就会旋转 90°。激励两个绕阻就可走半步。这样，转子就与两个定子在一条直线上，就走过 45°即半步。转动的方向由绕阻打开或关闭的顺序决定。

步进电动机的特点是开环控制，不需要角度传感器和制动机构，所以控制比较简单。对于低速、小转速的控制，采用步进电动机比较有利。

(2)步进电动机的检验。步进电动机的典型用途是控制怠速控制阀，下面以别克轿车怠速控制阀步进电动机为例，介绍步进电动机的基本检验方法。

①识别。别克轿车采用永磁步进电动机式怠速控制阀(图 3-3-23)。此永磁式步进电动机设有两个线圈。转子每转一圈需要步进 24 步，每进一步约需 4 ms，步进角为 15°，该步进电动机的工作范围为 0～128 步。步进角越小，转角的控制精度就越高，所需的定子绕组的数量和控制脉冲的组数就越多。步进电动机的转速取决于控制脉冲的频率，频率越高，转速越快。

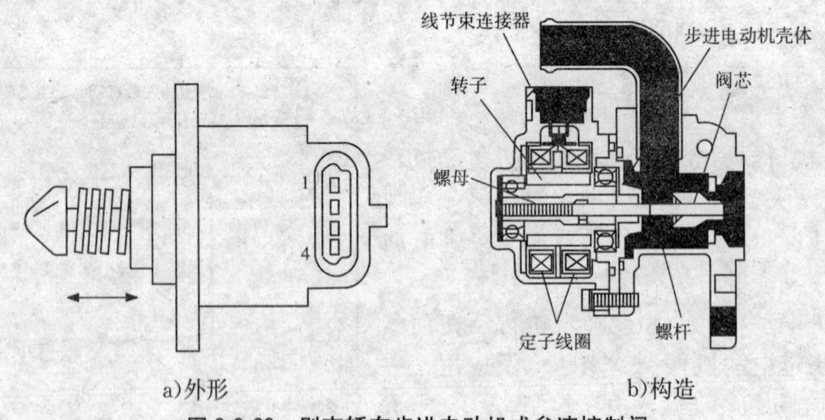

a)外形　　b)构造

图 3-3-23　别克轿车步进电动机式怠速控制阀

当步进电动机的转子转动时，螺母将带动螺杆作轴向移动。转子转动一圈，螺杆移动一个螺距。因为阀芯与螺杆固定连接，所以螺杆将带动阀芯开大或关小阀门开度。ECU 通过控制步进电动机的转动方向和转动角度来控制螺杆的移动方向和移动距离，从而达到控制怠速阀开度，调整怠速转速之目的。

②电路图。别克步进电动机式怠速控制阀的电路如图 3-3-24 所示。

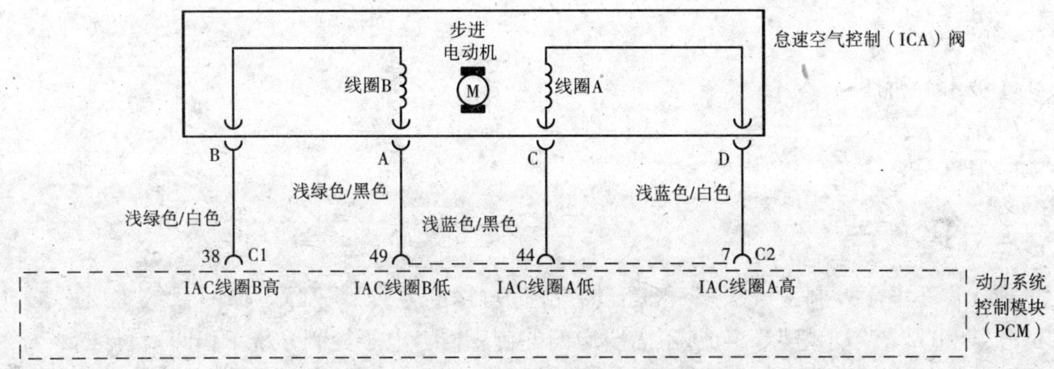

图 3-3-24　步进电动机式怠速控制阀的电路(别克轿车)

③就车检查步进电动机。当发动机熄火时，怠速控制阀会发出"咔哒"响声，使阀门开度退到最大位置。如听不到复位时的"咔哒"响声，应对怠速控制阀进行检修。

④检测步进电动机定子绕组的电阻值。

第 1 步：关闭点火开关。

第 2 步：拔下 IAC 阀的 4 芯插头。

第 3 步：用万用表电阻挡测量 IAC 阀的 A、B 两端子之间的电阻值(图 3-3-25)，电阻值应为 45 ～60 Ω。

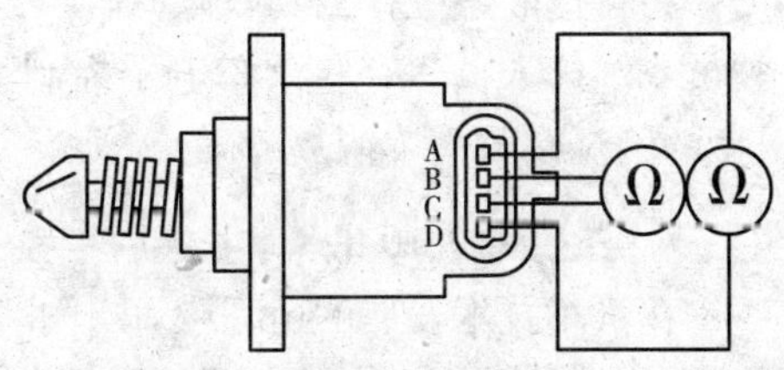

图 3-3-25　检测步进电动机的电阻值

第 4 步：用万用表电阻挡测量 IAC 阀的 C、D 两端子之间的电阻值；电阻值应为 45 ～60 Ω。

第二节　电子控制系统的检验

一、电子控制系统的检验方法

随着汽车电子控制技术的发展，汽车上各系统越来越多地采用电子控制代替机械控制，以改善汽车的动力性、排放性、安全性、乘坐舒适性、操纵稳定性。

目前在汽车上广泛应用的电子控制系统有：发动机电子控制系统、自动变速器电子控制系统、防抱死制动系统、安全气囊系统、悬架控制系统、前照灯控制系统、电子稳定程序系统、空调控制系统、防盗系统等。

要对汽车上各电子控制系统进行检验，并根据检验结果分析、排除各电子控制系统的故障，必须掌握各电子控制系统的构造原理及常用的检验方法。

由于汽车上电子控制系统很多，且各电子控制系统的结构原理复杂，由于篇幅所限，本书不对各个电子控制系统作详细的讲解，只介绍几种常见的检验方法，检验汽车电子控制系统的主要方法有：

①自诊断法；

②万用表法；

③数据流分析法；

④波形分析法；

⑤尾气分析法；

⑥温度分析法。

二、自诊断法

现代汽车电子控制系统中，一般都设有故障自诊断系统。故障自诊断系统主要由 ECU 中的软件和“故障指示灯”等组成，不需要专门的传感器。电子控制系统工作时，自诊断系统对电子控制系统各种输入、输出信号进行监测，并运用程序进行推理、判断，将结果迅速反馈到主控系统，改变控制状态；此外，还根据自诊断结果控制“故障指示灯”工作。

（一）故障指示灯

在自诊断系统检测到故障时，仪表盘上的故障指示灯“CHECK ENGINE”点亮，以警告驾驶员或维修人员。有些汽车电子控制系统发生故障后，可按特定的操作程序根据“故障指示灯”的闪烁次数来读取故障码。

（二）OBD—Ⅱ简介

在汽车技术发展的历程中，由于世界各大汽车制造公司的技术特点各不相同，缺乏统一的标准，导致各种汽车自诊断系统的检测插座形式和位置、读取与清除故障码的方法各异，这给汽车用户和维修人员带来了很大不便。为此，20 世纪 70 年代，汽车电子控制系统中开始采用了第一代随车诊断系统（OBD—Ⅰ）；1994 年以后，美国、日本和欧洲的主要汽车制造厂家生产的电控汽车逐步开始采用第二代随车诊断系统（OBD—Ⅱ）。

OBD 是“ON—BOARD DIAGNOSITICS”的英文缩写，即随车诊断系统。OBD—Ⅱ则是指第二代随车诊断系统。OBD—Ⅱ是由美国汽车工程学会（SAE）提出，经环保机构和加州资源协会认证通过。

（三）故障自诊断系统的功能

现代汽车用微机故障自诊断系统一般都具有如下功能。

①监测汽车电子控制系统的工作状态，若发现问题，以故障指示灯（装于仪表板上）闪亮的方式提醒驾驶员。

②将监测到的故障以代码的形式储存在微机的随机存储器（RAM）中。汽车维修时，可以用一定的方法取出故障码，以便进行故障查寻。

③当汽车因汽车电子控制系统中传感器、执行器及其电路发生故障或微机本身发生故障而不能工作时起用备用系统，使汽车能够维持基本的运转，使驾驶员能将汽车顺利开到修理厂。

④在某一个执行机构发生故障时，微机故障自诊断系统能及时停止其他执行机构的工作，以确保汽车行驶安全或避免造成部件的损坏。

(四)进入故障自诊断系统的方法

在利用车用微机故障自诊断系统进行故障自诊断测试,读取微机随机存储器 RAM 中存储的故障码时,首先要进入故障自诊断测试状态。由于汽车制造厂家的不同,进入故障自诊断测试状态的方法也有一定的区别,归纳起来大体上有以下几种。

1. 跨接导线读取法

有些现代汽车中,在利用微机故障自诊断系统读取故障码时,需要将“诊断输入接头(或端子)”和“搭铁接头”用跨接导线进行跨接,方可进入车用微机故障自诊断测试状态,读取 RAM 中存储的故障码,例如丰田汽车公司生产的电控汽车。

2. 打开专用诊断开关读取法

在一些车上,设置有“按钮式诊断开关”(如天津三峰客车等),或在微机控制装置上设置有“旋钮式诊断模式选择开关”(如日产汽车等),按压或旋转这些专用诊断开关,即可进入故障自诊断测试状态,进行故障码的读取。

3. 打开兼顾诊断开关功能的共用开关读取法

在一些汽车电子控制系统中,空调控制面板上的相关控制开关可兼作故障诊断开关,一般是将空调控制面板上的“WARM(加温)”和“OFF(关机)”两个按键同时按下一段时间,即可使故障自诊断系统进入故障自诊断状态,读取微机随机存储器 RAM 中存储的故障码,如林肯·大陆轿车、凯迪拉克轿车等。

4. 利用点火开关的约定操作程序读取法

美国克莱斯勒汽车公司生产的轿车电子控制系统就采用这种方法,即在规定时间内,将点火开关进行“ON—OFF—ON—OFF—ON”循环一次,便可使微机故障自诊断系统进入故障自诊断状态。

5. 利用加速踏板的约定操作程序读取法

如宝马 3 系列、5 系列、7 系列、8 系列和 M5 系列车型装备的 DME3.1 发动机电子控制系统即采用这种方法,在规定时间内,将加速踏板连续踩下 5 次,即可使微机故障自诊断系统进入故障自诊断状态。

6. 利用专用微机(电脑)检测仪读取法

各种汽车电子控制系统均配备有专用的微机故障检测仪,俗称解码器,将该仪器与汽车电子控制系统故障检测插头或(插座)相连,便可直接进入故障自诊断测试状态,进行故障码的读取。对于 1996 年以后生产的轿车,一般均需此法才能进入自诊断系统。

(五)故障自诊断系统故障码的显示方法

归纳起来,一般常见的故障码显示方法有以下几种。

1. 利用仪表板上的故障指示灯的闪烁规律显示故障码

大部分现代汽车采用这种方法进行显示:当系统进入故障自诊断测试状态读取故障码时,微机故障自诊断系统控制仪表板上的故障指示灯便以闪烁次数和点亮时间长短来表示故障码。这种显示方式有一位数码、二位数码、四位数码和五位数码四种。

(1)一位数故障码:以故障指示灯连续闪亮的次数(每次间隔 0.5 s 或更少)为故障码。两个故障码之间间隔 4~5 s。

(2)二位数故障码:这种利用故障指示灯显示二次数故障码的方式是应用最广的一种,如丰田、通用、克莱斯勒等汽车公司生产的汽车大都采用此种显示方式。

(3)四位数故障码:四位数故障码是通过故障指示灯的 4 组闪亮来显示的,每一次连续闪亮(闪亮间隔为 0.5 s)为一组,产生四位数故障码的 1 位数。组与组之间的间隔为 2.5 s,故障码"2342"的显示方式是:故障指示灯连续闪亮两次:停顿 2.5 s 后,闪亮 3 次;再停顿 2.5 s 后,又连续闪亮 4 次;停顿 2.5 s 后,再闪亮 2 次。若有其他的故障码,下一个故障码开始前也停顿 2.5 s。德国大众公司的奥迪系列汽车就是采用这种方式。

2. 用指针式电压表显示故障码

将故障码输出驱动电路接通后,用指针式万用表的直流电压挡(万用表阻抗应大于 10 MΩ/V)检测故障检查端子(或插孔)上的电压,以观察电压表指针的摆动情况来读取微机中存储的故障码。这种显示方法与利用仪表板上的故障指示灯法读取故障码的基本原理相同,只是采用指针式电压表指针的摆动情况代替故障指示灯进行故障码显示。

3. 发光二极管(LED)显示法

在有些汽车微机故障自诊断系统中,故障码可由一个或多个发光二极管进行显示,这些发光二极管通常安装在微机控制装置上。采用不同数量的发光二极管时,其显示方法和意义也不相同。

①利用一个发光二极管显示故障码时,其显示方法与采用仪表板上的故障指示灯的显示方法相同。

②利用不同颜色的两个发光二极管显示故障码时,红色发光二极管的闪烁次数为故障码的十位数码,绿色发光二极管的闪烁次数为故障码的个位数码,如图 3-3-26 所示。

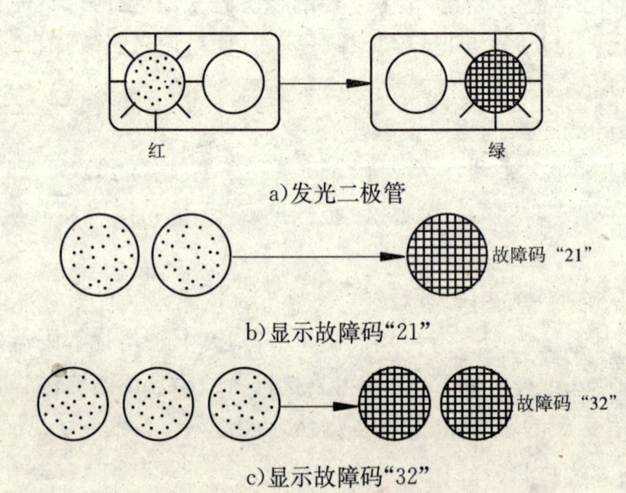

图 3-3-26 利用两个发光二极管显示故障码

③利用四个发光二极管显示故障码时,采用一种二进制的编码。发光二极管点亮时,四个发光二极管从左到右分别代表 8、4、2、1,不亮的发光二极管表示这一数值为"0"。每一个故障码为这四个发光二极管指示情况的数值相加。图 3-3-27 所示为四个发光二极管在电控单元上的安装和故障码显示实例。

4. 利用车上的数字式仪表进行数字显示

采用上述几种故障码显示方法在进行故障码的读取时,不但要注意故障指示灯、发光二极管的闪亮次数或电压表指针的摆动次数,还得注意观察其闪烁或摆动的间隔,读取时比较繁琐，且容易出现误读的情况。为此，在许多高级轿车上，已采用较先进的数字方式显示故障码的方法。进行读取故障码操作时，微机内存中的故障码将以数字的形式显示在组合仪表显示器的某一部位（一般是显示在数字式显示屏上）。这种故障码显示方法直观，简单明了，是未来故障码显示方法的必然趋势。

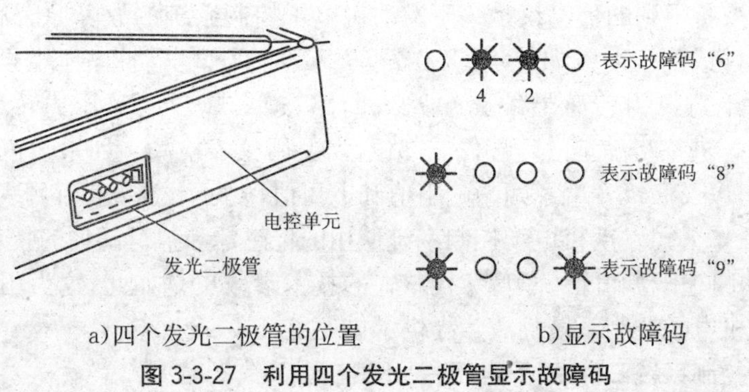

a)四个发光二极管的位置　　b)显示故障码

图 3-3-27　利用四个发光二极管显示故障码

5. 专用仪器显示方式

现在的一些汽车上配有专门的故障码阅读器接口，将专用的故障码阅读器与接口连接后，便可直接在阅读器上显示或打印故障码。更高级的仪器内存有汽车微机系统故障诊断卡，在进行微机故障自诊断操作时，仪器可直接显示故障的区域、检查的方法、检测的标准数据等。这种仪器实际上已相当于一个汽车故障诊断的专家系统。不同的车型，或同一车型不同年份的汽车微机系统，其诊断项目、标准数据均不同，但只要换用相应的故障诊断卡（软件卡）就可以使用。其缺点是每个公司生产的汽车微机控制系统需用各自专门的仪器，非专业车型修理单位配备齐全有一定的难度。

（六）故障码的消除

在对汽车微机控制系统进行维修、排除各种故障后，存储在微机内存中的故障码必须清除，以便在今后的工作中记录和存储新的故障码。如果不清除旧的故障码，当汽车微机控制系统中再次出现故障时，微机把新旧故障码一并输出，使用和维修人员便不知道哪些是汽车微机控制系统真正存在的故障，哪些是以前已经排除的故障。

故障码清除的基本原理由存储故障码的微机存储器的特点所决定。故障码一般存储在微机的随机存储器中，存储器各存储单元的状态由微机根据故障诊断情况确定，由系统电源保持。因此，当点火开关关闭后，仍要向微机电控单元提供电源，以保持这些存储单元的工作状态。如果将微机电控单元的存储器电源切断，则各存储器的状态将在很短的时间内均变为初始值，这样存储器中的故障信息就不复存在了。

清除故障码的基本的方法就是切断汽车电控单元（主要指微机部分）的电源。具体做法是：把微机控制系统的熔断器拔掉约 30 s 即可。有时也可以直接把蓄电池负极搭铁线拆下约 30 s，但是在有些车型上，其他电子装置也可能有需要电源维持的信号，如果断开蓄电池负极搭铁线，可能会造成这部分有用信息丢失。如电子石英钟和音响等装置内部存储的数据或信息便会因电源切断而被清除。因此，在清除故障码时，最好按照维修手册中所指示的方法进行。

如果清除故障码后一切正常，故障指示灯也不亮，证明故障排除得彻底。如果清除微机内存储的故障码后，将微机控制系统电源重新接通，故障指示灯仍亮，则说明故障排除不彻底，汽车电子控制系统中还存在有其他故障，要重新进行故障码的读取和排除。

三、万用表法

利用故障码法所得到的信息仅是关于发动机电子控制系统的故障原因和范围，而不是具体的某一故障部件或部位。例如，皇冠 3.0 轿车 2JZ—GE 型发动机故障码“31”，仅表示故障原因为进气歧管绝对压力传感器线路短路或断路、进气歧管绝对压力传感器损坏或微机(ECU)损坏。为了进一步确定故障部件或部位，需要用仪表检测。如果知道各传感器和执行部件的技术参数，以及微机各端子间的电阻值和电压值，则可用数字式万用表进行检测。值得指出的是，各大汽车公司发动机电子控制系统使用的传感器和执行部件的技术参数基本相同，同一汽车公司的不同车型和同一车型年代款式的技术参数更是如此，这为用数字式万用表来检测和判断发动机电子控制系统的故障提供了方便。

1. 测量电子控制系统 ECU 端子电压

用万用表测量各电子控制系统 ECU 端子电压的步骤如下。

第 1 步：用万用表检测蓄电池的电压，应大于或等于 11V，否则充电后再测量。

第 2 步：从汽车上拆下微机，但保持线束连接器与微机处于连接状态(即不拔下线束)。

第 3 步：将点火开关置于“ON”位置。

第 4 步：将万用表置于电压挡。

第 5 步：依次将万用表测笔从线束插头的导线一侧插入，如图 3-3-28 所示，测量微机各端子与搭铁端子之间的电压。

第 6 步：记录各端子与搭铁间的电压值，并与标准检测数据相比较。如测得的电压与标准值不符，则说明微机或控制线路有故障。

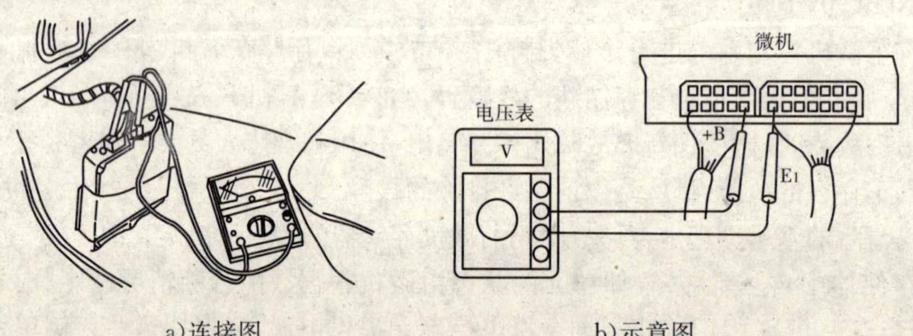

图 3-3-28　用万用表测量各种电子控制系统 ECU 的端子电压

2. 测量电子控制系统 ECU 端子间的电阻

用万用表测量各电子控制系统 ECU 端子间电阻的步骤如下。

第 1 步：从汽车上拆下 ECU。

第 2 步：拔下导线连接器。

第 3 步：如图 3-3-29 所示，用万用表欧姆挡测量导线连接器各端子间的电阻值。注意：不要触碰 ECU 的接线端子，应将测笔从导线侧插入导线连接器中。

第 4 步：记录所测电阻值，并与标准检测数据相比较，从而确定 ECU 控制线路是否正常。

若通过上述检查确认 ECU 有故障，也不可轻易废弃 ECU，应通过总成互换的方法再次确定 ECU 是否真的已经损坏。

ECU 损坏后，多数情况下是能够维修的，因为 ECU 多数的损坏是因检测或使用不当引起的二极管、三极管、电容、电阻的损坏，而这些元件是通用标准件，市场上可购得，只要熟悉电子电路维修技术就可以更换。但 ECU 中的专用集成电路或 PROM 等损坏是无法修理的。

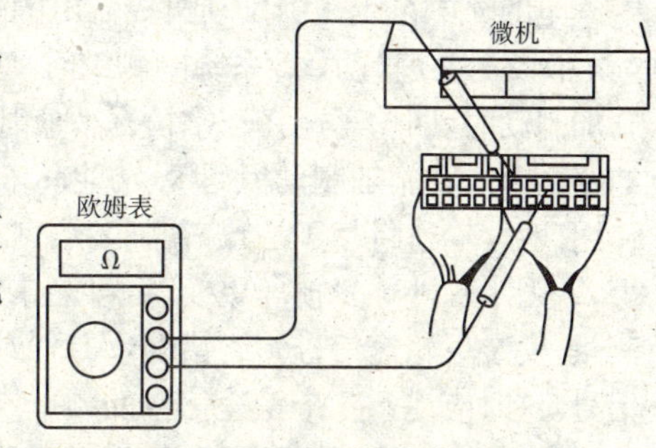

图 3-3-29 用万用表测量各电子控制系统 ECU 端子间的电阻

3. 注意事项

在用万用表检测 ECU 端子的电压和电阻时，要注意如下事项。

①在检测之前，应先检查汽车电子控制系统及其他电气系统各熔断器、熔丝及有关的线束插头（连接器）是否良好。汽车 ECU 及熔断器的安装位置可参见各汽车维修手册。

②在点火开关处于开启（ON）位置时，蓄电池电压应不低于 11 V，过低的蓄电池电压会影响测量结果。

③必须使用高阻抗的万用表（阻抗应大于 10 MΩ/V），低阻抗的万用表会损坏 ECU。最好使用汽车专用万用表进行检测。

④必须在 ECU 和线束连接器（插头）处于连接的状态下测量 ECU 各端子的电压，并且万用表的测笔应从线束插头的导线一侧插入，测量各端子的电压。

⑤不可在拔下 ECU 的线束与连接器的状态下，直接测量 ECU 的各端子电阻，否则会损坏 ECU。

⑥若要拔下 ECU 的线束连接器测量各控制线路，则应先拆下蓄电池负极搭铁线。不可在蓄电池连接完好的状态下拔下 ECU 的线束连接器，否则可能损坏 ECU。

⑦在检测时，应先将 ECU 连同线束一同拆下。在线束连接器处于连接的状态下，按检测数据表中的顺序，分别在点火开关关闭（OFF）、开启（ON）及发动机运转状态下，测量 ECU 各端子与搭铁端子之间的电压。也可以拔下 ECU 线束连接器，测量各控制线路的电阻，从而确定控制线路是否正常。

四、数据流分析法

数据流分析法是诊断电子控制系统故障的重要方法之一，数据流是 ECU 对所控制的系统正常运行控制状态的数量表现形式。

（一）数据流分析法的类型

数据流分析法有以下几种方法，即数值分析法、时间分析法、因果分析法、关联分析法、比较分析法等。

1. 数值分析法

数值分析法是对数据的数值变化规律和数值变化范围的分析，即数值的变化，如转速、车速、ECU 读值和实际值的差异等。

在控制系统运行时，控制模拟块将以一定的时间间隔不断地接收各个传感器传送的输入信号并向各个执行器发出控制指令，对某些执行器的工作状态还根据相应传感器的反馈信号再加以修正。通过诊断仪器可以读取这些信号参数的数值并加以分析。

例 1　如系统电压，在发动机未起动时，其值应约为当时的蓄电池电压，在起动后应等于该车充电系统的电压，若出现不正常的数值，表示充电系统或发动机控制系统可能出现故障（因有些汽车的充电系统是由发动机控制电脑控制的，有时甚至是电脑内部的电源部分出现故障)。

例2　在进行ABS系统的测试时，应注意观察四轮的轮速信号值(对四轮ABS系统)。在未施加制动时，四轮车速在正常情况下应基本一致(除非四个车轮在某一时刻行驶在不同附着系数的路面上)，在施加制动但ABS功能尚未起作用时，四轮轮速会出现不一致，而一旦ABS功能起作用，四轮轮速将趋于一致，否则表示制动系统或控制系统可能存在故障。而某些前驱动的汽车上，若因半轴外球笼损坏更换时，可能未对球笼上的ABS信号发生器齿环齿数和齿环直径进行测量，安装后轮速信号始终错误，ABS故障灯将点亮，故障码提示轮速错误，但在观察时又有轮速信号，这时应注意各个轮速信号的频率或电压，在有些系统中可直接读到轮速值。

例3　对于发动机不能起动(起动系统正常)的情况，应注意观察发动机的转速信号(用诊断仪)，因大多数发动机控制系统在对发动机进行控制时，都必须知道发动机的转速(发送信号的方式各型号汽车会不同)，否则将无法确定发动机是否在转动，当然也无法计算进气量和进行点火及喷油的控制。

例4　本田雅阁轿车冷却风扇的控制不是采用安装在散热器上的温控开关，而是发动机ECU接收冷却液温度传感器的电压信号，判断冷却液的温度变化，当达到规定的温度时，ECU将控制风扇继电器接通，使风扇工作。如一辆本田雅阁2.3轿车，发动机起动时间不长，冷却风扇即工作，此时凭手感只有40～50℃。原先维修人员因无法找到真正的故障原因，只得改动风扇的控制电路，用一个手动开关人工控制。根据该车的电路图，可确定该车的风扇是由ECU控制的，故接上检测仪，没有故障码存在，但在观察数据时，ECU读取的冷却液温度为115℃。根据该车的设计，发动机电动风扇的工作点为91～95℃(开关A低速挡)和103～109℃(开关B高速挡)。所以，可以判断ECU对风扇的控制电路是正常的，问题是在于ECU得到的温度信号是不正确的，这可能是由于冷却液温度传感器、线束接头或ECU本身有故障。经检查发现传感器的阻值不正确，更换后一切正常。为什么没有故障码呢？这是因为该车在故障码的设定中，只规定了开路(读值一般在－35℃以下)和短路(读值一般在120℃以上)状态，并不能判断冷却液温度传感器输送的温度信号是否代表实际温度，当然也就无法给出故障码了。从此例中可看出，应注意测量值和实际值的关系。对一个确定的物理量，不论是通过诊断仪或直接测量得到的值与实际值应差异不大(因测量手段不同)，否则就有可能是测量值的问题了。

2.时间分析法

电脑在分析某些数据参数时，不仅要考虑传感器的数值，而且要判断其响应的速率，以获得最佳的效果。

例　如氧传感器的信号，不仅要求有信号电压和电压的变化，而且信号电压的变化频率在一定时间内要超过一定的次数(如某些车要求大于6～10次/s)，当小于此值时，就会产生故障码，表示氧传感响应过慢。有了故障码是比较好解决的，但当次数并未超过限定值，而又反应迟缓时，并不会产生故障码。此时不仔细体会，可能不会感到一丝故障症状。应接上仪器观察氧传感器的数据的变化状态以判断传感器的好坏。对采用OBD－Ⅱ系统的催化转化器前后氧传感器的信号变化频率是不一样的。通常后氧传感器的信号变化频率至少应低于前氧传感器的一半，否则催化转化器的转化效率可能已降低了。

3.因果分析法

因果分析法是对相互联系的数据间响应情况和相应速度的分析。

在各个系统的控制中，许多参数是有因果关系的。如电脑得到一个输入，肯定要根据此输入给出下一个输出，在认为某个过程有问题时可以将这些参数连贯起来观察，以判断故障出现在何处。

例1 在自动空调系统中，通常当按下空调选择开关后，该开关并不是直接接通空调压缩机离合器，而是该开关信号作为空调请求（选择）信号被发送给发动机ECU，发动机ECU接收到此信号后，检查是否满足设定的条件，若满足，就会向压缩机继电器发出控制指令，接通继电器，使压缩机工作，所以当空调不工作时，可观察在按下空调开关后，空调请求（选择）、空调允许、空调继电器等参数的状态变化，来判断故障点。

例2 许多车上都装有EGR（废气再循环）系统，该排放装置的作用主要是降低氮氧化物。

通常ECU是根据反馈传感器（如EGR位置传感器、DFPE传感器或其他传感器）来判断EGR阀的工作状态。当有EGR系统未工作的故障码出现时，应首先在相应工况下检查ECU控制电磁阀的输出指令和反馈传感器的值，若无控制输出，可能工况条件不满足或ECU有故障，若反馈值没有变化，则可能是传感器、线路或EGR阀（包括废气通道）有问题。此时可直接在EGR阀上施加一定的真空（发动机在怠速时），若发动机出现明显抖动或熄火，则说明EGR阀本身和废气通道无问题，故障可能在传感器、线路或ECU上，应检查电路。若无明显抖动，则可能是EGR阀或废气通道有问题，属于常规机械故障。

4.关联分析法

ECU对故障的判断是根据几个相关传感器信号的比较，当发现它们之间的关系不合理时，会给出一个或几个故障码，或指出某个信号不合理。此时不要轻易断定是该传感器不良，需要根据它们之间的相互关系做进一步的检测，以得到正确结论。

例 本田雅阁轿车有时会给出节气门位置传感器信号不正确，但不论用什么方法检查，该传感器和其设定值都无问题。而若能认真地观察转速信号（用仪器或示波器），就会发现转速信号不正确，更换曲轴上的曲轴位置传感器（CKP传感器）后，故障排除。故障原因是ECU接收到此时不正确的转速信号后，并不能判断转速信号是否正确（因无比较量），而是比较此时的节气门位置传感器信号，认为其信号与接收到的错误转速信号不相符，故给出节气门位置传感器的故障码。

5.比较分析法

比较分析法是对相同车种及系统在相同条件下的相同数据组进行的分析。

在很多时候，没有足够的详细技术资料和详尽的标准数据，无法很正确地断定某个器件好坏。此时可与同类车型或同类系统的数据加以比较。当然在修理中，很多人会使用替换试验进行判断，这也是一种简单的方法，但在进行时应注意首先做一定的基本诊断。在基本确定故障趋势后，再替换被怀疑有问题的器件，不可一上来就换这换那，其结果可能是换了所有的器件，仍未发现问题。再一个注意的是用于替换的器件一定要确认是良好的，而不一定是新的，因新的未必是良好的，这是做替换实验的基本原则。

（二）数据流分析法的一般步骤

1.有故障码

在进行故障码分析并确认有故障码存在时，可以直接找出与该故障码相关的各组数据进行分析，并根据故障码设定的条件分析故障码产生的原因，进而对数据的数值及波形进行分析，找出故障点。

2.无故障码

故障码分析确认无故障码存在时，从故障现象入手，根据控制系统的工作原理和结构，推断相关数据参数，再用数据分析的方法对相关数据参数进行观察和全面的分析。在进行数据分析时，常常需要知道所修车系统的基本原理和结构、基本的控制参数及其在不同工况条件下的正确读值，并经过认真的分析，才有可能得出准确的判断。

(三)数据流的读取

采用不同类型故障诊断仪器读取数据流的方式有所不同，但读取的数值是一样的，下面以桑塔纳轿车为例，用故障阅读仪 V. A. G1552 读取桑塔纳 AJR 发动机数据流的方法及其分析。

1. 数据流读取的基本条件

读取发动机数据流，必须具备以下条件：

①蓄电池电压大于 11.5 V；

②熔丝正常；

③发动机搭铁线正常。

2. 读取数据流的步骤

用故障阅读仪 V. A. G1552 读取发动机数据流的步骤如下。

第 1 步：打开诊断插口盖板，将故障阅读仪 V. A. G1552 用 V. A. G1552/3 电缆连接到车上位于变速器操纵杆前的诊断插座上(图 3-3-30)。

第 2 步：打开点火开关或者发动机怠速运转，同时打开故障阅读仪的电源开关，输入“发动机电子系统”的地址指令 01，并按“Q”键确认，然后按下“→”键，输入 08 功能“读测量数据块”，按“Q” 键确认，再输入组别号，即可读出发动机各部分的数据流。

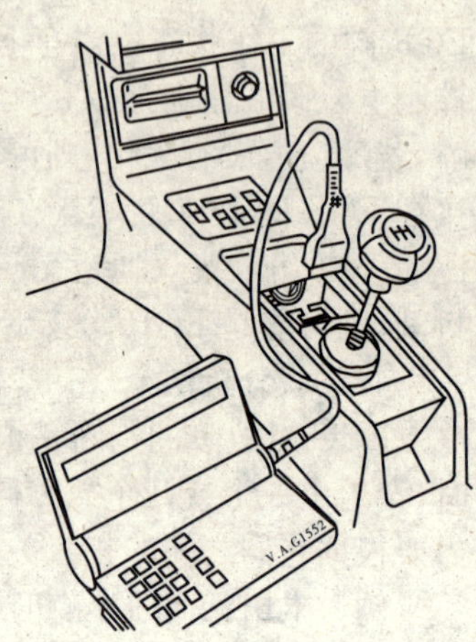

图 3-3-30 连接 V. A. G1552

3. 发动机正常数据流

发动机各输入信号与输出信号的数值变化范围(怠速)见表 3-3-13 所示。

桑塔纳 AJR 发动机各输入信号与输出信号的数值变化范围 表 3-3-13

显示组号	屏幕显示	参数说明	怠速值
00 基本功能	Read measuring value block 0 1 2 3 4 5 6 7 8 9 10	1—冷却液温度	170～204
		2—发动机负荷	20～50
		3—发动机转速	70～90
		4—蓄电池电压	146～212
		5—节气门角度	0～12°
		6—怠速空气流量控制值	118～138
		7—怠速空气流量测量值	112～144
		8—混合气成分控制值(λ 控制值)	78～178
		9—混合气成分测量值(λ 测量值)	115～141
		10—混合气成分测量值(λ 测量值)	118～138
01 基本功能	Read measuring value block 1 1 2 3 4	1—发动机转速	800±30 r/min
		2—发动机负荷(曲轴每转喷射持续时间)	1.00～2.50 ms
		3—节气门角度	0°～5°
		4—点火提前角	12±4.5°

续上表

显示组号	屏幕显示	参数说明	怠速值
02 基本功能	Read measuring value block 2 1 2 3 4	1—发动机转速	800±30 r/min
		2—发动机负荷(曲轴每转喷射持续时间)	1.00～2.50 ms
		3—发动机每循环喷射持续时间	2.0～5.0 ms
		4—进气流量	2.0～4.0 g/s
03 基本功能	Read measuring value block 3 1 2 3 4	1—发动机转速	800±30 r/min
		2—蓄电池电压	10.0～14.5 V
		3—冷却液温度	80～105℃
		4—进气温度	随环境温度变化
显示组号	屏幕显示	说明	怠速值
04 怠速稳定	Read measuring value block 4 1 2 3 4	1—节气门角度	0～5°
		2—怠速空气流量测量值(空挡位置)	−1.70～+170 g/s
		3—怠速空气流量测量值(自动变速器驱动挡)	～
		4—工作状况	Leerlauf(怠速) Teillast(部分负荷) Vollast(全负荷) Schub(加浓) Anreicherung(超速)
05 怠速稳定	Read measuring value block 5 1 2 3 4	1—怠速转速(测量值)	800±30 r/min
		2—怠速转速(规定值)	800 r/min
		3—怠速控制	−10%～+10%
		4—进气流量	2.0～4.0 g/s
06 怠速稳定	Read measuring value block 6 1 2 3 4	1—怠速转速	800±30 r/min
		2—怠速控制	−10%～+10%
		3—混合气 λ 控制	−10%～+10%
		41 点火提前角	12±4.5°
07 λ控制和ACF阀系统	Read measuring value block 7 1 2 3 4	1—混合气 λ 控制	−10%～+10%
		2—λ 传感器电压	0.1～1.0 V
		3—活性炭罐电磁阀 N80 占空比	0%～99%
		4—油箱净化系统动作时混合气修正因素	1.00
08 λ调节值	Read measuring value block 8 1 2 3 4	1—发动机每循环喷射持续时间	2.0～5.0 ms
		2—怠速时 λ 调节值	−10%～+10%
		3—部分负荷时 λ 调节值	−8%～+8%
		4—油箱净化系统	TE active(活性炭罐电磁阀动作) TE not active(活性炭罐电磁阀关闭) λ daption(活性炭罐电磁阀关闭,λ 调节起作用)

续上表

显示组号	屏幕显示	参数说明	怠速值
09 λ调节值	Read measuring value block 9 1 2 3 4	1—发动机转速(测量值)	800±30 r/min
		2—混合气λ控制	−10%～+10%
		3—λ传感器电压	0～1.0 V
		4—怠速时λ调节值	−10%～+10%
10 λ调节值	Read measuring value block 10 1 2 3 4	1—活性炭罐电磁阀 N80 占空比	0%～99%
		2—油箱净化系统动作时混合气修正因素	1.00
		3—活性炭罐过滤器充满水平	−3%～+32%
		4—ACF 阀供应空气的比例	0.00
11 燃油消耗	Read measunng value block 11 1 2 3 4	1—发动机转速	800 r/min
		2—发动机负荷(曲轴每转喷射持续时间)	1.00～2.50 ms
		3—车速	0 km/h
		4—燃油消耗	0.5～1.5 L/h
12 燃油消耗	Read measunng value block 12 1 2 3 4	1—发动机转速	800 r/min
		2—蓄电池电压	10.0～14.5 V
		3—燃油消耗	0.5～1.5L/h
		4—点火提前角	12±4.5°
13 爆燃控制	Read measunng value block 13 1 2 3 4	1—第 1 缸爆燃控制点火滞后角	0～15°
		2—第 2 缸爆燃控制点火滞后角	0～15°
		3—第 3 缸爆燃控制点火滞后角	0～15°
		4—第 4 缸爆燃控制点火滞后角	0～15°
14 爆燃控制	Read measuring value block 14 1 2 3 4	1—发动机转速	800 r/min
		2—发动机负荷(曲轴每转喷射持续时间)	1.00～2.50 ms
		3—第 1 缸爆燃控制点火滞后角	0～15°
		4—第 2 缸爆燃控制点火滞后角	0～15°
15 爆燃控制	Read measuring value block 15 1 2 3 4	1—发动机转速	800 r/min
		2—发动机负荷(曲轴每转喷射持续时间)	1.00～2.50 ms
		3—第 3 缸爆燃控制点火滞后角	0～15°
		4—第 4 缸爆燃控制点火滞后角	0～15°
16 爆燃控制	Read measuring value block 16 1 2 3 4	1—第 1 缸爆燃传感器信号电压	0.3～1.4 V
		2—第 2 缸爆燃传感器信号电压	0.3～1.4 V
		3—第 3 缸爆燃传感器信号电压	0.3～1.4 V
		4—第 4 缸爆燃传感器信号电压	0.3～1.4 V
17 催化转换器加热	Read measuring value block 17 1 2 3 4	1—发动机转速	800 r/min
		2—发动机负荷(曲轴每转喷射持续时间)	1.00～2.50 ms
		3—催化转换器加热能量平衡	～
		4—点火提前角(目前催化转换器未装)	12±4.5°

续上表

显示组号	屏幕显示	参数说明	怠速值
18 海拔高度适配	Read measuring value block 18 1 2 3 4	1—发动机转速	800±30 r/min
		2—发动机负荷(没有高度修正)	1.00～2.50 ms
		3—发动机负荷(有高度修正)	未规定
		4—按空气密度来修正的高度修正因素	0%～20%
19 转矩减小	Read measuring value block 19 1 2 3 4	1—发动机转速	800±30 r/min
		2—发动机负荷(曲轴每转喷射持续时间)	1.00～2.50 ms
		3—变速器挡位信号	N
		4—点火提前角	12±4.5°
20 工作状态	Read measuring value block 20 1 2 3 4	1—发动机转速	800±30 r/min
		2—选挡杆位置	
		3—空调开关	Low/High
		4—空调压缩机	AVS(关),EJN(开)
21 λ控制工作状态	Read measuring value block 21 1 2 3 4	1—发动机转速	800±30 r/min
		2—发动机负荷(曲轴每转喷射持续时间)	1.00～2.50 ms
		3—冷却液温度	80～105℃
		4—λ控制 关闭/打开	EIN(闭环)AVS(开环)
22	—	略	—
23 节气门控制部件	Read measuring value block 23 1 2 3 4	1—节气门控制部件工作状态	01 000 000
		2—节气门定位器最小停止位置	72%～95%
		3—节气门定位器紧急运行停止位置	67%～83%
		4—节气门定位器最大停止位置	18%～54%
24 爆燃控制	Read measuring value block 24 1 2 3 4	1—发动机转速	800±30 r/min
		2—发动机负荷(曲轴每转喷射持续时间)	1.00～2.50 ms
		3—点火提前角	12±4.5°
		4—第1至第4缸总点火滞后角平均值	0°
98 节气门控制部件匹配	Read measuring value block 98 1 2 3 4	1—节气门电位计电压	0～5 V
		2—节气门定位电位计电压	0～5 V
		3—工作状态:怠速/部分负荷	Leerlanf
		4—匹配状态:	正在匹配 匹配完成 匹配未完成 匹配错误
99 λ控制	Read measuring value block 99 1 2 3 4	1—发动机转速	800±30 r/min
		2—冷却液温度	80～105℃
		3—混合气成分λ控制	-10%～+10%
		4—λ控制(关闭/打开)	λ-Reg. AVS

五、波形分析法

(一)波形的识读

1.汽车电子信号的类型

汽车电子信号基本可分为模拟信号和数字信号两种,可进一步细分为五大基本类型,即直流信号、交流信号、频率调制信号、脉宽调制信号和串行数据信号。

(1)直流信号。直流信号是一种模拟信号(图 3-3-31),汽车上产生直流信号的传感器元件有:发动机冷却液温度传感器、燃油温度传感器、进气温度传感器、节气门位置传感器、废气再循环压强和位置传感器、翼板式或热丝式空气流量计、真空和节气门开关、进气压力传感器。

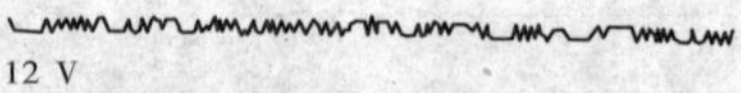

12 V

图 3-3-31 直流信号

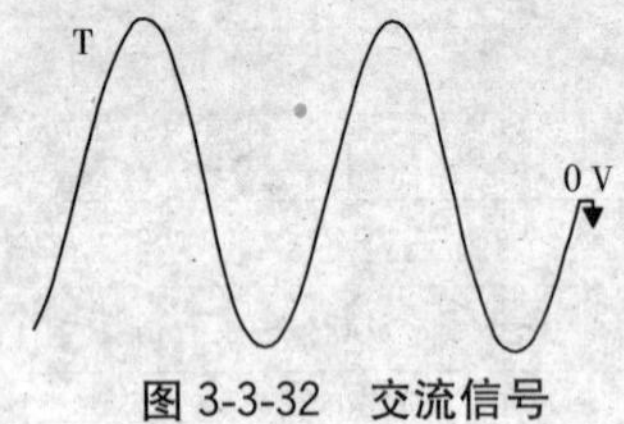

图 3-3-32 交流信号

(2)交流信号。交流信号也是一种模拟信号(图 3-3-32)。在汽车中产生交流信号的传感器和装置有:车速传感器、轮速传感器、磁电式曲轴位置传感器、凸轮轴位置传感器和爆震传感器等。

(3)频率调制信号。汽车中产生可变频率信号的传感器有:数字式空气流量计、数字式进气压力传感器、光电式车速传感器、霍尔式车速传感器、光电式凸轮轴和曲轴位置传感器、霍尔式车速传感器、霍尔式凸轮轴和曲轴位置传感器(图 3-3-33)。

图 3-3-33 频率调制信号

(4)脉宽调制信号。在汽车中产生脉宽调制信号的电路或装置有:初级点火线圈、电子点火正时电路、废气再循环控制、净化、涡轮增压和其他控制电磁阀、喷油器、怠速控制发动机和电磁阀(图 3-3-34)。

(5)串行数据(多路)信号。若汽车中具备有自诊断能力和其他串行数据传送能力的控制模块,则串行数据是由发动机 ECU、车身电子电控单元和防滑制动系统或其他电子电控单元产生(图 3-3-35)。

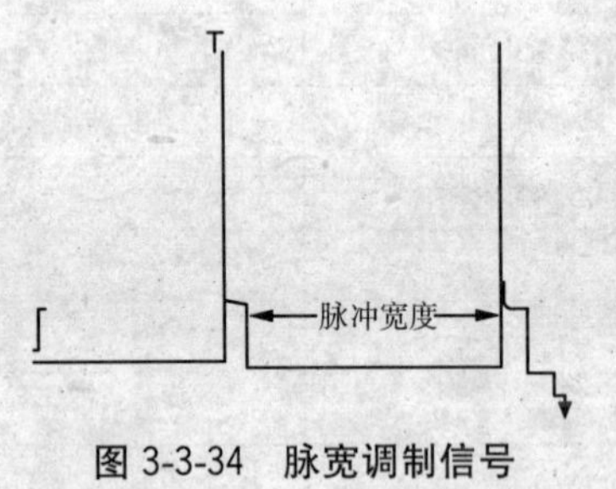

图 3-3-34 脉宽调制信号

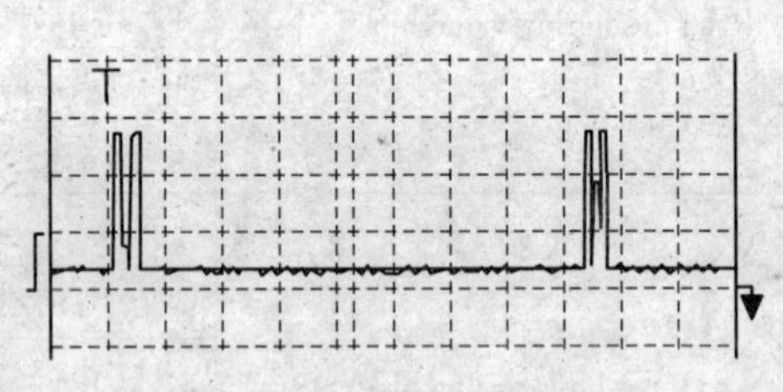

图 3-3-35 串行数据(多路)信号

2.波形界面

①单通道波形。单通道波形的识读见图 3-3-36;

②双通道波形。双通道波形识读见图 3-3-37;

(二)波形测试

1.传感器波形测试

传感器波形测试步骤如下。

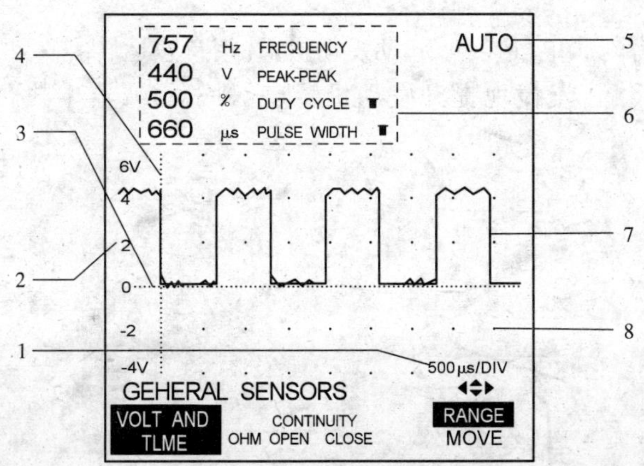

图 3-3-36 单通道波形的识读

1-水平时基的零线，时间点代表触发事件；2-信号垂直幅度的零线（即 0 V）；3-垂直量程（每格 2 V），可以利用光标键改变量程；4-水平时基（每格 500 μs）可以利用光标键改变时基；5-自动量程，同时适用于水平时基和垂直幅度；6-从信号计算机出来的读数；7-信号波形；8-格线（表示水平和垂直格）

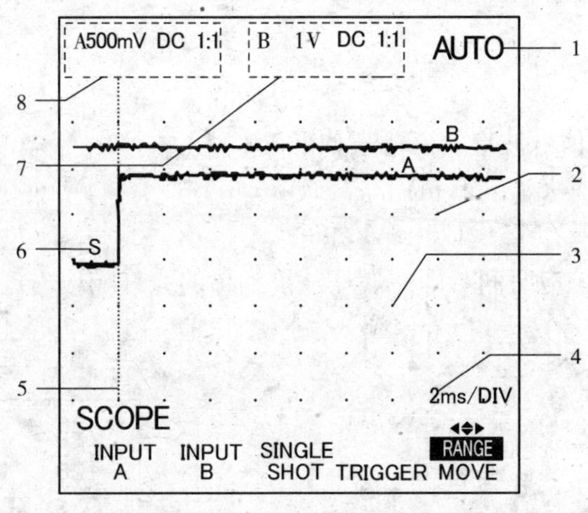

图 3-3-37 双通道波形识读

1-自动量程设定及信号追踪功能作用；2-通道 B 零电位；3-通道 A 零电位；4-时基范围；5-时基零位线（触发事件）；6-触发标记：表示触发源（a 表示通道 A）、触发率（表示负沿）和触发电平（图例的垂直位置）；7-通道 B 量程设定和探头识别。在通道 B 关闭时显示 OFF；8-通道 A 量程设定和探头识别

第 1 步：将汽车专用示波器的背针式探头刺入待测传感器的信号线中，将搭铁线连接到发动机机体上（图 3-3-38）。

第 2 步：关闭所有附属电气设备，起动发动机，并使怠速运转，怠速稳定后，检查怠速输出信号，然后做加速试验和减速试验。

第 3 步：将发动机转速从怠速提高至节气门全开（加速时不宜太急），并保持 2 s，但不要使发动机超速运转；然后将发动机转速降至怠速，并保持 2 s；再使发动机转速从怠速急加速至节气门全开；接着关闭节气门，使发动机转速重新降至怠速；最后定住波形。

2. 执行器波形测试

执行器波形测试步骤如下。

第 1 步：将汽车专用示波器的背针式探头刺入待测执行器的线束中，将搭铁线连接到发动机机体上。

第 2 步：关闭所有附属电气设备，起动发动机，并使怠速运转。

第 3 步：怠速稳定后，慢慢地提升发动机转速，观察示波器中执行器波形变化情况（图 3-3-39）。

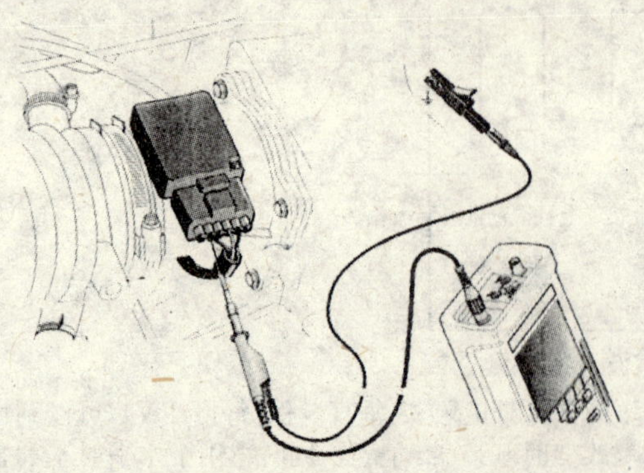

图 3-3-38　测试传感器的波形

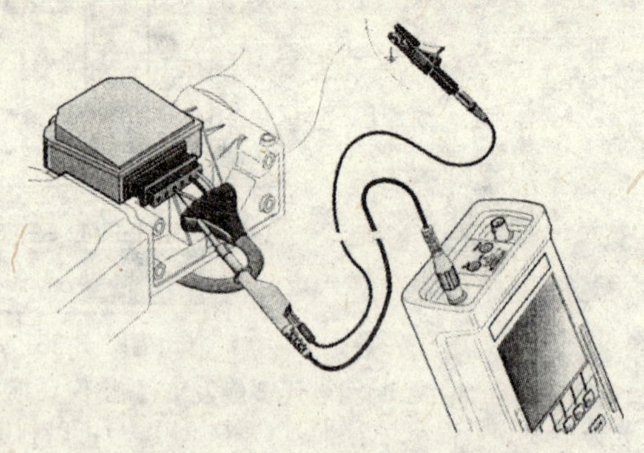

图 3-3-39　测试执行器的波形

（三）典型波形分析

1. 氧传感器波形

观察氧传感器输出信号波形的三要素如下。

要素 1：最高电压，应大于 850 mV。

要素 2：最低电压，应在 75～175 mV 之间。

要素 3：反应快慢（响应时间），即空燃比从浓到稀的允许响应时间（允许中间的下降沿）应少于 100 ms，由浓到稀应小于 125 ms（图 3-3-40）

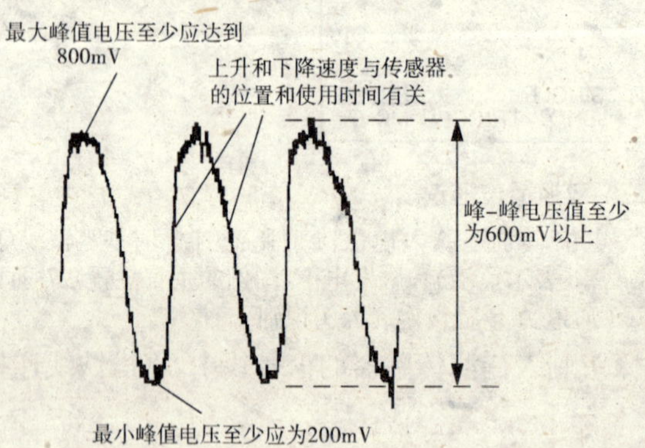

图 3-3-40　氧传感器波形

氧传感器信号通常有杂波，杂波主要由以下原因引起：

①汽缸的点火不良（有各种不同的根本原因，如点火系统造成的点火不良，混合气过稀造成的点火不良，混合气过浓造成的点火不良，汽缸压力造成的点火不良，真空泄漏、进气门积炭或喷油不平衡造成的点火不良）；

②系统设计方面的问题，例如：不同的进气管通道长度；

③由于发动机和零部件老化而造成系统设计问题的扩大（如由于汽缸压力不平衡造成的

不同的进气管通道长度问题的扩大)；

④系统的各种故障(进气管堵塞、气门卡住)。

2. 喷油器波形

(1)传统型(饱和开关驱动型)喷油器　饱和开关驱动型喷油器主要在多点燃油喷射系统中使用,用于顺序喷射的系统中,其标准波形如图 3-3-20 所示。

(2)脉冲宽度调制型喷油器　脉冲宽度调制型喷油器有较高的起动电流以快速打开喷油器。当喷油器开启后,接地端开始脉冲式地接通,从而切断电流,以延长喷油器开启时间,同时限制流经喷油器的电流(图 3-3-41)。

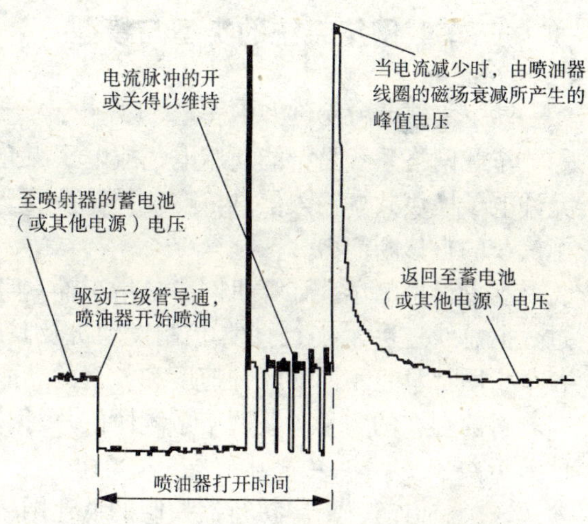

图 3-3-41　脉冲宽度调制型喷油器波形分析

3. 次级点火波形

(1)单缸标准波形　次级点火波形分成三个部分：

①点火部分。点火部分有一条点火线和一条火花线,点火线是一条垂直的线,它代表克服火花塞空气间隙所需的电压。火花线则是一条近似水平的线,代表维持电流通过火花塞间隙所需的电压。

②中间部分。中间部分显示点火线圈中剩余的能量,它会通过一次侧与二次侧线圈之间的来回震荡来耗散剩余的能量。这时白金触点开启或晶体管断路。

③闭合部分。闭合部分代表线圈的通电状态,这段时间是白金触点闭合或晶体管导通的时间(图 3-3-42)。

(2)多缸并列标准波形　多缸并列标准波形是:各缸波形的形状、电压峰值、频率、脉冲宽度等都一致,且波形测试数据在标准数据范围内如图 3-3-43 所示。在该图中,点火线高度应相等,短线表示点火线电阻低,长线表示点火线电阻高。

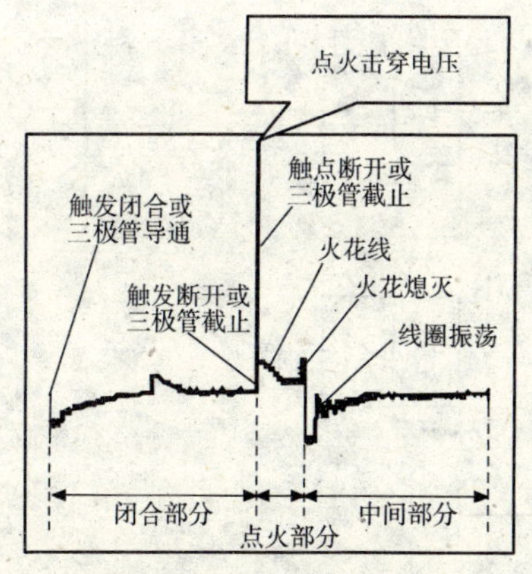

图 3-3-42　单缸标准波形

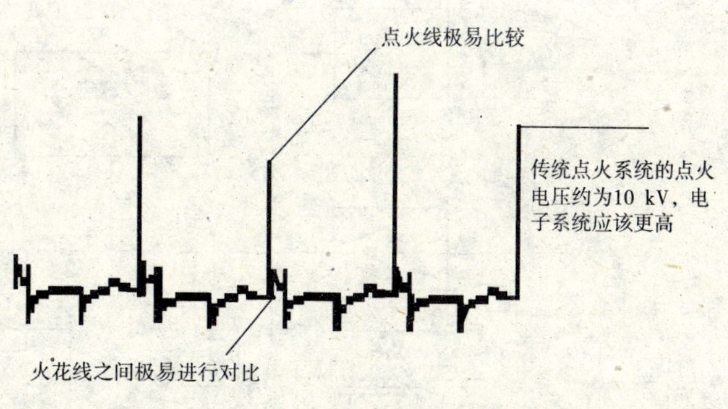

图 3-3-43　多缸并列标准波形

第三节　车载网络系统的检验

一、车载网络系统的类型与模型

(一)车载网络系统的类型

车载网络系统是指能使用电气或电子媒介发送或接收信息的控制模块和接线。有些网络允许电子模块共享输入信息,让多个模块一起工作,实现复杂的汽车控制。网络的使用也提高了汽车的自诊断能力。

本书讨论的车载计算机网络是指车辆本身的内部网络系统,它由车载网络计算机控制,通过数据总线连接无数个子网,控制发动机及其他总成、仪表板显示器、中控门锁、无线电话等,各个子网都具有不同的时钟速度和各自的功能。

目前存在的多种车载网络系统协议,根据功能和速率不同,车载网络系统划分为 A、B、C、D、E 五类。

A 类:面向传感器/执行器控制的低速网络,数据传输位速率通常只有 1～10 kbps。主要应用于电动门窗、座椅调节、灯光照明等控制。

B类:面向独立模块间数据共享的中速网络,位速率一般在 10～100 kbps 之间。主要应用于电子车辆信息中心、故障诊断、仪表显示、安全气囊等系统,以减少冗余的传感器和其他电子部件。

C 类:面向高速、实时闭环控制多路传输网,最高位速率可达 1 Mbps,主要用于悬架控制、牵引控制、先进发动机控制、ABS 等系统,以简化分布式控制和进一步减少车身线束。

D 类:该类网络统称智能数据总线(Intelligent Data Bus),主要面向信息、多媒体系统等。

E 类:主要面向乘员的安全系统,应用于车辆被动安全性领域。

典型的 A 类网络应用于如图 3-3-44 所示的汽车防盗报警系统。由于车门开关及行李箱开关等信号只在一定的情况下产生,正常时没有信号,所以对数据传输速率要求极低,低速 A 类网就能充分满足系统要求,并且和传统的系统设计相比,车身线束大大减少,设计更为简单方便。

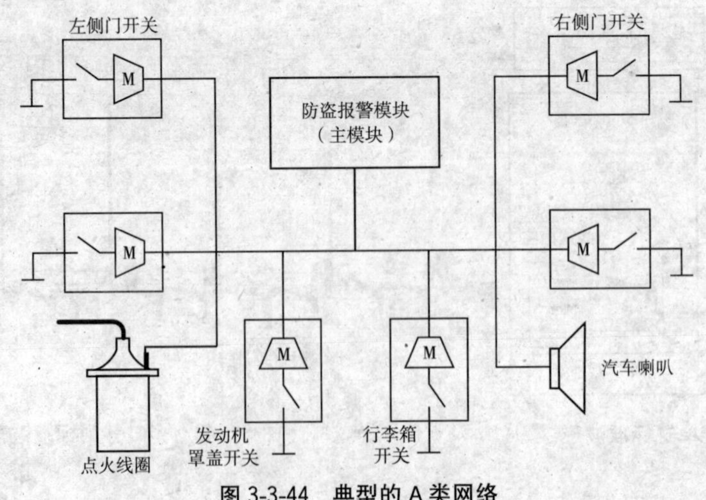

图 3-3-44　典型的 A 类网络

当大量共享数据需要在车辆各智能模块间进行交换时，A 类网不再胜任，需采用 B 类网络系统。典型 B 类网络如图 3-3-45 所示，车辆信息中心和仪表组单元无须单独挂接液位、温度、车灯、车门及安全带等信号传感器，就能从总线上获取上述信息，大大地减少了传感器和其他电子器件数量，有效地节约了安装空间和系统成本。

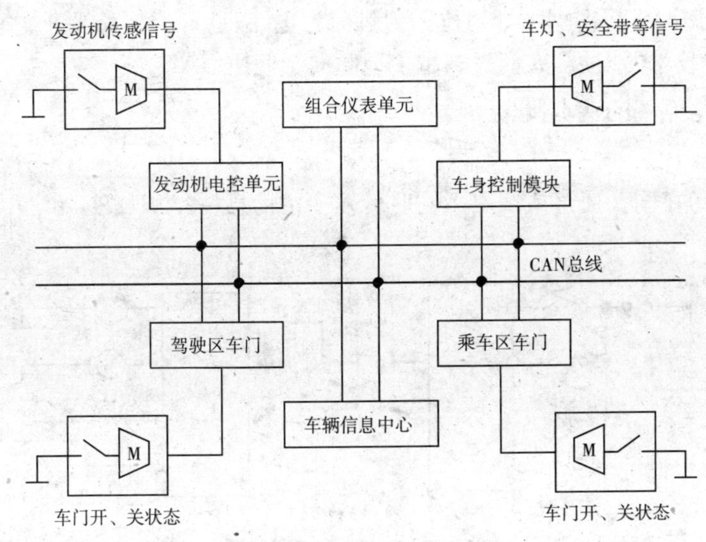

图 3-3-45　典型的 B 类网络

为进一步减少车身线束，方便故障诊断，满足主要电子单元或系统间大量数据信息实时交换需要，使汽车各方面性能趋于最佳状态，则需建立 C 类网络系统。它可以有效地将发动机控制系统、驱动防滑系统及自动巡行系统等连接成为一个综合控制系统，整车性能得到大幅度提高。

考虑到汽车上各种电器对网络信息传输延迟的敏感程度差别很大，发动机 ECU、自动变速器 ECU、ABS ECU、安全气囊 ECU 等之间的协调关系所要求的实时性要求很强，而车灯开关、车门开闭、座位调节等简单事件对信息传输延迟的要求要宽松得多。

如果将这些功能简单的节点都挂在 C 类网络高速总线上，势必会提高对节点的技术要求，为此有必要进行多路总线设计，图 3-3-46 所示是采用了 2 条 CAN 总线(一条低速 CAN 总线和一条高速 CAN 总线)的 C 类网络。

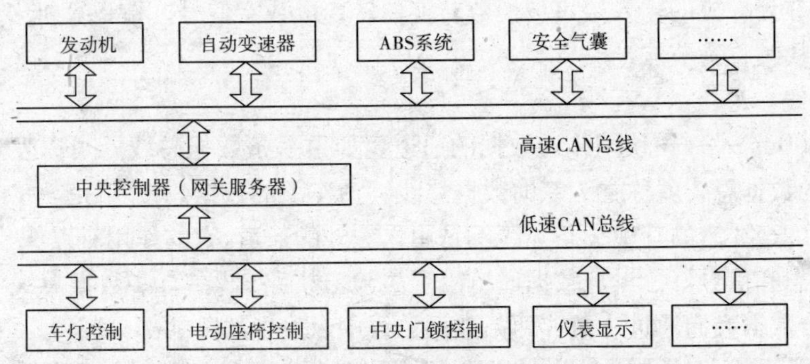

图 3-3-46　典型的 C 类网络

两条 CAN 总线相互独立，信息通过网关服务器进行数据交换和资源共享。中央 ECU 是整车管理系统的控制核心，也是整车综合控制的基础；主要功能是对各种信息进行分析处理，并发出指令，协调汽车各电控单元及电器设备的工作。同时，中央 ECU 也是高速 CAN 总线和低速 CAN 总线的网关服务器。

目前 B 类网络应用最为广泛，A 类网络趋于淘汰，C 类网络应用日益广泛。按发展趋势，在不久的将来 C 类网络将占据主导地位。到目前为止，满足 C 类网络要求的汽车控制局域网只有 CAN。随着技术的发展，人们越来越多地倾向于使用 CAN。

（二）车载网络系统的基本概念

1. 多路传输

多路传输——在同一通道或线路上同时传输多条信息（图 3-3-47）。

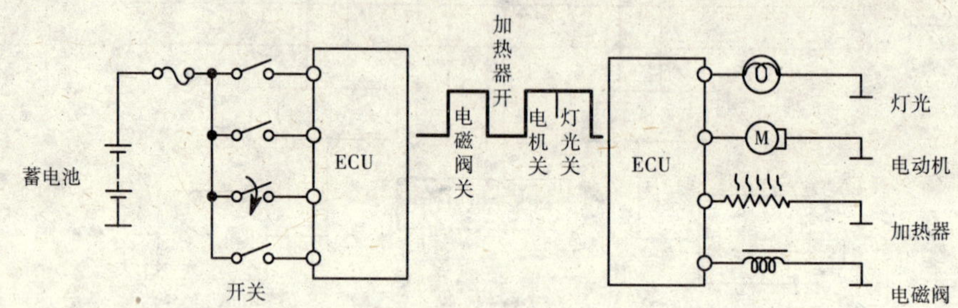

图 3-3-47　多路传输线路

事实上数据是依次传输的，但速度非常之快，似乎就是同时传输的。

如果将十分之一秒分成许多时间间隔，每个时间间隔叫做一个时间片，每个时间片由其中的一个信号占用，这样利用每个信号在时间上的交叉，便可在同一物理通信线路上传输多个数字信号。这实际上是多个信号轮流使用同一物理传输介质（总线），这就是分时多路传输。

正如可把无线电广播和移动电话的电波分为不同的频率，我们也可以同时传输不同频率的信号。随着现在和未来的汽车装备无线多路传输装置的增加，基于频率、幅值或其他方法的同时数据传输也成为可能。汽车上用的是单线或双线分时多路传输系统。

2. 模块/节点

模块——一种电子装置（可以理解为 ECU），简单一点的如温度和压力传感器，复杂的如计算机（微处理器）。传感器是一个模块装置，根据温度和压力的不同可产生不同的电压信号。这些电压信号在计算机的输入接口被模数转换器转变成数字信号。在计算机多路传输系统中一些简单的模块被称为节点。

3. 数据总线

数据总线（Bus）——模块间传递数据的通道。如果一条数据总线既可以发送也可以接收数据，则这样的数据总线就称之为双向数据总线。汽车上的数据总线实际是一条导线，或者是两条导线。两（双）线制的其中一条导线不是用作额外的通道，它的作用有点像公路的路肩，上面立有交通标志和信号灯。一旦数据通道出了故障，这“路肩”在有些数据总线中被用来承载“交通”，或者令数据换向通过一条或两条数据总线中未发生故障的部分。

为了抗电子干扰，双线制数据总线的两条线是绞在一起的（双绞线）。各汽车制造商一直在设计各自的数据总线，如果不兼容，就称为专用数据总线。如果是按照某种国际标准设计的，就是非专用的。事实上，多数可能是专用的数据总线。

4. 网络

网络——为了实现信息共享而把多条数据总线或者把数据总线和模块当作一个系统连在一起。如新型的雷克萨斯 LS430 的几条数据总线间共有 29 块相互交换信息的模块。

从物理意义上讲，汽车上许多模块和数据总线距离很近，因此被称之为 LAN(局域网)。摩托罗拉公司设计的一种智能车身辅助装置网络，被称之为 LIN(局域互联网)。

5. 通信协议

通信协议——通信实体双方控制信息交换规则的集合。

要实现车内各 ECU 之间的通信，必须制定规则保证通信双方能相互配合，即通信方法、通信时间、通信内容，这是通信双方同样能遵守、可接受的一组规定和规则。

数据总线的通信协议关于优先权的处理机制可举例简单说明。当模块 A 检测到发动机已接近过热时，相对于其他不太重要的信息(如模块 B 发送的最新的大气压力变化数据)就具有优先权。

目前，全球各大汽车制造商采用的车载电脑网络通信协议主要有以下几个：

①VAN。由法国标致-雪铁龙汽车集团与雷诺汽车公司和 JAEGER 公司联合开发的，主要应用于车身系统，在通信速率要求方面已进一步优化。

②CAN。由德国博世公司开发，应用于高速率网络传输。

③J1850。由美国汽车工程师学会开发，应用于车身系统，美国汽车公司和日本汽车公司多采用这一交流协议。

④A－BUS。由德国大众汽车公司开发，应用于低谏率和高速率信息网络传输。

⑤Ⅰ－BUS。低速率信息网络传输，由德国宝马汽车公司开发。

⑥ST－FlAT。由法国 SGS－THOMSON 公司和意大利菲亚特汽车公司联合开发，应用于低速率信息网络传输。

⑦MI－BUS。由美国摩托罗拉公司开发，低速率信息网络传输，应用于汽车车身和空调系统。

在德国，宝马公司已经设计并采用 K－BUS。大众公司已经设计并采用 A－BUS。

在日本，丰田公司已经设计并采用 BEAN(车身电子局域网络)。

在美国，福特公司、克莱斯勒公司和通用汽车公司已经设计 J1850 并使用不同的安装程序应用于同一种协议。

由于车辆的种类很多，而且车上网络技术处于发展阶段，应用于车辆上的网络系统有多种协议。如果包括飞机、船只、农机以及其他独立行走和运载的工具，这些与汽车有一些共同特点(长途移动、相对独立、自带动力源)的车辆系统网络，网络协议不下几十种。这些网络有很多应用在不同领域，如 CAN 在汽车、非公路车辆、飞机等领域都有应用。表 3-3-14 是一些车辆类系统应用的网络系统协议。

6. 总线速度

总线速度——数据总线的速度有波特率(每秒传输的码元数)和比特率(每秒传输的二进制位数)之分，如果一个码元只携带一个比特的信息，则波特率和比特率在数值上相等。

传输速度快并不能说明一切。高速数据总线及网络容易产生电噪声(电磁干扰)，这种电噪声会导致数据传输出错。

数据总线有多种检错方法，如检测一段特定数据的长度。如果出错，数据将重新传输，但这就会导致各系统的运行速度减慢。解决的方法有:使用价格高、功能更强大、结构更复杂的模块;使用屏蔽双绞线。为了使价格适中,数据总线及网络必须避免无谓的高速和复杂。大多数的设计都有3种基本型,即低速型、中速型和高速型。

车辆网络协议　　表3-3-14

协议	机构	应用领域	介质	位编码	访问方式	错误检测	数据域长度(bit)	传输速度(kbps)
ABUS	VW	控制	单线	NRZ	竞争	校验位	16	500
APC	Ford	媒体	双绞线	NRZ	CSMA/CA	校验位	64	9.6
AUTOLAN	General Inst	控制	双绞线	API	主/从	CRC	0～64	4000
BEAN	Toyota	控制	单线	NRZ	CSMA/CA	CRC	8～88	10
CAN	Bosch	控制	双绞线	NRA+位填充	竞争	CRC	0～64	1000
CCD	Chrysler	传输器总线	双绞线	NRZ	CSMA/CA	CRC	无限制	约7.8
CSC	Chrysler	媒体	双绞线	电压	Polling/Ad Dressing	—	1	约1
D2B	Optical Chip	仪表板	光纤	PWM	竞争	—	—	12000
DAN	Alfa Romeo	传感器总线	双绞线	NRZ	主/从	CRC	8	9.6
DSI	Motorola	控制	双线	电压/电流	主/从	CRC	16	5
IVMS	Nissan	控制	双绞线	PWM	Polling	—	16	约27.8
J1850 PWM	SAE	控制	双线	PWM	CSMA/CR	CRC	8～64	41.6
J1850 VPW	SAE	控制	单线	VPW	CSMA/CR	CRC	8～64	10.4
J1939	SAE	多媒体	双绞线	NRZ+	竞争	CRC	0～64	1000
MML	Delphi	多媒体	光纤	NRZ	主/从	—	2048	110000
MOST	Most Co-op	控制	光纤	—	—	—	—	25000
PALMNET	Mazda	实时控制	双绞线	NRZ	竞争	CRC	32或64	1000
TTP	TTTech	控制	双通线	MEM	TDMA	CRC	128	2000(未来)4000
VAN	协议联合体	控制	双绞线	manchester	竞争	CRC	0～64	约250
FlexRay	控制	控制	双通线		FTDMA	CRC	96	1000

7.网关

因为现代汽车上有很多的电子控制模块或是计算机,各个系统有可能所采用的数据总线的传输速度不同,或是采用的通信协议不同,那么在这种情况下是不可能所有的计算机或是控制模块实现信息共享的,网关的作用就是为在不同的通信协议和不同的传输速度的计算机或是模块之间进行通信时,建立连接和信息解码,重新编译,并将数据传输给其他系统。为了使采用不同协议及速度的数据总线间实现无差错数据传输,必须要用一种特殊功能的计算机,这种计算机叫做网关(图3-3-48)。法国雪铁龙车系上的网关被称为BSI(智能服务器)。

另外,网关还具有改变信息优先级的功能。如车辆发生相撞事故,气囊电控单元会发出负加速度传感器的信号,这个信号的优先级在驱动系统是非常高,但到舒适系统后,网关调低了它的优先级，因为它在舒适系统功能只是打开门和灯。

总之，网关是汽车内部通信的核心，通过它可以实现各条总线上信息的共享以及实现汽车内部的网络管理和故障诊断功能。

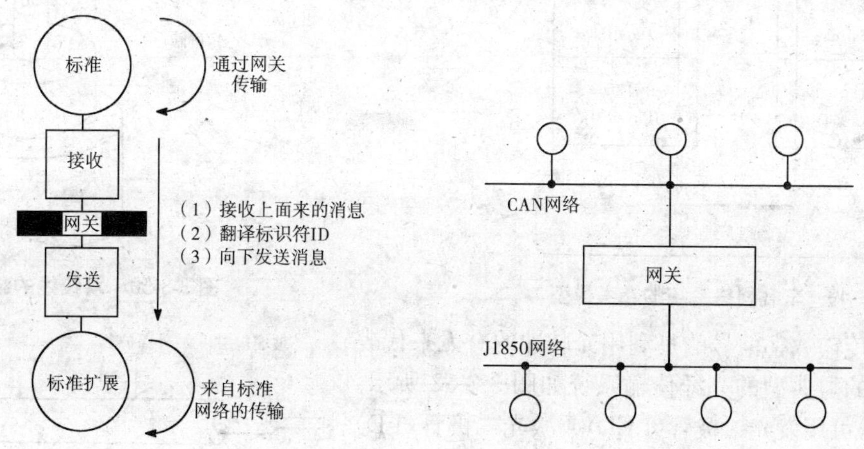

图 3-3-48 网关

8.帧

为了可靠地传输数据，通常将原始数据分割成一定长度的数据单元，这就是数据传输的单元，称其为帧。

（三）车载网络的参考模型

车载网络系统结构一般主要包括两大部分，一是通信部分；二是网络管理部分。在现场总线的通信结构只采用了 ISO/OSI 的三层模型：物理层、数据链路层和应用层，如图 3-3-49 所示。

这种结构简单，层次较少的通信结构主要是针对过程控制的特点，使数据在网络流动中尽量减少中间环节，加快数据传输速度，提高网络通信及数据处理的实时性。

1.应用层

在汽车工业，许多制造商都应用他们自己的标准，主要功能是为应用软件提供服务和接口。

2.物理层

物理层能够使用很多物理介质，例如双绞线、光纤等，最常用的就是双绞线。

双绞线是有两根各自封装在彩色塑料套内的铜线缠绕而成的，其结构如图 3-3-50 所示，缠绕在一起的目的是降低它们之间的干扰。多对双绞线之外再套上一层保护套就构成了双绞线电缆。

双绞线分为屏蔽型（STP）和非屏蔽型（UTP）两类，STP 在 UTP 外面再加上一个由金属丝纺织而成的屏蔽层，以提高其抗电磁干扰能力，因此 STP 抗外界干扰的性能优于 UTP，但价格要比 UTP 昂贵。相互缠绕的一对双绞线可作为一条信息通路。

光纤是有线传输介质中性能最好的一类，其结构如图 3-3-51 所示。它是一种直径为 50 ～1 001 μm柔软的传导光波的介质，一般由玻璃纤维和塑料构成，在折射率较高的纤芯外面，用折射率较低的包层包住，再在包层的外面加上一层保护套，就构成了一根单芯光缆。

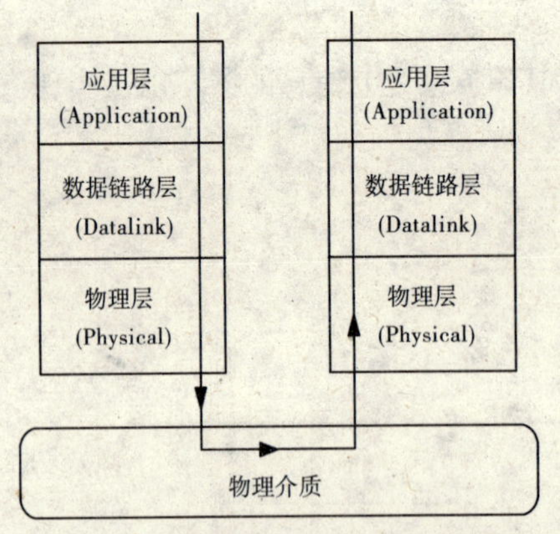

图 3-3-49 车载网络系统的参考模型

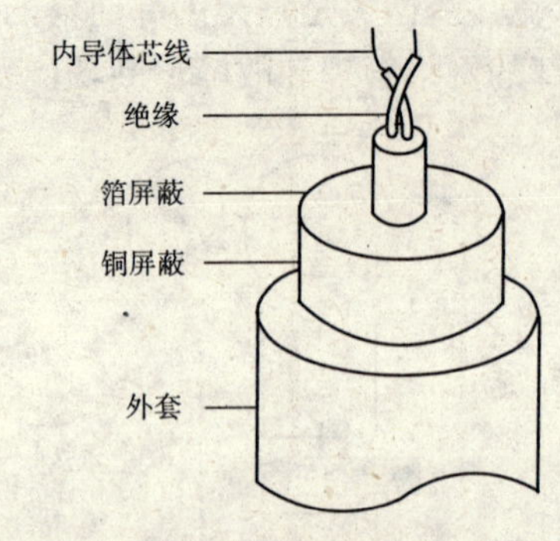

图 3-3-50 双绞线的结构

光纤传输数字信号的是利用光脉冲的有无来代表"1"和"0"的。典型的光纤传输系统如图 3-3-52 所示。在发送端，可用发光二极管（LED）或激光二极管（LD）等光电转换器件把电信号转换成光信号，再耦合到光纤中进行传输；在接收端，通过光电二极管（PIN）等器件进行逆变换，把光纤传来的光脉冲转换成电信号输出。

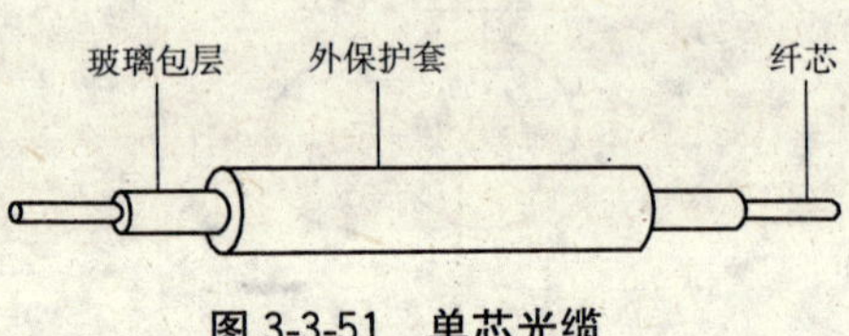

图 3-3-51 单芯光缆

不管是双绞线还是光纤其作用都是传输各种数据的比特流，其物理层的连接如图 3-3-53 所示。

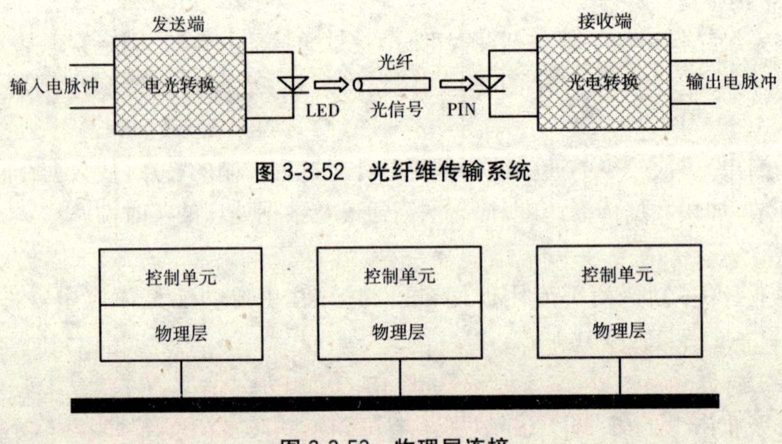

图 3-3-52 光纤维传输系统

图 3-3-53 物理层连接

物理层协议所涉及的典型特性有以下 4 点。

(1)机械特性：物理接口（插头和插座）有多少针以及各针的用途。

(2)电气特性：使用什么样的物理信号来表示数据"1"和"0"；每一位持续的时间多长。

(3)功能特性：数据传输是否可同时在两个方向上进行；最初的连接如何建立和完成通信后连接如何终止。

(4)规程特性：就是物理层的协议。物理层除了规定机械、电气、功能、规程等特征外，还考虑了网络中的其他问题，如：

①数据的传输速率即单位时间内传输的二进制位数，其单位通常用比特每秒(b/s)表示；

②信道容量，即信道能支持的最大数据传输速率，它是由信道的带宽和信噪比决定的；

③数据的编码与(或)译码——当处于数据发送状态时，物理层接收数据链路层下发的数据，并将其以某种电气信号进行编码并发送。当处于数据接收状态时，将相应的电气信号编码为二进制，并送到数据链路层。

由于采用单一信道作为传输介质，所有节点均通过相应硬件接口接至这个公共信道(总线)上，任何一个节点发送的信息，其他的节点都能接收，这种现象称为广播，因而总线上的所有节点属于同一广播域。由于多个节点共享同一公共信道，当多点同时发送信号时，信号会相互碰撞而造成传输失败，这种现象称为冲突，因而总线上的所有节点处在同一冲突域中。为了避免冲突，每次只能有一个节点发送信号，因此必须有一种仲裁机制来决定每次由哪个节点使用信道，这就是数据链路层的任务。

3. 数据链路层

在物理线路上，由于噪声干扰、信号衰减等多种原因，数据传输过程中常常出现差错，而物理层只负责透明地传输无结构的原始比特流，不可能进行任何差错控制。因此，当需要在一条线路上传送数据时，除了必须有一条物理线路(链路)外，还必须有一些必要的规程来控制这些数据的传输。把实现这些规程的硬件和软件加到链路上，就构成了数据链路层。

数据链路层最重要的作用是通过一些数据链路层的协议，在不可靠的物理链路上实现可靠的数据传输。为此，通常将原始数据分割成一定长度的数据单元(帧)，一帧内应包含同步信号(例如帧的开始与结束)、差错控制(各类检错码或纠错码，大多数采用检错重发的方式)、流量控制(协调发送方和接收方的速率)、控制信息、数据信息、地址信息(在信道共享的情况下，保证每一帧都能到达正确的目的节点，接收方也能知道信息来自何处)等。

二、汽车控制器局域网(CAN)总线

(一)CAN 总线的特点

CAN 数据总线将各个电控单元连接在一起形成一个整体。所有信息都沿总线传输，与所连接的电控单元数及所涉及的信息量的大小无关，这样就解决了随着新增信息量的加大，线路及电控单元上插头数目也增加的问题，并且使不同信息需要不同线路的问题也得以解决。

由于采用了许多新技术及独特的设计，CAN 总线与一般的总线相比，其数据通信具有突出的可靠性、实时性和灵活性，其主要特点可归纳为如下几点。

(1)国际标准。CAN 是到目前为止唯一有国际标准且成本较低的现场总线。

(2)多主方式。CAN 为多主方式工作，网络上任一节点均可在任意时刻主动地向网络上其他节点发送信息，不分主从，有极高的总线利用率。

(3)标识符报文。报文中不包含源地址或目标地址，仅用标识符来表示功能信息及优先级信息。在报文标识符上，CAN 上的节点分成不同的优先级，可满足不同的实时要求，优先级高的数据最多可在 134 μs 内得到传输。

(4)总线仲裁技术。CAN 采用非破坏总线仲裁技术。当多个节点同时向总线发送信息出现冲突时，优先级低的节点会主动退出发送，而最高优先级的节点可不受影响地继续传输数据，从而大大节省了总线冲突仲裁时间。尤其是在网络负载很重的情况下，也不会现网络瘫痪情况。

(5)数据传输方式灵活。CAN 节点只需通过报文的标识符滤波即可实现点对点、一点对多点及全局广播等几种方式传送接收数据。

(6)通信距离与速率。CAN 的直接通信距离最远可达 10 km(速率 5 kb/s 以下);通信速率最高可达 1 Mb/s(此时通信距离最长为 40 m)。

(7)节点数。CAN 上的节点数主要取决于总线驱动电路,目前可达 110 个。在 CAN2.0A 标准帧报文中标识符有 11 位,而在 CAN2.0B 扩展帧报文中标识符有 29 位,使节点的个数几乎不受限制。

(8)帧结构。报文采用短帧结构,其传输时间短,受干扰概率低,保证了数据的出错率极低。

(9)校验及检错。CAN 的每帧信息都有 CRC 校验及其他检错措施,保证了极好的检错效果,从而保证了数据的可靠传输。

(10)通信介质。CAN 的通信介质可以为双绞线、同轴电缆或光纤,选择灵活。

(11)自动关闭和自动重发。CAN 节点在错误严重的情况下,具有自动关闭输出功能,以使总线上其他节点的操作不受影响,而且发送的信息遭到破坏后,可自动重发。

(二)CAN 总线的组成

CAN 数据总线由一个控制器、一个收发器、两个数据传输终端以及两条数据传输线组成。除了数据传输线,其他电子元件都置于 ECU 内部。ECU 功能不变,如图 3-3-54 所示。

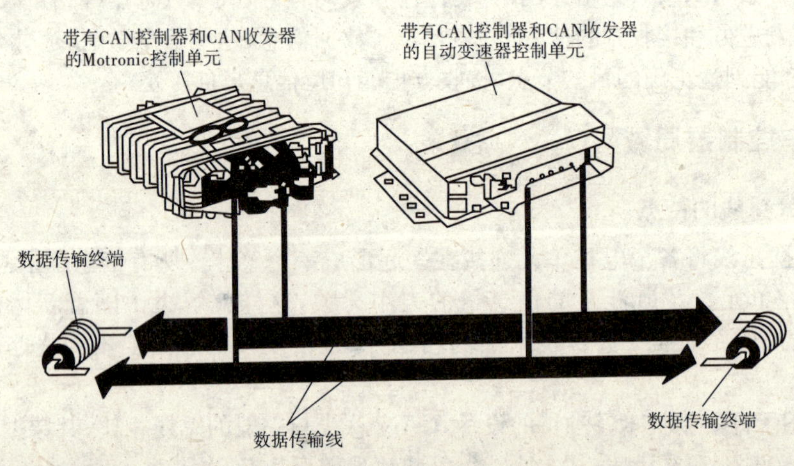

图 3-3-54 CAN 总线的组成

1. CAN 控制器

CAN 控制器的作用是接收 ECU 中微电脑传来的数据,对这些数据进行处理并将其传往 CAN 收发器。同样,CAN 控制器也接收由 CAN 收发器传来的数据,对这些数据进行处理并将其传往 ECU 中的微处理器。

2. CAN 收发器

它将 CAN 控制器传来的数据转化为电信号并将其送入数据传输线。它也为 CAN 控制器接收和转发数据。

3. 数据传输终端

它是一个电阻器,其作用是防止数据在线端被反射,并以回声的形式返回。数据在线端的反射会影响数据的传输。

4. **数据传输线**

数据传输线为双线，两条线分别称为 CAN 高线和 CAN 低线。为了防止外界电磁波的干扰和向外辐射，CAN 总线将两条线缠绕在一起(双绞线)，如图 3-3-55 所示。

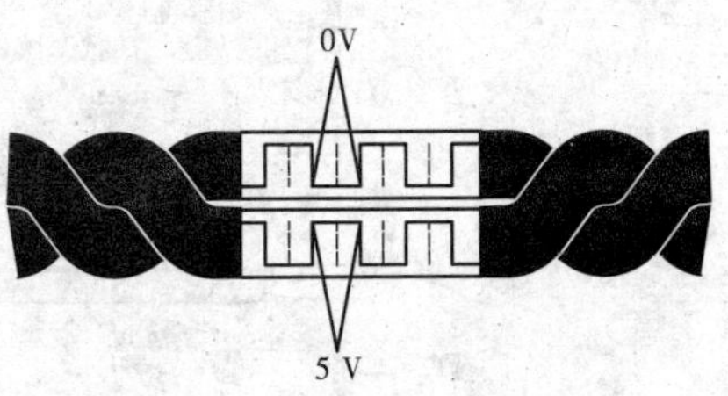

图 3-3-55　CAN 数据传输线(双绞线)

这两条线的电位总相反，如果一条是 5 V，另一条就是 0 V，始终保持电压总和为一常数。通过这种方法，CAN 数据总线得到了保护而免受外界的电磁场干扰，同时 CAN 数据总线向外辐射也保特中性，即无辐射。

(三)CAN 总线的传输过程

每条数据的传递包括以下 5 个过程：

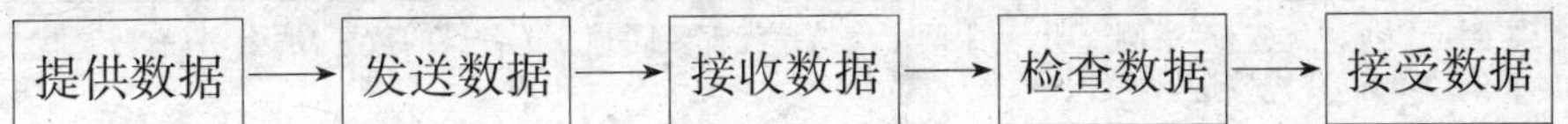

例如：发动机 ECU 向某 ECU CAN 收发器发送数据，该 ECU CAN 收发器接收到由发动机 ECU 传来的数据，转换信号并发给本 ECU。CAN 数据传输系统的其他 ECU 收发器均接收到此数据，但是要判断此数据是否是所需要的数据，如果不是，将于以忽略掉(见图 3-3-56)。

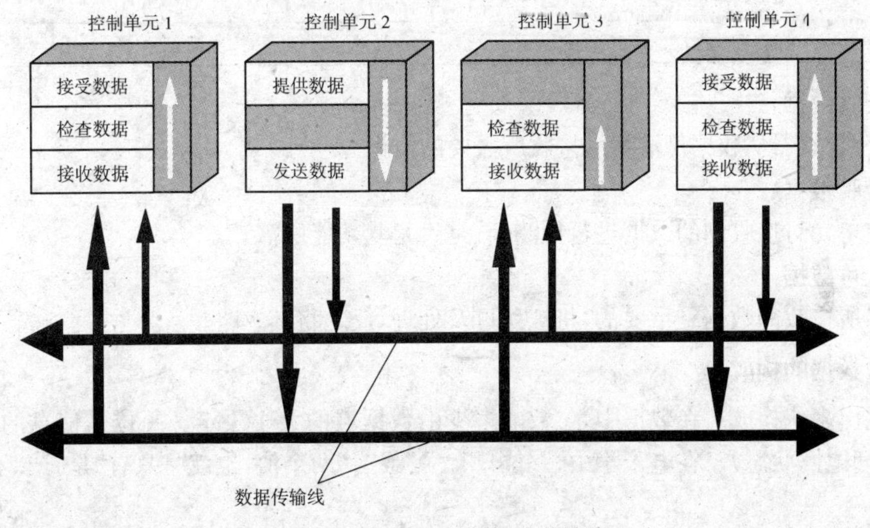

图 3-3-56　CAN 的数据传递过程

1. **提供数据**

各电控单元向 CAN 控制器提供数据用于传输。

2. **发送数据**

CAN 收发器从 CAN 控制器处接收数据，将其转化为电信号发出。这些数据以数据列的形式进行传输，数据列是由一长串二进制(高电平与低电平)数字组成(如 0 110 100 100 111 011)。

一条数据的形成由 7 个区域组成，即开始域、状态域、检查域、数据域、安全域、确认域和结束域(见图 3-3-57)。各区域功能如表 3-3-15 所示。

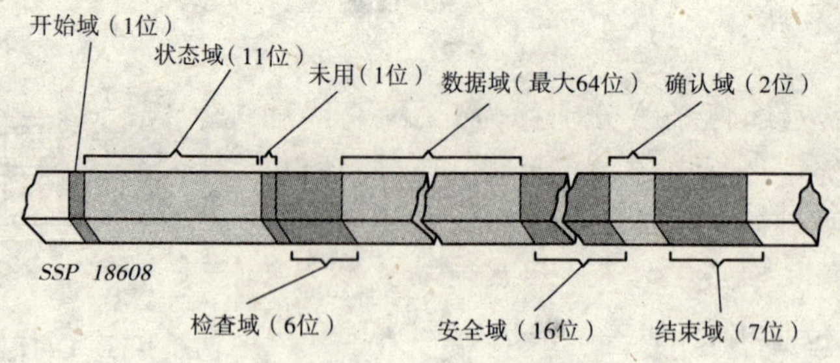

图 3-3-57 数据的组成

数据中各区域的功能 表 3-3-15

区域名称	区域功能
开始域	标志数据开始。带有大约 5V 电压(由系统决定)的 1 位,被送入 CAN 高位传输线,带有 0V 电压的 1 位被送入 CAN 低位传输线
状态域	判定数据中优先权,举例说明,如果两个电控单元都要同时发送各自的数据,那么,具有较高优先权的电控单元,优先发送
检查域	显示数据域所包含的信息项目,在这里允许任何接收器检查是否已接收到所有信息
数据域	信息被传递到其他电控单元
安全域	检测传输数据中的错误
确认域	在确认域中,接收器信号通知发送器,接收器已经正确接收到数据。如果检查到错误,接收器立刻通知发送器,发送器然后再发送一次数据
结束域	标志着数据报告结束,在这里是显示错误并重复发送数据最后一次机会

3.接收数据

CAN 收发器从数据传输线上接收所需要的数据。

4.检验数据

电控单元对接收到的数据进行检测,看是否是其功能所需。

5.认可数据

如果所接收的数据是重要的,将被认可及处理,反之将其忽略。

(四)数据的构成

数据由多位构成。在数据中,位数的多少由数据域的大小决定。一位是信息的最小单位(单位时间电路状态)。在电子学中,一位只有“0”或“1”两个值,也就是只有“是”或“不是”两个状态。

1.灯开关的状态

打开或关闭灯。这说明灯开关有 2 个不同状态。

(1)灯开关处于值“1”的状态:

①开关闭合。

②灯亮。

(2)灯开关处于值“0”的状态:

①开关打开。

②灯不亮。

2.发送器的状态

从原理上讲,CAN数据总线的功能与灯开关的状态是一致的。

(1)位值为“1”的状态:

①发送器打开,在舒适系统中,电压为5 V(动力传动系统中,电压为2.5 V)。

②相同电压施加到传递路径上:在舒适系统中,大约为5 V电压(在动力传动系统中大约为2.5 V)。

(2)位值为“0”的状态:

①发送器关闭,搭铁。

②传输线同样搭铁,电压大约为0 V。

3.位与变化状态

(1)2位。对于2位,可产生4个变化状态。每一项信息都可由每一个变化状态表示,并与所有的电控单元联系。

例如电动窗工作或冷却板温度信息。当位1和位2都是0 V传递时,表示运动或10℃;当位1为0 V,位2为5 V传递时,表示不运动或20℃等等(见表3-3-16)。

2位表示4种状态信息 表3-3-16

变化	2位(V)	1位(V)	电动窗状态信息	冷却液温度信息(℃)
1	0	0	动作	10
2	0	5	静止	20
3	5	0	—	30
4	5	5	—	40

(2)2位以上。随着位数的增加,信息量相应增加,每增加1位数,产生的信息就会增加一倍,其关系如表3-3-17和表3-3-18所示。

位数与变化次数的关系 表3-3-17

位数	变化次数	位数	变化次数
1	$2(2^1)$	4	$16(2^4)$
2	$4(2^2)$	…	…
3	$8(2^3)$	n	(2^n)

位数1、2、3对应的信息量 表3-3-18

包含1位的位变化(V)	产生的信息(℃)	包含2位的位变化(V)	产生的信息(℃)	包含3位的位变化(V)	产生的信息(℃)
0	10	0,0	10	0,0,0	10
5	20	0,5	20	0,0,5	20
		5,0	30	0,5,0	30
		5,5	40	0,5,5	40
				5,0,0	50
				5,0,5	60
				5,5,0	70
				5,5,5	80

(五)数据报告优先权

如果多个电控单元要同时发送各自的数据,那么系统就必须决定哪一个电控单元首先进行发送,首先发送具有最高优先级的数据。基于安全考虑,由 ABS/DEL 电控单元提供的数据比自动变速器电控单元提供的数据(驾驶舒适)更重要。

1. 数据分配

每个位都有 1 个值,这个值定义为电位。这样就有 2 个可能:高电位或低电位。

2. 数据报告的优先权

在状态域中,由 11 位组成的编码,其数据的组合形式决定了优先权(表 3-3-19)。

根据状态的 11 位编码决定优先权 表 3-3-19

优 先 权	数 据 报 告	状态域形式
1	ABS/DEL	001 1010 0000
2	Motronic	010 1000 0000
3	自动变速器	100 0100 0000

三个电控单元同时发送数据,此时,在数据传输线上进行 1 位的数据比较。如果一个电控单元发送了一个低电位,而检测到一个高电位,那么这个电控单元就停止发送,转为接收器。

举例说明如下。

(1)位 1:

①ABS/DEL 电控单元发送了一个高电位;

②Motronic 电控单元也发送了一个高电位;

③自动变速器电控单元发送了一个低电位,而检测到一个高电位,那么它将失去优先权,转为接收器(见图 3-3-58)。

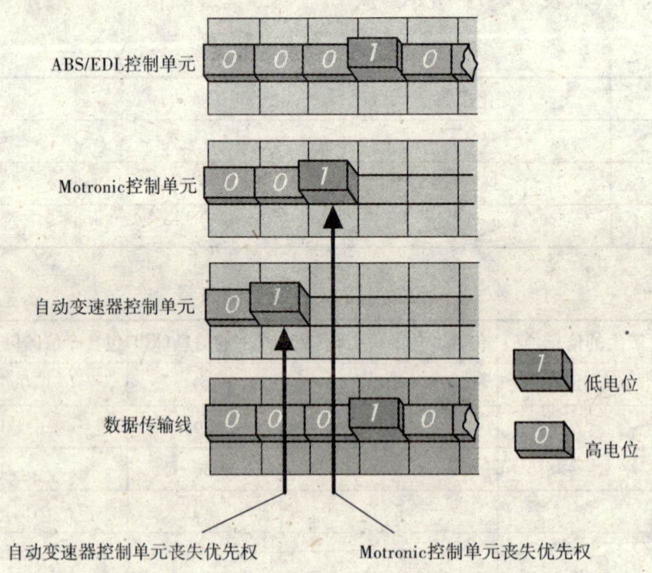

图 3-3-58 数据报告优先权的确定

(2)位 2:

①ABS/DEL 电控单元发送了一个高电位;

②Motronic 电控单元发送了一个低电位并检测到一个高电位，那么，它也失去优先权而转为接收器。

(3)位 3：

①ABS/DEL 电控单元拥有最高优先权并且接收分配的数据。该优先权保证电控单元持续发送数据直至发送终了；

②ABS/DEL 电控单元结束发送数据报告后，其他电控单元再发送各自数据报告。

三、CAN 总线的检修

装有 CAN 总线(CAN－BUS)多路信息传输系统的车辆出现故障，维修人员应首先检测汽车多路信息传输系统是否正常。因为如果多路信息传输系统有故障，则整个汽车多路信息传输系统中的有些信息将无法传输，接收这些信息的电控模块将无法正常工作，从而为故障诊断带来困难。对于汽车多路信息传输系统故障的维修，应根据多路信息传输系统的具体结构和控制电路具体分析。

(一)故障类型

一般说来，引起汽车多路信息传输系统故障的原因有三种：一是汽车电源系统引起的故障；二是汽车多路信息传输系统的链路故障；三是汽车多路信息传输系统的节点故障。

1. 汽车电源系统引起的 CAN－BUS 故障

(1)故障产生机理。汽车多路信息传输系统的核心部分是含有通信 IC 芯片的电控模块(ECM)，ECM 的正常工作电压在 10.5～15.0 V 的范围内。如果汽车电源系统提供的工作电压低于该值，就会造成一些对工作电压要求高的 ECM 出现短暂的停止工作，从而使整个汽车多路信息传输系统短暂无法通信。

(2)故障实例分析：

①故障现象。一辆上海别克轿车，在车辆行使过程中，时常出现转速表、里程表、燃油表和水温表指示为零的现象。

②故障检测。用 TECH2 扫描工具(微机故障诊断仪)读取故障码时发现各个电控模块均没有当前故障码，而在历史故障码中出现多个故障码。其中：SDM(安全气囊控制模块)中出现 U1040——失去与 ABS 控制模块的对话，U1000——二级功能失效，U1064——失去多重对话，U1016——失去与 PCM 的对话；IPC(仪表控制模块)中出现 U1016——失去与 PCM 的对话；BCM(车身控制模块)中出现 U1000——二级功能失效。

③故障分析与排除。经过故障码的读取可以知道，该车的多路信息传输系统存在故障，因为 OBD－II 规定 U 字头的故障码为汽车多路信息传输系统的故障码。通过查阅上海别克轿车的电源系统的电路图(图 3-3-59)可以知道，上述的电控模块共用一根电源线，并且通过前围板。由于故障码为间歇性的，一次断定可能是这根电源线发生间歇断路故障。

2. 节点故障

(1)故障形成机理。节点是汽车多路信息传输系统中的电控模块，因此节点故障就是电控模块(ECM)的故障。它包括软件故障(即传输协议或软件程序有缺陷或冲突)，从而使汽车多路信息传输系统通信出现混乱或无法工作，这种故障一般成批出现，且无法维修。硬件故障一般由于通信芯片或集成电路故障，造成汽车多路信息传输系统无法正常工作。对于采用低版本点到点信息传输协议的汽车多路信息传输系统，如果有节点故障，将出现整个汽车多路信息传输系统无法工作。

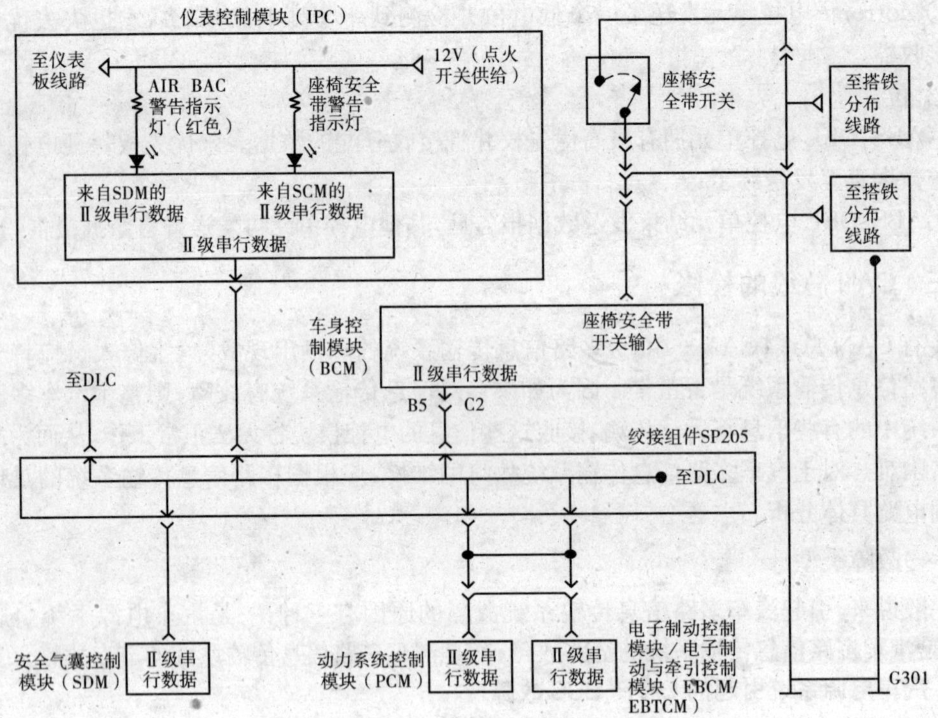

图 3-3-59　上海别克轿车的多路传输系统

(2)故障实例分析：

①故障现象。一辆上海帕萨特 B5 轿车在使用中出现机油压力报警灯与安全气囊故障指示灯报警，同时发动机转速表不能运行故障。

②故障检测。用 V. A. G. 1552 故障阅读仪读取发动机控制系统的故障码，发现有两个偶发性故障码：18044/P165035——安全气囊电控单元无信号输出；18048/P165035——仪表数据输出错误。用 V. A. G. 1552 故障阅读仪读取仪表系统的故障码为：01314049——发动机电控单元无通信；01321049——到安全气囊电控单元无通信。

③故障分析和排除。通过读取故障码可以初步判断故障在于汽车多路信息传输系统。通过对汽车电气线路进行分析，电源系统引起故障的概率很小，故障很可能是节点或链路故障。用替换法尝试替换安全气囊电控单元，故障得以排除。

3. 链路故障

(1)故障形成机理。当汽车多路信息传输系统的链路(或通讯线路)出现故障时，如：通信线路的短路、断路以及线路物理性质引起的通信信号衰减或失真，都会引起多个电控单元无法工作或电子控制系统错误动作(多路信息传输系统无法工作)。判断是否为链路故障时，一般采用示波器或汽车专用光纤诊断仪来观察通信数据信号是否与标准通信数据信号相符。

(2)故障实例分析：

①故障现象。一辆奥迪 100 轿车的电控自动空调系统在开关接通的情况下，鼓风机能工作，但是空调系统却不制冷。

②故障检测。通过观察，发现空调压缩机的电磁离合器不吸合，但发动机工作正常。检查电磁离合器线路的电阻值，电阻值符合规定值，检查空调电控单元的输出端，无输出信号。此时用 V. A. G. 1552 故障阅读仪读取发动机控制系统和空调控制系统的故障码，均无故障码。用

V. A. G. 1552 故障阅读仪读取空调电控单元的数据流，发动机的转速数据为零。由于发动机工作正常，因此发动机电控单元接收的发动机转速信号应该正常，检查发动机电控单元和空调电控单元之间的通信线路，发现两者之间通信线的接脚变形造成链路断路，修复接插件后故障排除。

（二）故障诊断步骤

对多路信息传输系统的故障诊断，一般采用以下步骤进行。

第 1 步：了解该车型多路信息传输系统的特点，包括传输介质（如双绞线、网轴电缆、光纤）、局域网形式（如 CAN 网、LAN 网）和网络通信协议的类型（如 CAN 协议、ABUS 协议、VAN 协议、PALMENT 协议、CCD 协议、HBCC 协议、DLCS 协议等）。

第 2 步：了解汽车多路信息传输系统的各种功能，如有无唤醒功能、休眠功能等。

第 3 步：检测汽车电源系统是否存在故障，如交流发电动机的输出波形是否正常（若不正常，将发生信号干扰等故障）等。

第 4 步：检查汽车多路信息传输系统的链路是否存在故障，采用替换法或跨线法进行检测。

第 5 步：检查节点。如果节点有故障，只能采用替换法进行检测。

（三）CAN 总线的检测方法

1. 检测电控单元的功能故障

在检查数据总路线系统前，须保证所有与数据总线相连的电控单元无功能故障。功能故障指示不会直接影响数据总路线系统，但会影响某一系统的功能流程的故障。例如：传感器损坏，其结果就传感器信号不能通过数据总线传递。这种功能故障对数据总线系统有间接影响。这会影响需要该传感器信号的电控单元的通信。如存在功能故障，先排除该故障。记下该故障并消除所有电控单元的故障码。

2. 检测 CAN 总线的故障

（1）两个电控单元组成的双线式数据总线系统的检测。

检测时，关闭点火开关，断开两个电控单元（图 3-3-60）。检查数据总线是否断路、短路或对正极/地短路。如果数据总线无故障，更换较易拆下（或较便宜）的一个电控单元试一下。如果数据总线系统仍不能正常工作，更换另一个电控单元。

（2）三个或更多电控单元组成的双线式数据总路线系统的检测。

检测时，先读出电控单元内的故障码。如图 3-3-61 所示，如果电控单元 1 与电控单元 2 和电控单元 3 之间无通信，关闭点火开关，断开与数据总线相连的电控单元，检查数据总线是否断路。如果总路线无故障，更换电控单元 1。如果所有电控单元均不能发送和接收信号（存储器存储“硬件故障”），则关闭点火开头，断开与数据总线相连的电控单元，检测数据总线是否短路，是否对正极/地短路。

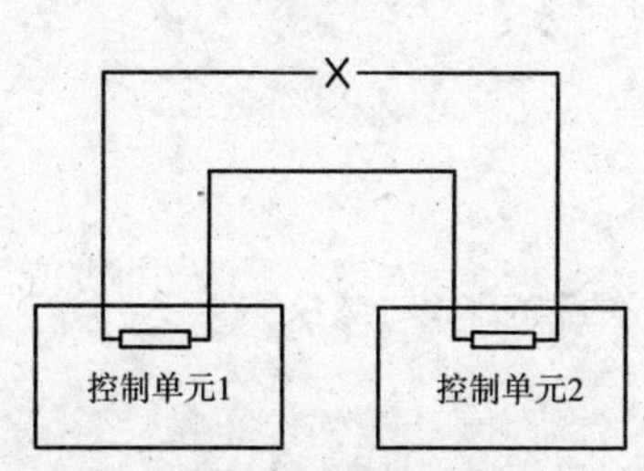

图 3-3-60　两个电控单元组成的双线式数据总路线系统

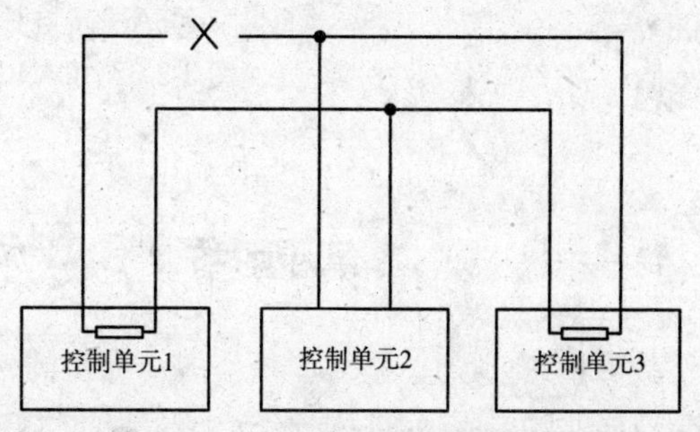

图 3-3-61　三个电控单元组成的双线式数据总路线系统

如果数据总线上查不出引起硬件损坏的原因，检查是否某一电控单元引起该故障。

对于大众车系，其检查方法是：关闭点火开关，断开所有通过 CAN 数据总线传递数据的电控单元，接上其中一个电控单元，连接 V. A. G. 1551 或 V. A. G. 1552；打开点火开关，清除刚接上的电控单元的故障码，用功能 06 来结束输出；关闭后再打开点火开关，打开点火开关 10 s 后用故障阅读仪读出刚接上的电控单元故障存储器内的内容。如显示“硬件损坏”，则更换刚接上的电控单元；如未显示“硬件损坏”，接下一个电控单元，重复上述过程。

连接蓄电池接线柱后，输入收音机防盗密码，进行玻璃升降器单触功能的基本设定及时钟的调整，对于汽油发动机的汽车，还应进行节气门电控单元的自适应。

3. 检测波形

分析 CAN 总线的故障时，可用专用示波器测量双绞线的波形，通过分析其波形，可诊断其故障，如图 3-3-62 所示。

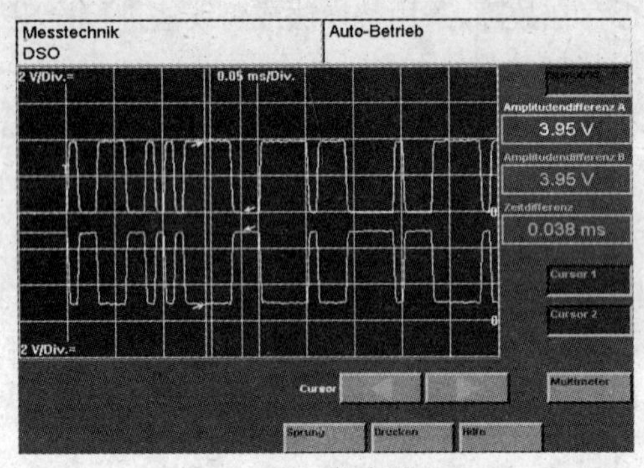

a)正常波形

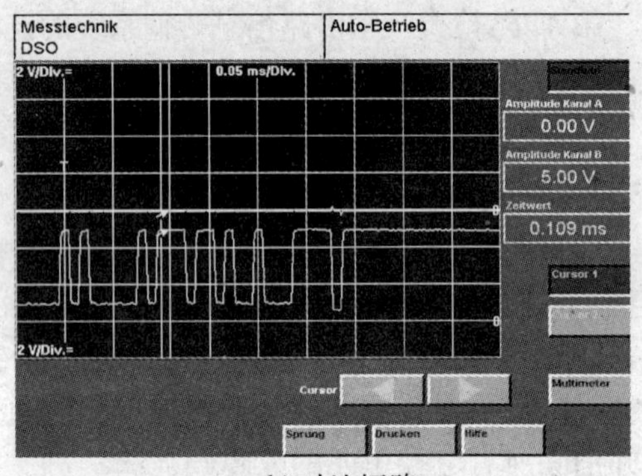

b)对地短路

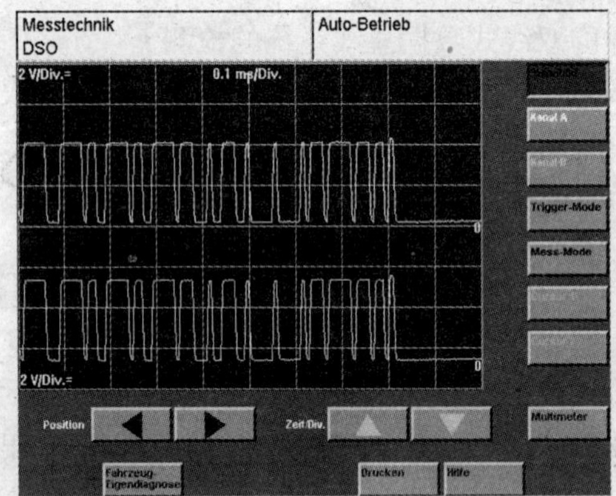

c)CAN 高与 CAN 低两线短接

图 3-3-62　CAN 总线的波形测试

第四节　液压系统的检验

汽车上液压系统有很多，如自动变速器、液压制动系统、液压助力转向系统、液压电子悬架系统等。对液压系统的检验主要测试其油压，而在检修方面，一般只对自动变速器进行油压测试分析。下面主要介绍自动变速器的油压测试方法和故障分析。

一、自动变速器油压测试目的及准备

1. 目的

自动变速器油压系统的检验是在自动变速器工作时，通过测量液压控制系统各油路的油压来判断液压控制系统及电子控制系统各零部件的功能是否正常，目的是检查油泵、油压调节阀、节气门阀、油压电磁阀、调速器及变速器油等的工作状况，是变速器性能分析和故障判断的主要依据。

2. 油压测试的准备工作

行驶汽车，让发动机及自动变速器达到正常工作温度，将车辆停放在水平地面上，检查发动机怠速和自动变速器液压油的油面高度。如不正常，应予以调整。准备一个量程为 2 MPa 的压力表，找出自动变速器各个油路测压孔的位置（图 3-3-63）。

二、自动变速器油压测试方法与分析

（一）主油路油压测试及分析

1. 测试方法

①首先检查加速踏板拉线的调整情况，必要时重新调整。

②拆下变速器壳体上的主油路油压测试孔螺塞，装上油压表。

③用三角木塞住前、后轮。

④将驻车制动器拉到底（制动）。

⑤起动发动机。

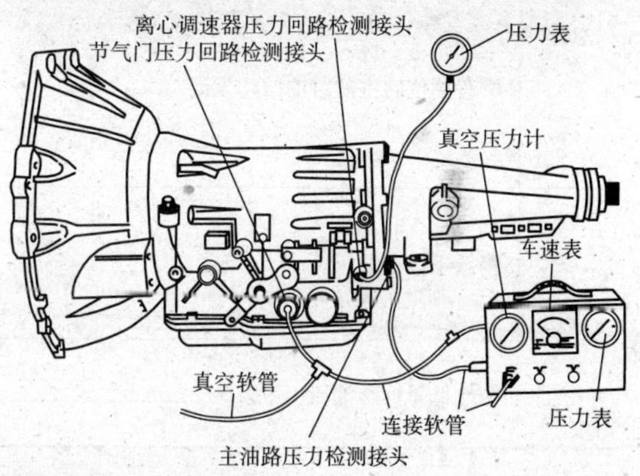

图 3-3-63　自动变速器各个油路测压孔的位置

⑥在怠速情况下，将换挡变速杆置于“D”位，读取油压值。

⑦将制动踏板踩到底，然后同时将加速踏板也踩到底，即在失速情况读取油压值。

⑧推入“R”位置，作同样试验。

2. 主油路油压不正常的原因分析

主油路油压不正常的原因分析见表 3-3-20。

（二）各挡离合器油压测试及分析

1. 测试方法（图 3-3-64）

①起动发动机，使油温达到正常工作温度。

②制动并固定后轮。

③顶起驱动轮（前轮），使其能自由转动。

④将压力表接入各挡离合器油压测试量孔。

⑤发动机转速固定在 2 000 r/min，分别进行各挡位的油压测量。

⑥将测量值与规定油压值进行比较和分析故障原因。

2. 离合器油压低的原因分析

主油路油压不正常的原因分析 表 3-3-20

工况	测试结果	故障原因
怠速	所有挡位的主油路油压均太低	①油泵故障； ②主油路调压阀卡死； ③主油路调压阀弹簧软； ④节气门拉索或节气门位置传感器调节不当； ⑤节气门阀卡滞； ⑥主油路泄漏
	前进挡和前进低挡的主油路油压均太低	①前进离合器活塞漏油； ②前进挡油路泄漏
	前进挡的主油路油压正常，前进低挡的主油路油压太低	①1 挡强制离合器或 2 挡强制离合器活塞漏油； ②前进低挡油路泄漏
怠速	前进挡主油路油压正常，倒挡主油路油压太低	①倒挡及高挡离合器活塞漏油； ②倒挡油路泄漏
	所有挡位的主油路油压均太高	①节气门拉索或节气门位置传感器调整不当； ②主油路调压阀卡死； ③节气门阀卡滞； ④主油路调压阀弹簧太硬； ⑤油压电磁阀损坏或线路故障
失速	稍低于标准油压	①节气门拉索或节气门位置传感器调整不当； ②油压电磁阀损坏或线路故障； ③主油路调压阀卡死或弹簧太软
	明显低于标准油压	①油泵有故障； ②主油路泄漏

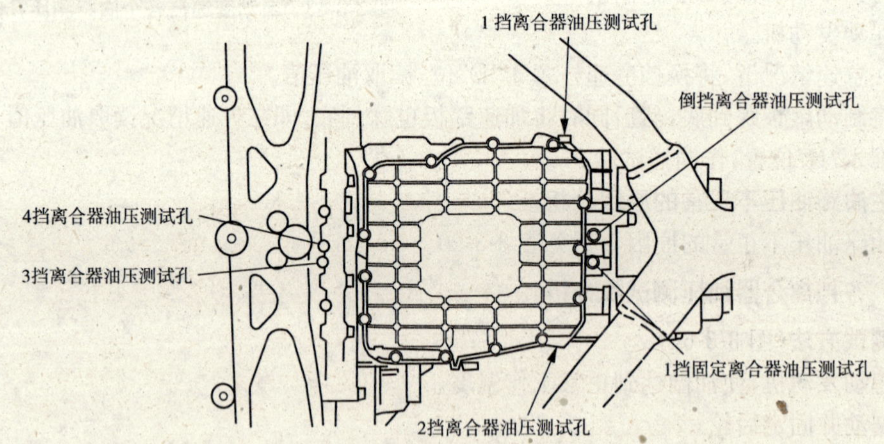

图 3-3-64 离合器的油压测试

离合器油压低的原因分析见表 3-3-21。

(三)蓄压器背压测试及分析

1. 测试方法(图 3-3-65)

离合器油压低的原因分析 表 3-3-21

测试油压项目	换挡杆位置	现　　象	故障部位	油压力(kPa)	
				标准	最低允许值
1 挡离合器	D4 或 D3	1 挡压力低	1 挡离合器	780～840	735
2 挡离合器	D4	2 挡压力低	2 挡离合器	840	735
3 挡离合器		3 挡压力低	4 挡离合器		
4 挡离合器		4 挡压力低	4 挡离合器		
1 挡离合器	或 1	1 挡压力低	1 挡离合器	780～840	735
2 挡离合器		2 挡压力低	2 挡离合器		
1 挡固定离合器		1 挡固定压力低	1 挡固定离合器		
倒挡离合器	R	倒挡压力低	倒挡离合器	1 166～1 244	1 127

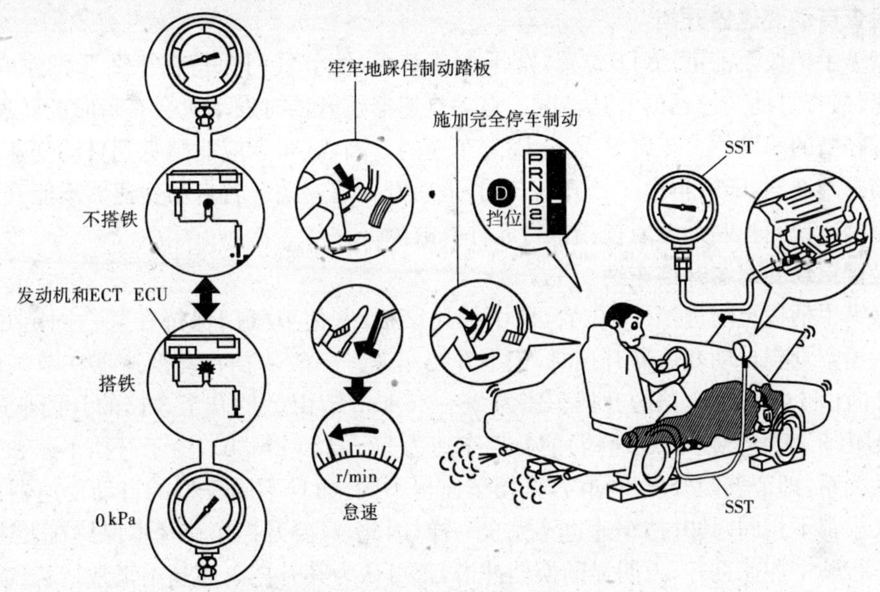

图 3-3-65　蓄压器背压测试

电控自动变速器常采用油压电磁阀来控制蓄压器背压，这时可按下述方法进行测试：

①和管路油压测试一样，检查加速踏板拉索，接上压力表，将手制动器拉到底(制动)，检查发动机怠速；

②打开驾驶室内的发动机和 ECT(电控自动变速器)的 ECU 配线，将一个 8 W 灯泡的一端子与油压电磁阀控制端连接；

③在正常怠速下，踩住制动踏板并固定 4 只车轮后，将换挡变速杆置于“D”位；

④读出在 8 W 灯泡另一端子接地和不接地两种情况下的蓄压器背压；

⑤对照标准背压表进行性能分析，若不符合，则可能原因见表 3-3-22。

2. 油压标准

蓄压器的背压一般为 175～255 kPa。蓄压器背压不正常的原因分析见表 3-3-22。

蓄压器背压不正常的原因分析 表 3-3-22

故　障	可能原因
当油压调节电磁阀的端子不搭铁时蓄压器背压与规定值不符(高或低)	①节气门拉线失调; ②节气门控制阀故障; ③电磁调节阀故障; ④油压调节电磁阀故障; ⑤蓄压器控制阀故障
当油压调节电磁阀端子搭铁时蓄压器背压不为 0	油压调节电磁阀故障

三、自动变速器的路试检查

1.自动变速器路试前的准备工作

在道路试验之前,应先让汽车以中低速行驶 5～10 min,让发动机和自动变速器都达到正常工作温度。

2.检查自动变速器升挡

将操纵手柄拨至前进挡(D)位置,踩下加速踏板,使节气门保持在 1/2 开度左右,让汽车起步加速,检查自动变速器的升挡情况。自动变速器在升挡时发动机会有瞬时的转速下降,同时车身有轻微的闯动感。正常情况下,随着车速的升高,试车者应能感觉到自动变速器能顺利地由 1 挡升入 2 挡,随后再由 2 挡升入 3 挡,最后升入超速挡。若自动变速器不能升入高挡(3 挡或超速挡),说明控制系统或换挡执行元件有故障。

3.检查自动变速器升挡车速

将操纵手柄拨至前进挡(D)位置,踩下加速踏板,并使节气门保持在某一固定开度,让汽车加速。当察觉到自动变速器升挡时,记下升挡车速。一般 4 挡自动变速器在节气门开度保持在 1/2 时由 1 挡升至 2 挡的升挡车速为 25～35 km/h,由 2 挡升至 3 挡的升挡车速为 55～70 km/h,由 3 挡升至 4 挡(超速挡)的升挡车速为 90～120 km/h。由于升挡车速和节气门开度很大的关系,即节气门开度不同时,升挡车速也不同,而且不同车型的自动变速器各挡位传动比的大小都不相同,其升挡车速也不完全一样,因此,只要升挡车速基本保持在上述范围内,而且汽车行驶中加速良好,无明显的换挡冲击,都可认为其升挡车速基本正常。若汽车行驶中加速无力,升挡车速明显低于上述范围,说明升挡车速过低(即过早升挡);若汽车行驶中有明显的换挡冲击,升挡车速明显高于上述范围,说明升挡车速过高(即太迟升挡)。

由于在行驶中不易察觉降挡时刻,因此在道路试验中一般无法检查自动变速器的降挡车速,只能通过检查升挡车速来判断自动变速器有无故障。如有必要,还可检查其他模式下或操纵手柄位于前进低挡位置时的换挡车速,并与标准值进行比较,作为判断故障的参考依据。

升挡车速太低一般是控制系统故障所致;换挡车速太高则可能是控制系统的故障所致,也可能是换挡执行元件的故障所致。

4.检查自动变速器升挡时发动机转速

有发动机转速表的汽车在作自动变速器道路试验时,应注意观察汽车行驶中发动机转速变化的情况。它是判断自动变速器工作是否正常的重要依据之一。在正常情况下,若自动变速器处于经济模式或普通模式,节气门保持在低于 1/2 开度范围内,则在汽车由起步加速直至升入高速挡的整个行驶过程中,发动机转速都低于 3 000 r/min。通常在加速至即将升挡时发动机转速可达到 2 500～3 000 r/min，在刚刚升挡后的短时间内发动机转速下降至 2 000 r/min左右，如果在整个行驶过程中发动机转速始终过低，加速至升挡时仍低于 2 000 r/min，说明升挡时间过早或发动机动力不足；如果在行驶过程中发动机转速始终偏高，升挡前后的转速在 2 500～3 500 r/min 之间，而且换挡冲击明显，说明升挡时间过迟；如果在行驶过程中发动机转速过高，经常高于 3 000 r/min，在加速时达到 4 000～5 000 r/min，甚至更高，则说明自动变速器的换挡执行元件（离合器或制动器）打滑，需要对自动变速器拆修。

5.检查自动变速器换挡质量

换挡质量的检查内容主要是检查有无换挡冲击。正常的自动变速器只能有不太明显的换挡冲击，特别是电子控制自动变速器的换挡冲击十分微弱。若换挡冲击太大，说明自动变速器的控制系统或换挡执行元件有故障，其原因可能是油路油压过高或换挡执行元件打滑，自动变速器有故障需要维修。

6.检查自动变速器的锁止离合器工作状况

自动变速器变矩器中的锁止离合器工作是否正常也可以采用道路试验的方法进行检查。试验中，让汽车加速至超速挡，以高于 80 km/h 的车速行驶，并让节气门开度保持在低于 1/2 的位置，使变矩器进入锁止状态。此时，快速将加速踏板踩下至 2/3 开度，同时检查发动机转速的变化情况。若发动机转速没有太大变化，说明锁止离合器处于接合状态；反之，若发动机转速升高很多，则表明锁止离合器没有接合，其原因通常是锁止控制系统有故障。

7.检查发动机制动功能

检查自动变速器有无发动机制动作用时，应将操纵手柄拨至前进低挡（S、L 或 2、1）位置，在汽车以 2 挡或 1 挡行驶时，突然松开加速踏板，检查是否有发动机制动作用。若松开加速踏板后车速立即随之下降，说明有发动机制动作用；否则说明控制系统或前进强制离合器有故障。

8.检查自动变速器强制降挡功能

检查自动变速器强制降挡功能时，应将操纵手柄拨至前进挡（D）位置，保持节气门开度为 1/3 左右，在以 2 挡、3 挡或超速挡行驶时突然将加速踏板完全踩到底，检查自动变速器是否被强制降低一个挡位。在强制降挡时，发动机转速会突然上升至 4 000 r/min 左右，并随着加速升挡，转速逐渐下降。若踩下加速踏板后没有出现强制降挡，说明强制降挡功能失效。若在强制降挡时发动机转速上升过高，达 5 000～6 000 r/min，并在升挡时出现换挡冲击，则说明换挡执行元件打滑，自动变速器需要拆修。

本章小结

①汽车上传感器的种类繁多，分类复杂。在检测传感器时应分清是主动型还是被动型传感器。被动型传感器需要外加输入电源（一般为＋5V），它才能输出电子信号。而主动型传感器是指传感器本身在吸收了能量（光能和热能）并经它本身变换后再输出电能。

②要掌握传感器的检验方法必须了解每个传感器的功用、安装位置、形状、结构、工作原理、电路图、静态检查和动态检查等知识。检测传感器的主要内容包括：传感器的信号电压（或数据流）、传感器的电源电压（仅对有源传感器而言）、传感器线束的导通性（短路或断路）、传感器的电阻值、传感器的信号波形等。

③汽车许多故障都是由于传感器不良造成的，因此，检测传感器是非常重要的。要想正确掌握汽车每个传感器的检测方法，必须掌握各传感器的工作原理。一些传感器的功能不同，但其工作原理是相同的，其检测方法也相同，如汽车上温度传感器有冷却液温度传感器、进气温度传感器、变速器油温传感器、排放温度传感器（三元催化剂温度传感器）、EGR 监测温度传感器、蓄电池温度传感器、燃油温度传感器、车外温度传感器、车内温度传感器、蒸发器出口温度传感器、水温表传感器等，但均采用负温度系数的热敏电阻，其工作特性曲线基本相同，检测方法也相同。

④汽车电控单元（ECU）一般可分为输入回路（输入级）、微型计算机（微机）、输出回路（输出级）和电源电路四部分。可以将 ECU 的内部结构分成两部分，即常规电路（包括输入、输出和转换电路）和微型计算机，常规电路采用的是通用电气元件，若损坏是可以修复的。

⑤ECU 的检测方法主要有直观检查法、接触检查法、故障再生法、参照检查法、替代检查法、电压检查法、电阻检查法、示波器显示波形检查法、信号注入检测法等。具体检测 ECU 时，只需采用 1～2 种方法即可，不必采用所有检测方法。检测 ECU 时，应避免静电、温度过高、冲击过大等现象，以免损坏 ECU。

⑥汽车的控制项目众多，因此，执行器也很多，但按其工作原理不同主要分为电动机和电磁阀两种。电磁阀是一种以电磁线圈（或螺线管）作为控制系统的执行元件，被广泛应用在汽车上。检测电磁阀主要检测电磁阀的工作状态、电阻值、线束导通性、信号波形等。随着执行器在汽车上的应用，步进电动机得到越来越广泛应用，主要原因是对步进电动机容易实现电子控制。步进电动机有三种类型：可变磁阻式电动机、永磁式（PM）电动机、混合式电动机。每种类型的基本工作原理是相同的，均被广泛用在各种各样的车辆中。步进电动机的检验主要是检测其电阻值、工作状态、线束导通性、驱动信号波形等。

⑦目前在汽车上广泛应用的电子控制系统有：发动机电子控制系统、自动变速器电子控制系统、防抱死制动系统、安全气囊系统、悬架控制系统、前照灯控制系统、电子稳定程序系统、空调控制系统、防盗系统等。要对汽车上各电子控制系统进行检验，并根据检验结果分析、排除各电子控制系统的故障，必须掌握各电子控制系统的构造原理及常用的检验方法。检验汽车电子控制系统的主要方法有：自诊断法、万用表法、数据流分析法、波形分析法、尾气分析法、温度分析法等。其中，数据流分析法是诊断电子控制系统故障的重要方法之一，数据流是 ECU 对所控制的系统正常运行控制状态的数量表现形式，数据流分析方法有数值分析法、时间分析法、因果分析法、关联分析法、比较分析法等多种形式。

⑧车载网络系统被广泛应用到各种新型轿车上，但各种车系的车载网络系统协议是不同的，通常划分为 A、B、C、D、E 五类。B 类网络应用最为广泛，A 类网络趋于淘汰，C 类网络应用日益广泛。满足 C 类网络要求的汽车控制局域网主要是 CAN。

⑨车载网络系统的基本概念主要有：多路传输、模块/节点、数据总线、网络、通信协议、总线速度、网关和帧等。

⑩车载网络系统结构一般主要包括两大部分，一是通信部分；二是网络管理部分。在现场总线的通信结构只采用了 ISO/OSI 的三层模型：物理层、数据链路层和应用层。

⑪CAN 数据总线由一个控制器，一个收发器，两个数据传输终端以及两条数据传输线组成。除了数据传输线，其他电子元件都被置于 ECU 内部。CAN 总线的传输过程包括：提供数据、发送数据、接收数据、检查数据、接受数据 5 个过程。具有最高优先级的数据，首先发送。

⑫装有CAN总线(CAN－BUS)多路信息传输系统的车辆出现故障,维修人员应首先检测汽车多路信息传输系统是否正常。因为如果多路信息传输系统有故障,则整个汽车多路信息传输系统中的有些信息将无法传输,接收这些信息的电控模块将无法正常工作,从而为故障诊断带来困难。对于汽车多路信息传输系统故障的维修,应根据多路信息传输系统的具体结构和控制电路具体分析。

⑬一般说来,引起汽车多路信息传输系统故障的原因有三种:一是汽车电源系统引起的故障;二是汽车多路信息传输系统的链路故障;三是汽车多路信息传输系统的节点故障。

⑭汽车上有很多液压系统,如自动变速器、液压制动系统、液压助力转向系统、液压电子悬架系统等。对液压系统的检验主要是测试其油压。

⑮自动变速器是最典型、最复杂的汽车液压系统之一。检测自动变速器的油压方法主要有测试主油路油压、测试各挡离合器油压、测试蓄压器背压等。

⑯检测自动变速器工作性能的最简单而有效的方法是路试检查,主要检测项目有自动变速器升挡检查、自动变速器升挡车速检查、自动变速器升挡时发动机转速检查、自动变速器换挡质量检查、自动变速器的锁止离合器工作状况检查、发动机制动功能检查、自动变速器强制降挡功能检查等。

复习思考题

1. 汽车电控单元由哪些零件组成?
2. 检查电控单元通常采用哪些方法?
3. 简述采用直观检查法检测电控单元的主要特点。
4. 简述采用接触检查法检测电控单元的主要特点。
5. 检测电控单元应注意哪些要点?
6. 空气流量传感器有哪些类型?怎样检验桑塔纳2000GSi热膜式空气流量传感器?其标准数值是多少?
7. 温度传感器有哪些类型?怎样检验温度传感器?其参考数值是多少?
8. 发动机转速传感器有哪些类型?怎样检验桑塔纳2000GSi发动机转速传感器?其标准数值是多少?
9. 节气门位置传感器有哪些类型?怎样检验桑塔纳2000GSi节门位置传感器?其标准数值是多少?
10. 汽车上采用的压力传感器有哪些类型?怎样检验广州本田轿车的进气歧管压力传感器(MAP)?其标准数值是多少?
11. 怎样检验桑塔纳2000GSi的氧传感器?其标准数值是多少?
12. 汽车上常采用哪些执行器?
13. 怎样检验喷油器的工作情况?
14. 怎样检测喷油器的喷油脉宽波形?
15. 怎样检验步进电动机?
16. 故障自诊断系统有何功能?
17. 故障自诊断系统的故障码有哪几种显示方法?

18. 怎样正确消除故障码?
19. 用万用表检验 ECU 应注意哪些事项?
20. 数据流分析有哪几种基本方法?
21. 数据流读取的条件是什么?
22. 汽车电子信号有哪些基本类型?
23. 怎样测试汽车传感器波形?
24. 怎样检测汽车执行器波形?
25. 氧传感器的波形有哪三个要素?
26. 怎样观测次级点火波形?
27. 车载网络系统有哪几种类型?
28. 车载电脑网络通信协议有哪几大类型?
29. 网关有何作用?
30. CAN 总线有何特点?
31. CAN 总线由哪几部分组成?
32. CAN 总线有哪几个传输过程?
33. 何谓数据报告优先权?
34. CAN 总线常见有哪几种故障?
35. 简述 CAN 总线中链路故障的形成机理。
36. 如何用示波器检测 CAN 总线的故障?
37. 简述自动变速器油压测试的目的。
38. 怎样测试自动变速器主油路油压?
39. 怎样测试自动变速器各挡离合器油压?
40. 怎样测试自动变速器蓄压器油压?

第四章 车身修复质量检验

第一节 车身基本知识

一、车身的基本类型

现代汽车车身是一种典型的壳体框架结构。按照其承载结构可以分为若干基本类型。

1. 车架式

该类型车身是由完整的车架承受载荷，而车身外壳则由骨架、蒙皮装配、连接在车架上而形成的。一般乘用车车身采用这种类型，也称为非承载式车身，如图 3-4-1 所示。

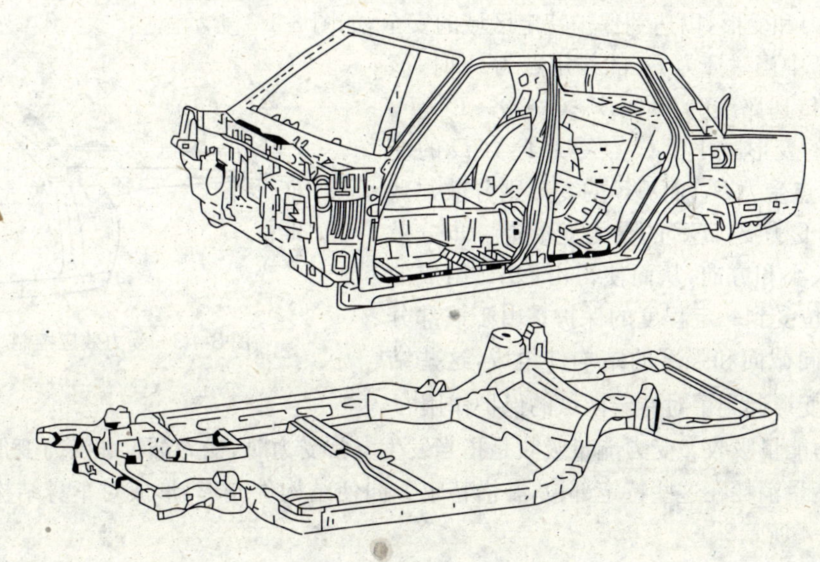

图 3-4-1 传统车架式车身

2. 整体式

该类型车身没有单独的车架，由不同形状的薄板件构成，以点焊连接成一个整体，承受车辆的载荷。一般小型乘用车车身采用这种结构，也称为承载式车身，如图 3-4-2所示。

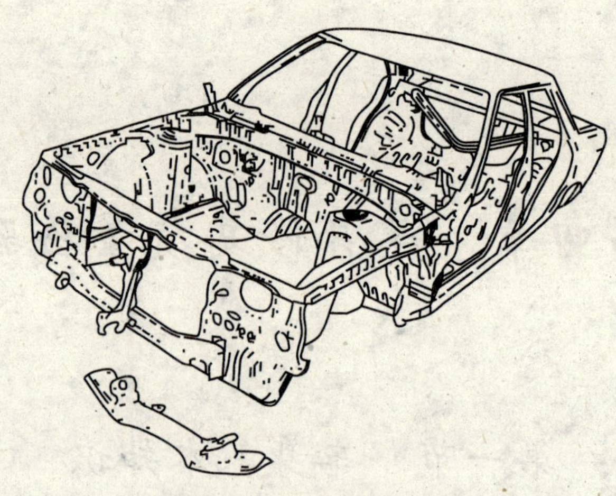

图 3-4-2　无车架整体式车身

二、车身性能要求

(一)安全性

1.车身的结构

对于承载式车身而言,其安全性取决于受力时的效应控制和能量吸收。

(1)受力效应控制。受力效应控制是指当发生异常受力(比如发生碰撞)时,碰撞力使预先设计的、具有应变结构的部位发生如卷摺式的变形,将集中受力分散到整个结构上,减少被保护部位的受力和变形,以达到保护特定区域的安全,如图 3-4-3 所示。

图 3-4-3 中当碰撞力 F_0 的作用点为 A 时,该结构的受力传递路线为:$A \to B \to C \to D \to E \to F$,结构件 BC 的变形减小了 C 点受力 F_1,CD 的变形减小了 D 点受力 F_2;而 DE 的变形则分散并减小了 E 点的受力 F_3,EF 的受力变形进一步分散了 F_4 力的大小和方向,从而使得由 DEF 组成的框架下方部位受到一定程度的保护。由于该部分结构是由不同截面和强度的结构件组成,这些结构件的分段变形起到了对特定区域的保护作用。

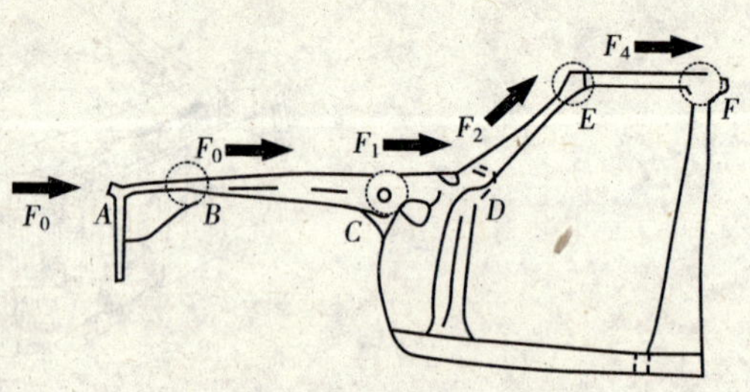

图 3-4-3　受力效应控制

(2)受力能量吸收。受力能量吸收是指当发生异常受力时,受力部位和受力变形吸收和分散能量,使能量消耗在这些特定部位,并沿特定方向使结构件变形,形成对车身结构的整体保护,如图 3-4-4 所示。

图 3-4-4 a)所示为:设计图中圆圈标出各部位的形状,并采用各种打孔、开槽和减厚等措施,相对减小其强度,碰撞发生时这些部位将沿预定方向变形。由于碰撞能量被逐步吸收,因此各部位的变形也逐步减小,从而达到缓冲和分散受力的目的。图 3-4-4 b)所示则为碰撞力的传递路径。

车身结构的形状和尺寸是经过科学设计的。保证车身外形和结构件的精确性并不仅仅为了外表的美观,在很大程度上也是其安全性的重要因素。另外,在改装车辆时不允许随意改变结构，否则将会对车身的安全性带来极大的隐患。

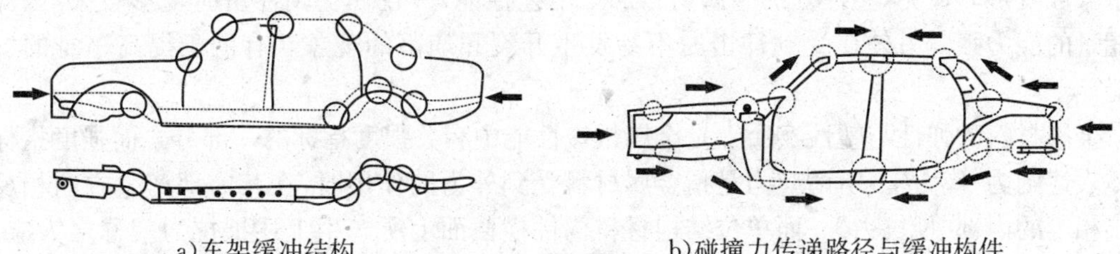

a)车架缓冲结构　　b)碰撞力传递路径与缓冲构件

图 3-4-4 受力能量吸收

2. **车身材料**

目前现代汽车车身仍然广泛采用钢铁材料。车身钢铁材料的类型有热轧和冷轧薄钢板，其厚度在 1.5～7.5 mm。热轧钢板多用于制成各种厚度较大的部件；而冷轧薄钢板则由于其良好的机械特性和表面质量，广泛用作车辆的覆盖件。

由于车身修复对象是金属材料的结构，因此了解和掌握有关金属的基本性能，了解和掌握有关国标就成为制定钣金工艺的重要前提。

按照钢板材料的成分，现代汽车常用的金属板材为强度较高的合金钢。其运用部位如图 3-4-5 所示。

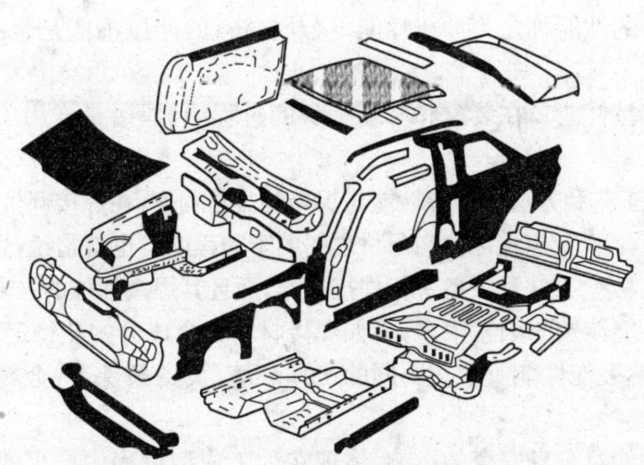

图 3-4-5 高强度合金钢在车身上的运用

虽然合金钢由于其高强度和重量轻而受到广泛的运用，但受外力变形后难以恢复原状以及由此而产生的内应力难以消除等，给车身修复带来一些问题，在车身修复时必须予以充分的重视。

金属材料性能包括机械性能和工艺性能两类。

(1)金属材料机械性能：

①弹性。金属材料的弹性性能是指受力后恢复原来状态的能力。“恢复状态”的实质就是可以自行消除因外力所造成的变形。车身金属材料的弹性性能可以用来评价其吸收外来能量并保持原形的能力，当车身结构受到外力作用时，金属材料的弹性将可以减少由于变形而产生的安全性隐患。

②塑性。金属材料的塑性是指金属材料在外力作用下产生永久变形而不断裂的能力。当

金属材料的变形超过其弹性极限时，将会出现回弹的倾向，但不能完全回到原来的形状，即产生永久性变形。显见，塑性好的金属材料加工工艺性能好，且在受到冲击时变形较大，因此吸收能量的能力强。另外在受到冲击时不易发生开裂和崩落的现象。有助于提高车身的安全性能。

金属材料的弹性与塑性实质上是金属机械性能中有关强度指标的一部分。而强度指标的具体表述则为“应力”。所谓应力是指金属材料受到外力的作用时，在其内部产生方向相反而大小相等的内部“抵抗力”。而单位结构材料构件横截面上所产生上述抵抗力就称之为应力。显见，所谓的应力在性质上是属于内力的一种。

如此则可定义金属材料的弹性极限：金属材料在外力作用下产生弹性变形所能够承受的最大应力。就是说：当金属材料在所受到的外力处于弹性极限范围内时金属材料产生弹性变形；当该外力增大至某个值时将产生永久性的塑性变形。

③加工硬化是指金属材料所受外力达到塑性变形的上限时，其变形部位的表面硬度将会产生较大的增加；金属材料的机械性能直接关系到车身的安全性能，同时在车身修复技术中也起到重要作用。

(2)金属材料的工艺性能。经修复的车身，其所用材料的工艺性能对车身结构的安全性能会产生影响，主要体现在：

①金属材料的冲压性能。金属材料在某种温度状态下接受压力作用而产生特定的塑性变形。该过程所反映出的性能称之为冲压性能。金属材料的冲压性能是金属材料进行锻、冲压和挤压的成型能力。

②金属材料的焊接性能。在装配和修复车身的过程中，焊接是常用工艺手段之一。所谓的焊接性能是指：

金属材料对焊接工艺和方法的适应性能与焊接的难易程度，在焊接部位是否容易形成气孔、裂纹和残渣渗透等缺陷，以及焊接部位与母材之间的牢固程度。也就是说，焊接性能较差的金属材料必须采用复杂的工艺、方法和设备进行焊接操作，而且其焊接部位的强度也不易保证。

金属材料焊接性能涉及的因素很多，诸如焊接材料合金成分的热稳定性、氧化性、熔气性，热应力性能、抗冷一热裂变性能等。在不同的工作环境、设备条件下，金属材料所反映出的焊接性能是有差别的。

金属材料工艺性能对车身安全的影响，体现在加工成型过程中产生的应力以及工艺过程与质量的稳定性能。在对车身焊接修复时必须掌握金属材料的焊接性能，并严格执行相应的操作规范。

(二)防腐性

现代汽车的车身主要以金属薄板为主要材料，通过冲压、焊接和铆接等工艺成型。薄金属板材的优点是：强度较大，工艺性好、使用寿命长和抗老化性能好等优点，但其最大的缺陷是金属材料的防锈蚀性能很差。金属锈蚀是影响车身结构安全性能的重要因素，因此在车身制造和修复过程中采用了多种方法来防止金属锈蚀，从整体上提高车身使用寿命。

1.金属材料的防腐性能

金属材料防腐的重要措施之一就是表面防腐处理，其典型处理方法有表面镀锌、镀铬和磷化处理等。在重要的受力结构件和容易锈蚀的部位(如易于积水、暴露和潮湿部位)一般就采用上述经过防腐处理的材料。在更换和修复上述部位的车身结构时必须采用经过防腐处理的材料。

2.防水结构设计

防水结构设计采用的主要措施有:流水边槽和排水、通风结构,如图 3-4-6 所示。该类措施主要是防止水分囤积和渗漏,并迅速地将余留水分蒸发,以减少腐蚀速度。在车身修复时必须注意这些部位的形状和流水通畅。

3.防护结构

车身防护结构的主要目的是对某些易于受到冲击的部位进行的保护性防护,比如加装夹层和内衬等,可以防止由于外来物体冲击所造成的损伤。但这些结构在一定程度上也可以起到防水和防腐的作用。如在经过涉水路面时,挡泥板内衬在防止碎石冲击的同时,还可以防止该部位的金属板材直接与水接触;发动机底罩也起到防止发动机受到冲击和水的侵蚀。在车身修复时必须注意上述部位的形状与材料特性。

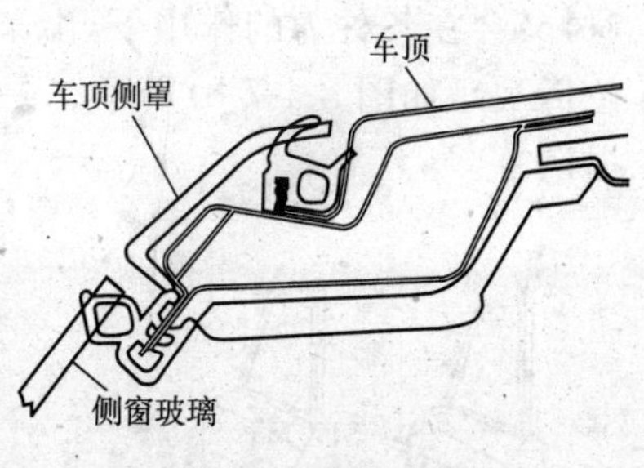

图 3-4-6 车身排水结构

(三)密封性

车身的密封性取决于两方面的因素。

1.车身的制造精度与装配质量

车身的制造精度与密封有关的主要是尺寸精度形位精度和表面粗糙度。高精度的车身及其蒙皮结构将提供良好的基础结构。因此在车身修复时必须对车身的形位精度提出要求。主要的精度检查部位为车窗、车门和各个风窗玻璃部位的安装形位精度。

2.车身密封材料的质量

车身密封材料是以各种塑料为主的填充材料,用于对各处缝隙进行密封。常见的密封材料有各种塑料和橡胶件。塑料和橡胶件的质量性能取决于其成分和安装工艺。密封件常见质量问题是老化、剥落和开裂。

3.车身的密封性检验方法

车身在修复后,检验车身密封性的检验方法一般有两种:

①用高压水枪喷水试漏。例如车门修复后,关上车门与车窗,用加压水枪朝密封条部位喷水试漏,经过一段时间(约 3～5 min)后观察是否漏水。

②路试检验。方法是关上车门、车窗,在有关缝隙处粘贴细纸条,并在路况较好的路段行驶,时速应该达到 100～120 km/h,时间约 10～20 min,此时如纸条飘忽、摆动或人感觉有风往里面钻,说明密封性不好,需重新修复车门。

第二节 车身损伤及其修复

一、车身损伤类型

1.直接损伤

直接(碰撞损伤)损伤类型有弯曲、变形、断裂、擦伤或划痕等,在所有的损伤中直接损伤通常占全部损伤的10%～15%。

2.间接损伤

间接损伤是指由直接损伤引起的折损、挤压等，如图3-4-7 a)所示，间接损伤平均占所有损伤的80%～90%，间接损伤又可分为拉伸、压缩两种类型；当车身受到激烈的外力冲击时，又会在各种力的作用下，由车身的一次损伤（碰撞）而产生相应的二次损伤（车身受力部位折皱），如图3-4-7 b)所示。一般在车身受损坏时往往出现由多种类型损伤形成的综合损伤。

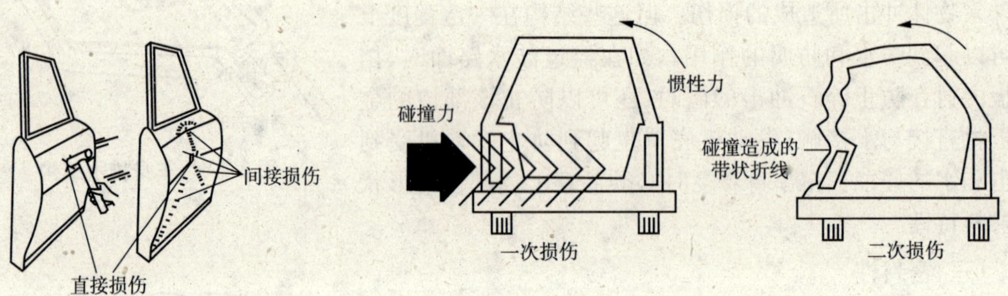

图3-4-7 直接损伤与间接损伤

3.硬化

硬化是指由于修复时工艺、方法或工具应用不当而产生的变形部位硬度增大现象，如图3-4-8所示。

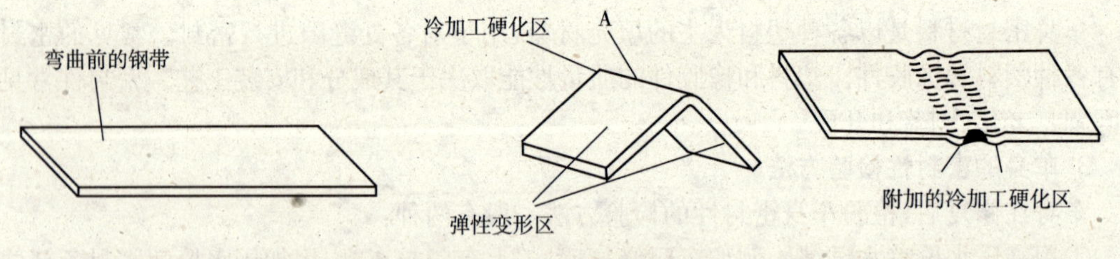

图3-4-8 冷加工硬化现象

二、车身的损伤、检验与修复

车身损伤的修复必须按照严格的操作程序执行，随意和仅仅凭借经验就实施钣金作业，将造成返修率增大，甚至导致车身更大的损坏。

（一）车身的损伤

1.车架式车身

根据外力碰撞的部位分析，车身车架的损坏形式有如下几种：

①侧弯，即车辆承载结构发生以中心线为准的非对称弯曲，如图3-4-9所示。侧弯损伤的特征是一侧车身蒙皮结构发生拉伸现象，而另一侧则发生压缩现象。

②下凹损伤，即车辆承载结构发生上下高度位置的变化，如图3-4-10所示。

③挤压损伤，即车辆承载结构发生长度位置的变化，如图3-4-11所示。

④错位损伤，即车辆承载结构发生非对称性的移动变化，如图3-4-12所示。

⑤扭曲损伤，即车辆承载结构发生一侧上翘而另一侧下折的现象，如图 3-4-13 所示。

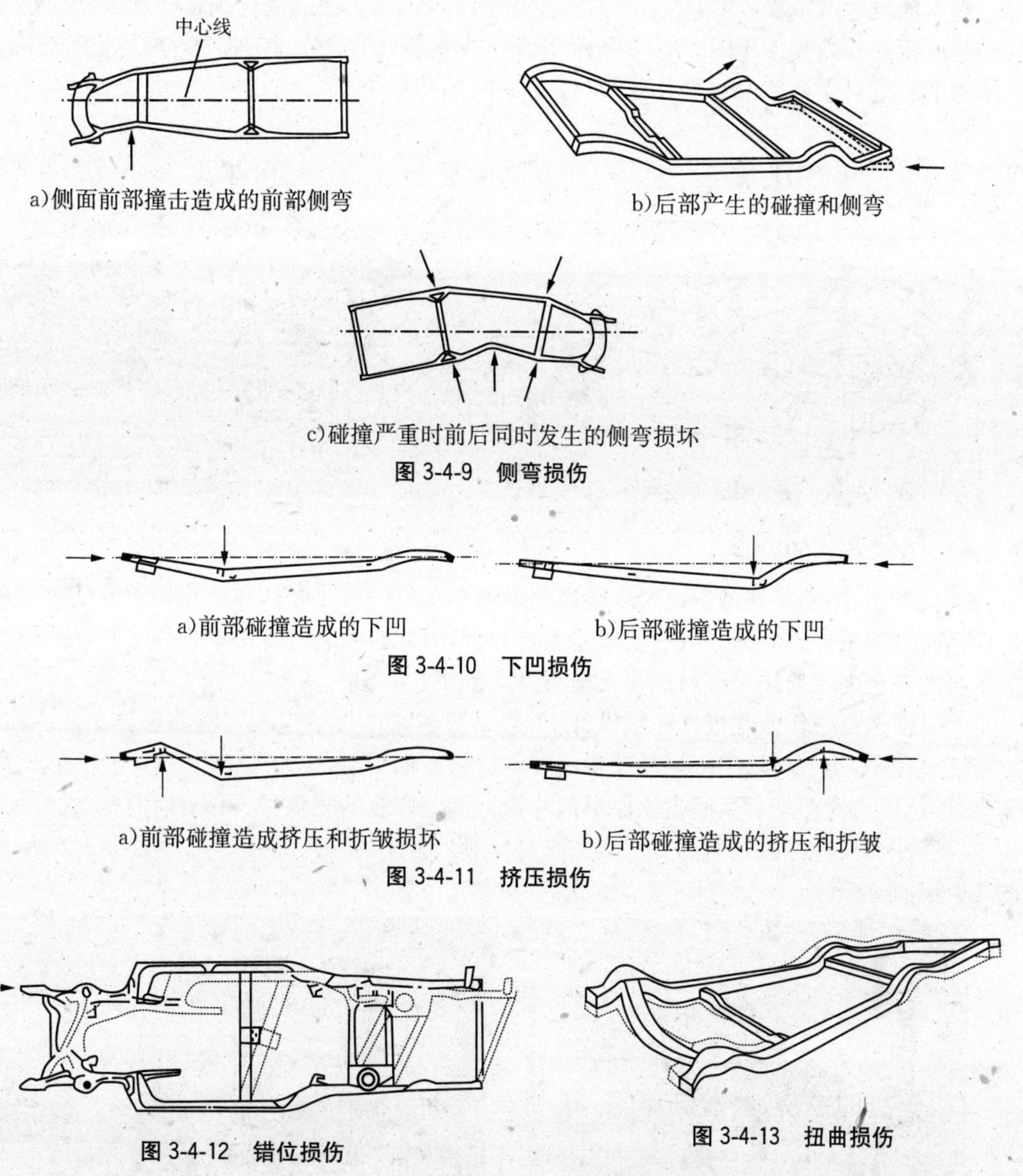

a）侧面前部撞击造成的前部侧弯　　b）后部产生的碰撞和侧弯

c）碰撞严重时前后同时发生的侧弯损坏

图 3-4-9　侧弯损伤

a）前部碰撞造成的下凹　　b）后部碰撞造成的下凹

图 3-4-10　下凹损伤

a）前部碰撞造成挤压和折皱损坏　　b）后部碰撞造成的挤压和折皱

图 3-4-11　挤压损伤

图 3-4-12　错位损伤

图 3-4-13　扭曲损伤

图中虚线是原车架形状曲线，实线则为受力变形后车架形状曲线。

2. 承载式车身

承载式车身具有吸收能量的结构设计，因此当发生碰撞时，其损伤将随着距离碰撞发生点位置的距离的增大而递减，直至碰撞力完全被吸收为止。车身设计要求前部车身和后部车身容易损坏，以形成一个能吸收碰撞能量的结构，因此，在汽车发生碰撞时，车身的损伤发生在一个以碰撞发生点为顶点的圆锥区域，如图 3-4-14 所示。

由于承载式车身是由框架和蒙皮组成的结构体，该结构体在吸收能量的同时将发生能量的传播，也就造成了损伤的传播，称为“传递损伤”。为保证某些特定区域的安全，传递损伤在某些部位造成的变形是预先设定的，称为预定变形区（吸能区），如图 3-4-15 所示。

当车辆发生严重事故时，产生的损伤往往是综合性的。因此要仔细检查和分析损伤类型，特别是分析和检查类似于图 3-4-15 所示的预定损伤变形区域，确定损伤的类型和部位，并在此基础上制定科学合理的修复计划。

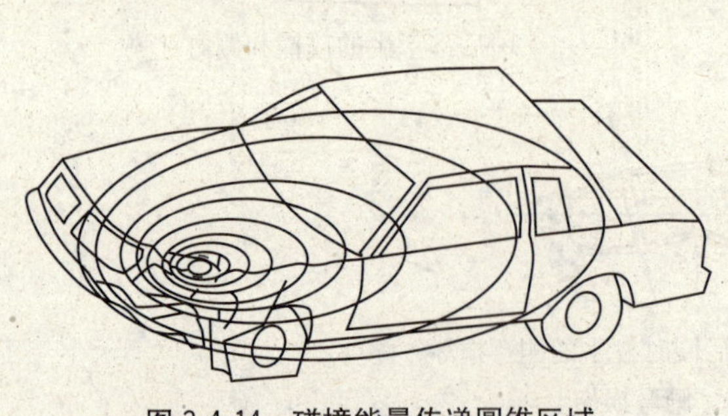

图 3-4-14　碰撞能量传递圆锥区域

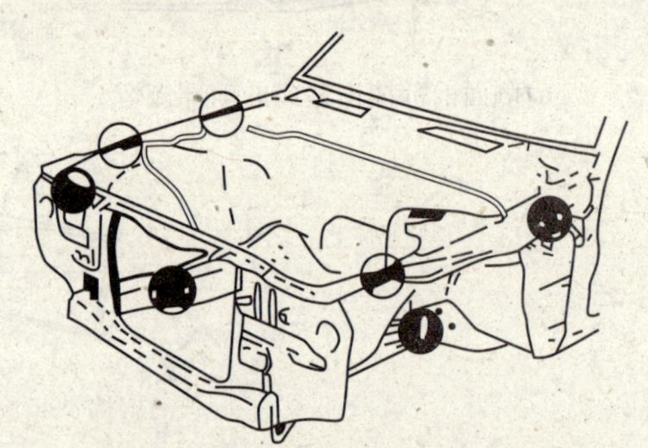

图 3-4-15　传递损伤与预定变形区

（二）车身损伤的检验

现代汽车，特别是外型质量要求较高的乘用车车身的修复必须在严格检验的基础上进行，特别是碰撞能量传递圆锥区域的变形检测与分析，因此必须装备专用设备和工具，最好获得有关车身的齐全的原始技术资料后再实施车身修复。

车身钣金修整作业是根据车辆设计、制造的基本原理与结构而实施的修复作业。在车辆的修复过程中，每一步均需根据所获得的技术资料数据手册，按照严格的程序与工艺进行检测和修理，然后再对照车身及底盘的原车尺寸数据确定修复的完整性、可靠性和精确性。切忌采用主观臆测和仅凭经验判断的方法实施修复作业。常用的、较为先进的车身测量/修复设备如图 3-4-16 所示。

图 3-4-16　车身测量/修复设备

车身损伤的检验实际上就是车身形位误差的测量。形位误差的测量的基本控制原则就是所谓的“点、线、面”原则。获得正确的车身形位误差除了使用专用设备外，其车身基础技术资料的完备也是必要条件之一。

1. 控制点选择与测量

车身在设计时就设定了若干个控制点作为车身结构设计、制造尺寸链的质量控制点。在车身修复工艺中就可作为测量的基准点。这些控制点的尺寸在技术资料上必须有详细记载。福特轿车车身尺寸如图 3-4-17 所示，各点之间尺寸均为实际尺寸，尺寸公差为±3mm，除非另外注明，俯视图上尺寸均为对称，孔的测量以下缘为准。

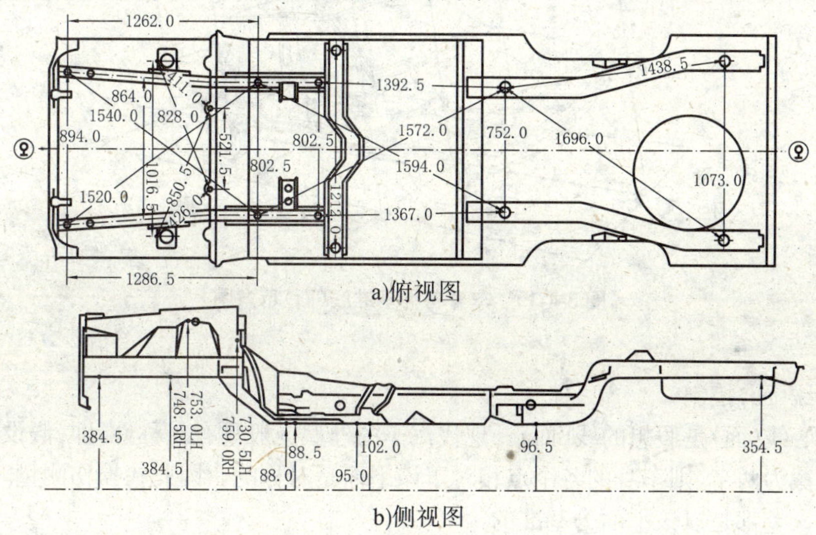

图 3-4-17 福特轿车车身尺寸

一般而言，小型乘用车的车身尺寸控制点均位于车身设计尺寸基准点，或较为坚固的支撑结构且易于测量之处。图 3 4 18 所示为某型车辆车身形状控制点位置。测量时可将实际测量数值与技术资料上的数据进行对比，即可得到变形产生的形位误差，这些误差就反映了车身的变形程度和方向。

上述控制点的参考位置：

点①位于前车身（保险杠或散热器）支撑结构上，用于控制车身迎风面，散热器进风口、前横梁的尺寸基准；

点②位于发动机安装室的支撑结构（发动机与前车身悬架支撑）点上，用于控制前纵梁、前挡泥板和翼子板、乘员室前围盖板等结构件的尺寸；

点③位于车身中部门框结构上，用于控制乘员室结构的各种支撑梁和立柱的形位误差、车身侧面、顶盖蒙皮支撑结构等部位的形位误差；

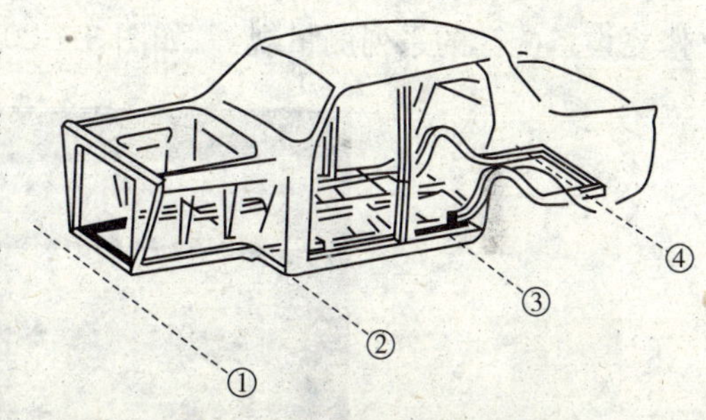

图 3-4-18 车身形状控制点位置

点④位于后车身支撑结构或后悬架上，用于控制车身后梁和后车身蒙皮支撑结构等结构件和蒙皮的尺寸。

尺寸基准点的选择与掌握应该以图 3-4-17 所示车身尺寸技术资料为标准，一般制造厂商在车身尺寸基准点上都采用特殊的颜色作为标记，注意寻找和掌握。切忌仅凭借经验和观察行事。

2. 基准面选择与测量

车身各个部位的高度在设计时是相对于某个基础平面标注的，该基准面称之为设计基准面，如图 3-4-19 所示。车身测量时该基准面的作用就是控制高度方向上的形位误差。基准面的选择应该按照技术资料指定的部位进行，不能随便将车轮底部的平面作为基准面进行测量。

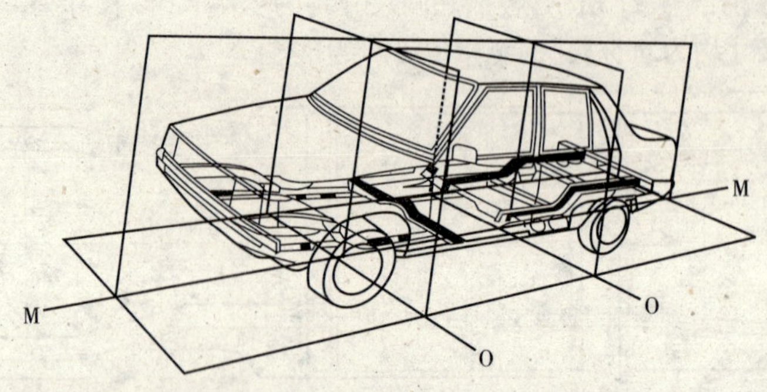

图 3-4-19　车身各种基准线(面)示意图

3. 中心线(面)控制

所谓中心线(面)是假想的线(面)。现代汽车的外型一般具有对称性，即：假设有一个平面沿长度方向截为两半，则车身的各个点相对于该平面是对称的。因此在损伤测量时，所有宽度方向的形位误差都是以该平面为基准的。

如果可以获得较为详细的车身图纸，则测量时应该以图纸标注的尺寸为准进行测量，可以获得较为精确的形位误差测量结果。当形位误差超出规定范围时说明车身存在变形，而消除变形就是对车身的修复。

4. 常用测量工具与方法

在测量时维修人员应该对损坏的车身进行多次准确和重复的测量，并对照技术资料数据进行核对以确定变形的大小和方向。常用的测量工具有普通卷尺和专用的、与大型车身测量/修复设备配套的系列测量规等，如图 3-4-20 所示。

图 3-4-20　常用测量工具

主要测量方法有以下几种：

①直接法。该方法就是运用“点、线、面”原则直接测量两个点之间的尺寸，并与基准数据对照而获得特定部位的形位误差。

②定中法。当测量部位具有对称性质时，采用上述专门的系列测量规中的定中规，即可获得更为准确和直观的车身形位误差数据，如图 3-4-21 所示。

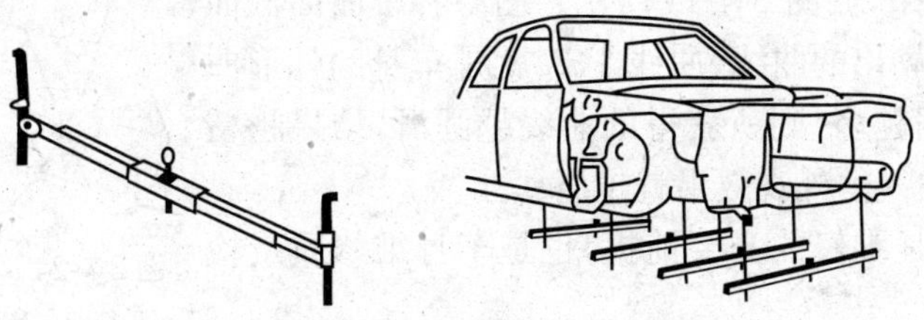

图 3-4-21 定中法测量车身底部变形

观察定中规的状况可以直接判定变形的状况，这也是使用定中规测量的优点之一，参见图 3-4-22 所示。

③坐标法。对于复杂的多曲面组成的小型乘用车车身测量，采用坐标法往往能够获得较为理想的效果。该方法必须配套使用专用三坐标测量规，(如图 3-4-23 a)所示)，并在专用测量台进行测量，测量时使各个测量针接触被测部位；即可直接在测量台上标有刻度的部位直接读出测量数值。现代测量台采用先进的光学-红外三坐标测量方法，可以进一步提高精度和方便使用，如图 3-4-23 b)所示。

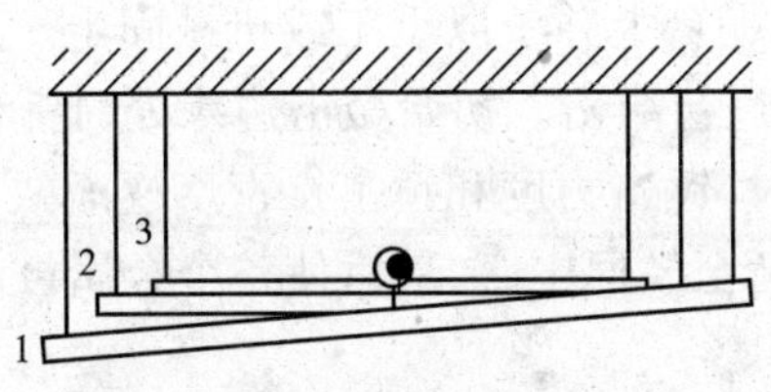

a)车身发生左右弯曲时的现象

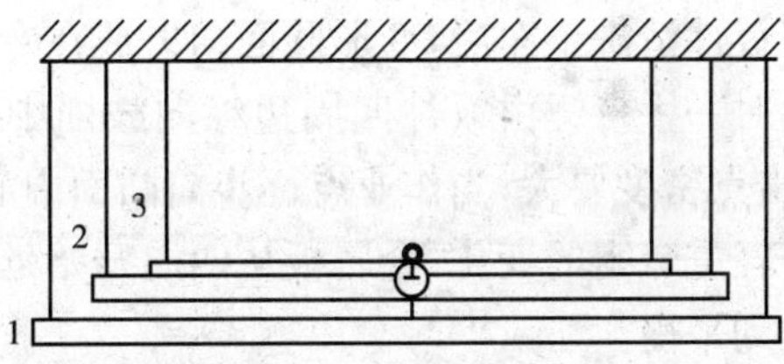

b)车身发生上下弯曲时的现象

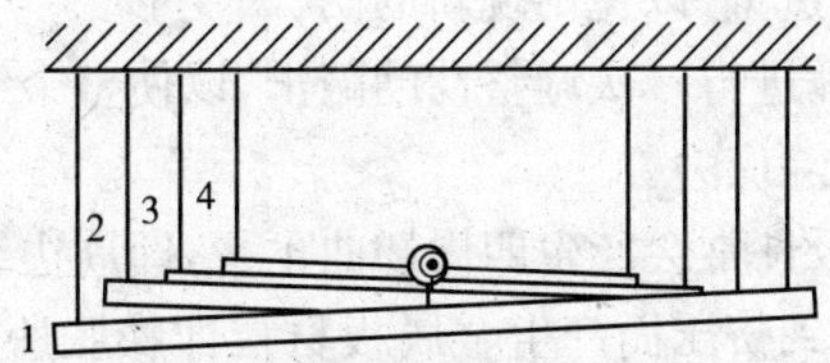

c)车身发生扭曲时的现象

图 3-4-22 利用定中规观察和判定变形类型

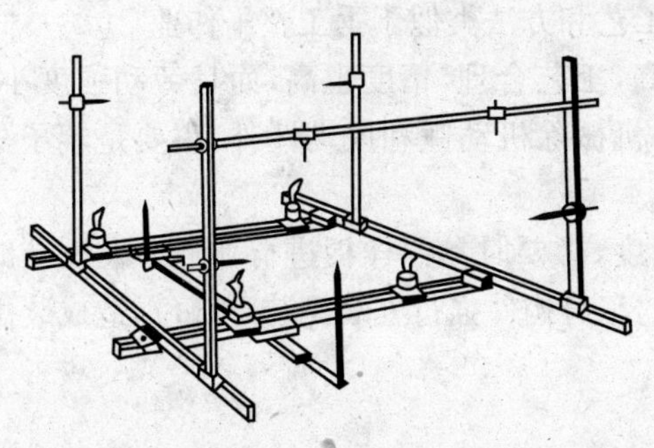

a)专用三坐标测量规

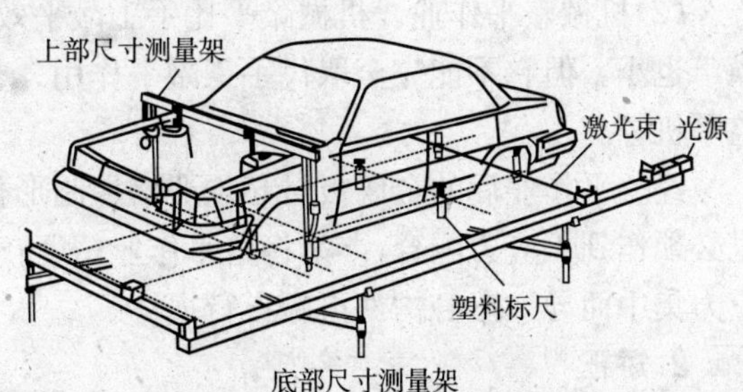

b)光学-红外三坐标测量方法

图 3-4-23 坐标法测量

通过坐标法得出的实际上是一组三坐标曲线数据，根据这些数据可以精确确定特定的空间曲线，也就是组成车身的复杂曲线的直观效果，如图 3-4-24 所示。图中各个曲面截面(α,β_1,β_2)的交线勾勒出的曲线(曲线 1,2)就是车身的外形曲线。显见，测量数据越多，则所获得的曲线越圆滑，结果越精确，其反映的车身曲线的外观效果就越逼真。

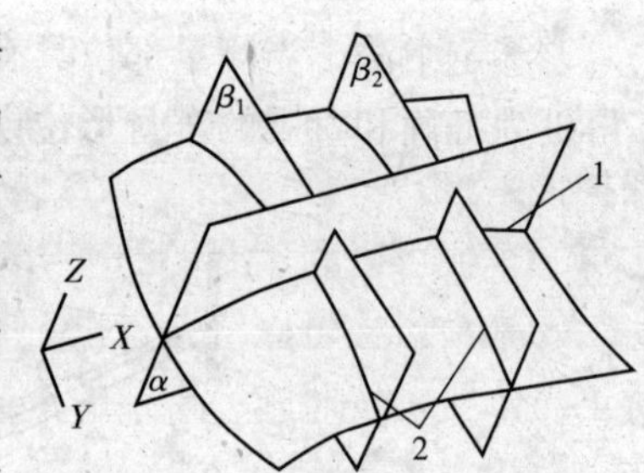

图 3-4-24　复杂曲线的坐标测量

α-平行于 XZ 平面；β_1、β_2 平行于 YZ 平面；1-α 截面交线；2-β 截面交线

车身测量不仅是维修的必要前提，也是车身维修质量检验的基本手段。

(三)车身修复

汽车发生碰撞后，车身多处产生变形，对其采取修复办法主要包括整平和矫正、应力的消除、焊接修理以及对一些塑料构件、玻璃、玻璃纤维件的修理。

1. 整平

对于车身蒙皮表面产生的局部损伤，一般采用手工与机械整平作业。

(1)手工整平作业。因外部撞击原因而导致金属薄板局部形成单纯的凸鼓后，可采用敲击矫平方法：

将钣件清洗干净后，变形凸面向上放在专用作业平台上并予以手工或机械固定。敲击矫平开始时一手持锤由钣件四周边缘向鼓面中心逐步进行敲击。初始敲击边缘处时锤击力要重，锤击点密度要大；当作业点逐步向凸面中心移动时，锤击力度和锤击点密度逐渐减少。随着敲击轻重疏密的变化，金属板从四周开始延伸，逐渐至鼓面中心，最后使整个金属板的组织应力达到平衡。

敲击过程中，要随时观察板料形状变化情况，有针对性地改变敲击力和增减敲击点，不可在某一处敲击次数过多或用力过重，以免出现新的凸、凹变形。

钣件基本敲平后，再用木锤进行一次调整性的敲击，以使整个组织舒展均匀。该矫平工艺有利于金属板的充分延展并消除应力。

当车身蒙皮损伤后，金属钣件常会产生四周翘曲不平，即周边组织松驰、中间紧密且凸、凹不平。这种变形是由于边缘受到挤压而产生金属板材拉伸膨胀所造成。矫平这种变形时，一般的方法和顺序是从板料中部开始敲击，击点逐渐向四周边缘扩散，由密变疏，敲击力也由强变弱，即采用上述凸鼓敲击相反的方法与工艺。

简单结构件的矫正也可采用手工作业形式，其工艺和方法类似于手工整平作业。

(2)机械整平作业。机械敲平比手工敲平效率高，工艺合理，精度也高，而且劳动强度小，噪声也小。但它不能完全取代手工敲平作用。整平机械除机动锤和风动锤外，主要是辊子式整平机等。

经整平作业后的金属板材必须严格控制形位精度，必要时参照样板进行作业。在安装时也必须作到无应力配合，严禁将整平作业精度较差的车身构件强行安装到装配部位，造成装配应力集中而导致车身构件再次自行损坏。

2. 矫正

大型车身结构件应该采用专用设备的进行机械矫正的作业方法，目前较为广泛应用的是车身-大梁外部矫正修复仪，其基本外型如图 3-4-25 所示。

该类设备的特点是：

①平台安装后不用再进行水平调整，其平台平面即为水平基准平面（注意加强日常保养和保护该平台）；

②车辆可以利用专门的牵引装置上、下平台；

③施力塔柱可以绕平台进行全方位360°移动，从而保证对车身进行全方位和任何角度的矫正与修复。按照施力塔柱的数量可以分为双塔型与单塔型，单个施力塔柱的最大拉伸力可达10 t；

图3-4-25 车身-大梁外部矫正修复仪

④采用液压系统，方便、可靠；

⑤具备完整的夹紧系统，利用该系统可进行定位、夹紧、调整以及拉伸作业；

⑥配备通用测量系统，具有快速、准确和方便地实施损伤部位测量作业的能力；

⑦通用性强。

该类设备的缺点是操作程序较为复杂而且必须严格遵守，其基本内容为：

①利用牵引设备把车开上车身大梁矫正仪平台，实施驻车制动，并用三角木将汽车轮胎或支撑部位垫好；

②仔细观察车辆底盘部位和车身裙部形状，根据其形状判断与选择合适的夹紧系统；

③使用二次举升或千斤顶将事故车举升到合适高度，安装夹紧系统；

④拧紧夹具夹钳上的螺栓，将夹紧系统与车身连为一体；

⑤固定夹紧系统到平台上，使夹紧系统与平台连为一体；

⑥夹具末端的钳口需按照特定顺序分若干次拧紧，以确保牢固地将车辆固定在平台上，防止在受力过程中产生滑动；

⑦把施力塔柱滑移到事故车需修复位置，选择合适拉具进行试拉，随时观察车身情况，依照“先出后进”原则进行。

注意事项：

①车开到平台上用三角木把轮胎垫好后，必须用四个以上夹具固定车身，防止受力时滑动；

②将有关的部件如座位、仪表、车垫等拆卸后拿走；

③在拆除车身部件时，使用棉皮或保护带保护车身以防增加车身损伤；

④要严格根据设备使用说明书正确操作；

⑤严禁非熟练人员或非正式培训的人员操作设备；

⑥使用高强度的链条拉伸，并且要注意链条与校正装置配套，防止不匹配而造成链条断裂，发生安全事故；

⑦拉伸车身一边时，注意另一边拉伸受力情况，防止车身倾斜；

⑧可以用尼龙安全带防止对车身表面的二次损伤；

⑨严禁操作人员与施力链条或钣金整形工具处在一条直线上，因为链条断裂、夹钳滑落、钢板撕裂会造成安全事故。

3.焊接

焊接是汽车钣金修理作业中不可缺少的一种工艺，几乎一切钣金修理作业及钣金制造零件作业的大部分都需要用焊接工艺来完成。

焊接的基本类型通常有：二氧化碳保护焊、氧-乙炔焊、电阻点焊和钎焊等。

焊接作业质量保证中最重要的因素是严格制定与执行科学的工艺与操作程序，其基本内容如下：

①损伤汽车进入修理程序时，应先拆除的一切可拆除的构件，如水箱、前照灯、小灯、冷凝器、聚风罩、机盖以及相应的非金属材料等。此举的目的除方便操作和避免对车辆及其零、部件造成额外损伤外，主要是防止焊接的高温引燃可燃物质造成安全事故。

②选择与确定焊接方法。二氧化碳焊一般用于汽车车门门槛及门槛加强柱；电阻点焊一般用于车的框架、翼子板与门槛连接处，而氧-乙炔焊在车身修理中用于表面清洁，切割损坏的非结构性的车身和零、部件，或进行热收缩等处理工艺。

对于现代化程度较高的小型乘用车而言，应尽量提高焊接速度，避免由于加热时间过长而产生热应力，并尽量采用不会降低车身原有强度和寿命的焊接方法，如尽量采用惰性气体（二氧化碳）保护焊。新型车辆一般不使用氧-乙炔焊接方法；除了车辆制造时进行过钎焊的零、部件的修复外，一般也不使用钎焊方法修复。

③进行焊接部位的清洁工作：仔细清除焊接部位的油污、残存的油漆与锈蚀物，提高焊缝的强度，方法可以采用氧-乙炔焊清除油污和工业洗涤溶剂清洗锈蚀物，但要注意防火。

④对于有损伤的部件进行焊接应先修复损伤部位然后实施焊接。

⑤油箱和各种工作液容器的焊接前应彻底予以清洗和干燥，严格防止可燃气体存在而导致火灾。

⑥进行焊接后处理。清除残渣和氧化层；观察焊接部位焊缝的平整程度，必要时用砂轮修磨；采用逐步冷却的方式消除热应力。

4.消除应力

车身损伤和修复过程中经常会产生局部应力集中的现象，其原因一般如下：

①由于变形、损伤而产生应力积累；

②焊接作业产生热应力积累；

③不正确的钣金作业产生应力积累；

承载式车身应力积累的表现形式为：

①车门、车窗、和天窗等开口部位变形；

②翼子板、挡泥板和发动机罩等蒙皮部位凹陷或起皱；

③悬架结构或发动机、传动系统的安装支架变形；

④油漆与涂层开裂；

⑤焊接部位产生裂缝、断裂或保护层开裂；

⑥当车辆再次发生碰撞事故时，应力集中部位易损程度加大；

⑦使用一段时间后结构、尺寸和外型发生非受力自然变形。

消除应力作业实际上最大限度地恢复原车身所具备的外形、寿命和功能。消除应力的基本方法有：

①矫正作业时注意按照技术数据逐步、间歇地施压矫正，防止过度矫正；矫正后用木锤对修复部位进行调整性轻敲击以均匀舒展金属组织，释放应力；

②严格控制加热温度和加热区域，采用逐步加温和提高焊接速度，防止金属氧化；

③根据技术设计手册掌握预应力部件的种类和位置以及安装方法，严禁随意拆装预应力部件；当预应力部件损伤需要修复与更换时，必须严格按照制造商技术手册的建议与规定实施；

④严禁随意添加、切除或减少零、部件，严禁随意对结构件进行加强作业；

⑤不允许在受力状态下进行零、部件的装配和安装；

⑥可能的情况下尽量将相邻的零、部件拆除后再对损伤部位进行修复；

⑦对同一部位，尽量不要同时进行更换与矫正零、部件，在矫正之前，应首先完成其他所有的修理作业；

⑧对损伤部位施力矫正时，尽量采用直线加力方式。

三、车身维修质量检验

车身维修质量指标主要参考国标 GB/T 5336—2005 有关标准。该标准对相关指标进行了定量和定性的规定，其基本内容如下。

1.蒙皮

外表平整，外形曲面过渡均匀，无裂损，无严重锈蚀。更换外蒙皮时，对外蒙皮应做预应力拉伸和除锈、防锈、防腐处理；有加强折线的外蒙皮，折线应平齐，前后一致；外蒙皮内表面应与立柱骨架和衬板紧密贴合。

2.骨架

①骨架各构件局部损伤、断裂或严重锈蚀时，允许加固修复或换用新件。更新件应符合设计要求。

②立柱间距误差及相邻两侧框架间距累积误差均应符合原设计要求。

③顶盖横梁弧度分 3 段用样板检查，其面轮廓度公差值为 4 mm。

④骨架整形后，外型平整、曲面衔接变化均匀，侧窗下沿及地板围衬处用样板检查，其面轮廓度公差值为 4 mm。

⑤车架纵梁上平面及侧面的纵向直线度公差，在任意 1 000 mm 长度上为 3 mm，在全长上为其长度的 1‰。

⑥车架总成左、右纵梁上平面应在同一平面内，其平面度公差为被测平面长度的 1.5‰。

⑦乘客门框对角线长度差不大于 4 mm，或用专用工具测量，允许误差符合设计要求。

⑧按照上述质量指标检验 5 个修整的骨架，即可判定质量。

四、典型修复工艺

1. 作业内容

利用外部整形修复仪对事故车辆进行整形与修复。所用设备为图 3-4-25 所示外部整形修复仪。

2. 作业程序

首先对修复仪进行仔细检查，基本内容如下：

①检查线路是否出现老化，并彻底排除故障，否则操作时会引起仪器损坏和人身安全；检查完毕，接通电源。

②确定液压系统的快速接头，液压油管等没有任何内部破坏、过热、烧焦和机件松动等故障。检查并排除故障后启动液压系统并检查施力塔柱升降控制系统。

③利用牵引装置将事故车拉上工作平台，拉紧驻车制动器，并用三角木将汽车轮胎垫好，防止操作过程中产生滑动。

④将夹具夹紧安装在汽车底盘部位裙边上，拧紧夹具平钳上的螺栓，使夹紧系统与车身边为一体，必须夹牢在平台上，防止在受力过程中，产生滑动，造成车子侧翻。

⑤对事故车进行拆检前，先将车所有可拆卸的装饰件或受损部件，如保险杠、大灯、散热器、发动机盖、前轮两侧翼子板等，拆下，到可以将大梁拉出为止。

⑥采用定中法并参照车辆维修技术数据和图纸，运用该设备配套的测量工具(如图 3-4-26 所示)对受损车辆损伤进行分析、评估并制定作业程序与工艺，参考本章第二节二、(二)所述内容，确定该车为中等程度前方碰撞损伤，承载式车身结构件有轻微扭曲变形。

图 3-4-26 外部矫正修复仪专用测量/校正工具

⑦根据撞伤程度选择合适拉具或夹具并将车身安装、夹紧和定位，将施力塔柱移至与夹具同一基准上位置。

由于该车受外力挤压，车身变形，无法将夹具或拉具直接安装在事故部位，可以临时焊接受力钢板，并用螺栓固定好，以传递校正力；又由于该车挡次较高，车身采用轻量级受力设计，结构件较为单薄、质量较轻，因此选用尼龙带代替金属拉具或夹具。由于其弹性较好，可以对车身受损部位起到动保护作用,不会使受损部位在受压时加大损伤程度。

⑧准备工作做好后再次进行安全和工艺检查,以确保施工安全和质量。

⑨踩下液压泵踏板施加校正,注意千万不要猛踩液压泵踏板,造成受过度压,以致受力钢板崩裂、飞溅,造成人员伤亡。在加压过程中,时刻注意被矫正部件的受力情况,不要产生过度矫正。

⑩注意在加压过程中,拉链旁禁止站人,防止发生飞溅,造成事故。

⑪待受损部位经测量已恢复形位公差的情况下,用加热施力法将工件表面凸凹部位敲击整平,以消除应力。根据原车基础尺寸技术图纸和资料测量,而确保恢复原车数据。

⑫修复结束后进行清洁作业面已待后续工序作业。

本章小结

车身修复质量检验是一项理论与实践结合较为紧密的作业,应注意以下几点。

①必须对车身结构进行完整的了解和细致的分析,掌握各种类型车身结构的特点,特别是车身的受力效应、能量吸收控制、防漏结构和密封结构等,为损伤类型和程度的判定、修复工艺与方法的制定和车身修复质量的检验提供分析依据。对于现代乘用车而言,测量和分析车身表面形状及其结构的基本数据是保证维修质量的重要前提和条件,不得擅自改变车身的结构。

②要掌握构成车身的各种金属与非金属材料的特性及其应用特点,特别是有关金属弹性、塑性和非金属材料的老化等性能,做到有的放矢和进行针对性的修复作业与检验。在车身修复作业和质量检验过程中,对应力及由此引起的变形必须予以充分的重视,因为在修复作业过程中应力和变形往往对车身修复质量起到关键性的影响。作业中和作业后消除应力的工序是必不可少的,在质量检验中应重点监测。

③必须制定严格的车身修复工艺,包括:对作业对象损伤状况和类型进行分析、测量,确定预定变形区域的状况和制定钣金修复工艺(包括检验标准)等,切忌随意或仅根据经验进行作业。

复习思考题

1. 现代汽车车身基本结构包括哪些组成部分?
2. 车辆发生碰撞后车身如何吸收碰撞受力能量?
3. 什么叫做“有架式车身”和“无架式车身”?
4. 什么叫做车身的受力效应控制?
5. 简述车身金属材料的使用性能、工艺性能和评价指标。
6. 车身结构是如何实现排水作用的?
7. 影响车身密封性的因素有哪些?如何检验车身结构的密封性能?
8. 什么是车身的“二次损伤”?其产生的原因是哪些?
9. 为什么在车身修复作业中会产生硬化现象?如何避免硬化现象的发生?
10. 车身骨架的损坏形式主要有哪几种?
11. 为什么车辆发生碰撞后其损伤往往发生在某一特定区域?

12. 为什么车身修复过程的每一步均需依据相关技术资料数据手册?
13. 车身测量的基本控制原则是什么?
14. 如何选择车身测量的控制点?
15. 请简述车身测量的主要方法。
16. 请简述车身整平作业的基本工艺。
17. 为什么车身焊接前要对相关部位进行清洁作业?
18. 车身焊接作业结束后如何对焊接部位进行焊后处理?其目的是什么?
19. 什么叫做“应力”?内应力对车身结构有哪些影响?
20. 车身维修质量检验指标应参考什么标准?
21. 请简述车身维修质量检验指标的相关规定。

第五章　车身涂装质量检验

涂装是指将涂料涂覆于经处理后的被涂物体表面上，再经过干燥成膜的工艺过程。

涂料作为保护和装饰材料使用，它本身又是半成品，只有通过不同的施工方法，将其涂覆在被涂物上，待干燥成膜后才能成为装饰和保护涂膜。由于涂料是多方面的，所以车身涂装质量检验，应贯穿在施工的全过程，主要体现在以下方面：首先是涂料的原始状态的性能，其次是施工应用时的性能，最后是涂料成膜后的性能和涂层质量。通过三方面的检测结果，将各项指标数据综合起来分析，才能真正评定车身涂装的质量。现将涂料与涂膜的各种检验项目、涂装工艺参数及其测定方法的检验内容介绍如下。

第一节　涂料的质量标准

我国的涂料产品很多，因此相应的标准也很多，其中国家标准 48 项，行业标准也有 100 多项，由于汽车对涂料的使用要求不同，适用于汽车的涂料也是很多的。我国于 1999 年修订了标准号为 QC/T 4484—1999《汽车涂层质量》的标准。各汽车制造厂又根据自身的情况，结合国际通行要求，分别制定了各自的质量标准，并规定了各零部件所用的涂料和涂装工艺。现在许多汽车维修行业也大量使用进口涂料，因此在这里只能对涂料的检验进行综合的叙述。

涂料性能的测定必须制取具有足够代表性和适当数量的品质一致的测试样品。GB 3186—1982 规定了涂料产品的取样方法，这里不再详述。

一、涂料的组成

涂料由成膜物质、颜料、助剂和溶剂四部分组成：

（1）成膜物质——也称基料，是涂料的主要成分，对涂料和涂膜起决定作用。

（2）颜料——是一种有色的细颗粒粉状物质，一般不溶于水、油、溶剂、树脂等介质中，但能均匀分散于成膜物质及其溶液或其分散体中，它具有遮盖力、着色力和对光的相对稳定性，是有色颜料即色漆的一个主要组成部分。颜料使涂膜具有装饰和保护作用，并能增强涂膜的物理性能和耐久性能，有些颜料还能为涂料提供某些特殊功能，如防腐、导电、延燃等。

（3）助剂——也称为涂料的辅助材料，它可以改进涂料的生产工艺，如使用分散剂、润滑剂、消泡剂等。为保持储存稳定性，如使用防沉剂、防结皮剂等。为改善施工条件，如使用催干剂、防流挂剂等。为提高涂膜质量，如使用流平剂、消泡剂等。为赋予特殊功能，如使用防霉剂、抗静电剂等。

(4)溶剂——是指在通常干燥条件下,可挥发的并能完全溶解成膜物质的单组分或多组分的液体。现代很多化学品,包括水、无机化合物和有机化合物都可以作为涂料的溶剂,其中有机物的品种最多,如脂肪烃、芳香烃、醇、酯、酮等。

汽车车身的各个部位有不同的功能,因此对涂料的要求也就不相同。检验人员应当熟悉涂料组成的各部分的功能,根据施工条件,科学地选择涂料从而得到满意的涂层质量。

二、涂料的性能检验

对涂料性能的检测,一是为了检验涂料的产品质量,防止变质或不合格的涂料投入使用;二是为了得到高质量的涂装效果,防止出现涂装质量问题。

1.细度

涂料的细度主要是涂料中的颜料、体质颜料的颗粒大小或分散度。涂料的细度直接影响涂膜的平整性、保护性、透水性及涂料储存的稳定性。涂料的用途不同,涂料的细度要求也不同。如面漆要求涂料要细,而底漆则要求涂料不应太细,以免影响涂膜的附着力。

涂料的细度的检测,GB 1724—89《涂料细度测定法》规定采用刮板细度计,以 μm 为单位。其一般规定和测定方法如下。

(1)一般规定。

仪器设备——小调漆刀,刮板细度计。

刮板细度计——是用合金工具钢制成的磨光平板,在板面上有一条长沟槽(长 155 ± 0.5 mm,宽 12±0.2 mm),在 150 mm 长度内刻有 0～150 μm(最小分为 5 μm,沟槽倾斜度为 1∶1 000)、0～100 μm(最小分度 5 μm,沟槽斜度 1∶1 500)、0～50 μm(最小分度为2.5 μm,沟槽倾斜度为 1∶3 000)的表示沟槽的等分线。

刮板细度计的正面槽底与背面平直度误差为 0.003/全长,正面粗糙度 R_a 为 0.08 μm。

刮刀——是用优质碳素工具钢制成的,两刃均磨光,长 60±0.5 mm、宽 42 ±0.5 mm,刀刃平直度误差为 0.002 mm/全长,表面粗糙度 R_a0.32 μm,刀刃表面粗糙度 R_a0.08 μm。

(2)测量方法。刮板细度计按量程分为三种。细度大于或等于 30 μm 时,应采用 0～50 μm 量程的刮板细度计;细度在 31 ～70 μm 之间,采用 0～100 μm 量程刮板细度计;细度大于 70 μm,采用 0～150 μm量程刮板细度计,如图 3-5-1 所示。

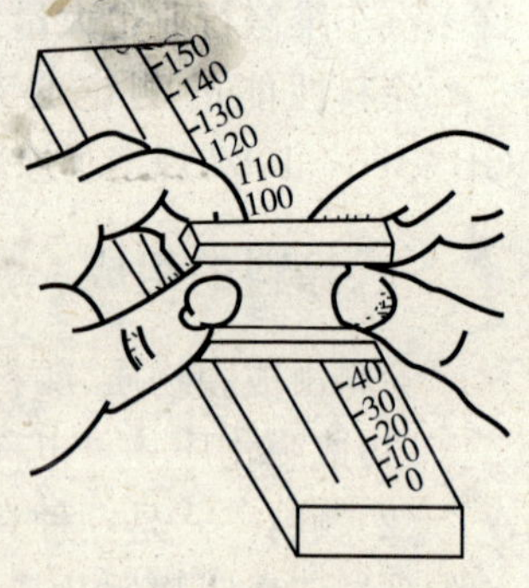

图 3-5-1 刮板细度计

如图 3-5-2 刮板细度计在使用前,必须用溶剂仔细清洗、擦净。用小刀充分搅匀涂料试样,然后在刮板细度计的沟槽最深部分滴入涂料试样数滴,以充满沟槽且有多余为好。用双手持刮刀,横直在刮板细度计磨光平面上端,并与平面垂直,在 3 s 内,把刮刀由沟深的部位向浅的部位拉回,使涂料充满沟槽,而表面没有。刮刀拉过后,立即使视线与沟槽平面成 15°～30°角,对光观察沟槽中颗粒均匀显露处的刻划线,计下读数。如有个别颗粒显露于其他分度线时,则读数与相邻分度线范围内,不得超过 3 粒。试验 3 次,取两次结果相近读数的算术平均值。两次读数的误差应不大于最小分度值。测试完后,清洗、擦净刮板细度计表面、沟槽。

2.固体分含量

在涂料的组成中,有不挥发成分和挥发成分,如树脂、油料、颜料等为不挥发成分,也是涂料形成涂层的主要成分；溶剂、稀释剂等为挥发成分，为涂料的制造、施工服务。

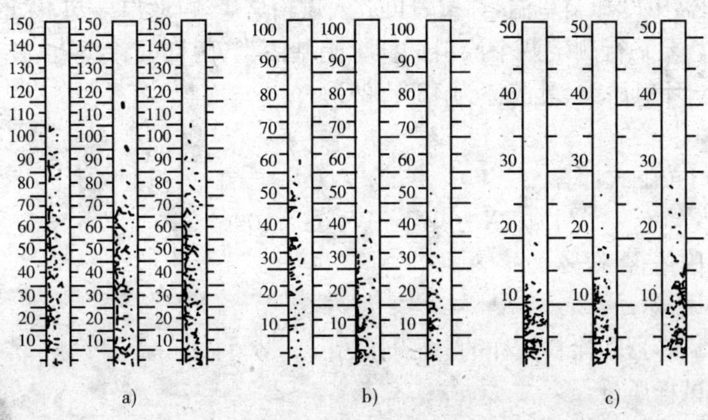

图 3-5-2　涂料细度检验方法

涂料固体分含量就是所含不挥发成分的百分比。即把一定量的涂料试样在一定温度下加热，使溶剂蒸发，经焙烘后的剩余物与溶剂蒸发前的涂料试样的质量比值，用百分比表示。

涂料的固体分含量的高低对涂料的用量、施工次数、涂层厚度，遮盖力等都有很大的影响。如果涂料的固体分含量低，单位面积的涂料消耗量大，一次形成的涂膜太薄，遮盖力不足。而且涂料中的挥发分对人体和环境的危害大，目前粉末涂料、高固体分涂料应用越来越广泛。固体分含量的测量，以 GB 6751—86《涂料固体分含量的测定法》采用两种测定方法：培养器皿法、表面器皿法。其一般规定、测量方法和计算方法如卜。

(1)一般规定。

仪器设备：玻璃培养皿，直径 d 为 75 ～80 mm，边高 8 ～10 mm；

玻璃表面器皿，直径 d 为 80 ～100 mm；

磨口滴瓶，50 mL；

玻璃干燥器，内放变色硅胶或无水氯化钙；

温度计，0～200℃，0～300℃；

天平，感量为 0.01 g；

恒温烘箱。

(2)测定法：

①培养器皿法。适合测量一般黏度的涂料固体含量。先将干燥洁净的培养器皿在 130±2℃烘拷箱内焙烘 30 min，取出后放入干燥器中干燥冷却至室温，称重。用磨口滴瓶取样，以减量法称取 1.5 ～2 g(固体含量低的涂料，如硝基漆、丙烯酸漆等取 4 ～5 g)，置于已称好的器皿中，使涂料试样均匀地流布于容器底部，然后放入已调节到规定温度的焙烘箱内，焙烘到一定时间后，取出放入干燥器中冷却至室温，称重。直至两次称重的重量差小于 0.01 g。试验时平行测试两个试样。

②表面器皿法。适合于培养器皿法不能测试的高黏度涂料，如腻子、厚漆等。先将两块干燥洁净可以相互吻合(凹凸吻合)的表面器皿，在 105±2℃的烘拷箱内焙烤 30 min，取出后放入干燥器中冷却至室温，称重。将涂料试样放在一块器皿表面上，另一块盖在上面(凸面向上)，在天平上称取 1.5 ～2 g，然后将盖在上面的器皿翻过来，使两块表面器皿相吻合，轻轻压

下，再将两块器皿分开，使涂料表面朝上，放入已调节到规定温度的烘烤箱内，焙烤一定时间后，取出放入干燥器中冷却至室温，称重。再放入烘箱焙烤，再取出冷却，称重。直至两次的质量差小于 0.01 g。要平行测定两个涂料试样。硝基漆类、丙稀酸漆类、虫胶漆为 80±2℃；沥青漆类、醇酸漆类、环氧漆类、乳胶漆为 120±2℃。

(3)计算法：

固体分含量可按下式计算

$$X=(W_1-W)/G\times100\%$$

式中：X——涂料固体含量，%；

W——容器质量，g；

W_1——烘烤后容器和涂料试样的总质量，g；

G——涂料试样质量，g。

测定结果取两次平行试验的平均值，两次值之差不大于 3%。

3.流平性

流平性就是涂料涂布于物体表面后，经过一定的时间，涂膜表面的痕迹能自行消失，形成均匀、平滑的表面的性能。流平性影响涂膜的形成质量。流平性太差，涂膜表面的痕迹不易消失，产生涂装缺陷；流平性太好，涂膜则容易产生流挂、流痕等缺陷。

当然，影响流平性的因素很多。在涂料的调配方面，如溶剂的溶解力和挥发速度；为了改善涂料的流平性，在涂料中加入流平剂等。在施工工艺方面，如涂料的施工难度、喷涂气压的大小、喷距的远近、重叠度的宽窄、喷枪的出漆量、一次成膜的厚度、施工温度、喷涂室的空气流速等，都会影响涂料的流平性。

流平性的测定，根据 GB 1750—79《涂料流平性测定法》，分为刷涂法和喷涂法。就是将涂料刷涂或喷涂于平整的底板表面上，以刷纹消失和形成平滑表面所需要的时间，以分钟(min)计。其一般规定和测定方法如下：

(1)材料和仪器设备。马口铁板，表面平整，50 mm×120 mm×(0.2～0.3)mm；毛刷，宽 25 ～35 mm；喷枪及秒表。

(2)测定方法：

①刷涂法。按照 GB 1727—79《涂膜一般制备法》的规定，在恒温恒湿的条件下，用漆刷在马口铁板上制备漆膜。刷涂时，应迅速先纵后横地涂刷，涂刷的时间不大于 2 ～3 min。然后在样板的中部纵向地由一边到另一边涂刷一道(有刷痕但不露底)。在漆刷离开样板的同时，按动秒表计时，测定刷痕消失和形成平滑表面所需的时间。

②喷涂法。按照 GB 1727—79《涂膜一般制备法》中的规定，在马口铁上制备涂膜，然后快速将样板置于恒温恒湿的条件下，观察从涂膜置备完毕的同时到涂膜形成完全光滑(无橘皮或鹅皮)状态所需的时间。

一般要求，涂料的流平时间与干燥的时间相适应。流平时间大于干燥时间，涂料没有完全流平就已干燥；流平时间小于干燥时间，涂膜则容易产生流挂、垂流、皱纹等缺陷。

4.涂料的遮盖力

涂料的遮盖力指色漆试样均匀地涂覆在物体表面上，使物体表面的原有底色不复呈现的最少用漆量，称为涂料的遮盖力。涂料的遮盖力在修补涂装中直接影响修补质量和涂料用量。

如果遮盖力差，就需对被涂表面的底色进行清除封盖，增加了施工的工作量；在同样的施工条件下，遮盖力好的涂料涂布的面积大，遮盖力差的涂料涂布的面积小，用量大。

影响涂料遮盖力的因素有颜料颜色，颜料颗粒的大小形状、颜料在涂料中的分散程度等。测定涂料遮盖力的方法有：单位面积重量法、最小漆膜厚度法、光学仪器测定法。GB 1726—86《涂料遮盖力测定法》采用的是单位面积测量法。即把色漆均匀地涂布在物体表面上，使其原底漆色不复呈现的最小用漆量，以 g/m^2 表示。具体规定如下。

(1)材料和仪器设备：

漆刷，宽 25 ～38 mm；

玻璃板，100 mm×100 mm×(1.2～2)mm，100 mm×250 mm×(1.2～2)mm；

木板，100 mm×100 mm×(1.5～2.5)mm；

天平，感量为 0.01 g，0.001 g。

刷涂法黑白玻璃板如图 3-5-3 所示，喷涂法黑白格木板如图 3-5-4 所示。

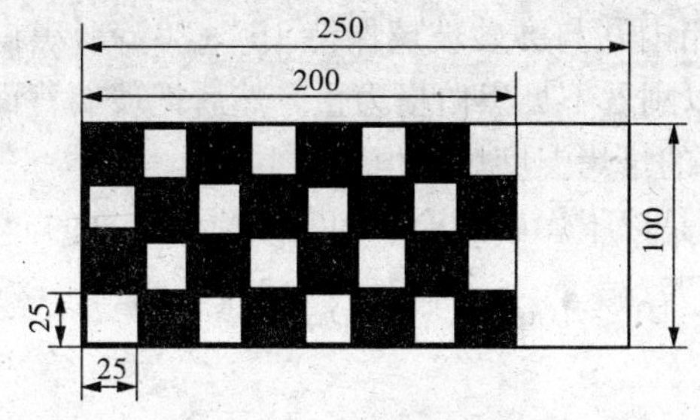

图 3-5-3　黑白格玻璃板

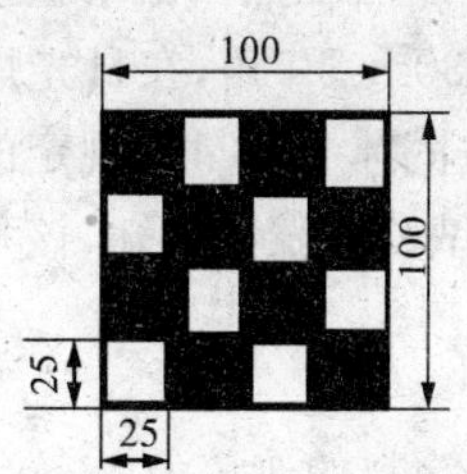

图 3-5-4　黑白格木板

木制暗箱：600 mm×500 mm×400 mm，如图 3-5-5 所示。

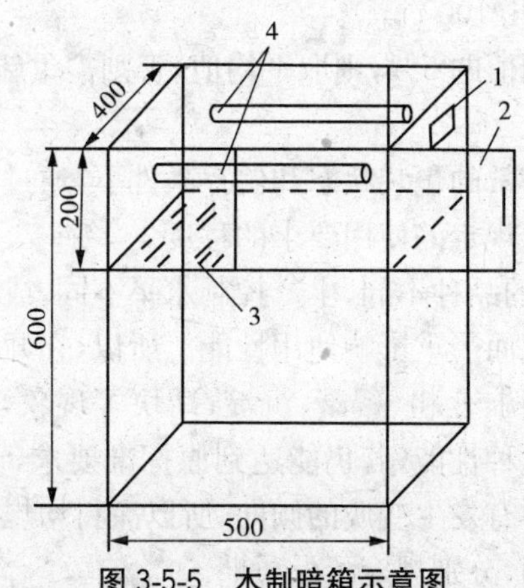

图 3-5-5　木制暗箱示意图

1-电源开关；2-挡光板；3-磨砂玻璃板；4-日光灯管

(2)测定方法：

①刷涂法。根据产品规格的黏度，在感量为 0.01 g 天平上称出盛有涂料的杯子和毛刷的总质量。用毛刷将涂料快速均匀地刷涂于黑白玻璃格板上(不得刷在玻璃的边沿)，将试样板放入暗箱内，距离磨砂玻璃 15 ～20 cm 并使有黑白格的一面与水平面成 30°～45°。在两只日光灯下观察，均以刚好看不见黑白格为止。然后将剩余的涂料、杯子及漆刷一起称重，求出玻璃格板上涂料的质量。如果被测涂料的黏度大而不易刷涂时，则应将涂料试样调整到能刷涂

的黏度，但在遮盖力的计算时，应扣除稀释剂的质量。

遮盖力可按下式计算求出(以湿膜计)

$$X=\frac{W_1-W_2}{S}\times10^4=50(W_1-W_2)$$

式中：X——涂料遮盖力，g/m^2；

W_1——未涂刷前的涂料、杯子及涂刷的总质量，g；

W_2——涂刷后剩有涂料的杯子及漆刷的总质量，g；

S——黑白格玻璃板的面积(200 cm^2)。

两次结果之差不大于平均值的5%，取其平均值。如果两次结果相差大，则应重新试验。

②喷涂法。按照GB 1727—79《涂膜一般制备法》之规定，将涂料调至适合喷涂的黏度。先在感量为0.001 g的天平上分别重两快100 mm×100 mm的玻璃板，用喷枪薄薄地分层喷涂，每次喷涂后放在黑白格木板上，置于暗箱内并与磨砂玻璃保持15 ～20 cm，黑白格的一面与水平面成30°～50°角，在日光灯下观察，以刚看不见黑白格为止。然后把玻璃背面和边缘的涂料擦净，按固体分含量中规定的各类涂料的焙烤温度烘至恒重。

从以上试验步骤中可知，该种测量方法是以干燥后的涂层的实际质量计算的。

$$X=\frac{W_1-W_2}{S}\times10^4=100(W_1-W_2)$$

式中：X——涂料的遮盖力，g/m^2；

W_1——未喷前玻璃板的质量，g；

W_2——喷涂漆膜恒重后的玻璃板质量，g；

S——玻璃板的喷涂面积(100 cm^2)。

两次结果之差不大于平均值的5%，则取平均值，否则需重新试验。

5.储存稳定性

储存稳定性是指涂料在正常的包装状态和储存条件下，通过一定的储存期限后，涂料的物理性能和化学性能所能达到原规定的使用要求的程度。

(1)一般规定。由于涂料的品种不同，生产控制水平不同，或储存保管不良等原因，造成涂料在储存过程中发生质量变化而严重影响使用性能。所以，在开桶后对液体涂料检查时，如果涂料出现结皮、分层、浮色、增稠、变粗、絮凝、沉淀、结块等现象，必须对产品复检。经彻底搅拌，呈均匀状态后，取样检测各种性能，若仍能达到原标准要求，可视为合格涂料，否则属于不合格。由于涂料在储存过程中有发生变质的倾向，所以涂料均规定了保质期限，目前涂料的储存期限根据厂家和品种的不同，分别规定了保质期。

为了保证施工质量，使用前要检查涂料包装桶上生产时间是否过期，如果超出了规定的储存期后，要按照涂料技术条件所规定的项目重新检测，其检测结果能符合要求时可继续使用。

(2)检测方法。按GB/4 6753—1986《涂料储存稳定性试验方法》进行测定。测定储存稳定性，一种是自然条件下储存6～12个月；另一种是在50±2℃恒温干燥箱内储存30天。取3份试样分别装入带盖的密封罐中，一罐为原始试样，在储存前检查；一罐做常温储存试验，另一罐做加速储存试验。

按照规定的储存时间，将样品开罐检查并按以下评级：

结皮、腐蚀和腐败味的检测分为6个等级：0级为严重；2级为较严重；4级为中等；6级为轻微；8 级为很轻微；10 级为无。

漆膜颗粒、胶块及刷痕的检测分为 6 个等级：0 级最为严重；2 级为较严重；4 级为中等；6 级为轻微；8 级为很轻微；10 级为无。

沉降程度的检查分为 6 个等级：0 级为沉淀严重，不能搅起；2 级为有硬块，能被搅起；4 级为有软沉淀，能被搅起；6 级为有明显沉淀，容易搅起；8 级为有很轻沉淀，容易搅拌；10 级为无变化。

黏度变化的检查用储存后的黏度与原始黏度的比值百分数表示，共分为 6 个等级：0 级黏度为大于 45％；2 级黏度为不大于 45％；4 级黏度为不大于 35％；6 级黏度为不大于 25％；8 级黏度为不大于 15％；10 级黏度为不大于 5％。

综上检查结果，以"通过"或"不通过"进行评论。

6. 活化期

活化期是指双组分或多组分涂料在使用前，按产品说明书所规定比例混合后均匀的程度及混合后可使用的最长时间，也叫做可使用期。

(1)一般规定。双组分以上涂料的活化期，是它特有的重要的施工性能。双组分涂料混合后，最好能很快混合均匀，不需要很长的熟化时间，但使用期要求越长越好。涂料在活化期时间内使用，不会影响施工质量和涂膜的性能质量；超出使用期，涂料会发生变稠、胶化甚至不能使用。如将双组分涂料混合后，最好先放置一定时间，使两种组分有充分时间能均匀缓慢反应，这段时间称为熟化期，这样涂刷的效果会比较好，并能提高涂膜的质量。

(2)检测方法。将双组分(多组分)涂料，按规定时比例在调漆罐中混合后，用玻璃棒充分搅拌，如果能很容易混合均匀，即为混合性好，然后放置 3 ～5 min 进行熟化后，即可使用。

将上述混合液体，按规定的活化期条件放置，达到规定的最低时间后，检查其搅拌难易程度(黏度变化和凝胶情况)，并刷板放置，待涂膜固化后与标准样板对比，无异常为合格。

第二节　涂装前表面预处理工艺的检验

在涂装前对被涂物表面进行一切准备，称为表面预处理。它包括采用物理、化学或电化学方法，使金属或非金属材料表面的化学成分、组织结构、物理形貌发生变化，从而使涂膜更好地附着于底材之上，充分发挥涂膜的性能，起承上启下的作用，是涂料涂装的第一道工序。

表面预处理的目的，主要是清除工件表面污垢，使涂膜与被涂工件表面具有良好的附着能力，并保证涂膜具有良好的性能。污垢可分为无机污垢和有机污垢，它们的存在会影响涂膜的外观，严重的会使涂膜成片脱落。涂膜质量的影响因素中，工件表面处理的质量要占到 49％。所以检验工作是不能忽略的。这项工作主要检验其工艺方法是否正确合理，要注意的问题叙述如下。

1. 涂装表面预处理的必要性

工件表面经过预处理，使工件表面无油、无锈、无其他污物，并具有一定的粗糙度，能使涂料牢固地附着在工件表面上。

涂装表面预处理的方法，应根据被涂工件的用途、材质、要求和表面状况，采取不同的与之相适应的处理方法。如经脱脂、除蜡、除锈的黑色金属，可首先在其清洁的表面进行磷化处理和涂抹转换涂料(金属表面转换剂)，这样既可防止金属腐蚀，又能增强对涂膜的附着力。总而言之，表面处理完善，正确的施工工艺，适合的使用环境，能在很大程度上延长涂膜的使用寿命。

有实验表明：对钢铁材料进行不同方法的表面处理，经过一段实验时间后涂层的生锈情况，不经除锈涂层锈蚀可达60%以上；手工除锈涂层锈蚀达20%；而经过磷化处理的涂层仅有个别锈点。

2.增强涂膜在底材上的附着力

附着力的强弱虽与涂料的品种及合理选择配套有关，但表面处理好坏也是一个关键，若表面不清洁，如存在水、油、粉尘、氧化皮、锈、蜡及其他污物或不牢固的旧漆膜都会使新涂层附着不牢，产生起泡、开裂脱落，使金属与空气中的有害气体、水分接触，而发生腐蚀、造成损坏。检验人员应加强这方面的检验。

造成车身防腐层损坏的原因主要是三个方面：漆膜损坏、碰撞、违反规定的修理过程。碰撞会使保护层损坏，损伤不仅仅发生在直接被撞的部位，也会发生在间接受影响的地方。焊缝会裂开，铆接点会松动，而漆膜则会破裂或脱落。找到并修复所受影响的部位是维修工作面临的关键问题。检验人员应仔细检查不能漏检。

第三节　涂装工艺的检验

涂装工艺就是按环境条件和使用要求编制一套科学的、先进的、符合环保要求的、并结合本单位的实际情况的涂装工艺规程，以指导和管理施工作业。涂装工艺要以涂膜类型的技术条件为依据，包括确定涂膜涂料品种的配套、辅助材料、工艺流水作业和涂装工序；涂装预处理、涂膜厚度、工序控制、工艺参数、操作方法以及采用的设备和工具、施工环境条件的要求和限制，生产管理和质量要求等。

1.涂膜的类型

一般分为以装饰性涂膜为主和防护性涂膜为主两大类，具体可分为五个等级。

(1)高级装饰性涂膜(或称Ⅰ级涂膜)。具有最佳的涂膜外观，最好的装饰效果，表面丰满、平整、光滑、色泽一致、无肉眼可见的缺陷。如高级轿车车身。

(2)装饰性涂料(或称Ⅱ级涂膜)。较Ⅰ级涂膜水平稍低，仍有很好的装饰效果。如用于装饰性较高的汽车驾驶室。

(3)保护装饰性涂膜(或称Ⅲ级涂膜)。无影响防护性能的弊病，应有较美观的外表。

(4)一般防护性涂膜(或称Ⅵ级涂膜)。要求具有一般的防蚀功能，无装饰性能要求或要求较低。

(5)特殊防护性涂膜(或称功能性涂膜、一般复合涂膜)。这种涂膜对被涂物能起到特殊的防护或特殊的功能作用。

2.底涂层的施工检验

底涂层是物体表面的基础用料，是任何组合涂层的第一层，其主要作用是提供附着力和防腐蚀。作为检验人员应了解常用底层的特点和施工工艺。检验人员应根据工艺规范检查施工情况，杜绝不规范操作，确保施工的质量。汽车涂层修补用底涂层应具备的特性如下。

(1)对经过表面预处理的车身金属表面有良好的附着力，形成的底涂层应有良好的力学性能。

(2)底涂层应具有极好的耐蚀性及耐化学品的性能。

(3)底涂层应具有优良的封闭性，即防“三渗”性能(渗水、渗氧、渗离子)

(4)底涂层除了具有对金属的配套性外，还应具有对二道底漆、腻子或面漆层的良好配套性。

(5)汽车涂层修补中的底涂层应具有良好的施工性能。

3.腻子的施工检验

腻子是一种以颜料、填充料、油料或树脂、催干剂、溶剂调制而成的呈稠浆状的物质，以填平物体表面凹坑、焊接缝及擦伤、锈眼等缺陷，直至形成平整光滑的表面。但刮腻子不能代表钣金所有的工作，合理的钣金件表面平整度的变形量不应超过 2 mm，表面不得有裂口或未焊接的接缝等。刮涂的次数(层数)，主要取决于表面状况，施工质量要求、操作人员技术水平，一般刮涂 1～5 层，直至达到涂装的要求。

(1)汽车涂层修补用腻子的特性：

①与底漆、中涂底漆及面漆有良好的配套性、不发生咬底、起皱、开裂、脱落等现象，有较强的层间粘合力。

②具有良好的刮涂性能，垂直面厚涂堆积性能良好，无流淌现象，有一定的韧性，附着力好，刮涂时腻子不反转，薄涂时腻子层均光滑。

③打磨性能良好腻子层干燥后软硬适中，易打磨，不粘砂纸，能适应干磨或湿磨以及机械打磨，打磨后腻子层边缘平整光滑且无接口痕迹。

④干燥性能良好，能在规定时间内干燥、打磨。

⑤形成的腻子层应有一定的韧性和硬度，轻微碰撞不会引起低凹和划痕。

⑥具有良好的耐溶剂性和耐潮湿性，否则会引起涂层起泡。

(2)快干腻子的施工检验。快干腻子俗称填眼灰、小灰等，施工中应注意如下事项：

①快干腻子适宜刮涂砂孔、砂痕、及微小凹陷的小面积作业。

②快干腻子在托板上调均匀后，应迅速刮涂。腻子层以薄而均匀为宜，如适当的厚度应以薄层多次操作来实现。

③快干腻子在薄涂时干燥很快，因此不能代替填充性腻子使用。

④快干腻子常刮涂于中涂底漆上，打磨后直接喷涂面漆，因此，砂纸的使用应视表面精度要求及喷涂面漆的种类而定。

⑤快干腻子打磨后应让其自然干燥到硬化，过早打磨会产生收缩及打磨痕迹。对一些精度要求高的表面必要时应喷封闭底漆以保证涂层质量。

4.中涂底漆的施工检验

中涂底漆在涂层组合中是在面漆之下的涂层，主要起到增强涂层间的附着力的作用，同时还起到加强底涂层的封闭性和填充细微痕迹的作用，中涂底漆的施工方法，如涂膜的厚度、干燥条件、喷涂技术、稀释剂选用、涂料黏度、施工环境、腻子作业的质量都会影响中涂底漆涂装后的质量，进而影响面涂层的质量。检验人员应熟悉中涂底漆的特性，控制涂层质量。现将中涂底漆的特性叙述如下。

①与底漆、腻子、旧涂层及面漆层有良好的配套性，例如同时为底漆层和面漆层提供良好的附着力。

②干燥后涂层硬度适当，有良好的打磨性能及耐水性，湿磨后表面平整光滑，无起皱、脱皮等，局部喷漆边缘平滑性好，无接口痕迹。

③有良好的填充性能，经打磨后以消除表面上的轻微划痕、砂痕、小砂孔等。

④能阻止面漆层的溶剂渗透到底涂层、腻子层、旧漆层。

⑤中涂底漆具有良好的防渗透性，可以提高面涂层的光泽度，因而提高了面漆层的装饰性能。

⑥汽车涂层修补用中涂底漆应具有良好的施工性能，如温度适应性，干燥迅速，施工容易等。

5. 面漆的施工检验

面漆是涂于物体表面最外层涂膜，起着装饰、标识和保护物面的作用。面漆直接与各气候条件(如雨、阳光、雪、寒冷、酷暑等)及有害物质(如酸、碱、盐、二氧化硫、硫化氢等)接触，是阻挡这些侵蚀的第一层，配合底漆起到对物面的保护作用。不同的汽车要求也不同，例如轿车对装饰性的要求很高，运载油料、酸、碱等化学物品的载重汽车，对面漆耐油、耐酸、耐碱、耐化学性的要求很高，而装饰性放在第二位。

面漆在汽车涂层修补中使用得最多，起着装饰和保护的双重作用。下面就施工中的特性和检验要点叙述如下。

(1)单工序面漆的施工。单工序面漆可分双组分纯色漆、单组分纯色漆、双组分金属漆。

①双组分纯色漆的施工　双组分纯色漆是目前修理行业使用最普及的施工方法。

a. 喷涂前车身表面要达到平整光滑且无缺陷，表面轮廓外形线清晰准确，用砂纸湿磨后，符合涂装允许的粗糙度，不涂漆的部分应小心用专用封闭纸加胶带封闭。被涂表面要用专用清洁剂进行脱脂、除蜡。用抹尘布轻轻清除浮尘。

b. 双组分涂料干燥较慢，易沾尘，故要求施工环境清洁，喷涂工作要在有排风设备的喷漆房内进行。要用专用过滤网在喷涂前对涂料进行过滤，采用合适的喷枪操作。

c. 按说明书规定比例混合漆分和固化剂，静置 5 ～10 min 后喷涂，若喷涂黏度需要调节，应添加配套的稀释剂，施工黏度宜调节至 18 ～21 s(涂—4 黏度计，20℃)，应选用与喷涂环境温度相适应的快干或慢干型稀释剂。

d. 要充分确定旧涂膜的性质，保证汨涂膜与新喷涂料不会发生咬底、吸光、起皱等。

e. 双组分涂料用多少配多少，现配现用，已配好的涂料要在厂家提供的时间内用完。

②单组分纯色漆的喷涂　主要是硝基漆、热塑型丙烯酸等，是属于溶剂挥发型，固体含量较低，干燥快，在高档汽车上的应用越来越少，但由于易施工、快干、对设备要求低，目前还用于一些低档车或货车的涂装中。

面漆的喷涂。调好的涂料搅拌均匀并过滤，用配套的稀释剂把黏度调到 18 ～20 s(涂—4 黏度计，20℃)可选用喷枪口径为 1.8 ～2.0 mm 的虹吸式喷枪。在相对湿度30%～70%的环境下，以 0.35 ～0.45 MPa 的喷涂压力进行喷涂，喷幅重叠 1/3～1/2，以湿喷湿方式由上到下，从左到右顺序喷涂 4～5 层，每层间隔 5 ～10 min。待涂膜完全干燥后，砂纸湿磨被涂面，消除凹点、橘皮；在清除水迹并干燥后，再次用快干腻子找补涂面的小砂孔、划痕等。腻子干燥后，用砂纸打磨平整。把涂料搅拌并过滤，用抹尘布轻擦被涂面后，把涂料黏度调到 16 ～18 s，比前一阶段黏度略低，以 0.35 ～0.45 MPa 的喷涂压力进行喷涂，干燥后打磨、擦净，最后一层涂料可加20%的同类型清漆，喷枪距被涂面20 cm左右喷涂，使涂面达到色泽均匀、无流痕、无橘皮的光滑的涂面。若需要抛光则应在16小时涂膜完全干燥以后。

③双组分金属漆的喷涂　双组分金属漆的喷涂越来越大量采用，其要点如下：

a. 喷涂前对涂面的准备及对环境、工具、设备的检查和要求参照双组分纯色漆。

b. 喷涂前要充分搅拌均匀，按涂料规定比例；加入固化剂、稀释剂，一般把涂料的黏度调到15～17 s(涂—4杯，20℃)，过滤后再喷涂。使用慢干型固化剂和稀释剂要谨慎。

c. 金属漆一般喷涂三层，以全部均匀遮盖为准，每层间隔10～15 min，以0.4～0.5 MPa喷涂压力，中等湿度均匀喷涂。金属粒子易沉于罐底，每次加料要搅拌均匀，在喷涂中要不时地晃动喷枪。

d. 最后一层喷涂可适当降低涂料的黏度略提高喷涂气压，薄而均匀的喷涂，以利于银粉粒子分布均匀和提高涂面光泽度。

e. 喷涂完后应立即去除遮盖纸、胶带，常温下干燥16 h，或60℃经30 min烘烤然后冷却。

以上工艺参数可参考厂家提供的产品要求选择。

(2)面漆的检验。面漆是指涂于物体的最外层涂膜，起着装饰、标识和保护物面的作用。面漆是涂层组合中唯一可见的部分，检验人员应根据上面涂膜的等级标准进行检验。

6. 黏度的测定

涂料的黏度过高或过低，都会直接影响涂料的质量并带来很多弊病。所以黏度的测定和控制是涂料生产过程中的关键之一，其测量方法很多，分别适用于不同的产品。下面介绍如下。

涂—4杯黏度计(流出法)测量范围是20 s以上的涂料产品，是将一定量的涂料试样倒入黏度计的杯中，在标准规定的25±1℃温度下，测定涂料试样从黏度计杯底流出的时间，如流出的时间为72 s，即为该涂料的黏度值，如图3-5-6所示。

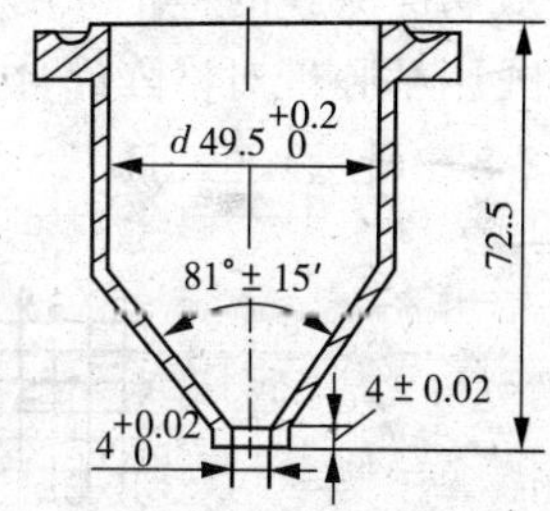

图3-5-6　涂—4杯黏度计

第四节　涂膜性能及其测定方法

涂膜性能检测是涂料检测中最重要的部分。涂膜性能的检测结果，基本反映了产品的内在质量水平和它的功能水平，其内容包括以下三个方面：即基本的物理力学性能的检验；物理变化性能和耐化学性能的检验；耐久性(大气老化等)性能的检验。这些检测项目应按照GB/T 1727—1992《涂膜一般制备法》的规定进行。

1. 附着力的检测

附着力是指涂膜与被涂物件表面结合在一起的牢固程度，这种性能对涂膜的保护和装饰性能起着决定性的作用。测定涂膜附着力目前尚无十全十美的方法，只能用间接的手段来测定。下面介绍常用的方法。

(1)划圈法测定。按GB/T 1720—1979《涂膜附着力测定法》进行，根据圆滚线划痕范围内涂膜的完整程度，以级表示，附着力仪是采用三五牌唱针，测定附着力时应检查针头是否锐利，否则要更换。还要检查划痕与标准回转半工半径是否符合标准，否则要调整为5.25 mm，划圈法附着力测定仪如图3-5-7所示。

将样板取出，用放大镜检查划痕，圆滚线划痕图形使涂膜分成面积大小不同的 7 个部分，即为 7 个级别。检查时，从图形上侧观察涂膜的损坏程度，并以方法中的规定评定级别，如图 3-5-8 所示。

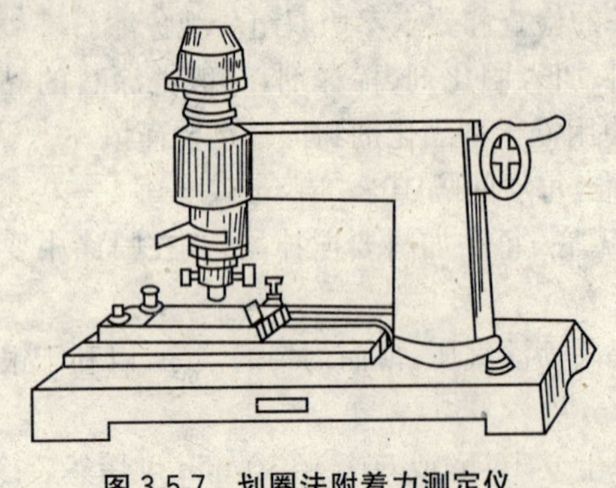

图 3-5-7　划圈法附着力测定仪

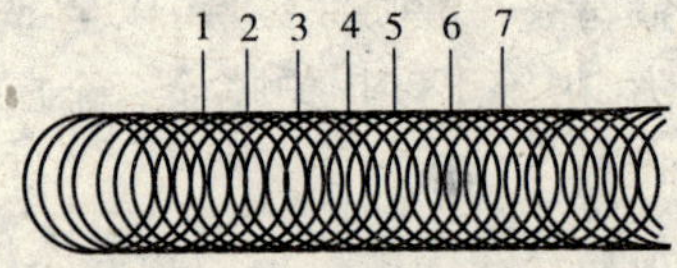

1 2 3 4 5 6 7

图 3-5-8　圆滚线划痕图形

(2)十字划格法测定。按 GB/4 9286—1998《色漆和清漆涂膜的划格试验》方法进行。即采用刀片划格器在涂膜的样板上切 6 道平行的切痕(长 10 ～20 mm)，切痕间的距离为 1 mm，应切穿涂膜的整个深度，然后再垂直前者切同样的 6 道切痕，形成 25 个方格，用手指轻触涂膜或用粘胶带对格阵部分撕拉，然后，观察涂膜破坏的程度，按标准判断涂膜附着力的等级(如图 3-5-9 所示)。

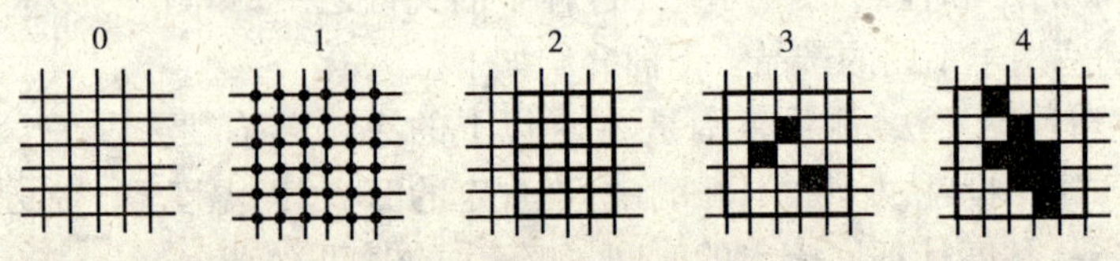

图 3-5-9　十字划格法(0 级最好　4 级最差)

2. 光泽的检测

涂膜的光泽是涂膜表面受光照射时光线向一定方向反射的能力，也称镜面光泽度。

涂膜的光亮度是涂料装饰性能的重要指标，涂膜光泽高低决定于涂膜平整光滑，致密度大，因此它不但有靓丽的外观，还具有对底材很好的封闭保护能力和抗腐蚀能力。

根据实际使用要求，把涂膜的光泽分为高光泽 90％以上；中等光泽(半光)70％～30％；无光泽 30％以下。汽车要求高光泽涂膜，其检测方法如下。

光电光泽计测定：

按 GB/T 1743—1979《漆膜光泽测定法》，光电光泽计发射的光线以固定 45°角，投到漆膜表面，再以同样角度反射出的光量与标准的黑色玻璃板上反射出来的光量的比值以百分数表示。此光泽计有两个量程：一个是 140％量程，一般用于测 70％以上的光泽使用；另一个是 70％量程，一般用于测 70％以下的光泽使用。测定时，先测标准样板的光泽，再测实验样板，最后计算出与标准样板光量的百分数。如图 3-5-10 所示。

3. 硬度的测定

涂膜的硬度是指涂膜抵抗擦划、碰撞、压陷等机械力作用的能力，或涂膜表面对作用其上的另一个硬度较大的物体压入所表示出的阻力。

涂膜保护被涂物体的表面，要求涂膜必须具有一定的硬度等机械强度。涂膜硬度的高和低，是直接关系到涂料的质量问题。涂料的品种很多，对涂膜硬度的要求也不同，选择测定的方法也有所不同。

按 GB/4 6739—1996《涂膜硬度铅笔测定法》。手工试验法是采用一套同一批号的中华牌高级绘图铅笔，按规定削出笔芯，铅笔规格为 6H、5H、4H、3H、2H、H、HB、B、2B、3B、4B、5B、6B 共 13 个级别，6H 最硬，6B 最软。由 6H～6B 硬度递减。手工试验操作是将试样样板放在平面上，手握铅笔与试样成 45°角，用以1 mm/s的速度的力向前推进，从最硬的铅笔开始划五道长 3 mm 的划痕，直至找出划道不伤涂膜的铅笔为止，不伤涂膜的铅笔硬度即代表涂膜的硬度。如图 3-5-11 所示。

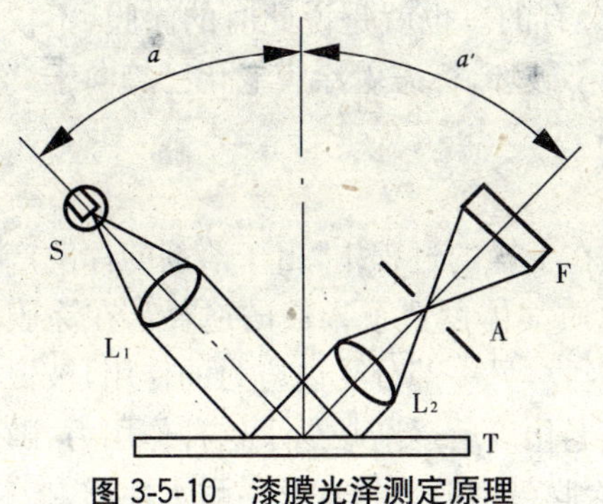

图 3-5-10　漆膜光泽测定原理

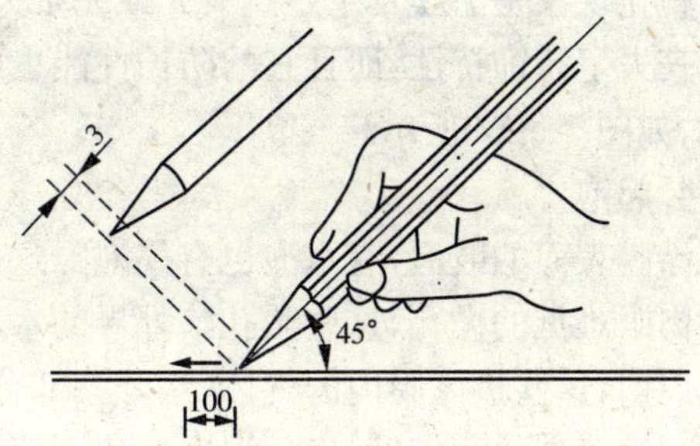

图 3-5-11　铅笔硬度法测定

第五节　涂膜老化的基本特征

涂膜老化基本上是由高分子树脂（基料）的降解和聚合作用所造成的。所谓降解作用，一般可理解涂料结构中的链的长度减小，或使大分子减少的过程。其作用是因为各种物理或化学因素引起的。在物理因素作用下发生的降解，基本上有三个类型：热的作用引起的降解；因光的作用造成的光化学降解；机械破碎，也包括电及超声波作用引起的机械破坏。在化学介质作用下发生的降解，有两种情况，受氧化剂的作用，特别是空气中氧作用产生的氧化降解；受水、酸、醇和碱以及以能引起降解因素的试剂作用的降解。

涂膜的老化因素很多，阳光、温度、湿度、氧、氨、雨、雪、风沙、霉菌等则是老化的外因。检验人员应能判断涂膜老化状况，现将涂膜老化的特征叙述如下：

1. 失光

失光是涂膜老化的最初特征，由于涂膜受太阳光中紫外线照射的影响，引起光化学反应，使树脂成分发生降解，逐步丧失原有光泽，直至发展成全部失光。涂层光泽是装饰性涂膜的重要指标，涂层一旦失去光泽（原始无光泽涂层除外）就无装饰性可言，所以通过涂料涂装，能使涂膜达到光彩照人、丰满度好、鲜映性极佳，不仅关系到涂料的正确选择，也是衡量涂装工艺水平的重要指标之一，如图 3-5-12 所示。

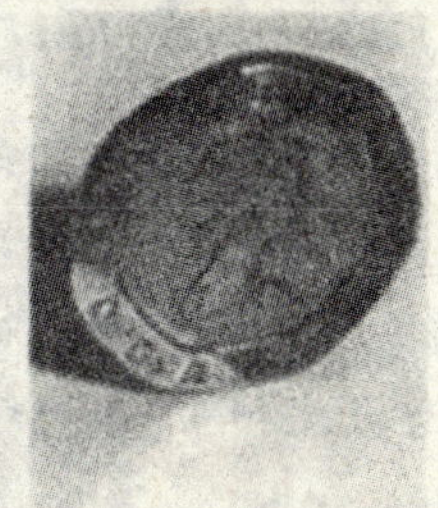
图 3-5-12　失光

2. 变色

这也是涂膜开始老化的一个显著的征兆。涂膜从正常的颜色发生色相或色泽的改变，有的变深，有的变浅，有的发暗，有的白色变黄，有的红的变粉色或变浅等，这些都属于变色。其原因是由于光化学反应的结果，对色漆来说，其变色与树脂有一定的关系，但主要还是取决于选用的颜色的性质，不同的颜色有不同的光敏感性，由此显示出不同的保色性。

3. 粉化

粉化是涂膜老化逐步深化的特征，其原因主要是受太阳紫外线的辐射和氧的存在下相互作用引起树脂分子链的交联或降解，促使树脂与颜料颗粒之间的分离，出现脱粉现象。其次是与颜料的性质、晶形也有很大的关系。

粉化现象是涂膜发生严重失光或完全失光之后才会有的。也就是说此时的涂膜，不仅已完全丧失了装饰特性，而且它的防护性能也已开始遭到了破坏，标志着涂膜老化已趋向于严重阶段，如图 3-5-13 所示。

4. 起泡

涂膜表面的鼓泡，有水泡也有气泡。这是因为涂膜在干燥的过程中，由于溶剂的挥发产生许多肉眼难见的微孔，这些微孔给外界的水分和各种介质气体创造了入侵的途径。在涂膜未老化以前，这些进入膜内的气体、水分一部分被颜料所吸收，另一部分受内应力的作用，被慢慢扩散到涂膜外边或借助日光、温度变化而蒸发。但涂膜老化以后逐渐减少了这种作用力，随着水分、有害气体侵入的不断增加而无法排除，就造成了涂膜鼓泡的恶果。其中耐水性和附着力差的涂料，再加上涂装前预处理不彻底，就更容易引起涂膜产生起泡，如图 3-5-14 所示。

5. 龟裂

龟裂也称为开裂或裂纹。表现为涂膜局部或全部表面出现形状不一、深浅不同的裂纹，有发状裂纹、网状裂纹等。龟裂的主要原因是太阳光、雨、露的交替作用，使涂膜发生吸水和脱水的反复循环作用所致。另外，由于受温度变化的影响，促使涂膜张力发生变化，使树脂分子链受紫外线的照射发生断裂，也是引起涂膜开裂的主要原因。龟裂的产生过程，先是表面出现微细裂纹，逐步加深，最后深达到底层直至露底，使涂膜彻底丧失保护性。

6. 脱落(剥落)

脱落，如图 3-5-15 所示，是涂膜老化过程中，涂层失去原有性能和附着力，从基底上自行脱离的一种子现象。它是从失光、变色、粉化、起泡、龟裂发展到最后脱落，是涂膜老化走完最后里程，到达终点的鲜明标志，已彻底起不到涂膜的保护作用，更谈不上什么装饰要求了。

图 3-5-13　粉化

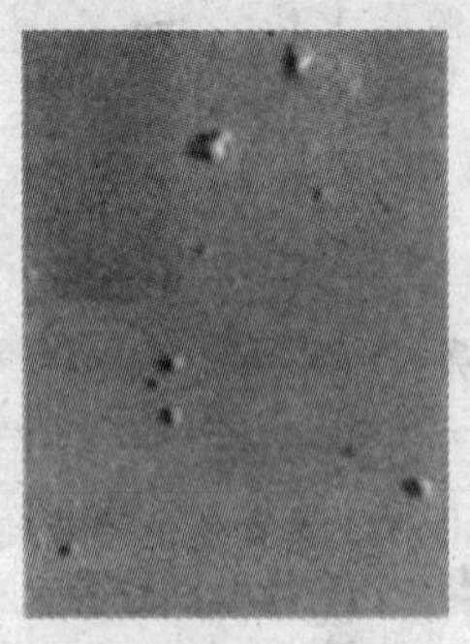

图 3-5-14　起泡

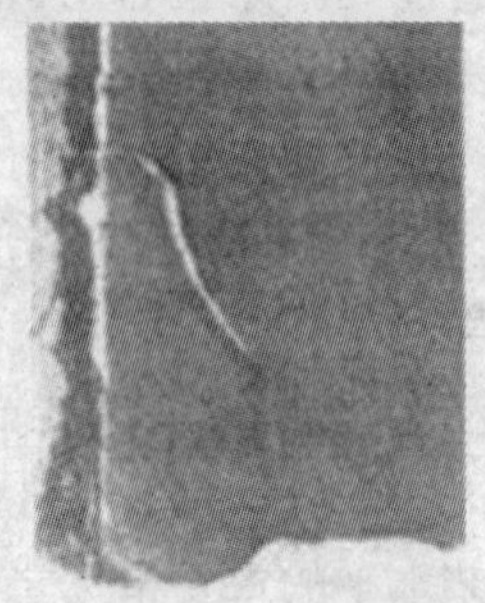

图 3-5-15　脱落

第六节　涂膜病态的原因与防治

检验人员常常在修理前和修理后发现车身表面出现各式各样涂膜病态，分析其产生的原因及防治的方法是修复涂膜表面的前提。

一、涂料（出厂时）缺陷产生的病态及防治方法

1.返粘（回粘）

涂膜按照工艺规程规定的干燥时间和保温时间进行干燥后，涂膜仍发软，表面似干，但实际未完全干，用压指法或按行业标准规定的方法进行检验，涂膜表面会留下指纹或粘有织物、绒毛等，称为返粘。

①原因。油料选用不当；使用的溶剂和催干剂的量不合适，或质量有问题。

②防治方法。选用适当的催干剂及配套溶剂进行调整，若无法自行调整的涂料，应更换新的涂料。

2.流挂

涂装过程中，涂膜表面尤其是垂直面，呈现似月牙形上薄下厚或水滴似的流淌，称为流挂（图 3-5-16）。

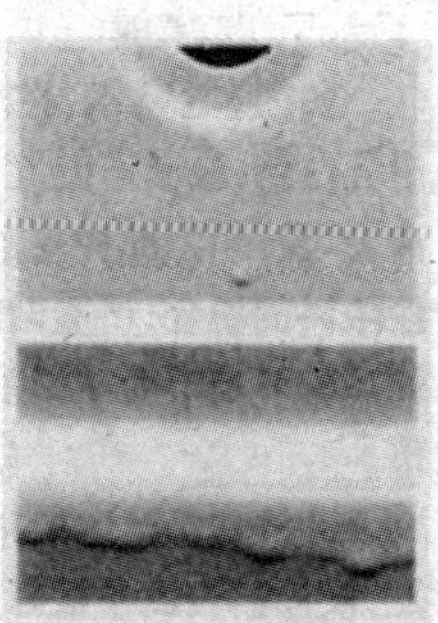

图 3-5-16　流挂

①原因。涂料中的固体含量过少，色漆中颜料比例过少，涂料树脂聚合度低，溶剂中高沸点溶剂含量过高，挥发速度过慢。

②防治方法。以同类型、同品种和相同颜色的合格涂料，加入到过稀的涂料中掺和并充分搅匀，达到黏稠适合为止。增加色漆中的颜料比例；更换稀释剂，更换新涂料。

3.涂膜出现色差

涂料表面的颜色与原色卡或样板相差甚远，称为色差。

①原因。涂料制备时，配色未按标准样板进行，使色差过大。

②防治方法。用同类型、同品种涂料，对照标准色卡按一定比例重新调配。调色时要在光线充足、柔和的场地进行，但不允许在阳光直照下调色，在自然光照不足，只能选择白色光照明，禁止任何带色的光源照明。

二、面涂层喷涂产生的缺陷

导致面涂层喷漆产生的缺陷原因是很多的，它们通常源自于金属基层的准备工作、喷涂程序、环境、涂料配方和外部的影响等。下面就施工工艺中的一些情况叙述如下。

1.渗色

原先的面漆使新的面涂层颜料褪色彩，或是其颜料渗透进来，称为渗色。

①原因。污染通常是在未经再喷涂的面漆上以可溶性染料或颜料的形式出现。

②防止方法。在打磨前彻底地清洁要喷涂的区域，尤其是当要在深色涂料上喷涂浅色涂料时（避免在不首先使用表面保护剂的情况下，在旧的红色调色区域上使用浅色涂层）。

③解决方法。喷涂两层中间渗透涂层。根据标签指示喷涂表面保护剂。然后再喷涂彩色涂层。

2.爆皮

表面涂层薄膜上出现气泡或斑点，通常是在涂喷几个月后。

①原因。导致爆皮的原因有以下几个方面。

a.不恰当的表面清洁或准备工作。细小的遗留在表面的脏物斑点作用像一块海绵留住了水分。当面漆暴露在阳光下(或空气压力的变化)，水汽膨胀并建立起压力。当压力足够大时，爆皮便形成了，如图3-5-17所示。

b.错误的稀释剂。快速干燥的稀释剂的使用，尤其是当喷涂得过干或过高的压力喷涂。空气或水汽会被封闭在薄膜中。

c.过厚的薄膜。涂层之间不充分干燥时间或过厚的底涂层的喷涂，能将溶剂封闭在其中，过后溶剂逸出而造成彩色涂层的爆皮。

d.压缩空气管道中的污物。管路中的油、水、或是脏物。

②防止方法。防止产生爆皮的方法主要有以下几点：

a.在打磨前彻底地清洁要喷涂的区域。在喷涂不论是底涂层，还是表面涂层前要保证表面的完全干燥。不要接触已清洁的表面，因为手上的油会污染表面。

b.选择最合适现有的车间条件的稀释剂。

c.充许底涂层和表面涂层有适当的干燥时间。务必让每个涂层在喷涂下一个涂层前快速蒸发。

a)斑点

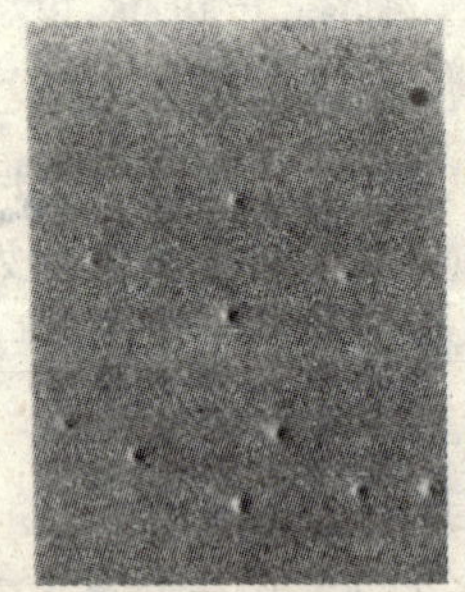

b)气泡

图3-5-17 爆皮

d.每天排干并清洁空气压力调节器以去除存留在其中的水汽和脏物。空气压缩机的储气罐也要每天排干。

③解决方法。如果损伤是大范围的并且是严重的，涂料必须被去除到底涂层或金属层，这取决于爆皮的程度。然后再喷涂。在不那么严重的情况下，爆皮可以被打磨掉，重修表面，并再喷涂表面的涂层。

3.裂纹

一系列的深裂纹类似于干枯池塘中的泥土龟裂。经常以三角形的形状出现并且没有固定的模式，它们经常深及彩色涂层，甚至有时会达到底涂层。

①原因。导致裂纹的原因有以下几个方面：

a.过大的薄膜厚度。过厚的表面涂层放大了正常的应力和应变，这样甚至在正常条件下也会导致裂纹。

b. 材料没有混合均匀。

c. 不充足的快干时间。

d. 不正确的添加剂使用。

②防止方法。防止产生裂纹的方法如下：

a. 不要过于加厚表面涂层。在每个涂层之间允许有充足的快干蒸发和干燥时间。不要使用气枪干燥。

b. 将所有的底涂层和表面涂层颜料搅拌彻底。过滤面涂层涂料并在需要时添加白斑消除剂。

c. 同第一步。

d. 阅读并仔细遵循标签指示。并非为一种彩色层特殊设计的添加剂可能会削弱最终涂料薄膜的质量并使其对裂纹更加敏感。

③解决方法。受影响的区域必须被砂磨掉以完成光滑的面漆，在特别严重的情况下，去除要深及裸露的金属并再喷涂面漆。

4. 薄边劈裂

看上去像是沿着薄边的擦伤痕迹(或裂纹)。发生在表面涂层喷涂在清漆填实底漆上的期间或稍在其后。

①原因。导致产生薄边劈裂的原因有以下几个方面：

a. 底面涂层“堆在”厚而且湿润的涂层上。溶剂被封在底面涂层下而没有留足够的搁置时间。

b. 材料没有均匀混合。因为填实底漆中颜料的高含量，可能会在其被稀释之后发生沉淀。这种材料未经搅拌的延迟使用导致喷涂出颜料松散地保留在其中的薄膜，含有遍及各处的空隙和裂纹，这使得薄膜的作用像一块海绵。

c. 错误的稀释剂。

d. 不恰当的表面清洁和准备工作。当清洁地不恰当时，填实底漆涂层会因缺乏润泽和粘着而脱离边缘。

e. 不恰当的干燥。在填实底漆喷涂后用喷枪通风干燥导致在溶剂或空气从下面的涂层中被释放出来之前表面的干燥。

f. 过量的使用(或在薄膜构成中使用)油漆腻子。

②防止方法。防止产生薄边劈裂的方法如下：

a. 喷涂薄到中等厚度的经适当稀释的填实底漆涂层，留足够的时间让溶剂和空气逸出。

b. 彻底搅拌所有底面涂层和表面涂层涂料。选择适用于现有车间条件的稀释剂。

c. 在打磨前彻底清洁要喷涂的区域。

d. 喷涂薄到中厚的填实底漆涂层，留足够时间让溶剂和空气逸出。

e. 清漆腻子要限制在小的缺陷的填充上。腻子过厚将在最后收缩而造成薄边劈裂。

③解决方法。去除受影响区域的面漆并进行再喷涂。

5. 鱼眼

局部涂面出现许多像鱼眼状凹孔。

①原因。导致产生鱼眼的原因有以下几个方面：

a. 旧涂膜表面处理不全面，未清洗干净，留有矽质、蜡质、油等污物，导致新喷的涂膜产生“鱼眼”。

b. 操作不慎引起“鱼眼”，如图 3-5-18 所示。喷涂前涂面受到油的污染。车辆在喷涂时一般先喷内部，再喷外表面，在喷涂发动机盖内部时，由于喷涂气压冲击，使发动机盖内发动机旁的许多带有油的灰尘吹到车壳外表面，使原来清洁的外表面重新被带油的灰尘污染，一旦新涂料喷涂在上面，每一粒带油的灰尘即是一个鱼眼（干燥慢双组分涂料尤为显著）。

②防治方法。防止产生鱼眼的方法如下：

a. 底层处理一定要按步骤，按操作技术要求进行，旧涂膜经充分砂磨后，应用清洁的汽油洗掉旧涂膜表面的各种污物（蜡、矽质、油污）。

b. 在喷涂时要防止发动机盖内部带油灰尘飞扬到车壳外表面上，必要时内部喷涂与外表面喷涂分两天进行，第一天内部喷涂后，第二天在喷涂外表面前首先用砂纸沾少许水把飞扬到外表面的漆雾、砂粒轻轻砂磨掉，再用纱布沾清洁汽油把外表面擦一遍，保证涂面无油、无蜡、无灰尘，才可喷涂面漆。

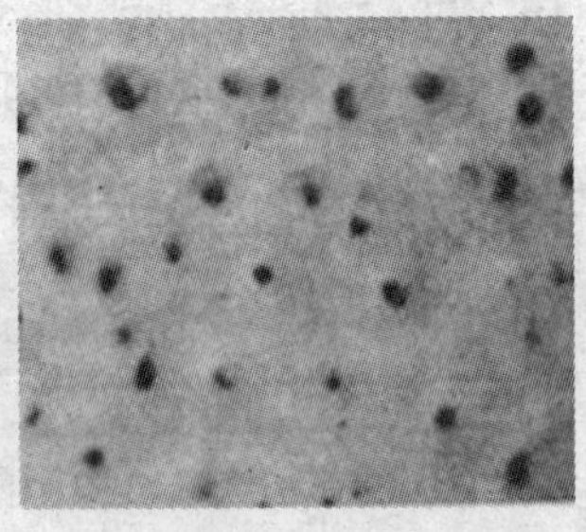

图 3-5-18 鱼眼

③处理方法。鱼眼的处理方法如下：

a. 情况不严重时，可让涂膜的溶剂挥发一部分，待涂膜稍干后，用喷雾法（把涂料慢慢地喷洒几次）作局部处理，千万不可喷得过分湿润，而应喷得干一些，再全车喷涂，“鱼眼”即会消失。

b. 若喷雾法不能使其消失，则可让涂膜溶剂充分挥发后，涂膜干燥后用水砂纸沾水轻轻砂磨后用喷雾法喷涂，再全车喷涂即可消失。

c. 情况严重时，铲除局部涂膜，或刮涂腻子进行修补后，重新清洗处理，重新喷涂。

第七节 国家标准介绍

我国天南地北气候条件有很大的差异，因此对机动车的要求也不相同；各种汽车对涂层的要求也不相同，现将国家行业标准 QC/T 484—1999《汽车油漆涂层》介绍如下。

此标准将汽车油漆涂层分 10 个组和若干等级。分组依据主要是根据汽车零部件的功能不同，而对涂层的要求不同。下面就轿车车身组（TQ2）作分析说明。

轿车车身组代号为 TQ2，共有甲、乙两个等级。

一、甲等级

1. 涂层特性

甲为高级装饰性涂层。适用于高级轿车，以及覆盖件和装饰性要求高的中级轿车车身。要求有极优良的装饰性、耐候性和耐水性，适用于各种气候条件。

2. 涂层的质量指标

①漆膜外观。光滑平整，应无颗粒，光亮如镜，光泽不低于 90%。

②涂层厚度。底漆层不低于 20 μm，中间涂层应在 40 ～50 μm，（不包括腻子层），面漆层

在 60 ～80 μm 范围之间。

③机械强度(不包括腻子层)。冲击≥20 kg·cm;弹性≤10 mm;硬度≥0.6;附着力 1 级。

④耐腐蚀性。按盐雾试验法 700 h 合格,或使用 8 年不应产生穿孔腐蚀或因锈蚀产生结构损坏。

⑤耐水性。浸在 50℃水中 10 个循环允许变粗,但不应起泡。

⑥耐温变性。在+60～-40℃范围内使用稳定(即温变 10 个周期不应开裂)。

⑦耐候性。使用 4 年涂层仍完整(不起泡、不粉化、不生锈、不开裂),允许失光率不大于30%和轻微变色。

二、乙等级

1.涂层特性

乙属于优质装饰保护性涂层,具有优良的装饰性、耐候性和耐水性,装饰性仅低于甲级,机械强度优于甲级,适用于各种气候条件。适用于中级轿车车身和质量要求高的中、轻型载货汽车驾驶室及覆盖件,旅游车车身。

2.涂层的主要质量指标

①漆膜外观。光滑平整,允许有极轻微"橘皮",光泽均匀,光泽不应低于 90%。在外观表面不允许有颗粒。

②涂层厚度。底漆层不低于 20 μm,中间涂层不低于 30 μm,面漆层不低于 40 μm。

③机械强度(不包括腻子层)。冲击≥30 kg·cm;弹性≤5 mm;硬度≥0.6;附着力 1 级。

④耐候性、耐腐蚀性、耐水性、等同甲等级。

标准中还对车架、挡泥板、底盘等的涂层质量指标作出了规定这里不再叙述。

本 章 小 结

涂装过程的目的是保护和装饰被涂的物体表面。涂料本身又是半成品,只有通过不同的施工方法,将其覆盖在被涂物体表面上,待干燥成膜以后才能成为装饰和保护层。由于涂料产品是多方面的,为了评价涂料的性能,就要对涂料进行考查,包括对涂料的性能、配方设计、施工性能及涂膜的装饰性、耐久性等各个方面的考查,制定出各项技术标准,作为评定、检验时的依据。

涂料的质量检验主要是涂料的原始状态的性能、施工应用时的性能、涂料成膜后(涂层)的性能及质量三方面的检验内容。通过对这三方面检验结果的综合分析才能评定涂装表面的质量。

涂装的工艺检验是保证涂装质量的重要环节,检验人员应重视对涂装作业全过程的检验,对其中任何一个环节的疏漏,都会造成涂装的彻底失败。

成膜后的质量检验也是重要的检验手段,因此应了解和熟悉涂膜性能和测定方法。涂层会随着时间和环境逐渐"老化"。本章介绍了与涂膜"老化"特征等有关的内容和涂膜缺陷的种类、原因、预防方法和解决方法。

复习思考题

1. 涂料由什么组成？这些成分在涂料成膜过程上的功能是什么？
2. 国家标准中对涂料的细度如何评定，涂料的细度在涂层中有何影响？
3. 什么是固体分含量，如何评定，它对涂层的质量有何影响？
4. 什么是涂料的流平性能，如何评定，它对施工工艺有何影响？
5. 什么是涂料的遮盖力，如何测定，它对涂层质量有何影响？
6. 什么是活化期，它对涂料的使用有何影响？
7. 涂装表面预处理的必要性及其内容是什么？
8. 如何增强涂膜的附着力？
9. 涂装工艺的底涂层的要求是什么？
10. 腻子在涂装中起什么作用，其要求是什么？
11. 中涂底涂层的作用和要求是什么？
12. 面涂层的施工要求是什么，双组分金属漆的喷涂要点是什么？
13. 涂料的黏度如何测定，它对涂层质量有何影响？
14. 涂层附着力的测定方法和标准是什么？
15. 涂膜光泽、硬度的检测方法和标准是什么？
16. 涂膜老化的特征是什么？
17. 汽车评定涂膜的损伤时，如何判定旧涂层的基本状况？
18. 由于涂料的原因产生的病态有哪些，原因是什么，如何防治？
19. 汽车行业标准中《汽车油漆涂层》主要内容是什么？
20. 国家标准中的涂层要求与汽车的部件功能有什么关系？

第四篇

汽车配件质量检验和控制

一辆汽车是由成千上万个零部件组装而成，这些零部件是用不同的材料制造的。钢铁、铜及铜合金、铝及铝合金等金属材料以及橡胶、工程塑料、木材等车用非金属材料是汽车制造的主要材料。当前在汽车上所用材料中钢铁材料的比例最大。在汽车维修中，为了解和掌握汽车配件的质量，需对汽车常用材料和配件质量控制有关知识有所了解。

第一章　汽车常用材料性能与配件质量控制常识

第一节　汽车常用金属材料性能

一、金属材料的主要性能

(一)金属材料的机械性能

1.强度

所谓强度，是指金属材料在静载荷作用下抵抗塑性变形和断裂的能力。按照作用载荷性质不同，可分为抗拉强度、抗弯强度、抗剪强度和抗扭强度等，在工程上常用来表示金属材料强度的指标有屈服强度和抗拉强度。当应力超过金属材料弹性极限后，即使应力不再增加，而金属材料仍继续发生明显的塑性变形，这种现象称为屈服，钢材通常以发生微量塑性变形(0.2%)时的应力作为钢材的屈服强度，亦即金属抵抗微量塑性变形的应力；抗拉强度是指金属在拉断前所能承受的最大应力，亦即金属抵抗断裂的应力。

2.弹性

弹性是指金属材料在静载荷作用下发生变形，卸除载荷后恢复原状(变形消失)的性能。这种随着外载荷消失而消失的变形，叫做弹性变形，其大小与外载荷成正比。

3.塑性

塑性是指金属材料在静载荷作用下，产生永久变形(卸除载荷后不能恢复的变形)而不至引起断裂的性能。在外载荷消失后留下来的这部分不可恢复的变形，叫做塑性变形，其大小与外载荷不成正比。

4.韧性

韧性是指金属材料承受冲击载荷而不破坏的能力，又叫冲击韧性。由于瞬时的外力冲击作用所引起的变形和应力，比静载荷大得多，因此，在设计承受冲击载荷的零件和工具时，必须考虑材料的冲击韧性。

5.硬度

硬度是指金属材料抵抗比它硬的物体压入其表面的能力。硬度是材料性能的一个综合物理量，表示金属在一个小的体积范围内抵抗弹性变形、塑性变形或破断的能力，也可以说是金属材料抵抗局部塑性变形的能力。常用硬度计来测定材料的硬度，根据测定方法不同，硬度分别用布氏硬度、洛氏硬度和维氏硬度来表示。布氏硬度用符号 HBS(或 HBW)表示，洛氏硬度用符号 HRA、HRB、HRC 表示，维氏硬度用符号 HV 表示。硬度试验设备简单，操作容易、迅速，性能测试时又不损坏金属零部件，且适用范围广，所以，硬度试验是检验工具和零部件质量的一项重要指标。

6.疲劳强度

金属材料在长时间交变载荷作用下，产生断裂现象称为金属的疲劳破坏。金属材料在交变载荷作用下，经过相当次数的循环而不出现疲劳破坏的最大应力称为材料的疲劳强度。机械结构件、零部件大多数失效都属于疲劳破坏造成的。

(二)金属材料的物理、化学性能

1.密度

密度是金属材料单位体积质量。

2.导热性

导热性是指金属材料传导热的能力。导热性好的金属，散热也好。

3.导电性

导电性是指金属材料传导电流的能力。纯金属中导电性最好的是银，其次是铜、铝。合金的导电性比纯金属差。

4.热膨胀性

热膨胀性是指金属材料受热时体积增大的能力。

5.熔点

熔点是指金属材料由固态转变为液态时的温度。

6.抗腐蚀性

金属和周围介质发生化学或电化学发应而遭受破坏的现象称为腐蚀。抗腐蚀性是指金属材料在常温下，抵抗周围介质(如大气、燃气、油、酸、碱、盐等)腐蚀的能力。

7.抗氧化性

抗氧化性是指金属材料抵抗周围氧气氧化作用的能力。

(三)金属材料的工艺性能

工艺性能是金属物理、化学、机械性能的综合体现。金属的工艺性能是指金属材料接受加工成型的能力，它包括铸造性能、压力加工性能、焊接性能、切削加工性能和热处理性能等。

在设计零件和选择工艺加工方法时，都要考虑金属材料的工艺性能。例如灰口铸铁的铸造性能很好，切削加工性也较好，所以广泛用来制造形状和尺寸较复杂的零件，但其压力加工性能和焊接性能均较差；低碳钢的冷冲压性能和焊接性能较好，故用来加工制造形状较复杂的汽车驾驶室等零部件。金属材料的热处理性能较好，因此能通过不同的热处理工艺方法大大改善和提高材料的各项性能。

二、汽车用黑色金属材料

在工业生产中，通常把钢铁称为黑色金属，把黑色金属以外的其他金属称为有色金属。以铁为基础的铁碳合金统称为钢铁材料，它是工业上应用最广泛的合金，含碳量＜2.11%的铁碳合金称之为钢;含碳量>2.11%的铁碳合金称之为铁。

钢的种类繁多,除含有一定量的碳外,还含有少量硫、磷、硅、锰等杂质元素。这些杂质元素,有的是为了冶炼或改变钢材性能而加入,有的是由炼钢的原料所带入的。如硅、锰是作为脱氧剂而加入的,硫、磷等是未能除尽的有害物质。按照钢的化学成分、品质、冶炼方法、金相组织和用途的不同,可对钢进行不同的分类。现将几种主要的分类方法介绍如下:

按照化学成分,钢可概括分为碳素钢和合金钢两大类。碳素钢按含碳量分类为:工业纯铁——含碳量<0.04%;低碳钢——含碳量<0.25%;中碳钢——0.25%≤含碳量≤0.60%;高碳钢——含碳量>0.60%。按照钢的品质分类,即按碳素钢中硫、磷的含量,又可分为:普通碳素钢——含硫量≤0.055%,含磷量≤0.045%;优质碳素钢——含硫量≤0.035%,含磷量≤0.035%;高级优质碳素钢——含硫量≤0.020%,含磷量≤0.030%。按照用途,碳素钢又可分为:碳素结构钢(用于制造机械零件和工程构件)——含碳量<0.70%;碳素工具钢(用于制造刃、量、工、模具)——0.70%<含碳量<1.35%。

(一)碳素钢

1.碳素结构钢

(1)普通碳素结构钢。根据GB 700—88规定,碳素结构钢的牌号由代表屈服强度的字母(Q)、屈服强度值(MPa,即N/mm^2)、质量等级符号和冶炼脱氧方法符号等四个部分按顺序组成。其中质量等级分A、B、C、D四种,A级含磷、硫量最多,D级含磷、硫量最少;冶炼脱氧方法有F、B、Z、TZ等,“F”是沸腾钢的“沸”字、“B”是半镇静钢“半”字、“Z”是镇静钢“镇”字、“TZ”是特种镇静钢“特镇”两字等汉语拼音的第1个字母。在牌号表示中“Z”、“TZ”代号省略。如Q235—A·F表示屈服强度为235 MPa的A级沸腾钢。

汽车上的发动机支架、前钢板弹簧夹箍、差速器螺栓锁片、后视镜支架等是用不同牌号碳素结构钢制成的。

(2)优质碳素结构钢:

①普通含锰量的优质碳素结构钢。这种钢的含碳量≤0.25%,含锰量在0.35%~0.65%;或是含碳量>0.25%,含锰量在0.50%~0.80%。其牌号中的两位数字表示平均含碳量,以0.01%为单位。例如:40钢,表示该钢中的平均含碳量为0.40%、含锰量为0.50%~0.80%。

②较高含锰量的优质碳素结构钢。这种钢的含碳量在0.15%~0.60%,含锰量在0.70%~1.00%;或是含碳量在0.60%~0.70%,含锰量在0.90%~1.20%。其牌号用两位数字加Mn表示。该两位数字表示钢的平均含碳量,以0.01%为单位。例如:15 Mn,表示该钢中的平均含碳量为0.15%、含锰量为0.70%~1.00%。08、10钢等,因其含碳量较低,塑性好,可冷冲压成型,用于制造汽车车身、油箱等。15、20钢等,因其冷冲压、焊接性能均较好,用于制造变速叉、制动杆、传动轴轴管等。30、40、50钢等,多属调质钢,因其综合性能较好,用于制造曲轴、曲轴正时齿轮等零件。

2.碳素工具钢

碳素工具钢属于高碳钢,其含碳量在0.65%~1.35%,按其质量又可分为优质碳素工具钢和高级优质碳素工具钢。碳素工具钢应用于各种刃具、量具、工具和模具。碳素工具钢随着含碳量增高,钢的硬度和耐磨性也增加,而韧性则降低。

碳素工具钢牌号的表示方法是以汉语拼音的第1个字母“T”代表“碳”字,其后面用一位或两位数字代表钢的平均含碳量，以 0.10%为单位。例如：T8，表示平均含碳量为 0.80%的碳素工具钢。

3. 铸钢

铸钢件在重型机械、冶金设备、运输机械等各个领域中得到广泛应用。由于新技术、新工艺的不断发展，使铸钢件的质量和性能有了很大提高，均达到或接近锻造件的水平，另外铸钢可以制造形状复杂的零件，而锻造件则易受到零件形状的局限，所以汽车上许多零件是用铸钢铸造而成的。

铸钢牌号的表示方法是以两字汉语拼音的第 1 个字母"ZG"代表"铸钢"，铸造用铸钢在"ZG"后面用两位数字代表钢的平均含碳量，以 0.01%为单位。例如：ZG45，表示平均含碳量为 0.45%的铸造用铸钢。工程用铸钢则是在"ZG"后标出屈服强度和抗拉强度两组数据。例如：ZG230—450，表示屈服强度为 230 MPa，抗拉强度为 450 MPa 的工程用铸钢。

汽车上的拨叉、车门限制器限制块、备胎升降器轮齿等是由 ZG35 或 ZG45 制成的。

(二)合金结构钢

合金结构钢是为了改善钢的某些性能，冶炼时在碳素钢的基础上加入一种或多种合金元素而形成的钢种。如铬能提高钢的强度、硬度和耐腐蚀性；镍能提高钢的强度又不降低其韧性，若与铬配合使用，能提高钢的强度、韧性和耐热性，当镍的含量为 9%～10%时与铬配合即形成不锈钢；硅能提高钢的强度、硬度、疲劳强度和耐腐蚀性。

钢中加入几种合金元素后，对钢的影响比加单一合金元素效果显著。但合金钢若未经热处理，其机械性能比碳素钢好不了多少，只有经过热处理，才能显著提高其机械性能及特殊性能。合金结构钢可分为以下几种。

1. 低合金结构钢

低合金结构钢与含碳量相同的碳素结构钢相比，其性能要优良得多，用来取代碳素结构钢，可节约钢材，减轻重量，且使用可靠。

合金结构钢的牌号采用两位数字和合金元素符号及数字的方法表示。前面两位数字表示钢的平均含碳量，以 0.01%为单位；合金元素符号名称，如铅、硼、铬、锰……，后面的数字表示合金平均含量，以 1%为单位。例如，12CrNi2 表示钢的平均含碳量为 0.12%，平均含铬量<1.5%，平均含镍量为 2%。

汽车上的车架纵梁、横梁、发动机吊耳等是由不同牌号低合金结构钢制造的。

2. 合金渗碳钢

合金渗碳钢是按热处理方法命名的，零件的主要热处理是渗碳和淬火加低温回火。由于合金渗碳钢制造的零件经热处理后，不仅有高的表面硬度和耐磨性，而且能大幅度提高零件芯部的强度和韧性，从而提高抵抗冲击载荷的能力；因而常用于制造汽车上承受高速、重载、强烈冲击和剧烈摩擦的零件，如用 15Cr 制造活塞销，用 20CrMnTi 制造变速器齿轮、差速器十字轴、半轴齿轮等。近年来，汽车中也广泛应用含硼的渗碳合金钢(20Mn2B、20MnVB)，用来代替 20CrMnTi，以节约贵重合金元素铬。

合金渗碳钢的含碳量在 0.10%～0.25%之间；加入合金元素铬、镍、锰、硼的主要目的是使零件在热处理后能大幅度地提高芯部的强度和韧性，从而提高零件抵抗冲击载荷的能力；加入钒、钛的主要目的是细化晶粒，提高机械性能。

3.合金调质钢

合金调质钢经过调质处理(淬火后再高温回火处理)后,可获得高的强度和韧性。若调质后再进行淬火,能进一步改善零件表面的耐磨性。合金调质钢主要用来制造重载荷、冲击载荷的零件,如汽车上的半轴、连杆、万向节叉及变速器二轴等。由于这些零件都是承受较大的冲击载荷,不仅要求有很高的强度,还要求有很好的塑性和韧性,即要求有较好的综合机械性能。

合金调质钢的含碳量在0.25%～0.50%之间;加入合金元素锰、铬、硼的主要目的是提高强度,并得到综合机械性能;加入钼、钒、钛是为了细化晶粒,提高回火稳定性。合金调质钢的加工工艺一般是锻造后进行一次正火,粗加工后进行调质处理,若零件表面有耐磨性要求,调质后需再进行一次表面淬火。

4.合金弹簧钢

弹簧在动载荷作用下工作,要求它具有较高的疲劳强度和抗拉强度、良好的工艺性和足够的韧性与塑性。在特殊环境下使用的弹簧,例如气门弹簧,还需要有一定的耐热性和耐蚀性。

合金弹簧钢的含碳量一般在0.46%～0.70%之间;加入合金元素锰、硅、铬主要是使零件获得高的弹性;加入合金元素钼、钨、钒是为了减小硅、锰在钢加热时产生的过热倾向,提高钢的弹性和耐热性,还能防止因回火不当而出现硬度降低过大的倾向。

汽车中常使用65Mn制造气门弹簧,使用55SiMnVB、55Si2Mn、60Si2Mn制造钢板弹簧。

5.滚动轴承钢

滚动轴承钢是用来制造滚动轴承的滚动体和内外圈的专用钢。轴承零件具有高的硬度和耐磨性,轴承钢的含碳量都较高,约在0.95%～1.15%范围内,并加入了0.40%～1.65%的铬元素。对于大型轴承还加入了硅、锰等元素。

滚动轴承钢也可作为工具钢用于制造刃具(丝锥、板牙、铰刀)及量具等,以及用于制造工作性能与轴承相类似的耐磨零件,如柴油机中的喷油泵柱塞、喷油器针阀等。

(三)钢的热处理

随着的科学技术和汽车工业的发展,对钢的性能要求也越来越高,改变钢的性能主要有两种途径:一是调整钢的化学成分,发展新型材料和新品种;二是对钢进行热处理。钢的热处理是利用加热、保温和冷却的操作方法来改变钢的组织结构,使钢获得所需性能的加工工艺。钢的热处理工艺根据加热和冷却的方法不同,大体有以下几类:

1.退火

退火是将钢件加热到临界温度以上30～50℃,保温一段时间后,随炉缓慢冷却到室温的热处理工艺。其目的是降低材料硬度,提高塑性和韧性,改善切削加工性能和冷变形加工性能,细化晶粒,消除钢中的组织缺陷,为热轧、热锻、热处理作准备;消除前一工序铸、锻、焊等工艺过程中产生的内应力,以防止或减少变形和开裂。按照钢的化学成分和热处理目的的不同,退火可分为完全退火、球化退火和去应力退火。

2.正火

正火是将钢件加热到临界温度以上30～50℃,保温一段时间后,从炉中取出,放在空气中冷却到室温的热处理工艺。其目的与退火基本相同,但正火后钢的组织致密,强度、硬度比退火后高。对于含碳量在0.25%～0.50%的中碳钢常用正火热处理。

3.淬火

淬火是将钢件加热到临界温度以上30～50℃,保温一段时间后,在冷却介质中快速冷却的热处理工艺,常用的冷却介质有水、盐或碱的水溶液、矿物油。淬火是强化钢件最重要的热处理工艺,淬火的主要目的是提高钢件的硬度和强度。对于工具钢,主要是提高钢的硬度,以保证刀具的切削性能和工具的耐磨性;对于中碳钢,主要是提高钢的强度和韧性,获得综合的机械性能。事实上,淬火无法提高金属的韧性,只有淬火后再进行回火处理才能同时获得高强度和高韧性,所以淬火后再回火的热处理通常作为零件的最终热处理。

常用的淬火方法有:单液淬火法、双液淬火法、分级淬火法、等温淬火法和局部淬火法。

4.回火

回火是将淬火后的钢件再加热到临界温度以下的某一温度,保温一段时间,然后在空气或油中冷却至室温的热处理工艺。回火的目的是减少或消除淬火时产生的内应力,调整硬度,降低脆性,获得所需的韧性和塑性,保证钢件的形状、尺寸在使用过程中不再发生变化,获得零件所需的机械性能。

常用的回火方法有:低温回火(150～250℃)、中温回火(350～500℃)、高温回火(500～650℃);某些高合金钢还可在640～680℃进行软化回火;某些量具等精密工件,为了保持淬火后的高硬度及尺寸稳定性,有时需要在100～150℃进行长时间的加热(10 ～50 h),又称为尺寸稳定处理或时效处理。

5.表面淬火

表面淬火是将钢件的表面快速加热到淬火温度,而不等热量传至中心即迅速冷却,以达到表硬内韧的热处理工艺,其目的是使钢件表面获得较高的强度、耐磨性和疲劳强度,而心部仍具有足够的塑性和韧性。表面淬火适用于含碳量在0.3%～0.7%范围内的碳钢以及合金元素含量小于0.3%的中碳合金钢,如35、45钢和40Cr、40MnB等。如钢件含碳量太低,淬火后易导致硬度不足;钢件的含碳量和合金元素的总量太高时,淬火后易出现裂纹。

根据加热方法不同,可分为火焰加热表面淬火和感应加热表面淬火。

6.化学热处理

化学热处理是将钢件置于某一介质中加热、保温和冷却,使介质的某些元素的活性原子渗入钢件表层,以改变钢件表层的化学成分从而改善表层性能的热处理工艺。其目的是提高钢件表层的硬度、耐磨性、耐腐蚀性和抗氧化性。

目前常用的化学热处理方法有:渗碳、渗氮、碳氮共渗、多元共渗,目的是提高钢的表面硬度、耐磨性和抗疲劳性,渗氮还可以提高热硬性和耐蚀性;渗铬、渗铝、渗硅的目的是提高抗氧化性、耐酸性等,其中渗铬、渗硅还可增加耐磨性。

(四)铸铁

铸铁是含碳量大于2.11%的铁碳合金,工业上常用的铸铁含碳量一般在2.5%～4.0%,并且含有一定数量的硅、锰、磷、硫等杂质元素。铸铁与钢相比是铸铁含碳、含硅量较高,杂质元素磷、硫较多,因此铸铁的抗拉强度、塑性和韧性很差,但铸铁具有较好的铸造性、耐磨性和切削加工性能,因此在机械加工中得到广泛的应用,在汽车中有50%～70%的金属材料为铸铁。随着技术的进步,某些传统上用铸铁制造的汽车零件,已逐步由轻金属替代。

铸铁分为白口铸铁、灰口铸铁、可锻铸铁、球墨铸铁和合金铸铁几种。

1.白口铸铁

白口铸铁断口呈亮白色,性能硬而脆,很难进行切削加工,主要用来炼钢,又叫炼钢生铁。白口铸铁经热处理变为可锻铸铁。铸铁要成为白口,除化学成分有要求外,还和冷却速度有关。有些零件，如EQ1090载货汽车的发动机气门挺杆，为了获得较高的耐磨性和硬度，常用激冷的方法使铸铁表层为白口铸铁组织而心部仍为灰口铸铁，这种铸铁称为激冷铸铁。

2.灰口铸铁

灰口铸铁断口呈暗灰色，内部的碳以片状石墨形态存在。灰口铸铁的抗拉强度低，塑性和韧性很差，但它却具有良好的铸造性、切削加工性、润滑性、耐磨性和减震性，且生产工艺较简单，成本低，是汽车制造业广泛采用的一种金属材料。汽车上的汽缸体、汽缸盖、变速器壳体及许多机械性能要求不高而形状复杂的零件均采用灰口铸铁制造。灰口铸铁可进行热处理，但对改善机械性能的效果并不大，主要是为了消除内应力和改善切削加工性能。

灰口铸铁的牌号用“HT”及数字组成表示，“HT”是“灰铁”两字汉语拼音的第1个字母，数字表示最低的抗拉强度。例如HT100，表示最低抗拉强度为100 MPa的灰口铸铁。

3.可锻铸铁

可锻铸铁是白口铸铁经长时间的退火处理而生成的，俗称马铁或韧铁。在退火过程中，随着组织转变时的冷却速度不同，可形成黑心可锻铸铁和珠光体可锻铸铁，黑心可锻铸铁具有较高的塑性和韧性，珠光体可锻铸铁具有较高的强度、硬度和耐磨性。可锻铸铁内部的碳以团絮状石墨形态存在，塑性和韧性比灰口铸铁好，具有一定的可延展性，但它实际上不能进行锻造加工和轧制加工，主要用于制造要求韧性较好的薄壁类零件。

可锻铸铁的牌号分别用“KTH”、“KTZ”和两组数字表示。其中“KT”是“可铁”两字汉语拼音的第1个字母，“H”、“Z”分别是“黑”、“珠”字汉语拼音的第1个字母，第1组数字表示最低抗拉强度，单位为MPa，第2组数字表示最低延伸率，以%表示。例如KTH300—6表示最低抗拉强度为300 MPa，最低延伸率为6%的黑心可锻铸铁。

虽然可锻铸铁的机械性能远较灰口铸铁为优，但其生产周期很长，工艺复杂，成本较高，且仅适用于薄壁（＜25 mm）零件，故近年来随着稀土镁球墨铸铁的发展，不少可锻铸铁零件已逐渐被球墨铸铁零件所代替。

4.球墨铸铁

球墨铸铁内部的碳以球状石墨形态存在，又称为球铁。球墨铸铁兼有铸铁和钢的理化性能、机械性能和工艺性能，强度、塑性和韧性都超过了灰口铸铁和可锻铸铁，而铸造性、耐磨性及切削加工性能和灰口铸铁不分上下，甚至在某些方面可与钢相媲美（应该指出，球墨铸铁的综合机械性能还是不如碳素钢），可以代替钢材制造部分重要的机械零件。

球墨铸铁也可以进行各种热处理，主要是改变基体的组织和性能（无法改变石墨的分布状态），一般来说，钢的热处理方法均适用于球墨铸铁，常用的热处理方法有：退火、正火、调质处理、等温淬火等。

球墨铸铁的牌号由“QT”及两组数字组成。“QT”是“球铁”两字汉语拼音的第1个字母，第1组数字表示最低抗拉强度，第2组数字表示最低延伸率。例如，QT400－18表示最低抗拉强度为400 MPa，最低延伸率为18%的球墨铸铁。

5.合金铸铁

在灰口铸铁或球墨铸铁中加入一定的合金元素，获得特殊性能的铸铁称为合金铸铁。加入合金元素后可使铸铁具有耐热、耐酸或耐磨的特殊性能。

为了提高铸铁的耐热性，可在球墨铸铁中加入铝、硅、铬等元素，使铸铁表面形成一层致密的氧化保护膜，在高温时具有抵抗氧化的能力，这类铸铁称之为耐热铸铁，用于制造进、排气门座等零件。

把灰口铸铁的含磷量提高到0.4%～0.6%，再加入铬、钨、铜、钛等合金元素，构成合金高磷铸铁，它的强度、韧性和耐磨性都较高，这类铸铁属于耐磨合金铸铁。现代汽车的汽缸套、活塞环一般采用耐磨合金铸铁制造。近年来出现的钒钛耐磨合金铸铁和廉价的含硼耐磨合金铸铁也具有优良的耐磨性。

灰口铸铁中加入硅、铝、铬、镍等合金元素可得到耐蚀合金铸铁，广泛应用的是高硅耐蚀合金铸铁，一般含硅量在14%～18%。

稀土镁球墨铸铁中加入铜、钼等合金元素，能提高铸铁的强度和硬度，可得到高强度合金铸铁，用于制造柴油机曲轴、连杆及主轴承盖等，经等温淬火后可代替18CrMnTi制造拖拉机变速器齿轮。

各种铸铁在汽车上的应用如表4-1-1所示。

各种铸铁在汽车上的应用 表4-1-1

牌　号	应用举例
HT200	凸轮轴正时齿轮、飞轮壳、汽缸盖、汽缸体等
HT250	汽缸体、飞轮、曲轴带轮等
KTH300－6	后桥壳、差速器壳、减速器壳等
KTZ450－5	凸轮轴、摇臂、活塞环等
QT400－8	车轮轮毂、转向器壳、制动蹄、制动支架等
QT600－3	曲轴、凸轮轴、汽缸套等
QT700－2	连杆、行星齿轮等
合金铸铁	活塞环、汽缸套、汽缸盖、曲轴等

三、汽车用有色金属材料

(一)铝及其合金

1.纯铝

纯铝是制造各种轻质结构的基本金属，其导电性、导热性仅次于银、铜和金，抗氧化、抗大气腐蚀性能好。纯铝的强度低，切削加工性能较差。纯铝产品有铝锭和铝材两种。

铝锭的牌号用元素符号加序号表示。顺序号越小，铝的纯度越高。如Al－1称一号铝，含铝99.3%～99.5%；Al—2称二号铝，含铝98.8%～99.0%。

铝材的牌号用“铝”字汉语拼音的第1个字母“L”加顺序表示，按所含杂质的量分为七级，如L—1(含铝99.7%)和L—2(含铝99.6%)等。

2.铝合金

铝合金是在铝中加入适量的锡、铜、镁、锰等元素后获得的合金。经处理后，铝合金的机械性能可与钢铁媲美。

用铝合金制造汽车零部件能使汽车整体质量大大减轻，有利于提高车速，增加载质量和减少燃油消耗。随着技术进步，特别是轿车中的零部件已越来越多地采用铝合金制造。

按铝合金的成分和加工特点，可分为形变铝合金和铸造铝合金。

(1)形变铝合金。形变铝合金分为防锈铝合金、硬铝合金、超硬铝合金和锻造铝合金等。

防锈铝合金有铝－锰和铝－镁型两类铝合金。它具有中等的强度和良好的塑性，且耐蚀能力强、抛光性好，光泽可长期保持，可用来制造各式容器及车辆装饰件等，也可制造铆钉及其他零件。

硬铝合金有铝－铜－镁和铝－铜－锰两类铝合金，可通过淬火时效处理提高其强度和硬度，常用于制造铆钉等零件，但硬铝的耐蚀性比纯铝差，因此常在其表面包一层纯铝，以提高其耐蚀性。

超硬铝合金是在硬铝合金中再加入锌元素组成，也可通过时效处理来提高强度，强度超过硬铝，主要用于制造高强度构件。

锻造铝合金的化学成分和硬铝相似，能通过时效处理来提高强度，在加热状态下有良好的塑性，可进行热变形加工。

防锈铝合金的牌号用“LF”加顺序号表示。“LF”是“铝防”两字汉语拼音的第1个字母。例如，LF21表示顺序号为21的防锈铝合金。同理，LY12是顺序号为12的硬铝合金；LC6是顺序号为6的超硬铝合金；LD10是顺序号为10的锻造铝合金。

(2)铸造铝合金。铸造铝合金俗称铸铝，在汽车上应用较多。铸铝分为铝硅合金、铝铜合金、铝镁合金、铝锌合金等。

铝硅合金是目前应用最广泛的一种铸造铝合金，其主加元素是硅，此外还有镁、铜、镍等，它具有良好的机械性能、铸造性能、抗腐蚀性等优点，所以得到广泛应用。

铸造铝合金的牌号用“ZL”加三位数字表示。“ZL”为“铸铝”两字汉语拼音的第1个字母；第1位数字表示合金的类别号，其中1表示铝硅、2表示铝铜、3表示铝镁、4表示铝锌；第2、第3位数字均表示合金的顺序号。优质铸造铝合金在顺序号后附加字母“A”表示。例如ZL108为8号铸造铝硅合金，ZL201A为1号优质铸造铝铜合金，ZL303为3号铸造铝镁合金，ZL402为2号铸造铝锌合金。

汽车上用铸造铝合金制作的零件有：活塞、汽缸盖、汽缸体、离合器壳体、风扇等。

(二)铜及其合金

1.纯铜

工业纯铜呈玫瑰红色，表面形成氧化膜后呈紫色，又称紫铜。它具有良好的导电性、导热性、塑性和耐腐蚀性，可进行各种形式的冷、热压力加工，但强度和硬度较低。

纯铜的牌号用“T”加顺序号表示。“T”为“铜”汉语拼音的第1个字母，顺序号有1、2、3、4四个号，顺序号越大，杂质含量越多。

在汽车上一般用厚度为0.2～2.0 mm的纯铜板制造汽缸衬垫、进排气歧管衬垫和轴承垫片，用铜棒制造各种管接头，用纯铜管制造制动管、散热管、高压油管。

2.铜合金

根据合金的成分不同，铜合金分为黄铜和青铜。

(1)黄铜。黄铜是铜与锌的合金，即为铜锌合金，含锌量一般在35%～40%。黄铜按化学成分的不同可分为普通黄铜和特殊黄铜，按加工工艺的不同可分为压力加工黄铜和铸造黄铜。

普通黄铜是铜、锌组成的合金，机械性能比纯铜好。其牌号用“H”加两位数字表示。“H”是“黄”汉语拼音的第1个字母，两位数字表示含铜量。例如H68是平均含铜量为68%、含锌量为32%的普通黄铜。如H前面加了“Z”，表示为铸造黄铜。

特殊黄铜是在普通黄铜中分别添加铅、锡、铝、镍、硅等合金元素生成的合金。黄铜加入合金元素后能进一步提高强度、耐磨性等机械性能。特殊黄铜的牌号用“H”加主元素及数字表示。例如HPb59—1是平均含铜量为59%、含铅量为1%的铅黄铜；HSn90—1是平均含铜量为90%、含锡量为1%的锡黄铜。

普通黄铜常用来制造散热器、分水管等零件。特殊黄铜常用来制造转向节衬套、钢板弹簧衬套、行星齿轮及半轴齿轮支承衬垫等零件。

(2)青铜。除黄铜和白铜(铜镍合金)以外的铜合金，统称为青铜。青铜按化学成分的不同可分为锡青铜(普通青铜)和无锡青铜(特殊青铜)，按加工工艺的不同可分为压力加工青铜和铸造青铜。

锡青铜是以锡为主并加入少量的锌、铅、磷、镍等元素的铜合金，含锡量一般≤10%，具有良好的强度、硬度、耐蚀性和铸造性，适用于铸造形状复杂、壁厚较大的零件，常用来制造轴承材料。锡青铜的牌号用“QSn”加几组数字表示。例如QSn6.5—1是平均含锡量为6.5%、其他元素平均含量为1%的锡青铜。Sn前面加ZCu字母表示铸造材料，如ZCuSn5Pb5Zn5表示平均含锡量为5%、平均含铅量为5%、平均含锌量为5%的铸造锡青铜。

无锡青铜是添加铝、镍、硅、锰、铍、铅等元素的铜合金，并以添加的元素命名，如铝青铜、硅青铜、铍青铜等。无锡青铜具有高的强度、耐磨性及良好的耐蚀性和铸造性，有的还具有很高的导热性和热强性，是锡青铜很好的代替品。其中铝青铜的耐蚀性、强度和硬度都超过了锡青铜，还可以锻造加工，常用来制造重要的齿轮、蜗轮、轴承套等要求耐磨耐蚀的零件。

汽车上应用青铜制作的零件有：连杆衬套、摇臂衬套、散热器盖、出水阀弹簧、轴瓦、曲轴止推垫圈等。

(三)轴承合金

在滑动轴承中，用于制造轴瓦及内衬的合金材料称为轴承合金。为保证轴承能正常工作，除要求轴瓦材料具有良好的耐磨性、韧性、有微孔储油以使接触表面形成油膜等性能外，还要求轴瓦内衬的合金组织为在软基体上均匀分布硬质点，软基体要韧性好，能承受冲击载荷。轴承合金的软基体被磨损后形成凹坑，硬质点比较耐磨而凸起来，这时凹坑储存润滑油以减少轴的磨损，硬质点支承载荷，一旦载荷过大，凸起来的硬质点被压入软基体，避免轴被擦伤。能满足上述对轴瓦内衬材料要求的合金有锡基、铅基、铜基、铝基等轴承合金，其中以锡基、铅基轴承合金为最好，一般又称巴氏合金。

锡基、铅基轴承合金的牌号用“Z”加基本元素符号、主加元素符号、辅加元素及辅加元素的百分含量表示。例如：ZPbSb16Sn16Cu2表示铸造铅基轴承合金，主加元素锑的含量为16%，辅加元素锡的含量为16%，辅加元素铜的含量为2%；ZSnSb4Cu4表示铸造锡基轴承合金，主加元素锑的含量为4%，辅加元素铜的含量为4%。

第二节 汽车常用非金属材料性能与质量控制常识

一、橡胶件

橡胶制品在汽车工业中广泛应用，许多零配件都是用橡胶制成的，如轮胎、连接软管、密封件、防振件、传动件、衬垫等。一辆汽车上的橡胶件约占全车整备质量的5%,因此,了解汽车用橡胶件的有关知识,对汽车维修、检验人员来说,是十分必要的。

(一)橡胶的分类和主要特性

橡胶的主要原料是生橡胶(生胶),根据来源的不同,分为天然橡胶和合成橡胶两类。

1.天然橡胶

天然橡胶是从橡胶树上采集的胶乳,经过一系列处理,制成生胶。一般胶乳中水分占50%~60%、橡胶烃(制造橡胶的主要成分)占30%~40%。

天然橡胶弹性好,具有良好的热可塑性和绝缘性,耐撕裂,低的导热性,水、气的不渗透性和一定的耐寒性。主要缺点是易老化,受外界影响随时间的增加,会出现变色、发黏或变硬、变脆龟裂。

2.合成橡胶

合成橡胶又称人造橡胶,由丁二烯、异戊二稀等低分子化合物,经过一系列复杂的化学反应制成。合成橡胶根据其性能,可分为通用合成橡胶和特种合成橡胶。

通用合成橡胶的物理、机械性能好,可制作轮胎和其他一般的橡胶制品。丁苯橡胶的耐磨性、耐老化性、抗撕裂性、抗滑性特别是抗湿滑性均较好,但耐热、耐寒性差,弹性差,主要用于轿车轮胎。

特种合成橡胶具有特殊性能,用来制作要求耐油、耐热、耐寒、耐化学腐蚀的制品。

(二)汽车常用橡胶配件及质量检验

1.连接软管及其质量检验

汽车中的橡胶连接软管大致可分为一般低压软管、耐高压制动软管和耐油软管三类。软管的结构虽各有不同,但大体有内胶层、增强层和外胶层三个基本部分组成。

内胶层是软管接触介质的工作层,长期受输送介质浸泡、腐蚀、摩擦,同时还起着封闭介质、保护增强层的作用。为满足工作的需要,要求内胶层有一定的厚度,能耐温、耐介质腐蚀、耐摩擦,并且具有一定的气密性、柔韧性、强度等性能。

增强层是软管承受压力的部分,还给整个软管提供必要的刚度和强度。

外胶层是软管的保护层。由于与外界环境接触,不仅要求耐磨,具有一定的厚度,还应具有一定的耐侵蚀性、耐老化性。

(1)一般低压软管。汽车上常用的低压软管有散热器连接软管、制动放气软管等。散热器连接软管是不耐油类侵蚀的,对它的机械性能要求不高,在选配时,主要检查外观应无脱层、缩孔、起泡、皱折、裂纹、凹痕、扭曲、壁厚不匀等缺陷。必要时,可进行散热器连接软管的热老化试验(标准要求在70℃,做40h试验)。

(2)耐高压软管。汽车制动系统、液压系统所用连接软管,是事关安全行驶及安全操作的配件,突出的要求是耐高压;因此,软管的增强层采用编织胶管和缠绕胶管,此外还要求软管耐绕曲性好、经-40℃耐寒试验后无裂纹、耐振动,膨胀性小。要求内胶层均匀、表面平整无气孔,增强层紧紧缚住内胶层;外胶层同样要紧贴增强层,使之不受损伤;两端的金属接头螺纹紧紧地嵌在胶面中。除需检查耐高压软管的外观尺寸外,使用前也要逐根进行耐压试验。

(3)耐油软管。耐油软管有汽油软管、柴油软管、润滑油软管、机油散热器软管等。凡是输送油类的软管都必须具有耐油性,在0.39 MPa的工作压力下可持续使用(环境温度不低于-

40℃，汽油温度不高于60℃，润滑油温度不高于100℃），外观尺寸应符合规定，软管接头的螺纹应无损坏，避免拧紧后漏油。

2. 密封件及其质量检验

橡胶密封件种类多，结构简单，是体积小、价值低的配件，但关系到汽车各部分的运转和汽车的正常工作。

(1)O形密封圈。O形密封圈有的是固定装置，即O形圈在无流体情况下，通过安装时给O形密封圈截面8%～25%的压缩变形产生的接触压力造成密封作用，称为固定(静)密封；有的是浸在具有压力的流体情况下(如在液压设备中)，称为往复密封。第一种情况是装配时密封圈变形所产生的接触压力形成密封作用；第二种情况是由密封介质传递到接触表面的压力形成密封作用。

O形密封圈结构虽然简单，但尺寸必须符合规定。安装后，固定密封的O形密封圈拉伸量约为1.03～1.04 mm(在油中)，压缩率为15%～25%，最大不能超过30%；往复密封及旋转密封的O形密封圈，其拉伸量和压缩率都要比固定密封的略小些。掌握合适的拉伸量和压缩率是使用O形密封圈的关键。此外，O形密封圈的外观表面必须光滑，无毛刺、气泡、裂纹、缺损等缺陷。

(2)骨架油封。骨架油封的内径比轴颈小，装配后，在夹紧力和弹簧附加力的作用下，油封对轴作用一径向力，使油封唇口紧贴轴表面。工作时，油封唇口与轴的界面间产生厚约2.5 μm的油膜，这是骨架油封起密封作用的实质所在。径向力的大小直接影响油膜厚度，而油膜超过一定厚度即造成泄漏。因此，径向力是油封起到密封作用的关键。

对骨架油封的质量检验，需按下列要求进行：首先检查外观质量，油封表面应光滑无毛刺、裂纹、气泡、缺角及杂质嵌入等缺陷；护油唇的边缘为锐角，无缺口、毛边及不均匀等现象；唇口与轴的接触宽度一般为0.13～0.50 mm，最佳宽度为0.25 mm；橡胶与加强环的粘合紧密无松动，加强环不允许偏位，内、外表面不得露铁；油封平面上压出的凸字标明“轴径×外径×高度”的尺寸、制造厂名和商标，字迹应清晰。其次，用游标卡尺测量油封尺寸，测内径最好用标准塞规，检查其松紧度是否适当。如油封内径＞30～90 mm时，公差为－1.0～＋0.70 mm；高度＞4～10 mm时，公差为－0.30～＋0.40 mm。第三，根据需要和条件，可进行耐油性能试验，在70±5℃时的25号变速器油中浸24 h，油封重量变化应在－3%～＋5%范围内；在20±5℃的汽油(75%)和苯(25%)的混合液中浸24 h，重量变化不超过＋20%。

(3)皮碗。在液压制动缸中的皮碗，既起密封作用又起传递压力作用。因此，不仅要求胶料具有良好的强度和弹性，而且尺寸和形状要精确。

(4)门窗玻璃密封条。汽车的门窗玻璃密封条的作用是防止风雨侵袭车内，同时还兼有防振作用。它的横断面形状有两种：一是“H形”，安装时再压上楔形胶条，接触十分紧密，有粗细多种规格；一是“槽形”，其端面尺寸是一定的。

3. 传动件及其质量检验

汽车中的风扇和发电机，很多是由曲轴通过风扇传动带带动的。风扇传动带的中心层是玻璃纤维、聚酯纤维或钢丝的线绳，工作时伸长变形小，传动效能好；上部为伸张胶层；下部为压缩胶层；四周为耐磨的尼龙帆布。

风扇传动带的长度应符合规定，两侧应平整而无凸起，适当拉长传动带以检查有无裂纹、折痕等缺陷。传动带的断面尺寸很重要，除测量传动带的顶宽和厚度外，还可用角度规夹在传动带两侧测量角度，在漏光情况最小时，读出角度值。角度不准的风扇传动带与传动带轮的接触面小，不耐用，传动效率也不高。

风扇传动带是受力配件，必要时可进行机械性能检验。为了不破坏传动带，可按邵氏硬度测定法进行硬度试验，其硬度值应为 70±5，当硬度符合要求时，其机械性能在一般情况下也是符合要求的。

4.减振件及其质量检验

汽车用的减振橡胶件，除离合器中吸收颤抖的橡胶呈星形盘带外，多数是块状。在形状上虽不同于减振金属弹簧，但它具有内摩擦和三向弹簧常数的减振效率高的特点。呈块状的减振橡胶件，在垂直、横向、纵向三个方向都有减振功能，即橡胶在拉伸、压缩、剪切等各个方面都产生弹性变形而吸收振动。经过良好硫化的橡胶，其内摩擦比金属弹簧大 1 000 倍以上，不仅在低频振动时可有效减振，在高频振动时也可有效减振。

减振块的结构形状和尺寸是经过精确计算确定的，有的还经过试验确定。为充分发挥其三向弹簧常数的作用，选用配件时，不要选用与原减振块结构形状、尺寸不一致的减振块，也不能任意代用。选用时还要注意安装部位和安装角度的正确，以及减振块与金属底板的粘结质量一定要好，这是保证减振块正常使用的一个关键措施。

二、塑料件

汽车上的仪表盘、转向盘、凸轮轴正时齿轮、蓄电池壳等配件均是由塑料制成的。随着汽车工业的发展，汽车上采用塑料的零配件日益增多，目前已有全塑车身的汽车。

（一）塑料的分类和主要特性

1.塑料的分类

塑料的种类繁多，分类方法也不统一，常用的分类方法有两种。一是按其热性能分为热塑性塑料和热固性塑料；二是按其应用范围分为通用塑料、工程塑料和特种塑料。

热塑性塑料加热后软化，具有可塑性、可加工性，冷却后变硬；再加热后又会软化，冷却后又变硬。这一过程可反复进行，而对其结构性能却无影响。如聚氯乙烯、聚苯乙烯、聚酰胺（又叫尼龙）等。它们成型工艺简单，生产效率高，具有一定的机械性能，但耐热性和刚性较低。

热固性塑料经化学反应固化成型后质地坚硬，再加热后不能使之软化。如酚醛树脂、环氧树脂等。热固性塑料耐热性高，受压不易变形，价格比较便宜，但成型工艺复杂，生产效率较低。

工程塑料是指具有较高强度和其他特殊性能的塑料。主要品种有聚酰胺、聚甲醛等。它们具有足够的温度－强度特性和尺寸稳定性。

2.塑料的主要特性

塑料具有质量轻、比强度高、化学稳定性好、绝缘性能好、减摩耐磨性能好、消声性能等特点，因而在汽车上应用日益广泛。但它也有不少缺点，如有的塑料强度低，耐温性能较低，一般塑料只能在 100℃以下工作，少数的才能在 200℃以上工作；导热性只有钢的 1/600～1/200；热膨胀系数大，容易受温度变化而影响尺寸的稳定性；易老化，表现为缓慢氧化、变色、开裂及机械强度下降等。

(二)塑料在汽车上的应用

1.汽车内装件的应用

为达到安全、舒适、美观的目的，汽车内装件应具有吸振性能强、耐用、手感好等特点。目前，汽车上的主要内装件及其所使用的材料如表4-1-2所示：

汽车主要内装件和所使用材料　　表4-1-2

塑料材料	零件名称
聚丙烯　PP	转向盘、杂物箱、仪表板下杂物盒、除霜器、防滑板、手操纵杆、主柱装饰
丙烯腈－丁二烯－苯乙烯　ABS	仪表板衬垫、仪表板、前主柱装饰、控制台
聚氯乙烯 PVC	仪表外壳、座椅扶手、车门、成型顶棚衬里
酚醛 PF	烟灰缸
聚酰胺(尼龙)PA	百叶窗、刮水器齿轮、熔丝盒
玻璃纤维增强苯乙烯－马来酸酐共聚物 SMA/GF	仪表板骨架

2.汽车外装件的应用

长纤维增强热塑料由纤维和塑料复合而成，是新型轻质高强度工程结构材料，具有重量轻、价格低廉、便于一次成型、耐腐蚀、耐化学药品、耐冲击、着色方便、易于回收重复利用等优点，在汽车上的应用发展很快，常用来制造保险杠、汽车顶棚、行李箱底板、空气导流板、前灯壳、发动机罩、挡泥板、后端板、三角窗框等外装件。

碳纤维增强复合材料具有高强度、高刚度、良好的耐腐蚀性、耐磨性，在－65～105℃温度范围内基本无变形。此外，复合材料减振效果好且材质轻，常用来制造传动轴、悬架弹簧、保险杠、转向节、制动鼓、车门、座椅骨架、发动机罩、格栅、车架等零件。

除上述内装件、外装件之外，还有许多零部件，例如汽油箱、水泵叶轮及壳、正时齿轮、空气滤清器、燃油滤清器、油泵叶轮、风扇等也都是用塑料制作的。

汽车上的万向节轴承、转向节衬套、转向拉杆轴承、钢板弹簧衬套、车门球形轴承及风扇机构的轴承等都成功地采用各种塑料制造。这些塑料轴承在工作时可不用润滑脂润滑，金属轴也不易磨损，并具有摩擦系数小、耐磨、使用寿命长等优点。但因存在线膨胀系数大，导热系数小，某些塑料吸水、吸湿性大，具有常温蠕变等缺陷，塑料轴承一般只能在较低温度下使用。目前使用多的是热塑性材料。

三、摩擦件

摩擦材料是汽车消耗性较大的材料之一，汽车用摩擦件，按照摩擦特征可分为高摩擦系数件和低摩擦系数件两大类。高摩擦系数件又叫摩阻件，如制动摩擦片、手制动摩擦片、离合器摩擦片等；低摩擦系数件又叫减摩件，如万向节轴承、转向节衬套、钢板弹簧衬套、车门球形轴承等。高摩擦系数件主要用于传递动力、制动减速；低摩擦系数件主要用于减小摩擦。

(一)制动摩擦片及其质量检验

1.材料分类

(1)石棉摩擦材料。汽车摩擦材料主要由骨架材料、粘结材料及填充材料组成。骨架材料多以石棉纤维为主，称为石棉摩擦材料，它占汽车使用摩擦材料总量的95%以上。粘结材料多以酚醛树脂为主。填充材料多用重晶石、氧化铝、氧化铁、轮胎粉等粉末。按使用温度可分为：

①通用石棉摩擦材料。使用温度在200℃以下。摩擦系数较高，在允许使用温度下使用寿命长、强度高，但硬度较低，可压缩性大，只适用于低负荷场合。

②高温石棉摩擦材料。使用温度在530℃以下，广泛用于制作汽车制动摩擦片，其硬度较高，较易产生噪声，对金属磨损大。

(2)金属陶瓷摩擦材料。由粉末冶金制成的铁基、铜基金属陶瓷材料，可应用于更高的使用温度，但价格高、噪声大、对偶磨损快，多用于高温、湿式场合。

(3)半金属摩擦材料。半金属摩擦材料用高组分的铁基石墨制成，使用温度为260～530℃，是介于石棉摩擦材料与金属陶瓷摩擦材料之间的材料。这种材料耐高温，噪声小，适用于大型载重汽车。

(4)碳纤维摩擦材料。碳纤维摩擦材料除了碳纤维外，还含有石墨、碳的化合物，所用的环氧树脂等粘结材料也常经碳化处理，故又称为碳基摩擦材料或碳一碳摩擦材料。由于碳纤维具有高摩擦系数、良好的热传导性及高耐热性，使碳纤维摩擦材料成为当代摩擦材料中性能最好的一种。特别是其单位面积的吸收功率高，比重轻，非常适用于现代的盘式制动装置，已应用于高速汽车。

近年来，人们已认识到石棉的公害，逐步开发了许多新型摩擦材料。我国开始研制并批量生产了新型石棉摩擦片，如钢纤维摩擦片、硅灰石摩擦片等。

2.对制动摩擦片的质量要求

①摩擦系数足够高且稳定。摩擦系数是摩擦材料的一个最主要的技术指标，通常它不是一个常数，随温度、压力、速度或者表面状态、摩擦环境而变化。

②具有良好的耐磨性，这是衡量摩擦材料使用寿命的一个重要指标。

③具有较好的物理一机械性能。既能满足加工工艺要求，又能保持良好的使用性能。

④工作噪声小。

3.制动摩擦片的质量检验

制动摩擦片除进行尺寸、外观检查外，最主要是检查其摩擦性能。在没有力矩试验台时，一般都须进行装车试验，制动性能符合GB 7258—2004中的规定。

(二)离合器摩擦片及其质量检验

汽车离合器摩擦片主要工作是传递动力，对它除要求单位面积传递的转矩值符合要求外，其他与制动摩擦片相似。

以往常采用带铜丝的石棉线或织物等材料制造离合器摩擦片，现在已越来越多地用其他纤维(例如玻璃纤维)来代替铜丝制造离合器摩擦片。

离合器摩擦片的尺寸除检查内、外圆直径外，对厚度的要求一般比制动摩擦片精确。如厚度不一致将直接影响工作时的接触面。为了保证离合器摩擦片在传动时结合平稳，在不同速度、不同压力及不同温度时，摩擦系数需保持稳定性，而且要求静摩擦系数符合规定。

第三节 汽车常用运行材料性能与质量控制常识

一、车用燃料

(一)车用汽油及其质量检验

1.车用汽油的质量要求

当前,汽油仍然是汽车的主要燃料,在我国汽车保有量中,汽油车约占75%。汽油机在汽缸外部形成混合气,点燃着火。爆燃是汽油机的一种不正常燃烧。汽油的使用性能主要包括蒸发性、抗爆性、氧化安定性、腐蚀性、无害性、机械杂质和水分等评定指标。含铅汽油是在汽油中添加四乙基铅[$Pb(C_2H_5)_4$]提高汽油的抗爆性,无铅汽油是在汽油中添加甲基叔丁醚(MTBE)提高汽油的抗爆性。

我国目前执行GB 17930—1999《车用无铅汽油》这一强制性国家标准。车用无铅汽油按研究法辛烷值划分为90号、93号、95号三种牌号,市场上还有按照企业标准生产的97号、98号车用无铅汽油,与GB 17930—1999标准所属产品相比,具有更高的辛烷值的优良的抗爆性,应根据发动机压缩比选择车用汽油的牌号。车用汽油的质量要求主要有:

①抗爆性好,辛烷值合乎规定,以保证发动机运转正常,不发生爆震,充分发挥功率;

②蒸发性好,保证发动机在冬季易于启动,在夏季不易发生气阻,并能较完全燃烧;

③氧化安定性好,诱导期长,实际胶质少,能长期储存;

④抗腐蚀性好,在储存和使用过程中储油容器和发动机供油系零部件腐蚀较小。

2.车用含铅汽油品质的简易检验

①颜色。呈浅黄色、橙黄色或浅红色(含铅汽油)。

②气味。有强烈的汽油味。

③摇动。气泡随产生随消失。

④手感。发涩,有凉感,蒸发后皮肤干燥呈白色。

3. 关于无铅汽油的几点说明

①无铅汽油并不是不含铅。

②无铅汽油除了含有微量铅外,还含有芳香烃成分,芳香烃易蒸发并有毒。

③为了与含铅汽油区别,车用无铅汽油不添加着色染料,为无色。无铅汽油若存放过久,颜色也会变深。

④将无铅汽油试样注入100 mL玻璃量杯中观察,应没有机械杂质及水分的悬浮沉降。

⑤凡向用户销售无铅汽油所使用的加油泵和容器上,都应标明“××号无铅汽油”,并标志在司机可以看见的地方。

(二)车用轻柴油及其质量检验

1.车用轻柴油的质量要求

在我国汽车保有量中,柴油车约占25%。柴油机在汽缸内部形成混合气,压燃着火。粗暴是柴油机的一种不正常燃烧。柴油的使用性能主要包括低温流动性、燃烧性、雾化和蒸发性、安定性、腐蚀性、无害性和清洁性等评定指标。轻柴油在使用前须进行沉淀和滤清。

我国目前执行 GB 252—2000《轻柴油》这一国家标准，轻柴油按凝点分为 10 号、5 号、0 号、−10 号、−20 号、−35 号、−50 号 7 个牌号，轻柴油牌号的选择应使最低使用温度等于或略高于轻柴油的凝点，一般来说，最低使用温度应高于牌号 5 个数值，即：−20 号轻柴油的最低使用温度约为−15℃。车用轻柴油的质量要求主要有：

①燃烧性好，十六烷值适宜，自燃点低，燃烧完全，使发动机工作稳定，不易发生爆震现象；

②蒸发性好，蒸发速度要合适，否则会使发动机油耗增大，磨损加剧，功率下降；

③黏度适中，以保证高压油泵的润滑和雾化质量；

④安定性好，在储存中生成胶质及燃烧后生成积炭的倾向都比较小；

⑤含硫量小，对发动机零部件的腐蚀较小。

2. 车用轻柴油质量的简易检验

①颜色。呈茶黄色，表面蓝色。

②气味。有强烈的柴油味。

③摇动。气泡漩涡消失比汽油慢。

④手感。光滑、手沾后有油感。

二、发动机油

发动机油是由基础油与不同种类、起不同作用的添加剂配制而成的。不同的添加剂使得机油具有不同方面的性能以满足发动机的使用要求。发动机机油的主要作用是润滑、冷却、清净、密封和防蚀。发动机的结构和生产时期不同对机油的使用要求也不同，随着技术的发展，机油的品质不断提高，品种不断增加，随之发动机的性能也在不断提高。机油品质的高低直接关系到发动机的性能及使用寿命。

（一）发动机油的性能要求

（1）黏度和黏温性。黏度即指机油的稀稠程度。黏度大，其润滑性、密封性、缓冲性较好，但冷却、洗涤效果差，发动机低温起动性也受影响；黏度小，其结果刚刚相反。黏温性是指机油的黏度随温度的变化而变化，温度升高，黏度减小，温度降低，黏度增大。为使发动机得到良好的润滑，要求机油具有合适的黏度和良好的黏温特性。

（2）清净分散性。通常在发动机油中加入清净分散添加剂，以吸附机油中的固体污染颗粒，减少机油的沉淀物和漆膜的形成；将低温油泥分散于油中，以便在机油循环过程中将其滤掉；同时还兼有洗涤、抗氧化及防腐作用。

（3）抗泡沫性。在机油中加入抗泡沫添加剂。这是因为发动机油由于快速循环和飞溅而产生泡沫，若泡沫太多或不能迅速消除，将会造成摩擦表面供油不足，以致破坏正常的润滑。

（4）抗氧化性。指机油抵抗大气的氧化作用的能力。通常在机油中加入抗氧化添加剂。

（5）抗磨性。发动机中摩擦副表面负荷大，滑移速度高，速度变化频繁，因此磨损和疲劳损伤较严重，所以加入抗磨剂使发动机油具有良好的抗磨性。

（二）发动机油的规格

选用发动机油时，一是要根据发动机性能、结构、工作条件和燃料品质选择使用性能级别

(API 质量代号);二是要根据气温、工况和发动机技术状况选择黏度级别(SAE 黏度代号)。

1. API 质量代号

(1)S 系列(汽油机油系列),包括 SA、SB、SC、SD、SE、SF、SG、SH、SI、SJ 等级别,其使用范围和质量水平如表 4-1-3 所示:

API 汽油机油的使用范围和质量水平　　表 4-1-3

API 级	使用范围和质量水平
SA	用于运行条件非常缓和的老式汽油机和柴油机,不含添加剂
SB	用于中等运行条件下的老式汽油机,加入少量抗氧剂,具有轻微的抗氧化性和抗磨性
SC	用于 1964～1967 年生产的汽油机,具有清净性和抗腐蚀性
SD	用于 1968～1971 年生产的汽油机,具有比 SC 级更好的清净性和抗腐蚀性
SE	用于 1972～1979 年生产的汽油机,具有比 SD 级更好的清净性和抗腐蚀性,并具有高温抗氧化性
SF	用于 1980～1988 年生产的汽油机,具有比 SE 级更好的抗磨、抗腐蚀、清净和高温抗氧化性
SG	用于 1989～1993 年生产的汽油机,具有比 SF 级更好的抗磨、抗腐蚀、清净性
SH	用于 1994 年以后生产的汽油机,具有比 SG 级更好的抗磨、清净性和高温抗氧化性
SI	用于 1997 年以后生产的汽油机,具有比 SH 级更好的清净性和高温抗氧化性,使用寿命更长

(2)C 系列(柴油机油系列),包括 CA、CB、CC、CD、CE、CF、CG 等级别,其使用范围和质量水平如表 4-1-4 所示:

(3)我国发动机油使用性能分类:我国 GB 11121—1995《汽油机油》规定了 SC、SD、SE、SF 等四个级别汽油机油规格;GB 11122—1997《柴油机油》规定了 CC、CD 两个柴油机油规格;GB 11121—1995《汽油机油》规定了 SD/CC、SE/CC、SF/CD 三个级别汽油机/柴油机油的规格。

API 柴油机油的使用范围和质量水平　　表 4-1-4

API 级	使用范围和质量水平
CA	用于燃料含硫量低的轻负荷柴油机,具有防止轴承腐蚀和高温沉积物的性能
CB	用于 1949～1960 年生产的燃料含硫量高的中等负荷、非增压柴油机,在使用高硫含量燃料下,具有防止轴承腐蚀和高温沉积物的性能
CC	用于 1961 年后生产的中、高负荷的增压柴油机和高负荷汽油机,对柴油机具有防止高温沉积物的性能,对汽油机具有防锈、抗腐和防止低温沉积物的性能
CD	用于高速、高功率的增压柴油机,具有优良的防止高温沉积物和抗腐蚀性,且具有防止轴承腐蚀的性能
CE	用于 1983 年以后生产的增压重负荷柴油机,具有良好的防止高、低温沉积物、抗磨和抗腐蚀性
CF—4	用于 1991 年以后生产的重负荷增压柴油机,符合 1991 年的美国排放法规,具有优良的防止高温沉积物、抗磨和防轴承腐蚀性
CG—4	用于 1995 年以后生产的使用低硫燃料的增压柴油机,符合 1994 年的美国排放法规,具有更好的防止高温沉积物和抗磨性能

2. SAE 黏度代号

发动机油的黏度级别以 6 个含 W 的低温黏度级号(0W、5W、10W、15W、20W、25W)和 5 个不含 W 的高温黏度级号(20、30、40、50、60)表示。发动机油低温黏度级号以最大低温黏度、最高边界泵送温度及 100℃时的最小运动黏度划分,数值越小表示其低温流动性越好。发动机油最低使用温度等于－35与其低温黏度级号之和，例如：15W的最低使用温度为－35＋15＝－20℃。发动机油高温黏度级号以100℃运动黏度划分，数值越大表示高温下的最低黏度越好。

单级机油是指只满足低温或高温一种黏度级要求的机油，如10W、30、40等；多级机油是指既能满足低温时黏度级要求，又能满足高温时黏度级要求的机油，标记为5W/40、10W/30、15W/40等。

3.发动机油使用注意事项

①严格按照汽车使用说明书中的规定，选用与该型汽车相适应的机油。

②汽油机油和柴油机油原则上应区别使用，只有在汽车制造厂有代用说明或标明是汽油机和柴油机通用油时，才可代用或在标明的级别范围内通用。

③应尽量使用多级机油。

④按汽车说明书推荐或该车型规定的换油里程换油。换油时要放净旧油，同时还应更换滤芯。

4.发动机油质量的简易检验

(1)看包装。国内汽油发动机油的代号已统一改用国际通用的“S”，凡包装上用“Q”作代号的均为不合格油品；汽油机油标准GB 11121—95已于1996年8月1日实施，凡外包装说明的是“行业标准”或将“SE 15W/40”写为“15W—40—30”的皆为不合格油品。

(2)外观检查。合格油品颜色呈深棕色到蓝黑色，有酸性气味，摇动时气泡少而大，且消失慢，有黄色油迹挂壁，触摸时手感黏稠，用手沾水后捻搓，油稍乳化。若油色为黑色或含固体杂质为使用过的油。

(3)爆裂试验。用一只干净的玻璃试管加入25 mm高的油样，经充分摇匀后，放到酒精灯上加热，加热中若无显著声响，也无泡沫，则可判定油样不含水分；加热中如有连续声响，且持续时间在20～30 s之内响声消失，可判定含水量＜0.30%；若连续响声持续时间在30 s以上，则含水量＞0.30%。此外，将油样滴在110℃以上的铁片上，如果油品出现爆裂现象，表明含水量＞0.1%。

(4)滤纸斑点试验测定在用发动机油质量。可按照GB/T 8030—1987《润滑油现场检验法》有关规定，获取油样滤纸斑点，并与典型斑点图谱对比分析，从而判断含有清净剂和分散剂的发动机油的清净分散性，以此反映发动机油的清净作用和分散作用丧失程度。

典型的斑点形态由三个环组成：

①沉积环。呈淡灰至黑色，为大颗粒不溶物沉积区。发动机油接近报废时清净剂和分散剂消失，沉积环直径小，颜色黑。

②扩散环。在沉积环外圈呈浅灰色到灰色的环带，它是悬浮在油内的细颗粒杂质向外扩散留下的痕迹。宽度越宽，分散性越好。扩散环窄或消失，表示清净剂和分散剂已耗尽。

③油环。在扩散环外圈，浸油区的颜色由淡黄至棕红色。此环可反映发动机油的氧化程度，新油的油环透明，氧化程度越重，油环颜色越暗。

测定时一要注意应在补加新油前，发动机运转5 min后采取油样；二要注意滤纸斑点应在室内放置2～3 h后，再进行对比判断。滤纸斑点图谱一般分为以下4级。

①一级。油斑的沉积环与扩散环之间没有明显界限，整个油斑颜色均匀，油环色浅而明亮。这说明油质良好。

②二级。沉积环颜色深，扩散环较宽，沉积环与扩散环之间没有明显界限，油环颜色变黄。这说明油已被污染，应加强滤清，但可继续使用。

③三级。沉积环呈黑色，扩散环变窄，油环颜色变深。这说明发动机油接近报废，应予以更换。

④四级。油斑只有沉积环和油环，无扩散环，沉积环乌黑、稠厚而不易干燥。这说明发动机油已被严重污染，应立即换油。

三、车辆齿轮油

齿轮油以精炼润滑油为基础，通过加入抗氧化剂、防腐蚀剂、防锈剂、消泡剂、抗磨剂等多种添加剂配制而成。齿轮油用于汽车机械变速器、驱动桥齿轮和传动机构。

（一）齿轮油的性能特点

车辆齿轮油应具有优良的极压抗磨性、氧化安定性、防锈性、防腐蚀性和剪切安定性，在使用中不产生泡沫，具有良好的低温流动性，以满足汽车传动齿轮在各种工况下的润滑要求。

极压抗磨性是指齿面在极高压（或高温）润滑条件下，防止擦伤和磨损的能力。

氧化安定性是指齿轮油在与空气中的氧接触氧化后，不易出现黏度升高、酸值增加、颜色加深、产生沉淀和胶质的现象，延长齿轮油使用寿命。

剪切安定性是指齿轮油在齿轮啮合运动中会受到强烈的机械剪切作用，使齿轮油中添加的高分子化合物（黏度指数改进剂和某些降凝剂）分子链被剪断变成低分子化合物，从而导致齿轮油黏度下降。

车辆齿轮油的工作温度变化很大：冬季冷起动时，温度可在0℃以下，要求齿轮油黏度不超过150 Pa·s；当正常工作时，其工作温度可达100℃以上，此时要求齿轮油黏度不能太小，所以要求齿轮油要具有良好的黏温特性。

（二）齿轮油的规格

选用车辆齿轮油时，一是要根据齿面压力、滑移速度和油温等工作条件选择使用性能级别（API质量代号）；二是要根据最低气温、最高油温和换油周期选择黏度级别（SAE黏度代号）。

1. API质量代号

API质量代号，根据齿轮负载能力分为GL－1、GL－2、GL－3、GL－4、GL－5、GL－6六个级别，其应用如表4-1-5所列。

我国车辆齿轮油按使用性能分为三类：普通车辆齿轮油（GL－3）、中负荷车辆齿轮油（GL－4）和重负荷车辆齿轮油（GL－5）。

2. SAE黏度牌号

车辆齿轮油黏度级别分为70W、75W、80W、85W、90、140、250七个牌号（等级）。含字母W的是冬季用齿轮油，以低温黏度达到150 Pa·s时的最高温度和100℃时最低运动黏度划分；不含字母W是夏季用齿轮油，以100℃运动黏度范围划分。齿轮油的黏度等级也有单级黏度和多级黏度之分，例如：GL－5 85W/90表示低温黏度符合SAE85W要求、高温黏度符合SAE90的要求的重负荷车辆齿轮油。

（三）选用车辆齿轮油注意事项

①根据季节，对照当地冬季最低气温适当选择齿轮油的黏度级别，标号为75W、80W、85W的齿轮油分别适用于最低气温为－40℃、－26℃、－12℃的地区。尽可能使用合适的多

级车用齿轮油。

API 车辆齿轮油的应用　　表 4-1-5

API 级	适用的工作条件	适用的齿轮传动类型	添加剂
GL－1	低压、低滑动速度和缓工作条件	螺旋锥齿轮和蜗杆减速器及某些手动齿轮变速器	抗氧化、防锈、消泡、降凝剂
GL－2	用于 GL－1 不能充分满足的负荷、温度和滑动速度的工作条件	蜗轮蜗杆主减速器	抗磨剂及少量极压剂
GL－3	中等滑动速度和负荷，高于 GL－2 而低于 GL－4 的要求	螺旋锥齿轮主减速器和手动齿轮变速器	少量极压剂
GL－4	高速冲击载荷、高速小转矩和低速大转矩的工作条件	轿车和其他汽车的准双曲面齿轮主减速器	较多的极压剂
GL－5	抗擦伤性能要求比 GL－5 更高的使用条件	轿车和其他汽车的准双曲面齿轮主减速器	多量极压剂
GL－6	抗擦伤性能要求比 GL－5 更高的使用条件	轿车和其他汽车的高偏置双曲面齿轮主减速器（偏置量大于 5 cm，或接近大齿圈的 25%）	大量极压剂

②根据齿轮类型和工况选择齿轮油的使用性能级别，对于一般工作条件下的螺旋锥齿轮主减速器（驱动桥）、变速器和转向器，可选用普通车辆齿轮油；准双曲面齿轮主减速器必须根据工作条件选用中负荷车辆齿轮油或重负荷车辆齿轮油，绝不能用普通车辆齿轮油代替准双曲面齿轮油。馏分型双曲面齿轮油的颜色一般为黄绿色到深绿色及深棕红色，其他齿轮油一般为深黑色，使用时应注意区别。

③因某些指标不尽相同，不同产地的车用齿轮油，即使是同质量、同黏度等级也不能混用。

④加油量应适当。油量过多不仅增加搅油阻力和燃油消耗，而且易导致齿轮油经后桥壳进入制动鼓造成制动失灵；油量过少会导致润滑不良，工作温度升高，加速齿轮磨损。齿轮油一般应加到与齿轮箱加油口下缘平齐。

⑤按规定期限及时更换车辆齿轮油，一般换油里程为 3～4.8 万 km。

（四）车用齿轮油品质的简易检验

馏分型双曲面齿轮油的颜色一般为黄绿色到深绿色及深棕红色，劣质油呈黑色，有时可观察到分层或沉淀。

四、车用润滑脂

润滑脂实际上是一种稠化了的润滑油，是将稠化剂分散在液体润滑剂中所组成的一种固体或半固体产品。润滑脂主要用于汽车车轮轮毂轴承及底盘各活络关节处的润滑。选择的润滑脂必须与使用条件（温度、速度、负荷和环境等）相适应，这些都与润滑脂基本特性有关，而润滑脂的基本特性取决于基础油和稠化剂种类。

1. 润滑脂的性能特点

①稠度适当。稠度是指润滑脂的浓稠程度。

②耐热性好。润滑脂应具有很强的附着能力，要求在温度升高时也不易流失。

③抗磨性和抗水性好。润滑脂应具有良好的抗磨性和抗水性，不会在遇水后稠度下降，甚至乳化而消失。

④胶体安定性和抗腐蚀性好。用于防止储存、使用时胶体分解，析出液体润滑油。

2. 润滑脂的种类

润滑脂有钙基润滑脂、钠基润滑脂、钙钠基润滑脂、通用锂基润滑脂、汽车通用锂基润滑脂、极压锂基润滑脂、石墨钙基润滑脂等种类，其特性和适用范围如表 4-1-6 所示：

润滑脂的特性和适用范围　　表 4-1-6

品　种	特　性	适用范围
钙基润滑脂	抗水性好、耐热性差、使用寿命短	使用温度为－10～60℃
钠基润滑脂	抗水性差、耐热性好、有较好的极压抗磨性能	使用温度可达 120℃
钙钠基润滑脂	抗水性、耐热性介于钙基润滑脂和钠基润滑脂之间	适用于不太潮湿条件下的滚动轴承的润滑，如底盘、轮毂等处的轴承
通用锂基润滑脂	具有良好的抗水性、机械安定性、防锈性、氧化安定性	适用于各种机械设备的滚动和滑动轴承及其他摩擦部位的润滑，是一种长寿命通用润滑脂
汽车通用锂基润滑脂	良好的机械安定性、胶体安定性、防锈性、氧化安定性、抗水性	适用于汽车轮毂轴承、水泵、发电机等摩擦部位的润滑，国产和进口车型普遍推荐使用
极压锂基润滑脂	有极高的极压抗磨性	适用于高负荷机械设备的齿轮和轴承的润滑，部分国产和进口车型推荐使用
石墨钙基润滑脂	具有良好的抗水性和抗碾压性能	适用于重负荷、低转速和粗糙的机械的润滑，如汽车钢板弹簧、起重机齿轮转盘等承压部位的润滑

3. 润滑脂使用注意事项

①推荐使用锂基润滑脂。锂基润滑脂滴点高，使用温度范围广，并具有良好的低温性能、抗磨性、抗水性、抗腐蚀性和热氧化安定性，是目前最常用的一种多效能润滑脂。

②不同种类的润滑脂不能混用，新旧润滑脂也不能混用。即使是同类的润滑脂也不可新旧混用，这是因为旧润滑脂含有大量的有机酸和杂质，会加速新润滑脂的氧化。更换润滑脂时，必须将旧润滑脂清洗干净，才能加入新润滑脂。

③润滑脂用量应适当。更换轮毂轴承润滑脂时，只需在轴承的滚珠(或滚柱)之间塞满润滑脂，而轮毂内腔采用“空毂润滑”，即在轮毂内腔仅仅涂上一层润滑脂，这样易于散热，既可降低润滑脂的工作温度，又可节约润滑脂用量。

④合理选用润滑脂。合理选用润滑脂要注意以下几点：

a. 选用润滑脂最主要的目的是能长期使用，保证车辆各部件受到正常润滑。因此，润滑脂的寿命是选用润滑脂的主要依据，而影响润滑脂寿命的重要因素是车辆的工作条件、温度、运转速度和承受的负荷四个方面。

b. 对高温部位润滑，要考虑选用抗氧化性能好、热蒸发损失小、滴点高的润滑脂；在低温下使用的润滑脂，要选用起动阻力小、黏度小的润滑脂。

c. 运转速度快的部件要选用相似黏度大、抗剪切能力强的润滑脂。

d. 在潮湿环境或与水接触的部位，要选用抗水性好的润滑脂；条件苛刻的，选用加有防锈剂的润滑脂。如水泵轴承、底盘轴承等，不能用钠基等水溶性稠化剂润滑脂，应使用钙钠基或锂基润滑脂。

e. 对重负荷部位的润滑，应选用基础油黏度较高、稠化剂含量最高的润滑脂；对中、低负荷部位润滑，选用基础油黏度以中等为好。

4. 车用润滑脂质量的简易检验

①不要购买存储时间超过 1 年的润滑脂。

②颜色。钙基润滑脂为外观呈浅黄色至暗黑色的油膏；石墨钙基润滑脂为外观呈黑色的均匀油膏；通用锂基润滑脂为外观呈均匀光滑的油膏；合成锂基润滑脂为外观呈浅褐色的均匀油膏；复合钙基润滑脂为外观呈浅黄色至暗褐色的均匀块状油膏。

③手感光滑，手捻不拉丝，钙基润滑脂沾水后手捻不乳化。

五、车用制动液

制动液用于液压制动系统和液压离合器操纵系统的能量传递，制动液的质量直接关系着行车安全。为了保证汽车行驶安全，汽车制动液必须具有适当的黏度、沸点、氧化安定性及橡胶溶胀性等。

1. 制动液的性能特点

①制动液应有合适的高、低温黏度，良好的低温性能，必要的润滑性，在－40～150℃温度范围内，保持良好的工作状态，使制动灵敏可靠。

②制动液在 150℃以下不得气化，吸水后沸点下降不大，不分层沉降，保持混溶状态；

③制动液对橡胶件溶涨率小，确保皮碗、密封件能正常工作；

④制动液抗氧化安定性与热安定性好，遇热不分解、不腐蚀金属，可防锈。

2. 制动液的种类

根据原材料的不同，制动液分为醇类型、矿物油型和合成型三类。此外，国外还生产了高沸点制动液和低吸湿性制动液等。

(1)醇类型制动液。醇类型制动液由低碳醇和精制蓖麻油配制而成，工作温度范围为－30～50℃。由于低温时黏度易增大，沸点低，与水互溶性差，已不适应现代高速、大功率、高负荷汽车的要求，我国已于 1990 年停止使用。

(2)矿物油型制动液。矿物油型制动液以精制的柴油馏分，经深度脱蜡后的组分为基础油，再加入多种添加剂调和而成，具有润滑性能好，对金属腐蚀性小，使用周期长且不受地区、季节和车型限制等优点，能在－50～150℃温度范围内长期使用。但该制动液对天然橡胶和丁苯橡胶溶胀率大，此外，与合成型制动液混合使用易导致油液分层，性能下降，甚至失去效能。

我国矿物油型制动液的主要产品有 7 号和 9 号两个牌号。9 号油用于温度不低于－20℃地区；7 号油呈红色透明液体，可在全国各地通用，但主要用于严寒地区。

(3)合成型制动液。合成型制动液主要由溶剂、润滑油和各种添加剂组成。黏度随温度变化平稳，能在－40～150℃温度范围内顺利供油，对橡胶件不产生侵蚀，且溶胀率小。适用于高速轿车、大功率和大负荷汽车。

制动液主要产品牌号有 719、746 及 HZY2、HZY3、HZY4 等，此外，我国还生产了 4603、4603－1、4604 合成型制动液。牌号中的 H、Z、Y 分别为“合成、制动、液体”汉语拼音的第 1 个字母，阿拉伯数字作为区别标志，无其他含义。

HZY2、HZY3 及 HZY4 型制动液是无沉淀、无悬浮物的透明液体；4603、4603－1、4604 型制动液呈浅黄色至琥珀色透明液体。

(4)高沸点制动液。高沸点制动液是以高沸点聚乙二醇醚为主，最低回流沸点为 288℃，其他性能与合成型制动液相似，常用于高速、大负荷汽车的液压制动系统。

(5)低吸湿性制动液。低吸湿性制动液是以乙二醇醚酯、乙二醇酯或复合基础油为主。它是针对水分侵入而降低制动液的沸点，使制动系统产生气阻，造成制动失效这一问题而生产的一种制动液，是现代汽车制动液中的优良品种，如 SAE J1702、SAE J1703 等。

我国生产的 4603、4603－1、4604 合成型制动液的低温流动性、沸点等主要使用性能指标，已与 SAE J1702、SAE J1703、SAE J1704 水平相似，其沸点分别超过 193℃、230℃、200℃，但吸湿性、吸湿后的沸点与美国联邦机动车辆安全标准(简称 DOT)还有差别。凡是规定使用 SAE J1703、SAE J1704 或 DOT－3、DOT－4 水平制动液的汽车，均可使用上述国产制动液。

3. 制动液使用注意事项

①禁止不同类型的制动液混合使用，不同厂家生产的同黏度、同牌号的制动液也不宜混合使用，否则会因制动液分层而失去制动作用。

②制动液应保持清洁，严防水分，矿物油及杂质污染制动液。使用前必须检查制动液，如有白色沉淀、杂质等，应过滤后再使用。

③制动液应注意防潮，防止制动液吸收水分后导致沸点下降。存放制动液的容器应当密封，更换下来和装在未密封容器内的制动液不允许继续使用。

④制动液应定期更换，一般为 1～2 年。更换制动液时，需彻底清洗制动系统。

⑤山区下坡连续使用制动或在高温地区长期频繁制动，制动液温度可达 150～170℃，已超过一般合成制动液的潮湿沸点，因此要注意检查制动液温度，以防气阻导致制动失效。

⑥使用合成型制动液的制动系统应防止矿物油或矿物油型制动液混入，使用矿物油制动液时，制动系统应换用耐油橡胶件。

4. 车用制动液的选用

车用制动液使用范围如表 4-1-7 所列，国内外合成型制动液近似对照如表 4-1-8 所列。

车用制动液使用范围 表 4-1-7

制动液牌号	适用范围
719、746 号	轿车，或代替 SAE J1703
4604	高级轿车，全国四季通用
4603－1	货车、工程机械，温度在－30℃以上地区
4603	与 4603－1 相同，但不宜在湿热条件下使用
7 号	所有车型，全国四季，尤其适用于寒冷地区
9 号	所有车型，全国四季，用于温度在－25℃以上地区

六、车用液力传动油

液力传动油使用在自动变速器中，又称为自动变速器油(ATF)。在液力变矩器中，它作为流体动力能的传递介质；在液压控制装置中，它作为液体静压能的传递介质；在换挡执行器中，它作为机械摩擦能的传递介质；在摩擦片表面和油冷却系统中，它作为热量传递介质；在齿轮、轴承中，它作为润滑介质。由于液力传动油的使用寿命超过 10 万 km，所以要求它具有良好的液力传动、液压传动、润滑、冷却性能，主要要求液力传动油具有稳定的黏度和良好的低温流动性、抗磨性、热氧化安定性、抗泡沫性、密封材料适应性、良好的抗摩擦特性、防腐蚀性和储存安定性。

国内外合成型制动液近似对照　　表 4-1-8

标　准	制动液牌号					
GB 10830—89	JG0	JG1	JG2	JG3	JG4	JG5
GB 12981—91	—	—	HZY2	HZY3	HZY4	—
SH 0462—92	4603、4603—1	—	—	—	—	—
SH 0463	—	—	4604	—	—	—
SAE	—	—	J1703	—	—	—
ISO	—	—	—	4925	—	—
DOT	—	—	—	DOT—3	DOT—4	—
JISK	—	—	—	2233	—	—

有些轿车的转向助力器也使用与本车自动变速器油同型号的液力传动油。

1. 车用液力传动油的性能特点

①应具有适宜的黏度和良好的黏温性能，以保证自动变速器能在－40～170℃温度范围内正常工作。

②应具有良好的润滑性的抗摩擦特性，能保证不同材质的液力传动、液压传动、机械传动、摩擦传动部件不易被磨损。

③应具有热稳定性和抗氧化安定性好，能保证在 70～140℃（甚至更高温度）的工作条件下长期使用。

④应具有良好的低温流动性，凝点低，能适应冬季运转的工作条件，使冷起动容易、变速平稳。

⑤应具有优良的抗泡沫性，使油液在不断搅拌的工作条件下产生的泡沫易于消失。

⑥对橡胶密封材料有良好的适应性，不会导致密封材料产生过大的膨胀、收缩和硬化，否则会引起漏油故障。

2. 车用液力传动油的种类

车用液力传动油主要以美国通用公司的“DexronⅡ－E”和福特公司的“Mercon”这两种规格为代表，其他欧洲、日本制造厂家近年来也制定了各自的新规格。例如捷达轿车使用的自动变速器油规格为“VW ATF”，日本的规格为“Original ATF”，用以代替“DexronⅡ－E”和“Mercon”。各类车型一定要按制造厂家推荐的规格选用相应的液力传动油。

我国兰州炼油厂和上海炼油厂生产的液力传动油按运动黏度分为 6 号和 8 号两种，8 号油的使用水平与通用汽车公司 DexronⅡ液力传动油相当。

七、车用其他工作液

（一）发动机冷却液

发动机冷却液（又称防冻液）是汽车发动机的专用化学品，主要用于发动机的冷却，其作用是防止发动机在冬季因冷却水结冰而冻裂损坏，还要阻止水中的氧及其他杂质对冷却系金属的腐蚀。对冷却液性能的要求主要是防冻、防锈、防沸腾和防水垢。

1.发动机冷却液的性能特点

①低温黏度小,流动性好。冷却液的低温黏度越小,说明冷却液流动性越好,低温散热效果越好。

②冰点低。冷却液的冰点必须低于最低环境温度10℃以上,否则易冻裂发动机冷却系统。

③沸点高。发动机冷却液在较高温度(超过100℃)下不沸腾,可保证汽车在满载、大负荷等苛刻条件下正常工作,此外,高沸点也会减少蒸发损失。

④防腐性能好。要求冷却液对冷却系统的金属、橡胶及车身涂层具有良好的防腐蚀性能。冷却液pH值在7.5～11.0之间为好,超出范围将对金属材料产生不利影响。

⑤不易产生水垢,不起泡沫。水垢和泡沫均会减小冷却系统的散热效果,因此要求冷却液不易产生水垢和泡沫。

⑥具有传热效果好、热化学安定性好(可长期使用)、蒸发损失少、热容量大、价格低廉、无毒等特性。

2.发动机冷却液的组成

常用的发动机冷却液为水与乙二醇、水与乙醇、水与丙三醇、水与甲醇或水与双甘醇按一定比例混合而成。多数冷却液为乙二醇－水基型冷却液。冷却液中使用染料染色,以区别于其他液体。为了便于运输、储藏,冷却液可制成浓缩液,使用时需要加水稀释。目前乙二醇－水基型冷却液的浓缩液含有90%～95%的工业乙二醇、3%～5%的添加剂和5%以下的水。

我国发动机冷却液产品质量分为一级品和合格品,发动机冷却液有－25号、－30号、－35号、－40号、－45号和－50号等6个牌号,冷却液的冰点值即为其牌号值。

3.发动机冷却液使用注意事项

①在选用冷却液时,其冰点要比车辆运行地区的最低气温低10℃以上;应首选汽车制造厂推荐或规定使用的冷却液;要看清包装说明,选择使用的冰点、沸点和防腐蚀性能好的冷却液。实践证明,选用冷却液的关键是防腐蚀剂的选择和配制,切不可购买“三无”产品,以防被假冒伪劣产品坑害。

②乙二醇冷却液的最低使用浓度为33.3%(V/V),此时冰点不高于－18℃,低于此浓度则冷却液的防腐蚀性不足;最高使用浓度为69%(V/V),此时冰点为－68℃,高于此浓度则冰点反而会上升;全年使用冷却液的车辆最低使用浓度以50%(V/V)左右为宜。

③使用冷却液的车辆,水箱温度比使用水冷却时的温度高10℃以上是正常的,这是因为冷却液沸点高,而且水温升高有利于提高发动机热效率,节省燃料,因此不要人为降低发动机工作温度。

④乙二醇冷却液在使用中蒸发损失的一般是水,应及时添加适量的蒸馏水。但长时间使用后(如每年入冬前)应检查冷却液的密度,如密度变小,则说明乙二醇含量不足,冰点升高,应及时加充冷却液(或浓缩型冷却液)。

⑤不同牌号、不同规格的冷却液不可混用。同一牌号的冷却液,加水量越多,调配后的冷却液冰点值越高。

⑥冷却液一般使用1～2年后须更换,更换时应清洗发动机冷却系统。

⑦乙二醇水溶液热膨胀系数大,因此冷却系统要留有5%的空隙,以免升温后冷却液膨胀

溢出。

⑧乙二醇有毒，切勿入口。

⑨如果选用的是浓缩液，应按照说明书规定的比例加入蒸馏水进行稀释，切不可使用自来水、地下水或地表水，否则冷却系统易生水垢并加重腐蚀。

(二)车用液压油

汽车上转向助力器、减振器、车身自动升降系统均使用液压油。对液压油的基本要求是工作中能保持不可压缩性和良好的流体状态。

1.车用液压油的性能特点

①黏度适宜，黏温性能良好，在温度升高或降低时，不影响液压系统的正常工作。

②润滑、防锈、抗氧化安定性等性能良好，使用寿命长。

③化学安定性良好，能保证液压系统长期、安全工作。

④抗泡沫性、抗乳化性好。

⑤对橡胶、塑料、涂料等无侵蚀作用。

2.车用液压油的分类

液压油种类繁多，分类方法各异。1982年国际标准化组织提出了ISO6743/4－82标准，该分类方法较好反映了各种液压油间的相互关系和发展。我国等效采用ISO标准，将液压油黏度级别按40℃运动黏度分为N15、N22、N32、N46、N68、N100、N150七个牌号。液压油按使用性能分类也是等效采用ISO标准来，其中汽车常用的有HM、HV、HS三种，如表4-1-9所列。

车用液压油品种质量等级、黏度等级(牌号) 表4-1-9

品种	质量等级	黏度等级
HM	优等品	15 22 32 46 68
	一等品	15 22 32 46 68 100 150
HV	优等品	10 15 22 32 46 68 100
	一等品	10 15 22 32 46 68 100 150
HS	优等品	10 15 22 32 46
	一等品	10 15 22 32 46

HM称为抗磨液压油，是从防锈、抗氧化液压油(HL)基础上发展而来的，它不仅具有良好的防锈、抗氧化性能，在抗磨性方面表现更为突出。HM型液压油有两种，一种是有灰型(含锌)，一种是无灰型(不含金属盐)。含锌抗磨液压油对钢－钢摩擦副(如叶片泵)来说，抗磨性特别好，但对含有银与铜的部件，锌对其有腐蚀作用。无灰型抗磨液压油的水解安定性、油品的可滤性及氧化安定性较好。但目前有灰性液压油的使用量仍占绝大多数。

HV为低温液压油，是采用深度脱蜡精制的矿物油或与α稀烃合成油混构而成，为稠化型抗磨液压油，倾点不高于－36℃。

HS液压油是以低温性能好的α稀烃合成油为基础，添加与HV液压油类似的添加剂构成，倾点不高于－45℃。

HV、HS都具有优良的抗磨性、低温流动性和低温泵送性，黏度指数均大于130。由于油中加有高分子聚合的黏度指数改进剂，因此，使用该类油品有望能改善其剪切安定性。

3. 车用液压油的选用

选用液压油时应考虑液压系统的工作条件(包括油泵的类型、工作压力、转速和系统内的油温,各部件材质,液压系统工作时间和工作特点等)和液压系统的工作环境(包括工作环境温度、温度变化情况及有无特殊情况等)。对于影响汽车行车安全的系统(如制动、转向)应按汽车制造厂规定的油品选用。

汽车减振器采用性能属于 HV 类的专用汽车减振器油,目前国内外汽车采用的减振器油有矿油型和硅油型两种。矿油型减振器油是由低凝点的深度精制轻质润滑油加增黏剂和抗磨、抗氧、防锈、抗泡沫等多种添加剂配制而成。硅油型减振器油具有优良的黏温特性、热稳定型和优异的吸振作用,但价格较高。

液压油黏度牌号选择,应以保证液压系统在低温环境下能灵敏可靠工作,在高温环境下能保持容积效率、机械效率之间的最佳平衡为考虑原则。

多数汽车制造厂推荐汽车转向助力器使用 HV 型油。最低气温在－10℃以上的地区可全年使用 N46 号油;最低气温在－20℃以上的地区可全年使用 N32 号油;最低气温在－35℃以上的地区可全年使用 N22 号油。

自动倾卸机构和工程车辆液压系统,其额定压力多在 10～32 MPa 范围以内,一般采用柱塞泵或齿轮泵。由于汽车倾卸机构的工作时间短,间歇时间长,其工作温度与环境温度相差不大,因此一般选用时主要考虑低温泵送性,除冬季最低气温在－35℃以上的严寒地区以外,可全年使用 N22 号油。如果使用抗磨液压油,最低气温在－35℃以上的地区可全年使用 N15 号油;最低气温在－10℃以上的地区可全年使用 N32 号油。工程车辆的液压系统持续工作时间长,液压系统的油压高,且多要低速大扭矩工况下工作,在夏季可使用 HM46 号油;最低气温在－10℃以下的地区,冬季必须换用 HM15 号或 HM22 号油。

(三)制冷剂

1. 汽车空调制冷剂的性能特点

在制冷设备中完成制冷循环的工作介质称为制冷剂。汽车空调制冷剂应具有:蒸发潜热大且易于液化、化学安定性好、工作温度和压力适中、对金属及密封材料无腐蚀、不燃烧、不爆炸、无毒性、无污染、可与冷冻机油按照任何比例互溶等特点。

2. 汽车空调制冷剂的品种

车用制冷剂早期广泛使用 CFC—12(R12),后来使用环保型产品 HFC—134a(R134a)。R12 属于氟利昂系的制冷剂,具有制冷能力强、化学性质稳定、安全性好等优点。但是研究证明,R12 释放在大气中后,会消耗大气中的臭氧,破坏了大气对地球的保护作用(臭氧层可防止太阳光中紫外线直接射向地球),对人类和其他生物带来危害。

R134a 对大气无破坏作用,R134a 与 R12 比较,制冷能力较小,但传热性能优越。R134a R12 制冷系统是有区别的,使用时切不可错用制冷剂,否则会引起制冷系统故障。

制冷剂使用注意事项

免日光直射、高温烘烤制冷剂容器,以防发生意外。

制冷剂与人的皮肤直接接触,以防冻伤;尤其避免制冷剂误入眼睛,以防造成失明。

12 制冷剂无毒且不易燃烧,但遇明火会产生有毒物质,因此操作现场应保持通

134a 制冷剂时,除了要注意上述问题外,还应注意应使用 XH—7 型干燥剂,并

增加用量;冷冻机油应换用适于 R134a 的专用冷冻机油;制冷系统密封材料应选用专用材料。

(四) 风窗玻璃洗涤剂

汽车风窗玻璃洗涤剂用来清洗风窗玻璃上妨碍视野的物质。汽车在行驶过程中,其他车辆溅起的泥土、废气中含有有未完全燃烧的油气以及道路沥青与雨水的混合物、抛光剂的蜡与雨水的混合物等污物会附着在汽车风窗玻璃上,这就要求风窗玻璃洗涤剂对以上物质具有浸透、乳化分散及溶解作用,以便将其清洗干净。

优质的风窗玻璃洗涤剂应具有一定浓度,既对金属无腐蚀作用,又对非金属无不良影响,冷热交变下稳定性良好,能有效地去除各种污垢,确保风窗玻璃视野良好等特点。风窗玻璃洗涤剂还应对人的皮肤、嗅觉无刺激作用。冬季使用的风窗玻璃洗涤剂还应具有较低的凝点,一般要求风窗玻璃洗涤剂的凝点为−20℃,对于特别寒冷地区可特殊配制。

(五)铅酸蓄电池电解液

汽车蓄电池可以反复多次进行充电和放电,而蓄电池电解液就是蓄电池充电、放电过程的介质。蓄电池电解液是由纯净硫酸与蒸馏水按一定比例配制而成,一般工业硫酸和非蒸馏水都含有杂质,不可加入蓄电池内,否则将减少蓄电池的容量,影响蓄电池的性能和寿命。

配制电解液时,应按所需密度确定硫酸与水的数量。可按质量比或体积比来配制,以体积比配制较方便。配制时,一定要注意将硫酸缓慢倒入盛有水的容器,边倒边搅拌,切不可将水倒入硫酸容器内,以防硫酸飞溅伤人。

电解液中硫酸浓度通常以密度(或相对密度)来表示。密度大可以减少冬季使用中结冰的危险,并提高蓄电池的电容量,但密度过大,由于黏度增加,不仅会减小蓄电池的电容量,而且还会缩短极板和隔板的使用寿命。所以,电解液密度应根据地区气候条件来选择。

本章小结

通常将汽车零部件、汽车标准件和汽车材料三种类型的产品统称为汽车配件。汽车配件质量不仅直接影响汽车维修质量,而且关系到行车安全。因此,如何选购汽车配件,怎样判断配件质量优劣,已成为汽车维修人员关注的焦点。但只要了解汽车配件的类型,熟悉汽车结构以及制造工艺和材质等方面的知识,掌握选购汽车配件的的基本原则和注意事项,正确运用检验标准,凭借积累的经验和一些简单的鉴别、检验方法对汽车配件质量进行鉴别、检验,就能够识别配件的优劣。

一辆汽车由成千上万个零部件组装而成,这些零部件是用不同的材料制造的,常用材料包括金属材料和非金属材料。汽车常用金属材料主要有钢铁、铝及铝合金、铜及铜合金和轴承合金等,常用非金属材料主要有橡胶、工程塑料及摩擦材料等。为了检验和控制汽车配件的质量,必须掌握汽车常用材料的性能及其质量控制常识。

常用的汽车运行材料目前有 20 多个品种、100 多个规格,主要包括车用燃料、发动机油、车辆齿轮油、车用润滑脂、车用制动液、车用液力传动油、车用其他工作液(发动机冷却液、制冷剂、车用液压油、风窗玻璃洗涤剂、铅酸蓄电池电解液等)。汽车运行材料关系到汽车的安全性、可靠性、动力性、经济性以及排放性,因此必须熟悉汽车常用运行材料性能,掌握其质量控制常识。

复习思考题

1. 金属材料的机械性能主要有哪些方面？

2. 金属材料的工艺性能主要有哪些方面？

3. 钢和铁的基本区别是什么？钢和铸铁分别可分为哪些种类，各有何特点？

4. 碳素结构钢与合金结构钢的成份有什么不同？Q235－A・F、15Mn 各是什么钢，并说明其字母和数字分别表示什么含义？

5. 20、T8、ZG230－450、12CrNi2 各是什么金属材料，并说明其字母和数字分别表示什么含义？

6. 什么是钢的热处理？钢的热处理工艺有哪些种类，各有何特点？

7. HT100、KTH300－6、QT400－18 各是什么金属材料，并说明其字母和数字分别表示什么含义？

8. 铝合金分为哪些种类？各有什么特点？

9. 铜合金分为哪些种类？各有什么特点？

10. 橡胶可分为哪些种类？汽车常用橡胶配件有哪些？

11. 塑料的特性是什么？汽车常用塑性有哪些种类？

12. 车用汽油、车用轻柴油的使用性能评定指标分别有哪些？

13. 如何选用发动机油？简述使用滤纸斑点试验测定在用发动机油质量的具体操作方法和评判标准。

14. 车辆齿轮油、润滑脂、制动液、发动机冷却液、制冷剂在使用中应注意哪些事项？

第二章 汽车配件质量鉴别和检验方法

第一节 汽车配件的类型

在汽车维修企业和汽车零配件经营企业，通常将汽车零部件、汽车标准件和汽车材料三种类型的产品统称为汽车配件。

一、汽车零部件

汽车零部件一般都编入各车型汽车配件目录，并标有统一规定的零部件编号。汽车零部件又分为以下类型：

1. 零件

零件是指汽车基本制造单元，它是不可再拆卸的整体，如活塞、活塞销、气门、气门导管等。

2. 合件

合件由两个以上零件组装，起着单一零件作用的组合体称为合件，如带轴承盖的连杆、成对的轴瓦、带气门导管的汽缸盖等。

3. 组合件

组合件由几个零件或合件组装，但不能单独完成某一机构作用的组合体称为组合件，如离合器压板及盖、变速器盖等。有时也将组合件称为“半总成”件。

4. 总成件

总成件由若干零件、合件、组合件装配成一体，能单独完成某一机构作用的组合体称为总成件，如发动机总成、离合器总成、变速器总成等。

5. 车身覆盖件

车身覆盖件由板材冲压、焊接成型，并覆盖汽车车身的零件称为车身覆盖件，如散热器罩、翼子钣等。

二、汽车标准件

按国家标准设计并制造，对同一零件统一其形状、尺寸、公差、技术要求，能通用在各种仪器、设备上，并具有互换性的零件称为标准件，如螺栓、垫圈、键、销等。其中适用于汽车的标准件，称为汽车标准件。

三、汽车材料

这里是指汽车的运行材料，如各种油料、溶液、汽车轮胎、蓄电池、标准轴承(非专用)等。汽车材料大多是非汽车行业生产而由汽车使用的产品，一般不编入各车型汽车配件目录，所以也将其称为汽车的横向产品。

在汽车配件中，还有一个重要的概念，那就是"纯正部品"。纯正部品是进口汽车配件中的一个常用名称，指的是各汽车厂原厂生产的配件，而不是副厂或配套厂生产的协作件。纯正部品虽然价格较高，但质量可靠，坚固耐用，故用户均愿采用。凡是国外原厂生产的纯正部品，包装盒上均印有"GENUINE PARTS"或中文"纯正部品"字样。

第二节　汽车配件质量的鉴别和检验

一、如何选购汽车配件

配件质量的好坏不仅直接影响汽车维修质量，而且关系到行车安全。因此，如何选购好汽车配件，怎样判断配件质量优劣，已成为汽车维修人员关注的焦点。众多采购人员的经验是：走正门、货比货、不贪便宜。所谓走正门，就是到信誉高，即信得过的配件商店和有关特约维修站去购买需要的配件；所谓货比货，就是将购买的配件与原来使用过的配件对比外观质量及加工精度，与原配件相同是合格品(或正品)，否则就值得怀疑；所谓不贪便宜，是从"一等价钱一等货"的道理来说的。

配件采购时应遵循"5R"原则：即通过适当的供应商(right vendor)，在确保适当的品质(right quality)下，以适当的价格(right price)，于适当的时间(right time)，获得适当的数量(right quantity)。

在选购配件过程中，不仅要注意防止"以次充好"的配件，还要特别注意"以旧充新"的翻新件。某些经维护换下的总成，可能通过更换简单的零件，外表重新油漆，充当新的配件出售。但只要能仔细观察，就可以发现可疑处，如有拆卸敲打的痕迹，未油漆处有油污等。同时还可通过检查有无原厂说明书、产品合格证、生产厂名、厂址等来判别真伪。

在选购配件时，特别是进口车的配件，还要注意区别不同年代生产的配件规格差异。为了满足市场的需求和适应技术的发展，汽车制造商每年都会改进某些零部件，生产新车型。新、老车型的同一种零件外型虽然相似，但只要编号改了，其参数就有变化。在选购配件之前，一定要弄清楚车辆型号、生产年份，同时也要掌握选购配件的性能和参数。

为了鉴别判断配件质量的优劣，大体上可检查以下几个方面，即一是检查包装，二是检查配件外观，三是必要时进行力所能及的检验。

二、检查汽车配件外部包装

1. 检查商标

选购配件时要认真查看商标，商标图案是否标注清楚、图案清晰、色彩鲜艳，上面的厂名、厂址、等级和防伪标记是否真实。因为对有短期行为的仿冒制假者来说，防伪标志的制作不是一件容易的事情，需要一笔不小的支出。另外在商品制作上，正规厂商在零配件表面有硬印或化学印记的商标，并注明了零件的编号、型号、出厂日期，一般采用自动打印技术，字母排列整齐，字迹清楚，小厂和小作坊一般是做不到的。

2. 检查外部包装

汽车零配件的互换性很强，精度很高，为了能较长时间存放、不变质、不锈蚀，需在出厂前用低度酸性油脂涂抹。正规的生产厂家，对包装盒的要求也十分严格，要求无酸性物质，不产生化学反应，有的采用硬型透明塑料抽真空包装。考究的包装能提高产品的附加值和身价，箱、盒大都采用防伪标记，常用的有镭射、条形码、暗印等，在采购配件时，这些信息很重要。

国产汽车的配件有正厂配件（即正厂生产的配件）、副厂配件；进口汽车和中外合资厂生产的汽车配件除正厂配件、副厂配件外，还有国产配件。这些配件的共同特点是包装规范、有配件商标图案、零件号标注清楚。具体包装盒上有生产厂名、厂址、零件名称、零件编号、包装盒内附有合格证；进口配件有中文说明，有的还有产地、经销点等信息。

3. 检查产品说明书

产品说明书是生产厂商进一步向用户宣传产品，为用户做某些提示，帮助用户正确使用产品的资料。通过产品说明书可增强用户对产品的信任感。一般来说，每一个配件都应配一份产品说明书（有的厂商配用户须知）。

如果交易量大，还应该查询技术鉴定资料。进口配件还要查询进口报关资料。国家规定，进口商品应配有中文说明，一些假冒进口配件一般没有中文说明，且包装上的外文，存在拼写错误或语法错误，一看便能分辨真伪。

三、检查汽车配件外观

选购汽车配件时应认真检查配件外观。铸件表面不允许有裂纹、孔眼、缩孔和疏松夹渣，其加工面应平整、清洁，不应有磕碰、划痕、毛刺和锈蚀；冲压件表面应光滑，不得有皱折、裂纹和锈蚀；磨削加工件表面应光亮如镜，不得有划痕、黑点、碰伤、腐蚀，用放大镜检查时加工面不得有未磨光的部分；焊接件的焊缝厚度均匀整齐，表面无波纹、夹渣和裂纹。

一般非配套厂生产的配件外表面粗糙度、尺寸精度、硬度达不到技术要求。

（一）检查表面处理工艺

鉴别金属机械零件，可以查看表面处理。所谓表面处理，即电镀工艺、油漆工艺、电焊工艺、高频热处理工艺。汽车配件的表面处理是配件生产的后道工艺，商品的后道工艺尤其是表面处理涉及到很多现代科学技术。国际和国内的名牌大厂，在利用先进工艺上投入的资金是很多的，特别是对后道工艺更为重视，投入的资金少则几百万元，多则上千万元。一些制造假冒伪劣产品的小工厂和手工作坊有一个共同点，就是采用低投入掠夺式的短期经营行为，很少在产品的后道工艺上投入技术和资金，而且也没有这样的资金投入能力。查看表面处理具体有以下几个方面。

1. 镀锌技术和电镀工艺

汽车配件的表面处理，镀锌工艺占的比重较大。一般铸铁件、锻造件、铸钢件、冷热板材冲压件等大多采用表面镀锌。质量不过关的镀锌工艺，表面一致性很差；质量过关的镀锌工艺，表面一致性好，而且批量之间一致性也没有变化，有持续稳定性。明眼人一看，就能分辨真伪优劣。

电镀的其他方面，如镀黑、镀黄等，大工厂在镀前处理的除锈酸洗工艺比较严格，除锈比较彻底，这些工艺要看其是否有泛底现象。镀铂、镀铬、镀镍可看其镀层、镀量、镀面是否均匀，以此来分辨真伪优劣。

2. 油漆工艺

现在一般都采用电浸漆、静电喷漆技术，有的还采用真空手段和高等级静电漆房喷漆。采用先进工艺生产的零部件表面，与采用陈旧落后生产的零部件表面有很大差异。目测时可以看出，前者表面细腻、有光泽、色质鲜明，而后者则色泽暗淡无光亮，表面存在气泡或流痕现象，用手抚摸有砂粒感觉，相比之下，真伪非常分明。

3. 电焊工艺

在汽车配件中，减振器、钢圈、前后桥、大梁、车身等均有电焊焊接工序。正规配件生产企业的电焊工艺技术大多采用自动化焊接，能定量、定温、定速，有的还使用低温焊接法等先进工艺，产品焊缝整齐、厚度均匀，表面无波纹形，直线性好，即使是点焊，焊点、焊距也很规则，这一点哪怕再好的手工操作也无法做到。

4. 高频热处理工艺

汽车配件产品经过精加工后才进行高频淬火处理，因此，淬火后各种颜色都留在产品上。如汽车万向节内、外球笼经淬火后，就有明显的黑色、青色、黄色和白色，其中白色面是受摩擦面，也是硬度最高的面。目测时，凡是全黑色或无色的，肯定不是高频淬火。

工厂要配备一套高频淬火设备，其中包括硬度、金相分析测试仪器和仪表的配套，它的难度高、投入大，还要具备供、输、变电设备条件，供电电源在 3 万 V 以上。小工厂、手工作坊是不具备这些设备条件的。

（二）检查非使用面的表面伤痕

从汽车配件非使用面的伤痕，也可分辨配件的真伪。表面伤痕是在中间工艺环节由于产品相互碰撞留下的痕迹。优质的产品是靠先进的科学管理和先进的工艺技术制造出来的。生产一个零件有时要经过几十道甚至上百道工序，而每道工序都要配备工艺装备，其中包括工序运输设备和工序安放的工位器具。高品质的产品有很好的工艺装备作为保障，所以高水平工厂的产品是不可能在中间工艺过程中互相碰撞的。以此推断，凡在产品不接触面留下伤痕的产品，肯定是小厂、小作坊生产的劣质品。

四、检查汽车配件材质

（一）检视法——“看”

①检视配件材质是否正确。绝大多数配件都经过切削加工。不同的金属材料切削加工后的表面物理特性不同。例如灰口铸铁加工面光泽较暗，球墨铸铁则较亮，两者表面都较粗糙；钢加工面光泽明亮，组织细密。

②检视配件表面硬度是否达标。配件表面硬度都有规定的要求，在征得厂家同意后，可用钢锯条的断茬去试划（注意试划时不要划伤工作面）：划时打滑无划痕的，说明硬度高；划后稍有浅痕的说明硬度较高；划后有明显划痕的说明硬度低。

③检视配件结合部位是否平整。零配件在搬运、存放过程中，由于振动、磕碰，常会在结合

部位产生毛刺、压痕、破损等缺陷，影响零件使用，选购和检验时要特别注意。

④检视配件几何尺寸有无变形。有些零件因制造、运输、储存、保管不当，易产生变形。检查时，可将轴类零件沿玻璃板滚动一圈，看零件与玻璃板贴合处有无漏光来判断是否弯曲。选购离合器从动盘片时，可将从动盘片举在眼前，观察其是否翘曲变形。选购油封时，带骨架的油封端面应呈正圆形，能与平板玻璃贴合无挠曲变形；无骨架油封外缘应端正，用手握使其变形，松手后应能恢复原状。选购各类衬垫时，也应注意检查其几何尺寸及形状。

⑤检视总成件有无缺件。正规的总成件必须齐全完好，才能保证顺利装配和正常运行。一些总成件上的个别小零件若漏装，将导致总成件无法正常工作，甚至报废。

⑥检视配件转动部件是否灵活。在检验机油泵等转动部件时，可用手转动泵轴，应感觉转动灵活无卡滞。检验滚动轴承时，一手支撑轴承内圈，另一手打转轴承外圈，外圈应能快速自如转动，然后逐渐停止转动。若转动零件发卡、转动不灵，说明内部锈蚀或产生变形。

⑦检视配件装配记号是否清晰。为保证配合件的装配关系符合技术要求，有一些零件，如正时齿轮表面均刻有装配记号。若无记号或记号模糊无法辨认，将给装配带来很大困难，甚至错装。

⑧检视接合零件有无松动。由两个或两个以上零件组合成的配件，零件之间有时是通过压装、胶接或焊接在一起的，它们之间不允许有松动现象。如油泵柱塞与调节臂是通过压装组合的，离合器从动毂与钢片是铆接接合的，离合器摩擦片是铆接或胶接的，纸质滤清器滤芯骨架与滤纸是胶接接合的，很多电器设备是焊接接合的，检验时若发现松动应予以更换。

⑨检视配件配合表面有无磨损。若零件配合表面有磨损痕迹，则多为旧件翻新。细小的表面磨损、烧蚀、橡胶材质变质等缺陷可借助放大镜目视观察。

（二）敲击法——"听"

判定部分壳体和盘形零件是否有裂纹、铆钉连接的零件有无松动、以及轴承合金与钢片的接合是否良好时，可用小锤轻轻敲击并听其声音。如发出清脆的金属声音，说明零件状况良好；如果发出的声音沙哑，可以判定零件存在裂纹、松动或结合不良等缺陷。

敲击配件也可以简易判断零件的材质：声音清脆响亮的是钢，声音低哑的是铸铁。低碳钢比中碳钢声音稍清脆些，白口铸铁的声音比灰口铸铁清脆些。

（三）锉削法——"试"

在配件的非工作面进行锉削，可以简易判断零件的材质。但应注意做到不影响工作面，不破坏工作性能。

灰口铸铁锉削时，有"唰唰"声，锉削阻力小，锉刀表面基本不粘屑，锉屑粒大小不一，以细为主，手指碾研锉屑易染黑。

球墨铸铁锉削时也有明显的"唰唰"声，锉削阻力略大，锉刀表面极少粘屑，碾研时，手指染黑程度比灰口铸铁轻。

白口铸铁锉削时，有"咯咯"声，无锉屑，配件上无锉痕，用力大时锉刀面上出现划痕。

低碳钢锉削时，有较轻的"咯咯"声，锉屑呈亮灰色，碾研不染手指，锉刀面粘有少量屑末，但一刷就掉。

例如气门应在气门头部锉削，如有锉痕，即为硬度合格；活塞销应锉削端部，若锉刀打滑，端部没有痕迹，即为合格。

(四)检验法——“测”

1. 配件的几何尺寸、形状和位置公差的检验

(1)结合平面翘曲变形的检查。结合平面的检查多采用平板或钢直尺作为基准,将其放置在工作面上,然后用塞尺测量被测件与基准面之间的间隙。检查时应按照纵向、横向、斜向等多方向测量,以确定变形量(如图 3-2-1 所示)。

(2)轴类零件的检查:

①测量轴颈尺寸误差。如图 4-2-1 所示,一般用外径千分尺测量轴类零件的轴颈尺寸,除测量外径外,还需测量轴颈的圆度和圆柱度误差。测量时,先在轴颈油孔两侧测量直径,然后转动 90°再次测量直径。轴颈同一横断面上直径差数最大值的 1/2 为圆度误差,轴颈不同横断面上直径差数最大值的 1/2 为圆柱度误差。

②测量轴类零件的弯曲变形。将轴的两端用 V 型架水平支承在检验平板上,用百分表触针抵在中间轴颈,将轴转动一圈,表针摆差的最大值反映了轴类零件的弯曲程度(摆差的 1/2 即为实际弯曲度),如图 3-2-28 所示。

(3)滚动轴承的检查:

①测量滚动轴承的轴向间隙。如图 3-2-72 所示,将轴承外座圈放置在两垫块上,并使内座圈悬空,然后在内座圈上放置一块小平板,将百分表触针抵在平板的中央,再上下推动内座圈,百分表指示值的最大值与最小值之差,即是滚动轴承的轴向间隙,轴向间隙的最大允许值一般为 0.20 ~0.25 mm。

②测量滚动轴承的径向间隙。如图 3-2-71 所示,将轴承放在一个平面上,使百分表的触针抵住轴承外座圈,然后一手压紧轴承内圈,另一手往复推动轴承外圈,表针所摆动的数字即为滚动轴承的径向间隙,径向间隙的最大允许值一般为 0.10 ~0.15 mm。

(4)螺旋弹簧的检查:

汽车上应用的压缩螺旋弹簧如气门弹簧、离合器弹簧、制动主缸弹簧等,拉伸弹簧如制动蹄回位弹簧等。弹簧的自由长度可用钢直尺(如图 4-2-2 所示)或游标卡尺(如图 3-2-39 所示)测量;弹力的大小可用弹簧弹力检验仪(图 3-2-40 所示)检查;弹簧弯曲的扭曲变形可用直角尺检查(如图 3-2-41),当 $\delta \leqslant 1.5$ mm,弹簧轴线偏移小于 2°时为合格。

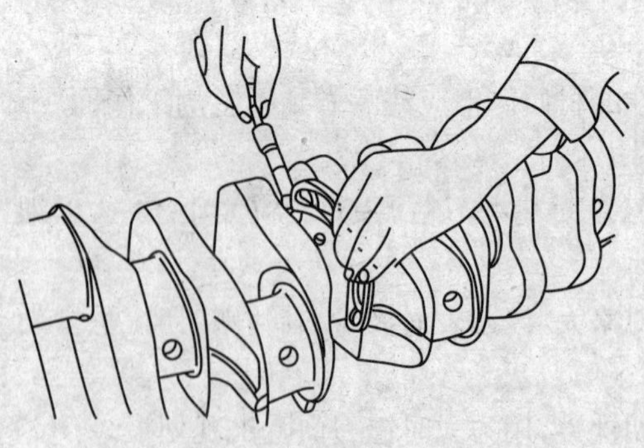

图 4-2-1　曲轴轴颈尺寸误差的测量

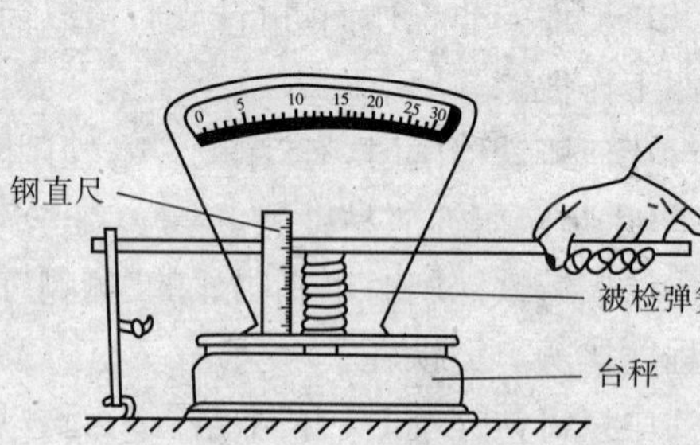

图 4-2-2　用直尺检查螺旋弹簧

2. 配件力学性能的检验

(1)硬度试验。对于大型零件,在必要时,也可通过硬度试验来检验其材质。试验时应注意以下几点:

①不得在工作表面进行硬度试验；

②测试表面应光滑平整，表面应垂直于作用力方向；

③应稳定可靠地夹持试样，并对其平稳均匀加载；

④试样厚度，在测量布氏硬度时应不小于压痕深度的10倍，测量洛氏硬度时应不小于压痕深度的8倍；

⑤压痕中心至试样边缘距离，在测量布氏硬度时应不小于压痕直径的2.5倍，测量洛氏硬度时应不小于压痕直径的3倍；

⑥对于压痕直径，在测量布氏硬度时应从压痕互相垂直的两个方向进行测量，两值之差应≤2%，然后取其平均值作为压痕直径；

⑦每个试样的测试次数不得少于3次，硬度值取三次测量的算术平均值；

⑧不宜测试脆性材料的洛氏硬度。

(2)平衡试验。对于做旋转运动的零件，其质量平衡的好坏直接影响到汽车工作性能和使用寿命，旋转速度越高，影响程度越明显。因此，对于旋转零件要进行平衡试验。

零件的平衡分静平衡和动平衡两种。当零件的轴向长度与旋转直径之比小于0.20时，只需作静平衡试验；当轴向长度与旋转直径之比较大时，如曲轴、传动轴等，应进行动平衡试验。对于车轮，其轴向长度与旋转直径之比虽然小，但当存在质量不平衡时，不仅影响轮胎的寿命，还影响到行车安全，特别是转速较高的轿车车轮，因而也需进行动平衡试验。

(3)密封试验。对要承受内部介质(液体或气体)作用力的某些零件，为防止泄漏，保证安全工作，需进行密封性试验。例如将散热器、充气的轮胎内胎浸入水中，水面没有气泡泄出，即为合格。对高精密的配合件，如喷油泵柱塞副，可用一定时间内的渗漏量作为检验标准。

3.配件(零件)的探伤检验

对于配件隐蔽缺陷的检验，特别是对曲轴、转向节等重要配件的细微裂纹检验，对保证汽车维修质量及行车安全都具有重要意义。

(1)敲击法探伤检验：

①听敲击声检验　用小锤轻敲箱体、盘形等配件非工作面，若声音清脆响亮，表明配件无裂纹；若声音沙哑，表明配件存在裂纹。

②浸油锤击检验　浸油敲击是一种探测配件隐蔽裂纹的简便方法。检查时，先将配件浸入煤油或柴油中片刻，取出后将表面擦干，撒上一层白粉(滑石粉或石灰粉)，然后用小锤轻轻敲击配件的非工作面，如果配件有裂纹，通过振动会使浸入裂纹的油渍溅出，裂纹处的白粉呈现黄色油迹，便可检查出裂纹所在。

(2)渗透法探伤检验：

检验操作过程——清洗并干燥配件；浸、涂渗透剂，在渗透剂中浸泡或用刷子涂刷2～3次，整个时间不少于30 min；用乳化剂(44%的煤油、35%油酸、21%三乙醇氨并可加红色染料配制)除去配件表面多余的渗透剂，再用温水(32～42℃)冲洗干净；在配件表面涂刷一层薄显像剂(用白湮粉调剂)；由于毛细管的作用将缺陷中的残存渗透剂吸出，从而显示缺陷痕迹。

用渗透法探伤其方法和设备简单，不受配件形状和材料的限制，但只能探出表面裂纹，最高灵敏度可发现1 μm左右的裂纹。

(3)超声波探伤检验。超声波探伤是利用超声波通过两种不同介质的界面产生折射和反射的现象，来探测配件内部隐蔽的缺陷。

脉冲发生器产生的高频电脉冲，激励探头（换能器）的压晶片振动，而产生超声波。超声波通过工作界面、缺陷和底面处时，即有部分超声波反射回来。这些超声波因往返路程不等，探头接收到的时间也就不同。探头将接收到的反射波转变为电脉冲波，经放大后显示在荧光屏上，其对应各点的波形分别称为始波、伤波和底波，各波形间的间距之比等于所对应点在配件中的长度之比，缺陷的位置可根据此比例求出。

超声波探伤不受材质限制，并可探出各种类型的缺陷，且设备较轻便，可在现场进行检验。但影响超声波探伤精确度的因素较多，只有经过专门培训并具有一定实际经验的探测人员，才能获得较精确的结果。

(4)磁力探伤检验。磁力探伤检验用于检查钢、铁零件表面的细微裂纹，其基本原理见第三篇第二章第一节。

本章小结

采购配件时应遵循“5R”原则：通过适当的供应商，在确保适当的品质下，以适当的价格，于适当的时间，获得适当的数量。

在选购配件之前，一定要弄清楚车辆型号、生产年份，要注意区别不同年代生产的配件的规格差异，同时也要掌握选购配件的性能和参数。在选购配件过程中，不仅要注意防止“以次充好”的配件，还要特别注意“以旧充新”的翻新件，可通过检查有无原厂说明书、产品合格证、生产厂名、厂址等来判别真伪。

鉴别判断配件质量的优劣，应注意检查以下几个方面：一是检查包装，二是检查配件外观，三是必要时进行力所能及的检验。在汽车配件外部包装方面，主要检查商标、外部包装、产品说明书；在汽车配件外观方面，主要检查表面处理工艺（即电镀工艺、油漆工艺、电焊工艺、高频热处理工艺等）和非使用表面的伤痕。检查汽车配件材质的方法主要是：“看”、“听”、“试”、“测”。“看”是指检视配件材质是否正确，配件表面硬度是否达标，配件结合部位是否平整，配件几何尺寸有无变形，总成件有无缺件，配件的转动件是否灵活，配件装配记号是否清晰，接合零件有无松动，配件配合表面有无磨损。“听”是指敲击配件可以简易判断零件的材质，判断零件是否存在裂纹、松动或结合不良等缺陷。“试”是指在配件的非工作面进行锉削，以判断零件的材质。“测”是指检验配件的几何尺寸、形状和位置误差，检验配件的力学性能以及检验配件可能存在的隐蔽缺陷。

复习思考题

1. 汽车配件分为哪三大类？汽车零部件可分为哪些类型？
2. 汽车配件采购的“5R 原则”是什么？在市场上购买配件时应注意检查哪些方面？
3. 购买汽车配件时应如何检查配件外部包装？
4. 购买汽车配件时应如何检查配件外观？
5. 购买汽车配件时应如何检查配件材质？
6. 常用的配件（零件）探伤检验方法有哪几种，具体操作方法分别是什么？

参考文献

[1] 丁鸣朝,渠桦.汽车维修技师[M].北京:人民交通出版社,2003.

[2] 任致程.万用表测试电工电子元器件300例[M].北京:机械工业出版社,2003.

[3] 贺展开.汽车维修工实讯教程[M].北京:机械工业出版社,2005.

[4] 曹家喆.现代汽车检测诊断技术[M].北京:清华大学出版社,2003.

[5] 明平顺,杨万福.汽车质量与安全检测[M].北京:人民交通出版社,1995.

[6] 李 勤.现代内燃机排气污染物的测量与控制论[M].北京:机械工业出版社,1998.

[7] 靳 福,刘希庆.新编汽车修理工自学读本[M].北京:金盾出版社,2005.

[8] 汤姆·德恩顿(英).汽车故障诊断高级教程[M].鲁植雄,黄学勤译.南京:江苏科学技术出版社,2005.

[9] 鲁植雄,鞠卫平.汽车动态数据流测试分析200Q&A[M].北京:人民交通出版社,2006.

[10] 鲁植雄,鞠卫平.汽车传感器动态与静测试200Q&A[M].南京:人民交通出版社,2006.

[11] 鲁植雄.汽车电脑控制器区域网数据总线[M].北京:人民交通出版社,2004.

[12] 鲁植雄.汽车传感器检测图解[M].南京:江苏科学技术出版社,2001.

[13] 鲁植雄.汽车电喷发动机波形分析图解(第2版)[M].南京:江苏科学技术出版社,2006.

[14] Daniel Rouche(法).汽车车载网络(VAN/CAN/LIN)技术详解[M].胡思德译.北京:机械工业出版社,2006.

[15] 鲁植雄.汽车自动变速器故障诊断图解(第2版)[M].南京:江苏科学技术出版社,2006.

[16] 关文达.汽车构造[M].北京:机械工业出版社,2004.

[17] 明平顺,扬万福.现代汽车检测技术[M].北京:人民交通出版社,2001.

[18] 宋年秀.汽车车身修复技术[M].北京:机械工业出版社,2002.

[19] 扬智勇.汽车涂装技术[M].北京:北京理工大学出版社,2005.

[20] 北京市职工技术协会.涂装技师手册[M].北京:机械工业出版社,2005.

[21] 汽车运输职工教育研究会.汽车维修漆工培训教材[M].上海:上海科学技术出版社,1992.

[22] 蔡素云,等.汽车配件商品知识[M].北京:中国劳动社会保障出版社,2001.

[23] 蔡素云,等.汽车配件营销知识[M].北京:中国劳动社会保障出版社,2001.

[24] 方正宇.汽车维修企业的配件采购管理[M].北京:机械工业出版社,2005.

[25] 宓亚光.汽车配件经营与管理[M].北京:机械工业出版社,2001.

[26] 罗锦陵.汽车配件经营手册[M].上海:上海交通大学出版社,1995.

[27] 唐 甜.汽车材料[M].北京:人民交通出版社,1999.

[28] 郎全栋,董元虎.汽车运行材料[M].北京:人民交通出版社,2002.

[29] 史美堂.金属材料及热处理[M].上海:上海科学技术出版社,1993.